绿色、工程、文化与法治研究系列成果

山东建筑大学特色名校建设工程成果

山东省法学一流专业建设成果

环境资源法学新编

刘国涛　　王翠敏　　主编

中国海洋大学出版社

·青岛·

图书在版编目（CIP）数据

环境资源法学新编/刘国涛，王翠敏主编.—青岛：中国
海洋大学出版社，2022.12
ISBN 978-7-5670-3358-0

Ⅰ.①环… Ⅱ.①刘… ②王… Ⅲ.①环境保护法—法学—
高等学校—教材②自然资源保护法—法学—高等学校—教材
Ⅳ.① D912.601

中国版本图书馆 CIP 数据核字（2022）第 233261 号

出版发行	中国海洋大学出版社
社　　址	青岛市香港东路 23 号　　邮政编码　266071
出 版 人	刘文菁
网　　址	http://pub.ouc.edu.cn
电子信箱	813241042@qq.com
订购电话	0532-82032573（传真）
责任编辑	郭周荣　　　　　　　电　　话　0532-85902495
印　　制	青岛中苑金融安全印刷有限公司
版　　次	2022 年 12 月第 1 版
印　　次	2022 年 12 月第 1 次印刷
成品尺寸	185 mm × 260 mm
印　　张	38
字　　数	700 千
印　　数	1~1000
定　　价	90.00 元

发现印装质量问题，请致电 0532-85662115，由印刷厂负责调换。

主 编 介 绍

刘国涛、男，中国政法大学民商法学硕士、武汉大学环境资源法学博士；现任山东建筑大学法学院三级教授，校工程建设与生态法治理论与实务研究基地主任等；现任中国自然资源学会资源法学专业委员会副主任委员、中国环境资源法学研究会常务理事、中国环境资源法学研究会纠纷多元解决委员会和教学委员会委员、中国环境科学学会环境法学分会常务理事、山东省诉讼法学研究会副会长、山东省工程法学研究会副会长等；齐鲁律师事务所律师、专利代理人，济南仲裁委仲裁员等。曾前往比利时、巴西、葡萄牙等国进行学术交流。分别被评为首批"全省法学法律研究领军人物"、第二届"山东省十大优秀中青年法学家"、首届"泉城十大中青年法学家"、首届"山东省十大优秀中青年法学家"提名奖、山东省先进专利工作者。现主要从事环境资源法学、工程法学、工程哲学与伦理、创业创新与法治、知识产权法、自然与文化遗产法等领域的工作。独立或作为第一获奖人获得省级以上优秀科研成果奖励5项（山东省社科优秀成果二等奖3项、山东省科技进步奖1项、省法学优秀成果二等奖1项）；主持国家社科基金项目2项、其他省部级以上项目10多项（含省级教改项目3项）；出版个人专著和主编著作14部，发表论文80余篇。

王翠敏、女，山东建筑大学法学院副教授，复旦大学民事诉讼法学博士，上海交通大学环境与资源保护法学博士后；中国自然资源学会资源法学专业委员会副秘书长，中国行为法学会生态环境保护行为研究会理事，山东省工程法学会常务理事；瑞典乌普萨拉大学访问学者；先后承担山东省高级人民法院环境资源审判咨询专家、钢城区人民政府法律顾问、日照市仲裁委仲裁员、市中区法学会首席法律咨询专家等社会服务工作。其研究方向为诉讼与司法制度、资源法治、工程法学；先后在《齐鲁学刊》《中国人口·资源与环境》、*Fudan Journal of the Humanities and Social Sciences* 等中、英文期刊发表论文15篇，专著2部，参编著作2部、工程法学特色教材4部。其主持中国法学会等省部级课题3项，厅局级课题多项。

编著委员会

组成人员

主　编　刘国涛　王翠敏

副主编　宋福敏　李伟斯　姚　天

编　委（按姓氏笔画排序）

马　聪　马凤玲　王　燕　王春萍　化国宇　包佳涵

朱　烨　杜敦勇　李　想　李海玉　杨馨雨　连璧君

张　静　张天泽　张亚丽　侯琳峰　姜一凡　郭　磊

崔　勇　梁　勇　董蕾红　薛建良

新时代环境资源法学发展目不暇接

早在2003年，本人就主编出版了一本《环境与资源保护法学》（中国法制出版社）。在那个环境资源法学初兴的时代，我们十多个人各展所长，"攒"了那么一本书。这本书在本科生教学、获批环境与资源保护法学硕士授予权和研究生招生、培养工作中都发挥了重要作用。承蒙名校名家厚爱，这本书还被指定为名校研究生必读书目。这本书的成稿、出版得益于"众人拾柴火焰高"。回想当年，领导指挥有力，群众积极向前，好一派踔厉奋发的景象。借本《环境资源法学新编》出版之际，再次向当年的领导、老师、朋友们致以衷心的感谢！我们共同为我们的学科、专业、单位的发展奉献了自己的微薄之力，我们问心无愧！

近十多年来，众多法院设立了环境资源审判庭，史上最严《环境保护法》出台了，环境法法典化研究持续进行中，《长江保护法》《黄河保护法（草案）》出台，实践和理论的热潮一浪高过一浪，生态文明法治日趋健全完善。我国环境资源法治环境有了重大变化，立法、执法、司法等方面都有着深刻的改革与发展，环境资源法学教学与研究也与时俱进地发生了重大变化。撰写出版这本《环境资源法学新编》，正是为了更好地适应教学、科研环境的新变化，为教学提供新教材或教学参考书，为科研提供更为科学全面的视野和导引，为有关部门和单位的实务工作提供一个不局限于本部门工作的更为全面、系统的领域性知识论题。

转瞬之间，2003年版《环境与资源保护法学》出版都快20年了，我也从母校山东师范大学来到美丽的山东建筑大学工作十年了。雪山脚下、映雪湖畔的山东建筑大学已如家乡般亲切。山东建筑大学的领导和老师们踔厉奋发、敢为人先，法学院的领导和同志们也是风风火火、雷厉风行，争创一流。内外因素的激励下，近年来，我一直想组织撰写一本《环境资源法学新编》。2022年，在领导的鼓励下，在同事们、朋友们的大力支持下，我们开展"校府社企所合作"，共同努力，终于梦想成真！这是因为我们有着共同的理想：众志成城、聚沙成塔、集腋成裘，为生态文明法治发展做贡献！衷心感谢大家百忙之中给予的宝贵支持！

本书在撰写组织形式、体例、整体内容安排等方面主要有以下几个特点。

（1）认真贯彻落实《中共中央关于认真学习宣传贯彻党的二十大精神的决定》《国家教材委员会办公室＜关于做好党的二十大精神进教材工作＞的通知》〔国教材办（2022）3号〕等文件要求，推动党的二十大精神进教材、进课堂、进头脑。认真学习党的二十大报告，把有关重要精神、要求和内容有机地融入本书之中，充分发挥教材的铸魂育人功能，为培养德智体美劳全面发展的社会主义建设者和接班人奠定坚实基础。

（2）与2003年不同，除高校的同事、同行之外，本次编写还邀请了生态环境部门、司法审判部门、检察部门、防灾减灾、生态环境监测部门等单位富有理论和实践经验的人员直接参与撰写。他们思考的重点领域和表达的方式，可能与高校学者常见的方法有所不同。象牙塔中的老师和学子们恰恰也想知道，在某些方面，实务部门的人员通常想什么思想和表达方式有何特点。这种多方合作的编写方式和较高相容度的内容融合，有利于学生职业能力的培养。

（3）通常，著作可能会分为总论编、分论编或者再加一个特论编。但是，本书按一定的逻辑层次把内容做了进一步的细化，共分了11编、45章。特别是为了突出具有一定新意的内容，也为之专门设了"编"，例如"生产和生活环境法治编""空间绿色化利用法治编"（突出山东建筑大学特色）等。同时，有关章节还注意将最新的前沿性成果和具有较大影响的典型案例有机融进教材内容之中。本书内容的高度细化和丰富化，有利于实现与社会实践更为广泛深入的结合，有利于开展"全过程学业评价""非标准化答案考试"，也有利于从注重知识传授的"以教为中心"到"知识＋思维方式＋想象力"并重的"以学为中心"的转变，实现培养方式从"灌输式"到"探究式、个性化"的转变。

（4）环境资源法学是一门典型的交叉、边缘、新兴学科，较之于传统的法学学科起步较晚。环境资源法学相关理论以及有关社会实践状况发展变化较快，环境资源法学教学发展也非常迅速，这就为环境资源法学著作的撰写提供了相当大的发展和创新空间。本书适度增添了一些密切相关学科的内容或引进了一些密切相关的其他学科理论，如环境科学、环境哲学、环境伦理学、HSE 管理体系、同一健康、气候资源学、国土空间治理等，更好地体现了环境资源法学的交叉性、边缘性，力图通过本书的撰写，反映当代科技、法治的最新成就，力图在体系、内容上形成较为突出的特色。

（5）本书在注重法律知识讲授、探讨的同时，注重教材的思想性和科学性，注重把党和国家的方针政策落实到教材内容中去。例如，《全国生态保护与建设规划（2013 - 2020 年）》"指导思想"中明确提出要"统筹兼顾生态、生产和生活"。本书贯彻落实"统筹兼顾生态、生产和生活"的要求，在内容上不仅重视生态环境保护法治，也注重生产环境和生活环境法治，还探讨了"陆海空天一体化环境"以及"国家主权外自然资源法治（含国家主权外地球资源和地外资源）"等新观点和相对新领域。这种在党和国家的大政方针指引下的内容安排以及前瞻性内容知识的创新，有利于促进和启发学生从被动学习、"考试型"学习到主动学习、"创新型"学习的转变，有利于把学生培养成基础知识扎实、富有创新精神和责任感、堪当大任的高素质人才乃至国之栋梁。

（6）注重知识能力视野的拓展和引领。因环境资源法涉及的法律法规特别多，受本书字数所限，我们不能对每一个领域都做详细讲述，而是更为注重整体知识框架架构方面的全面性、系统性、先进性、引领性，在具体研究问题的表达上力求全面、不求具体。对于具体问题采用"点到为止 + 文献引领"的方式进行研究性表达，即对具体问题采用"点到为止"的概括式表达基础上，多辅以文献注释（文献阅读导引）。这种内容安排方式，符合教学规律，富有探究性、启发性，有利于从"宽口径、厚基础""博、专结合"的角度开展基本理论、基本知识和基本技能的讲授和培养，有利于培养学生的创新、创业和创造能力。

（7）在法学基础理论方面，积极汲取国内外环境资源法学研究的最新成果，适度、系统、有机地进行引介。尽可能精选著名典型实例、案例，更大程度地突破以狭义的环境法学、资源法学为主的撰写体系，把其他学科相关知识更多地、有机地融入书中。注重理论与实务相结合，尤其更为重视实务处理中的体制机制研究与介绍。有鉴于此，我们邀请了部分实务部门的专家参与撰写。

（8）山东建筑大学法学专业是省级一流本科建设点。在省级一流专业建设过程中，我们进一步突出了工程法学的优势和特色，给本科生开设了"环境与资源保护法学（绿色工程法学）"等特色课程，给法律硕士研究生开设了"环境资源法学""环境资源法学专题"等特色课程。这本书是这三类课程建设的成果之一，既适用于本科生教学，也适用于法律硕士的教学、培养。本书内容较为丰富、知识点较多，适合于教师选讲和学生自学相结合。

时光荏苒，如白驹过隙，新时代、新技术的发展也呈喷发状态，让人眼花缭乱、目不暇接，唯恐落后。撰写《环境资源法学新编》的念头时时迸发，今天总算心想事成！这也是我人生即将进入新常态（退休）的一个阶段性新成果。

著作中的不足、不当之处，是由于我这位第一主编水平所限、认识不当所造成，恳请读者不吝赐教！

刘国涛

2022 年 10 月于映雪湖畔

目 录

第二编　规划与评价法

第三编　污染防治法

第四编　自然资源法

第五编 空间绿色化利用法治

第六编 区域环境法治

第七编　生产和生活环境法

第八编　事故和灾害防减法

第九编　环境资源有关部门法治

第十编　环境资源法律责任

第十一编　国际环境法

第一编

总 论

第一章 环境资源法学的学科地位

大自然是人类赖以生存和发展的基本条件，尊重自然、顺应自然、保护自然，是全面建设社会主义现代化国家的内在要求。环境与资源保护法学简称环境法学或环境法、环境资源法学，环境与资源保护法学是以宪法为核心的中国特色社会主义法律体系的重要组成部分，是通过法治手段推动绿色发展、促进人与自然和谐共生的重要组成部分。从宏观上对一门学科有所把握，是非常重要的。通过了解科学学中的环境资源法学地位，对环境资源法学在整个科学体系中的地位和作用有一个宏观把握，有利于学习者整个知识体系的融会贯通。从环境教育、环境法学教育的角度对环境法学的重要性有所认识，也有利于从宏观上了解环境法学的重要性。

第一节 科学学中的环境法学

一、科学学

随着现代科学的发展，出现了科学的社会化、综合化、数学化以及社会的科学化趋势及特征，科学学便应运而生。科学学，又称科学的科学，是指把社会科学和自然科学作为一个整体来研究考察科学和科学活动过程的发展规律及其社会影响的一门学科。

科学学的研究内容主要为三个方面：一是研究科学知识体系的分类、结构以及科学自身的历史发展规律等；二是研究科学研究和技术开发体制的结构及组织形式，科研活动的人、才、物和信息的管理方法等；三是研究科学的社会经济作用，科学与政治、经济、军事、文化、教育、心理等之间的相互关系和作用等。科学学发展很快，有近30门分支学科，如科学管理学、科学情报学、科学预测学、科学技术史。

二、科学学视野中的环境资源法学

（一）本科专业目录体系中的环境资源法学

法学学生对自己所学专业以及一些课程在专业、学科体系中的地位缺少了解的情况并不少见。了解这方面的知识有利于为所学知识定位，也有利于为自己的职业定位。

1. 1963 年《专业目录》

1953 年，全国共有 215 种高校本科专业。1963 年，国务院发布中华人民共和国成立后第一次统一制订的高等学校专业目录：《高等学校通用专业目录》和《高等学校绝密和机密专业目录》。这两个专业目录共设 510 种专业，没有环境法专业。"文革"期间，高等学校专业设置比较混乱。

2. 1987 年《普通高等学校社会科学本科专科目录》

1982 至 1987 年，教育部组织了本科专业目录的修订工作，这是我国第二次由国家组织进行的对普通高等学校专业目录的全面修订。这次修订使专业口径得到了一定程度的拓宽；恢复和增设了一批文科、财经、政法类专业；加强了新兴、边缘学科的专业；专业种数由原来的 1343 种减少到 671 种。在制订的《普通高等学校社会科学本科专科目录》（1987 年 12 月）中，开始将环境法作为法学中的九个（法学、经济法、国际法、国际经济法、侦查学、劳动改造法、犯罪学、知识产权法、环境法）二级专业之一。

3. 1993 年《普通高等学校本科专业目录》

1989 开始到 1993 年 7 月正式颁布实施《普通高等学校本科专业目录》，这是第三次本科专业目录修订，专业种数为 504 种。

4. 1998 年《普通高等学校本科专业目录》

1997~1998 年，原国家教育委员会组织了第四次普通高等学校本科专业目录修订，1998 年 7 月颁布《普通高等学校本科专业目录》，分设理学、工学、农学、医学、文学、历史学、哲学、经济学、法学、管理学、教育学 11 个门类，下设 71 个二级学科，249 种专业。与原目录相比，增加了管理学门类，对二级类也做了较大调整，专业由 504 种减少至 249 种，调减幅度为 50.6%，还覆盖了原目录以外的 74 种专业。原法学类中的各二级专业都撤销、合并为一个"法学"专业。我们依据 1998 年 7 月颁布的《普通高等学校本科专业目录》对整个法学门类进行详细介绍，如表 1-1 所示。

表 1-1 1998 年《普通高等学校本科专业目录》（法学）

门类	专业类	专业代码和名称
03 法学门类	0301 法学类	030101 法学
	0302 马克思主义理论类	030101 科学社会主义和国际共产主义运动（授法学学士学位）
		030202 中国革命史与中国共产党史（授法学学士学位）

（续表）

门类	专业类	专业代码和名称
03 法学门类	0303 社会学类	030301 社会学（授法学或哲学学士学位）
		030302 社会工作（授法学或哲学学士学位）
	0304 政治学类	030401 政治学 与行政学（投法学或哲学学士学位）
		030402 国际政治（授法学或哲学学士学位）
		030403 外交学（授法学或哲学学士学位）
		030404 思想政治教育（授法学或教育学学士学位）；思想政治教育（师范类）（授法学或教育学学士学位）
	0305 公安类	030502 治安学（授法学学士学位）
		030502 侦查学（授法学学士学位）
		030503 边防管理（授法学学士学位）

其中的 030101 法学，就是我们通常所讲的法学专业。其主要课程包括法理学、中国法制史、民法、商法、知识产权法、经济法、刑法、民事诉讼法、刑事诉讼法、宪法、行政法与行政诉讼法、国际法、国际私法、国际经济法。在这 14 门主要课程中，环境法没有被单列出来。环境法的内容是有的，只不过是有的学者认为应包括在经济法中，也有的学者认为环境法更多是行政管理法。在法学教育研究会会议上以及一些著名学者主持研究的关于 21 世纪法学教育发展战略中，认为环境法应单独列为主要课程。环境法学在我国自学考试、成人教育中均为必修、主干课程。

5. 2012 年《普通高等学校本科专业目录》

2010 年，按照"科学规范、主动适应、继承发展"的修订原则，在 1998 年《普通高等学校本科专业目录》及目录外专业的基础上开始组织修订，2012 年出台。2012 年目录新增了"艺术学"门类，未设军事学学科门类，其代码 11 预留。其分为 352 种基本专业、154 种特设专业（专业代码后加"T"）、62 种国家控制布点专业（专业代码后加"K"）。

《普通高等学校本科专业目录》中"法学"门类的情况如表 1-2 所示。

表 1-2 2012 年《普通高等学校本科专业目录》（法学）

门类	专业类	专业代码和名称
03 法学门类	0301 法学类	030101K 法学
	0302 政治学类	030201 政治学与行政学
		030202 国际政治
		030203 外交学

（续表）

门类	专业类	专业代码和名称
03 法学门类	0303 社会学类	030301 社会学
		030302 社会工作
	0304 民族学	030401 民族学
	0305 马克思主义理论类	030501 科学社会主义
		030502 中国共产党历史
		030503 思想政治教育
	0306 公安学类	030601K 治安学
		030602K 侦查学
		030603K 边防管理

6. 2022 年《普通高等学校本科专业目录》

《普通高等学校本科专业目录》是在《普通高等学校本科专业目录（2012 年）》的基础上，增补近几年批准增设的目录外新专业而形成。本目录发布于 2020 年，2021 年又进行了微调，本书称为 2022 年目录。特设专业代码后加 T，国家控制布点专业代码后加 K。其中，法学门类如表 1-3 所示，所有专业均授予法学学位，学制四年。

表 1-3 2022 年《普通高等学校本科专业目录》（法学）

门类	专业类	专业代码和名称	增设年份
03 法学门类	0301 法学类	030101K 法学	
		030102T 知识产权	
		030103T 监狱学	
		030104T 信用风险管理与法律防控	2017
		030105T 国际经贸规则	2017
		030106TK 司法警察学	2018
		030107TK 社区矫正	2018
	0302 政治学类	030201 政治学与行政学	
		030202 国际政治	
		030203 外交学	
		030204T 国际事务与国际关系	
		030205T 政治学、经济学与哲学	
		030206TK 国际组织与全球治理	2018

（续表）

门类	专业类	专业代码和名称	增设年份
03 法学门类	0303 社会学类	030301 社会学	
		030302 社会工作	
		030303T 人类学	
		030304T 女性学	
		030305T 家政学	
		030306T 老年学	2019
		030307T 社会政策	2020
	0304 民族学	030401 民族学	
	0305 马克思主义理论类	030501 科学社会主义	
		030502 中国共产党历史	
		030503 思想政治教育	
		030504T 马克思主义理论	2017
	0306 公安学类	030601K 治安学	
		030602K 侦查学	
		030603K 边防管理	
		030604TK 禁毒学	
		030605TK 警犬技术	
		030606TK 经济犯罪侦查	
		030607TK 边防指挥	
		030608TK 消防指挥	
		030609TK 警卫学	
		030610TK 公安情报学	
		030611TK 犯罪学	
		030612TK 公安管理学	
		030613TK 涉外警务	
		030614TK 国内安全保卫	
		030615TK 警务指挥与技术	
		030616TK 技术侦查学	2016

（续表）

门类	专业类	专业代码和名称	增设年份
03 法学门类	0306 公安学类	030617TK 海警执法	2016
		030618TK 公安政治工作	2018
		030619TK 移民管理	2018
		030620TK 出入境管理	2018
		030621TK 反恐警务	2020
		030622TK 消防政治工作	2020
		030623TK 铁路警务	2021

7. 2018 年教育部《普通高等学校本科专业类教学质量国家标准》

2018 年，教育部发布《普通高等学校本科专业类教学质量国家标准》。法学专业教学课程设置较以往发生了较多变化，采取了"10+X"分类设置模式。

法学专业曾经要求有 14 门核心课程，其后将 14 门核心课改为 16 门，增加了环境与资源保护法、劳动与社会保障法。如今按《普通高等学校本科专业类教学质量国家标准》，则是"10+X"。10 门必选核心课相对原来的 16 门，增加了"法律职业伦理"，将"中国法制史"改为"中国法律史"（一般认为，"法律史"是一个总称，至少包含"法制史"和"法律思想史"）。"10"目前包括刑法、刑事诉讼法、民法、民事诉讼法、法理学、宪法学、行政法与行政诉讼法、中国法律史、国际法、法律职业伦理。"X"指各院校根据办学特色开设的其他专业必修课，包括经济法、知识产权法、商法、国际私法、国际经济法、环境资源法、劳动与社会保障法、证据法和财税法。各高校可结合办学特色对"X"进行设置，原则上要求"X"大于等于 5。

（二）研究生学科专业中的环境资源法学

1. 1983 年的情况

1983 年，国务院学位委员会制定《高等学校和科研机构授予博士和硕士学位的学科、专业目录（试行草案）》，将环境法作为法学类研究生的一门专业。1984 年，武汉大学获环境法硕士授予权，是 1991 年之前全国唯一的环境法硕士点。

2. 1990 年的情况

1990 年，正式颁布《授予博士硕士学位和培养研究生的学科专业目录》（以下称学科专业目录）。

3. 1997 年的情况

1996 年开始对 1990 年的《学科专业目录》进行修订。1997 年 6 月 6 日，国务院学位委员会、原国家教委联合颁布《授予博士硕士学位和培养研究生的学科专业目录》。这次调整增加了管理学学科门类，授予学位的学科门类增加到 12 个（哲学、经济学、法学、教育学、文学、历史学、理学、工学、农学、医学、军事学、管理学），较本科专业划分多了"军事学"门类。

1997 年对法学一级学科进行调整前，有 16 个可以设学位点的二级学科（环境法学、国际私法、国际经济法、国际法、法学理论、法律思想史、法制史、宪法学、行政法学、刑法学、民法学、科技法学、经济法学、劳动法学、诉讼法学、军事法学）。1997 年减少为 10 个：环境与资源保护法学、国际法学（包括国际公法学、国际私法学、国际经济法学）、刑法学、民商法学（包括劳动法学、社会保障法学）、经济法学、宪法学与行政法学、法学理论、法律史、诉讼法学、军事法学。环境法学不但没有被撤销，反而扩展为环境与资源保护法学。

在 1997 年的《授予博士硕士学位和培养研究生的学科专业目录》中，对环境与资源保护法学的学科概况是这样介绍的：环境与资源保护法学，又称环境资源法学或环境法学，是以环境保护法与资源法为主要对象的法学二级学科。环境资源问题是世界各国面临的具有全局性和长远性的难题，在中国已经成为影响、制约人民生活水平提高和经济持续发展的一个重要因素。环境资源保护工作是一项保护生产力、保护人类生存条件、保护经济建设的物质基础的伟大事业。环境资源保护法是合理开发利用和保护环境资源，实现社会、经济和环境可持续发展的法律保障。环境与资源保护法学由污染防治法、自然保护法、资源能源法、国土开发整治法等行业、部门法学综合而成，既与法学中的各二级学科有联系，也与法学之外的环境学、管理学、地理学、生态学等有联系，是研究从法律上调整人与自然环境的关系和人与人的关系的新兴、边缘学科。发展环境与资源保护法学教育是搞好环境资源保护、实施可持续发展的一项基础性工作和战略性任务。

4. 2009 年以来

（1）2009 年的情况。2009 年，国务院学位委员会、教育部印发了《学位授予和人才培养学科目录设置与管理办法》。依据该办法，学位授予单位根据国家经济和社会发展对人才的需求，结合本单位学科建设目标和人才培养条件，按本一级学科学位授权权限，可在二级学科目录内，自主设置与调整本一级学科下的二级学科。在二级学科目录外自主增设（含更名，下同）二级学科，须符合该办法有关规定。

（2）2011 年的情况。2011 年，国务院学位委员会、教育部印发《学位授予和人才培养学科目录（2011 年）》。该目录仅列了门类和相应一级学科。学科门类由 12 个（理学、工学、农学、医学、文学、历史学、哲学、经济学、法学、管理学、教育学、军事学）增加为 13 类；新增"艺术学"门类，"03 法学"门类中的一级学科有 0301 法学、0302 政治学、0303 社会学、0304 民族学、0305 马克思主义理论、0306 公安学。

（3）2015 年的情况。2015 年，国务院学位委员会印发《关于开展博士硕士学位授权学科和专业学位授权类别动态调整工作的通知》，将博士、硕士学位授权学科和专业学位授权类别动态调整工作的实施范围扩大到全国。

（4）2018 年的情况。国务院学位委员会印发《关于高等学校开展学位授权自主审核工作的意见》。

（5）2020 年的情况。新增加了"交叉学科"门类。2020 年 12 月，国务院学位委员会、教育部印发《关于设置"交叉学科"门类、"集成电路科学与工程"和"国家安全学"一级学科的通知》。决定设置"交叉学科"门类（门类代码为"14"），其中有"集成电路科学与工程"和"国家安全学"一级学科。

（6）2022 年的情况。2022 年 9 月，国务院学位委员会、教育部印发了《研究生教育学科专业目录（2022 年）》《研究生教育学科专业目录管理办法》的通知。

《研究生教育学科专业目录（2022 年）》中规定："三、本目录中学科门类代码为两位阿拉伯数字，一级学科和专业学位类别代码为四位阿拉伯数字，其中代码第三位从'5'开始的为专业学位类别。四、除交叉学科门类外，各一级学科按所属学科门类授予学位。五、专业学位类别按其名称授予学位。名称后加"*"的仅可授硕士专业学位，其他可授硕士、博士专业学位。"

延续过去的做法，门类之下依然是仅列了一级学科，没在列二级学科。"03 法学"门类中的一级学科有法学、政治学、社会学、民族学、马克思主义理论、公安学、中共党史党建学、纪检监察学；还有设立专业学位的 0351 法律、0352 社会工作、0353 警务、0354 知识产权、0355 国际事务。

5. 关于"专业学位"

我国学位制度把学位分为两大类：学术性学位、专业性学位。例如，设置了专业学位：法律硕士专业学位；公共管理硕士专业学位；工商管理硕士专业学位。

2021 年 2 月，教育部学位管理与研究生教育司、司法部律师工作局发布了《关于实施法律硕士专业学位（涉外律师）研究生培养项目的通知》。

2022 年 7 月，教育部办公厅、司法部办公厅发布了《关于实施法律硕士专业学位（国际仲裁）研究生培养项目的通知》。

2022 年 9 月，国务院学位委员会、教育部印发了《研究生教育学科专业目录（2022 年）》《研究生教育学科专业目录管理办法》的通知。根据通知精神，"2023 年下半年启动的新一轮研究生招生、培养工作按新版目录进行"，将启动法律博士专业学位招生工作。

三、宏观科学体系中的环境法学

环境问题与每一个人的健康、生活和工作都密切相关，社会各部门、各行业也不可能离开环境。

环境科学是涉及社会科学、技术科学及自然科学的边际科学，是由"多学科"到"跨学科"的巨大体系，如图 1-1 所示。它的核心是环境学，自此而外形成一系列过渡性学科。

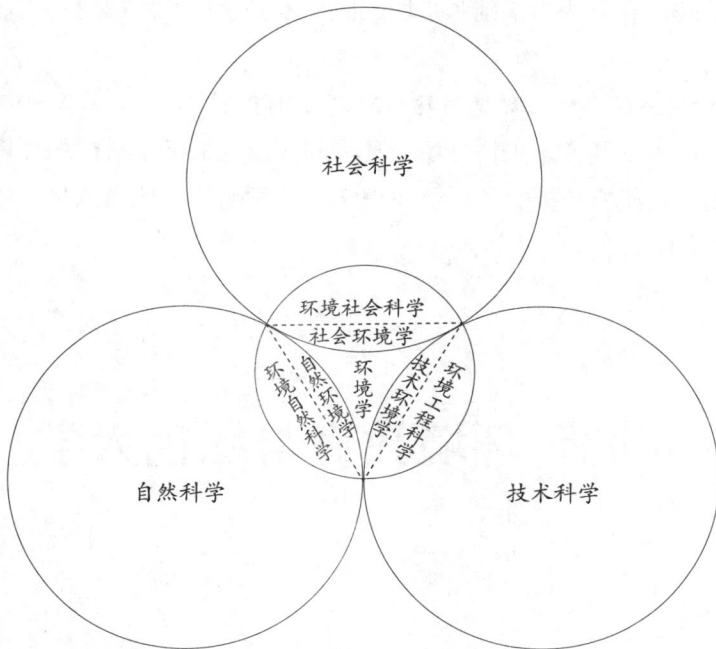

图 1-1　环境科学与相邻学科关系示意图[①]

（一）环境学

环境学是一门综合性很强的新兴科学，依其研究的内容又可分为以下几个方面。

1. 理论环境学

运用系统论、信息论、控制论等现代科学理论，针对"人类—环境"这个大系统，开展基础理论研究。

2. 综合环境学

综合环境学是全面研究"人类—环境"系统的预测、调控、改造、利用、发展的科学，可分为全球环境学、区域环境学、聚落环境学。

3. 部门环境学

以"人类—环境"系统的某种或某类特殊矛盾为研究对象，环境学与相邻学科彼此过渡而形成的科学。

以环境学的理论和方法为基础和手段，向自然科学过渡，形成了生物环境学、物

---

① 林肇信，等.环境保护法概论 [M].北京：高等教育出版社，1999.

理环境学、化学环境学、地学环境学等。

以环境学的理论和方法为基础和手段，向社会科学过渡，形成了政治环境学、文化环境学、经济环境学等。

以环境学的理论和方法为基础和手段，向技术科学过渡，形成了工业环境学、交通环境学、农业环境学等。

（二）其他学科关注环境与环境问题而形成的新学科

以其他学科的理论和方法关注环境与环境问题形成的新学科。如环境哲学、环境伦理学、环境法学、环境经济学、环境物理学、环境化学、环境地学、环境生物学、环境医学、环境工程学等。[①]

第二节 环境教育与绿色大学

一、环境教育

（一）环境教育及其发展

1970 年，世界自然保护联盟与联合国教科文组织在美国的内华达州卡森市佛罗里达学院组织召开了"学校课程中的环境教育国际会议"。会议认为："环境教育是一个认识价值和澄清观念的过程，这些价值和观念是为了培养、认识和评价人与其文化环境、生态环境之间相互关系所必须具备的技能与态度。环境教育还促使人们对与环境质量相关的问题做出决策，并形成与环境质量相关的人类行为准则。"[②]

由前述环境教育的定义可见，环境教育可为环境法的制定和实施奠定基础。这也是我们在环境法著作中简要介绍环境教育的原因之一。

通过表 1-4，可窥见环境教育的发展。

---

① 林肇信，等.环境保护法概论 [M].北京：高等教育出版社，1999.
② [英] Joy A.Palmer.21 世纪的环境教育——理论、实践、进展与前景 [M].田青，刘丰译.北京：中国轻工业出版社，2002.

表 1-4 环境教育会议发展史[①]

时间	举办国家／城市	举办单位	会议名称	会议内容
1948 年	法国巴黎	联合国教科文组织	国际自然保护大会	国际会议首度使用"环境教育"一词，1949 年成立"国际自然资源保护联盟"组织
1965 年	英国史丹佛郡	凯利大学	教育研讨会	英国首次使用"环境教育"一词
1968 年	法国巴黎	联合国教科文组织	生物圈会议	让世界首次对"环境教育"一词有所认识
1970 年	美国内华达州卡森市	国际自然保护联盟	国际环境教育学校课程工作会议	定义环境教育，制定学校教育的目标，并详列各阶段内容
1970 年	法国巴黎	联合国教科文组织	联合国教科文组织会议	成立联合国教科文组织环境教育处
1972 年	瑞典斯德哥尔摩	联合国	人类环境会议	召开人类环境会议，发表《人类环境宣言》
1975 年	法国巴黎	联合国教科文组织、联合国环境规划署	国际环境教育计划交流活动	创立国际环境教育计划（IEEP）
1975 年	南斯拉夫贝尔格莱德	联合国教科文组织	国际环境教育工作坊	提出《贝尔格莱德宪章》，规范了环境教育内涵与目标，促使世界人类认识并且关切环境及其相关议题，具备适当知识、技术、态度、动机及承诺，致力于解决当今的环境问题
1977 年	苏联第比利斯	联合国教科文组织	跨政府国际环境教育会议	提出 41 项建议的《第比利斯宣言》，提供各国推行环境教育的完整架构。该宣言提出了环境教育包括意识、知识、态度、技能、参与等五项目标
1980 年	瑞士格兰	联合国环境规划署、国际自然保护联盟、世界自然基金会		发表《世界自然保护策略》

[①] 方伟达.环境教育：理论、实务与案例 [M].北京：社会科学文献出版社，2021.

（续表）

时 间	举办国家／城市	举办单位	会议名称	会议内容
1982 年	美国纽约	联合国	联合国大会	通过《世界自然宪章》，确立五条保护原则，指导和判断人类一切影响自然的行为，确认国际社会对人类与自然的伦理关系与责任
1987 年	美国纽约	世界环境与发展委员会	联合国大会	发表《我们共同的未来》，并提出可持续发展的理念
1992 年	巴西里约热内卢	联合国环境与发展会议	世界可持续发展高峰会	通过《二十一世纪议程》，签署《联合国气候变化框架公约》
2002 年	南非约翰内斯堡	联合国环境与发展会议	世界可持续发展高峰会	致力于创造保护环境、缩小贫富差距以及保护人类生命的生态环境
2005 年	法国巴黎	联合国教科文组织	联合国大会决议（2002年）	推动可持续发展教育十年，力求动员国际教育资源的正规教育系统，创造可持续的未来
2009 年	德国波恩	联合国教科文组织	可持续发展教育世界会议：进入联合国十年的后半段	讨论联合国教科文组织世界可持续发展教育大会可持续发展教育十年，提出《波恩宣言》
2012 年	巴西里约热内卢	联合国环境与发展会议	联合国可持续发展会议	以消除贫穷、促进全球发展为目标，希望借由建立相关的机制和组织，推动绿色经济
2014 年	日本名古屋	联合国教科文组织	世界可持续发展教育大会	将可持续发展教育纳入 2015 年之后发展议程，启动了可持续发展教育全球行动计划，强调五个优先行动领域
2015 年	韩国仁川	联合国教科文组织	世界教育论坛	实施可持续发展目标，推动"2030年教育"
2019 年	新加坡	南洋理工大学	新加坡可持续发展教育研究宣言研讨会	发表《新加坡可持续发展教育研究宣言》，回应了 2030 年可持续发展教育研究的诉求

（二）环境教育的构成要素

环境教育的核心要素有四大方面：①对环境及其问题的意识；②对环境状况及环境知识的理解；③预防和解决环境问题的技能；④对待环境的价值观与态度。环境教育的过程就是要对受教育者进行环境意识、理解、技能、价值观与态度四个方面的教育。

1. 意识

环境教育的首要任务，就是要帮助个人、社会群体"形成对当今世界经济、政治和生态之间相互依存的意识，从而提高各国共同的责任感。这种意识是解决全球严重的环境问题的先决条件"。

2. 理解

环境理解力的形成主要从三个方面入手：一是掌握基本的环境知识和概念；二是形成对环境的整体性认知；三是充分理解人类"看护地球"的角色和义务。

3. 技能

注重培养以下两方面的技能：①辨别和确定环境问题的技能，这是解决问题的第一步；②分析环境问题的实质、起因、后果的技能，避免"治表不治根"。

4. 价值观与态度

环境教育应注重环境道德感的提升，要树立人们对待环境的正确的价值观与态度，充分认识环境对人类社会的重要价值，激发保护和改善环境的良好动机。

环境教育的四个要素，即意识、理解、技能、价值观与态度，是相互依存，缺一不可的。因此，我们在进行环境教育的理论研究和具体实施时，必须认真考虑这四个方面，才能使环境教育工作顺利发展和日臻完善。[①]

二、绿色大学

21 世纪将是"绿色世纪"已成共识。欧美一些知名大学先后启动了一些不同层次的行动计划。如美国乔治华盛顿大学的"绿色大学"、美国加利福尼亚大学的"校园环境规划"、英国爱丁堡大学的"环境议程"、加拿大滑铁卢大学的"校园绿色行动"等。其目的都是要充分发挥大学的作用，开展环境教育和校园示范，推动校园内外环境保护和可持续发展的进程。

我国高等教育在环境保护、可持续发展和知识创新中应起关键作用，这是时代赋予我们的责任和使命。一些高校敢为人先，在"绿色大学"建设方面走在全国前列。

---

① 徐辉，祝怀新. 国际环境教育的理论与实践 [M]. 北京：人民教育出版社，1996.

山东建筑大学

山东建筑大学利用新校区建设之际，综合运用和展示国内外环境保护的先进技术，建立环境优美的生态校园示范区，在为广大师生提供良好的工作、学习和生活环境的同时，使之成为环境保护教育和可持续发展教育的基地。

1. 精心选址，科学绿色建设新校区

山东建筑大学在新校区的选址和建设方面谨慎科学的统筹规划布局，利用雪山的地形，坚持因地制宜，冲沟设计立体交通和地下停车场，实现人车分流，部分地下空间作为工程训练中心用房，降低建设成本，提高土地利用率。雪山上按高度不同设置多个雨水坑，增加雨水渗透时间，防止水土流失。采取绿色建筑设计方针，在全寿命周期内，最大限度地节约资源、保护生态环境、减小污染，为师生提供健康、绿色、高效、节能的校园空间，与大自然和生态融为一体、和谐共生。

2. 采用生态技术，实现"四节一环保"

在新校区建设中采用了多项生态设计手法和建筑新技术，充分利用太阳能、地热能等可再生能源，采用了太阳能新风、太阳能通风、太阳能集中热水、太阳能自然采光、太阳能光伏发电等技术，取得了显著的节能减排效益。在"四节一环保"[①]方面取得了宝贵经验。

3. 勇毅前行，国际示范

据《山东建筑大学学报》介绍："受联合国环境规划署 Green Campus Toolkit 项目组邀请，我校与普林斯顿大学、同济大学等高校共同被征集为高校绿色校园典型案例……我校新校区从策划阶段即提出了绿色校园理念，并将其融入绿色校园设计，结合我校实际和科研教学进行了有效落实，取得了良好实效。"

近年来，山东建筑大学新成立了"建筑结构加固改造与地下空间工程教育部重点实验室""资源与环境创新研究院""乡村振兴研究院""齐鲁法治文化研究中心""工程法研究中心""工程建设与生态法治理论及实务研究基地"等新研究机构，牵头成立了山东省工程法学研究会等；在空间治理、数据处理等新领域走在国内前列，在国际上有一定的影响力。笔者提出了"建设'天地空天一体'的空间法学""'天地空天一体'资源法学""建设'人居环境法学'""建设'适老智慧健康建筑法'"等学术观点，这有助于统合《建筑法》《城乡规划法》《防震减灾法》等相关法律。

---

① 以"建筑节能、建筑节地、建筑节水、建筑节材"和"保护环境"等标准作为合理安排建设规划项目功能总要求，建设宜学、宜居的美丽校园。

第二章 环境资源法宣传与教育

环境资源法宣传与教育是国家普法活动的重要组成部分，对提高社会公众的环境资源法律意识，加强生态环境保护和规范自然资源的开发利用具有重要意义。本章主要介绍了环境资源法宣传教育的内涵、主体、内容、作用与途径。在此基础上，了解环境资源法宣传教育的新形势和新任务。

第一节 环境资源法宣传教育概述

一、环境资源法宣传教育的内涵

我国向来重视普法活动，环保宣传教育工作的力度也很大，二者的交叉点就是环境资源法的宣传与教育。环境资源法宣传与教育是国家普法活动的重要组成部分，也是环保宣传教育的主要内容之一。宣传和教育是相互交叉和相互渗透的关系。宣传是指运用某些渠道传播一定观念以影响人们的思想和行动的社会行为。而教育是指人有意识地通过若干方法、媒介等向他人传递信息，期望以此影响其精神世界或心理状态，帮助其获得某些观念、素质、能力的社会活动。如果把宣传视为是有目的地转化人的活动，则可以把教育理解成是有目的地培养人的活动。环境资源法宣传教育的最终目的是为了转化人和培养人，即提高受众和对象的环境资源法律意识，促使其自觉遵守和维护环境资源法律规范。

二、环境资源法宣传教育的主体

环境资源法的宣传教育需要多元主体的参与。自"一五"普法开始，中国的法治宣传教育逐步形成了"党委领导、政府实施、人大监督、全社会参与"的工作机制。[①]但长期困扰我国普法工作的一大难题就是责任主体不明确，尤其是国家机关的普法职

---

① 张明新. 对当代中国普法活动的认识与评价 [J]. 江海学刊，2010（4）：137–142.

责分工不清。有鉴于此，中共中央办公厅、国务院办公厅于 2017 年印发了《关于实行国家机关"谁执法谁普法"普法责任制的意见》（以下简称《意见》），要求按照"谁执法谁普法"的要求，进一步明确国家机关普法的职责任务。作为负有直接责任的国家行政管理部门，生态环境部和自然资源部也都专门成立了宣传教育中心，致力于环境资源领域的国情国策宣传、法治教育等工作。

《中华人民共和国环境保护法》第九条规定，各级人民政府应当加强环境保护宣传和普及工作，鼓励基层群众性自治组织、社会组织、环境保护志愿者开展环境保护法律法规和环境保护知识的宣传，营造保护环境的良好风气。教育行政部门和学校应当将环境保护的相关知识纳入学校教育的内容，着力培养和提升各年龄段学生的环保意识。新闻媒体应当积极开展环保法律法规和相关知识的宣传，对各种环境违法行为进行必要的舆论监督。这意味着环境资源法的宣传教育是各级人民政府、教育行政部门、学校和新闻媒体的法定义务，是基层群众性自治组织、社会组织和环境保护志愿者受到鼓励的行为。

三、环境资源法宣传教育的内容

（一）生态文明思想理论

生态文明理论是我国环境资源法治建设的指导思想，也是环境资源法宣传教育的首要内容。生态文明是人类社会新的文明形态，它以人与自然的和谐发展为价值导向，反思了工业文明中掠夺式开发造成的恶果。宣传好生态文明理论，尤其是习近平生态文明思想，能够使社会公众更好地理解我国环境资源法治建设的背景、目标和成绩。

（二）有关环境资源的法律规范

环境资源法宣传教育的主体内容是相关的法律规范。一是宪法中关于生态环境和自然资源的规定，这是整个环境资源法体系的基础，包括了生态文明建设的国家目标、基本原则、基本权利和职责义务等。二是专门的环境资源法律规范，也就是形式意义上的环境资源法，其涵盖范围包括综合性基本法即《环境保护法》，单行法如《环境影响评价法》《大气污染防治法》《矿产资源法》，以及为数众多的行政法规、地方性法规、行政规章等。三是传统部门法中跟环境资源相关的内容，即实质意义上的环境资源法律规范。环境资源法系领域法，与民法、刑法、行政法、经济法、国际法等部门法都有不同程度的渊源关系，如环境资源领域的法律责任、程序制度等主要就是靠准用其他法中的规范。

（三）有关环境资源的党内法规

党内法规在我国法治中扮演着越来越重要的角色。《中共中央关于全面推进依法治国若干重大问题的决定》中明确提出，党内法规既是管党治党的重要依据，也和国家法律一样都是中国特色社会主义法治体系的重要组成部分。生态文明领域的党内法规体系目前已经初步建立，如《党政领导干部生态环境损害责任追究办法（试行）》《中央生态环境保护督察工作规定》《领导干部自然资源资产离任审计规定（试行）》等，内容涵盖生态文明的组织法规、领导法规、自身建设法规和监督保障法规，形式包括党章、生态文明专门党内法规、生态文明相关党内法规及支持和保障生态文明建设与改革的其他党内法规。此外，《生态文明体制改革总体方案》《黄河流域生态保护和高质量发展规划纲要》《关于构建现代环境治理体系的指导意见》等生态文明党内规范性文件也已比较完善。①

（四）环境资源典型案例

对社会公众而言，抽象的法律规范总有一些疏离感，不易引起注意和共情。而案例是具体鲜活的，有时一个典型案例胜过无数空洞的说教。群众对现实发生的案件总是更容易看得懂、记得住，能够更好地理解法律规定的准确含义，知晓是与非的标准、法与情的边界。可用于普法的环境资源典型案例，既有最高人民法院和最高人民检察院发布的指导性案例和典型案例，也有生态环境主管部门和自然资源主管部门的行政执法案例。尤其是前者，所发布的案例都经过严谨的审查程序，其处理案件的思路和方法受到普遍认可，且会对法律适用和事实认定进行清晰说明，比通常的法律文书对核心问题的说理与论证更为集中与直接。截至目前，最高法和最高检发布的环境资源领域的指导性案例和典型案例已有数百个，成为法治宣传教育的丰富资源。

四、环境资源法宣传教育的作用

人类社会早期都曾发生过由贵族垄断法律的现象。在中国古代，春秋时郑铸刑书、晋铸刑鼎都是为了打破"刑不可知，则威不可测"的法律神秘状态，防止贵族阶层"临事制刑，不豫设法"和"化无罪为有罪，变有罪为无罪"，在一定程度上消解在法律上随心创制、肆意擅断的弊端。战国时期统治者进一步认识到了法律公开的积极意义。这一时期，法家主张向全社会公布法律，代表性言论如"法者，编著之图籍，设之于官府，而布之于百姓者也……故法莫如显……是以明主言法，则境内卑贱莫不闻知也"（《韩非子·难三》），"吏明知民知法令也，故不敢以非法遇民，民不敢犯法以干法官"（《商君书·定分》）。此后，法的公开在中国逐渐制度化、法律化。②

法的宣传教育是法律公开的重要内容，公开既是法本身获得正当性和合法性的必要条件，也是提高全民法律素质、保障人民合法权益和促进法治社会建设的必需。想要提高生态环境和自然资源治理的法治化水平，环境资源法的宣传教育是不可或缺的基础性工作。具体来讲，环境资源法宣传教育的作用大概可以分为三个层次。一是"知懂"，即让尽可能多的社会成员了解环境资源法律知识，知道法的具体规定，懂得法的指引内容；二是"认同"，即让绝大多数社会成员从内心理解和认同相关的法律规范，

---

① 常纪文. 全面系统完善我国生态文明党内法规体系 [J]. 中国环境管理，2022（3）：14-20.

② 张晋藩. 中国古代官民知法守法的法律宣传 [J]. 行政管理改革，2020（1）：4-15.

增强社会整体的环境资源法治观念；三是"守用"，即让大多数社会成员养成依法办事的习惯，在生态环境保护和自然资源开发利用活动中能够自觉守法、积极用法。

五、环境资源法宣传教育的途径

（一）新闻宣传

通过新闻进行环境资源法治宣传，主要涉及政府宣传部门和大众传媒两方主体。政府宣传部门可以采取新闻发布会、新闻通气会、媒体见面会、主题采访、新闻通稿等多种形式，主动发布环境资源法治建设中取得的进展成绩，及时通报发生的负面案件和突发事件等相关信息。要建立和完善政府新闻发言人制度，不断提升媒体素养和舆论传播专业化能力，要加强舆情研判，主动设置议题，规范发布行为，提高发布质量，积极引领社会舆论。[①] 大众传媒要自觉履行普法责任，积极引导社会法治风尚。一是要横向拓展，增加接近性，扩大影响力。要根据不同人群的差异、特点，在进行普法报道时分别侧重不同的法律内容。二是要向纵深拓展，以迅速权威的解读引导社会舆论，以深入浅出的新闻内容进行深度报道，呈现出多元化的报道形式，做好"新法速递""以案释法""专家访谈""常识宣传"等具体工作。[②]

（二）学校教育

学校在环境资源普法中的优势较为明显。首先是覆盖面广。我国九年制义务教育基本覆盖了所有人群，在这个阶段的学校开展法治宣传教育活动能够获得最大的受众面。其次是开展时间早。社会成员环境资源法治意识的养成越早，所能获得的综合社会效益就会越大。最后是教育效果好。在青少年甚至幼儿阶段就开展法治教育，更容易塑造正确的法律意识和行为习惯。教育部在《全国教育系统开展法治宣传教育的第八个五年规划（2021—2025年）》中明确要求要坚持以人为本，根据学校普法对象的实际需求和不同特点来分类实施并统筹推进。要提升对青少年环境资源普法的针对性和实效性，一是要以习近平生态文明思想为引领，二是要以宪法中的环境保护规范教育为核心内容，三是要发挥课堂教学的主渠道作用，四是要推动构建多元参与的环境资源普法工作新格局。

（三）国家机关普法

国家机关是法律的制定和执行主体，同时肩负着普法的重要职责。通过在立法、执法和司法的过程中精准普法，能够让人民群众更好地理解环境资源法律规定的内涵，在此基础上自觉执行相关法律裁决，在具体的法治实践中更好地感受相对抽象的法治精神。国家机关普法的重点是执法和司法部门要落实好"谁执法谁普法"的责任制度，这既有利于切实提升执法和司法工作的质量，减少执法和司法过程中的对立冲突，也

[①] 刘友宾. 环境宣传工作法治建设的新起点 [J]. 环境保护，2014（24）：40-41.

[②] 高雅. 浅谈依法治国背景下新闻媒体如何做好普法宣传 [J]. 新闻研究导刊，2017（3）：224.

有利于增强环境资源普法的针对性和实效性，从而更好地满足人民群众的环境法治信息需求。《意见》中就国家机关普法的职责任务作了七项具体规定，即建立普法责任制，明确普法内容，切实做好本系统普法，充分利用法律法规规章和司法解释起草制定过程向社会开展普法，围绕热点难点问题向社会开展普法，建立法官、检察官、行政执法人员、律师等以案释法制度，创新普法工作方式方法。

（四）公众参与普法

国家机关普法的方式相对单一，无法替代公民自身参与法治实践的教育方式。国家机关普法主要是通过输出法律知识和信息，促使普法对象增强法治观念、服从法律权威和遵守法律秩序，积极配合执法或司法活动的进行。但是，这种单向度、缺乏实践体验的法治教育效果欠佳，其解决方案就是向组织公民参加法治实践的方式扩展。也就是说，社会公众不能仅是被动的普法对象，要努力构建公众广泛参与法治实践并在其中不断自我教育和相互教育的普法新模式。公众参与普法的优势很明显，他们往往能够将抽象的法律规范转化为通俗易懂的百姓语言，从而形成同类群体可接受的朴素的生活感知，然后通过熟人社会的信任和亲切，将法律知识以引导、劝说、提醒、交流等方式渗透入国家机关普法难以深入触及的具体人际关系、家庭关系等空间，从而增强普法工作的针对性和有效性。[1]

---

[1] 方世荣，景勤. 论法治社会建设中的公众参与式普法 [J]. 荆楚法学，2022（4）：15–26+2.

第二节
环境资源法宣传教育的新形势和新任务

一、环境资源法宣传教育的新形势

（一）生态法治建设进入新阶段

我国在殷商时期就有环境保护的法律规定，是世界历史上最早制定环保法的国家之一。[①] 自 1972 年参加联合国人类环境会议后，我国的环境法治建设逐步加速。十八大以来，更是进入了全方位、全地域、全过程开展生态文明建设的新阶段。[②] 在指导思想上，指出山水林田湖草是生命共同体，生态是统一的自然系统，是相互依存、紧密联系的有机链条。对生态环境问题要从系统工程和全局角度寻求新的治理之道，不能再是头痛医头、脚痛医脚，而必须统筹兼顾、整体施策、多措并举，全方位、全地域、全过程地开展生态文明建设。在法治保障上，指出保护生态环境必须依靠制度、依靠法治，要求用最严格制度、最严密法治保护生态环境。这种"最严生态法治观"构成了生态法治建设新阶段的主要特征，塑造了时下生态法治建设的各种具体举措。

（二）在国际社会面临新困难

自 20 世纪六七十年代开始，国际社会对环境问题日益重视，环境保护已然跻身国际政治的最重要议题。全球性生态危机是人类共同面对的问题，保护生态环境、实现可持续发展是各国的高度共识，国际环境治理水平的提升也有赖于所有国家的努力。近年来，我国积极参与全球生态文明建设，在应对气候变化等领域已然成为重要的参与者、贡献者、引领者。由于环境保护不仅涉及气候等生态安全问题，也不可避免地影响到各国的经济社会发展，进而在现实主义的国际格局下造就了激烈的政治交锋。中国在经济建设等方面取得举世瞩目的成就之后，个别西方国家企图逼迫我国在环保领域承担超出自身发展阶段、应然责任和实际能力的义务，希望借此拖慢我们的崛起步伐。

（三）在国内社会迎来新挑战与新要求

经过持续努力奋战，我国环境污染治理的三大攻坚战取得关键进展，生态环境总体显著改善，绿色发展水平明显提升，生态文明建设体制改革顺利推进。"十四五"

---

① 金瑞林. 环境法学 [M]. 北京：北京大学出版社，2006.
② 吕忠梅. 习近平生态环境法治理论的实践内涵 [J]. 中国政法大学学报，2021（6）：5–16.

期间，我国进入新时代中国特色社会主义建设的新时期，社会经济发展和生态环境保护既面临难得的历史机遇，也遭遇更加突出的新挑战。当前，我国生态环境保护的基本特征是"三个没有根本改变"：一是以重化工为主的产业结构、以煤为主的能源结构和以公路货运为主的运输结构没有根本改变；二是环境污染和生态环境保护的严峻形势没有根本改变；三是生态环境事件多发频发的高风险态势没有根本改变。未来一段时间内，我国将处于经济高质量发展、人民生活高品质提升和生态环境高水平保护的协同推进时期。受经济结构、能源结构调整困难和疫情防控等因素影响，我国的生态文明建设仍会处于攻坚克难、负重前行的关键期。二十大报告提出推进美丽中国建设，加快发展方式绿色转型，推动形成绿色低碳的生产方式和生活方式；深入推进环境污染防治工作，提升生态系统多样性、稳定性、持续性，积极稳妥推进碳达峰、碳中和。

二、环境资源法宣传教育的新任务

（一）进一步优化普法队伍

环境资源法的宣传教育工作要依靠专业高效的普法队伍。普法工作似易实难，宣教人员不只要有相应的环境资源法律知识，还要具备与普法对象有效沟通的技巧能力，更要自身树立好正确的法治信仰和道德良知。目前，环境资源宣教队伍的工作能力和水平仍然有待提高，部分地方和部门仍然存在思想站位不够高、机构队伍不够强、内容方式不够新、支持保障不够有力等问题。[①] 在以后的工作中，各级党政机关的国家工作人员要带头提升普法工作能力，尤其是领导干部要精通自身业务领域内环境资源法律法规的具体规定，并深入了解其他生态文明建设相关法律的重点内容。要积极动员各种社会力量开展环境法治宣传教育，努力发挥群团组织和社会组织在普法中的作用，发展并规范公益性普法组织，让市场主体、新社会阶层、社会工作者、志愿者等都参与到普法工作中来。要加强各级普法讲师团建设，充分发挥法律实务工作者、法学教师等专业人员的作用。

（二）进一步完善普法内容

十八大以来，我国环境资源法治建设迈进的步伐很快，也就增添了很多新的普法内容。在"八五"普法期间，环境资源法宣传教育的重点内容包括习近平生态文明思想、《宪法》中的生态文明条款、《民法典》中的绿色条款、与生态文明建设有关的法律法规和党内法规等。在宣讲时，要注意人民群众对普法内容的需求已从"有没有"转变为"好不好"，应着力提高环境法治信息的针对性和实用性。要利用好环境资源领域的立法、执法、司法过程，让普法对象更加深入地理解"行动中的法"。在法律制定和修改过程中，可以通过新闻发言人、听证会、公开征求意见等解读法律问题、扩大社会参与、回应社会关切。在执法过程中，要加强向行政相对人、案件当事人和

---

① 邱启文.深入宣传贯彻习近平生态文明思想 努力开创生态环境宣教工作新局面[J].环境保护，2021（22）：11-14.

社会公众的普法力度，把行政许可、行政处罚、行政复议等相关法律规范的宣传教育有机融入办案程序中。在环境资源案件的司法过程中，要健全典型案例发布制度，落实好法官、检察官、律师以案释法制度，使依法解决典型案事件的过程成为全民普法的公开课。

（三）进一步丰富普法形式

在信息过剩的时代，人的注意力成为被竞相争夺的稀缺资源。为增强环境资源法宣传教育的吸引力和有效性，需要进一步丰富全媒体背景下的普法形式。首先，智慧普法在未来社会是大势所趋，要不断强化互联网思维，推动全国智慧普法平台与中国裁判文书网、中国庭审公开网、"学习强国"App等网络平台建立信息共享，让各种普法新媒体形成多级互动传播。其次，坚持效果导向，注意创新普法的方法手段。除继续坚持已被实践证明行之有效的传统普法方式，还要努力促进单向式传播向服务式、互动式、场景式传播转变，让普法工作更接地气，增强受众的参与感、体验感和获得感。要建设全媒体法治传播体系，努力将"报、网、端、微、屏"融于一体，借助互联网技术加快推动普法创新发展。最后，勤抓普法工作，注意全方位开展宣教活动。通过"6·5"世界环境日、"12·4"国家宪法日等特定时间，农村、社区、广场、公园等特定场所，垃圾分类、光盘行动等特定活动，影视、歌曲、书籍、海报等特定素材，将环境资源法宣传教育活动融入日常。

（四）进一步区分普法对象

环境资源法宣传教育活动要更加精细地区分普法对象，运用信息技术通过大数据去分析不同人群的环境法治需求，尽力做到精准普法。一是要加强对国家工作人员的法治教育。领导干部是决定普法效果的"关键少数"，要提高他们的法治意识和法律素质，让尊法、学法、守法、用法成为其自觉行为。如自然资源部就突出了对少数人员的法治教育，对一些直面市场主体和人民群众的关键岗位，包括行政审批、行政执法、自然资源督察、不动产登记、信访、信息公开等，要求相关干部必须参加任前法治培训考试，推动其熟练掌握行政法律知识，提升依法行政的能力和水平。[①]二是要加强对青少年的法治教育。所谓少成若天性、习惯成自然，要教育引导其从小养成遵纪守法的习惯。青少年普法应契合其身心发展、知识储备、生活场景等特点，国家机关、学校、社会、家庭要共同参与。三是要加强对从事自然资源开发利用和对生态环境有不利影响的企事业单位的法治宣传，结合其从业领域和生产经营的具体内容，有针对性地宣讲相关法律政策。

---

① 刘超，宋梅. 注重在针对性和实效性上下功夫——自然资源部法规司负责人解读自然资源系统"八五"普法规划[J]. 资源导刊，2022（1）：16-17.

第三章 环境法学的环境哲学基础

著名哲学家孙正聿说："的确，哲学贵高明。凡事望得远一点，看得深一层，想得透一成，阐幽发微而示人之以人所未见，率先垂范而示人之以人所未行，这既是人类智慧精华之所在，也是哲学之理或哲人之智的表现。"[①] 这是哲学的特点之一，也是我们撰写本章的目的之一。本章在简要探讨环境哲学之后，重点建设了几种环境伦理观和学习环境法学的方法论。

第一节 环境哲学

一、关于哲学

（一）哲学的学科结构

了解哲学的学科结构，有利于我们全面地认识环境哲学的研究内容。在哲学学科群中，根据其抽象的程度、研究的深度以及和实践的密切程度的不同，可以分为三个层次：元哲学、基础哲学和应用哲学，如图 3-1 所示。

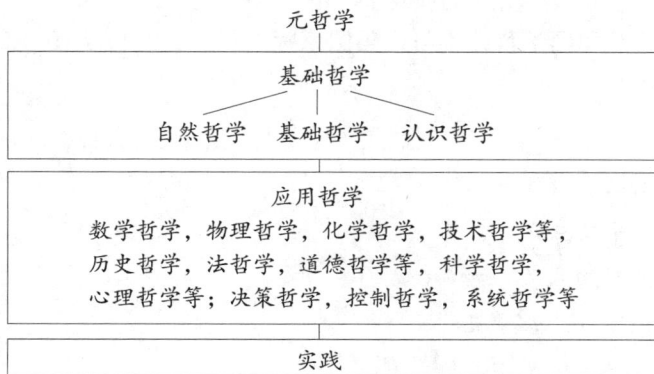

图 3-1 哲学的学科结构

---

① 孙正聿.哲学通论（修订版）[M].上海：复旦大学出版社，2005.

第一层次是元哲学，即最高层次的哲学，它探究宇宙世界的最根本的问题并形成宇宙观和世界观。它要不断吸收低层次哲学的内容，对低层次哲学进行思维的抽象，抽取其最深刻、最普遍、最一般的共同本质来充实自己的内容，同时又从理论思维的高度，为低层次的哲学发展提供方法。

第二层次是基础哲学，是元哲学的理论支柱和基础。就其抽象性来说，它比元哲学具体，但又比应用哲学抽象，和实践的密切程度比不上应用哲学，但又比元哲学更接近实践。它是沟通元哲学和应用哲学的桥梁或中介。就目前的认识深度来看，整个世界包括自然现象、社会现象和思维现象，而哲学又是以自然、社会和思维的一般规律作为研究对象的。因此，相应的基础哲学也应该包括三大部分，即自然哲学（研究自然界发展的辩证法）、社会哲学（包括历史辩证法和人生辩证法）、认识哲学（认识辩证法—狭义的认识论）。这三大部分便构成了基础哲学，成为支撑元哲学的三大支柱。

第三层次是应用哲学，是最低层次的哲学。就其抽象性和深刻性来说不如元哲学和基础哲学，但它比元哲学和基础哲学更具体、生动和丰富。它的内容来源于其他具体科学的成果和基础哲学、元哲学理论的结合。它也不是其他科学成果的简单重复或简单相加，而是对其他具体科学成果的思维抽象，否则就失去了哲学的性质。人们的实践是复杂多样的，因此也形成了不同的应用哲学，诸如在自然科学领域有生态哲学、生物哲学、数学哲学、物理哲学、化学哲学、气象哲学、地质哲学、技术哲学等；在社会科学领域也可以形成历史哲学、法哲学、道德哲学、军事哲学、美学哲学等；在思维科学中可以形成科学哲学、心理哲学等。[①]

（二）学科体系中的哲学

关于什么是哲学以及哲学在学科体系当中的地位界定，是没有一个固定答案的。我们仅从以下两个材料考察一下哲学所包括的内容。

1.《中华人民共和国学科分类与代码国家标准（GB/T 13745-2009）》——哲学、宗教学

720 哲学

720.10 马克思主义哲学

720.1010 辩证唯物主义

720.1020 历史唯物主义

720.1030 马克思主义哲学史

720.1099 马克思主义哲学其他学科

---

① 蓝荣策.论哲学的学科结构 [J].岭南学刊，2000（1）：69-71；马捷莎.关于"哲学是什么"的断想 [J].黑龙江社会科学，2005（2）：25-28.

720.15 自然辩证法（亦称科学技术哲学）

720.1510 自然观

720.1520 科学哲学

720.1530 技术哲学

720.1540 专门自然科学哲学（包括人工智能哲学、数学哲学、物理哲学等）

720.1599 自然辩证法其他学科

720.20 中国哲学史

720.2010 先秦哲学

720.2020 秦汉哲学

720.2030 魏晋南北朝哲学

720.2040 隋唐五代哲学

720.2050 宋元明清哲学

720.2060 中国近代哲学

720.2070 中国现代哲学

720.2080 中国少数民族哲学思想

720.2099 中国哲学史其他学科

720.25 东方哲学史

720.2510 印度哲学

720.2520 伊斯兰哲学

720.2530 日本哲学

720.2599 东方哲学史其他学科

720.30 西方哲学史

720.3010 古希腊罗马哲学

720.3020 中世纪哲学

720.3030 文艺复兴时期哲学

720.3040 十七、十八世纪欧洲哲学

720.3050 德国古典哲学

720.3060 俄国哲学（包括俄国革命民主主义者的哲学）

720.3099 西方哲学史其他学科

720.35 现代外国哲学

720.3510 十九世纪末至二十世纪中叶西方哲学

720.3520 分析哲学

720.3530 欧洲大陆人文哲学

720.3540 解释学

720.3550 符号学

720.3560 实用主义哲学

720.3599 现代外国哲学其他学科

720.40 逻辑学

720.4010 逻辑史（包括中国逻辑史、西方逻辑史、印度逻辑史等）

720.4020 形式逻辑（亦称传统逻辑）

720.4030 哲理逻辑（包括模态、多值、构造、时态、模糊逻辑等）

720.4040 语言逻辑

720.4050 归纳逻辑

720.4060 辩证逻辑

720.4099 逻辑学其他学科

720.45 伦理学

720.4510 伦理学原理

720.4515 中国伦理思想史

720.4520 东方伦理思想史

720.4525 西方伦理思想史

720.4530 马克思主义伦理思想史

720.4535 职业伦理学

720.4540 医学伦理学

720.4545 教育伦理学

720.4550 政治伦理学

720.4555 家庭伦理学

720.4560 生命伦理学

720.4565 生态伦理学

720.4599 伦理学其他学科

720.50 美学

720.5010 美学原理

720.5020 中国美学史

720.5030 东方美学史

720.5040 西方美学史

720.5050 西方现代美学

720.5060 马克思主义美学

720.5070 艺术美学（包括音乐、影视美学、建筑美学等）

720.5080 技术美学

720.5099 美学其他学科

720.99 哲学其他学科

730 宗教学

730.11 宗教学理论

730.1110 马克思主义宗教学

730.1115 宗教史学

730.1120 宗教哲学

730.1125 宗教社会学

730.1130 宗教心理学

730.1135 比较宗教学

730.1140 宗教地理学

730.1145 宗教文学艺术

730.1150 宗教文献学

730.1155 神话学

730.1199 宗教学理论其他学科

730.14 无神论

730.1410 无神论史

730.1420 中国无神论

730.1430 外国无神论

730.1499 无神论其他学科

730.17 原始宗教

730.21 古代宗教

730.2110 中国古代宗教

730.2120 外国古代宗教

730.2199 古代宗教其他学科

730.24 佛教

730.2410 佛教哲学

730.2420 佛教因明

730.2430 佛教艺术

730.2440 佛教文献

730.2450 佛教史

730.2499 佛教其他学科

730.27 基督教

730.2710 圣经学

730.2720 基督教哲学

730.2730 基督教伦理学

730.2740 基督教史

730.2750 基督教艺术

730.2799 基督教其他学科

730.31 伊斯兰教

730.3110 伊斯兰教义学

730.3120 伊斯兰教法学

730.3130 伊斯兰教哲学

730.3140 古兰学

730.3150 圣训学

730.3160 伊斯兰教史

730.3170 伊斯兰教艺术

730.3199 伊斯兰教其他学科

730.34 道教

730.3410 道教哲学

730.3420 道教文献

730.3430 道教艺术

730.3440 道教史

730.3499 道教其他学科

730.37 印度教

730.41 犹太教

730.44 祆教

730.47 摩尼教

730.51 锡克教

730.54 耆那教

730.57 神道教

730.61 中国民间宗教与民间信仰

730.64 中国少数民族宗教

730.67 当代宗教

730.6710 中国当代宗教

730.6720 世界当代宗教

730.6730 新兴宗教

730.6799 当代宗教其他学科

730.99

2.《授予博士硕士学位和培养研究生学科专业目录》（1997 年版）

01 学科门类：哲学

0101 哲学

010101 马克思主义哲学

010102 中国哲学

010103 外国哲学

010104 逻辑学

010105 伦理学

010106 美学

010107 宗教学

010108 科学技术哲学（自然辩证法）

二、关于环境哲学

（一）环境哲学的概念

环境哲学、生态哲学、环境伦理、生态伦理、生态环境哲学等概念颇多。我们在了解环境哲学的概念之前，有必要区分一下"生态"与"环境"。环境是指围绕人的空间和作用于人这一对象的所有外界影响与力量的总和。环境是以人为中心的。所谓生态学的方法，即"认识到一切有生命的物体都是整体中的一个部分"的方法，"它克服了从个体出发的、孤立的思考方法"。生态是以生物为中心的，人是生物界中的一员。生态学的方法是立足于"自然整体的尺度"理解人同自然界的关系的，把自然作为环境的研究方法则是立足于"人的尺度"理解人与自然界的关系的。环境科学是以"人类—环境"系统为对象，研究其对立统一关系的发生与发展，调节与控制，以及利用与改造的科学，有人类中心主义的意蕴。生态学是生物与生物之间以及生物与环境之间相互关系的生物学分支学科。近代生态学研究的范围，除生物个体、种群和生物群落外，已扩大到包括人类社会在内的多种类型生态系统的复合系统。人类面临的人口、资源、环境等几大问题都是生态学的研究内容。生态学更多地体现了非人类中心主义的意蕴。

目前，国内外学术界对探讨生态环境哲学问题的新兴学科有不同的名称，如绿色哲学、生态哲学、环境哲学、环境伦理学、深层生态学等。就实际学术影响和国际公认度而言，称之"环境哲学"和"环境伦理学"更为广泛。由于从学科分类上说，伦理学本身是哲学的一个分支，环境哲学的概念涵盖的范围要比环境伦理学的概念更大一些，两者不易等同。鉴于生态与环境的区别，称之为生态哲学或生态环境哲学成为一种发展趋势。这是因为"生态"体现了更多的天人合一和整体主义思想，是非人类中心主义或改良的人类中心主义追问的结果。

环境哲学首先是一门基础哲学，从人与环境的关系出发，探究宇宙最根本、最普遍的规律；然后才是一门应用哲学，指导人们安身立命，协调人与自然的关系。① 此仅为概念之一而已，学者们对环境哲学内容上的认识不同，也必然导致环境哲学概念的不同。

（二）环境哲学的研究内容

德国哲学家叔本华说过，哲学是一个长着许多头的怪物，每个头都说着不同的话。德国古典哲学巨擘黑格尔也说过："哲学有一个显著的特点，与别的学科比较起来，也可说是一个缺点，就是我们对于它的本质，对于它应该完成和能够完成的任务，有许多大不相同的看法。"可见，要讲清哲学是什么？乃至环境哲学是什么？是非常困难的事。但是，不论哲学研究的中心怎样转移，重点怎样倾斜，也不论哲学家们研究的领域有多大的差别，有一点应该是不变的，就是它始终关注的是普遍联系、一般规律和共性问题。不论那个怪物有多少个头，它们说着多么不相同的话，但却都是生长在同一个身躯，即哲学身躯上。② 因此，环境哲学的研究重点在"哲学"，是研究与环境问题有关的哲学问题，研究环境问题对哲学的影响，以及哲学能够为环境问题解决提供的哲学理论与方法。

英国哲学家克里斯托福·贝尔肖认为，不能认为环境哲学只是一个关于特定问题的学科，实际上环境哲学正在开辟一个全新的研究方向，它要求全然不同的专门知识。虽不能说环境哲学像分析哲学一样是哲学的一种历史形态，就是 21 世纪的哲学，但应该承认当代环境哲学正触发对整个现代哲学的批判性反省。③ 可见，不能单纯地把环境哲学看作应用哲学，实际上它引起了整个哲学的变革，在元哲学、基础哲学、应用哲学三个层次上都涉及环境哲学的内容。

---

① 陈国谦，等.中西环境哲学的源流与发展 [J].中国人口·资源与环境.2002（2）：7.

② 马捷莎.关于"哲学是什么"的断想 [J].黑龙江社会科学.2005（2）：27.

③ 卢风.环境哲学的基本思想 [J].湖南社会科学，2004（1）：41.

第二节 环境伦理

一、环境伦理学

（一）伦理、道德、伦理学

"伦理"一词，在中国最早见于《礼记·乐记篇》："乐者，通伦理者也。"《说文》中对伦理一词解释为："伦，从人，辈也，明道也；理，从玉，治玉也。"也就是说，伦理是人们在处理和调整相互关系时所应遵循的道理、原则。

"道德"是由一定的社会经济关系决定的，以社会舆论、传统习惯和内心信念维系的行为善恶准则的总和。

"伦理学"源于古希腊语，含有风尚、习俗、品性等意。古希腊哲学家亚里士多德把研究道德品性的学问正式称之为"伦理学"。在近代，我国学者沿用了日文的译意，使用了"伦理学"这一概念。伦理学是关于道德问题的理论，是研究道德现象的学问，为人们提供了理论化、系统化的道德知识体系。伦理学以道德整体作为研究对象，是一门特殊的理论科学、价值科学、规范科学、实践科学。

（二）环境伦理学的内涵

环境伦理学是研究人与自然关系中的道德问题的学问。有人会问：伦理是人们在处理和调整相互关系时所应遵循的道理、原则，是人与人的关系，现在又要扩展到人与自然的关系，环境伦理成立吗？这的确是一个亟需澄清的问题。

按照传统的观点，只有在人与人的相互关系中才存在伦理道德问题，环境伦理是不成立的。而实际上，从道德意义上探索研究人与自然关系正是当代伦理学的重要任务之一，环境伦理却应当是成立的。认为环境伦理不成立的理由在于"自然"不具有理性，不能知晓、不能理解、不能执行伦理规范。但是，我们认为在伦理关系中只要有一方具有理性，这一关系就是可调整的、可规范的。从这一角度解释，环境伦理显然是可以成立的。"人与人的关系"与"人与自然的关系"是互相联系、互相促进、互相制约的。"人与自然的关系"背后关联着"人与人的关系"。"人与人的关系"时常是以"自然"为中介的。"人与人的关系"决定了"人与自然的关系"中"人"的行为规范。"人与自然的关系"的恶化，造成自然对人的报复，进而迫使人通过伦理、法律等调整"人与人的关系"。"人与人的关系"与"人与自然的关系"的一体化思考，也符合环境哲学整体主义方法论思路。

二、环境伦理观

生态危机及其成因是复杂的，其认识探索和应对的方法也应是多维的。除去技术的、法律的、经济的、行政的等种种手段之外，道德文化观念的形成也是其中重要的组成部分。古人曾经从道德的视角探讨人与自然的关系，如"道法自然""天人合一"的观点，就是谈的"人与自然和谐统一"的思想。习近平生态文明思想中提到，"生态兴则文明兴"，必须牢固树立和践行"绿水青山就是金山银山"的观念，站在人与自然和谐共生的高度谋发展。

系统的环境伦理思想形成于20世纪中期，20世纪70年代后得到了较大的发展，并愈来愈受到各国政府的高度重视并成为众多思想家们研究的热点问题。环境伦理学经历了孕育期的人类中心主义基调，创立期的自然中心主义基调，发展期的流派纷呈。由于各种学派之间的关系过于纷繁复杂，使得有条理地叙述和介绍它们之间的关系成为一件十分困难的事。为了清晰和简明地介绍这些流派，人们倾向于将其归纳为人类中心主义和非人类中心主义两大学派。

在非人类中心主义学派中，动物解放/权利论、生物中心论所强调的都是生物个体的价值和权利，所以被称为"个体主义学派"；而生态中心论、大地伦理学、深层生态学、自然价值论、盖娅假说等则强调生态系统的整体性，所以被称为"整体主义学派"。如图3-2所示。

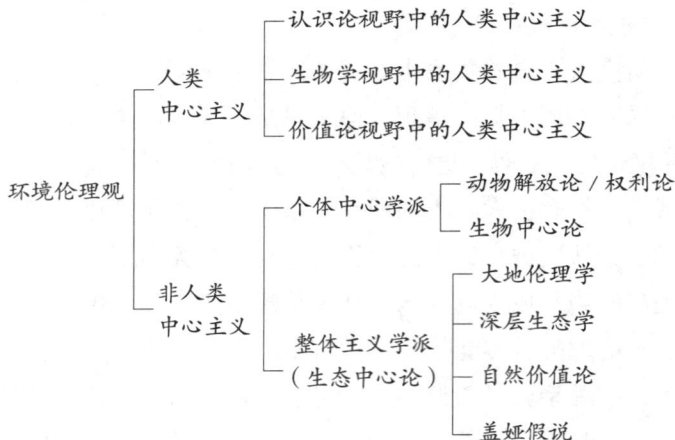

图 3-2　人类环境伦理观的分类

对人类中心主义和非人类中心主义的各流派的具体介绍如下。

（一）人类中心主义

人类中心主义就是强调人在世界中的主体地位和作用，人的利益为衡量万物的尺度和标准。人类的道德顾客只有人。工业文明时代人们处理人与自然的关系时，人类中心主义是主流思想。

在非人类中心主义兴起的同时，人类中心主义也有所改良。如诺顿把人类中心主义区分为两种：①如果一切价值以满足人类"感觉的偏好"（felt preference）为依据，就是强人类中心主义的；②如果一切价值以满足人类"审慎的偏好"（considered preference）为依据，就是弱人类中心主义的。诺顿认为，"弱人类中心主义"为评判个人消费需要和在不同需要层次之间进行裁决提供了根据，无须非人类中心主义者赋予自然内在价值的可疑的本体论承诺。①

还有学者认为，认识论和生物学意义上的人类中心主义都是不可反对的，人们所争议的是价值论意义上的人类中心主义，对人类中心主义理解层次的"错位"导致了许多不必要的误解和思维混乱。

（二）动物解放／权利论

1973年4月5日，澳大利亚学者彼得·辛格在《纽约书评》上撰文，首次提出"动物解放"（Animal Liberation）一词。1975年，辛格撰写的《动物解放》一书出版。辛格反对因食用及实验而利用动物，从而提出"素食主义"的思想。

与辛格同时期，美国学者雷根提出了动物权利理论。他在1975年撰文认为，动物具有"固有的价值（intrinsic value）"和"对生命的平等的自然权"。固有价值与工具价值（instrumental value）相对。雷根认为拥有固有价值的个体本身就是目的，而不是别的目的的手段。"成为生命主体意味着……拥有信念和欲望，知觉、记忆和对未来的感觉等。"雷根认为，某些动物，至少哺乳动物，符合成为生命主体的条件，它们因而具有固有价值，拥有受到道德关心的权利。动物身上的这种价值赋予了它们一种道德权利，即"不遭受不应遭受的痛苦的天赋权利"。人类应当像尊重人类的自然权那样尊重动物的权利。

（三）生物中心论

1923年，20世纪法国人道主义者阿尔贝特·史怀哲在其代表作《文明与伦理》一书中首先提出了"生物中心论"。他是西方首位提出将伦理学概念和权利扩大到所有生物的科学哲学家。

美国学者保尔·泰勒在《尊重自然》（1986）一书"生命中心主义的自然观"一节中，对生物中心论思想作了具体的理论阐述，为人们接受这一伦理思想提供了充分的理论证明。

生物中心论者主张，我们应将一切有生命之物都视为有价值和值得尊重的。从生物中心论的角度看，在生命体的多种性质中选择感觉能力作为判定一事物是否值得加以道德关注的标准，仍带有浓厚的人类中心论色彩。②

---

① 陈剑澜. 西方环境伦理思想述要 [J]. 马克思主义与现实，2003（3）：100–101.
② 刘耳. 西方当代环境哲学概观 [J]. 自然辩证法研究，2000（12）：12.

（四）生态中心论

这是一种整体主义环境伦理观。生态中心论认为，生态系统的健康本身具有价值，人类对它负有直接的义务；生命个体、物种、生态过程作为生态系统的组成部分和存在形式，具有非（人类的）工具价值，人类对它们同样负有道德义务。环境伦理学必须把物种和生态系统这类生态"整体"视为拥有直接的道德地位的道德顾客。

生态中心论是一种整体主义的而非个体主义的伦理学，更加关注"生态共同体"而非"有机个体"。可以从以下视角阐发生态中心论。

1. 大地伦理学

生态中心论源于 A. 利奥波德倡导的"大地伦理"。利奥波德在《沙郡年鉴》（1949）一书的最后一节"大地伦理学"中第一次系统地阐述了生态中心论的环境伦理观。

大地伦理学认为，生物群落比个体生物更值得人类加以道德关注，主张通过有选择的狩猎来控制动物种群的数量，以维持生态系的平衡。生态中心论往往以物种或生态系这些非实体单位作为道德关怀的对象。利奥波德说："凡趋于保持生物共同体的完整、稳定与美丽的，就是道德的；否则，就是不道德的。"这句话已成了生态中心环境伦理学所奉行的一句格言。

2. 深层生态学

1973 年，挪威学者 A. 乃斯在其论文《浅层与深层：远距离生态运动》中开始使用"深层生态学"（deep ecology）一词。

深层生态学者认为，第一，浅层生态学是人类中心主义的，只关心人类的利益；深层生态学是非人类中心主义和整体主义的，关心的是整个自然界的利益。第二，浅层生态学专注于环境退化的症候，如污染、资源耗竭等；深层生态学要追问环境危机的根源，包括社会的、文化的和人性的。第三，在实践上，浅层生态学主张改良现有的价值观念和社会制度；深层生态学则主张重建人类文明的秩序，使之成为自然整体中的一个有机部分。

深层生态学之所以"深层"就在于它提出了那些浅层生态学不愿过问的根本性问题，并积极寻求解决的办法。只有像"深层的""追问"这类词才能恰当地表达他们的思想和态度。

3. 自然价值论

1988 年，美国学者霍尔姆斯·罗尔斯顿在《环境伦理学：大自然的价值以及人对大自然的义务》一书中，试图从价值观和伦理信念的角度为人们解决环境保护问题提供价值指导。罗尔斯顿认为，一切自然物，无论有机物还是无机物都具有自身的内在价值。自然价值是"内在价值""工具价值""系统价值"的统一。内在价值是以该自然存在的自身需求为尺度所做的价值判断。工具价值是被其他存在物依其需求和利用尺度所做的价值判断。尽管生态系统为了它自身的缘故而护卫某些完整的生命形式，但"系统价值"并非生态系统的内在价值。尽管作为生命之源，生态系统具有工具价值的属性，"系统价值"也不是生态系统对有机体的工具价值。系统价值也不是生态系统中所包含的全部价值之和。"系统价值"是生态系统创造价值的过程和趋势。罗尔斯顿认为：我们已接触到了某种需要用第三个术语——系统价值——来描述的事物。

4. 盖娅假说

"盖娅"（Gaia）为希腊语，是古代希腊人对地球女神的称谓。其主旨是地球自身是一个生物有机体，是一个能够自我适应、自我调节、改变自身环境，顽强存活下去的系统。换句话说，地球本身就是一个生命体。

第三节 环境法学学习方法论

学习贵在态度和方法。态度端正、方法得当，会收到事半功倍的效果。

一、关于学习态度和方法

学习态度的核心是自觉和自律，自觉源于眼界和目的；目光狭隘、"小富即安"则容易产生骄傲情绪和自满情绪，降低学习的积极性和主动性。要想提升眼界，就要敢于和"比自己强的人"接触。

如果要提供一个简单的进行大学学习的方法，可以是八个字：学习、思考、写作、发表。多读书，向书本学习、向实践学习、向活生生的精英学习（精英通常是少数，要有成为"少数人"的勇气）；学而不思则罔，带着问题去学习，学习过程中要有质疑和批判精神；学习思考所得要敢于写下来，并逐渐养成以书面语去阐释某个问题的习惯；乐于以公开发表的形式奉献自己的思考所得。如果再丰富一下这个方法的话，可以是"学习、学习、再学习；思考、思考、再思考；写作、写作、再写作；发表、发表、再发表"。

二、论文的撰写与发表

对于学生来讲，论文写作是一项基本技能。将所学所得以口语进行表达，以及以书面语进行表达，是任何层次的工作所需要的基本技能。

例如在法学界，法律出版社分别于2006年、2012年、2017年出版了梁慧星的《法学学位论文写作方法》初版、第2版、第3版。2009年，中国人民大学朱景文主编的《研究生学位论文写作笔谈》汇集了六位已经毕业的博士研究生攻读博士学位、撰写学位论文及答辩的经验总结。六位博士结合亲身感受，内容写得真实详细，可读性、借鉴性非常强。

2009 年，笔者刘国涛出版了《法学论文写作指南》一书（2018 年出版了第 2 版），从论文选题与资料搜集到论文修改、答辩、发表，仔细解答了 140 个细节性问题。2011 年，北京大学法学院陈瑞华出版《法学论文写作与资料检索》；2013 年，北京大学凌斌出版了《法科学生必修课：论文写作与资源检索》；2015 年，清华大学法学院何海波出版了《法学论文写作》。2016 年，北京大学《中外法学》编辑部组织出版了《经验与心得：法学论文指导与写作》，将北京大学法学院老、中、青三代 11 位学者曾经在《中外法学》上发表的有关"治学与笔耕心得"方面论文汇集在一起。其导言中说："进一步促成对中国法学研究方法论意识和法学论文写作训练的理论自觉，提升中国法学研究与法学教育的内在品质与对中国法制建设实践的外部贡献。"2017 年，北京大学法学院陈瑞华的《论法学研究方法》第 2 版出版（第 1 版出版于 2009 年），"法科学生如何撰写学术论文"是该书的主要内容之一。2017 年，清华大学法学院张卫平的《法学研究与教育方法论》面世，洋洋洒洒 41 万余字，介绍了其从教 30 年从"学术研究之初，并没有什么研究方法论的指引，是典型的'摸着石头过河'"，到"将这些经验与前人的论述予以结合、提炼，也就构成了自己的方法论"。该书有专章介绍"硕、博论文的撰写"。

环境资源法学界对此也十分重视，例如 2017 年，重庆大学环境资源法学胡德胜出版了《法学研究方法论》，中南财经政法大学高利红出版了《法学研究与文献检索》；2019 年，中国人民大学竺效主编的《环境法教学与人才培养论文集》。除前述举例的著作之外，还有一些关于法学论文写作方法的论文，例如 2016 年，中国人民大学杨立新的《法学学术论文的选题方法》等，有关论文在中国知网上较易查到，不再详尽列举。总之，从法学论文写作教育论著发表出版的情况，可以窥见法学论文写作教育过去之欠缺、当前之逐步重视、未来强化发展之必要。

第四章 环境权

20世纪中叶，西方一些发达国家发生了一系列震惊世界的环境污染事件，造成大量人员非正常死亡、残废、患病的公害事件频发，其中最严重的八起污染事件，被称为"八大公害"。[①] 随着20世纪六七十年代世界性的环境危机爆发，人类赖以生存的自然环境不断遭到破坏，"环境权"作为一种新兴权利和社会主张出现了。

第一节 环境利益

"权利是利益在法律上的表现，利益在法律上的表达就是权利。"二战后，人类面对日益严重的环境问题，深刻地意识到自己的"环境利益"正在遭受严重侵蚀。这种侵蚀的背后实际上是人类的"环境利益"与"经济利益"之间的冲突。20世纪六七十年代，面对日趋严峻的环境形势，环境利益"出现并逐渐发展成为一种广泛的诉求"。[②] 人们把目光投向了权利，希望其能帮助捍卫环境利益，于是环境权作为一种新兴权利应运而生。想要深入理解环境权，有必要对环境利益的概念有所了解。

一、利益的概念

环境利益一词系由"环境"和"利益"两个词汇组合而成，要深入理解这个词就需要分别对"环境"与"利益"进行解析。在本书前面的内容中已经对"环境"一词做了分析，在这一部分就需要对"利益"的概念做出解读。

[①] ①比利时马斯河谷烟雾事件；②美国多诺拉镇烟雾事件（1948年10月）；③伦敦烟雾事件（1952年12月）；④美国洛杉矶光化学烟雾事件（二战以后每年的5~10月）；⑤日本水俣病事件（1952~1972年间断发生）；⑥日本富山骨痛病事件（1931~1972年间断发生）；⑦日本四日市气喘病事件（1961~1970年间断发生）；⑧日本米糠油事件（1968年3~8月）。

[②] 史玉成. 环境利益、环境权利与环境权力的分层建构——基于法益分析方法的思考 [J]. 法商研究，2013，30（5）：11.

利益简而言之就是指"好处"。《后汉书·循吏传·卫飒》："教民种植桑柘麻
紵之属，劝令养蚕织屦，民得利益焉。"宋代吴曾的《能改斋漫录·沿袭》："汉与
突厥……不如和好，国家必有重赍，币帛皆入可汗，坐受利益。"这两个中国古代著
作中的利益均是此意。在现代社会，一个事情对某人有（利）益，人们常常会说"这
事对某人有好处"。从字面角度去分析，"利"由"禾"与"刂（刀）"两个部分组成，
意指用农具收获庄稼，引申为好处、收获、与愿望相符合等含义；"益"古文通"溢"，
意指水从器皿中漫出，引申为增加或增值。① 从这个词汇本身的含义背后，可以看出人
们对利益的追求是人类社会发展的最基本的途径，也是社会发展和进步的重要驱动。

从学术角度去看，哲学、经济学、社会学、法学等学科均对利益这个概念有不同
表述。哲学角度上看，"利益"是指"人们通过社会关系表现出来的不同需要"。美
国社会学者罗斯科·庞德也提出类似观点，将利益看作是"人们个别的通过集团、联
合或关系，企求满足的一种要求、愿望或期待"。② 从法学角度上，有专家将利益看作
是"对主体的生存和发展具有一定意义的各种资源、条件机制等有益事物的统称"。③
综上，可以说利益在本质上属于社会关系的范畴，既有主体的需求和期待，也包含着
主体实现其需求所依凭的客观条件。

利益与法律有着密切的联系。按照学者菲利普·赫克的说法，利益是法律的原因，
法主要规范着利益斗争，法的最高任务是平衡利益。④ 因此，有必要从法学角度，对利
益的含义做进一步的分析。第一，利益在本质上是社会关系的一种体现。"利益是必
然经过社会关系才能体现出来的需要，反映的是人与人之间的社会关系即人与人之间
对需求对象的一种分配关系。"⑤ 第二，虽说利益体现出需求，但并非所有需求的实现
都可以被看作是利益，只有具备一定稀缺性的需求才可以转化为利益。比如，人们可
以自由获得水资源时，人们对水的需要不会也没有必要成为一种利益。然而，随着水
资源的减少和水污染的加剧，人们获得水资源变得困难时，对水资源的需求就变成了
一种利益。第三，利益是一个十分复杂的结构体系，依靠不同的标准人们可以对利益
进行不同的分类。比如，按照享有利益的主体不同，有个人利益和公共利益之分、个
人利益和集体利益之分；按照利益的客体属性，则有物质利益和精神利益之分、经济
利益和非经济利益之分。不同的利益之间可能会存在矛盾冲突，因而需要法律来进行
确认、调整、分配和控制。

---

① 刘卫先．环境法学中的环境利益：识别，本质及其意义 [J]．法学评论，2016，34（3）：10.

② 罗庞德，沈宗灵．通过法律的社会控制法律的任务 [M]．北京：商务印书馆，1984.

③ 颜运秋．公益诉讼理念研究 [M]．北京：中国检察出版社，2002.

④ 付子堂．对利益问题的法律解释 [J]．法学家，2001（2）：7.

⑤ 史玉成．环境法的法权结构理论 [M]．北京：商务印书馆，2018.

二、环境利益的概念与特征

（一）何谓环境利益

进入 21 世纪，环境利益这个概念被环境科学、经济学、哲学乃至法学学者广泛使用，但对于这个词汇的含义，似乎还没有明确。如张长元认为："所谓环境利益，是指天然自然资源是人类的财富，人类在'攫取'这一财富过程中才产生环境问题，人类的多元利益主体如何来分享这些天赐的、共同的'环境利益'呢？"[①] 也有经济学学者将环境利益视为"一种典型的公有产品"，这种利益的"公平分享是改革成果分享的一项重要内容"。[②] 可见，经济学领域的学者似乎把环境利益看作一种不证自明的利益。

在法学领域尤其是环境法学领域，环境利益也有不同的含义。国外环境法学者对环境利益和生态利益往往进行混用不加以详细解读和明确区分。国内环境法学者也在不同的意义上使用环境利益，大体上分为以下几种情况：第一，环境论或环境品质论。比如，汪劲认为，"环境利益只是必须依附于一定的人之上的不能独立存在的利益，环境是人类共有的财产，它不存在为个人所享有的物质基础"。[③] 蔡守秋认为，"由于人的环境是人的需要，是满足人的需要的东西、因素和条件，所以环境就是人的利益即环境利益"。[④] 这种学说实际上是将环境利益视为环境本身。第二，非人利益论。有学者认为大自然就是生态系统，生态利益就是生态系统中系统生物的利益，即满足生物生存所需要的各种条件。[⑤] 第三，人的生态需求满足论。"环境利益系各环境要素按照一定的规律组成的环境系统所客观具有的环境生态功能对人的生态需要的满足，环境利益的主体是以生命的延续为本质追求的人，其客体系环境生态功能。"[⑥] 第四，人格利益论。环境利益是环境人格的内容，应通过环境人格权加以保护。[⑦] 第五，私益＋公益论。张梓太认为，"环境利益大体上包括两类：一类是基于个体产权产生的、以环境资源要素及局部环境生态功能为载体的个体环境利益；另一类是跨越个体产权界限的、以整个环境系统的生态功能为载体的公共环境利益"。[⑧] 第六，全面利益论。该观点认为，环境利益就是人类从自然环境中获得的所有的利益。如环境利益是指人类从生态系统自动获得的维持生命延续的效用和人类能动地利用自然环境所形成的各

① 张长元. 环境公平释义 [J]. 中南工学院学报，1999（3）：55.

② 王慧. 试论环境税与环境利益公平分享的实现 [J]. 中共南京市委党校南京市行政学院学报，2007（1）：6.

③ 汪劲. 伦理观念的嬗变对现代法律及其实践的影响——以从人类中心到生态中心的环境法律观为中心 [J]. 现代法学，2002（2）：125.

④ 蔡守秋. 调整论：对主流法理学的反思与补充 [M]. 北京：高等教育出版社，2003.

⑤ 叶平. 生态权力观和生态利益观探讨 [J]. 哲学动态，1995（3）：26.

⑥ 何佩佩. 论环境法律对环境利益的保障 [J]. 广东社会科学，2017（5）：236.

⑦ 刘长兴. 环境利益的人格权法保护 [J]. 法学，2003（9）：106–108.

⑧ 张梓太. 环境法律责任研究 [M]. 北京：商务印书馆，2004

种收益，由初始利益、原生利益、次生利益、再生利益和共生利益所构成，具有多元复合的属性。① 以上这些理论都有自己的道理，也有各自的问题。"环境论、人格利益论"关注到环境利益中的重点问题，但未能反映环境利益的全貌。"非人利益论"理念比较超前，却忽略了人在环境中的利益。"私益＋公益论、全面利益论"看似包括了很多内容，但边界相对模糊。综合和上述理论和当前的社会现实，笔者比较赞同史玉成的观点："环境利益，即环境法所要保护和调整的利益，是指为了满足人的基本生存需要和发展需求、安全和良好的环境需要，以环境资源与生态系统服务功能为客体的各种经济性利益和生态性利益的总和。"②

（二）环境利益的特征

环境利益主要有以下三个特征：第一，环境利益既有私益性又有公益性。人们从利用环境和自然资源获取的各种经济性利益，可以通过权属制度确定所有权主体、开发利用主体，以使私益价值得到实现。而大自然的气候调解、水体自净、空气净化等功能给人们带来的生态利益往往是大众所共有的，属于公共利益。环境利益所具有的这种公私兼具的属性，要求对不同类型的环境利益进行不同的法律保护。因此，"对于个人利益的保护可以通过权利的确定来实现，对公共利益应该更多地去规定相关主体应承担何种义务"。③ 第二，整体性和不可分割性。④ 中国自古以来的环境利益观就非常强调环境与人的整体互动，即求得和谐的整体性、互动性、友好性。由于自然环境本身就是一个整体，环境利益只能是一种整体利益。在同一自然环境中的人实际上处在一个环境共同体之中，其中的每个个体都会因为环境的恶化而受到不良影响，也会因为环境的变好而受益，但环境利益不能被明确地分割给每个个体单独享有。"因此，环境利益只能是环境共同体的利益，即共同体的成员连接成一个整体而拥有的利益，具有不可分割性。"⑤ 第三，环境利益具有间接性和时代性。"环境利益作为一种良好的自然环境，对生存于其中的每一个人都有利，但生活于其中的任何人都无法拥有针对该自然环境的权利。"⑥ 环境对人类产生的影响并不经常是通过某一个和人类直接发生关系的部分实现的，而是通过生态环境中各个组成部分之间的相互作用体现出来的。⑦ 因此，可以认为环境利益是一种间接利益。有学者指出，"不同的阶段人类对环境的

① 刘卫先 . 环境法学中的环境利益：识别、本质及其意义 [J]. 法学评论，2016，34（3）：155.

② 史玉成 . 环境法的法权结构理论 [M]. 北京：商务印书馆，2018：77.

③ 史玉成 . 环境法的法权结构理论 [M]. 北京：商务印书馆，2018：78.

④ 刘卫先 . 环境法学中的环境利益：识别，本质及其意义 [J]. 法学评论，2016，34（3）：160.

⑤ 刘卫先 . 环境法学中的环境利益：识别，本质及其意义 [J]. 法学评论，2016，34（3）：160.

⑥ 刘卫先 . 环境法学中的环境利益：识别，本质及其意义 [J]. 法学评论，2016，34（3）：161.

⑦ 史玉成 . 环境法的法权结构理论 [M]. 北京：商务印书馆，2018.

需求不同"，"纳入法律视野中予以保护的环境利益也不同"。① 直到工业文明广布才出现环境利益，直到公害问题集中出现人类社会才意识到环境利益的存在，是因为这时的环境出现了"问题"，是因为这时的环境带来的利益减少了，甚至有消失的风险，是因为这时人类再也不能像历史上那样对环境予取予求了。② 环境利益出现的时代恰逢科学技术日新月异，先进的技术工具使人类可以精准地评价环境质量。因此，环境利益具有时代性，这是环境利益不同于其他利益的地方。

第二节 环境权

一、环境权的由来

环境权不是凭空出现的，近代以来资本主义经济的高速发展是环境权出现的历史背景。二战结束后，全球经济飞速发展，这种高速发展是以对自然环境的过度开发为代价的，20 世纪六七十年代，西方发达国家面临一系列严重污染与生态破坏问题。美国仅仅由于空气污染带来的死亡、疾病、材料等方面的损失，在 1977 年总计达 250 亿美元；美国的噪声污染同样产生巨大的不利影响，1972 年占总人口 40% 的民众受到噪声污染的影响，20% 的人口面临听力损伤的风险。③ 日趋严峻的环境问题引发了人类的关注和思考，从权利角度出发，"世界上出现了最早的以自然权利的形态表现出来的'环境权'主张"。④ 环境权的主张是在 20 世纪 60 年代初由一位医生首先提出来的。1960 年这位医生向欧洲人权委员会提出控告，认为向北海倾倒放射性废物的违法行为违反了《欧洲人权条约》中保障清洁卫生环境的规定，这引发了是否要把环境权追加进欧洲人权清单的大讨论。⑤

在环境法学界一般认为，美国密歇根大学的约瑟斯·萨克斯在 20 世纪 60 年代末以法学中的"共有财产"和"公共委托"理论⑥ 为根据最早提出了具有独立意义的"环境权"概念，认为环境权是国民享受良好的生活环境且予以支配的权利。《寂静的春天》

---

① 韩卫平，屈抒. 环境法保护对象研究 [J]. 重庆大学学报（社会科学版），2014，20（1）：138.

② 徐祥民，朱雯. 环境利益的本质特征 [J]. 法学论坛，2014，29（6）：48.

③ 徐祥民，田其云. 环境权环境法学的基础研究 [M]. 北京：北京大学出版社，2004.

④ 孟庆涛. 环境权及其诉讼救济 [M]. 北京：法律出版社，2014.

⑤ 蒋春华. 论公众参与环境保护的理论基础 [J]. 北方环境，2011，23（7）：27.

⑥ 约瑟夫·L. 萨克斯，王小钢. 保卫环境：公民诉讼战略 [M]. 北京：中国政法大学出版社，2011.

一书的作者雷切尔·卡森在给海牙研究院提交的报告中建议将已有的人权内容进行扩展，主张人类有免受污染和在清洁的空气和水中生存的相应权利。1970 年 4 月 22 日，美国举办首次地球日纪念活动，这次活动标志着美国民众从严重的环境危机中觉醒，进一步推动了美国人的环保意识发展，在活动中提出了保障环境权利的主张"人人应生而具有享受清洁健康和充裕的环境的权利"。20 世纪 70 年代环境权的主张也影响了亚洲。1970 年 3 月，在日本东京召开了国际社会科学评议会，会后发表了《东京宣言》，宣称环境权是一种应在法律中固定下来的基本人权。[①] 联合国在 1972 年通过的《人类环境宣言》，第一条就将环境权定性为一种基本权利。[②] 截止到 2018 年，已有 80 多个国家将"环境权"写入宪法。[③]

二、环境权的概念及特征

对环境权这个概念，目前我国学界尚没有形成一个十分统一的看法。在学界对于环境权这个概念一直存有分歧。不同学者围绕"环境权是否存在"以及"环境权是什么"争论不休。1972 年的《人类环境宣言》的第一条可以算是在国际环境法层面提供了一个定义。

（一）关于环境权的主要理论观点

从我国学界目前的研究情况看，学者们在环境权问题上存在分歧，即便是作为环境权肯定说的主流对环境权的看法也存在差别，大致分为以下几类。

1. 法律权利说

蔡守秋率先主张环境权是法律上的权利。他认为环境权是"权利人有依法直接和非排他性享用清洁健康环境的权利。环境权的种类和内容，由法律规定"。[④] 早在 1982 年他就提出"环境权是指法律上的权利，即法律赋予法律关系的主体在其生存的自然环境方面享有的某种权益"。[⑤]

2. 物权说

持此观点的学者主要从民法层面来看待环境权，把环境看作是环境相邻权或环境使用权。[⑥] 持这一观点的学者主要从"民法物权的意义上来看待环境权，并没有把环境权看作是独立于民事权利之外的特殊权利"。[⑦]

---

① 徐祥民，宋宁而.时空压缩：日本环境权说形成的条件 [J].中国政法大学学报，2010（4）：65—66.

② 人类有权在一种能够拥有尊严的和福利的生活环境中，享有自由、平等和充足的生活条件的基本权利，并且负有保证和改善这一代和世世代代的环境的庄严责任。

③ 吴卫星 . 环境权理论的新展开 [M]. 北京：北京大学出版社，2018.

④ 蔡守秋 . 环境权实践与理论的新发展 [J]. 学术月刊，2018，50（11）：98.

⑤ 蔡守秋 . 环境权初探 [J]. 中国社会科学，1982（2）：33.

⑥ 李艳芳 . 环境权若干问题探究 [J]. 西北政法大学学报，1994（6）：4.

⑦ 孟庆涛 . 环境权及其诉讼救济 [M]. 北京：法律出版社，2014.

3. 人权说

本学说的基本主张是将环境权视为一种基本人权，是建立在第一代人权（消极权利）和第二代人权（积极权利）基础之上的第三代人权，是人在优良环境中生存和发展的权利。那力认为，这标志着"环境权不仅是第一代人权，而且也有了第二代人权即经济、社会、文化权利的内涵"，也"强调适宜环境权和发展权的密切联系"。[①] 陈泉生则将环境权描述为"享有适宜健康和良好生活环境，以及合理利用环境资源的基本权利"。[②] 吴卫星也将环境权看作一种人权。[③] 这些学者是从"环境权"概念的发展中出发，指出环境权从一开始就是作为一种基本权利被提出的。我国司法系统也有判决持此态度，武汉市中级人民法院在一起环境刑事案件二审裁定书中提出，"在人民对生活环境要求逐步提高的今天，环境权已经成了一项基本人权"。[④]

4. 产权说

持此观点的学者认为，环境产权在法律上的确立可以指导、规划、调节和改善整个社会的环境生产、交换、分配和消费。[⑤]

5. 精神美感说

从哲学、美学意义上看待环境权，认为环境权是一种富有精神享受性的精神美感权，并认为其具体包括优美风景赏析权以及自然和文化赏析权等。[⑥]

6. 复合权利说

持此学说者根据环境权的属性、特征等将上述有关环境权的不同观点综合起来，将环境权看作是一种不同权利样式组合成的权利束。"环境权不仅是人权和普通权利的复合，而且是接受权和行为权的复合；环境权不仅是由不同权利形态的权利组成的权利群，而且是由不同权利因素构成的权利束。"[⑦] 它既包含与环境相关的政治性权利，也包含与环境相关的社会经济性权利。

上述是目前我国学者对环境权的不同观点，都有其各自的理论依据，也有不足之处。法律权利说虽能从法律层面为权利主体提供保障，但仅仅把环境权利概括为"法律权利"，有可能掩盖掉其作为"人权"的本质和伦理基础。从民法的物权视角将环境权理解为环境相邻权或环境使用权，仅仅把环境看作是人实施实践改造的外部对象，

---

① 那力，杨楠. 环境权与人权问题的国际视野 [J]. 西北政法大学学报，2009（6）：61.

② 陈泉生，郑艺群，周辉，等. 环境法学基本理论 [M]. 北京：中国环境科学出版社，2004.

③ 参见吴卫星. 环境权理论的新展开 [M]. 北京：北京大学出版社，2018.

④ 李伟. 新时代背景下我国环境权基本问题研究 [J]. 汉江师范学院学报，2021，41（2）：80-81.

⑤ 朱春玉. 环境权范畴研究述评 [J]. 山西师大学报（社会科学版），2003（3）：66.

⑥ 杨建学. 对环境权的再审视——以"人类—自然"环境系统为视角 [J]. 法律科学（西北政法大学学报），2010，28（2）：73.

⑦ 王小钢. 揭开环境权的面纱：环境权的复合性 [J]. 东南学术，2007（3）：137.

忽视了人与环境之间的依存关系。从物权的角度来理解环境权，会使环境权的范围受到限制，进而使物权之外的环境权无法获得有效救济。另外，民法的不同部分之间，"环境权的表述、标准各不相同，例如侵权法中的环境权是指人不受侵犯的最低环境要素，但是在物权法中却有表现为可以意思自治的相邻权等"。① 也有学者指出从对环境公物利用的角度而言，环境权是一种人格权②，仅仅将其视为物权不能使环境权得以全面保障。换言之，仅仅将环境权视为物权有些狭隘。环境权是人权的主张揭示了反映了环境权的一个基本特征，但不能完全涵盖环境权的全部内容。将环境权视为精神美感权，是对环境权的一种更高层次的理解。然而，从前面的梳理中可以看到，环境权是一个多层次的结构，仅从审美这一层面去认识难免有所偏颇。综合说虽然力图把各种形态的权利融入其中，但没有一个核心能将这些权利有机地结合在一起，使环境权的内容显得杂乱无章，因此变成了许多具体环境权利的堆砌而已。

（二）环境权的特征

1. 环境权是"法学权利谱系中的新型权利"③

人类正在面临巨大的环境危机已经是一个不容否认的事实。美国学者帕梅拉·希尔在新书《环境保护》中指出，环境目前面临诸多威胁。地球的大气、海洋、淡水和土地，都受到了人类这一物种施加的巨大压力。人类的适应性非常强大，几乎可以控制所有其他物种。温室气体的大量排放使得全球气候变暖，掠夺式的过度开发导致生物多样性锐减，工业发展导致水污染和大气污染，这些生态环境问题已然成为高悬在人类头顶的达摩克利斯之剑。在这种背景下，人们对良好环境的需求已经成为一种全社会乃至全人类的共同诉求。当某种利益需要成为某个时代的物质或精神层面的迫切需求时，这种利益才会得到立法者的重视，进而将其上升为法律上的权利受法律的保护。通过对传统法学权利谱系中已有的权利类型比如人格权、财产权等的解释和扩展并不能完全应对日益复杂的环境问题。民法上的人格权和财产权都是针对个体的私权的保护，而环境问题往往涉及面广具有很强的公共利益。"环境权的创设，为环境损害致公共利益受到侵害的情形予以权利上的主张提供依据，可以弥补侵权法的不足。"④避免在只构成环境损害而不存在对特定的人身权和财产权构成侵权的情形下，侵权法无法对公共环境利益所受损害提供救济。

2. 环境权是介于公权和私权之间的一种社会权利

在古罗马商品经济发展的背景下，法学家们提出了"公法—私法"的划分，公法

① 赵若汀. 环境权在中国：概念、特征与体系 [J]. 研究生法学，2017，32（3）：18.

② 吴卫星. 环境权理论的新展开 [M]. 北京：北京大学出版社，2018.

③ 史玉成. 环境法的法权结构理论 [M]. 北京：商务印书馆，2018.

④ 史玉成. 环境法的法权结构理论 [M]. 北京：商务印书馆，2018.

是关于罗马国家的规定，私法是关于个人利益的规定。[①] 到资本主义开始向垄断阶段发展时，国家对市场和社会的管理能力进一步增强了，公法得到了极大的增强，国家不再只是一个传统意义上的看门人，开始向福利国家转变。然而，传统的权利观念是以公民个人权利为基础，因此在向福利国家发展的过程中公法和私法间出现了不协调。一种处在传统的公权和私权之外的新的权利类型出现了，即社会权。在法律分类上相应地出现了兼具公私法性质的社会法。"公法—私法"的二元法结构变成了"私法—社会法—公法"的三元法结构。从前面的论述中可知，环境权不仅包含个人的环境利益，更体现了公众对环境的公共利益。因此，环境权就是这样一种具有公权和私权双重属性的社会权利。刘士国认为，"环境权既包括私法上的权利（如请求污染者损害赔偿的权利），也包括政治上的权利（如环境建议权、监督权）"。[②]

3. 环境权是一种兼具"实体性"和"程序性"双重性的权利

根据国内外学者统计，截止到 2018 年，有 26 个国家的宪法在规定实体性环境权时，还规定了环境程序性权利。[③] 早在 1994 年联合国人权委员会特殊委员会报告委员起草的《联合国人权与环境基本原则草案》中，就对环境权在实体层面和程序层面分别做了规定。环境权中如清洁空气权、清洁水权、安宁权、景观权等类似权利属于典型的实体权利。环境权有实体性的内容，事关权利主体的环境利益，若要得以保障，必须要包含程序性内容。"当环境权利主体的实体性权利遭受侵害或有损害之虞时，环境权主体可依据程序性权利请求对实体性权利进行救济和恢复。"[④] 换句话说，"如果缺乏足够的可操作性程序权利的保障，一旦权利受到决策者或其他权利主体的潜在或可能的侵犯，环境权主体的实体性权利也将无法实现"。[⑤] 环境保护请求权、环境信息知情权、环境决策参与权、环境损害救济权等是典型的程序性环境权利。

三、环境权的构成要素

（一）环境权的主体

环境权的主体可称得上是环境权议题中争议最大的问题。从狭义的角度，吕忠梅认为环境权指的是公民的环境权。[⑥] 从广义的角度，蔡守秋认为环境权的主体包含个人、公民、公众（不特定多数人）、民族、由自然人组成人的组织（或集体、单位）乃至国家。[⑦] 陈泉生则更加激进，不仅将法人、国家、全人类都视为主体，甚至将尚未出世

① 陈弘毅. 西方法律政治史上的私法与公法 [J]. 法学家，1994（5）：82.

② 刘士国. 环境权的反思，重构与绿色化政策法律的完善 [J]. 烟台大学学报（哲学社会科学版），2022，35（1）：26.

③ 吴卫星. 环境权理论的新展开 [M]. 北京：北京大学出版社，2018.

④ 孟庆涛. 环境权及其诉讼救济 [M]. 北京：法律出版社，2014.

⑤ 史玉成. 环境法的法权结构理论 [M]. 北京：商务印书馆，2018.

⑥ 吕忠梅. 再论公民环境权 [J]. 法学研究，2000（6）：130–131.

⑦ 蔡守秋. 环境权初探 [J]. 中国社会科学，1982（2）：33.

的后代人纳入主体范围。① 徐祥民基于 1972 年的《人类环境宣言》体现出的"权利主体人类化",认为环境权的主体应当是人类,是人类整体享有的一种权利。② 范进学梳理了许多国家的宪法条文表述,将环境权的主体大致分为三类:一是权利主体是"人民"或"所有人民";二是"所有人"或"每个人";三是公民或国民。③

(二)环境权的客体

环境权的客体是指环境权主体的权利义务所指向的对象。④ 有学者指出,与传统的民事权利相比较,环境权的客体有其独特之处,其可以是不具有传统个人财产意义上的环境要素,比如空气、水体、阳光等人类生存所必备的环境要素,它们不仅是环境法的主要保护对象,也是环境权利义务的主要客体。我国学者对环境权的客体看法也不尽相同,总的来看,目前有三种代表性的观点。

1. 一元论即认为环境权的客体是指各种环境要素(或"环境资源")

有学者认为,"环境权的客体是对人类的生存和发展有直接或间接影响的各种环境要素,以及由这些要素构成的个圈层,如大气圈、水圈、土壤圈、生物圈和岩石圈。其中,环境要素又可分为两类:一是天然环境要素,如空气、阳光、水、原始森林等;第二类是人工环境要素,例如公园、人工湖泊等"。一元论存在范围不明确、清晰,可操作性不佳的问题。比如王蓉就认为,将环境要素界定为环境权的客体缺乏特定性,阳光、空气等客体具有不可控制性,部分人工环境要素是财产权客体而非环境权客体。⑤

2. 多元论即认为环境权的客体包含环境要素、防治对象和行为,多数学者持有此观点

环境问题由人类破坏环境的行为导致,这些行为给自然环境带来损害,最终给整个地球的生态环境带来不良影响。因此,环境权的客体要涵盖环境问题的所有环节。有学者认为,环境权的客体有物与行为两个方面,物不仅包含大气、水、森林、海洋、土地等环境综合体,还包含构成或可能构成污染源的工程设施、各种污染物质、环保工程设施等;行为包括国家各级立法机关的立法行为,各级环境监督管理机关的环境执法行为,各环境主体开发利用保护环境资源的作为和不作为。⑥ 林萍认为,将各种防治对象和行为作为客体,以法律条文明令禁止各种破坏环境行为,能保证环境的良性发展。⑦ 多元论可能面临"环境保护法律法规尚不完善导致有客体被忽视"以及"法律

① 陈泉生. 环境权之辨析 [J]. 中国法学,1997(2):66.

② 徐祥民. 环境权论——人权发展历史分期的视角 [J]. 中国社会科学,2004(4):129.

③ 范进学. 宪法上的环境权:基于各国宪法文本的考察与分析 [J]. 人权,2017(5):17.

④ 吴国贵. 环境权的概念、属性——张力维度的探讨 [J]. 西北政法大学学报,2003(4):69.

⑤ 王蓉. 论环境权主体和客体 [J]. 中国政法大学学报,2009(3):14.

⑥ 徐兴修. 环境权——环境法学的基石 [J]. 环境与开发,1996,011(002):42.

⑦ 林萍. 关于环境权设置的初步构想 [J]. 环境保护,2002(1):15.

规范之间可能存在冲突"的问题。①

3. 主客体结合论即认为"环境权的保护客体是对人有价值的各种环境要素的集合"②

主体客体结合论者认为，环境权的保护客体必须对主体存在价值，通过主体限制客体范围，再通过客体定义环境权。这一主张深受环境人本主义思潮的影响，其努力尝试控制环境权主体的范围，并试图回归到传统的权利主体理论之中。③

（三）环境权的内容

环境权的内容可以看作是权利主体所拥有的或可要求于义务方的作为、不作为、地位、资格、主张、利益或自由等。从功能层面看，主要分为实体性内容与程序性内容。其实体性内容，主要体现为最终影响到环境权主体实际利害关系的权利，即要求享有健康、安全和舒适的优良环境的权利如采光权、安静权、通风权等以及与环境公共利益密切相关的环境资源开发权、清洁空气权、清洁水权等。④程序性内容，主要是指环境知情权、环境参与权以及环境诉讼权等。

四、环境权的保护

（一）司法保护

环境权这一概念尚未被我国的全国性立法确认，我国的司法用间接的方式对环境权进行保护。一方面，传统的诉讼方式依旧发挥着重要作用。环境刑事诉讼通过对环境犯罪人追究刑事责任，对环境犯罪行为进行惩治。环境民事诉讼程序通过对环境侵权纠纷的解决，对受到环境问题侵害的生命权、健康权等民事权利进行救济。环境行政诉讼程序通过对环境行政行为的司法审查，对行政机关的环境行政管理职责进行监督。另一方面，由于传统环境诉讼程序具有诉讼目的的私益性、诉讼救济的事后性、起诉资格的严厉性等特点，使其对环境权益的保护作用难以得到充分的发挥。相较于传统的环境诉讼程序，环境公益诉讼具有诉讼目的的公益性、诉讼救济的事前性、起诉资格的宽泛性等特点。⑤随着 2012 年《民事诉讼法》修订规定公益诉讼制度，2015年《最高人民法院关于审理环境民事公益诉讼案件适用法律若干问题的解释》开始实施，2017 年《行政诉讼法》修订规定行政公益诉讼制度，我国学界和实务界更加重视环境公益诉讼制度的完善，以便为环境公共利益提供更加全面的保护。

---

① 赵若汀 . 环境权在中国：概念、特征与体系 [J]. 研究生法学，2017，32（3）：75.

② 姜素红 . 环境权构成要素研究 [J]. 求索，2011（1）：173.

③ 赵若汀 . 环境权在中国：概念、特征与体系 [J]. 研究生法学，2017，32（3）：75.

④ 李凤霞，李晨曦 . 中国环境权理论研究述评与展望 [J]. 中国石油大学学报（社会科学版），2022，38（1）：58.

⑤ 李凤霞，李晨曦 . 中国环境权理论研究述评与展望 [J]. 中国石油大学学报（社会科学版），2022，38（1）：58.

（二）行政保护

目前，我国对环境权的行政保护是主要依托环境规划与行政管理两种方式间接开展的。环境规划是行政机关为实现既定的环境保护目标，对未来一定时期内拟开展的环境保护活动所做的部署与安排。① 这是我国环境保护的一项基本制度，重要的环护类法律都确立了这项制度。② 行政管理指政府根据法律法规及有关规定对行为人产生和排放的方式及量级进行规范，并对生产或消费过程提出要求。③

（三）立法保护及展望

目前，环境权只在部分省市的地方性法规中有着明确规定，尚未在我国的全国性立法中得到确认。但《宪法》第三十六条、《环境保护法》第二章都赋予了政府保护环境的责任和义务，这从另一面保障了环境权。尽管如此，还是有不少学者认为给环境权赋予宪法属性并加以确认是更加符合国际潮流与我国法治建设需求的。④ 也有学者认为，要在未来的环境法典中确认环境权将其保护提高到一个新的境界来回应人民对优美生态环境的需要，也更有助于加强环境法的实施和国家义务的履行。⑤

---

① 王昌森. 环境规划法律性质论 [J]. 延边大学学报（社会科学版），2018，51（3）：90.

② 《环境保护法》第十三条，《水污染防治法》第十六条，《大气污染防治法》第十四条，《土壤污染防治法》第十一条，《海洋环境保护法》第七条、第八条。

③ 姬振海. 环境权益论 [M]. 北京：人民出版社，2009.

④ 顾爱平. 公民环境权的宪法属性与实证化 [J]. 法学论坛，2003（4）：107.

⑤ 吴卫星. 环境权在我国环境法典中的证成与展开 [J]. 现代法学，2022，44（4）：120-122.

第五章 环境科学导论

本章对环境科学相关基础概念进行了简要概述，对环境污染部分内容进行了初步归纳和总结，为了解环境科学相关知识的基本概念和内涵、更好地理解后续章节内容提供支撑。

第一节 环境与资源

本节介绍了环境、资源以及资源环境与人类的关系，强调了自然资源的特点和分类，强化了环境治理和资源保护的内在联系。

一、环境

（一）环境的定义

环境是指某一特定生物体或生物群体以外的空间，以及直接或间接影响该生物体或生物群体生存的一切事物的总和。也就是说，环境针对的是某一特定主体或中心，中心事物周围与之相关的均可以称为此中心事物的环境。因此，环境是一个相对的概念，具有相对的意义。在复杂的大千世界中，有大大小小、各式各样的具体事物，同时就有围绕着这些不同事物的各种"环境"，如社会环境、生活环境、学习环境、投资环境等。《中华人民共和国环境保护法》（以下简称《环境保护法》）第二条也提出了环境的概念。[①]

（二）环境的分类

自然环境是一个由各种因素所构成的整体，因此可以从不同角度加以分类。从构成环境的要素来说，可将环境分为水环境、大气环境、土壤环境、海洋环境、生物环境等。依据环境的范围大小不同，可将环境分为聚落环境、地区环境、国家管辖环境、区域环境、全球环境乃至宇宙环境。按环境形成过程与人类的关系分类，可将环境分

---

① 李挚萍. 环境法基本法中"环境"定义的考究 [J]. 政法论丛. 2014（3）：48-54.

为未经人类改造的天然环境和经过人工改造的环境或人为环境。此外，还有从不同角度提出的诸如农业环境、生活环境、生态环境等各种类型。值得注意的是，各种环境分类都是相对的，在任何情况下环境都具有综合性和整体性特征，各种环境因素之间常常相互联系和相互制约。

（三）环境的特点

不同环境有不同的特点，差异性较大。例如，以人类为中心的环境，应首先能够满足人类生存和发展的需要。基于此目的，以人类为中心的环境便具有整体性、区域性、变动性、开放性、有限性和综合性等特点。

二、资源

（一）资源的定义

通常情况下，资源一般分为广义资源和狭义资源。广义上的资源是自然资源和社会资源的总称，狭义上的资源通常是指自然资源。《中华人民共和国宪法》第九条对自然资源有具体的规定，因此在法学层面上通常把资源认定为狭义上的自然资源范畴，本章也将重点对自然资源进行讨论和介绍。

（二）自然资源的特点

自然资源具备可用性、有限性、整体性和区域性特点。自然资源的可用性是指可被人类利用的功能和价值。自然资源的可利用潜力是巨大的，随着人类认识能力的提高和科学技术的进步，自然资源的可利用范围和利用效率将不断扩大和提升。自然资源的有限性是指任何一种自然资源的绝对量或人类所能利用的部分及利用的条件都是受到限制的，可更新资源的再生能力也是受一定条件限制的。自然资源的整体性在于自然资源是一个系统，其各个组成要素是相互联系、相互制约的，任何一种要素的变化都会影响到整体。自然资源的区域性表现在其大多是以一定的质和量分布于一定的区域而形成的系统，自然资源的形成取决于区域的自然环境，在开发利用自然资源时应注意其这一特点。

（三）自然资源的分类

1. 分类原则

自然资源可根据相关原则进行分类，其分类原则主要包括以下几点：一是遵循国家自然资源管理现状；二是遵循不同自然资源的定义和内涵；三是遵循系统性、科学性、完整性、稳定性和逻辑性等原则；四是遵循相关法律法规、自然资源部门职能要求等。

2. 资源分类

根据分类原则以及自然资源是否能够耗竭的特性，可将自然资源分成可耗竭性资源和非耗竭性资源。[1] 可耗竭性资源可以根据利用消耗后是否能够再生，细分为再生资

---

[1] 曾德慧. 自然资源特点及生态学原则在资源开发利用中的应用 [J]. 防护林科技，1997（1）：36–40.

源与非再生资源两类。其中，再生资源为使用后可更新再利用的持续性资源。非再生资源为储量有限，可被用尽的资源。非耗竭性资源在利用过程中不会被明显消耗，属于恒定性资源，如太阳能、潮汐能、原子能等。但是，这些能够利用自身能量来产生能源的各类资源，很容易受到污染或发生改变。

三、环境、资源与人类的关系

（一）环境与人类的关系

人类环境是指以人为中心的周围的事物，人类活动必然与周围的环境存在着相互作用、相互转化甚至相互制约的过程。人类从环境中索取所需，又向环境排放污染物，环境一旦遭到破坏必然也会向人类进行反馈，反过来影响人类自身的生存和发展。"历史地看，生态兴则文明兴，生态衰则文明衰，生态环境变化直接影响文明兴衰演替。古代埃及、古代巴比伦、古代印度和中国四大文明古国均发源于森林茂密、水量丰沛、田野肥沃的地区，而生态环境衰退特别是严重土地荒漠化则导致古代埃及、古代巴比伦衰落。"[1] 因此，人类应寻求与环境和谐共生的生存方式。

（二）资源与人类的关系

人类的生存和社会的发展都离不开资源作为基础，这必然需要从环境中去开发各类资源，并进行加工和利用，这些过程会不同程度地影响和改变着环境的构成和质量。人类对自然资源的无节制利用会带来环境的破坏和资源的枯竭，从而影响能源的持续供给，进而影响到生态系统和经济系统，最终影响人类的生存和发展。因此，资源环境与人类生存的关系，实质上是人类发展与环境的关系。[2]

（三）环境与资源对人类的影响

中华人民共和国成立以来特别是改革开放后，人们对环境和资源有了深刻的认识。首先，从"十二五"以来，在经济、环境与资源的不断对立和协同发展过程中，人们逐步形成了新的资源环境系统观、稀缺观、平衡观、生态自然观以及科学消费观；其次，不断加剧的环境资源问题和实现可持续发展的要求，推动着新的环境与资源经济学的建设与发展；最后，将"绿水青山就是金山银山"的理念转化为自觉行动，坚决杜绝破坏式、掠夺式发展，摒弃"吃祖宗饭、断子孙路"的发展模式，努力留住碧水蓝天，逐步破解环境资源执法难的问题。随着社会经济的发展，人们对环境和资源的认识仍在不断发展和延伸，这些新发展引导我们彻底破除与科学发展观不相适应的旧观念和思维定式，解放思想，与时俱进。

---

① 中共中央宣传部，中华人民共和国生态环境部．习近平生态文明思想学习纲要 [M]．北京：学习出版社，2022．
② 孙洋萍．环境与人类发展的关系 [J]．科技资讯，2013（29）：132．

第二节 生态与自然

本节从生态、自然的基础知识以及两者之间的联系切入，强调了保护生态和自然在人类经济社会发展过程中的重要意义。

一、生态

（一）生态的概念

"生态"一词最早来自古希腊，经过生态学的不断发展，生态的概念已相对完善和成熟。生态是指全部生物与其所处环境之间相互作用而形成的平衡的整体系统。当然，人类也包含其中。这个概念是在环境学和环境法学的基础上建立的，符合环境科学和环境法学研究中对生态概念的需求。

（二）生态的组成

生物和环境是生态学的两大组成要素，生态学是将生物与其所处环境作为一个整体进行分析，并研究两者之间的相互影响。生态是具有层次性的精密的自适应系统，其最基本的特征就是整体性。因此，在研究生态的过程中，不能将组成生态的各要素进行独立分析，而是要研究生态各要素之间的相互联系和作用。

1.生物是组成生态的第一大要素

生物作为组成生态的一大要素，包括生产者、消费者和分解者。生产者主要是指绿色植物和能进行化能合成作用的硝化细菌等，它们能够进行自养并为其他生物提供物质和能量。消费者是指各种动物以及营寄生生活的细菌、病毒、植物等，其代谢类型为异养型，只能以植物和其他动物为食物。消费者的存在保证了生态系统的能量流动和物质循环的畅通运行。分解者是指营腐生生活的细菌、真菌等微生物和蚯蚓、屎壳郎等其他动物，它们可以通过分解作用把动植物的遗体残骸和排遗物中的有机物转化为无机物，在让其回归无机环境的同时，也从中获得自身生存需要的能量。通过这种物质循环和能量流动，生物间便形成了具有一定功能的综合统一体。生物多样性保持情况便是评价生态是否良好的重要指标之一。

2.环境是组成生态的第二大要素

生态学中的环境与生态背景的内涵接近，其以生物为中心，包括与生物生存有关的全部事物，也可概括为与生物存在相互作用的物质和外部因素等。在环境科学方面，其定义有所不同，主要指以人类活动为中心的与人类生存和发展息息相关的事物。在自然界中，环境所指的范围比生态学和环境科学中定义的要小，主要指物种生存或生活所需要的适宜的空间，通俗讲也就是所谓的栖息地。地球生命自出现时就与环境在相互依存、影响和作用中形成了一个整体。在生态相对稳定的背景下，生物与环境建立起相互协调、相互补偿的关系，一直处于动态平衡状态。

二、自然

（一）自然的概念

"自然"是一个基本但内涵却极其复杂的词汇，是指在受过人类活动影响后仍保持着生命形式的原生环境，也包括地球上没有人类出现时独立存在的环境。古往今来，人类总是在处理与大自然之间的关系中不断地进化。同时，自然也在人类的活动中进行变化与发展，是人类赖以生存和发展的重要基础。从人类生存和利用的角度区分，自然可分为自然资源和自然环境。

（二）自然资源

自然资源是存在、构成、维护大自然的宝贵物质，具有较高的生态价值。同时，它又是人类生活和生产的物质来源，为社会发展提供充足稳定的保障，又具有一定的经济价值。可以说，自然资源是社会发展的基础，离开了自然资源就谈不上社会生产，更加谈不上经济发展。近几十年来，随着工业革命带来先进的生产技术，人类对生活的需求不断改变，对自然界开发利用的规模和速度突飞猛进地增长。人类对自然资源进行不合理的开发利用，缺少保护自然资源和自然环境的意识，不强调全面和长远而只顾眼前和局部，可能会破坏生态系统的平衡。目前，人类所面临的"资源危机"问题已经非常严峻。我们应该根据自然资源的生态特点，遵循环境科学原理，物尽其用，采取有力措施合理地开发利用自然资源，在其为人类社会进步和发展提供源源不断动力的同时，也才能真正做到人与自然协调发展、共同向前。

（三）自然环境

自然环境一般是指自然界中与人类社会发生相互影响的各种自然因素的总和。在一定情况下，自然环境是人类社会赖以存在的前提，是人类创造活动的舞台，会对人类活动产生决定性的影响。人类社会活动引起自然环境的变化，变化了的自然环境又影响人类社会本身，这就是社会发展与自然环境关系的本质。如果把社会与自然环境抽象地对立起来，脱离了自然环境来谈社会的发展或脱离社会经济来谈自然环境的变化，都不能真正把握可持续发展的真谛。人类社会与自然环境是密不可分的，社会就是在同自然环境相互联系、相互作用过程中，同自然环境作为一个统一的整体存在和发展的。研究社会发展与自然环境的关系是一个重要性和迫切性日趋突出的现实课题。正确认识经济发展，需要将经济发展和环境保护协调起来，合理调控社会与自然环境的物质交换，通过生产劳动改造自然，以此改善人类的生存环境。[①]

---

① 杨军平，王根伟 . 建设生态文明对落实科学发展观的重要性研究 [J]. 商业文化（下半月），2011（1）：384.

三、生态自然观

（一）生态自然观的概念

生态自然观是关于人与生态系统辩证关系的总观点，是对人类和自然界的关系进行的总结和概括。人本身是自然界的产物，人的生存发展依赖于自然界，无法凌驾于自然之上。自然界是人类生存发展的环境，人类在自然界的生产劳动中，通过认识和运用自然规律来对环境进行改变和创造，使社会朝着有利于人类生存的方向发展。生态自然观的核心是强调人与自然的协调，重点关注人类生态系统的稳定和发展，主张自然界是一个有机联系的整体，任何一种生物都是在共同维护生态系统存在和促进生物圈稳定的大合作背景下，实现自身的生存和进化。

（二）生态自然观的意义

自20世纪中期以来，在科学技术进步、经济高速增长和工业化水平提高的同时，人类的不合理活动使得局部区域甚至全球规模的生态系统结构功能遭到破坏，出现了一系列的全球性问题，侵害了人们的利益，威胁了人类的生存和发展。久而久之，这些负面效应开始积累，逐步表现为"生态危机"。为此，我们要坚持正确科学的生态自然观，树立环保意识，在现代化建设过程中同步开展生态文明建设，将环境保护放在与经济社会发展并重的位置，并加大环保工作的宣传力度。同时，我们也要意识到生态文明建设是一场持久战，必须合理开发利用自然资源和严格管控生态资源，正确认识和把握自然的本质，在向自然界索取的同时也要关爱自然、回报自然，将科学发展与环境保护真正地结合起来。

第三节 常用环境科学知识

环境科学是研究人类赖以生存的环境各要素及其相互关系的一门科学，其相互关系包括人类在认识和改造自然过程中形成的人和环境之间的关系。本节主要介绍了与环境法学密切相关的一些环境科学的基本概念和基本原理，为环境法学的学习和研究奠定知识基础。

一、大气科学

大气科学研究对象主要是地球的大气层以及大气层与其他系统的相互关系，如气象学与环境污染迁移转化关系、温室效应、噪声污染及光污染等。在此仅简单介绍几种典型概念。

（一）温室效应

1. 温室效应的定义

太阳辐射光线（特别是太阳光中的短波）到达地面后，地表受热后又向大气中辐射长波热辐射线，这些长波被近地表面的大气中的组分吸收，使得近地表面的温度升高，导致地球低层的大气温度较高，这种现象被形象地称为温室效应。[①] 能够产生温室效应的气体主要包括二氧化碳等。

2. 温室效应和法学的关系

国外有关温室效应的立法随时代的变化不断演进。从 1992 年签订《联合国气候变化框架公约》到 1997 年的《京都议定书》确立自上而下国际气候治理秩序，再到 2015 年的《巴黎协定》和如今的"碳达峰""碳中和"，各国开始自主承担减排责任，无不显示人们对这一问题的重视。2020 年 9 月 22 日，中国国家主席习近平在第七十五届联合国大会上宣布，中国力争 2030 年前二氧化碳排放达到峰值，努力争取 2060 年前实现碳中和目标。我国大气污染防治的法律日趋成熟，已经建立起一套以"命令—控制"为治理模式，以从源头到末端全过程控制为治理方式的法律体系，碳排放权交易制度等碳定价体系正在形成。

（二）噪声污染

1. 噪声污染的定义

不同环境下噪声有不同的解释。从物理现象判断，一切无规律的或随机的声信号均叫噪声。[②] 总而言之，噪声与受体（人）的感受有直接关系，即只要是影响人的生活的声音均可以称为噪声。

2. 噪声污染和法学的关系

噪声污染与人们的生活息息相关，为更好地保护人们的生活环境，噪声防治相关的法律也得到不断地完善。噪声污染防治在法学上最早始于 1989 年颁布《中华人民共和国环境噪声污染防治条例》。1997 年 3 月颁布施行的《中华人民共和国环境噪声污染防治法》是中国防治噪声污染的专项法律，后经多次修改和完善。2022 年 6 月，《中华人民共和国噪声污染防治法》施行后，该法同时废止。

（三）光污染

1. 光污染的定义及分类

广义上来说，光污染包括一切可能对人的视觉环境和身体健康产生不良影响的事物所造成的污染，包括城市建筑物形成的白亮污染、晚上形成的人工白昼污染、娱乐场所的彩光污染以及生活中常见的书本纸张、墙面涂料的反光等。

---

① 李忠东 . 地球大气层的真相 [J]. 科学 24 小时，2021（4）：20–24.
② 夏海芳 . 关于噪声综合防治措施的探讨 [J]. 化学工程与装备，2013（3）：203–204.

2. 光污染和法学的关系

目前，我国尚没有一部专门的法律来防治光污染，对光污染的规定在其他法律和规范中可以找到一些比较宽泛的内容，例如《中华人民共和国环境保护法》第四十二条的规定。

二、环境化学

（一）环境化学的发展阶段

环境化学作为环境科学的核心组成部分，也是化学科学的一个重要分支。环境化学主要关注有毒有害物质在环境介质中的化学特性和行为，同时研究通过化学原理和方法控制这些有毒有害物质。环境化学的发展可分成三个阶段，包括1970年前的孕育阶段、1970~1980年的形成阶段及20世纪80年代至今的发展阶段。由于环境问题的日益严峻，环境化学的研究在各个领域方向上都有深入的发展。

（二）与环境化学相关的环境问题

重工业产生的有毒有害物质，城市垃圾对大气、水和土地的污染，以有机物为主的水质污染以及以大气颗粒物和二氧化硫为主的空气污染等，这些都与环境化学相关的理论密切关联。环境污染物主要以化学污染物为主，大部分来自人类的生产和生活活动，是环境化学的主要研究对象。这些污染物中有些物质本来属于人和生物必需的营养物质，但由于没有得到充分的利用而大量外排，从而引起各类环境污染问题。

（三）环境化学的重要性

环境化学在环境科学领域中的地位和作用越来越显著。首先，许多局部或者全球环境问题都或多或少地与化学物质有关，而这恰恰是环境化学的主要研究内容，因此，很多环境问题的透彻认识和具体解决都离不开环境化学。其次，环境化学可以从微观的原子、分子水平上进行研究，阐明宏观环境现象和环境变化的具体原因以及作用机制，真正揭示环境问题的本质并提出防治解决措施。

三、地球科学

（一）地球科学的概念

随着社会的发展，污染问题已经不仅仅在某一地点影响环境，而是更多地表现出既带有地域性又带有全球性的特点。环境科学不应该只单纯地考虑"三废"[①]问题，更应该包括全面的环境问题研究。因此，全球环境问题与全球发展战略研究结合的地球科学成为环境科学的重要组成部分。地球科学以地球为研究对象，包括环绕地球周围的气体、地球表面的水体、地球表面形态及固体地球本身。随着科技的不断发展，地球科学的理论性和应用性越来越强，其不仅承担着揭示自然规律的科学使命，同时还为人类如何利用、适应和改造自然提供科学的方法论。

---

① "三废"指废气、废水、废渣。

（二）地球科学的研究方法

由于地球科学研究的尺度和广度较大，在研究过程中需要借助数学、物理学、化学、生物学及天文学的研究方法。地球科学的研究方法主要包括野外调查、仪器观测和实验室分析测试。其中，野外调查是地球科学研究最基本同时也是最重要的环节，仪器观测是地球科学中用来获取研究对象定性定量资料的重要手段，实验室分析测试和科学实验主要用来分析数据和验证判断。

四、环境污染物指标

（一）大气环境污染物指标

涉及大气环境的指标主要有 TSP、$PM_{2.5}$、PM_{10}、VOCs、二氧化硫、氮氧化物、一氧化碳、臭氧、重金属等。TSP 是 Total Suspended Particulate 的缩写，即总悬浮颗粒物，是指粒径小于 100 微米的各种尘埃。PM_{10}、$PM_{2.5}$ 分别又称为可吸入颗粒物和细颗粒物，是指粒径分别小于 10 微米和 2.5 微米的各类尘埃，PM_{10}、$PM_{2.5}$ 实际上是 TSP 的一部分，在 TSP 的基础上又划分出 PM_{10} 和 $PM_{2.5}$ 两项指标，主要原因是 10 微米以下的颗粒物可被人体吸入呼吸道，而 2.5 微米以下的颗粒物不仅能较长时间悬浮于空气中造成雾霾天气，还能被人体吸收进入细支气管和肺泡，直接影响人体的呼吸功能，危害性较大。VOCs 是 Volatile Organic Compounds 的缩写，即挥发性有机物。从名称可以看出，VOCs 并不是某一种污染物，而是一类在特定条件下具有挥发性的全部有机化合物。VOCs 不仅可以直接伤害人体，还能促进 $PM_{2.5}$ 和臭氧等污染物的生成，因此格外受到人们的关注。二氧化硫、一氧化碳、臭氧、重金属等污染物日常接触较多，在这里不再一一赘述。

（二）水环境污染物指标

水污染物的种类庞杂，表征指标也有很多种，常见的污染指标有 COD、COD_{Mn}、BOD_5、氨氮、总磷、总氮、氟化物、重金属等。氨氮、总磷、总氮、氟化物、重金属等是一类污染物的总称，表示该类污染物质的总含量。COD、CODMn、BOD_5 本身并不是某种或某类污染物，而是具有一类污染特性污染物的表征形式。COD 是 Chemical Oxygen Demand 的缩写，即化学需氧量，是以化学方法测量水中能够被氧化的还原性物质的量。这些还原性物质在水中能够消耗大量的氧气，造成水质恶化。因此，COD 浓度越高，表示水污染越严重。COD_{Mn} 的概念与 COD 类似，区别在于测定时采用的氧化剂不同。BOD 是 Biochemical Oxygen Demand 的缩写，即生物代谢所消耗的溶解氧量，BOD_5 是指五日生化需氧量，也就是 5 天消耗的溶解氧量。从原理上来看，COD、COD_{Mn}、BOD_5 之间可能会存在一定的逻辑关系。如果水中没有有机物和还原性物质，COD、COD_{Mn}、BOD_5 的值全部为 0mg/L。这里需要注意的是，水的清澈程度并不能表征水质的好坏。理论上，清澈透明水体中 COD、氨氮、总磷等污染指标也可以达到极高的浓度。

第六章 环境资源法学概论

本书和本章是基于"环境资源"的一体化认识，讨论环境资源法学；其讨论的侧重点不是狭义的环境法，也不是狭义的资源法，而是环境资源法。本章第二节还讨论了"生态社会关系"这一理论概念，"法律关系的构成要素"及其内在作用机制这一根基性的法律基础理论创新性认识，对于更为全面、深刻、创新性地理解环境资源法体系及其运行机制是大有裨益的。

第一节 环境资源法的概念与特征

一、环境资源法学的概念

环境、资源的概念具有不确定性，因此环境资源法学的概念也有不同理解。对环境资源法学的不同理解以及对环境资源法体系的不同理解也造成了环境资源法学的不同概念。对环境资源法学的不同理解和定义反映了不同的国情或不同的学术观点。

（一）环境立法名称的多样性

各国环境立法的名称是不同的。欧洲的环境法主要是从控制污染的立法中发展起来的，所以欧洲国家大多称之为"污染防治法"或"污染控制法"。日本环境法是从控制公害的立法中发展起来的，故多称之为"公害法"，如日本有《公害对策基本法》。美国通常称之为"环境法"或"环境立法"，狭义地理解也称"环境保护法"或"环境政策法"。俄罗斯广泛使用的"生态法"一词全面取代了环境法、环境保护法、自然保护法、自然环境保护法等名词。

我国法学界称之为环境保护法、环境法、环境资源法、环境与资源保护法、生态法等，通常简称为"环境法"或"环境资源法"。20 世纪 80 年代以后，随着环境科学研究的深入和环境法调整范围及对象的扩大，在国际交往中环境法一词的使用频率也越来越多，它不仅代表着国内和国际环境立法，而且也是对各国环境法律制度进行比较研究的代名词。

（二）外国学者对环境法概念的理解

从学术的角度看，环境法的概念较之环境法名称更为复杂多样。在判例法国家，学者不太注重环境法的定义。但也有一些有影响的学者为环境法做了定义，例如美国学者威廉·H·罗杰斯认为"环境法可以被定义为行星家政管理（planetary housekeeping）法。它旨在保护这颗行星和它的人民免受破坏地球及其生命支持系统的活动的危害。"罗杰斯的这段话是一个比喻，而不是一个规范的法律定义。他把地球比喻为地球生物的"家"，把生态学比作管理地球这个人类之家的家政管理的科学，把环境法比作管理这个"家"的法律规则。如果给罗杰斯的定义加一个规范些的"解释"，则"环境法是人类共同遵守的，旨在保护地球和人类安全、禁止破坏地球和地球生命支持能力的活动的行为规范"。[①]

英国学者戴维德·胡格斯认为，环境法是指"有关环境的三个媒介即土地、空气和水的使用、保护和存续的法律，其中主要是有关环境管理（主要通过国家机关）的法律和调整因故意或者其他环境侵害行为造成的损失及其后果等责任的法律"。[②]这种观点抓住了环境法的核心内容，即空气、水和土地等三个环境媒体，环境管理和环境责任两个环节，但不全面。自然风景和文化风景保护、化学物品和废旧物品管理也属于环境法的重要内容，而该定义遗漏了这些方面的内容。

德国学者鲁迪格·布劳伊认为，环境法是包含所有相关的设施、材料和活动的独立法律领域，除了一般的组织规范（如关于建立联邦环境局的法律和有关环境统计的法律）之外，还包括有关环境媒体、原因（如污染源）、生命和连带环境保护的特别法律规定。这种定义的科学之处在于揭示了环境法包括一般环境法和特别环境法两个组成部分。其中，一般环境法是指有关环境管理机构及其权限、环境管理一般原则和方法等普遍事项的法律规范；而特别环境法是有关环境媒体、污染源、生命等特别事项的法律规范。[③]

（三）我国学者对环境法概念的理解

我国学者对环境法进行的比较有代表性的定义主要有以下几种类型。

一是环境保护法的概念。韩德培认为，环境保护法，是指调整因保护和改善环境、合理利用自然资源，防治污染和其他公害而产生的社会关系的法律规范的总称。[④]马骧聪认为，环境保护法是国家制定的或认可的，由国家强制力保证其执行的，调整因保

---

① 王曦.美国环境法概论 [M].武汉：武汉大学出版社，1992.
② 高家伟.欧洲环境法 [M].北京：工商出版社，2000.
③ 高家伟.欧洲环境法 [M].北京：工商出版社，2000.
④ 韩德培.环境保护法教程 [M].北京：法律出版社，1998.

护和改善环境而产生的社会关系的各种法律规范的总和。①

二是环境法的概念。金瑞林认为，环境法是由国家制定或认可，并由国家强制力保证执行的，关于保护和改善环境，合理开发利用与保护自然资源，防治污染和其他公害的法律规范的总称。②陈泉生认为，环境法是以实现人类社会的可持续发展为目的而制定的用以全面协调人与环境的关系，并调整人们在开发、利用、保护、改善环境的活动中所产生的各种社会关系的法律规范的总称。③

三是环境资源法的概念。蔡守秋认为，环境资源法是指由国家制定或认可，并由国家强制力保证实施的，调整有关环境资源的开发、利用、保护、改善的社会关系的法律规范的总称；是由环境保护法、自然资源法和区域开发整治法等组成的法律部门，相当于广义的环境法。④

四是生态法的概念。曹明德认为，生态法是为了达到协调人与自然之间的关系的目的，并为了当代人和后代人的利益，调整人们在保护自然环境、合理开发利用自然资源、防治环境污染、保护自然人和法人的生态权利及合法利益方面所产生的生态社会关系的法律规范的总和。⑤

上述概念略有不同，但都从不同的角度反映了学者对环境法的理解和认识，基本上体现了我国现代环境法的发展趋势。当今环境法的概念已超出传统的环境保护法即污染防治法的概念；环境资源法的概念体现了保护环境与资源并重的含义，但该概念在国际范围内尚不通用，国际上更为通用的名称是环境法。

汪劲认为，环境法是指以保护和改善环境、预防和治理人为环境侵害为目的，调整环境利用关系的法律规范的总称。⑥周珂主编的《环境与资源保护法》中对环境法的定义是"环境法是由国家制定或认可、并以国家强制力保障和推动的，为实现经济和社会可持续发展目的，调整有关保护和改善环境、合理利用自然资源等社会关系的法律规范的总称。"⑦

随着可持续发展战略的深入实施，随着污染控制从"末端"转向"源头"和"全程"，随着生态保护和生态建设逐渐为人们所重视，环境法的调整对象随之扩大。如果过多罗列具体的调整对象，将有失概念的抽象性和概括性。我们认为环境法的调整对象是"生态法律关系"。因此，环境法的概念可以是"环境法是由国家制定或认可的，由

① 马骧聪.环境保护法基本问题 [M].北京：中国社会科学出版社，1983.

② 金瑞林.环境法学 [M].北京：北京大学出版社，2002.

③ 陈泉生.环境法原理 [M].北京：法律出版社，1997.

④ 蔡守秋.环境资源法论 [M].武汉：武汉大学出版社，1996.

⑤ 曹明德.生态法原理 [M].北京：人民出版社，2002.

⑥ 汪劲.环境法学 [M].北京：北京大学出版社，2006.

⑦ 周珂.环境与资源保护法 [M].北京：中国人民大学出版社，2007.

国家强制力保证实施的，调整生态法律关系的法律规范的总和"。我们将在本章第二节对生态法律关系做进一步的讨论。

二、环境资源法学的特征

不言而喻，环境资源法学具有法的一般特征。在此我们主要是讨论环境资源法学自身特有的特征。只有这样，才能更好地认识环境资源法学，把环境资源法与其他部门法区别开来。

（一）调整对象的生态性和复杂性

环境资源法的调整对象是"生态法律关系"。"生态"是整个经济社会的基础，任何事物都不可能脱离生态环境而存在，因此，环境法所调整的社会关系的涉及面也很广。在"生态法律关系"中，我们更注重法律关系客体中存在的自然规律对法律关系主体的影响。环境法涉及人与人的关系，也涉及人与自然的关系；涉及法学，也涉及环境科学等；涉及民事关系、行政关系，也涉及刑事关系等。环境法既要维护良好的社会秩序，又要维持良好的生态环境、自然秩序。这个特征可称之为调整对象的"生态性"。"生态性"使得环境法的调整对象不同于一般的社会关系，具有了复杂性。

（二）调整手段的综合性

调整对象的复杂性决定了调整手段的综合性。从法律规范的构成来看，环境法律规范是由多种法律规范综合而成的，既包括行政法律规范、刑事法律规范，也包括民事法律规范，其综合性体现得十分明显。

在谈到环境法的综合性时，我们不得不谈一下环境法学的边缘交叉性。1997年6月，国务院学位委员会和原国家教委联合颁布《授予博士硕士学位和培养研究生的学科专业简介》中提道：环境与资源保护法学，又称环境资源法学或环境法学，是以环境保护法与资源法为主要内容的法学二级学科。环境资源问题是世界各国面临的具有全局性和长远性的难题，在中国已经成为影响、制约人民生活水平提高和经济持续发展的一个重要因素。环境资源保护工作是一项保护生产力、保护人类生存条件、保护经济建设的物质基础的伟大事业。环境资源保护法是合理开发利用和保护环境资源、实现社会、经济和环境可持续发展的法律保障。环境与资源保护法学由污染防治法、自然保护法、资源能源法、国土开发整治法等行业、部门法学综合而成，既与法学中的各二级学科有联系，也与法学之外的环境学、管理学、地理学、生态学等有联系，是研究从法律上调整人与自然环境的关系和有关的人与人的关系的新兴、边缘学科。发展环境与资源保护法学教育是做好环境资源保护、实施可持续发展的一项基础性工作和战略性任务。[1] 环境法学的边缘交叉性也反映了环境法的综合性。

---

[1] 国务院学位委员会和教育部研究生工作办公室.授予博士硕士学位和培养研究生的学科专业简介 [M].北京：高等教育出版社，1999.

高家伟在其所著《欧洲环境法》中介绍了德国学者奥托·基米里奇对环境法与其他部门法之间关系的不同理解，并附有多幅图示，其中一图较为科学，如图6-1所示。

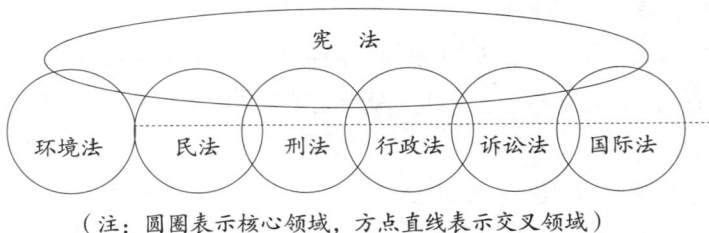

（注：圆圈表示核心领域，方点直线表示交叉领域）

图6-1　环境法与其他部门法的关系

这种观点一方面明确了环境法作为独立法律部门的调整对象，即具有相同的调整对象、调整方法和原则的核心领域法规，如《自然保护法》《土地法》《水法》《化学危险物品安全管理条例》等；另一方面又在此基础上进一步明确了环境法与其他部门法的交叉关系，反映了环境法作为一个新兴法律部门的特点。在地位上将环境法作为一个低于宪法、与其他法律部门平行的独立法律部门。①

（三）技术性

生态性要求环境法必须体现自然规律特别是生态学规律的要求，因而环境法具有很强的自然科学性的特征。环境保护需要采取各种工程技术措施，环境与资源保护法必须把大量的技术规范、操作规程、环境标准、清洁生产技术工艺要求等包括在法律体系之中。这就使环境法成为一个技术性极强的法律部门。环境法中的许多法律规范的制定直接运用了技术性规范或是以科学技术研究成果为基础做出的。

科学与技术不仅指现在已知的知识及其建议的内容，而且还包括在科学的不确定性范围内预测和评价风险的方法。由于与环境相关事物的"解决"可能转而引起新的问题，所以环境法应当格外地关注后者。例如，过去为了控制工业空气污染，基于污染物质在一定的高度即可因扩散而减低的认识，而在对策上修建了许多高烟囱。但是今天看来，高烟囱化已造成了更为广泛的越境污染问题，即污染从一个地方的聚集点扩散到远距离的地方和区域，从而造成远程的污染危害，特别是酸雨现象。②

（四）公益性和共同性

我们可从法理学中关于法的阶级性和共同性角度理解这一性质。环境法所关注和规范的是社会公共利益和保障基本人权，它反映了全体社会成员的共同愿望和要求，代表人类的共同利益。环境法主要是解决人类同自然的矛盾，环境保护的利益同全社会的利益是一致的。从这个角度说，环境与资源保护法具有广泛的社会性和公益性，

① 高家伟.欧洲环境法[M].北京：工商出版社，2000.

② 汪劲.环境法学[M].北京：北京大学出版社，2006.

最明显地体现了法的社会职能的一面。

污染是没有国界限制的，一国的环境污染会给别国带来危害，环境问题是人类共同面临的问题，全球性环境问题也日益突出。例如地处河流上游国家的水污染物排放政策可能导致地处河流下游国家发生水污染损害，而各国大量排放二氧化碳可能导致全球气候变暖。因此，各国的环境法也有许多共同之处。这种共同性使得环境法更具有互相借鉴性，促进了环境法的发展。

（五）区域性

环境法在具有公益性和共同性的同时，也具有区域性。环境法的区域性体现在两大方面。

一方面是区域环境问题的法制问题，也就是说环境问题以及相应的污染防治和生态保护问题，不单纯是"末端治理"这个"点"或"全程控制"这条"线"的问题，它还更多地体现为"区域治理"这种"面"（"区域"）的问题。这是因为生态问题本身是生态系统的问题，而生态系统是区域性、系统性问题。因此，我们在进行环境治理、环境立法时，要更多地从"区域"思考问题，这也是生态工业园区、生态县、生态省的建设日益受到重视，流域性法规增多的内在原因。

另一方面是环境法制区域特殊性问题。我们在重视区域性的同时，更要注意区域的特殊性，如某一地区的大气污染是煤烟型的，而另一地区可能是石油型的，在区域性污染防治立法时就要有所区别。

（六）前瞻性

环境法是一个"向前看"的法律部门。着手治理已经产生的环境问题固然重要，但是预防新的环境问题发生是更为重要的方面。可持续发展、预防原则、谨慎原则和环境行动计划是这一特点的集中体现。环境法具有前瞻性的根本原因是许多环境问题一旦发生，不能迅速解决或者根本不可能解决，如臭氧层破坏、全球气候变暖、动植物种群灭绝等。要避免这种问题出现，唯一的办法是根据可持续发展的思想，应用现有的科学技术知识，面向未来制定环境保护计划，在治理已经产生的环境问题的同时，绝对避免产生任何新的环境破坏。[①]

（七）可持续发展性

环境法是以可持续发展为价值的法。环境法的价值是指环境法能促进主体的何种价值需要。环境法除了具有一般法律的公平、正义、效率、秩序等价值以外，还具有自身特有的价值。环境法的特殊价值集中体现在现代环境法的立法目的上。概括和比较分析各国环境法有关目的性条款的规定，可以从理论上把环境法的目的分为两种：一是基础的直接的目标，即协调人与环境的关系，保护和改善环境；二是最终的发展

---

① 高家伟. 欧洲环境法 [M]. 北京：工商出版社，2000.

目标，它又包括两个方面——保护人群健康和保障经济社会的可持续发展。[1] 就基础的直接目的而言，世界各国并无不同。最终的发展目标则有"一元论"和"二元论"之分。各个国家有不同的立法目的，即使同一国家，在不同时期的立法目的也有所不同。

公法是以国家利益为本位，其对政权稳固与安全的关心超过对社会发展的关心，价值目标是"秩序和公平"。私法则以个人利益为本位，其对自身利益的关心是第一位的，价值目标是"自由和效益"。现代环境法是以可持续发展为基本价值取向，其核心内容是要求人类发展既满足当代人的需要，又不对后代人满足其需要的能力构成危害。这个内涵不是传统公法、私法所能真正包容的。只有独立的社会利益并且形成公共社会力量，才会以社会的持续发展为最大关怀。因此，只有环境法才是持续发展最有力的法律保障。[2]

社会法是伴随着国家力图通过干预私人经济以解决市场化和工业化所带来的社会问题，应对经济、社会和生态可持续发展的需求，而在私法公法化和公法私法化的进程中逐渐产生和发展起来的第三法域。美国学者罗斯科·庞德认为："社会法的发展过程，是一个社会本位超越个人本位并逐步扩展其适用范围的过程，现在和未来的法律秩序的'理想图景'是强调社会利益和社会调和。"[3]

第二节 生态法律关系

由于传统法律体系的构建过多地基于理性经济人的假设，并且是基于空间维度的当代人而架构的，在当前大力提倡可持续发展的情形下，对传统法律体系进行改良性变革已是势在必行。对传统法律体系进行深层次、高效、稳步变革的优选方法，是对一个接近法律体系逻辑起点的基石性范畴进行改良，从而起到牵一发而动全身的效果，促进整个法律体系向绿色化、生态化转变。法律关系就是这样一个基石性范畴。

一、环境生产的基础地位认识

对"环境生产"的深入讨论，将为法律关系及法律生态化提供理论基础。叶文虎提出的"三种生产理论"和对"世界系统演变过程"的认识[4]，为生态法律关系提供了

① 金瑞林.环境法学 [M].北京：北京大学出版社，1990.

② 周珂.环境法 [M].北京：中国人民大学出版社，2000.

③ [美] 罗斯科·庞德.法律史解释 [M].曹玉堂等，译.北京：华夏出版社，1989.

④ 叶文虎，等.环境管理学 [M].北京：高等教育出版社，2000.

认识论基础（实际上也是实践基础）。

（一）"三种生产理论"和"世界系统演变过程"

1. "三种生产理论"

叶文虎认为，人和环境组成的"世界系统"本质上是一个由人类社会与自然环境组成的复杂巨系统，或称之为"人类生态系统""社会生态系统""环境社会系统"。不论用什么名称，都说明在这个世界系统中，人与环境之间有着密切的联系。这种联系体现在二者之间的物质、能量和信息的交换和流动上。在这三种交流关系中，物质的流动是基本的，它是另外两种交流的基础和载体。在物质运动这个基础层次上，它还可以进一步划分为三个子系统，即物资生产子系统、人口生产子系统和环境生产子系统，如图6-2所示。世界系统（人与环境系统、环境社会系统）中包含了物资生产、人口生产和环境生产三个子系统，此即"三种生产理论"。

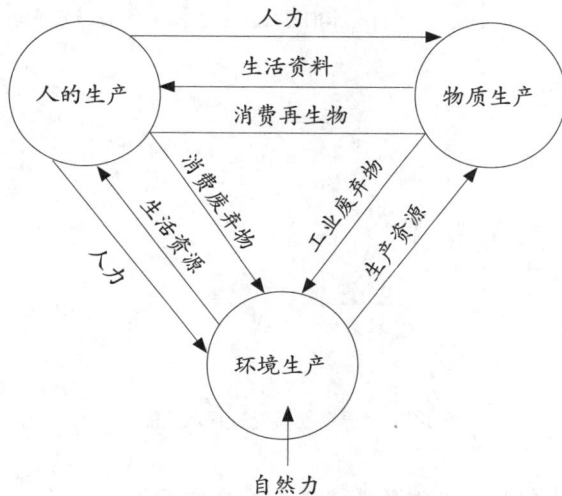

图6-2　人与环境系统概念模型①

2. 世界系统的演变过程

三种生产的规模化形成与存在，是一个漫长的世界系统演变过程。人们对三种生产存在的认识也是逐步形成的。叶文虎认为，实际上，人类与自然组成的世界系统的模式经历了漫长的演变过程，人类对世界系统的认识也经历了漫长而曲折的历程，如图6-3所示。

图6-3①，古代文明时代。从人类的发展史看，在人类诞生初期的远古文明时代，人类与自然浑然一体，是自然的一部分，世界系统实际上就是自然生态系统，就是自然环境。世界系统中起主导作用的是环境生产，人口数量非常少，相应的物资生产能

① 叶文虎，等.环境管理学[M].北京：高等教育出版社，2000.

力也非常微弱，并且包含在环境生产中。

图 6-3 ②~④，农业文明时代。经过长期演进，为了摆脱自然的束缚，取得更好的生存条件，人类维持生存的生产方式由采集、渔猎逐渐转变为种养和捕捞，组织方式也由无明确分工的群体逐渐变为有初步分工合作的社会，出现了以交换为目的的物品生产，物资生产子系统开始出现并逐渐形成，物资生产与环境生产的相互作用成为世界系统运行的主导。

在农业文明时代，依据人口生产的规模，又可划分为三个亚阶段：早期阶段，人口生产的作用力还未在世界系统的运行中体现出来；中期阶段，人口生产虽然得以体现，但是作为物资生产的一部分；晚期阶段，随着人口生产规模的扩大，人口生产系统逐渐发育成一个独立的系统而从物资生产系统中脱离出来。

图 6-3 ⑤，工业文明时代。人口生产、物资生产的规模逐渐强大，从而与环境生产一起成为相互独立的系统，三者之间的相互关系主导了世界系统的运行。

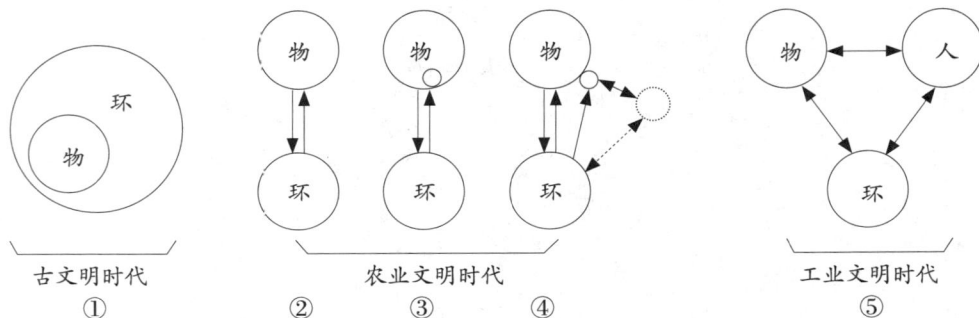

图 6-3 世界系统演变过程示意图①~⑤[1]

（二）环境生产的基础地位要求法律关系要生态化

1. 环境生产基础地位的认识

叶文虎认为，工业革命以后，随着人口数量的迅速增加，科技水平的提高，掌握的工具日益先进，生产能力越来越强，从自然环境中攫取的物质数量也越来越多，于是，物资生产系统在世界系统中的地位由从属上升为主导。[2] 笔者对叶文虎的"世界系统演变过程示意图"进行了扩展，以图 6-3 ⑥ 表示物质生产的这种主导地位。在这一时代，物质生产被认为是基础和主导，人们习惯于把环境资源看作生产资料，环境或环境生产被看作物质生产的组成部分。没有从物质生产或环境生产的角度去思考人口生产。人口生产是独立于物质生产和环境生产之外的。

---

① 叶文虎，等 . 环境管理学 [M]. 北京：高等教育出版社，2000.
② 叶文虎，等 . 环境管理学 [M]. 北京：高等教育出版社，2000.

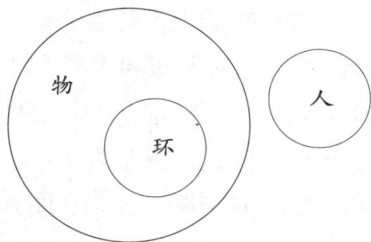

图 6-3　世界系统演变过程示意图⑥　　　　图 6-3　世界系统演变过程示意图⑦

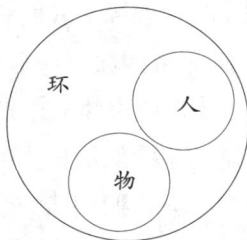

叶文虎认为，由于历史的实际局限性，人类对于世界系统的认识历程与其形成过程并不一致。首先，人类只注意到了物资生产系统的存在，没有意识到人口生产系统和环境生产系统的存在。只是当人口数量增长速度与物资生产增长速度出现了明显的差异，从而出现了相对的物资匮乏，人类才开始意识到人口生产子系统的存在，也才开始去研究人口生产子系统与物资生产子系统之间关系的正确处理问题。同样，也只有在环境污染、生态破坏以及自然资源锐减问题变得十分尖锐的今天，人类才意识到了环境生产子系统的存在，也才认识到无论是人口生产还是物资生产，都必须与环境生产的能力相适应。从一种生产到两种生产再到三种生产，反映了人类对世界系统的认识历程。由此可见，承认环境生产子系统的存在及其在世界系统中的基础地位是人类认识史上的飞跃。这才是正确解决环境问题的基本出发点。[①]笔者以图 6-3 ⑦表示"环境生产子系统的存在及其在世界系统中的基础地位"。

2．环境生产的基础地位决定了法律要生态化

从图 6-3 中可以看出，⑦与①基本相同，让人不禁想到了"回归自然"，实际上这标志着人类对物质生产过程认识的根本转变。应当把物质生产乃至人口生产放在环境生产这个"大环境"中对待，物质生产和人口生产应遵循环境生产中的客观规律，与之相协调。当前人们已经认识到在三种生产中环境生产处于最根本的地位，它是另外两种生产产生和发展的基础。这是我们提倡循环经济、生态经济的重要原因，是我们提倡法律生态化的重要原因，是我们要对基于图 6-3 ⑤和图 6-3 ⑥而产生的传统法学进行变革的重要原因。我们要创造基于图 6-3 ⑦的生态化法律体系，以促进人们更好地保护和利用自然，与自然和谐共存。

二、"主、客一体"范式中的法律关系

范式表示某一学科共同体所共有的信念、传统、价值标准、基本理念和研究方法，包括世界观、认识论、方法论、价值观、道德观、理论背景和理论框架；是研究、讨论问题的共同规范和指导思想。

---

① 叶文虎，等.环境管理学 [M].北京：高等教育出版社，2000.

在图 6-3 ⑤、图 6-3 ⑥时代，人类把环境生产视作物质生产的组成部分，由此造成了严重的环境污染和生态破坏。当人类认识到了自己的无知和无奈，才走入了图 6-3 ⑦时代。我们明白物质生产、人口生产都应纳入环境生产这个大环境中，都要受自然规律的制约。我们明白人类没有能力成为世界的主宰，人类是生态系统的组成部分，而不是中心。我们的法学也要进行变革，我们要对基于图 6-3 ⑤和图 6-3 ⑥而产生的传统法学进行变革，创造基于图 6-3 ⑦的生态化法学体系。具体如何进行变革呢？我们认为，要对传统的"主、客二分"范式 ① 进行改良，以"主客一体"范式指导我们的研究工作；要研究"主客一体"范式中的法律关系的构成，对法律关系这一基石性范畴进行改良，从而起到牵一发而动全身的效果，促进整个法律体系向绿色化、生态化转变。

（一）客体（物）的生态性等级

笔者在 2003 年出版的《环境与资源保护法学》一书中即提道，从法律关系的客体看，可以分成以下几类：第一类，自身基本上可以长期存在下去，其生命周期对主体基本无影响。例如黄金，不会霉变，也不会随时间衰灭。第二类，自身生命周期对主体的行为有一定的影响。例如水果（储存期）、房产、电视机（使用寿命）等。这类客体自身的衰灭规律会影响主体，但这种影响不是通过生态系统发挥作用。第三类，自身的存在和消亡对环境、生态有影响，并通过生态系统影响主体的生存和行为。例如大气、水、森林、草原等，以及其他有生态效应的经济动植物、矿产资源这类非生命物质。② 这三类客体的区分不是截然分开、界线分明的。过去我们不注重其生态性的"物"，过一个时期会开始注意其生态性。例如，我们现在已经注重电视机的生命周期，注重大批电视机报废对生态造成的影响。产品的生命周期已经成为设计生产规范乃至环境法的重要依据。但是，有些物的生态性很强（例如珍稀野生动物），有些物的生态性近于零（例如饲养的动物），从物的生态性来看，物的"物格"③ 是不平等的。笔者认为"物格"很有创新性，在人格平等的时代，物格却是不平等的，这有利于科学地、分等级地保护"自然"。

（二）传统法律关系中忽视物的生态性

当我们没有充分认识和承认环境生产子系统的存在及其在世界系统中的基础地位时，我们在对待法律关系中的客体（物）时并没有从生态的角度处理问题，根本没有或者说在当时也无必要考虑其生态价值。在图 6-3 ⑥时代则极端地把环境资源看作物

---

① 范式（Paradigm）表示某一学科共同体所共有的信念、传统、价值标准、基本理论观念和研究方法，包括世界观、认识论、方法论、价值观、道德观、理论背景和理论框架，是研究、讨论问题的共同规范和指导思想。

② 刘国涛. 环境与资源保护法学 [M]. 北京：中国法制出版社，2003.

③ 杨立新，朱呈义. 动物法律人格之否定——兼论动物之法律"物格"[J]. 法学研究，2004（5）：86-102.

质生产中的一部分。影响法律关系内容的通常仅是动产或不动产的自然寿命，如水果的储存期这种不可抗拒的自然规律会影响我们签订买卖合同的内容。即便是签订买卖果树木材的合同，我们通常也不考虑这片果林的生态效用。果林在生态系统中的生态效用、与之相关的生态规律不影响"人与人之间的社会关系"，也就是说，我们一直忽视客体"物"对主体的影响，忽视法律关系客体的"生态性"。这种观念在环境法出现之前是广泛存在的，左右着人们对"法律关系"的认识和理解。这也是传统法学理论中注重主体与主体之间的关系，忽视主体与客体之间的关系的重要原因。我们称这种忽视客体对主体的客观影响的法律关系为"传统法律关系"，如图 6-4 所示。

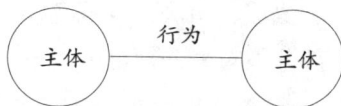

图 6-4　传统法律关系

（三）生态法律关系中重视物的生态性

图 6-3 ⑦表明，物质生产和人口生产的基础都是环境生产。我们的行为要受生态大系统的制约。我们在设定行为规范时不能仅仅考虑人与人的关系，还要受人与自然的关系的制约。吕忠梅认为，从世界大系统来看，人是社会关系与自然关系的统一体，自然关系是社会关系的基础，社会关系是自然关系的延伸、升华和发展，并由此促进自然关系的发展。对人而言，理想的状态应当是自然关系与社会关系，即人的社会性与生物性实现和谐、统一、协调的发展。然而，现实并非如此。实际上它们时常处于一种不平衡的状态，处于一种对社会关系过分强调、夸大，对自然关系忽视甚至否定并使两者相互对立起来的状态。更由于人类的不和谐，社会关系中存在众多矛盾，加剧了忽视、否定和对立的状态。环境问题的产生，正是人的社会性过度超越、压制生物性的结果。近几十年来，人们在付出了惨痛的代价后对这一现象进行了深刻反思，终于认识到必须进行人的革命，找出人、社会及环境相互调整的途径，走协调发展的道路。① 所以，我们认为，生态法律关系（如图 6-5 所示）不仅要注重主体之间的关系，也应注意主体与客体之间的关系，以及客体内部之间的关系，进而以此为依据规范我们的行为。以生态法律关系概念作为法学基础理论的基本范畴，必将对法学和法律体系产生广泛影响，促进可持续发展法制建设的发展。

---

① 吕忠梅，等.环境资源法 [M].北京：中国政法大学出版社，1999.

（四）"传统法律关系"与"生态法律关系"并不矛盾

"主、客二分"的传统法律关系[①]（图6-4）与"主客一体"的生态法律关系（图6-5）并不矛盾。传统法律关系是在法的调整起因和机制层面上思考问题的结果。生态法律关系是在法的调整作用和功能层面上思考问题的结果。由于思考问题的层面不同，两者并不矛盾。

从法的调整起因和机制来看，人与自然的关系之所以需要调整，是因为法在过去没有很好地限制一些人的环境行为，我们要通过加强立法、执法、司法去规范有不良环境行为的人；也是因为一部分人对另一部分人的

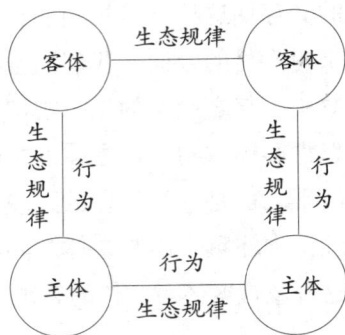

图6-5 生态法律关系

环境行为不满，进而通过法制约、调整人的环境行为。从国家的产生、法的产生和作用机制来看，从本质上讲，法依然是调整人与人的关系。从法的调整起因和机制来看，传统的法律关系是正确的，过于重视客体（物）的财产性，忽视客体的生态性是其不足。

结合图6-5，在"主客一体"范式下的生态法律关系中，既有主体与主体之间的关系，也有主体与客体之间的关系。只要这种"关系"的一方是"人"，人就可以理解和遵守法律，依法规范自己的行为，进而使"关系"得以调整。从法的调整作用与功能来看，法显然能够调整人与人的关系，也能调整人与自然的关系，特别是当涉及的物的生态性近于零时，法只调整人与人的关系。

法的实质是通过国家制定法规范（可能是约束，也可能是激励）人的行为。被规范的行为可能是作用于人的，也可能是作用于物的。但是，即便是在生态法律关系中，对作用于物的行为的制约起因和机制依然是人与人之间的关系，这与"主、客两分"范式中的法律关系是相衔接的。图6-5所示的生态法律关系，既保留了"主、客两分"的做法，把主体和客体作为法律关系的要素分别考虑，而不是把客体视为主体，主体、客体依然是相分离的；又更多地注意到了某些客体（物）既具有财产性，也具有很强的生态性，特别是更加注重了具有生态功能的客体对主体的反作用（这种反作用是通过生态系统发生的），真正把客体纳入了法律关系中，可以说是对传统法律关系的补充和发展。

[①] 对传统法律关系的理解是：法是社会关系的调整器，社会关系是人与人的关系，所以法不可能调整人与自然的关系。

第七章 环境资源法体系

　　法治就是依法治理，法律体系是法治的基础。法治不仅要求良法之治，而且要求法律制度的完备性和体系性。对环境资源法律体系的认识，是做好环境资源法治的基本要求。宏观上对环境资源法体系有较好的把握，有利于促进环境资源法体系的合理化和彼此间关系的协调，提高整体效率。环境资源法体系的完备程度，也是一个国家法治建设和管理水平的重要标志。建立并完善环境资源法体系，探讨股和新时代环境发展要求，应对环境治理新问题、新情况，是完善以宪法为核心的中国特色社会主义法律体系的重要组成部分。

第一节　环境资源法体系的独立性

　　本节主要讨论环境资源法能够构成独立的法律部门以及与相关部门法的区别。

　　一、环境资源法是独立的法律部门

　　法律部门是按照法律规范自身不同的性质、调整社会关系的不同领域和不同方法等所划分的不同法律规范的总和。划分法律部门的标准主要是法的调整对象并辅以调整方法。同时，划分法律部门时还要注意以下几项原则：①注重法律部门的整体性，尽可能使同类法律归于同一法律部门；②注重法律部门体系的均衡性，避免某一法律部门的法律畸少或畸多；③注重法律部门的发展性，法律部门的划分还要考虑法律的发展性及其归属，为"未来法制"预留发展空间。这对于环境资源法这类相对新兴的具有交叉性、综合性的法制发展特别重要。以上述标准分析环境资源法，我们认为环境资源法是独立的法律部门，具体理由有如下几个方面。

　　（一）环境资源法有独立的调整对象

　　环境资源法的调整对象是生态性社会关系。生态社会关系反映了环境与资源的整体性和环境保护关系的复杂性。这种整体性和复杂性决定了必须把环境与资源保护的社会关系视为一种特殊的社会关系，进行整体的、全面的保护和调整。原有的各个部门法都不能满足这种需要，而必须创建一个新的综合性的并能对环境与资源进行整体、全面保护的法律部门来满足这种需要，这就促使环境资源法作为一个新兴部门法得以迅速建立和发展。

（二）环境法有独特的调整方法

从调整方法来看，环境资源法的特点至少有以下几点：①由于环境资源法的生态性，环境法律规范中包含大量的技术性、标准性规范；②生态社会关系的涉及面非常广，单纯依赖公法或私法的手段，都不足以科学地调整生态经济社会关系，因此环境法律规范中既有公法的手段，也有私法的手段，涉及大多数传统的法律部门，这就是所谓调整手段的综合性；③建立了自己的法律原则和制度，例如预防为主原则、综合整治原则、公众参与原则等以及环境影响评价制度、三同时制度、排污收费制度、许可证制度、限期治理制度等，都明显地不同于其他法律部门；④环境资源法更为提倡预防，也就是前述环境资源法的特征"前瞻性"。这些调整手段的特点使环境资源法区别于其他法律部门。

（三）环境资源法有独立的法律体系

环境资源法虽然是新兴的，但是由于其与人类生存和发展密切相关而得到迅速发展。迄今，我国已经制定和颁布了大量的环境、资源法律法规。从法律部门划分的数量均衡原则来看，环境资源法不适合划归任何一个传统的法律部门。否则，既会破坏传统法律部门的内部和谐性，也会造成数量上的失衡。大量的环境资源法的制定是环境资源法能够区别于其他法律部门并取得独立地位的重要条件。此外，随着低碳经济、绿色经济、循环经济的发展，与生态农业、清洁生产、环境保护服务业相关的环境资源法制会得到快速发展，可以说，环境资源法作为独立的法律部门也符合法制发展的现实需要。

二、环境资源法是"领域法"

"领域法学，是以问题为导向，以特定经济社会领域全部与法律有关的现象为研究对象，融经济学、政治学和社会学等多种研究范式于一体的整合性、交叉性、开放性、应用性和协同性的新型法学理论体系、学科体系和话语体系；它是新兴、交叉领域'诸法合一'的有机结合，与传统部门法学同构而又互补。"[1]

吴凯、汪劲认为，近年来，环境法学的研究人员也逐步在认识上开始由"环境法学是一个新兴的独立的法律部门"向环境法"是领域法学，不是部门法学"转变。[2]

---

[1] 刘剑文.论领域法学：一种立足新兴交叉领域的法学研究范式[J].政法论丛，2016（05）：3.
[2] 吴凯，汪劲.论作为领域法的环境法：问题辨识与规范建构[J].辽宁大学学报（哲学社会科学版），2019，47（01）：97-98.

环境资源法无论是部门法也好还是领域法也好，都不可否认它是一个独立的存在，而且数量较大，不宜归于其他部门或领域。如果说环境资源法是部门法，正如前面所论证也未尝不可。只是我们所认可的部门法的划分方法，不同于过于狭隘的传统部门法划分方法而已。《中国特色社会主义法律体系白皮书》对于法律部门的列举未将环境法列入。但是，"没有纳入部门法序列并没有影响财税法、环境法、劳动法等领域法教学与研究的发展"。①

三、环境资源法与相关部门法的区别

该部分的内容主要借鉴了吕忠梅的观点。②

（一）环境法与经济法的区别

我国经济法的内容经历了一个由大到小的过程，应当说过去的"大经济法"是不符合部门法的划分方法和原则的。当前较为流行的经济法概念是"国家需要干预论"，即经济法的调整对象是国家需要干预的社会经济关系。环境法与经济法均是第二次世界大战以后产生的新兴法律部门，且都是运用公法手段干预私法领域的法律规范体系。它们之间存在一定的共性，如它们都是为弥补民法调节机制的不足而产生的，都是国家干预的产物。但是，它们之间的区别是明显的。

（1）调整对象不同。经济法是调整一定范围内经济社会关系的规范体系。环境资源法是调整环境资源社会关系的规范体系。两种社会关系形成的动机、目的和行为目标都是不同的。

（2）立法目的不同。经济法的立法目的在于促进经济的稳定增长和健康发展。环境资源法的立法目的在于保护环境，保护当代人和后代人生存与发展的基本条件。

（3）调整手段不同。经济法为实现其立法目的，通过对市场的规制和宏观调控手段来实施对经济社会关系的调整，尤其是在宏观调控中主要是运用财政、税收、金融、计划、产业政策等经济杠杆以实现对经济运行的调控。环境资源法为实现其立法目的主要是通过运用符合生态规律的科学技术与法律规范相结合的手段来实现对环境的保护。

（二）环境法与行政法的区别

环境资源法中运用了大量的公法手段，因而很容易将环境资源法纳入行政法的范畴。其实，环境资源法作为国家管理环境的法律，与行政法有着根本差别。

（1）立法对象不同。行政法是管理管理者之法，而环境资源法是管理者管理之法。行政法以行政机关为立法对象，主要是对行政行为的技术性规范，以防止行政权对公民权益的侵犯为界限。环境资源法以市场主体为立法对象，主要是规定对市场主体环

---

① 吴凯，汪劲 . 论作为领域法的环境法：问题辨识与规范建构 [J]. 辽宁大学学报（哲学社会科学版），2019，47（01）：98.

② 吕忠梅 . 环境法 [M]. 北京：法律出版社，1997.

境活动的管理措施或法律手段，它以赋予管理主体较大的自由裁量权为特征。

（2）立法目的不同。行政法以保证行政行为的公平、效率为直接目的，以依法行政为核心。环境资源法却以保护环境这一独立的社会公共利益为直接目的，以限制市场主体对环境不良影响的行为为核心。

（3）调整手段不同。行政法以行政权的行使即行政行为作为调整手段。环境资源法则采用了综合调控体制，除了采用行政法手段外，还有民事法律手段、刑事法律手段。而且，即使是国家的环境资源管理手段，也不局限于权力手段的运用，提倡、诱导、激励、合同等多种非权力手段在环境资源法中被广泛运用并以其灵活性发挥着越来越重要的作用。

第二节　环境资源法律体系的构成

环境资源法的体系，是指由一国现行的有关保护和改善环境与自然资源、防治环境污染和其他公害的各种规范性文件所组成的法律子部门分类组合而成的体系化的有机联系的统一整体。各国的环境法体系有一定的共同性，又因为各国发展水平的不同而内容各异。在环境法体系的具体内容划分上，学者们略有不同见解。

一、外国的环境资源法体系

（一）英国、美国、法国、日本的环境资源法体系建设模式

发达国家的环境问题出现得早，环境法制建设通常走在我国的前列。研究发达国家的环境资源法体系，对我国环境资源法体系建设与发展有着重要的借鉴意义。胡德胜主编的《环境与资源保护法学（第二版）》[①]对四个国家的环境资源法体系建设模式做简要介绍。第一，英国的归类整理模式。英国是工业革命开始较早的国家，环境问题出现得早，相关法制建设也相对较早。英国主要是针对特定种类的污染，制定了许多污染治理的单行法。20 世纪 70 年代以来，英国国会开始注重环境资源法律的统一化和系统化，对已有法律进行了一定程度的归类整理，形成不同的法群。例如，1988 年《野生动物和乡村法》对有关野生动物和乡村自然资源保护的单行法律进行整合，形成了一个法群。第二，美国的基本法模式。美国是一个联邦制国家，环境资源法律起初基本以州为主。随着对环境和自然资源问题认识的深入，通过国会立法和联邦法院解释，基本上成为联邦管辖事项。在环境与资源法领域特别是环境法领域，联邦法律居于主

---

① 胡德胜. 环境与资源保护法学（第二版）[M]. 西安：西安交通大学出版社，2017.

导地位。美国 1969 年制定了《国家环境政策法》，从宏观上调整着美国的国家环境与资源保护政策，对联邦执行机关和 / 或行政部门创设了有关环境与资源保护方面的职责。它赋予环境与资源保护以预防为主和改善环境的新型理念。它在世界范围内第一次推出环境影响评价制度。在较具体环境与资源保护对象的层次上，内容方面形成了有关空气、土壤和水等污染防治的污染防治法体系，以及以保护公共土地、自然保护区和野生动植物等自然资源为内容的自然资源保护法体系。在形式方面，则以环境与资源保护的制定法为主干，以执行机关和 / 或行政部门的成文法令、规则和政策为具体细节，以联邦法院的判决为最终界定。在同其他部门法的衔接方面，传统部门法已经有规定的，原则上适用该已有规定，但是根据环境与资源保护法的特点做出一定的特别规定。第三，法国的复合法模式。在 1998 年《环境法典》形成之前，法国的污染防治立法的状况是大量单行法规并存，以各种行政命令予以补充，而自然资源保护法最初存在于《法国民法典》中有关自然资源所有权、用益物权、相邻权、地役权和侵权责任等方面的规定之中，而且它们相互之间缺乏必要的协调和 / 或统一。为了改变这一状况，法国着手汇编了《环境法典》。该法典分为总则，物理环境，自然区域，动植物，污染、风险和害事的预防，海外领土的适用，以及南极环境保护共六卷；其主要是对单行法律的汇编，并进行了一定程度的编纂，使单行法律之间更为协调，从而形成一个比较完整的体系。随着欧盟环境与资源保护法体系的不断完备和加强，法国环境与资源保护法体系的复合化模式在内容上越来越具有欧盟化的特点，形式上也将不断完善。第四，日本的法典化模式。日本环境与资源保护法体系在形式上具备了法典形式，已经形成以 1946 年《日本国宪法》中关于环境与资源保护的规定为基础，以综合性的 1993 年《环境基本法》为中心，同其他部门法衔接合理，包括公害控制法、环境保全法、环境整治法、费用承担与资助法、公害救济法以及公害犯罪法等六类内容的环境与资源保护法律、法规、制度和环境标准所组成的完备体系。

（二）德国学者克罗福的观点

德国学者克罗福认为，环境法具有广义和狭义之分。狭义的环境法主要包括自然保护和风景保护法、水资源法、土地法、公害防治法、放射线防治法、垃圾法、危险物品法和将来可能制定的气候保护法，是一个开放的、不断发展的法律部门。广义环境法是指一切与环境有关的法律规范的总称。这里所说的"有关"，是指直接相关，即以环境为调整客体或者以环境保护为直接目的。从这个角度来看，广义的环境法除了狭义的环境法之外，还包括与其他法律部门交叉的规范，如环境宪法、环境行政法、环境私法、环境刑法、欧洲环境法、国际环境法；狭义的环境法是环境法的核心领域。

如图 7-1 所示。①

```
                          ┌── 环境法的基本术语和原则
                          │   环境组织法
                     一般领域 │   环境标准法
                          │   环境统计法
                          └── 环境信息法

                          ┌── 自然保护法
                          │   土地法、水法等自然资源法
  广义                      │   公害防治法
  的       核心领域 ─────────┤   核能和辐射防治法
  环                       │   垃圾法
  境                       └── 危险物品法
  法
                          ┌── 环境宪法
                          │   环境行政法
                          │   环境私法
                     交叉领域 │   环境刑法
                          │   环境诉讼法
                          │   欧共体环境法
                          └── 国际环境法
```

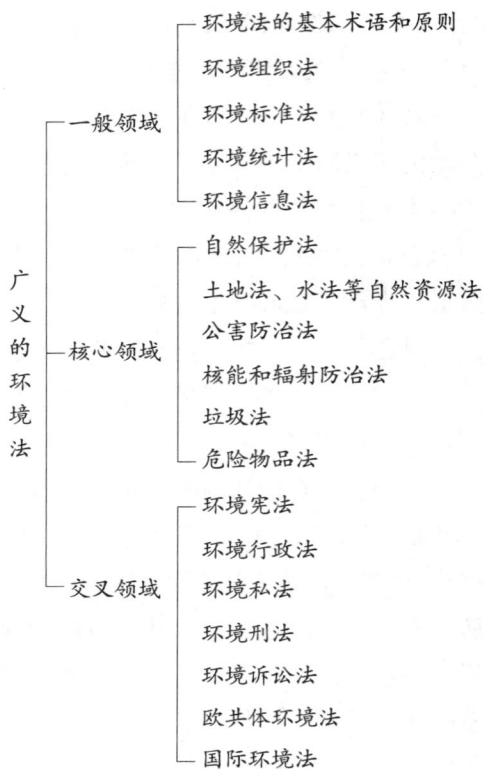

图 7-1　广义环境法

（三）日本的环境法体系

1. 汪劲介绍的观点

汪劲在《日本环境法概论》一书中介绍了日本学者浅野直人的观点。浅野直人把日本的环境法体系分为六部分：①环境基本法，即规定环境行政目标、政策体系等基本事项的法律；②公害控制法，即大气污染、水污染等公害排放控制方面的法律；③环境保全法，是指关于自然环境及景观、历史环境等保全方面的法律，它以控制已形成良好环境的指定地域内的开发行为为特征；④环境整备法，主要包括下水道、废弃物处理设施和地方公共团体等进行公共服务方面的法律；⑤费用负担、促成（资助）法，这是关于防止公害事业费企业负担、地方公共团体的财政措施及对企业的促成（资助）措施等规定的法律；⑥被害救济、纠纷处理法，是对公害被害者的补偿给付、支付等以及行政委员会处理公害纠纷的法律。②

---

① 高家伟. 欧洲环境法 [M]. 北京：工商出版社，2000.

② 汪劲. 日本环境法概论 [M]. 武汉：武汉大学出版社，1994.

汪劲在《日本环境法体系的现状与内容》^①一文中也详细介绍了日本的环境法体系。

2.《日本环境法概论》中的观点

《日本环境法概论》的中译本序言中说："日本从上个世纪六十年代污染严重的'公害列岛'，到经过几十年治理，终于重现碧水青山蓝天，这个过程是如何实现的呢？非常值得我们深思和借鉴，一方面要有完善的法律制度，既要有理念先进的环境基本法，又要有环境部门的组织设置法，以及各个专门领域精细操作的单行法（如土壤污染对策法）。同时，还特别重视制度细节的设计，例如完善执法标准来消除执法顾虑、采取多种经济诱导手段等，不断提高和增强法律政策的可操作性。另一方面就是要有理性、守法的监管部门和公民。"

（四）关于美国环境法

1. 王曦介绍的观点

从《美国环境法》^②一书的"环境法各论"的"章"的安排上，可以窥见王曦对美国环境法体系内容所做的划分。该书"环境法各论"中包括：①第八章国家环境政策法；②第九章空气污染控制；③第十章水污染控制；④第十一章饮用水源保护和海洋倾倒管制；⑤第十二章固体废物污染控制；⑥第十三章化学品和农药管理；⑦第十四章工作场地环境保护；⑧第十五章自然资源保护和管理。

王曦在《小议美国的环境法规体系》^③一文中认为，美国的环境法规体系可以粗略地分为两个层次：其上层是独特的《1969年国家环境政策法》；其下层包含污染控制法规系列和资源保护法规系列。污染控制法规系列包括《清洁空气法》（控制空气污染）、《联邦水污染控制法》（控制水污染）、《安全饮用水法》（保护饮用水源）、《海洋倾倒法》（控制海洋倾废活动）、《资源保护和回收法》（控制固体废物污染）、《综合环境反应、赔偿和责任法》（控制危险废物的处理、处置设施的污染）、《有毒物质控制法》（控制化学品的生产、流通和使用）、《联邦农药法》（控制农药的生产、流通和使用）、《噪声控制法》（控制噪声）、《职业安全和健康法》（保护劳动场地环境）。资源保护法规系列，包括《多重利用、持续产出法》和《森林、牧场可更新资源规划法》（保护农业部管辖的国有森林的持续生产力）、《联邦土地政策和管理法》（保护内政部管辖的森林的土地资源）、《合作林业援助法》（帮助私有林主保护其森林的持续生产力）、国家公园管理法规系列（规定国家公园的设立和管理的一般原则和各个国家公园的具体管理）、《国家野生动物庇护体系管理法》（保护野

① 汪劲.日本环境法体系的现状与内容 [J].中国环境管理，1995（1）：19–21.

② 王曦.美国环境法概论 [M].武汉：武汉大学出版社，1992.

③ 王曦.小议美国的环境法规体系 [J].环境保护，1994（4）：41–42.

生动物）、《原始风景河流法》（保护原始风景河流）、《荒野法》（规定自然保护区的设立和管理）、《濒危物种法》（保护濒危物种）《露天煤矿控制和复原法》（控制露天采矿活动对自然资源的破坏）、《海岸带管理法》（保护海岸带土地资源）。总之，美国的联邦环境法规体系上有兼具纲领性和可操作性的《环境政策法》，下有污染控制和资源保护两大法规系列，体系比较完整、覆盖面比较广。这一法规体系是整个美国环境法律体系的主干。它起着传统的不成文法如普通法和其他与环境资源保护相关的经济法规所不能起到的重要而特殊的作用——全面调整国家有关经济发展与环境保护的关系的公共政策，将发展与环境两个目标协调起来，并由法律规定的国家环境资源保护管理行政体制贯彻实施这一公共政策。

2.《美国环境法——联邦最高法院法官教程》的观点

《美国环境法——联邦最高法院法官教程》一书的译者序言中说："该书包含有关大气污染控制法律、水污染控制法律、土壤污染控制的超级基金法、有毒危险物质污染控制、环境影响评价制度以及美国环境法实施的行政监管执法、公民诉讼制度等的介绍，重点突出而不失周到。"该书共有六部分："一、介绍：环境法的框架概述"，包括美国环境法的普通法渊源、美国环境法的立法史、规制过程、环境法规的司法审查等内容。"二、污染控制法"，包括大气污染控制、水污染控制、废弃物管理与救济等内容。"三、有毒物质的污染控制"，包括风险评估和预防性监管、美国《有毒物质控制法》、农药监管、安全饮用水法案、应急预案和社区知情权法案。"四、环境影响评价"，包含美国《国家环境政策法》的概述，以及环境影响报告的准备和内容等。"五、土地利用规则和生物多样性保护"，包括土地利用的联邦规制、土地利用规则及规制性征用、生物多样性保护等内容。"六、环境法规的执行"，包括政府行政执法机关、公民诉讼。[①]

3.《美国环境法研究》的观点

该书引言中提道："环境法学习的最大特点就是复杂性。"美国联邦环境法主要有七部核心法律：《清洁空气法》（Clean Air Act，简称 CAA）、《清洁水法》（Clean Water Act，Water Pollution Prevention and Control Act，简称 CWA）、《有毒物质控制法》（Toxic Substance Control Act，简称 TSCA）、《联邦杀虫剂、杀菌剂和灭鼠剂法》（Federal Insecticide，Fungicide，and Rodenticide Act，简称 FIFRA）、《国家环境政策法》（National Environmental Policy Act，简称 NEPA）、《固体废物处置法》（Solid Waste Disposal Act，简称 SWDA，该法又被称为《资源保护与恢复法》，Resource Conservation and Recovery Act，简称 RCRA），以及非常具有美国特色的《综合环境反应、赔偿与责

---

① [美] 罗伯特·V·帕西瓦尔著. 美国环境法——联邦最高法院法官教程 [M]. 赵绘宇译. 北京：法律出版社，2014.

任法》（Comprehensive Environmental Response, Compensation, and Liability Act, 简称 CERCLA, 又称为"超级基金法案"）。

该书重点介绍其中的五部，即 CAA、CWA、SWDA（RCRA）、NEPA 以及 CERCLA。如果将上述七部法律进行分类的话，基本上可以将其划分为四大类别：第一类，"技术型"法律，主要以 CAA 和 CWA 为代表，还可以包括 RCRA。第二类，"风险评估型"法律，主要以 FIFRA 和 TSCA 为代表。第三类，"政策型"法律，也可以称为"环境影响评价"型法律，即 NEPA。第四类，"责任型"法律，最具代表性的就是 RCRA 和 CERCLA。

由于美国环境法的体系较为完整，如果按照环境管理的不同阶段来划分的话，美国环境法则可以分为三大组成部分。第一，风险预防型的环境法。其典型代表为 NEPA，规定了所有美国联邦政府部门和机构在政策制定和行政行为上的环境程序性义务，尤其是环境影响评价义务。第二，过程控制型环境法。其最为突出的体现为 CAA、CWA、SWDA、FIFRA 以及 TSCA，主要体现为对污染控制指标、标准、行政许可、环境监测、环境治理以及研究和财政资助等方面的规定。第三，末端控制型环境法。最为典型的就是 CERCLA 和 RCRA 两步法典，尤其以 CERCLA 最为突出，它是对那些被遗弃的或者找不到责任人的重大污染点进行治理及其责任承担的法律规定，其核心内容就在于法律责任的规定。

美国环境法的另一个重大转变就是"一体化的污染控制"（Integrated Pollution Control）。以往的美国环境法在污染控制上主要是针对单个的污染媒介采取单独的污染控制措施，同时各单行环境法律规定及其责任设定也各有不同，因此导致了环境污染控制难以实现统一，污染控制效果不甚明显。例如，通过将污染废物直接排入水体的方式来控制大气污染，结果造成水污染；通过填埋或焚烧的方式处置固体废物，结果导致更为严重的水污染、土壤污染或者大气污染等。因此，如何在不同的污染媒介中实现统一的一体化的或者综合的污染控制措施是污染防治法的关键。目前，美国环境法在一体化污染控制方面取得了很大进步和转变。①

二、我国的环境资源法体系

（一）我国环境资源法体系的基本观点

我国环境资源法的体系也有许多种说法。笔者认为可以借用图 7-2、图 7-3 来简明扼要地论述我国的环境资源法体系。

---

① 张辉. 美国环境法研究 [M]. 北京：中国民主法制出版社，2015.

1. 环境资源法体系的"交叉部分"

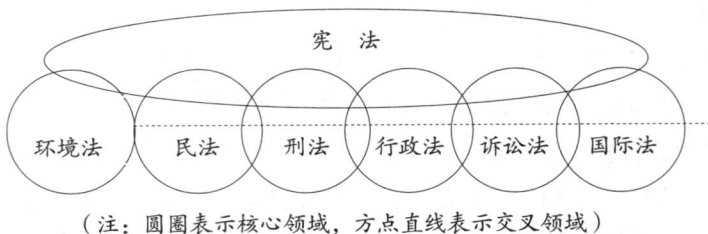

（注：圆圈表示核心领域，方点直线表示交叉领域）

图 7-2 环境法与其他部门法的关系[1]

如图 7-2 所示，根据法律规范的部门性质不同，我们可以依据法的不同部门性质，把环境法律体系分为：①环境资源宪法规范；②核心领域法律法规，例如《中华人民共和国环境保护法》《中华人民共和国大气污染防治法》等；③环境资源刑法；④环境资源民法；⑤环境资源经济法；⑥环境资源行政法；⑦环境资源诉讼法；⑧环境资源国际法。图 7-2 表明了环境资源法在法学内部的交叉性和综合性。宪法、民法、刑法、行政法、诉讼法、国际法等，其中涉及环境资源的内容都可以作为环境资源法的内容。

2. 环境资源法体系的"核心部分"

目前，分类差异较大的是图 7-2 所示的所谓"核心领域法规"部分。参照吕忠梅的环境法体系划分方法[2]，如图 7-3 所示。

3. 环境资源法制的"点线环面体"发展顺序和趋势

2003 年笔者出版的《环境与资源保护法学》一书中即提出了环境法制发展从"点"到"线"到"环"到"面"再到"体"的发展顺序趋势。"真正的生态系统不单纯是'点''线''环'组成的，而更多的是'面'和'体'，例如污染防治法，从注重'点'（末端治理），发展到重视'线'（从摇篮到坟墓），再到重视'环'（再生利用，循环经济），如今需要更为注重'面'和'体'（流域治理、生态工业园区、立体农业等），这与生态学理论是相契合的。从生态学的观点来看，我们从注重单个的消费者，发展为注重食物链，进而发展到注重食物网，乃至区域、全球生态系统。反观我们的环境法制（特别是在'法律'层面上），立法更多地集中在'点'上（末端治理的法律多），'线'也已经有更多的体现了，体现'环''面''体'的法律较少。"[3] 这是认识环境法体系的另一个视角，也体现了环境法治发展的历程和趋势。

20 年后的现在，从"点线环面体"这一角度来看，我国的环境法律有了新的发展和创新。环境资源法制，尤其是狭义的《环境法》《环境污染防治法》，

---

① 高家伟. 欧洲环境法 [M]. 北京：工商出版社，2000.

② 吕忠梅. 环境法 [M]. 北京：法律出版社，1997.

③ 刘国涛，等. 环境与资源保护法学 [M]. 北京：中国法制出版社，2003.

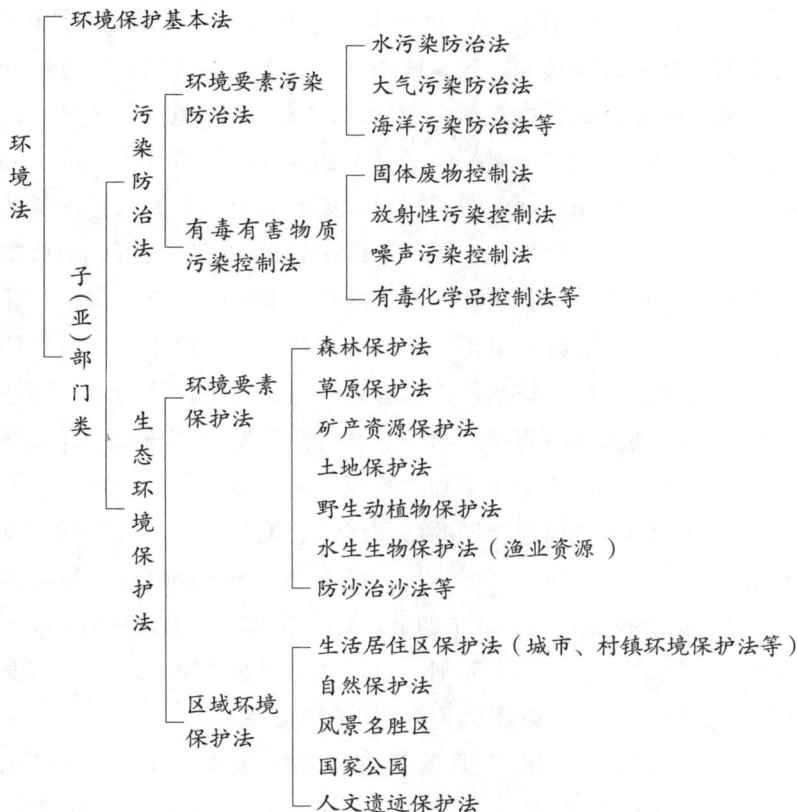

图 7-3　环境法的体系

经历了从最初的关注"排污口"这个"点"；发展到关注生产过程这个"线"，特别是清洁生产促进法的制定，更是对整个生产过程的全面污染防治；再发展到首尾相接的循环经济，产业链循环相接形成闭环，这个"环"，有了循环经济促进法；进一步发展到从更大的区域、流域关注环境问题，这个"面"，有了流域治理（《长江保护法》《黄河保护法》）、生态省、生态县、美丽中国等相关法制；如今随着地下空间技术和人工影响天气技术、空域利用技术的发展，环境资源法制形成了一个立体化的视域，这就是所谓的"体"。"体"还可以有全方位、综合性、一体化的含义，例如调整手段的综合性、"五位一体"。

（二）我国环境资源法体系表达的其他观点

韩德培主编的《环境保护法教程（第 8 版）》中认为，可将我国环境爆发体系概括为八个方面：①《宪法》中有关环境保护的法律规范；②综合性环境保护基本法；③环境保护单行法律法规；④环境保护纠纷解决程序的法律、法规、规章；⑤环境保护标准中的环境保护规范；⑥地方性环境保护法规规章；⑦其他部门法中的环境保护规范；⑧我国参加和批准的国际法中的环境保护规范。[①] 从该书的章节安排来看，其与本书颇有相似之处，分得较为细致。该书共有二十章，我们认为可以分为五大部分：第一部分可以叫作总论编，包含第一章绪论，第二章环境保护法概述，第三章环境保护法的基本原则，第四章环境保护法的基本制度，第五章环境标准、环境监测、环境监察。第二部分可以叫作自然资源法，包含第六章自然资源保护法概述，第七章保护土地、水、矿产资源的法律规定，第八章保护森林、草原、野生动植物和渔业资源的法律规定，第九章水土保持和防沙治沙法的法律规定，第十章保护特殊自然区域的法律规定，第十一章节约能源和可再生能源的法律规定，第十二章城乡环境和农业环境的法律规定，第三部分污染防治法，包含第十三章环境污染防治法概述，第十四章防治大气污染和水污染的法律规定，第十五章海洋环境保护与防治环境噪声污染的法律规定，第十六章防治固体废物污染和危险化学品污染的法律规定，第十七章防治放射性污染、农药污染和电磁辐射污染的法律规定。第四部分法律责任，包含第十八章行政责任，第十九章民事责任和刑事责任。第五部分国际环境法，包含第二十章国际环境保护法。这一部分仅此一章，分了四节：第一节国际环境问题和国际环境保护，第二节国际环境保护法的概念和基本原则，第三节中国对解决全球环境与发展问题的原则立场，第四节我国参加的主要国际环境保护条约文件。[②]

周珂在其主编的教材中认为，我国环境法体系大致由以下六个部分结成：一、宪法性规定。二、综合性环境基本法。三、环境保护单行法：①污染防治法；②自然资源保护法；③环境管理行政法规。四、环境标准。五、其他部门法中的环境保护规范：①民法中的相关规范；②刑法中的相关规范；③行政法中的相关规范；④经济法、劳动法、诉讼法等部门法中的相关规范。六、国际法中的环境保护规范。[③]

汪劲主编的《环境法学（第四版）》与本书有类似之处，"章"上面设了较多的"编"。

杜群在《环境法融合论：环境、资源、生态法律保护一体化》一书中认为，狭义的环境法如图7-4所示。我国环境与资源法范畴的应然界定模式应如图7-5所示。

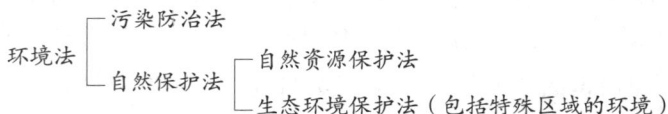

环境法 ┬ 污染防治法
       └ 自然保护法 ┬ 自然资源保护法
                   └ 生态环境保护法（包括特殊区域的环境）

图7-4 环境法范畴的通常界定示意图 [④]

---

① 韩德培.环境保护法教程（第八版）[M].北京：法律出版社，2018.

② 韩德培.环境保护法教程（第八版）[M].北京：法律出版社，2018.

③ 周珂.环境与资源保护法[M].北京：中国人民大学出版社，2007.

④ 杜群.环境法融合论：环境、资源、生态法律保护一体化[M].北京：科学出版社，2003.

```
                    ┌─ 污染防治法
                    │                  ┌─ 自然资源利用管理法
   环境与资源法 ───┤  自然资源法 ─────┤
  （广义环境法）    │                  └─ 自然环境保护法
                    │                  ┌─ 生态保护法
                    └─ 生态环境保护 ───┤
                     （狭义的自然保护法）└─ 特殊环境保护法
```

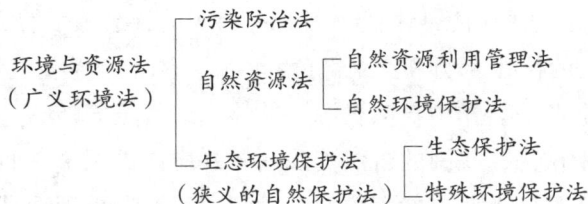

图 7-5　我国环境与资源范畴的应然界定模式图示 [1]

常纪文、陈明剑认为，我国环境法体系框架主要包括宪法关于环境法的基本规定；环境基本法；生态保护法；自然资源法；环境污染及其他公害防治法；防震减灾法；特殊环境保护法，如《文物保护法》、风景名胜区保护法等；民法、行政法、刑法、宏观调控法等部门中关于环境的规定可分别纳入前述法律规范中。其后的论述中认为还可以包含区域开发整治法、规划法。

周训芳认为我国环境法主要包括十一个部分：①宪法对环境保护和环境权的规定；②民法对公民环境权的规定和对环境资源所有权、使用权的规定；③刑法对破坏环境和环境资源犯罪的规定；④环境基本法；⑤自然资源法，包括陆地生态资源法（森林法、野生动物保护法、野生植物保护法、林地法）、陆地经济资源法（水法、土地管理法、矿产资源法、草原法、渔业法、水土保持法）和海洋资源法；⑥区域环境法，包括自然保护区法、风景名胜区法、森林公园法、历史文化区法和其他区域环境法；⑦环境污染防治法，包括大气污染防治法、水污染防治法、固体废物污染环境防治法、环境噪声污染防治法、放射性污染防治法、危险物品污染防治法和海洋污染防治法；⑧环境程序法，包括环境行政程序、环境诉讼程序和环境非讼程序方面的法律规范；⑨所有其他法律中的对环境保护的法律规定，都是环境法的附属法律规范；⑩特别行政区环境法，包括中国香港、澳门两个特别行政区的环境法；⑪国际环境法，只包括我国签署和参加的国际环境公约；⑫中国台湾地区环境法。[2]

还有学者从生态法的角度论述了生态法律体系的构成。例如，曹明德认为，从调整对象来看，生态法律体系主要由五大类构成：①保护生态系统和自然综合体或者说整体自然环境的法律规范，主要是进行综合性保护，例如环境保护法、国土整治法、城市规划法等；②因合理开发利用保护自然资源而产生的法律，例如矿产资源法、水法、森林法、草原法、渔业法、野生动植物保护法等；③因保护环境防治污染而产生的法律，例如大气污染防治法、有毒有害物质污染环境防治法、海洋污染防治法、放射性污染防治法等；④调整因保护特殊区域而产生的法律，例如自然保护区法、风景名胜区法、

---

① 杜群．环境法融合论：环境、资源、生态法律保护一体化 [M]．北京：科学出版社，2003.

② 周训芳．环境法学 [M]．北京：中国林业出版社，2000.

森林公园法等；⑤其他部门法中用于调整与环境保护有关的社会关系的法律规范。[①] 显然其也囊括了环境资源法的核心 部分和交叉部分。

我们再看一下自然资源法著作中自然资源法的体系通常是怎样的。张梓太在其主编的《自然资源法学》中认为，我国的自然资源法体系应该由五个方面的法律构成：①综合自然资源法，是从整体上对自然资源的开发利用以及保护管理进行宏观规划，确定自然资源法基本原则和制度构成的法律，是自然资源法体系中的基本法；②自然资源品种法，是针对特定类型自然资源的开发利用和保护管理进行的专门立法。例如，土地法、水法等；③自然资源行业法，是针对社会经济活动中围绕某一类型的自然资源开发利用所形成的特定行业进行的专门立法，以特定的自然资源行业管理为主要内容。例如，矿产资源法、渔业法、森林法、草原法等；④自然资源养护法，主要是从自然资源的社会效益和生态效益着眼对自然资源自身富存的完整性和自然生态功能的维持进行的立法，例如，自然保护区法、水土保持法、野生动物保护法等；⑤国际自然资源法。我们也可以从张梓太主编的这本教材中的"目录"部分窥见其对自然资源法学体系的构建，该书共十七章，分别是：第一章绪论；第二章自然资源法概述；第三章自然资源法律关系；第四章自然资源法的法律属性与理论定位；第五章自然资源法的基本原则；第六章自然资源法的基本制度构成；第七章自然资源法律责任；第八章土地资源法；第九章水资源法；第十章矿产资源法；第十一章森林资源法；第十二章野生动植物资源法；第十三章草原资源法；第十四章防沙治沙法；第十五章海洋资源法；第十六章渔业资源法。

王文革在其主编的《自然资源法：理论、实务、案例》一书总序中写道：该学科以环境资源法理论和实践为总体建设方略，注重与相关学科的交叉与融合，下设"环境保护法、自然资源法、能源法、海洋法、环境健康法、灾害防治法、循环经济法、国际环境法、房地产法、环境资源经济（金融）法、环境资源行政法、环境资源犯罪、环境社会学、生态哲学、环境司法"15个方向。其主编的这本书则是吸收了本学科较新的研究成果、教学改革成果和自然资源管理与司法实践新经验，结合我国和国际自然立法新动态，较为全面系统地阐述了"自然资源法总论、水资源法、土地资源法、矿产资源法、森林资源法、草原资源法、海洋资源法、渔业资源法、野生动植物保护法、自然保护区法、能源法"等基本内容。

---

① 曹明德. 生态法原理 [M]. 北京：人民出版社，2022.

第三节 环境资源法体系的发展

一、环境资源法体系的拓展

环境资源问题十分复杂，环境资源法是一个新兴的学科。随着社会、经济的发展，环境资源法的体系也会不断丰富发展。

（一）"整合自然资源法"的观点

这是法律体系构建的一种学术观点和环境资源法学体系的解剖和发展瞻望，并非意味着我们主张行政部门的进一步整合。法律和法学体系的结构、发展和行政部门的结构并非完全一致。

1998年1月，在全国人民代表大会环境与资源保护委员会召开的"环境与资源立法框架专家研讨会"上，中国社会科学院法学研究所马骧聪提出了环境资源法的法规结构框架。杜群将该框架整理成体系，如图7-6所示。至今看来，该观点对我国环境资源法体系的发展依然具有重要的指导意义。

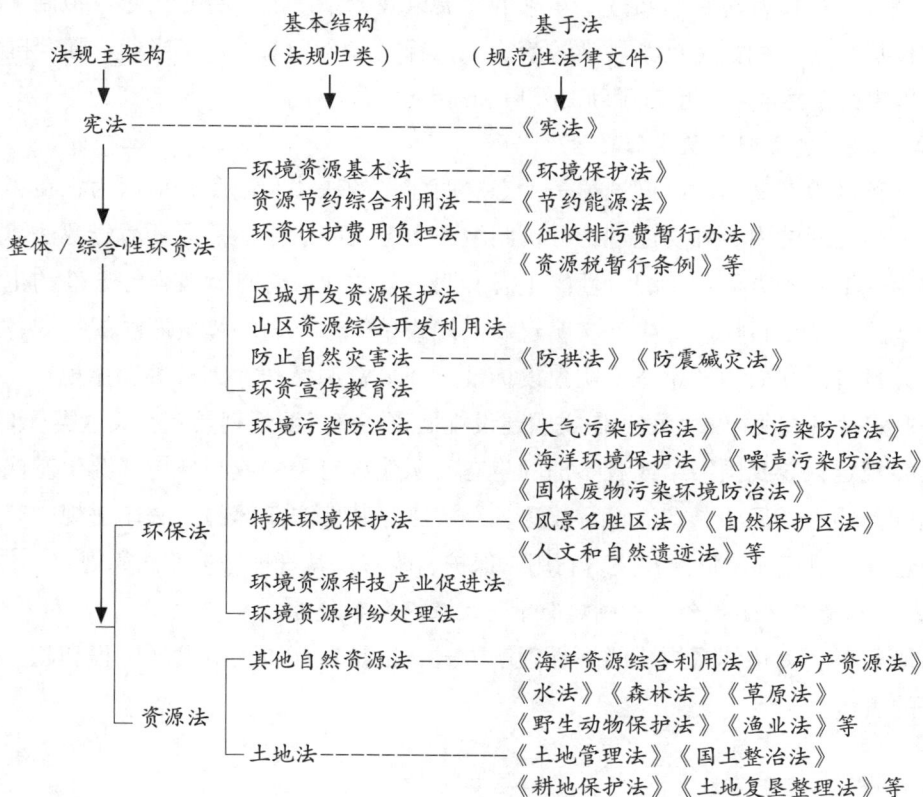

图 7-6 "整合自然资源法"型的法规结构图 [1]

---

① 杜群. 环境法融合论：环境、资源、生态法律保护一体化 [M]. 北京：科学出版社，2003.

图 7-6 所关注的区域开发资源保护法、山区资源综合开发利用法、防止自然灾害法、环资宣传教育法、国土整治法、土地复垦整理法、科技产业促进法、纠纷处理法，在本书中均得到了更多的重视、研讨和体现。

杜群也提出了自己的独立观点，见图 7-7 所示。

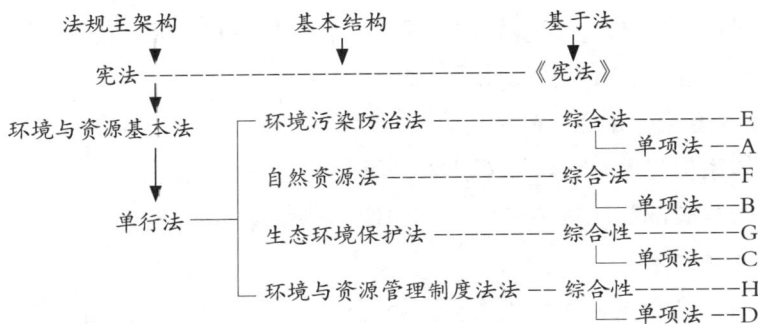

图 7-7 环境与资源法律体系的法规结构[1]

杜群对图 7-7 中涉及的"现行法律"和"需拟制的法律"做了如下讨论。我们从中可看到我国环境资源法体系近十年来的发展以及未来发展。有些当年"拟制"的法律如今已成现实，例如《土壤污染防治法》，有些如今尚未出台。当然，随着国情的变化发展未必全然需要，也有了新的发展和需要。

（二）"生态文明"视角的思考

蔡守秋从生态文明的高度论述了生态文明建设的法律和制度，他认为，在当代中国，从法律法规的内容和功能进行分析归纳，生态文明法律体系即环境资源法律体系主要包括如下几个方面：①综合性的生态文明建设法律或者具有较强综合性的生态文明建设法律；②单行性专门生态文明建设法规或单行性专门环境资源法规；③各种依法制定并具有法律效力的生态文明建设标准或环境资源标准及其有关法律规定；④各种依法制定并具有法律效力的生态文明建设规划或环境资源规划及其有关这类计（规）划的法律规定；⑤我国缔结或者参加的生态文明建设有关的或与环境资源生态保护有关的国际条约；⑥民法、刑法、行政法、经济法等其他法律部门的法律法规中有关生态文明建设（包括环境资源开发、利用、保护、改善及其管理等）的法律规定。[2]

（三）环境资源法制的"点线环面体"发展历程和趋势

这既是对环境化体系构成的一种理解方式，也是对环境法治发展历程和趋势的一个很好的表达。

---

① 杜群 . 环境法融合论：环境、资源、生态法律保护一体化 [M]. 北京：科学出版社，2003.

② 蔡守秋 . 生态文明建设的法律和制度 [M]. 北京：中国法制出版社，2017.

（四）环境资源法体系拓展的其他新视角

环境资源法体系的拓展，还有许多内部的细节性问题，非常值得重视，也是未来发展的趋势。例如，人们对自然灾害的认识、预防甚而控制越来越深入、越强，灾害法应当纳入环境法体系。[①] 随着绿色经济、循环经济的发展，污染的控制从末端走向源头，甚而循环利用实现零排放，环境法与产业法的结合更为密切，与环境资源保护密切相关的绿色产业法也应纳入环境法体系。[②]

除前述拓展思路之外，在本书中也进行了一些创新性的思考和拓展。

1.“统筹兼顾生态、生产和生活”环境资源法

《全国生态保护与建设规划（2013—2020 年）》“指导思想”中明确提出要“统筹兼顾生态、生产和生活”。《“十三五”生态环境保护规划》“基本原则”中认为要“生态优先，统筹生产、生活、生态空间管理”。本书将贯彻落实“统筹兼顾生态、生产和生活”的要求，在内容上不仅重视生态环境保护法治、也注重生产环境和生活环境法治。在“统筹兼顾生态、生产和生活”观念的指引下，分专章探讨了“生产环境法治”和“生活环境法治”，努力实现在理论体系和制度设计中的“生态、生产和生活环境”的统筹兼顾。

2. 较为深入地引入科学学和环境哲学的内容

引入科学学的内容，更好地从科学学的角度探讨环境资源法学的内容、地位和作用等；运用哲学的基础性和时代性，引领环境资源法制建设。

3. 专章探讨“非生物无体自然资源法”

其中包括气候资源法、频谱类资源法、生物自然力资源法、环境自净力资源法制（包含排污权、碳交易等），特别是气候资源法、频谱类资源法，也是对环境资源法制“点线环面体”发展历程和趋势中“体”的深入讨论和法制落实。

4. 专编探讨“区域环境法治”

2003 年，笔者在《环境与资源保护法学》一书中即提出了环境法制发展的“点线环面体”发展顺序趋势，并特别论证了环境法的“区域性”特征。[③] 在本章对环境资源法制“点线环面体”发展历程和趋势也进行了研讨。专编讨论“区域环境法治”可以说是这一观点的具体落实。

5. 专编讨论“空间绿色化利用法治”

这是对环境资源法制“点线环面体”发展历程和趋势中“体”的深入讨论和法制

① 杜群.“生态减灾法”的概念构成——兼论“生态保护法”与“自然灾害法”的协同法域 [J]. 环境资源法论丛，2021（13）：97-108.

② 刘国涛. 绿色产业与绿色产业法 [J]. 中国人口·资源与环境，2005（4）：95-99.

③ 刘国涛，等. 环境与资源保护法学 [M]. 北京：中国法制出版社，2003.

落实。

6. 努力实现"健康、安全、环境"法治的视域融合

分别设专章《"HSE"管理体系与环境法治》《"One Health"与环境法治》展开有关讨论。这对实现环境资源法、安全法、卫生健康法（含劳动环境卫生）、防疫法等的视域融合，是非常有帮助的。这对实现环境权、环境人格权、保护劳动者的权益、保护野生动物的福利，都是必要的。

7. 探讨人口、资源与环境法学

人口、资源、环境三者是密切相关的，人口是生态系统的重要组成部分，体现人口的生态性的法律也应纳入环境法，思考人口、资源、环境一体化视域中的"人口、资源与环境法学"，这也体现了人类尊重自然、回归自然、与自然共存的高尚理想。

二、环境资源法体系的法典化

2004年，教育部发布了重点研究基地重大项目"环境资源法典化基础研究"（编号05JJD8230005）并向全国招标。随着我国《民法典》的编撰和出台，近年来，制定经济法通则、国际私法典、行政法典、环境法典的呼声也日益高涨。[①] 环境法学界也再次掀起了环境法法典化研究的热浪。

2021年出版的"中国环境法典研究文丛"更是新近对环境法法典化研究的系统性研究力作。论文丛包括《环境法典编纂视野下的环境法效能研究》《环境法典编纂中的关系与结构》《域外环境法典编纂的实践与启示》《环境法体系化研究》《中国环境法典编纂的基本理论问题》。

这些优秀的研究成果，均为促进我国环境法体系的深入发展起到了重要作用。

---

① 吕忠梅. 法典化时代的环境法·为长江保护立良法（代序）[J]. 环境资源法论丛，2019（11）：1.

第八章 环境资源标准

环境资源标准包括生态环境标准和自然资源标准，是规范生态环境保护和自然资源开发利用的统一的技术要求。本章主要介绍了环境资源标准的概念、功能、分类和体系。在此基础上，要求学生进一步了解环境资源标准制定、实施和评估的相关规范。

第一节 环境资源标准概述

一、环境资源标准的概念和功能

（一）环境资源标准的概念

既往的环境法教科书在介绍环境标准时，其重心一般在生态环境标准，对自然资源标准则着墨不多。周珂将环境标准定义为"是国家为了保护公众健康，防治环境污染，保证生态安全，合理利用能源和自然资源，依据环境法律和政策制定的，用以规范有关环境的活动和结果的准则。广义上也包括专业和行业组织制定的自治性环境管理标准"。[1]汪劲认为我国的环境标准一般采用广义说，是指为了保护人群健康、保护社会财富和维护生态平衡，就环境质量以及污染物的排放、环境监测方法以及其他需要的事项，按照法律规定程序制定的各种技术指标与规范的总称。而西方国家多采用狭义说，仅指规定保障公众健康、公共福利与环境安全的环境质量标准。[2]上述定义尽管在标准的制定目的上提及了自然资源利用或保护社会财富，但就标准本身的内容列举而言显然主要指的是生态环境标准。

对环境资源标准的传统定义与对环境和自然资源关系的认识有关。过去较长时间内，自然资源一般被认为是一个经济概念，法律调整的主要价值追求是"利用"，侧重点是它的经济效用、经济价值，对自然资源的保护也主要是着眼于其"量"的状态

---

① 周珂，等. 环境法（第六版）[M]. 北京：中国人民大学出版社，2021.
② 汪劲. 环境法学 [M]. 北京：北京大学出版社，2015.

的维持。而环境则被认为是一个生态概念，作为人类社会共同保护的客体，它的根本目标是维持人类生态系统的平衡，是保护自然界"质"的状态，关注的是社会效益和生态效益。[①] 但当人们意识到环境要素和自然资源有着很大的重叠性乃至同一性，就不能再割裂"环境保护"和"自然资源开发利用"的过程。也正是在这样的认识背景下，杜群提出了环境法与自然资源法的融合论。自然资源保护法已成为现代环境资源法的主要内容之一，对环境资源标准的定义也就不能再延续传统环境保护法的惯性，只有将自然资源标准涵盖内其内涵才是全面准确的。

实务中，在环境资源标准的构建上，国务院生态环境主管部门和自然资源主管部门都在各自职责范围内制定了相关规范。其中，最为重要的是两个部门规章：《生态环境标准管理办法》于 2020 年 11 月 5 日由生态环境部部务会议审议通过并公布，自2021 年 2 月 1 日起施行；《自然资源标准化管理办法》则于稍早前的 2020 年 6 月 24日经自然资源部部领导批准并印发。由此，我国的环境资源标准在事实上包括了生态环境标准和自然资源标准两个部分。生态环境标准，是指由国务院生态环境主管部门和省级人民政府依法制定的生态环境保护工作中需要统一的各项技术要求。自然资源标准，则是指自然资源调查、监测、评价评估、确权登记、保护、资产管理和合理开发利用，国土空间规划、用途管制、生态修复，海洋和地质防灾减灾等业务，以及土地、地质矿产、海洋、测绘地理信息等领域的标准。

（二）环境资源标准的功能

环境资源标准一般表现为统一的、数据化的技术规定或要求，是环境保护和规范自然资源开发利用所不可或缺的基础性工具和手段。环境资源标准的功能主要体现在以下三个方面。

1. 为判断环境质量和自然资源状况提供准绳

没有比较就没有判断。衡量环境质量的优劣，判断自然资源的状况，不能仅依靠主观感受。否则，不同的人对同样的状况难免会有不同的结论，从而容易引发纠纷，增加社会活动的成本。而要获得客观性和准确性，就要采用标准化的方法，与法定、统一的环境资源标准进行对比才能得出令人信服的结论。

2. 为社会主体履行环保义务和开发利用自然资源提供指引

社会成员负有环境保护义务，不能任意排污。但受限于技术水平等客观条件，污染物的排放在生产生活中又是不能完全避免的。在法律义务与客观需要之间，其合理界限要依靠生态环境标准来划定。在开发利用自然资源时，企业等主体的行为要做到合理合法，同样需要相关标准的指引。

---

① 杜群. 环境法与自然资源法的融合 [J]. 法学研究，2000（6）：119–128.

3. 为国家机关在环境资源领域的执法和司法活动提供依据

政府需严格依法行政，司法机关也要"以事实为依据，以法律为准绳"。环境资源标准是做出事实或法律判断的必要依据，有时其本身就是法律的组成部分。判断企业是否有环境资源违法行为，一般仅依靠抽象的法律规范是不行的，必须同时借助具体的环境资源标准。

通常而言，环境资源标准应当宽严适度，要适应国家和地区在特定时期内的自然禀赋、科技水平和经济社会发展状况等。过于严格可能会对经济社会发展造成不合理的限制，过于宽松又达不到保护生态环境和规范自然资源开发利用活动的目的。

二、环境资源标准的分类

环境资源标准可以分为不同种类。目前，制定环境资源标准所依据的法律主要是《环境保护法》和《标准化法》等，部门规章则是《生态环境标准管理办法》和《自然资源标准化管理办法》，这些法律和规章对环境资源标准的分类方法基本是一致的。

（一）按照制定主体或适用范围

《环境保护法》第十五条和第十六条规定，国务院环境保护主管部门制定国家环境质量标准和国家污染物排放标准。省级地方人民政府对未制定国家标准的项目，可以制定地方标准；对已有国家标准的项目，所制定的地方标准应该严于国家标准。而《生态环境标准管理办法》第四条第一款规定："生态环境标准分为国家生态环境标准和地方生态环境标准。"可见，生态环境主管部门主要依循的是《环境保护法》的分类方法，按照制定主体和适用范围将生态环境标准分为国家标准和地方标准。在适用范围上，国家生态环境标准在全国范围或者标准指定区域范围执行；地方生态环境标准则仅在发布该标准的省、自治区、直辖市行政区域范围或者标准指定区域范围执行。在二者的关系上，既有国家标准又有地方标准的，应当依法优先执行地方的生态环境质量标准、生态环境风险管控标准和污染物排放标准。

《标准化法》第二条规定，"标准包括国家标准、行业标准、地方标准和团体标准、企业标准"。而《自然资源标准化管理办法》第四条规定："自然资源标准分为国家标准、行业标准、地方标准、团体标准、企业标准。"可见，自然资源主管部门主要依循的是《标准化法》的分类方法，按照制定主体和适用范围将自然资源标准分为上述五类。《自然资源标准化管理办法》中同时规定了各类标准的制定场景和条件，如对通用的保障人身健康和生命财产安全、国家安全、生态环境安全以及满足经济社会管理基本需要的技术要求，应当制定强制性国家标准；对满足基础通用、与强制性国家标准配套、对有关行业起引领作用等需要的技术要求，则制定推荐性国家标准。

（二）按照强制性

按照环境资源标准有无强制性，可将其分为强制性标准和推荐性标准。强制性标准必须执行，推荐性标准并无强制力，但国家鼓励采用。在生态环境领域，强制性标准包括国家和地方生态环境质量标准、生态环境风险管控标准、污染物排放标准和法律法规规定强制执行的其他生态环境标准，法律法规未规定强制执行的国家和地方生态环境标准则为推荐性标准。在自然资源领域，亦是按照不同情况分别制定强制性标准和推荐性标准。

推荐性标准在特定情形下亦有可能具有强制执行效力。《生态环境标准管理办法》第五条第三款规定："推荐性生态环境标准被强制性生态环境标准或者规章、行政规范性文件引用并赋予其强制执行效力的，被引用的内容必须执行，推荐性生态环境标准本身的法律效力不变。"《自然资源标准化管理办法》中虽没有相同规范，但依照一般法理，亦应照此处理。

（三）按照内容

生态环境标准按照内容可分为六类，即生态环境质量标准、生态环境风险管控标准、污染物排放标准、生态环境监测标准、生态环境基础标准和生态环境管理技术规范。自然资源标准按照内容可分为四类，即术语、分类、代码、符号、量与单位及制图方法等；规划、调查、监测、评价评估等相关通用技术要求；实验、检验、检测和质量通用技术要求；自然资源工作需要制定的其他技术要求。

本书主要介绍生态环境标准的内容。

1. 生态环境质量标准

生态环境质量标准包括大气环境质量标准、水环境质量标准、海洋环境质量标准、声环境质量标准、核与辐射安全基本标准；其内容应当包括功能分类、控制项目及限值规定、监测要求、生态环境质量评价方法、标准实施与监督等。

2. 生态环境风险管控标准

生态环境风险管控标准包括土壤污染风险管控标准以及法律法规规定的其他环境风险管控标准；其内容应当包括功能分类、控制项目及风险管控值规定、监测要求、风险管控值使用规则、标准实施与监督等。

3. 污染物排放标准

污染物排放标准包括大气污染物排放标准、水污染物排放标准、固体废物污染控制标准、环境噪声排放控制标准和放射性污染防治标准等；其内容应当包括适用的排放控制对象、排放方式、排放去向等情形，排放控制项目、指标、限值和监测位置等要求，以及必要的技术和管理措施要求，适用的监测技术规范、监测分析方法、核算方法及其记录要求，达标判定要求，标准实施与监督等。

4. 生态环境监测标准

生态环境监测标准包括生态环境监测技术规范、生态环境监测分析方法标准、生态环境监测仪器及系统技术要求、生态环境标准样品等。生态环境监测技术规范应当包括监测方案制订、布点采样、监测项目与分析方法、数据分析与报告、监测质量保证与质量控制等内容。生态环境监测分析方法标准应当包括试剂材料、仪器与设备、样品、测定操作步骤、结果表示等内容。生态环境监测仪器及系统技术要求应当包括测定范围、性能要求、检验方法、操作说明及校验等内容。

5. 生态环境基础标准

生态环境基础标准的功能在于统一规范生态环境标准的制定技术工作和生态环境管理工作中具有通用指导意义的技术要求，包括生态环境标准制定技术导则，生态环境通用术语、图形符号、编码和代号（代码）及其相应的编制规则等。

6. 生态环境管理技术规范

生态环境管理技术规范，包括大气、水、海洋、土壤、固体废物、化学品、核与辐射安全、声与振动、自然生态、应对气候变化等领域的管理技术指南、导则、规程、规范等。

三、环境资源标准的体系

体系化是规范发展成熟的重要标志，环境资源标准亦应追求形成完善的体系。科学、系统、实用的环境资源标准体系，对于提高生态环境和自然资源的治理效能具有重要意义。从方法而言，环境资源标准体系主要是借由类型化和系统化技术而形成。环境资源标准体系形成的标志，是各种标准种类完备、相互协调、功能齐全。

（一）生态环境标准体系

基于不同视角，研究者们对生态环境标准体系有不同的观点。如曹学章等提出了由生态环境管理领域和技术内容类别二维构成的体系框架。其中，领域维包括保护地管理、生物多样性保护、水土保持、沙化与石漠化控制等 17 个大类，技术维包括术语、分类与信息、区划、质量、保护与恢复、监测检测、评价和综合八个大类。[1] 裴晓菲认为，我国已经建立了两级五类的环保标准体系。其中，两级为国家级标准和地方级标准，五类包括国家环境质量标准、国家污染物排放（控制）标准、国家环境监测规范（环境监测分析方法标准、环境标准样品、环境监测技术规范）、国家环境管理规范类标准和国家环境基础类标准（环境基础标准和标准制修订技术规范）。[2]

在《生态环境标准管理办法》中，实际构建了"两级两种六类"的标准体系。所谓两级，即国家标准和地方标准；所谓两种，即强制性标准和推荐性标准；所谓六类，即生态环境质量标准、生态环境风险管控标准、污染物排放标准、生态环境监测标准、生态环境基础标准和生态环境管理技术规范。这些不同级别种类的标准，各自具有不同的内容特征和功能指向，相互间形成了协调互补的结构关系，共同满足着生态环境保护工作对标准的需求。也要看到，生态环境标准体系是动态发展的，现有体系仍然

① 曹学章. 生态环境标准体系框架研究 [J]. 生态与农村环境学报，2016（6）：863–869.
② 裴晓菲. 我国环境标准体系的现状、问题与对策 [J]. 环境保护，2016（14）：16–19.

存在部分国家标准制定和修订滞后、地方标准整体上发展缓慢、某些标准间缺乏协调、与国际标准互动不够等问题，需要继续加大标准的研究开发工作。

（二）自然资源标准体系

我国自然资源种类繁多，兼之对"何为自然资源"的认识也在变化，因此标准数量庞大且在动态发展。根据自然资源部梳理统计，截止到 2021 年 1 月，自然资源领域现行的国家标准共 490 项，行业标准共 787 项。此外，在研的标准也不在少数。在自然资源部组建之前，我国土地、海洋、地矿、森林、草原、测绘地理信息等分属国务院不同部门管理，各部门在具体工作中又形成了各自的标准和规范。这些标准和规范是不同渠道立项，立项时的依据也不相同，部分标准甚至在名称、术语、对象等方面相似相近、不易区分。[1] 在这种情况下，自然资源标准体系的构建难度较大，对该问题在学理上的讨论也相对较为匮乏。

在《自然资源标准化管理办法》中，大致建立了"两种五级四类"的自然资源标准体系。所谓"两种"，即强制性标准和推荐性标准；所谓"五级"，即国家标准、行业标准、地方标准、团体标准、企业标准；所谓"四类"，即术语、分类、代码、符号、量与单位及制图方法等；规划、调查、监测、评价评估等相关通用技术要求；实验、检验、检测和质量通用技术要求；自然资源保护工作需要制定的其他技术要求。

第二节 环境资源标准的制定、实施和评估

一、环境资源标准的制定

（一）生态环境标准的制定

1. 制定主体

生态环境标准的国家标准和地方标准，分别由不同主体制定。国务院生态环境主管部门负责制定国家生态环境标准，省级人民政府有权制定本行政区域内的生态环境质量标准、生态环境风险管控标准和污染物排放标准。但机动车等移动源大气污染物排放标准须由国务院生态环境主管部门统一制定。

2. 制定原则和要求

制定生态环境标准，总体上应当遵循合法合规、体系协调、科学可行、程序规范等原则。

---

① 马聪丽，等. 自然资源标准名称语义一致性分析 [J]. 遥感信息，2021（2）：32-39.

制定不同种类的生态环境标准，根据其各自的制定目的和功能，分别有不同的积极要求。如制定生态环境风险管控标准，应当根据环境污染状况、公众健康风险、生态环境风险、环境背景值和生态环境基准研究成果等因素，区分不同保护对象和用途功能，科学合理地确定风险管控要求。制定生态环境管理技术规范应当有明确的生态环境管理需求，内容科学合理，针对性和可操作性强，有利于规范生态环境管理工作。

从规范行使行政权的角度看，制定生态环境标准还有共同的消极要求。如不得增加法律法规规定之外的行政权力事项或者减少法定职责；不得设定行政许可、行政处罚、行政强制等事项，增加办理行政许可事项的条件，规定出具循环证明、重复证明、无谓证明的内容；不得违法减损公民、法人和其他组织的合法权益或者增加其义务；不得超越职权规定应由市场调节、企业和社会自律、公民自我管理的事项等。

3. 制定程序

制定国家生态环境标准，应当根据生态环境保护需求编制标准项目计划，组织相关事业单位、行业协会、科研机构或者高等院校等开展标准起草工作，广泛征求国家有关部门、地方政府及相关部门、行业协会、企业事业单位和公众等方面的意见，并组织专家进行审查和论证。

制定地方生态环境标准，应当根据本行政区域生态环境质量改善需求和经济、技术条件，进行全面评估论证，并充分听取各方意见。地方标准发布后，应当依法报国务院生态环境主管部门备案。国务院生态环境主管部门发现问题的，可以告知相关省级生态环境主管部门，建议按照法定程序修改。

（二）自然资源标准的制定

1. 制定主体

自然资源国家标准和行业标准的制定主体是自然资源部，主要涉及自然资源标准化工作管理委员会（以下简称管委会）、全国标准化技术委员会（以下简称标委会）、专业标准化分技术委员会（以下简称分技委）。其中，管委会负责统筹管理自然资源标准化工作，其日常工作由部科技主管司局承担，在标准制定过程中承担标准报批、发布等具体工作。标委会系按照自然资源与国土空间规划、海洋、地理信息、珠宝玉石等专业领域设立，在管理委员会的指导下开展工作，在标准制定中负责提出本领域标准制修订建议。标委会按专业领域划分并设立若干分技委，分别承担本专业领域内的标准化工作，主要负责向标委会提出本领域标准制修订建议，承担标准基础研究及起草工作，承担有关标准征求意见、技术审查、复审工作。

2. 制定原则

首先，自然资源标准化工作应整合精简强制性标准、优化完善推荐性标准、培育发展团体标准、放开搞活企业标准、提高标准化工作的国际化水平。其次，自然资源标准化工作应当支撑自然资源管理和依法行政，促进科技进步、技术融合与成果转化，推动行业产业高质量发展。

3. 制定程序

自然资源标准的制定、修订应当遵循以下程序。

（1）起草。牵头起草单位组织成立由各利益相关方权威技术专家组成的标准起草组，在充分调研的基础上按照有关规定起草标准，将征求意见稿和编制说明报分技委或标委会。

（2）征求意见。分技委或标委会组织专家对征求意见稿及有关材料进行审查，通过审查后由标委会组织向各利益相关主体广泛征求意见。标准起草组对反馈意见进行研究处理后，形成标准送审稿报送分技委或标委会。

（3）审查。分技委或标委会将标准送审稿报经部科技主管司局同意后，即组织会议审查或函审。通过审查的送审稿，由标准起草组按照审查意见的要求进行修改，完成标准报批稿和编制说明等报批材料。

（4）报批。标委会先对收到的报批材料进行审核，通过后报送部科技主管司局履行部内审批，包括部内征求意见、部外网公示报部审批等。

（5）发布。经部审批通过后，属国家标准则报国务院标准化行政主管部门审批、发布，属行业标准则由自然资源部发布公告。

（6）备案。行业标准发布后须按要求报国务院标准化行政主管部门备案；鼓励地方标准在向国务院标准化行政主管部门备案后，向部科技主管司局通报。

二、环境资源标准的实施

（一）生态环境标准的实施

国务院生态环境主管部门负责组织实施国家生态环境标准，地方各级生态环境主管部门在各自职责范围内组织实施生态环境标准。标准发布时，应当留出适当的实施过渡期。生态环境质量标准、生态环境风险管控标准、污染物排放标准等标准发布前，应当明确配套的污染防治、监测、执法等方面的指南、标准、规范及相关制定或者修改计划，以及标准宣传培训方案，确保标准有效实施。

不同标准之间如有重合或冲突，应按照法定顺序执行，如地方污染物排放标准优先于国家污染物排放标准。同属国家污染物排放标准的，行业型污染物排放标准优先于综合型和通用型污染物排放标准。同属地方污染物排放标准的，流域（海域）或者区域型污染物排放标准优先于行业型污染物排放标准，行业型污染物排放标准优先于综合型和通用型污染物排放标准。

（二）自然资源标准的实施

自然资源标准发布后，应于实施日期开始半年内，由管委会成员单位组织指导有关机构开展标准宣传、贯彻、培训工作，该工作应列入各级自然资源行政主管部门和技术机构的工作计划。

自然资源强制性标准必须执行，对标准实施中出现的技术问题，省级自然资源行政主管部门、有关单位应当及时向自然资源部科技主管司局或标委会反馈。需要进行修改的，可以采用修改单方式修改或列入修订计划。对已无存在必要的标准，应予以废止。

三、环境资源标准的评估

（一）生态环境标准的评估

生态环境标准制定机关可以根据生态环境和经济社会发展形势，结合相关科学技术进展和实际工作需要，对标准实施情况进行评估，以掌握标准实际执行情况及其存在的问题，并根据评估结果对标准适时进行修订，以提升标准的科学性、系统性、适用性。强制性标准应当定期开展实施情况评估，可以同步对与其配套的推荐性标准的实施情况开展评估。

（二）自然资源标准的评估

自然资源标准化工作管理委员会负责组织对标准实施情况的监督检查和评估分析，部科技主管司局负责统一协调、汇集信息、定期发布。检查评估工作应在标准发布实施两年内完成，并编制检查报告及评估报告，作为标准复审的重要依据。

第九章 环境问题及其拓展

在了解一些环境科学、生态学基础知识的前提下，本章重点学习掌握环境问题的概念、类型及其产生与发展。

第一节 环境问题基础知识

一、环境科学基础知识

为了更好地学习环境法，在此仅简要介绍一些与学习环境法有关的环境科学基本知识、概念。

（一）大气环境

1．大气的结构

大气层又叫大气圈。通常认为，从地面至 1000 km~1400 km 的高空是大气层厚度，1400 km 以上则属宇宙空间。

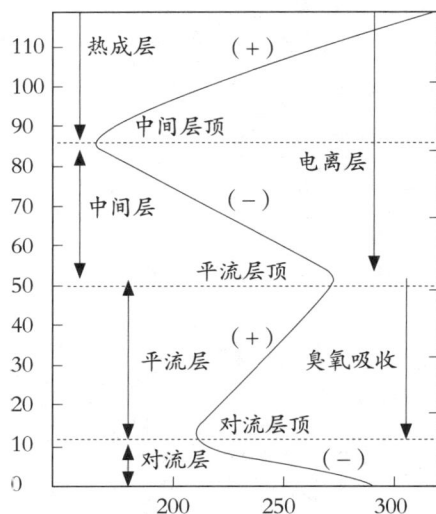

图 9-1 大气垂直分层图

根据大气温度垂直分布的特点，大气结构（如图 9-1 所示）可分为以下五层。

（1）对流层。是地球大气中最低的一层，其内具有强烈的对流作用；相对较薄，平均厚度约 12km，但其中空气质量占大气质量的 3 / 4。对流层不能直接从太阳得到热能，只能从地面反射得到热能，因此该层大气温度平均每升高 100 m 约降低 0.65℃。对流层气象条件比较复杂，地面水蒸气、尘埃和微生物等进入这一层中，存在雨、雪、霜、露、云、雾、扬尘等现象。在对流层下界，自地表向上延伸 1km～1.5km 称为大气边界层或摩擦层，受地表影响最大。大气污染现象主要发生在对流层，特别在大气边界层。

（2）平流层。平流层高度 50～55km，厚度约为 38km。其不存在雨、雪等大气现象，比较干燥，几乎没有水汽和尘埃，性质非常稳定，是超音速飞机飞行的理想场所。在 15km～25km 臭氧浓度达到最大值，称为臭氧层。臭氧层能吸收绝大部分太阳紫外线，使地面生物和人类免受紫外线伤害。

（3）中间层。从平流层顶至 85km 高处称为中间层，厚度约 35km。其没有臭氧可吸热，气温随高度的增加而迅速降低，层顶温度可降到 -83℃左右。中间层底部由于接受了平流层传递的热量，温度最高。温度上低下高特点，使得中间层空气出现较强的垂直对流运动。

（4）热成层（电离层）。中间层顶至 800 km 的高度之间。受太阳和宇宙射线的作用，该层空气的分子大部分都发生了电离，带电粒子的密度较高，故称电离层。电离层能将电磁波反射回地球，对全球的无线电通信具有重大意义。电离后的原子氧强烈地吸收太阳紫外线，使空气迅速升温。随着高度的增加，该层温度急剧上升（在 300 km 高度上，气温可达 1000℃以上）。

（5）散逸层。是大气圈的最外层，也称为外层大气，800 km 以上的大气层，它一直延伸到离地面 22000 km 的高空。该层大气直接吸收太阳紫外线的热量，气温随高度增加而升高。大气极为稀薄，气温高，分子运动速度快，以致有的高速运动的气体质点克服了地球引力而逃逸到宇宙空间后，就很难再有机会被上层的气体质点撞回来，故称散逸层。

2. 逆温层

在近地面的对流层中，一般随高度升高温度降低，每升 100 m，温度降低 0.65℃。但有时气温随高度上升而不变或增加，这部分气层称为逆温层。当发生等温或逆温时，大气是稳定的，阻碍气流的垂直运动。上升的污染气流不能穿过逆温层而积聚在它的下面，造成严重的大气污染现象。

3. 温室效应

随着大气中温室气体浓度的增加，促使入射能量和逸散能量遭到破坏，造成地球表面的能量平衡发生变化，引起地表温度上升的现象。其解释之一是太阳短波辐射可以到地球，地表长波辐射不能出去，造成升温。温室气体主要是二氧化碳、甲烷、氧化二氮、氟氯烃等。

4．大气污染物

（1）一次污染物，是指直接从污染源排放的污染物。例如，二氧化硫、一氧化氮、一氧化碳、颗粒物等。

（2）二次污染物，是指由一次污染物互相作用经化学、物理反应形成的与一次污染物的物理、化学性质完全不同的新的污染物。

5．总悬浮颗粒物

（1）总悬浮颗粒物（TSP）。它是指悬浮在空气中，空气动力学当量直径 ≤ 100 微米的颗粒物，源自烟雾、尘埃、煤灰或冷凝气化物的固体或液态水珠，能长时间悬浮于空气中。总悬浮颗粒物的浓度以每立方米空气中总悬浮颗粒物的毫克数表示。

（2）可吸入颗粒物。它是以颗粒形式分散在气流和大气中的污染物质，是总悬浮颗粒物中空气动力学当量直径 ≤ 10 微米的，易被鼻和嘴吸入的那部分颗粒物，可表示为 PM_{10}。空气动力学当量直径更小（ ≤ 2.5 微米）的颗粒物表示为 $PM_{2.5}$。粒径小于 10 微米的颗粒物可穿过鼻、咽进入肺部，粒径小于 5 微米的颗粒物能沉积于呼吸道深部的肺泡内。粒径越小，危害越大。

6．酸雨

酸雨指因空气污染而造成的，pH 值低于 5.6 的降水。酸雨，更为科学的名称是"酸性沉降"，又分为"湿沉降"与"干沉降"。前者指的是所有气状污染物或粒状污染物，随着雨、雪、雾或雹等降水形态而落到地面者；后者则是指在不下雨时，从空中降下来的落尘所带的酸性物质。

7．大气污染类型

根据燃料的性质和大气污染物的组成和反应，亦可把大气污染划分为如下四种类型。

（1）还原型（煤炭型，伦敦烟雾型）污染。常发生在以使用煤炭和石油为主的地区，主要污染物是二氧化硫、二氧化碳和颗粒物。在低温、高湿、风速很小，并伴有逆温存在的阴天，污染物易在低空生成还原性烟雾。污染物在近底层聚集，严重危害人类的呼吸系统，其造成的危害自然是不言而喻的。

（2）氧化型（汽车尾气型，洛杉矶光化学烟雾型）污染。汽车尾气、燃油锅炉及石化工业所排放出氮氧化物、甲烷及一氧化碳，在高温、干燥的静风天气下发生光化学反应，产生臭氧、PAN、醛类等具有强氧化性的气体或离子，刺激人的眼睛、喉黏膜等，严重危害人类健康。

（3）混合型污染。在工业中心城市，由企业、汽车尾气等排放的二氧化硫、粉尘、氮氧化物及各种重金属微粒在静风的天气下，在近底层聚集，吸入肺部、刺激人体呼吸道，引起肺气肿、气管炎、哮喘等。例如，日本四日市大气污染。

（4）特殊型污染。大的工业、企业在生产过程中发生事故，导致特殊气体的大量排放，造成局部小范围的大气污染。例如，1976年意大利一家农药厂发生事故，四氯联苯大量泄露。

（二）水体环境

1. 水体富营养化

在生产、生活中，含有氮、磷等植物营养物质的污染物被排入水体，引起水中藻类等浮游生物大量繁殖，致使水体中的溶解氧减少，引起水生生物死亡的水质污染现象，即所谓水体富营养化。占优势的浮游生物的颜色不同水面往往呈现蓝色、红色、棕色等，这种现象在江河湖泊中成为"水华"，在海洋中称为"赤潮"。

2. 化学需氧量和生化需氧量

生活污水和工业废水中含有的大量各类有机物排入水体后分解时要消耗大量溶解在水中的氧，从而破坏水体中氧的平衡，致使水质恶化，水生生物死亡。由于被污染水体所含的有机物成分复杂，难以一一测定，在水环境监测分析中，常常利用有机物在一定条件下所消耗氧的量，来间接表示水体中有机物的含量。

（1）化学需氧量（chemical oxygen demand，简称COD）是反映水体中还原性污染物的主要指标，以每升水需氧元素的毫克数表示。COD值越大，则水体受污染越严重（通常认为是有机物所造成的污染）。COD是指用一定的强氧化剂处理水样所消耗的氧化剂的量，以氧的mg/L表示。COD是指示水体被还原性物质污染的主要指标。还原性物质主要包括各种有机物、亚硝酸盐、亚铁盐和硫化物等。根据所用氧化剂的不同，COD的测定分为高锰酸钾$KMnO_4$法和重铬酸钾$K_2Cr_2O_7$法。若用$K_2Cr_2O_7$作氧化剂，称为铬法，用COD_{Cr}表示。若用$KMnO_4$作氧化剂，称为锰法，用COD_{Mn}表示。

（2）生化需氧量（biochemical oxygen demand，简称BOD）是指地面水体中微生物分解有机物的过程消耗水中的溶解氧的量，常用单位为毫克/升，是表示水体被有机物污染程度的重要指标。BOD值越大，水质污染越严重。

（三）噪声

振幅和频率杂乱、断续或统计上无规律的声振动称为噪声。环境中所有方向不同、远近不同、自身或周围反射的噪声，称为环境噪声。环境噪声的特点：①具有多发性、无形性；②影响范围的局限性、分散性和暂时性；③危害的不易评估性。

声音区别：人耳刚刚能听到的声音是0~10分贝；人低声耳语约为30分贝；大声说话为60~70分贝；分贝值在60以下为无害区；60~110为过渡区；110以上是有害区。

环境噪声污染，是指所产生的环境噪声超过国家规定的环境噪声排放标准，并干扰他人正常生活、工作和学习的现象。噪声易引发人的烦恼、激动、易怒、甚至失去理智。吵闹环境中儿童智力的发育比安静环境中低20%。噪声甚至能够导致胎儿畸形、鸟类不产卵。

（四）固体废弃物

固体废物是指在生产建设、日常生活和其他活动中产生的污染环境的固态、半固态废弃物质。由于固体废物自身便是污染物，所以固体废物污染主要是指固体废物进入环境、造成环境污染后才直接或间接地对人类以及环境要素所产生的危害。所以我国的立法没有将与固体废物污染防治的法律称为"固体废物污染防治法"，而是将其称为《固体废物污染环境防治法》。

二、生态学基础知识

（一）生态学、种群、群落、生态系统

生态学是研究生命系统与环境系统相互关系的科学，一般从生物个体开始，分别研究个体、种群、群落、生态系统等。种群是栖息在同一地域中同种个体组成的复合体，具有出生率、死亡率、年龄结构和性别比例等表述特征。群落是在一定的自然区域中许多不同种的生物种群的总和。同一地域中的生物群落与其周围非生物环境组成的具有一定结构和功能的综合体，就是生态系统。

（二）生态系统的结构和特征

这部分内容用图表示较为直观，如图9-2、图9-3、图9-4所示。

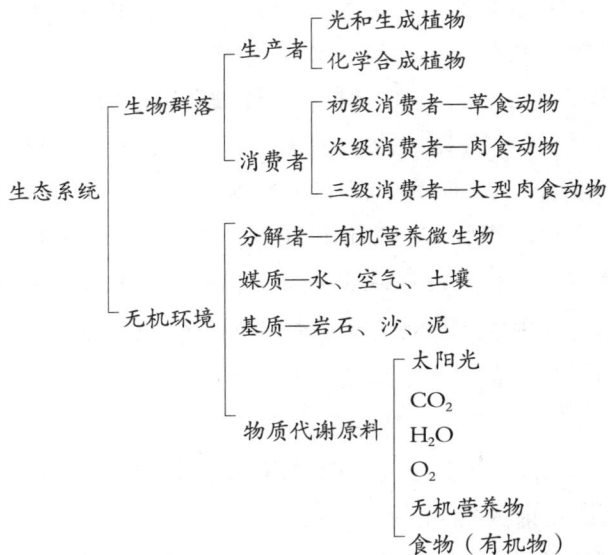

图9-2　生态系统的组成 [①]

---

① 李爱贞.生态环境保护概论[M].北京：气象出版社，2001.

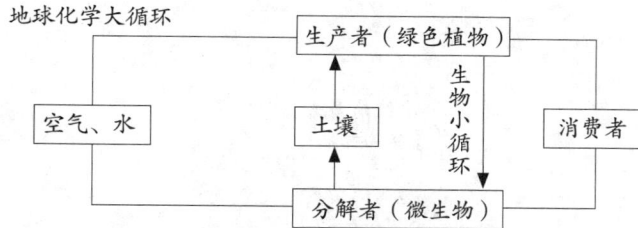

图 9-3 陆地生态系统的营养结构及元素的循环 [①]

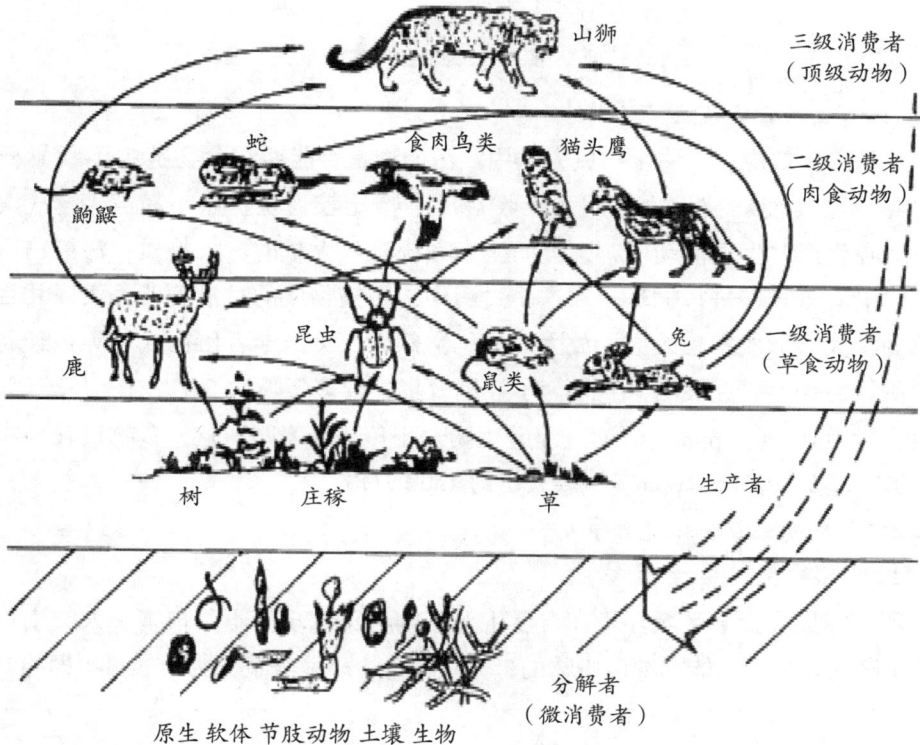

图 9-4 一个简化的食物网 [②]

在生态系统中，各种消费者对能量的利用效率差异甚大。食物链中每一个环节上的物种，都是一个营养级。它既从前一个营养级得到能量，又向下一个营养级上的物种提供能量。当沿着食物链进行能量转移或转换时，其转换效率是极低的。据生态学家的测算，随着营养级的升高，能量逐级减少，营养级每升高一级，其能量减少到前一级的十分之一，即生态系统的效率大约为10%。这种阶梯递减状态，就像一个金字塔，所以生态学上称其为能量金字塔。如图9-5所示。

[①] 李爱贞. 生态环境保护概论 [M]. 北京：气象出版社，2001.
[②] 李爱贞. 生态环境保护概论 [M]. 北京：气象出版社，2001.

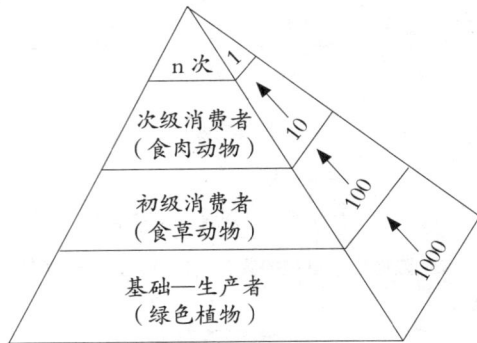

图 9-5 能量金字塔 [1]

（三）生物富集效应

生物富集效应，亦称生物放大作用。污染物是否能够在食物链中不断累积，主要因素是污染物能够被生物食用、吸收；污染物比较稳定；且不易被生物代谢过程所分解。在生产、生活活动中，人类向生态系统排放大量的污染物质，污染物质在生态系统中沿着食物链进行循环。在这个过程中，污染物质的量沿着营养级以几百倍、几千倍的扩大，形成富集效应（放大效应）。例如，美国学者伍德威尔等在长岛南岸沼泽中所做的采集研究表明，当地为了控制蚊虫，曾多年喷撒 DDT，在沼泽海水中 DDT 残留含量为 0.00005 ppm，而通过浮游生物→小鱼→环喙鸥，这一食物链在环喙鸥体内的 DDT 含量高达 755.5 ppm，被放大了约 1500 万倍。

（四）环境容量和环境自净力

1. 环境容量

环境容量是指某区域环境在自然生态结构与正常功能不受损害、人类生存环境质量不下降的前提下，能容纳污染物的最大负荷量。环境容量分为总容量（即绝对容量）与年容量。

2. 环境自净力

环境对人类生产、生活的排泄物具有的容纳和清除能力，叫环境自净能力。也就是说，自然环境系统有自身和内部调节的功能。

（五）生态规律在环境资源法中的体现

只有更好地体现生态规律，环境资源法才能够真正发挥实效。我们在制定法律、运用法律的时候，时刻都不要忘记自然规律对法治效应的制约或弘扬。生态规律及其与环境法制的关系可概括为以下几个方面。[2]

---

[1] 李爱贞. 生态环境保护概论 [M]. 北京：气象出版社，2001.

[2] 金瑞林. 环境法学 [M]. 北京：北京大学出版社，2002.

1.“物物相关”律

生态系统中各种事物之间存在着相互联系、相互制约、相互依存的关系，改变其中的一个事物，必然会对其他事物产生直接或间接的影响。例如，开发利用森林的木材功用时，还应考虑到森林对水土保持、调整气候的功能。“物物相关”律要求人们在开发利用环境时应当注意调查研究、统筹规划，要进行环境影响评价。例如，2002年10月我国制定颁布了《中华人民共和国环境影响评价法》，该法于2003年9月1日起施行。

2.“相生相克”律

每个物种在生态系统中都占有一定的生态地位、具有特定作用，生物间相互依赖、彼此制约、协同进化。随意除去任一物种或者引进原来没有的物种，都有可能危及生态平衡。例如，大量捕蛇会引起农田鼠类种群的爆发。这就是保护生物多样性、保护野生动植物保护以及动植物检疫等法律存在的原因。

3.“能流物复”律

在生态系统中，能量在不断地流动、物质在不停地循环。有的物质一旦进入环境，便会在环境中不断循环，有些还会产生“富集效应”，发生致畸、致癌、致突变等作用。因此，我们要通过环境资源法治，尽可能防止污染物或有毒有害物质进入环境，依法倡导和激励发展生态农业、零排放工业园区、开展清洁生产、发展循环经济。

4.“负载定额”律

任何生态系统的吸收消化污染物能力、生物生产能力、忍受外部冲击能力等，都有一个大致的负载（承受）上限。为了保护生态系统，必须一方面使它供养的生物的数量不超过系统的生物生产能力，还需确保排入的污染物量不超过系统的自净能力，并限制外部冲击周期使生态系统得以恢复。因此，在环境资源法中要进行“总量控制”，开发利用要有“禁限制度”等，如禁止过度放牧。

5.“协调稳定”律

生物多样性丰富、生态系统复杂，系统结构相对稳定、功能相对协调，是生态系统稳定的重要因素。因此，必须千方百计地保持生物物种的多样化；鼓励人们保护或创造结构和功能相对协调、生物生产能力高的生态系统。这些要求体现在环境资源法中，就是要保护生物多样性、加强动植物检疫防疫、加强自然保护区保护、建立国家公园等。

6.“时空有宜”律

不同区域有其特定的自然、社会、经济条件组合，各有特点。例如，长江、黄河上游的森林生态系统的主要功能是水土保持，应当禁止采伐；苏南的森林生态系统可能是提供木材，可以适当采伐。因此，《环境法》必须充分考虑环境的“区域性”特点，提倡制定具有地方特色的地方环境立法。例如，在环境标准领域，国家环境标准没有进行规定的内容，允许地方环境标准进行规定；国家环境标准已经规定的内容，允许地方环境标准做出严于国家环境标准的规定。

第二节 环境问题的传统理解

环境问题的日益严重，催生了环境资源法。掌握环境问题的概念和分类，了解环境问题产生与发展的历史过程，认识环境问题发展的新趋势，对掌握环境资源法学知识、把握环境资源法的发展方向是十分重要的。

一、环境问题的概念和分类

（一）环境问题的概念

环境问题是指因自然变化或人类活动而引起的环境破坏和环境质量变化，以及由此给人类的生命和非生态财产与生态财产（或利益）带来的不利影响。环境问题的表现形式是多样的，给人类和自然平衡带来的危害也不同。

（二）环境问题的分类

1. 广义的环境问题和狭义的环境问题

（1）广义的环境问题。广义的环境问题包括人为原因引起的环境问题和自然原因引起的环境问题。

（2）狭义的境问题。狭义的环境问题是指人为原因引起的环境问题。

2. 第一环境问题和第二环境问题

（1）第一环境问题。因自然原因产生的环境问题，又称第一环境问题、原生环境问题或自然灾害。第一环境问题是自然界自身变化而造成的生态系统损害，例如火山爆发、地震、洪水、冰川运动等造成的环境问题。第一环境问题是人类无法控制的，主要是通过采取预防措施，减少或避免危害后果的发生。值得注意的是，许多过去被认为是自然原因引起的环境问题，现在看来也与人类的活动有关。当人类活动对自然环境的干扰达到一定的程度时，就可能演变为自然灾害等。

（2）第二环境问题。因人为原因引起的环境问题，又称第二环境问题或次生环境问题，有的国家称为"公害"。第二环境问题是因人类的生产和生活活动违背自然规律，不恰当地开发利用环境所造成的生态系统损害。由于人类活动的量大面广，这类环境问题发生的数量多、影响范围大，是环境科学和环境法主要研究的环境问题，可以通过对人类活动的调整而减少或避免其发生，同时还可以采取有效手段加以治理。

3. 环境污染和生态破坏

因人为原因引起的第二环境问题又分为以下两类，即环境污染和生态破坏。

（1）环境污染。环境污染，是因人类对资源的不合理利用，使有用的资源变为废物进入环境，引起环境质量下降而有害于人类及其他生物的正常生存和发展的现象。由"能量"造成的污染，亦称之为环境干扰，即人类活动所排出的能量进入环境，达到一定的程度，产生对人类不良影响的现象。环境污染有不同类型，按环境要素可分为水污染、大气污染、土壤污染等；按污染物的性质可分为生物污染、化学污染和物理污染；按污染物的形态可分为废水污染、废气污染、固体废物污染、噪声污染、辐射污染等。环境干扰包括噪声、电磁波干扰、振动、热干扰等。

（2）生态破坏。生态破坏，是人类不合理地开发利用自然环境，过量地向环境索取物质和能量，使自然生态环境的恢复和增殖能力受到破坏的现象。生态环境破坏的主要原因是人类超出环境生态平衡的限度开发和使用资源。生态环境破坏的类型主要有森林覆盖率下降、草原退化、水土流失、土壤贫瘠化、沙漠化、水源枯竭、气候异常、物种灭绝等。

环境污染和生态环境破坏都是人类不合理开发利用环境的结果，两者是互相联系的，不能截然分开的。严重的环境污染可以导致生物死亡从而破坏生态平衡，使生态环境遭受破坏；生态环境破坏也会降低环境的自净能力，加剧环境污染的程度。

4. 第一代环境问题和第二代环境问题

从环境问题的区域性和全球性来看，我们还可把环境问题分为第一代环境问题和第二代环境问题。

（1）第一代环境问题。主要是指环境污染和生态破坏造成的区域性影响。其中主要有：①煤和其他化石燃料引起的大气污染；②重工业废水、有机废水、城市生活废水等引起的水污染；③工业固体废物和城市垃圾所造成的污染；④森林滥伐、草原过度放牧和不合理开荒造成的植被减少和生态破坏；⑤土地不合理开发引起的水土流失、沙漠化；⑥资源不合开发利用，导致的能源和其他矿产资源、水资源短缺。

（2）第二代环境问题。主要是指全球性环境问题。它的规模和性质，对人及其他生物的影响，以及预测或解决这些问题的难度远超过第一代环境问题。第二代环境问题早已存在，但在20世纪80年代以后才逐渐引起人类的重视。其中主要有酸雨，臭氧层破坏，温室效应及全球气候变化，生物多样性锐减，森林减少，水土流失和沙漠化，人口问题，城市环境与城市生态，突发性环境污染事故，大规模的生态破坏，危险废物在全球转移。前八个问题也被学者称之为"全球性八大环境问题"。

较之第一代环境问题，第二代环境问题的特点有：①污染源类型增多；②危害范围大、持续时间长；③污染的综合效应对环境造成更深更为严重广泛的危害；④发生频率加快；⑤环境问题从发达国家扩展到发展中国家。

二、典型的公害事件及其发展特点

（一）震惊世界的"八大公害事件"

20 世纪 30 年代至 60 年代，发生了马斯河谷事件、多诺拉烟雾事件、伦敦烟雾事件、水俣病事件、四日市哮喘事件、米糠油事件、骨痛病事件及洛杉矶光化学烟雾事件，被合称为震惊世界的"八大公害事件"。

（二）日本熊本水俣病事件详述

水俣是位于日本九州南部的一个小镇，属熊本县管辖，全镇有四万人，周围村庄还住着一万多农民和渔民。由于西面就是产鱼的不知火海和水俣湾，因此，这个小镇的渔业很兴旺。我们按时间轴对该事件做一个详细回顾：1925 年，一位资本家在水俣镇建成一个小厂叫日本氮肥公司。1932 年又扩建了合成醋酸工厂。1949 年开始生产氯乙烯。1950 年，在水俣湾附近的小渔村中发现一些猫的步态不稳、抽筋麻痹，最后跳入水中溺死，当地人谓之"自杀猫"，但没人研究此事。1953 年，在水俣镇发现了一位生怪病的人，开始只是口齿不清、步态不稳、面部痴呆，进而耳聋眼瞎、全身麻木，最后神经失常、一会酣睡、一会兴奋异常、身体弯弓、高叫而死。但没人知道这是什么病。1955 年 5 月，又在医院发现四位同症状病人，得这种病而没有入院的患者还有五十多人，这才引起了本地熊本大学医学院的注意。在调查中，把各种现象联系起来分析，才找到"吃鱼中毒"这个共同受害根源。1957 年，由于"鱼有毒"使成千上万的渔民失业。1958 年春，资方为掩人耳目，把排入水俣湾的毒水延伸到水俣川的北部。六七个月之后，这个新的污染区又出现了十八个病人，于是引起广大渔民的愤慨，几万名渔民攻占了新日本氮肥公司并捣毁了当地官方机构，但资方仍拒不承认污水毒害人民的事实。1959 年，熊本大学从死者尸体、鱼体和工厂排污管道附近都发现了有毒的甲基水银，这才揭开了这个水俣"地方病"的秘密。原来该公司在生产氯乙烯和醋酸乙烯时，采取了成本低的水银催化剂（氯化汞和硫酸汞）工艺，把大量含有甲基水银的毒水废渣排入水俣湾和不知火海，使鱼有毒，人或猫吃毒鱼而生病死亡。但是，由于当局缺乏处理此类事件的经验和方法，水俣病继续蔓延。1967 年 8 月，在四百只猫以醋酸厂废水做试验全部得水俣病的事实面前，该公司不得不承认该厂含水银废水污染带来的灾害，但仍继续排放废水。被誉为"水俣病救助者第一人"的熊本学园大学的园田正纯教授，从 1960 年开始，几乎走遍了水俣病患者的所有家庭，挨家挨户地为患者诊断、治疗，并为他们出庭作证，在案件审理中发挥了关键作用。富有良知的律师们在水俣病的诉讼中，更是不计报酬，仗义执言。在以千畅茂胜为团长的律师团，与势力强大的被告进行了不屈不挠的斗争。1973 年 3 月，水俣病受害者赢得了诉讼的最终胜利。在证据与真理面前，资方不得不低头道歉，向 12617 名被正式认定的受害者支付巨额的补偿金。企业的发展因此遭受重创，因 1975 年以后不能及时支付补偿金，政府不得不出面为之发售县债，到 2000 年 3 月末，发行的县债总额超过 2568 亿日元。

为彻底消除污染危害，熊本县投入巨资，利用 14 年的时间对水俣湾的淤泥进行处理、填埋；1974 年，熊本县在水俣湾设置了防护网，对湾内的鱼进行捕捞，卖给资方，由其处理。1997 年，熊本县知事发布安全宣言，并于同年 10 月撤去防护网，湾内的鱼类得到一定的恢复。被正式确认的患者为 12617 人，其中因病死亡的达 1400 人。但是，还有一些人在正式确认前死亡，许多人由于各种原因没有申请确认。那些未被确认的受害者还没有得到赔偿，被填埋的淤泥还存在污染隐患，政府的责任还没有清算。可见，水俣病事件远没有结束。

我们对时间进行一下计算：1925 年建厂，1953 年发现病人，历时 28 年；1959 年查清病因，距建厂 34 年；1967 年该公司承认其排污行为带来了危害，距建厂 42 年；1973 年水俣病受害者赢得了诉讼的最终胜利，距建厂 48 年。这充分体现了环境污染的长期性、潜伏性以及诉讼的艰难性。当前，我们对污染物的认识和处置的技术方法均有了质的变化。但是，对于环境污染的长期性和潜伏性，水俣病事件还是给了我们明确和严肃的警示。

（二）从"八大公害事件"得到的教训

从八大公害事件中我们可以得到几点教训：①多数公害事件中都存在"四周有高山或马蹄形海湾"这类不利于污染物飘散的地形和"逆温层""犹如棉被覆盖在城市上空"这类气候异常情况，加剧了大气污染的危害；②重金属污染对人体健康危害很大；③推动、凸显了城市规划、环境影响的评价制度；④更为深刻地体会到了"预防"和"监测"的重要性。

第三节 环境问题的细化与拓展

在第二节中我们对"环境问题"的类型做了介绍，有原生环境问题（第一环境问题）和次生环境问题（第二环境问题）。次生环境问题又可分为环境污染和生态破坏两大类。这种划分似乎是非常明确了，能够圆满应对法律实践中的问题。其实不然，无论是理论还是实践当中并非如此简单，依然存在问题及发展空间。从环境立法细节来看，"环境污染""生态破坏"这两个概念，存在继续细化的必要。从环境立法范围来看，"次生环境问题"不足以应对当前环境问题的现实，有继续拓展至"原生环境问题和次生环境问题一体化"的必要。随着人类社会经济技术水平的提高，人类防灾减灾救灾能力不断提高，"自然灾害"也早已不能简单理解、归类为《侵权责任法》中的"不可抗力""免责事由"。随着防灾减灾救灾法制的发展，原生、次生环境问题一体化纳入环境资源法视野是趋势和必然。本节将在简要阐明"细化"之必要后，重点探讨"拓展"问题。

一、关于"环境污染""生态破坏"概念的细化

（一）"立法衔接问题"引发的思考

我国的《民法典》自 2021 年 1 月 1 日起施行。《侵权责任法》已经不复存在，其并入《民法典》中的相关部分也做了更为理想的修订。[①]但是，我们还是以《侵权责任法》当中的规定为例，做一些理论探讨。也以此说明，环境问题概念进一步的细化并纳入实际的法制当中是十分必要的，也证明是可行的。

《侵权责任法》第八章是"环境污染责任"，其中共四条，分别是：第六十五条"因污染环境造成损害的，污染者应当承担侵权责任"。第六十六条"因污染环境发生纠纷，污染者应当就法律规定的不承担责任或者减轻责任的情形及其行为与损害之间不存在因果关系承担举证责任。"第六十七条"两个以上污染者污染环境，污染者承担责任的大小，根据污染物的种类、排放量等因素确定。"第六十八条"因第三人的过错污染环境造成损害的，被侵权人可以向污染者请求赔偿，也可以向第三人请求赔偿。污染者赔偿后，有权向第三人追偿。"

---

① 例如《侵权责任法》中第八章"环境污染责任"，在《民法典》中则改为第七章"环境污染和生态破坏责任"；《侵权责任法》中第六十五条"因污染环境造成损害的，污染者应当承担侵权责任。"，在《民法典》中则改为第一千二百二十九条"因环境污染、破坏生态造成他人损害的，侵权人应当承担侵权责任"。

鉴于此，有观点认为，侵权责任法中只规定了"环境污染"，缺失了"生态破坏"。①《环境保护法》第六十四条规定："因污染环境和破坏生态造成损害的，应当依照〈中华人民共和国侵权责任法〉的有关规定承担侵权责任。"这就造成法律衔接出现问题：《侵权责任法》强调"环境污染"，而《环境保护法》将"污染环境"和"破坏生态"分开，但其侵权责任的追究均指向偏重于"环境污染"的《侵权责任法》。但是，《侵权责任法》第八章的名称中用的是"环境污染"，但具体条文中却用的是"污染环境"，这是为什么呢？查《〈中华人民共和国侵权责任法〉条文理解与适用》并没有特别关注这一区别。笔者认为，理解之一应当是"环境污染"是结果，"污染环境"是行为；换言之，因污染环境的行为造成环境污染的后果。

（二）进一步细化"环境污染""生态破坏"有关概念

从《侵权责任法》而言，环境污染和生态破坏之所以被追责，关键不在于是因为排放造成的污染，还是因为索取造成的破坏，而在于结果，是因为其对人身、财产、生态造成了损害。就最终结果而言，环境污染和生态破坏是很难区分的，甚至可以说是一样的。因此，建议从行为角度而言的法律概念可称为"污染环境"（我国《侵权责任法》第八章"环境污染责任"中的各条均用的"污染环境"）和"破坏生态"（我国《环境保护法》第六十四条即用的"因污染环境和破坏生态造成损害的"）；从结果角度而言的法律概念则按其结果发生的主因相应地称为环境污染、生态破坏。但是，这仅是按其结果发生主因而给予相应称谓；实际上，除造成"人身"和"财产（狭义，不包括生态性资产）"损害外，"环境污染"和"生态破坏"通常是相伴发生的。"污染环境"和"破坏生态"行为均可能造成"生态破坏"，当计算生态资产或非私益资产概念下的"公益"损失时，尤其如此。结果意义上的"生态破坏"是较结果意义上的"环境污染"更为贴近"生态被破坏了"这一结果的概念。

建议对有关概念进一步的细化和类型化，更好地避免用表述结果的概念表述行为而造成的概念混乱。就结果而言，环境被污染了，生态同时也就被破坏了。这种结果有可能是污染环境行为造成的，也有可能是破坏生态行为造成的。这种更为精准的划分和界定，既基本遵循了环境科学当中的传统概念习惯用法，又在一定程度上满足了法律概念的精准化、类型化、规范化要求。

这种对概念进一步精细化的理论思考，如得以立法中实践，不仅能够更为全面、准确地解决前述"立法衔接问题"，而且能够在更大的层面上推进立法的精准化。

---

① 吕忠梅，等. 中国环境司法发展报告（2015-2017）[M]. 北京：人民法院出版社，2017.

二、环境立法中的"环境问题"应拓展至"自然灾害"

（一）案例引发的思考

2018 年夏，某村下大雨，村集体用抽水泵向排水沟中排水，某公司亦向排水沟中排水且水中有污染物，因水量过大，大水漫过排水沟致使 20 户 50 多亩地被淹，导致庄稼减产或绝产。村民向村里讨说法，被村主任警告"不要挑头闹事"，且认为这是为了村庄不被淹而排水，老天下雨是自然灾害，没办法。最初说要给村民一定补偿，其后则再也不提，且说以后下雨还要如此排水。排放污水的公司，亦表示是"天灾"，不理会村民的索赔要求。通过本案例，可思考以下问题：

这究竟是"天灾"，还是"人祸"？属于不可抗力吗？是紧急避险吗？对于公司而言，下大雨的同时排污致害，要承担责任吗？因涉及村民较多，是挑头聚众闹事吗？环境事件通常涉及利益主体较多，如何区分正常维权和聚众闹事？以聚众闹事甚至以"黑恶势力"为由威吓村民，是环境案件不多的原因吗？村民可以维权吗？可以，如何办？事实、理由、路径是什么？不可以，理由何在？属于受灾吗？农业局能够发挥什么作用？环保局、公安局能够做什么？村民如何保存证据？保存证据的最佳时机是什么？村庄排水要有规划吗？"天灾"中为了集体利益而牺牲的个体利益，应当是无偿的吗？亦全部归咎于天灾吗？"天灾"和"人祸"共同造成损害时，如何进行处理？如何划分其中不同性质和层面的法律关系？哪些诉求有关的案件可以合并审理？

（二）从灾害分类和灾害链考察原生、次生环境问题的整体关联性

对于灾害类型的识别和作用机理研究，有利于实现司法规制的精准化和针对性，也有利于对因灾害产生的权利侵害予以合理救济，避免"最后一道防线"作用的人为限缩。

1. 灾害理论中的灾害分类

（1）灾害的二元分类。

"灾"是指灾害形成的原因和动力。"害"是指对人类社会造成的损害。如果某种强烈的自然现象发生在无人区，尽管能量巨大，但并未对人类造成伤害或损失，通常也不认为是灾害，例如宇宙中的超新星爆发月球地震，南极大陆上的狂风等。

狭义的灾害仅指自然灾害。随着人类社会经济的发展，人们对形形色色的自然灾害有了更加全面的认识，同时也把灾害的概念扩展到人为引起的灾祸。广义的灾害概念还包括人为灾害，但习惯上人们一般不把故意造成的伤害和损失看作灾害，而是使用灾难、人祸、犯罪、事故等词汇。[①]

需要特别重视的是，自然灾害与人为灾害之间并没有绝对的界限，有些灾害起因可能是自然的，也可以是人为的，或者两者同时兼有。如水土流失、滑坡、泥石流、

---

① 郑大伟. 灾害学基础 [M]. 北京：北京大学出版社，2015.

火灾等。不同类型的灾害常互为因果，引起次生灾害。如地震导致库坝崩塌，引发洪水灾害；海啸灾后爆发的瘟疫、疾病、流行灾害等。[①]

（2）灾害的三元分类。

表 9-1 灾害成因三元分类体系[②]

灾害类型	灾种
自然灾害	陨石与太阳风等天文灾害；旱灾、飓风、暴雨、龙卷风、寒潮、热带风暴与暴风雪、冻害气象灾害；洪水与海侵等水文灾害；地震、火山爆发、滑坡与泥石流等地质地貌灾害；以及病虫害与瘟疫等生物灾害等
环境灾害	资源枯竭、重大环境污染事故、酸雨、水土流失、土壤沙化、温室效应、臭氧层破坏、物种灭绝以及人为诱发的地震、滑坡、泥石流与地面沉降等环境地质灾害
人文灾害	交通事故、空难、海难与火灾等技术灾害；交通事故、空难、海难与火灾等技术灾害；社会风气败坏与文化落后等文化灾害

在三元体系中，环境灾害隶属于人为灾害，而将纯人为灾害命名为人文灾害，以区别于环境灾害。自然灾害中自然原因是主因，人文灾害中人为原因是主因；而环境灾害则兼具两者，具有"人—自然—人的灾害循环特征"。

在三元分类的视野中，进一步将环境灾害做如下划分，如图 9-6 所示。

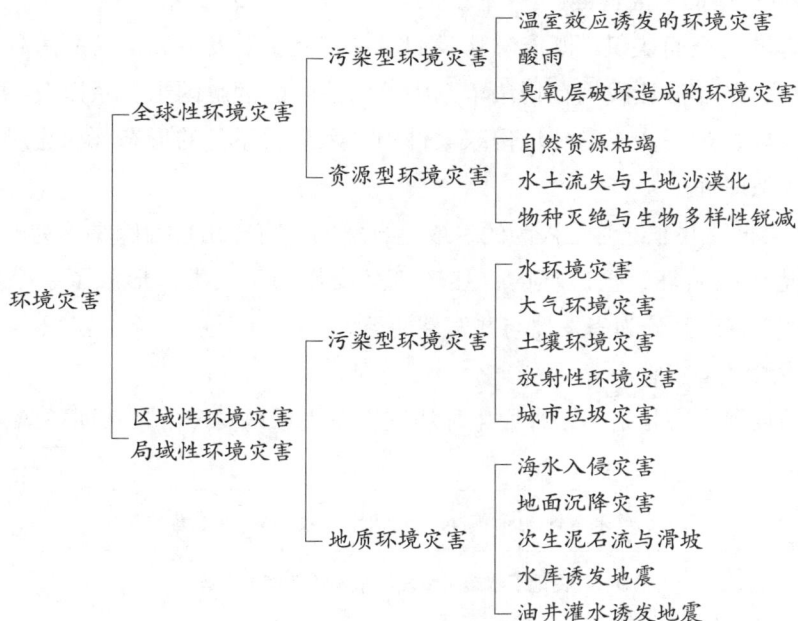

图 9-6 环境灾害分类体系

① 张丽萍，张妙仙.环境灾害学 [M].北京：科学出版社，2008.

② 张丽萍，张妙仙.环境灾害学 [M].北京：科学出版社，2008.

（3）灾害的四元分类。

灾害发生的原因主要有二，一是自然变异，二是人为影响。其表现形式也有自然态灾害和人为态灾害。进一步分为以下四种：①以自然变异为主因产生且表现为自然态的灾害是自然灾害，如地震、风暴潮等；②因自然变异所引起，表现为人为的灾害，称之为自然人为灾害。例如 1989 年 7 月，华蓥山溪口镇大滑坡；③以人为原因为主，因产生且表现为人为态的灾害，称之为人为灾害。如人为火灾和交通事故；④因人为影响所产生却表现为自然态的灾害，称之为人为自然灾害。例如过量排放温室气体引起酸雨，过度放牧致草原退化乃至沙化等。[1] 如图 9-7 所示。

$$
灾害 \begin{cases} 自然变异 \begin{cases} 自然态 \longrightarrow 自然灾害 \\ 人为态 \longrightarrow 自然人为灾害 \end{cases} \\ 人为影响 \begin{cases} 自然态 \longrightarrow 人为自然灾害 \\ 人为态 \longrightarrow 人为灾害 \end{cases} \end{cases}
$$

图 9-7 灾害形态图[2]

如图 9-8 所示，灾害可分为四类：自然灾害、自然人为灾害、人为自然灾害、人为灾害，可见灾害中自然与人为关系非常密切。简单、绝对地划分为自然灾害和人为灾害有失周延。

2. 灾害理论中的"灾害链"

对于灾害链的全面认识，既能够让我们对灾害发生、发展和消灭的过程有更为深入全面的了解，又能够让我们在司法审判中更为清晰的理解因果关系以及不同法律关系的划分和关联，进一步丰富环境侵权案件中"因果关系"的形态，深化对复杂因果关系内涵的认识理解。

"有许多灾害，并非绝对是人为的，或是自然的，可能出现原因是人为的，结果却使自然环境遭到了破坏，被破坏的自然环境又反作用于人类，形成了一个灾害循环链。"[3] 环境灾害链又分为串发性与并发性两类。

（1）串发性环境灾害。

串发性的环境灾害是指某一种原生环境灾害发生后诱发产生一系列环境灾害现象，如图 9-8 所示。

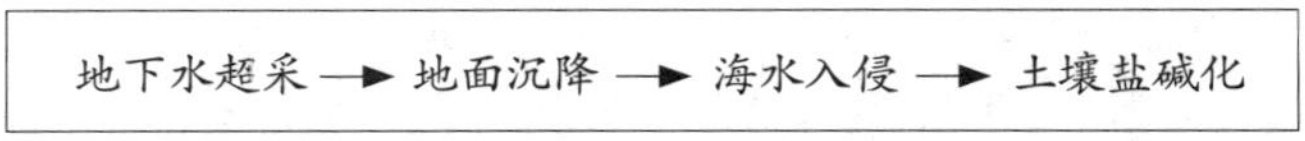

$$
地下水超采 \longrightarrow 地面沉降 \longrightarrow 海水入侵 \longrightarrow 土壤盐碱化
$$

图 9-8 由地下水超采引发的串发性环境灾害链[4]

---

① 王建平. 减轻自然灾害的法律问题研究（修订版）[M]. 北京：法律出版社，2008：96.

② 王建平. 减轻自然灾害的法律问题研究（修订版）[M]. 北京：法律出版社，2008.97.

③ 张丽萍，张妙仙. 环境灾害学 [M]. 北京：科学出版社，2008.4.

④ 张丽萍，张妙仙. 环境灾害学 [M]. 北京：科学出版社，2008.20.

（2）并发性环境灾害。

并发性环境灾害是指某一原因或某一地区同时产生或发生的一系列环境灾害，如图 9-9 所示。

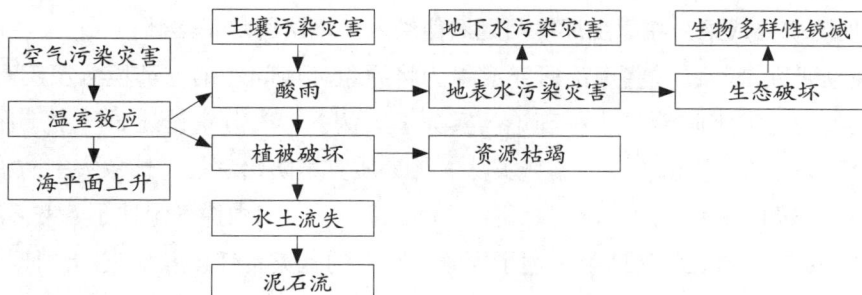

图 9-9　由空气污染引发的并发性环境灾害链 [1]

（三）环境法治视野拓展至"自然灾害"的理论论证

1. 从法制体系来看，原生环境问题法制应纳入环境法体系

王文革在《灾害防治法——理论·实务·案例》一书中介绍："对于是否将自然灾害第一类环境问题纳入环境法的范畴，学者间存在不同看法。有学者认为，最初环境法中的环境问题主要是指第二类环境问题，后来逐步扩展到第一类环境问题，防治自然灾害的法律应属于《环境法》的范畴。[2] 也有学者认为，由于第一类环境问题无法由人力所控制或避免，作为环境立法控制对象的环境问题，主要是指第二类环境问题。[3] 如学者刘培桐就认为环境问题不是自然灾害问题，而是由于人类活动作用于周围环境所引发的'公害'问题……所谓环境问题不是指'天灾'而是'人祸'，是人与环境关系的失调。"[4] 王文革在书中认为，从理论上看，将自然灾害法纳入《环境法》其实是无可厚非的，我们可基于一个简单的三段论的推理得出结论：大前提——环境法是应对环境问题的法；小前提——自然灾害属于环境问题（第一类环境问题）；结论——《环境法》是应对自然灾害的法，自然灾害属于《环境法》。这种论证虽然简明，但也说明从法制体系来看，原生环境问题等有关法制还是纳入环境法体系最为适宜。

2. 有关法律中的"法律责任"的落实离不开环境法

我国已有法律中的《防震减灾法》《防洪法》《防沙治沙法》《水土保持法》等中均有"法律责任"，这些"法律责任"条款的落实均需要环境司法的及时有效回应。

---

① 张丽萍，张妙仙 . 环境灾害学 [M]. 北京：科学出版社，2008.

② 蔡守秋 . 环境资源法学 [M]. 北京：高等教育出版社，2004.

③ 韩德培 . 环境保护法教程（第四版）[M]. 北京：法律出版社，2005.

④ 王文革主编 . 灾害防治法——理论·实务·案例 [M]. 北京：法律出版社，2018.

在预防为主原则指导下的传统环境法律中，一些内容亦属对自然灾害（特别是自然和人为双原因自然灾害）的预防和治理，其法律责任相关纠纷早已是环境司法规制的涉及领域和重要内容。

3. 理论研究成果为将原生环境问题法律纳入环境法奠定了基础

从理论研究来看，一些理论研究成果为将原生环境问题纳入环境法奠定基础。例如，王文革的《灾害防治法——理论·实务·案例》一书分章论述了《水土保持法》《防沙治沙法》《防洪法》《防震减灾法》《地质灾害防治法》《气象灾害防治法》，王建平的《减轻自然灾害的法律问题研究（修订版）》一书中详细论述了《灾害法》《灾害救助法》《灾害紧急状态法》论述了国家、社会的减灾责任以及赈灾的法律机制等。黄智宇的《生态减灾的法律调整——以环境法为进路》一书对"自然灾害的法学研究""生态减灾的法学研究"以及"生态减灾"法律的现状、制度完善、法律责任等进行论述。其他论著和外文资料不在此详述。这些研究成果为将原生环境问题纳入环境法制视野提供了理论依据和基础，同时在因果关系、主观要件、责任范围等方面对司法的具体因素提供了思路和依据。

三、建议"环境资源法学"全面接纳"灾害法"

在当前的理论和实际工作中，环境污染、污染环境、生态破坏、破坏生态、环境损害、损害环境等，运用得非常不统一。我们建议进一步细化环境问题的有关概念，将表示行为和结果的概念分开，污染环境、破坏生态是行为，环境污染和生态破坏是结果。

环境问题、原生环境问题、次生环境问题以及不同类型灾害的分类，是密切关联的。"整体性""灾害链"是其关键词。随着经济、技术和法治能力的发展，拓展环境法治视野，是"整体性""灾害链"的体现和要求，也是环境司法专门化的因果。

第十章 环境法的产生与发展

　　人类社会发展的不同阶段会产生不同的环境问题，环境法的产生和发展与人类社会不同阶段面临的环境问题有着密切的联系。回顾环境法的产生和发展历程有助于对环境法治进步的过程进行理性的探索，准确把握环境法的发展趋势和发展走向。

第一节 西方环境法的产生与发展

　　国外环境与资源保护立法，最早可追溯至中世纪以前的欧洲。早在 11 世纪，随着西欧城市的兴起便产生了环境卫生和空气污染问题，也出现了零星的环境法律，但现代社会的环境法产生于工业发达国家，经历了产生、发展和完善三个阶段。

一、环境法的产生阶段（18 世纪 60 年代至 20 世纪初）

　　环境法的产生伴随着公害的开始形成与发生，18 世纪 60 年代哈格里夫斯发明了珍妮纺织机，标志着工业革命的开始。1776 年瓦特改造的蒸汽机投入使用，工业经济进一步发展，新的动力即蒸汽机和新机器代替了传统的手工劳动，工业化采用了新的原料，主要是钢铁和煤，促进了采掘和冶炼业的发展，交通运输业使用了火车和轮船。冶炼、机器制造、纺织、造纸等工业的发展产生了第一代空前规模的人为环境污染，有的已经形成了公害事件，如 1873 年、1880 年和 1892 年就相继发生过三次由于燃煤而造成的毒雾事件，死亡人数上千人。[①] 工业的高速发展产生了大量的生活污水和工业废水。20 世纪 50 年代，欧洲城市的河流几乎达到了污染的饱和点，大部分河段鱼类几乎绝迹，成为没有生命的"死河"。[②]

　　以大气和水污染为主的大量公害事件的发生让各国开始制定预防和治理污染的单行立法。英国在这一时期，主要是治理公共卫生和城市环境污染控制型立法。早在

---

① 金瑞林 . 环境法学 [M]. 北京：北京大学出版社，2016.
② 何国富，徐慧敏 . 河流污染治理及修复 技术与案例 [M]. 上海：上海科学普及出版社，2012.

1821 年，英国就颁布了《蒸汽机车防止环境污染法》，1863 年颁布了《碱业法》，以控制布兰制碱工艺所产生的毒气。1873 年烟雾事件之后，英国在 1875 年通过了《公共卫生法案》，开始了减少城市污染的尝试。[①]1876 年，英国制定了世界上第一部水环境保护立法《河流污染防治法》。1913 年，英国颁布的《煤烟防治法》被视为防治空气污染的早期立法。

美国于 1888 年颁布了《港口管理法》，后于 1899 年颁布了《河流与港口法》，1924 年颁布了《油污染法》。日本是在亚洲较早运用法律手段保护环境的国家，1896 年就颁布了《矿业法》《河川法》，《河川法》是在国家层面最早提出"公害"一词的立法文件。瑞典是世界上最早开始环境保护的国家之一，20 世纪上半叶出台了《森林法》《水法》《渔业法》等环境保护法律法规。

从世界范围看，这一时期的环保组织和环境民间运动都带有明显的资源保护主义色彩，环境污染问题和生态整体价值还未引起足够的重视。除了污染控制立法之外，各国国内和国际有关的环境与资源保护立法的目的主要是保护经济性自然资源，如森林、渔业资源等。1930 年，罗马尼亚通过了世界上首部保护自然遗迹的法律。从 19 世纪 90 年代开始，美国的环境与资源保护立法开始分化为自然资源和污染防治两部分。[②]

二、环境法的发展阶段（20 世纪初至 20 世纪 60 年代）

环境法的发展阶段是西方工业发达国家公害的发展和泛滥时期。20 世纪初至 20 世纪 60 年代，由于工业化进程的加快，环境污染逐渐加重，世界著名的公害事件大都发生在这一时期。例如，1930 年比利时马斯河谷烟雾事件，12 月 1 日至 12 月 5 日马斯河谷工业区由于有害气体和煤烟粉尘污染的综合作用出现气温逆转，空气中的二氧化硫浓度高达 25~100 毫克每立方米，3 天后有人开始发病，接下来的一周内有 60 人相继死亡，数千人患病。1948 年美国多诺拉事件，美国宾夕法尼亚州多诺拉镇发生了一起由于二氧化硫浓度过高造成的大气污染公害，近地层空气中二氧化硫与烟尘作用生成硫酸吸入肺部，造成了多诺拉镇 43% 的人口共计 5911 人发病，出现眼痛、肢体疲乏、呕吐、腹泻，其中 17 人死亡。[③]1952 年 12 月伦敦烟雾事件，居民使用烟煤取暖，煤中的硫含量高，排出的烟尘量较大，遇逆温天气，烟尘中的三氧化二铁使二氧化硫变成硫酸，附在烟尘上吸入肺部，5 天内 4000 人死亡。1943 年 5 月至 10 月美国洛杉矶光化学烟雾事件，石油工业和汽车废气在紫外线的作用下生成光化学烟雾，刺激眼、鼻、喉，大多数居民患病，65 岁以上老人死亡 400 人。1953 年至 1968 年，日本水俣病事件，日本熊本县水俣镇氮肥生产中采用的氯化汞和硫酸汞作为催化剂，含甲基汞的毒水排

① 郎铁柱 . 雾霾、空气污染与身体健康 [M]. 天津：天津大学出版社，2015.

② 汪劲 . 环境与资源保护法学 [M]. 北京：北京大学出版社，2013.

③ 黄民生 . 科学发现之旅生物的净土 [M]. 上海：上海科学技术出版社，2018.

入水中被鱼吃后，人因吃中毒的鱼而生病，患者全身骨痛，最后骨骼软化，在衰弱疼痛中死去，患者 180 余人，死亡 50 余人。1955 年至 1968 年，日本富山骨痛病事件，炼锌厂未经处理净化的含镉废水排入河流，居民吃含镉的米和水导致全身骨痛，最后骨骼软化，在衰弱疼痛中死去，患者 280 余人，死亡 34 人。[①]上述公害事件使公众认识到了环境公害的严重性，引起了大规模的反公害的群众运动，各个国家为了应对严重的环境问题加快了环境立法的步伐，制定了大量环境法律法规，环境法得到了迅速的发展。

1948 年，美国颁布了《联邦水污染控制法》，这是美国关于水污染控制的主要法律；1972 年美国国会以一项名为《清洁水法》的修正案对该法进行了大幅度修订，后经 1977 年修订沿用至今，这是美国环保主义运动诞生期间的首个环境联邦立法；1963 年美国颁布《清洁空气法》，并于 1965 年、1969 年、1970 年、1977 年、1990 年进行了五次重大的修改，沿用至今；1965 年，美国制定了《固体废物处置法》。1956 年，英国出台了世界上第一部空气污染防治法案《清洁空气法》，1960 年颁布了《清洁河流法》，1963 年颁布了《水资源法》。日本从 20 世纪 50 年代起，密集出台公害立法，在大气污染方面，日本在 1962 年制定了《煤烟控制法》；水质污染方面，1959 年日本颁布了《水质保护法》和《工厂排水控制法》，一系列严重的公害事件促成了 1967 年《公害对策基本法的》的实施，日本走上了综合性的有计划防治公害的道路。[②]

总体上看，这一阶段的环境立法是为了应对日益严重的环境问题，各国均加快了环境立法的步伐，出台了大量的环境保护的专门法律。除了传统的水污染防治、大气污染防治立法之外，各国根据环境问题的性质又制定了一些新的环境法律法规，环境法的调整对象和范围不断拓展，如 1960 年英国颁布了《噪声控制法》、1967 年英国颁布了《生活环境舒适法》，环境立法从事后救济转向事先预防的思想开始萌芽，生活环境与自然环境保护并重，开始谋求在体制上和国际上的立法中保护一个安全和卫生的环境权利，环境影响评价制度、公众参与环境政策及监督环境状况的权利在立法中得以确认。总体上看，环境立法缺乏系统性，救济方式较为单一，主要是损害赔偿的民事救济方式，经济刺激、行政制裁和刑事处罚运用的较少。

三、环境法的完备阶段（20 世纪 70 年代至今）

1972 年在瑞典斯德哥尔摩召开的联合国人类环境大会通过了《联合国人类环境宣言》和《人类环境行动计划》。此次大会对全球面临的重大环境问题进行了全面分析，将环境保护问题和实现这一保护的立法置于全球范围内，形成了一些重要的国际环境法习惯规则，如国家开发自然资源的主权权利、国家管辖范围内的活动不对其他国家

---

① 薛建明 . 低碳交通体系构建与实践研究 [M]. 北京：光明日报出版社，2019.
② 吕忠梅 . 环境法学概要 [M]. 北京：法律出版社，2016.

造成损害的义务，有可能发生对环境造成不利影响的意外情况交换情报与合作等。此次会议标志着环境保护成为全球性问题，会后许多国家纷纷制定环境专门法律、成立环境管理专门机构，建立环境社会团体，环境立法趋向完备化，并形成独立的法律部门。这一时期的环境立法逐步走向完备，属于整合型环境与资源保护立法时期。

一是原先的环境单行立法逐渐向综合性的环境立法转变，不少国家和地区制定了综合性的环境保护基本法。1970年1月1日，美国实施了《国家环境政策法》，该法规定了国家环境政策、国家环境保护目标、国家环境政策的法律地位、环境影响评价制度、设立国家环境质量委员会五个方面的主要内容。[①] 瑞典于1969年颁布了作为基本法的《环境保护法》，并于1999年颁布《环境法典》；英国于1974年制定了综合的《污染控制法》，并于1995年修订为《环境法》；加拿大于1988年制定了综合性的《环境保护法》；法国于1998年制定了《法国环境法典》。

二是各国的环境保护政策从事后治理转变为事前预防、综合防治的政策。从20世纪80年代至90年代，从注重对污染的末端控制转变到对资源利用的全过程管理，1992年里约热内卢召开的联合国环境发展大会，各国开始把"可持续发展"作为环境立法的指导思想，环境法更加注重事前预防、源头控制、全过程管理、清洁生产。如1990年美国通过了《污染预防法》。

三是环境法越来越多地采用市场机制、经济手段、技术手段。环境税费制度、绿色贸易壁垒、排污权交易制度都体现了环境法与上述手段或机制的结合，此外，各种环境标准和环境技术性规范在环境法中的作用也越来越突出。[②]

四是环境保护从污染防治扩大到对整个自然资源和生态环境的保护，同时将自然保护立法从自然资源开发利用立法中独立出来。1993年日本制定的《环境基本法》将现在及将来世代之人们，可以享受健全而恩泽丰沛之环境作为基本法的主要宗旨，形成了以可持续发展为指导的环境法体系。[③]

五是完善处理国际环境问题的国际立法。20世纪90年代以后，各国为应对全球环境问题开始注重国内与国际环境立法的协调，在全球环境保护理念下修改国内环境法。

---

① 《环境法学》编写委员会. 环境法学 [M]. 北京：中国环境出版社，2017.

② 高晓露. 环境法学总论 [M]. 大连：大连海事大学出版社，2017.

③ 金瑞林. 环境法学 [M]. 北京：北京大学出版社，2016.

第二节 中国环境法的产生与发展

中国古代的环境禁忌体现着朴素的环境法观念，属于社会习俗的范畴，为我国环境法的产生做了准备。虽然环境保护相关的法律规定在我国出现得较早，但现代意义上的环境法的产生要比西方工业国家至少晚了一个世纪。中国环境法的产生与发展大致可分为两个阶段：中华人民共和国成立之前的环境立法和中华人民共和国成立之后的环境立法。

一、中华人民共和国成立之前的环境立法

（一）古代中国的环境立法

中国古代奴隶社会和封建社会实行农业经济为主的经济模式，虽然没有专门的环境保护规范，但对影响农业发展和人民生活的一些行为进行规制的条文中体现了传统的生态智慧。在中国的典籍《庄子》《诗经》《黄帝内经》《春秋繁露》等著作中，生态思想随处可见。中国古代将人的存在、自然环境、社会伦理等整合在一个统一的时空中，实现天、地、人的上下一体，这本身就体现了生命与外部环境的关联与一体的生态意蕴。[①] 中国古代的生态思想在殷商时期就有萌芽，《韩非子·内储说上》记载："殷之法，弃灰于市者，断其手。"可见，殷商时期就有在街道上禁止倾倒垃圾的规定，否则视其为犯罪。《说苑·指武篇》中记载，西周时期，周文王颁布的《伐崇令》中规定："毋坏屋，毋填井，毋伐树木，毋动六畜。有不如令者，死无赦。"《礼记》中记载："国君春田不围泽；大夫不掩群，士不取麛卵。"即便是国君春天打猎时也不能涸泽而渔或者包围整个猎场而合围捕杀，不能猎取幼兽和禽蛋。

周朝之后的中国历朝历代都颁布过一些保护自然资源和自然环境的法令。战国时期秦国的《田律》载："春二月，毋敢伐材木山林及雍堤水。不夏月，毋敢夜草为灰、取生荔麛鷇，毋……毒鱼鳖、置阱罔，到七月而纵之。"即春天二月，禁止到山林中砍伐木材、堵塞河道。不到夏季，禁止烧草做肥料，禁止采刚发芽的植物或捉幼虫、鸟卵和幼鸟，禁止毒杀鱼鳖、禁止设置捕捉鸟兽的陷阱和网罟，到七月解除禁令。而且《田律》中还明确了对违反规定者的处理办法。我国南北朝时期，有禁止不按季节捕鸟的规定；唐高祖武德元年发布命令，禁止献奇禽异兽；清朝《大清律》中规定，对"盗陵园树木者"予以刑事制裁。[②]

---

① 靳利华.中外生态思想与生态治理新论 [M].天津：天津人民出版社，2020.

② 崔鸿，汪亮.简论我国古代野生动物保护的法律制度 [J].中国人口·资源与环境，2001（52）：149.

（二）中华民国的环境立法

中华民国 1912 年至 1949 年社会动荡，农业经济占主要地位，现代工业在沿海一带有所发展。这个时期也是中国受到列强侵略的时期，外国人在华开办工厂，在局部地区出现了自然资源破坏、水土流失等严重的环境污染和生态破坏问题，但执政者无瑕重视环境保护问题，因而环境立法残缺不全，几乎找不到防治污染的专门法规，只有几部自然资源管理与保护的相关立法得到颁布。如《狩猎法》（1914）、《渔业法》（1929）、《土地法》（1930）、《森林法》（1932）、《水利法》（1942）。

此外，中国共产党领导的革命根据地也颁布实施过许多自然保护的法规。例如，《闽西苏区山林法令》（1931）、《晋察冀边区垦荒单行条例》（1938）、《晋察冀边区禁山办法》（1939）、《陕甘宁边区森林保护条例》（1941）《陕甘宁边区植树造林条例》（1941）、《陕甘宁边区砍伐树木暂行规则》（1941）、《晋察冀边区兴修农田水利条例》（1943）、《东北解放区森林保护暂行条例》（1949）。

二、中华人民共和国成立之后的环境立法

（一）环境法的产生时期（20 世纪 50 年代至 70 年代末）

中华人民共和国成立之后至 1973 年国务院召开第一次全国环境会议是我国环境保护事业的兴起和环境与资源保护法的产生时期。中华人民共和国成立之初，我国面临着迅速发展工农业生产的紧迫任务，20 世纪 50 年代末，中国奠定了工业化的初步基础，但农业经济仍然是国民经济的主要组成部分，工业生产带来的环境污染并不严重。这一时期的环境立法主要是关系到农业生产的环境要素等自然资源保护的立法，如 1954 年《宪法》首次规定了"矿藏、水流，由法律规定为国有的森林、荒地和其他资源，都属于全民所有"；1951 年《矿业暂行条例》规定了新旧矿区的探矿、采矿以及探矿、采矿人的法律责任；1953 年《国家建设征用土地办法》；1956 年国务院批转地质部门制定的《矿产资源保护试行条例》；1957 年《水土保持暂行纲要》；此外，国家还对工业生产引起的环境污染颁布了一些防治法规和标准，如 1956 年颁布的《工厂安全卫生规程》、1959 年颁布的《生活饮用水卫生规程》。

1973 年国务院召开第一次全国环境会议至 1978 年党的十一届三中全会召开是我国环境与资源保护法的发展时期。1972 年，我国派出政府代表团参加了联合国人类环境会议，国际上工业发达国家不断发生的公害事件，使我国认识到了控制环境污染的重要性。联合国人类环境会议不仅是世界环境保护的里程碑，也是我国环境保护的转折点。中华人民共和国成立以来累积的环境问题，造成的自然环境破坏、工业生产污染等方面的问题开始凸显。1972 年的北京市全市工业污染源调查表明，"三废"排放量大，没有采取污染防治措施。[①]1973 年，国务院召开第一次全国环境保护会议，将环境保

---

① 段蕾 . 新中国环保事业的起步：1970 年代初官厅水库污染治理的历史考察 [J]. 河北学刊，2015（9）：61.

护提上国家管理的议事日程。l974 年成立环境保护领导小组，标志着国家级环境保护行政机构在我国诞生。1974 年 1 月，国务院公布了第一个防治环境污染的正式行政法规，即《防治沿海水域污染暂行规定》。

1958 年开始的"大跃进""大炼钢铁""以粮为纲"的狂热群众运动，使国家自然资源遭受了大规模的冲击和破坏。1966 年以后，中国的法制建设遭到了严重破坏，已颁布的法律法规未得到认真实施。20 世纪 60 年代末 70 年代初，中国已面临废水、废气、废渣污染的严重问题。总体上看，这一时期的环境立法以自然资源保护为主，防治环境污染方面的立法较少，立法级别相对较低，主要是一些行政法规和部门规章，立法比较零散，内容缺乏可操作性。[①]

（二）环境法的发展时期（20 世纪 70 年代末至 20 世纪 80 年代末）

1979 年《环境保护法（试行）》的颁布实施到 1989 年《环境保护法》的修改，是我国环境与资源保护立法的发展时期。1978 年我国修改后的《宪法》规定："国家保护环境和自然资源，防治污染和其他公害。"这是我国首次在国家根本大法中规定环境保护工作，并将自然资源保护和环境污染防治确定为环境与资源保护法的两大领域，为我国确立环境与资源保护法的主要内容奠定了基础。1979 年 9 月，《环境保护法（试行）》颁布，是中华人民共和国成立第一部关于保护环境和自然资源、防治污染和其他公害的综合性法律，标志着我国环境与资源保护法律体系开始建立，我国环境保护法律体系初步形成。此后，我国先后制定了《海洋环境保护法》（1982 年）、《水污染防治法》（1984 年）、《大气污染防治法》（1987 年）、《森林法》（1984 年）、《草原法》（1985 年）、《矿产资源法》（1986 年）、《土地管理法》（1986 年）、《渔业法》（1986 年）、《水法》（1988 年）等一系列的法律、法规和规章。1989 年召开的第三次全国环境保护会议，确立了环境保护目标责任制、城市环境综合整治定量考核制度、排放污染物许可证制度、限期治理制度、污染集中控制制度、环境影响评价制度、"三同时"制度、排污收费制度。1989 年全国人大常委会通过了修改后的《环境保护法》，将上述制度在法律上确立，标志着我国环境立法工作进入了一个迅速发展的阶段。这一时期，我国环境保护法律体系初步形成，环境保护行政法规和部门规章大量出现，环境标准体系基本建成。

（三）环境法的改革完善时期（20 世纪 80 年代末至 21 世纪初）

1989 年至 21 世纪初是我国环境与资源保护法的改革完善时期。1992 年召开的联合国环境与发展会议，使全球的环境保护工作进入了"可持续发展阶段"，这一理念在中国得到了广泛的认同。全国人大于 1993 年设立了环境与资源保护委员会，由国家立法机关全面统筹和合理安排环境与资源保护立法和执法监督工作，提出了构建"我

---

① 曹明德 . 环境与资源保护法 [M]. 北京：中国人民大学出版社，2020.

国环境与资源保护法律体系框架"的目标。1994 年，国务院发布《21 世纪议程——中国 21 世纪人口、环境与发展白皮书》，之后我国加速制定新的环境保护法律法规的同时，开始对原有的法律、法规进行整理、修改和完善。这一时期，我国出台了《城市规划法》（1989）、《固体废弃物污染环境防治法》（1995 年）、《煤炭法》（1996 年）、《环境噪声污染防治法》（1996 年）、《淮河流域水污染防治暂行条例》（1995 年）、《国务院关于环境保护若干问题的决定》（1996 年）、《自然保护湖区条例》（1994 年）、《防洪法》（1997 年）、《节约能源法》（1997 年）、《防震减灾法》（1997 年）、《气象法》（1999 年）、《防沙治沙法》（2001 年）、《海域使用管理法》（2001 年）、《清洁生产促进法》（2002 年）、《环境影响评价法》（2002 年）、《可再生能源法》（2009）、《海岛保护法》（2009）等；这一时期也对《大气污染防治法》《水污染防治法》《海洋环境保护法》《水法》《森林法》等法律进行了修订。1997 年修改的《刑法》专门规定了"破坏环境资源保护罪"。《物权法》《侵权责任法》《民事诉讼法》《刑事诉讼法》等都不同程度地规定了与环境保护相关的内容。这一时期的环境立法适度矫正了"经济发展优先"的思路，环境保护的立法和执法更加注重贯彻可持续发展观，坚持以人为本，促进经济社会和人的全面发展；环境立法的综合化进一步加强；注重引入符合市场经济规律的法律调整手段，注重采用财政、税收、价格、政府采购等方法和措施鼓励及引导节能减排，如排污费、生态环境补偿费、排污权交易、矿产资源补偿费、林业基金、资源税、银行环境保护贷款等；注重采用科技手段和技术规范用于环境保护，如我国确立的环境影响评价制度、环境标准和环境监测制度等；与国际的环境资源保护法的协调性日益增强，在新的环境立法中体现了《保护臭氧层维也纳公约》《联合国气候变化框架公约》《控制危险物越境转移与处置的巴塞尔公约》《关于特别是作为水禽栖息地的国际重要湿地公约》等国际公约的有关内容。

（四）环境法治建设的新时期（21 世纪初至今）

2014 年 4 月 24 日，第十二届全国人民代表大会常务委员会第八次会议通过新修订的《环境保护法》，并于 2015 年 1 月 1 日起实施，与 1989 年的《环境保护法》相比，在立法理念、篇章结构和具体内容等方面均做了较大程度的修改，体现了生态文明建设的法治需求，新增了信息公开与众参与一章，开启了我国环境法制发展的新阶段。针对大气污染和水污染防治问题，国务院于 2013 年 9 月发布了《大气污染防治行动计划（简称"大气十条"）》，2015 年 4 月国务院发布了《水污染防治行动计划》（简称"水十条"），2016 年 5 月 28 日，国务院发布了《土壤污染防治行动计划》（简称"土十条"），形成"政府统领、企业施治、市场驱动、公众参与"的污染防治新机制，实现环境效益、经济效益与社会效益共赢。2015 年 8 月 29 日第十二届全国人民代表大会常务委员会第十六次会议第二次修订通过了《大气污染防治法》，2018 年对该法进行了第二次修正，实施总量控制，强化责任；坚持源头治理，推动转变经济发展方式，优化产业结构和布局，调整能源结构，提高相关产品质量标准；加强重点区域大气污染联合防治，完善重污染天气应对措施。

这一时期中共中央、国务院发布了一系列重要的涉及环境法治建设的文件。2013年11月12日，中国共产党第十八届中央委员会第三次全体会议通过了《中共中央关于全面深化改革若干重大问题的决定》，提出："建设生态文明，必须建立系统完整的生态文明制度体系，实行最严格的源头保护制度、损害赔偿制度、责任追究制度，完善环境治理和生态修复制度，用制度保护生态环境；健全自然资源资产产权制度和用途管制制度；划定生态保护红线；实行资源有偿使用制度和生态补偿制度；改革生态环境保护管理体制。"

2014年10月，《中共中央关于全面推进依法治国若干重大问题的决定》指出："要用严格的法律制度保护生态环境，加快建立有效约束开发行为和促进绿色发展、循环发展、低碳发展的生态文明法律制度，强化生产者环境保护的法律责任，大幅度提高违法成本。建立健全自然资源产权法律制度，完善国土空间开发保护方面的法律制度，制定完善生态补偿和土壤、水、大气污染防治及海洋生态环境保护等法律法规，促进生态文明建设。"

2015年4月，《中共中央、国务院关于加快推进生态文明建设的意见》，坚持把节约优先、保护优先、自然恢复为主作为基本方针；坚持把绿色发展、循环发展、低碳发展作为基本途径；坚持把深化改革和创新驱动作为基本动力；坚持把培育生态文化作为重要支撑；坚持把重点突破和整体推进作为工作方式。从强化主体功能定位、优化国土空间开发格局，推动技术创新和结构调整、提高发展质量和效益，全面促进资源节约循环高效使用、推动利用方式根本转变，加大自然生态系统和环境保护力度、切实改善生态环境质量，健全生态文明制度体系，加强生态文明建设统计监测和执法监督，加快形成推进生态文明建设的良好社会风尚、切实加强组织领导等方面提出的具体的措施。到2020年，资源节约型和环境友好型社会建设取得重大进展，主体功能区布局基本形成，经济发展质量和效益显著提高，生态文明主流价值观在全社会得到推行，生态文明建设水平与全面建成小康社会目标相适应。

2018年6月发布的《中共中央、国务院关于全面加强生态环境保护坚决打好污染防治攻坚战的意见》，提出了生态文明建设的总体目标和具体指标：到2020年，生态环境质量总体改善，主要污染物排放总量大幅减少，环境风险得到有效管控，生态环境保护水平同全面建成小康社会目标相适应。在具体指标上实现全国细颗粒物（PM2.5）未达标地级及以上城市浓度比2015年下降18%以上，地级及以上城市空气质量优良天数比例达到80%以上；全国地表水Ⅰ~Ⅲ类水体比例达到70%以上，劣Ⅴ类水体比例控制在5%以内；近岸海域水质优良（Ⅰ、Ⅱ类）比例达到70%左右；二氧化硫、氮氧化物排放量比2015年减少15%以上，化学需氧量、氨氮排放量减少10%以上；受污染耕地安全利用率达到 90% 左右，污染地块安全利用率达到 90% 以上；生态保护红线面积占比达到 25% 左右；森林覆盖率达到 23.04% 以上。通过加快构建生态文明体系，确保到 2035 年节约资源和保护生态环境的空间格局、产业结构、生产方式、生活方式总体形成，生态环境质量实现根本好转，美丽中国目标基本实现。到 21 世纪中叶，生态文明全面提升，实现生态环境领域国家治理体系和治理能力现代化。

2021 年 10 月中共中央、国务院印发《黄河流域生态保护和高质量发展规划纲要》，本规划纲要是指导当前和今后一个时期黄河流域生态保护和高质量发展的纲领性文件，是制订实施相关规划方案、政策措施和建设相关工程项目的重要依据。其规划范围为黄河干支流流经的青海、四川、甘肃、宁夏、内蒙古、山西、陕西、河南、山东 9 省区相关县级行政区，国土面积约 130 万平方千米。规划期至 2030 年，中期展望至 2035 年，远期展望至 21 世纪中叶。坚持生态优先、绿色发展，坚持量水而行、节水优先，坚持因地制宜、分类施策，坚持统筹谋划、协同推进山水林田湖草沙综合治理、系统治理、源头治理，着力保障黄河长治久安，着力改善黄河流域生态环境，着力优化水资源配置，着力促进全流域高质量发展。

这一时期的环境立法在立法理念上从强调经济社会与环境保护协调发展到日益强调落实保护优先；在调整方式上实现了从过去的被动应对到主动调整，强调预防原则的落实和提高风险防控能力，修订后的《环境保护法》建立了资源环境承载能力检测预警机制、环保目标责任制和考核评价制度，建立健全了环境健康监测、调查和风险评估制度等。在监管上从政府的一元监管到政府、企业和社会等的多元共治。

第十一章 环境资源基本法

环境资源保护的专门法律是环境资源法体系中的"核心部分"，主要包括两方面内容：一是环境资源保护的基本法，即《环境保护法》；二是各环境资源保护的单行法，主要由《污染防治法》[①]《自然资源法》[②]和《生态环境保护法》[③]三部分组成。

第一节 基本法

《环境保护法》是我国的环境保护基本法，世界上许多国家都制定了环境保护基本法，如日本的《环境基本法》、美国的《国家环境政策法》。各国的环境基本法经历了政策法形态、框架法形态和综合法形态三个阶段。

一、环境基本法的概念、特征和发展历程

（一）环境基本法的概念与特征

环境基本法是以《宪法》为依据、由国家立法机关制定的、将环境作为一个有机整体加以调整的综合性法律，在环境资源法律体系中处于核心的地位，是其他环境单行法的母法，是其他环境法律、法规的立法依据。

1. 环境基本法在环境资源保护法律体系中处于核心指导地位

环境基本法具有"环境宪法"之称，在国家的环境与资源保护法律体系中处于指导地位。例如美国《环境政策基本法》的第四条规定：美国的各项政策、法律以及公法解释与执行均应当与本法的规定相一致。环境基本法在效力上高于环境单行法，对于各类环境单行法中的政策目标、基本理念、基本原则具有统领作用。

---

① 如《海洋环境保护法》《水污染防治法》《大气污染防治法》《固体废物污染防治法》《环境噪声污染防治法》《放射性污染防治法》《清洁生产促进法》《循环经济促进法》等。

② 如《水法》《森林法》《草原法》《渔业法》《土地管理法》《矿产管理法》《节约能源法》《海域使用管理法》《可再生能源法》等。

③ 如《野生动物保护法》《海岛保护法》《自然保护区条例》等。

2. 环境基本法是将环境作为一个整体加以调整的综合性、政策性法律

环境基本法通过综合性立法解决过去各环保单行法分割式立法所带来的碎片化问题，在环境资源法律体系中处于核心的地位，是环境保护领域综合性较强的专门型立法。其解决的主要问题是环境基本法与环境单行法的相互关系以及在实施中如何适用，其目的在于确立国家环境保护的总体方针，环境保护与经济发展的关系，明确政府环境责任，确立环境纠纷在处理上的法律适用问题等。[①]

（二）我国环境基本法的发展历程

1979 年，我国通过了《环境保护法（试行）》；1989 年，我国颁布了《环境保护法》；2014 年 4 月对 1989 年《环境保护法》进行了修订，自 2015 年 1 月 1 日起施行。经过 40 余年的环境立法发展，我国的环境基本法即《环境保护法》经历了政策法形态、框架法形态和综合法形态。其早期基本呈现政策法的形态，条文较少，结构简单，目标单一，主要是宣示国家的环保政策、较为原则及抽象，强制性条款较少。环境框架法的立法内容覆盖了跨越不同领域的整体环境问题，宣示环境目标与政策的同时，会明确环境基本原则、监管机构，明确适用于不同领域的环境决策的共同制度和程序，如环境影响评价、环境知情权、环境决策参与权等。综合法形态的环境基本法除了国家环境保护政策、目标、基本原则外，对于机构责任、公众权利和义务、保护和改善环境的制度和措施、法律责任等做了具体详尽的规定。[②]

二、我国环境基本法的定位

2014 年修订的《环境保护法》与 1989 年的《环境保护法》相比在立法理念、篇章结构和具体内容等方面做出了较大程度的修改。首先，《环境保护法》作为环境基本法，其与环境单行法的功能和任务有很大的不同，其主要规定涉及环境保护法律基础的事项，如环境的概念、环境保护的基本原则、环境保护的管理体制、公众的环境权利和义务、环境基本制度以及环境法律责任等。其次，我国新修订的环境基本法的重要功能之一就是规范和制约政府的环境行政行为，树立预防为主的理念，为政府建立有关环境的科学决策制度、环保履职机制以及经济激励机制，切实保障公民的环境权益，其中第五章信息公开和公众参与是此次修法新增加的章节。对于公民环境权益的保障，需要加快推进环境信息化进程，推动公众参与制度建设。

---

① 杨朝飞. 通向法治的道路——《环境保护法》修改思路研究报告 [M]. 北京：中国环境出版社，2013.

② 李挚萍. 环境基本法比较研究 [M]. 北京：中国政法大学出版社，2013.

第二节 基本原则

一、《环境资源保护法》的基本原则概述

法的基本原则是法的精神的积聚、法律问题处理的准绳。[①] 基本原则在任何一个部门法都是不可或缺的重要部分，《环境资源保护法》的基本原则是根据环境与资源保护法的立法目的确立的、普遍适用于环境与资源保护各个领域的法律规范总称，体现了我国环保立法的基本价值追求和目的，是调整环境保护法律关系的基本指导方针和规范，也是环境保护立法、执法、司法和守法必须遵守的原则。

《环境资源保护法》的基本原则应当具有法律规范的特性，是被环境法所确认的包括被立法直接规定或间接体现，能够成为环境与资源保护法基本原则的必须是贯穿于整部法律始终的，对环境立法、执法、司法产生指导意义的根本性规则，对环境保护提出了基本的要求。环境资源保护基本原则是宪法原则在环境保护领域的具体落实，是环境与资源保护立法目的和价值追求具体化的第一个层次，其内容不同于具体的制度和规范，具有不确定性和模糊性，当某一问题环境与资源保护法未做具体规定时，可以根据基本原则灵活处理。

环境与资源保护的基本原则对于领会环境法的价值追求和立法目的、指导环境法具体制度的设计和正确实施具有重要意义，其高度涵盖性和抽象性具有弥补法律漏洞的功能，有助于克服既定立法的有限针对性，为环境法的局部修改和调整提供依据。2014 年修订的《环境保护法》第 5 条规定了我国环境法的基本原则，即保护优先、预防为主、公众参与和损害担责四项原则。

二、保护优先原则

我国《环境保护法》第 5 条确立了"保护优先原则"，保护优先原则是指在环境保护和经济发展发生矛盾时，应当将保护放在优先的位置，在公共的生态环境利益和其他利益发生冲突时，应优先考虑社会生态利益，从源头上加强生态环境保护，合理利用资源，避免生态破坏。该原则具有政策导向和规范限制的基本功能，有助于改变"高投入、高消耗、高污染、低效益"的传统发展模式，建立资源节约、环境友好、持续发展的绿色经济，推动生态文明建设，引导人们改变利益结构，将生态利益作为最根本和最重要的利益。

---

① 吕忠梅 . 环境法导论 [M]. 北京：北京大学出版社，2010.

优先原则是在"经济社会发展与环境保护相协调"原则的基础上演变而来的，2014 年《环境保护法》修订之前，"经济社会发展与环境保护相协调"是我国《环境法》的基本原则，协调发展原则从经济建设和环境保护之间利益平衡的角度探索可持续发展的道路，该原则强调经济建设、社会发展与环境保护在发展过程中应当统一协调，不能为了经济发展而牺牲环境利益，过分追求短期经济利益，最终会制约经济的长期稳定发展，只有处理好二者的关系，人类社会才可能在保证生存环境的基础上，继续进步繁荣。在法律实施的过程中环境与经济社会相协调的原则往往演变成了经济优先论，许多国家走上了先污染后治理的道路。因此，日本在 1970 年修改《公害对策法》时删除了协调原则条款，转而规定了环境保护优先原则。我国目前仍有相当一部分单行法并未做好从协调型社会向保护优先型社会的过渡。

保护优先原则的实施应避免运动型和突击式的禁限手段，在强化环境保护的同时，应避免走向另一个极端。保护优先原则在不同区域适用的标准和方式不同，实施特定区域保护优先、特定资源保护优先并排除适用的例外情形。当保护优先可能引起更严重的环境风险、严重的违法结果公民宪法基本权利受到损害或者导致显失公平、低收入人群生活质量明显收到消极影响且未能提供相应的经济补偿的，排除适用优先原则。①

三、预防原则

环境污染或生态破坏具有不可逆性，一旦发生往往难以消除和恢复，往往需要付出巨大的经济成本和时间成本，如果能事先采取措施预防这些损害的发生，则可以用较低成本获得较大的环境效益。预防原则是指把预防环境问题的发生放在首要位置，针对一切可能影响环境的活动和行为，采取手段和措施尽量防止环境污染和生态破坏的发生。在环境保护工作中要事先采取政治、经济、法律、行政等防范措施，防止环境污染，防止生态失衡。对于那些不可避免的或已经发生的环境污染和生态破坏，应积极采取措施进行治理。预防原则要从环境的整体效益出发，统筹安排，运用系统论的方法处理环境问题，使环境保护从被动变主动，扭转了我国环保的被动局面。

预防原则预防的对象是环境损害和环境风险，环境损害是科学上确定的、形成共识的，如二氧化硫造成酸雨损害，而环境风险在科学上是尚不确定，未达成共识的，因此，预防原则包括风险预防，当遇到严重或不可逆转损害的威胁时，不得以缺乏科学充分的确实证据为理由，延迟采取符合成本效益的措施防止环境恶化。在科学不确定的情况下，需要基于现实的科学知识去评价可能发生的环境风险，对可能带来的或者无法具体确定的环境危害进行事前的预测、分析和评价，促使决策者、开发者避免

---

① 曹明德. 环境与资源保护法 [M]. 北京：中国人民大学出版社，2020.

这种可能造成的环境危害或风险的出现。预防的目的主要是通过事前的积极控制避免或减少环境损害，该原则是国际社会公认的"黄金规则"。

四、公众参与原则

公众参与原则也称环境民主原则，指公众有权通过一定的途径和程序参与环境决策和实施的过程，对可能造成环境影响的环境开发利用行为有相应的知情、参与决策权、监督权和获得司法救济的权利。其主旨是让公众参与到环境保护的法治化进程中，成为推动生态文明建设的主力军。2014年修订的《环境保护法》设立专章规定了信息公开与公众参与问题。《奥胡斯公约》规定了公众参与原则三方面的内容：环境事务知情权、公众参与环境事务决策权和接近司法正义的权利。该公约强调缔约方政府对公众的信息公开义务，公众和社会团体在环境执行中应扮演核心的角色。2001年公约生效以来，为改善公约可操作性不强的缺陷，以公约为基础发展和完善了一系列的法律规范，称为后《奥胡斯公约》，主要包括《〈奥胡斯公约〉执行指南》《欧盟关于公众获取环境信息的指令》。其中，《〈奥胡斯公约〉执行指南》援引了公约成员国发生的典型案例，对公约条款中环境信息的公开进行了详细的适用解释，形成了较为成熟的环境信息公开规范。

公众参与原则的参与主体是公众，公众不仅包括自然人，也包括特定利益相关的政府机构、企事业单位、社会团体或者其他组织。公众参与内容主要围绕公众的知情权、参与决策权、监督权和获得司法救济的权利展开。环境信息公开制度一方面赋予公民、法人和其他组织获取环境信息的权利，另一方面通过立法赋予环保责任主体信息披露的义务来保障公众知情权的实现；公众参与的方式主要是通过法定程序进行，通过赋予公众听证权、参与环境影响评价等方式保证公众的意愿得到充分的表达。监督的对象主要包括影响到公众环境利益的建设项目、规划项目、政府环境行政权力和企业环境影响活动。

五、损害担责原则

2014年《环境保护法》提出损害担责的环境保护原则，损害担责原则是指行为人排污或者开发利用自然资源，造成环境污染或生态破坏的应当承担由其所造成的环境损害费用，并承担治理和修复责任。学者对这一原则的陈述方式多种多样，有的称为"受益者负担原则"[1]，也有的称之为"开发利用者负担原则"。[2] 损害担责原则与"污染者负担原则"的内涵基本相同，只是责任范围从环境污染扩展到了生态破坏。损害担责的范围既包括造成环境污染的行为人，也包括导致生态破坏的行为人，损害担责的损害者造成环境污染的污染者、开发利用环境资源的开发利用者、造成生态环境和自

---

① 汪劲．环境法学 [M]．北京：北京大学出版社，2014.
② 马骧聪．环境资源法 [M]．北京：北京师范大学出版社，1999.

然资源破坏的破坏者，有学者总结为"谁开发谁保护、谁破坏谁恢复、谁受益谁补偿、谁污染谁治理、谁主管谁负责"五个方面的内容。损害担责原则更有利于实现社会公平，其本质是将治理环境的外部费用内在化，将污染者的污染成本内在化，让最知情、最方便的人对环境进行保护、对污染进行治理，合理配置资源，将经济活动与环境保护同步进行，最大程度保护生态环境。

我国的损害担责原则是一个涵盖资源保护、污染防治、并包括开发者、利用者、破坏者、污染者以及地方政府在内的广泛的责任主体的责任体系。他是一种法律义务而非法律后果，承担的主要是经济责任，并不影响因违法或造成损害承担赔偿责任。

第三节 基本制度

一、基本制度的概念与特点

《环境资源保护法》的基本制度是为了实现环境与资源保护法的目的，依法制定的具体规范并普遍适用于环境与资源保护各个领域的法律规范总称。它是环境行政主管部门及其他负有环境监管职责的部门的行为规范，同时又是环境行政管理相对人即企事业单位和其他生产经营者应遵守的行为规范。环境资源保护的基本制度反映了环境与资源保护法的共通性和本质性的法律措施，具体包括环境标准制度、国土空间规划制度、环境影响评价制度和环境税制度。

二、环境标准制度

环境标准指为了防治污染、维护生态平衡、保护人体健康，就环境质量、污染物排放、环境监测方法以及其他需要的事项制定的各种技术指标与规范的总称。环境标准实行后具有法律效力，它是技术规范法律化的表现形式，任何单位、组织和个人都必须严格执行。

环境标准可分为六类两级。学理上的环境标准被分为环境质量标准、污染物排放标准、环境监测方法标准、环境标准样品标准、环境基础标准和环保仪器设备标准六类。其中，环境质量标准、污染物排放标准是强制性标准，其他标准属于推荐性标准，鼓励采用。通常与保障人体健康、人身财产安全相关的标准和法律、行政法规规定强制执行的标准属于强制性标准，必须被执行，其他标准属于推荐性标准。环境标准根据制定、批准和发布机构和适用范围的不同，分为国家级环境保护标准和地方级环境标准两级。国家级环境保护标准由国务院环保行政主管部门制定，是对共性或重大事务所做的统一规定，是制定地方环境标准的依据和指南。地方级环境标准由地方人民政府制定，是对局部的、特殊性事务所作的规定，是对国家级环境标准的补充和完善。国际级环境保护标准包括国家环境保护标准（GB/T）和国家环境保护行业标准（HJ/T），国家环境保护行业标准在行业内适用。

三、国土空间规划制度

国土空间规划制度实施之前，我国实行的是环境与资源保护规划制度，该制度是国家开展环境与资源保护行政的重要依据。一直以来，我国没有一部统一的环境与资源保护规划，主要依据国民经济和社会发展五年规划中的环境保护篇章。1989年《环境保护法》规定国家制定的环境保护规划必须纳入国民经济和社会发展计划。

2011年6月，国务院正式发布《全国主体功能区规划》，这是我国第一部国土空间开发规划，打破了传统行政区划的界限，以功能区为单位展开。根据不同区域的资源环境承载能力、开发密度、发展潜力、国土利用和城镇化格局等，将国土空间划分为优化开发、重点开发、限制开发、禁止开发四类。2018年我国组建了自然资源部，将原属于各个部、委、局的国土空间规划合并到自然资源部，原来发展改革部门的主体功能区规划、国土部门所做的国土规划和土地利用总体规划、住房和城乡建设部门制定的城乡规划和海洋部门的海洋功能区规划一次重构，实行多规合一，标志着我国规划体系进入了生态文明建设的新时代。

国土空间规划是对一定区域内国土空间开发保护在时间和空间上所做的安排，包括国土空间总体规划、详细规划和相关专项规划。全国国土空间规划由自然资源部会同有关部门组织编制，省级国土空间规划由省级政府编制，市县和乡镇国土空间规划由本级人民政府编制，专项规划及跨行政区域、流域的国土空间规划由所在地域或上一级自然资源主管部门组织编制，报同级政府审批。

环境与资源保护规划属于行政行为的一种。从中国各类环境与资源保护规划的编制与执行看，国民经济与社会发展五年规划纲要具有最高规划效力，其他依次为国务院发布的全国主体功能区规划及其他类别的规划。环境与资源保护规划对政府及其行政主管部门依法审批规划所确立的项目具有指导和准据作用。当环保规划的具体实施涉及公众的环境权益时，应当根据环保规划的性质决定该规划的编制和审批行为是否受司法审查。

为防止出现换一届党委和政府改一次规划，规划一经批复，任何部门和个人不得随意修改、违规变更；下级国土空间规划要服从上级国土空间规划，相关专项规划、详细规划要服从总体规划；坚持多规合一；谁审批、谁监管，建立国土空间规划备案审查制度；依托国土空间基础信息平台，健全动态监测评估预警和实施监管机制。

四、环境影响评价制度

环境影响评价制度是指对规划和建设项目实施后可能造成的环境影响进行分析、预测和评估，提出预防或减轻不良环境影响的对策和措施，进行跟踪监测的方法和制度。环境影响评价制度是贯彻预防原则的体现。1978 年中共中央在批转国务院关于《环境保护工作汇报要点》的报告中首次提出了进行环境影响评价工作的意见。1979 年至 2009 年期间，我国只对建设项目开展环境影响评价。2009 年颁布的《规划环境影响评价条例》，将规划纳入环境影响评价的范围。

我国根据建设项目对环境的影响程度实行环评分类管理，只有可能造成重大环境影响的，才编制环境影响报告书，进行全面评价。环境影响评价的内容是编制环境影响报告书的内容，我国《环境影响评价法（2018 年修正）》第 10 条和第 17 条具体规定了环境影响报告书应当包括的内容。环境影响评价程序包括评价、公众参与、审批、跟踪和评价等环节，我国《环境影响评价法（2018 年修正）》第 7 条至第 15 条规定了规划环境影响评价的程序，第十六条至第二十八条规定了建设项目环境影响评价程序。规划和建设项目在环境影响评价程序上最大的区别在于前者的环评文件只需要审查而后者的环评文件必须经过审批。

五、"三同时"制度

"三同时"制度是指一切新建、改建和扩建的基本建设项目、技术改造项目以及一切可能对环境造成污染和破坏的工程建设和自然开发项目，都必须严格执行防治污染和生态破坏的设施必须与主体工程同时设计、同时施工、同时投产使用。该制度首创于 1973 年全国第一次环境保护大会上通过的《关于保护和改善环境的若干规定（试行草案）》。该制度是预防原则、综合治理原则的具体体现。

"三同时"制度贯穿于建设项目的设计、施工和投产使用的全过程，其主要内容包括三方面：一是环境保护的设施与主体工程同时进行设计。二是建设项目中有关环保设施必须与主体工程同时施工。三是建设项目在正式投产或使用前，建设单位必须向负责审批的部门递交环保设施竣工验收申请，验收合格后方可正式投产使用。投产使用后，非经审批部门许可，环保设施不得停止运营。

六、环境税制度

环境税费是各类环境税、资源税、环境费和自然资源费的集合概念。环境税费制度是建立在对自然资源有偿使用的认识基础上的。环境税费包含"税"和"费"两个方面，环境税是以环境保护为目的，对开发利用环境和自然资源的行为征税的统称。

（一）环境保护税

2007 年，国务院发布《节能减排综合性工作方案》，首次提出了开征环境税，十八届三中全会明确提出"推动环境费改税"。2016 年 12 月 25 日，我国通过《环境保护税法》，于 2018 年 1 月 1 日起施行，标志着我国环境费改税进入全新阶段。《环境保护税法实施条例》同时实施，《排污费征收使用管理条例》同时废止，标志着排污费制度从此告别历史舞台。环境保护税的纳税主体是在中华人民共和国领域和中华人民共和国管辖的其他海域，直接向环境排放应税污染物的企业事业单位和其他生产经营者。应税污染物为《环境保护税税目税额表》《应税污染物和当量值表》规定的大气污染物、水污染物、固体废物和噪声。《环境保护税法》对各种应税污染物的计税依据以及应纳税额的计算方法做了具体规定，应税大气污染物按照污染物排放量折合的污染当量数确定。该法同时规定了征收管理主体、纳税方式、申报程序以及不缴纳环境保护税的情形等。

（二）资源税

1993 年，国务院发布的《资源税暂行条例》对资源税制度进行了较为系统的规定，2011 年，我国对该条例进行了修改，发布了修改后的《资源税暂行条例实施细则》。2019 年 9 月 1 日，《资源税法》在我国正式施行，《资源税暂行条例》同时废止，资源税在我国从此有了法律层面的依据。中华人民共和国领域和中华人民共和国管辖的其他海域开发应税资源的单位和个人，为资源税的纳税人。《资源税法》按照《税目税率表》实行从价计征或者从量计征。资源税由税务机关依法征收管理。税务机关与自然资源等相关部门应当建立工作配合机制，加强资源税征收管理。

第二编

规划与评价法

第十二章 规划法

古语说："不以规矩，不成方圆。"在日新月异的社会发展过程中，必须用规划的方式对人类的生存空间进行合理分配和管控，在满足人们生存和娱乐需求的同时，达到自然资源和人居环境的最优化配置。

第一节 规划概述

本节从规划的历史沿革、概念、分类、目的、原则等多方面概述了与规划有关的基础知识，为学习掌握与资源环境相关的法律、政策要求提供了参考借鉴。

一、规划的历史沿革

（一）描述的变化

中华人民共和国成立后，逐步出现了"计划"和"规划"两种不同的描述。在很长的一段时间里，我国普遍使用"计划"一词。然而，随着近年来中国市场化改革的深入，原来的"计划"逐渐被"规划"所取代。《国民经济和社会发展第十一个五年规划纲要》中正式确立了"规划"这一表述。"计划"和"规划"称谓的改变，说明我国对发展的理解和要求已经发生了实质性变化。

（二）规划和计划的差异

规划和计划的差异主要体现在：一是以前的计划主要是政府的指令要求，而现在的规划则可以充分发挥市场在资源配置中的基础性作用。二是计划主要依靠行政部门上下级之间的指挥和服从来实行，以行政权的行使为核心。规划则是基于相关的法律、法规、政策来实行，特别强调法律法规的地位，行政权更多地起引导作用。[1]

---

① 张璐. 环境规划的体系和法律效力 [J]. 环境保护，2006（11）：63-67.

二、规划的概念和分类

（一）概念

规划指个人或组织制定的比较全面长远的发展计划，是综合未来整体性、长期性、基本性问题的思考和考量，设计出未来整套行动的方案。规划是融合多种要素、多种观点的某一特定领域的发展愿景。提起规划，部分人会将其视为城乡建设规划，把规划与建设紧密联系在一起，这是对规划概念以偏概全的理解。

（二）分类

规划按对象和功能可分为总体规划、专项规划和区域规划。总体规划是国民经济和社会发展的战略性、纲领性、综合性规划，是编制本级和下级专项规划、区域规划以及制定有关政策和年度计划的依据，其他规划需符合总体规划的要求。专项规划是以国民经济和社会发展特定领域为对象编制的规划，是总体规划在特定领域的细化，也是政府指导该领域发展以及审批重大项目、安排政府投资和财政支出预算、制定特定领域相关政策的依据。区域规划是以跨行政区特定区域的国民经济和社会发展为对象编制的规划，是总体规划在特定区域的细化和落实。跨省（区、市）的区域规划是编制区域内省（区、市）级总体规划、专项规划的依据。国家总体规划、省（区、市）级总体规划和区域规划的规划期一般为 5 年，可以展望到 10 年以上。市、县级总体规划和各类专项规划的规划期可根据需要确定。

其中，区域规划又可划分为各种不同的类型。例如，按规划内容的侧重点分类，可分为策略性的区域规划和物质性的区域规划。策略性的区域规划相当于区域发展战略研究，内容侧重于制定区域社会经济发展的战略目标、战略方针、经济发展重点等，例如环境保护规划。物质性的区域规划内容偏重于区域发展的物质环境和建设工程项目的空间布局，规划成果注重区域土地开发利用的总体框架，例如城乡建设规划。

三、规划的目的和原则

（一）规划目的

规划是按照国家法律、法规及政策要求，结合社会发展需求而制定的一段时期内的工作计划，主要目的是用于满足管理的需求和指导各项措施的落实。不同类型的规划，其具体目的有较大的差别。以环境规划为例，环境规划是根据社会经济发展规律、生态学原理和地学原理，协调环境保护与社会发展，在时间和空间上对人类自身活动和所处环境作出的合理安排，对其发展变化趋势进行控制。环境规划本质上是一种科学的决策活动，目的是克服人类经济社会活动和环境保护活动的盲目性和主观随意性。不同类型的规划，因其规划目的不同导致其规划原则差异较大，以下以环境规划和城市规划为例对规划原则进行说明。

（二）环境规划原则

环境规划以生态环境保护顶层战略的系统规划为基础，实行从国家到省再到市、县的四级管理体系，统筹研究、编制、实施、评价、考核、监督的全过程管理。环境规划的原则包括七个方面：一是经济发展、城乡建设和环境保护同步，坚持全面规划、合理布局，推行可持续发展战略，保障经济、城乡和环境的协调发展；二是符合国民经济计划总要求，即遵循社会发展和经济增长规律，达到整体利益最大化；三是合理利用环境资源，即以保护资源为核心，合理开发利用自然资源，保证资源的永续利用；四是预防为主、防治结合，即注重环境的综合整治，坚持污染防治与企业生产、技术改造和城市建设紧密结合；五是依靠科技进步，即采用先进、经济的治理技术来发展经济和保护环境；六是强化环境管理，即运用经济、法律、行政手段促进环境保护事业发展；七是具备可操作性，即坚持实事求是、因地制宜，从实际出发，所采取的措施应具有可实施性。

（三）城市规划原则

城市规划的原则有五项，分别为整合原则、经济原则、安全原则、美学原则和社会原则。城市规划需要正确处理城市与国家、地区和其他城市的关系，城市建设与经济建设之间的关系以及城市建设内部之间的关系等。在城市规划编制过程中，应坚持从实际出发，尽可能地正确处理和协调各方需求，达到一种相对平衡的状态。

第二节 《城乡规划法》

《中华人民共和国城乡规划法》（以下简称《城乡规划法》）是我国城乡规划领域的专项法律。贯彻实施《城乡规划法》，对于贯彻落实党的二十大精神、统筹城乡发展建设和促进经济社会快速发展，将起到极大的促进和保障作用。

一、城乡规划的发展历程

（一）城市规划

改革开放以来，我国城市的规模不断扩大。为指导城市的建设和发展方向，1989年我国颁布了针对城市规划、城市建设和城市管理方面的第一部法律——《中华人民共和国城市规划法》（以下简称《城市规划法》），自此我国城乡规划工作进入了法制化轨道。《城市规划法》的目的是适应社会主义现代化城市建设的需要，合理制定城市规划和进行城市建设，实现城市经济增长和社会发展的目标。因此，《中华人民共和国城市规划法》的实施，为各种不同类型的城市编制相关规划提供了法律依据，也为在城市建设过程中保护和改善城市生态环境、合理布局、建设配套设施等起到了支撑作用。

（二）镇村规划

《城市规划法》仅针对城市建设，未考虑村镇的建设发展需求，村镇的规划建设无章可循。为改善村镇人居环境，提升群众生活质量，推动农村经济发展，1993年国务院颁布实施《村庄和集镇规划建设管理条例》，满足了村镇的规范化、法制化建设管理需求。该条例对村民规划建设住宅、企业、公共设施等建筑物的程序、设计原则、施工管理均进行了详细全面的规定，并对村镇容貌和环境卫生的管理提出了要求，明确了违反条款的相应惩罚措施。《村庄和集镇规划建设管理条例》作为我国基本的村镇建设法规，为后续的城乡统筹发展奠定了良好的基础。

（三）城乡规划

《城市规划法》《村庄和集镇规划建设管理条例》等系列法律法规的出台，为城市、乡镇、村庄的建设提供了规划依据。但是，由于存在着明显的区域划分，两者不能实现顺畅衔接，甚至造成管理空档和监管推诿扯皮。因此，急需一部能够统筹城市和乡村规划建设的法律来为城乡一体化发展提供支撑。2007年10月，经全国人民代表大会常务委员会分组审议，《城乡规划法》最终获得通过，并于2008年1月起施行。该法对区域未来的建设规划、城乡的合理布局以及各项工程的建设提出了统筹部署的要求，为区域协调发展和一体化管理提供了法律依据。

随着《城乡规划法》的颁布实施，有关国外乡村规划体系建设法规的部分法律问题正式进入中国的视野，中国开始借鉴日本、德国、美国等一些发达国家关于乡村规划体系建设的有关法规，并开展了相关领域的合作和研究，取得了大量研究成果。2015年、2019年该法分别进行了第一次和第二次修正，使城乡规划有了更加完善的法律支撑。

二、立法情况

（一）立法目的

《城乡规划法》的颁布，有利于城市和农村进行整体规划和管理，协调、优化城市和乡村的布局。该法将城乡居民生产和生活的需要放在平等的位置，同步改善人居环境，有助于促进城乡经济社会全面协调可持续发展。

（二）适用范围

《城乡规划法》的适用范围包括：一是各城市建成区和乡镇均应当依据现行城乡规划法律编制城市规划纲要和乡镇规划。城市建成区和乡镇应组织编制符合地方特色的控制性规划，在规划区域内的生产建设管理活动应符合规划要求，不得随意改变或撤销。二是规划范围内的建成区、乡镇和村庄，均应根据制定的规划要求进行开发建设。

（三）规划分类

根据《城乡规划法》，城乡规划包括城镇体系规划、城市规划、镇规划、乡规划和村庄规划。城市规划、镇规划可分为总体规划和详细规划。详细规划又分为控制性详细规划和修建性详细规划。

（四）法制特点

《城乡规划法》的特点包括六个方面：一是将城乡规划管理工作纳入城乡建设一体化进程的新时代轨道；二是保障让权于民和强化司法监督职能；三是确保城乡规划内容未经相关法定的程序不得任意修改；四是保障城乡规划制定得科学合理可行；五是乡村规划管理有了法定要求和法律支撑；六是注重合理保护珍贵自然文物和重大历史文化遗产资源；七是完善了相关法律责任。[①]

三、城乡规划的制定

（一）规划的编制

《城乡规划法》明确了城乡规划编制和审批的责任。省级人民政府组织编制省域城镇体系规划，报国务院审批；省会城市或国务院确定的城市的总体规划，由省级人民政府审查同意后，报国务院审批。其他城市的总体规划，由城市人民政府报省级人民政府审批。城乡规划的具体编制工作应由城乡规划组织编制机关委托具有相应等级资质的单位承担。该法第二十四条明确指出，委托单位应当具备法人资格，且有规定数量的注册规划师和相关专业技术人员，拥有相应的技术装备和健全的技术、质量、财务管理制度。此外，该单位须经国务院城乡规划主管部门或者省级城乡规划主管部门依法审查合格，取得相应等级的资质后，方可在资质等级许可的范围内从事城乡规划编制工作。

（二）规划的内容

《城乡规划法》对城镇、乡村总体规划的具体内容做出了明确规定，并针对不同区域提出了不同要求，其中，在城镇发展布局与功能分区方面，提出城镇的总体规划要在一定的区域内确定"禁止、限制和适宜建设的地域范围"，划分出城市总体规划和镇总体规划中的强制性内容。城镇总体规划的期限一般为二十年，城市总体规划应对城市长远发展做出预测性安排。乡和村庄规划应当尊重村民意愿，从农村实际出发，充分体现地方特色，展现农村合理布局。有了明确的发展功能区划，就能够因地制宜地引导和规范建设用地安排，在发展与保护的问题上，守住粮食安全和绿水青山的底线，实现可持续发展的战略目标。

（三）规划的修改

《城乡规划法》的实施可以有效避免规划制定和执行过程中对规划的随意修改和反复变动，是实现规划决策和实施过程客观、公正、民主最基本的政策制度及保障措施之一。城乡规划批准后便具有了法律效力，各级各部门及有关单位必须严格执行。但是，城镇发展受到多种因素的影响，一直处于动态变化过程。这些影响因素在不断发

---

① 徐泽. 探索城乡规划法与刑法有效衔接之路 [J]. 城乡建设，2017（514）：20.

生变化时，会导致城镇规划和城镇发展出现不协调甚至冲突的情况，导致规划无法严格落实。因此，在制定和落实城乡规划时，可根据规划的具体实施情况和城乡的发展变化情况，对规划进行适当调整。《城乡规划法》提出的可以对城乡规划进行适当调整的情形有以下五种：一是上级政府制定的城乡规划发生变更，提出修改规划要求的；二是行政区划调整确需修改规划的；三是因国务院批准重大建设工程确需修改规划的；四是经评估确需修改规划的；五是城乡规划的审批机关认为应当修改规划的其他情形。这些情况下，规划主管部门可依法组织修改城镇体系规划、城市总体规划和镇总体规划。此外，修改和调整规划对相关利害关系人造成损失的，应根据《城乡规划法》中的原则和程序，对受损失关系人进行赔偿。

四、城乡规划的实施

（一）实施主体

城乡规划实施的主体是地方各级人民政府。根据《城乡规划法》，城乡规划是在国务院相关部门编制的全国城镇体系规划的指导下，统筹调控建设和管理所制定的规划。城乡规划以国务院审批的各类体系规划为依据和指导，并遵守国家有关标准要求，由政府或者相关部门牵头编制。各区域以此为依据，形成适合于当地实际情况的分区规划、详细规划等规划体系。各级政府根据地方社会经济技术实际水平和条件，有计划、分步骤地组织推进规划的实施。

（二）实施要求

《城乡规划法》中对规划实施的要求包括：一是在城市、镇的建设和发展过程中，要优先安排基础设施和公共服务设施建设，城市还需兼顾周边农村和进城务工人员等各方需求；二是乡及村庄的建设和发展过程中，要根据实际情况，本着节约用地等原则，引导村民自治组织合理开展建设，改善生产和生活条件；三是城市新区开发和建设应充分考虑地方特色，根据建设规模和时序，利用现有基础设施，严格保护自然资源和生态环境；四是在旧城改造过程中，应充分考虑历史和传统风貌，有序地进行改建。此外，该法还对城市地下空间的开发、风景名胜资源保护和利用以及近期建设规划制定、申请选址等多个涉及规划的内容提出了详细的要求。

（三）监督检查

城乡规划在编制、审批、实施和修改的过程中，应全程受到政府及城乡规划主管部门的监督检查。具有监督权的城乡规划主管部门有权对相关资料文件进行查阅，要求相关单位和人员对有关问题进行解释和说明，并可以根据需要入场勘测。发现违法违规行为的，应及时制止和处理。另外，查处违反本法规定的行为时，针对发现的国家机关工作人员违法的情况，应依法给予行政处分。对于应罚未罚的，上级主管部门有权责令或者建议有关政府做出行政处罚。对于违反本法规定已给予行政许可的，应撤销该行政许可。

第三节 典型问题、案例探讨导引

本节简要介绍了《城乡规划法》的法律责任和规划过程中常见的问题，列举并探讨了一个典型案例。

一、法律责任

（一）具体要求

《城乡规划法》中涉及法律责任的单位包括城乡规划组织编制机关、镇政府、规划编制单位、建设单位或个人，该法针对不同的责任主体和不同的违法行为，分别规定了相应的法律责任。城乡规划组织编制机关、镇政府应依法组织开展城乡规划，按照法律程序进行规划的编制、审批和修改；规划编制单位应在资质等级许可范围内承担编制工作，并依据相关条例和标准要求完成规划撰写；建设单位或个人在项目开工建设前，应取得建设工程规划许可证，竣工后需交付验收资料。

（二）主要罚则

《城乡规划法》规定的罚则主要有三个方面：一是给予处分。例如，未遵守法律程序组织编制规划的城乡规划组织编制机关、镇政府，相关人员应依法受到处分；二是责令整改、罚款、停业整顿和赔偿。例如，规划编制单位未按照法律规定编制城乡规划的，根据情形不同应受到相应的处罚。三是责令整改、拆除和处罚。例如，建设单位出现未取得资质、违规建设、未按时提交竣工验收材料等情形的，应依法受到相应的处罚。

二、城乡规划过程中常见的问题

（一）城乡规划管理体制尚不健全

当前，我国许多地区的城乡管理体制还不完善，各级政府或主管部门对下级无法进行有效的指导和制约，垂直管理和监督的方式难以落到实处。城乡规划管理工作任务实际分布在多个部门，缺少统一的管理体系，可能会出现多头执法、交叉执法、重复执法的现象，也会导致部门之间权责不清和争权诿责的问题。这些问题会影响城乡规划工作的顺利进行，甚至造成不良的社会影响。

（二）控制内容与土地利用规划难以衔接

土地规划和利用一般参考《城乡规划法》和《中华人民共和国土地管理法》（以下简称《土地管理法》），以实现空间管控与土地利用紧密结合，便于规划落到实处。但是土地规划和利用之间，其土地的规划类型在多个层面存在差异甚至出现难以衔接的问题。例如，土地利用规划依据《土地管理法》，而城乡规划依据《城乡规划法》，前者管控的目的是协调土地总供给与总需求之间的矛盾，其规划内容主要是突出基本农田等各类用地的数量结构，侧重于对农田等土地资源的保护。后者管控的主要目的则是开辟和培育城市发展战略地区，以满足城市发展的迫切要求，规划内容主要是统筹安排城市建设用地和合理配置基础设施，侧重于城区的"建设用地"规划。由于编制时序的偏差和控制目标的差异，土地利用规划和城市规划对城市建设用地范围的划定会因分属两种不同的规划类型而出现不协调的问题，即符合土地利用总体规划但不能满足城市规划的需求或者出现相反的情况。

（三）公众参与度较低

城乡规划与发展离不开专业人才的支持，规划工作的顺利进行与专业人才的参与息息相关。但是我国城乡规划发展相对滞后，工作起步较晚，专业人员较少，导致出现所制定规划的专业性不强、管理手段不先进等诸多问题，影响了城乡建设的健康持续发展。目前，我国现行的法律已经允许和鼓励普通公众参与城乡规划等相关工作，但一般公众缺乏规划相关知识，参与意愿不足。大多数情况下，规划的编制和实施还是由政府进行决策，经过开会和商议确定方案，然后进行公示和实施。在此过程中，公众一直处于被动地位，直到最后的公示阶段才能了解规划的内容，不能在规划过程中发挥作用，导致城乡规划工作缺乏公众的有效参与和监督。

三、案例探讨

（一）案例简介

赵某于 2005 年和 2016 年先后在某县某社区建设了不锈钢、铝合金加工厂和砖厂两处厂房。2017 年 6 月，该县城管局对赵某建设前未办理建设工程规划许可证的行为进行立案调查。2017 年 11 月，县城管局向赵某下达了《强制拆除决定书》。赵某认为其厂房于 2005 年建设，《城乡规划法》系 2008 年执行，因此没有违反法律规定，故向市城管局提出行政复议申请。复议机关审理认为，虽然适用法律正确，但县城管局对申请人下达的《强制拆除决定书》违反法定程序，根据《中华人民共和国行政复议法》第二十八条第一款（三）项之规定撤销该具体行政行为。

（二）案例分析

本案例主要有两个焦点问题：一是处罚适用法律是否正确。经查实，《城市规划法》和《城乡规划法》均明确规定，在城市规划区内新建、扩建和改建建筑物的，应取得建设工程规划许可证。申请人未取得建设工程规划许可证建设房屋，由于其违反城乡规划的事实及违法后果始终存在，应当认定违法行为有连续或继续状态，应予以处罚。县城管局执行《城乡规划法》做出本案处罚，适用法律正确。二是强制拆除是否符合程序。县城管局向县政府报送《关于对赵某户违法建设依法实施强制拆除的请示》后，在未得到政府批复的情况下，做出了《强制拆除决定书》。根据《城乡规划法》第六十八条的规定，县级以上人民政府才是法律授权享有行政强制执行决定权的主体。县城管局做出的强制拆除决定属于超越职权，因此强制拆除不符合法定程序。

第十三章 环境影响评价法

环境影响评价是鼓励拟开展的项目按照社会经济发展与环境保护相协调的原则，在规划和决策中考虑环境因素，采取相应的措施解决潜在的一系列环境问题，最终促进环境与人类活动相和谐的一种管理措施。[①] 环境影响评价是我国完善公共环境政策管理的重要实施手段之一，是由各种程序和方式组合而成的一种法定机制。

第一节 环境影响评价制度概述

本节简要概述了环境影响评价制度的由来和发展历程、环境影响评价的定义以及开展环境影响评价的意义，为深入了解环境影响评价制度和环境影响评价法律提供基础知识参考。

一、环境影响评价

广义层面上，环境影响评价是指对可能造成不利环境影响的诸如规划设计、资源开发利用等人为活动进行分析论证，并针对全过程提出防治措施和对策的一种方式。狭义层面上，环境影响评价是指在人类生产活动的可行性研究阶段，对其选址、设计、施工等可能带来环境影响的过程进行预测分析，并提出防治措施的一种机制。根据《中华人民共和国环境影响评价法》（以下简称《环境影响评价法》）第二条规定，该法所称的环境影响评价与狭义层面上的环境影响评价定义类似，是指对规划和建设项目实施后可能造成的环境影响进行分析、预测和评估，提出预防或者减轻不良环境影响的对策和措施，并进行跟踪监测的方法与制度。因此，环境影响评价既是一种科学方法，也是一种评价制度。

---

① 王玉. 我国经济建设与环境保护的协调发展研究——评《生态文明经济研究》[J]. 生态经济，2020，36（7）：230.

二、环境影响评价制度

环境影响评价制度是采用制度化、标准化、法定化的环境管理策略，针对环境评估的影响程度、防治措施、实施效果、补偿赔偿等过程，提出的规范、系统的法律规则。1978 年，国务院环境保护领导小组在《环境保护工作汇报要点》的文件中率先提出开展环境影响评价工作的建议。随后《中华人民共和国环境保护法（试行）》《中华人民共和国水污染防治法》《中华人民共和国海洋环境保护法》《中华人民共和国大气污染防治法》等相关法律相继颁布，为环境影响评价工作提出了更加具体的要求。1998 年出台的《建设项目环境保护管理条例》对环境影响评价的具体工作和事项进行了明确。2003 年《环境影响评价法》正式实施，环境影响评价工作有了专项法律依据。2009 年出台的《规划环境影响评价条例》对规划项目开展环境影响评价做出了指导性规定。2016 年和 2018 年，《环境影响评价法》经历了两次修正，为我国环境影响评价制度的落实奠定了完善的法律基础。

三、开展环境影响评价的意义

针对拟开展的项目进行环境影响评价，可以从源头提出针对性污染控制措施，对可能造成的环境损害进行预防。环境影响评价制度的确立，实现了规划和建设项目环境影响评价过程的法制化，对于防止在开发和建设活动中出现新的污染和破坏、保障民生和经济社会可持续发展起到极其重要的作用。

（一）有助于提前避免问题的产生

环境具有不可逆的固有属性，人类的生产活动过程一旦造成污染和破坏，环境将不可能再恢复到原始状态。虽然现有的经济和技术条件无法完全避免或者消除环境污染，但通过提前预判和控制，可将环境损害降到较低水平。环境影响评价制度就是要求政府和相关部门在做出与规划和建设相关的重大决策时，必须按照法律和规定要求，合理规划布局，科学预测预判，提前提出措施，综合考虑项目建设过程以及实施后可能造成的环境污染，将规划和建设项目对生态环境造成的不利影响降到最低，达到防患于未然的目的。

（二）有助于环境保护的信息公开

环境保护离不开公众的参与，环境保护有关法律的实施与公众的参与息息相关。《环境影响评价法》所规定的公众参与和信息公开制度，能让人民群众第一时间了解即将实施的规划和建设项目对环境的影响。这种制度的落实，保证了环境影响评价的真实性和客观性，让与决策和建设项目相关的单位和个人都参与到环境影响评价过程中，有针对性地提出意见和建议，对规划和项目的实施进行监督，保障其他要素的环境保护相关法律法规的各项要求得到安排和落实。

（三）有助于实现经济建设与环境保护协调发展

环境影响评价制度是对参与经济生活发展决策的一种变革，传统的经济增长方式很少关注发展对环境的破坏。一味地注重经济发展的速度，最后势必会造成社会、经济和环境之间的不协调发展。实施环境影响评价制度就是为了在提出经济建设目标的同时，实现环境的保护，从可持续发展的角度，对各种可能出现的环境问题进行预防，从源头控制高消耗、重污染企业的污染物排放，在推动经济建设的同时，实现对环境的更好保护。

第二节 《环境影响评价法》

本节从环境影响评价的基本原则、主要内容、审批过程、相关条例等方面介绍了环境影响评价法的实施策略和细则。

一、环境影响评价的基本原则

（一）科学、客观、公正原则

环境影响评价属于预测性评价。环境影响评价的结论，将直接影响污染防治措施的落实和环境保护效果的实现。因此，在环境影响评价过程中，应科学、客观、公正地综合考虑各类规划政策或者重点建设项目实施后对区域内各种生态环境要素的影响，为环境保护决策咨询提供充分的支撑材料和科学依据。

（二）整体性和一致性原则

环境影响评价并不是独立于其他行业和规划计划之外的制度安排。根据《环境影响评价法》，需要开展环境影响评价的项目包括规划和建设项目两类。规划和建设项目的实施，涉及国土、农业、水利、交通等多个部门，这些部门对规划和建设项目均有相应的法律法规要求和制度规定。在进行环境影响评价过程中，需要将待评价的规划或建设项目与相关部门的各种政策、计划、方案、规定结合起来作整体性考量，确保要求不冲突，深度和层次保持一致。

（三）信息共享原则

信息共享原则是《环境影响评价法》提出的明确要求，可以实现共享的具体内容包括：一是建立全国环境影响评价基础数据库和评价指标体系，实现数据库信息和评价指标体系信息的共享；二是推动环境影响综合评价方法、技术规范等方面的研究，实现评价方法和技术规范的信息共享，提高环境影响评价的科学性和准确性。

（四）公众参与原则

《环境影响评价法》第四条和第五条提出，环境影响评价必须做到客观、公开、公正，鼓励有关单位、公众及专家以适当的方式参与环境影响评价工作。决策者在审查、确定规划和建设项目时，应充分考虑社会各方面的利益和主张。

二、规划的环境影响评价

（一）评价对象

《环境影响评价法》第二章对规划的环境影响评价提出了具体要求。国务院有关部门、设区的市级以上地方人民政府及其有关部门在编制相关规划时，需要编写环境影响评价内容。2009 年开始施行的《规划环境影响评价条例》对规划环境影响评价的实施要求进行了细化。需要进行环境影响评价的规划可分为两类，第一类规划是指政府或有关部门组织编制的土地利用规划、"三域"[1]建设开发利用规划以及专项规划中的指导性规划，这一类的综合性规划需要在编制规划的同时，组织编写环境影响评价篇章或者说明。第二类规划是指政府或有关部门根据行业有关要求编制的专项规划，专项规划草案在上报审批前，应组织编写环境影响评价报告书。这一类的规划主要包括工业、农业、畜牧业、农田水利、能源、城市建设、旅游等专项规划。

（二）规划环境影响评价文件的编制要求

土地利用、"三域"建设开发等有关的综合性规划以及专项规划中的指导性规划，其配套编制的环境影响篇章或说明，应对这类规划可能造成的环境影响做出预测分析与评估，并提出相应的预防或减轻不良影响的措施和方法。环境影响评价篇章或说明的相关文件是这类规划草案的组成部分，应与规划草案一起报送评审。对于国家或政府相关部门组织编制的工业、农业、畜牧业等专项规划，应在规划上报审批前，组织编写此专项规划的环境影响评价报告书。报告书的内容主要包括对该规划在实施过程中可能造成的环境影响的预测分析和评估、对应的预防或减轻不良影响的措施和方法，以及该规划的环境影响结论等内容。[2]此外，除国家保密之外，对可能危害公众环境权益或产生不良影响的专项规划，编制专项规划的单位还应采用召开听证会、论证会等多样化的方式，广泛征集有关单位、公众、专家等的意见和建议。征求和征集的意见或建议的最终采纳情况，应在环境影响报告材料中予以说明。

（三）规划环境影响评价文件的审查要求

规划的环境影响评价文件审查要求主要包括三个方面：一是审查内容的完整性。综合性规划和专项规划中的指导性规划草案在审批时，审批机关应重点查看规划文本中是否附有环境影响篇章或者说明。报送专项规划草案时，环境影响评价报告书作为单独的文件与专项草案一并报送。规划草案中未包含环境影响篇章、说明或者缺少环境影响报告书的，审批机关不得审批通过。二是审查内容的科学性。设区的市级以上部门审批的专项规划，由负责审批的部门组织成立审查小组，对提交的环境影响报告

---

[1] "三域"指区域、流域、海域。

[2] 黄一谷，赵娜. 环保部环境影响评价及环评机构脱钩情况调研报告 [J]. 中国社会组织，2016（21）：2.

书进行审查并提出审查意见。审查小组的成员应从依法设立的专家库内选取。审查意见应包括撰写规划提供的基础资料等是否真实、评价方法的选择是否合适、影响预测分析和评估的结论是否可靠、对应的措施和方法是否经济有效、公众意见的采纳与否是否合理、最终给出的评价结论是否科学等内容。三是给出审查意见。四分之三的审查小组成员签字同意后，给出通过的审查意见。如环境影响报告书存在内容失实、方法不当、预测不准确或者结论不明确等问题，需要重新修改并进行二次审查。除需要保密的规划外，当审批单位对环境影响评价文件中的结论和意见不采纳时，也应给出不采纳的书面理由和说明。

（四）跟踪评价

规划的实施意味着区域环境的显著改变，往往存在潜在的或者不可预估的重大环境影响。为此，《环境影响评价法》要求，规划的编制单位应在有重大影响的规划实施后及时开展跟踪评价。跟踪评价的流程和内容包括六个方面：一是对比分析规划实施后产生的环境影响与之前预测的环境影响之间的差异并进行评估；二是分析评估之前所提出的预防和减缓环境污染的措施及对策的有效性；三是采用座谈会、问卷调查、走访等方式，再次征求和征集公众的意见；四是综合分析规划实施后的影响，给出跟踪评价的结论；五是规划的编制单位将跟踪评价分析得出的重大环境不良影响和提出的改进措施建议及时报告审批部门；六是审批部门根据跟踪评价结果，对规划的相关内容进行核查，并提出改进措施和修订建议等。

三、建设项目环境影响评价分类管理

（一）实施分类管理的依据

随着各行业的蓬勃发展，各地区拟建的项目越来越多。这些项目涉及的行业庞杂，对环境的影响程度也各有差异。为此，我国根据《环境影响评价法》第十六条的规定，结合行业和对环境影响程度的不同，针对建设项目环境影响评价建立了分类管理制度。建设项目环境影响评价管理的分类主要考虑三个方面的因素：一是建设项目的特征；二是区域的环境敏感程度；三是建设项目可能对环境产生的影响。国家生态环境部门依法制定了《建设项目环境影响评价分类管理名录》，并不定期进行调整和更新，用于指导各地分级、分类开展建设项目环境影响评价。

（二）分类类别

《环境影响评价法》根据项目的建设和运行产生重大、轻度或微弱的环境影响三种情况，判定具体建设项目的环境影响分属类别，分别编制或填写环境影响报告书、环境影响报告表和环境影响登记表。其中，需要编制环境影响报告书的项目需全面评价建设项目产生的环境影响，需要编制环境影响报告表的项目需分析建设项目环境影响或进行专项评价，只需要填写环境影响登记表的项目无须开展环境影响评价。《建设项目环境影响评价分类管理名录》结合《环境影响评价法》第十六条规定，根据行业、产能和对环境影响的敏感程度不同，将建设项目分门别类归入报告书、报告表和登记表，为具体落实分类管理制度提供了细化依据。

四、建设项目的环境影响评价

（一）评价内容

需要开展环境影响评价的建设项目包括所有对环境有影响的工业、交通、水利等项目的新建、扩建、改建和技术改造。这里需要注意的是，海洋工程建设项目的环境影响评价根据《中华人民共和国海洋环境保护法》的规定办理。建设项目环境影响评价级别越高，要求的报告内容越完善，环境影响报告书是级别最高的环境影响评价文件。环境影响报告书包括项目概况、项目周围环境现状、对环境影响的分析、对环境影响的预测和评估、环境保护措施及其技术和经济论证、对环境影响的经济损益分析、对建设项目实施环境监测的建议以及环境影响评价的结论等多项内容。环境影响报告表和登记表的内容和格式要求相对简化。国家生态环境部门发布的《环境影响评价技术导则》系列文件对环境影响报告的编制提供了指导依据。此外，为减轻企业和地方负担以及避免重复评价，新修正的《环境影响评价法》规定：一是已进行规划的环境影响评价的，规划中包含的建设项目的环境影响评价应当简化；二是作为一项整体建设项目的规划，按照建设项目进行环境影响评价，不进行规划的环境影响评价。

（二）资质要求

2018 年《环境影响评价法》修正前，我国一直实行环境影响评价资质管理制度。技术服务机构取得环境影响评价资质证书后，方可开展环境影响评价工作。资质证书由国务院生态环境部门负责考核、审查和颁布。环境影响评价资质证书分为甲级和乙级两个等级，并规定了可以承接项目的具体范围。经过多年的实施、实践和探索，最新修正的《环境影响评价法》根据当前的形势和需要对开展环境影响评价的资质要求做出了修改，要求建设单位可以自行或者委托技术服务机构编写环境影响评价文件，这意味着环境影响评价资质正式被取消。

（三）公众参与

公众对影响生活环境的事件具有相应的知情权和监督权。在环境影响评价工作中，国家鼓励公众参与各类项目的环境影响评价过程。2018 年 7 月生态环境部公布的《环境影响评价公众参与办法》对环境影响评价制度做了重要的内容补充，较好地弥补了《环境影响评价法》对公众参与缺乏具体指导意见的缺陷，为公众参与环境影响评价工作提供了更加具体的指导措施和制度保障。在哪些阶段开展公众参与、如何开展公众参与、如何公开评价信息等内容和要求，在该办法中均有了具体规定。

（四）审批过程及要求

编制环境影响报告书和报告表的建设项目，其环境影响评价文件需报送有关审批部门进行审批；填报环境影响登记表的建设项目，其登记表需报送有关主管部门进行备案。环境影响评价文件根据项目、性质和地点的不同实行分级审批，分别由国家、省、市、县四级生态环境或其他相关审批部门进行审批。环境影响评价文件的审批过程包括报送、审查和批复。建设单位将环境影响报告书、报告表报审批部门后，审批部门组织对报告书、报告表进行审查，在规定时间内对符合条件的做出审批决定并书面通知建设单位。未经审批，建设项目不得开工建设。此外，环境影响评价文件的审批还存在三种特殊情形：一是有行业主管部门的，其环境影响评价文件应由行业主管部门进行预审；二是环境影响评价文件获批后，有重大变动或超过五年开工建设的，其环境影响评价文件应重新审核；三是项目建设、运行过程对环境的影响和环境影响评价不符的，建设单位应组织开展环境影响的后评价并上报备案。

第三节 典型问题、案例探讨导引

本节简要介绍了涉及环境影响评价的规划编制机关、建设单位、环境影响评价技术服务机构、审批机关的法定责任，列举并探讨了一个相关典型案例。

一、法律责任

（一）规划环境影响评价的法律责任

规划环境影响评价的法律责任主体包括规划编制机关、审批机关和审查小组专家。规划编制机关应组织但未组织环境影响评价或者由于规划编制机关的弄虚作假或失职行为导致环境影响评价工作出现失实问题的，由上级机关或监察机关对直接负责的主管人员和责任人员予以行政处分。规划审批机关对于依法应编制环境影响相关章节或说明但未编写或未将环境影响报告书结论以及审查意见作为决策依据的规划草案违法审批通过的，由上级机关或监察机关予以行政处分。审查小组专家对环境影响评价报告书进行审查时，出现弄虚作假或者滥用职权，导致环境影响结论出现严重问题的，对直接负责的主管人员和其他直接责任人员依法给予处分。

（二）建设项目环境影响评价的法律责任

建设项目环境影响评价的法律责任主体包括建设单位、技术服务机构和审批部门。出现建设项目环境影响评价文件质量出现严重问题、未获得批准擅自开工建设、初步设计未落实污染防治措施以及环境保护设施投资概算、未将环境保护设施建设纳入施工合同、未依法开展环境影响后评价、在环境保护设施验收中弄虚作假等情形的，由生态环境部门采取责令限期改正、停止建设、责令关闭、处以罚款、对建设单位直接负责的主管人员和其他直接责任人员给予行政处分等罚则进行处罚。受委托的技术服务机构违反规定造成环境影响评价文件存在重大质量问题的，由市级以上生态环境部门采取处以罚款、禁止继续从业、没收违法所得等罚则进行处罚。审批部门出现违法审批、违规收取费用、徇私舞弊、滥用职权、玩忽职守等情形的，其直接负责的主管人员和其他直接责任人员应受到相应的行政处分，构成犯罪的应承担刑事责任。

二、典型案例

2017 年 1 月，A 市环境保护局根据某建设公司上报的《某道路工程项目环境影响报告书（报批稿）》，对该项目环境影响报告书进行了批复，同意该道路开工建设。随后，A 市某村 10 余位村民作为原告，将被告 A 市环境保护局做出《关于对〈某道路工程项目环境影响报告书〉的批复》的决定告上了法庭。村民认为，自己的房屋与涉案道路建设区域近在咫尺，在自己房屋尚未拆迁的情况下，A 市环境保护局便同意该工程开工建设，致使建设单位开展了夜间施工，噪声污染严重，严重影响自己的生活，且在环境影响评价报告编制过程中未充分征求公众的意见。因此，原告村民请求依法撤销 A 市环境保护局为建设公司核准的批复。法院经过公开开庭审理，判决 A 市环境保护局做出《关于对〈某道路工程项目环境影响报告书〉的批复》违法。

A 市环境保护局败诉，说明建设公司和 A 市环境保护局在落实环境影响评价制度过程中出现了违法违规行为，主要表现在：一是未按照环境影响评价结论内容开展工作。该项目环境影响报告书的结论明确提出"考虑本项目沿线某小区尚未全部拆迁，在未拆迁完毕前不允许开工建设"，按照环境影响评价文件中的结论，原告属于涉案道路沿线应当拆迁但尚未拆迁的居民，该项目不应当开工建设。二是违反了环评审批相关要求。根据 A 市《行政审批事项清单》申报材料事项第七项规定，涉及房屋拆迁的，应当提交地方政府关于拆迁的承诺文件。但被告在进行环评审批过程中，在报批单位未按要求提交承诺文件的情况下，就违规做出了批复。三是违反了公众参与相关规定。原告所在社区既是声环境、大气环境敏感保护目标，也是距离建设项目最近的目标之一，但与环境影响有重大利害关系的原告居民却没有一人被征求意见。

| 第三编 |
污染防治法

第十四章 水污染防治法

党的十八大以来，党中央高度重视水环境保护工作，将大力推进水污染防治作为生态文明建设的重要内容。党的二十大报告指出："统筹水资源、水环境、水生态治理，推动重要江河湖库生态保护治理，基本消除城市黑臭水体。"《中华人民共和国水污染防治法》（以下简称《水污染防治法》）是实施水污染防治的根本遵循，是治理各类污染的法律基石。

第一节 水之概述

本节从水污染的基本概念出发，简要介绍了水污染的定义、种类、原因、来源和危害，以便法律工作者和读者掌握水环境、水污染的相关基础知识，从而了解《水污染防治法》的制修订目的。

一、水污染的概念

根据《水污染防治法》第一百零二条中的定义，水污染是指因某种物质的介入，导致水体特性[①]发生了改变，从而危害人体健康、破坏生态环境和影响水的有效利用。水污染的关键因素有两点：一是必须有某种物质的介入；二是造成水质恶化，这在判断是否存在水污染问题上尤为重要。例如，我们平时所称的"本底值超标"并不属于水污染的范畴。

二、水污染物的概念

（一）定义

水污染物是指直接或间接向水体排放的能够导致水体发生污染的物质，包括部分能够导致生物体发病、遗传异变、生理机能失常甚至死亡的有毒污染物。

---

① 主要指体化学、物理、生物或者放射性等方面的特性。

（二）环境标准中的水污染指标

根据《地表水环境质量标准》，目前地表水执行的项目共计 109 项，其中包括基本项目 24 项、集中式生活饮用水地表水源地补充项目 5 项以及特定项目 80 项。根据《地下水质量标准》，目前地下水执行的项目共计 93 项。地表水和地下水质量标准并不能涵盖所有的污染物种类，随着污染物的变化，水质标准也会做出相应的修订。这些污染指标中有些是一类污染物质的总称，如总磷、总氮、石油类、硫化物。有些指标并不是污染物，而是用化学、物理或者生物的方法来反映某种污染特性，比如 pH 值、溶解氧、高锰酸盐指数、化学需氧量、五日生化需氧量等。

（三）第一类污染物和第二类污染物

根据污染特性和危害程度不同，水污染物排放标准将水污染物分为第一类污染物和第二类污染物，两类污染物危害特性不同。第一类污染物是指能够在环境中蓄积或者在动植物体内蓄积，能对人类身体健康产生长远危害或伤害的污染物。根据《污水综合排放标准》，第一类污染物共有总汞等 13 种，主要包括重金属和致癌物。第二类污染物是指长远影响小于第一类的污染物质。相对而言，第二类污染物毒性较弱，更易于降解。第二类污染物共有 pH 值、化学需氧量等 56 种。第二类污染物来源广泛，工业、农业、生活均有涉及，各行业对不同污染物的贡献差别较大。

三、水污染的原因

水污染的原因主要有工业污染、生活污染、农业污染三大类，不同社会发展阶段水污染的主要来源不同，所造成的污染特点也不同。20 世纪八九十年代，大部分地区工业污染占比较大，化学需氧量、重金属等工业污染指标超标比较严重。随着工业污染防治力度的不断加大和人民群众生活水平的日益提升，生活污染和农业污染占比逐渐增大，氨氮、总磷等生化指标超标越来越突出，目前多数地区已呈现三种污染类型并重的水污染状况。

四、水污染物的来源

水污染物的来源包括工业、生活、农业、船舶等多个方面。工业污染包括工业废水污染以及可能影响到水质的工业半固态或者固态污染。工业废水是工业生产过程中产生的失去利用价值的废水和废液，主要包括生产废水和生活污水。生活污染主要包括生活污水随意排放和生活垃圾随意倾倒所造成的污染。生活污水是指机关、学校、居民等在各种日常生活中产生的废水，包括厕所粪尿、洗衣洗澡水、厨房等家庭排水以及商业、洗染业①、医院和游乐场所排水等。农业污染是指由于农业生产而产生的污染，主要污染源包括畜禽养殖粪污、秸秆等农业废弃物，以及被带入水体的化肥和农药。

---

① 为规范洗染业服务行为，防止环境污染，商务部、国家工商行政管理总局、国家环境保护局 2007 年第 5 号令颁布施行《洗染业管理办法》。

船舶污染主要是指船舶在航行、港口停泊、货物装卸等过程中对周围水环境产生的污染，主要污染物有含油污水、生活污水、船舶垃圾、压载水、冲洗废水等。

五、水污染的危害

（一）直接危害

直接危害包括人体危害和环境危害。人体危害是指人们接触、饮用了污染水源或食用了食物链上被污染的生物体，造成急性或慢性中毒，诱发癌症以及传染病等，历史上著名的水俣病就是人们食用了被有机汞污染的鱼和贝类发生的中毒事件。环境危害是指污染物进入水体后，导致水体富营养化，溶解氧浓度降低，自净能力下降甚至发黑发臭，造成水生动植物大量死亡。

（二）间接危害

间接危害是指水体受到污染后，可用清洁水资源量减少，如使用被污染水体作为工业和农业水源，会导致工业用水成本增加、农作物产量和品质的降低以及土壤质量的下降，造成资源和能源的浪费。

第二节 《水污染防治法》

本节主要介绍了《水污染防治法》的立法目的、适用范围和防治原则，系统归纳了《水污染防治法》在法律责任、标准规划、监督管理、防治措施、事故处置等方面的法定要求，并进行了简要解读。

一、立法目的

《水污染防治法》最早版本于1984年公布，主要目的是解决日益突出的水污染问题。1996年，该法做了第一次修正，2008年又进行了全面修订，现行版本为2018年1月1日起施行的版本。现行版本第一条简要说明了该法的立法目的[①]，其立法目的随着经济社会的发展和水环境问题的改变而进行了调整。经过三十多年持续不断的水污染防治，我国水环境保护的主要矛盾逐步由防治水污染的需求转向了人民群众对美好水生态环境的向往。为此，新的《水污染防治法》更加突出了保护水生态、维护公众健康、推进生态文明建设相关要求，并与习近平生态文明思想紧密结合了起来。

---

① 立法的目的是保护和改善环境，防治水污染，保护水生态，保障饮用水安全，维护公众健康，推进生态文明建设，促进经济社会可持续发展。

二、适用范围和防治原则

根据《水污染防治法》第二条规定，该法的适用范围包括我国领域内的江河、湖泊等地表水体以及地下水体。这里有两点需要结合其他环境保护法律予以明确：一是海洋污染防治不适用于《水污染防治法》，而适用《中华人民共和国海洋环境保护法》；二是液态废物的污染防治适用于《中华人民共和国固体废物污染环境防治法》，只有在液体废物排入相关水体时，才适用于《水污染防治法》。《水污染防治法》第三条说明了水污染防治须遵循的三大原则，即坚持以预防为主、坚持防治相结合和坚持综合治理，具体措施包括严控工业污染和城镇生活污染、防治农业农村面源污染、优先保护各类饮用水源、大力推进生态治理保护工程建设、减少水环境污染及生态破坏等五大类。

三、水污染防治的责任

水污染防治的责任可分为主体责任、政府责任、监督责任和其他部门责任。其主体责任是指工业企业等产生污染物的单位或其他生产经营者，应按照要求落实水污染防治责任，确保水环境不受到损害。例如，《环境保护法》第四十二条规定，企业事业单位和其他生产经营者，只要排放污染物，均应当在生产建设或者其他活动中采取有效措施，防止产生的废水等污染物对环境造成污染和危害。政府责任是指各级政府应为辖区内的水环境质量负责，统筹水污染防治。例如，《水污染防治法》第四条规定，地方各级政府是辖区水环境质量保障和改善的责任主体，应及时采取有力措施防治各类水体污染。监督责任是指生态环境、人民代表大会和政治协商等部门所承担的监督水污染防治任务落实的责任。例如，《水污染防治法》第十八条要求，地方政府应当将水环境质量限期达标规划的执行和落实情况，向本级人民代表大会或常务委员会做出报告。其他部门责任是指水行政等有关部门应当在各自的职责范围，承担相应的水污染防治职责、落实有效的水污染防治措施并实施监督管理，这点在《水污染防治法》第九条中也有明确体现。

四、标准和规划

（一）标准体系

环境标准是对环境保护工作中需要统一的各项技术规范和技术要求所做的规定。根据《国家环境保护标准"十三五"发展规划》，我国目前已形成"两级五类"环境保护标准体系。"两级"指国家标准和地方标准；"五类"指环境质量标准、污染物排放或控制标准、环境基础标准、环境管理规范标准以及环境监测标准。《水污染防治法》中涉及的标准，主要为质量标准和排放标准。目前，较为常用的国家水质标准有《地表水环境质量标准》《地下水水质标准》等，较为常用的排放标准包括《城镇污水处理厂污染物排放标准》《污水综合排放标准》等。

（二）水污染防治规划和限期达标规划

《水污染防治法》第十五条、第十六条规定，县级以上人民政府组织制定本行政区域的水污染防治规划。按照地域来分，水污染防治规划包括流域水污染防治规划和区域水污染防治规划。按照层级来分，国务院生态环境部门负责国家确定的重要江河、湖泊的规划编制；其他涉及跨省、自治区、直辖市江河、湖泊的规划，由省级编制，报国务院批准；其他省级、市级（以下所称市、市级均指设区市）和县级生态环境部门按照上级的规划，编制本行政区域的水污染防治规划，由同级政府批复实施。限期达标规划属于按需编制的规划，法定依据有《环境保护法》第二十八条和《水污染防治法》第十七条，要求如果重点区域、流域的有关地方未达到国家环境质量标准，有关市、县级政府应制定区域或流域限期达标规划，按照上级下达或地方确定的水质改善目标采取措施，实现按期达标。

五、监督管理

（一）环境影响评价

环境影响评价制度是我国环境保护的基本制度之一。《水污染防治法》对环境影响评价的要求，主要体现在环境影响评价制度和"三同时"[①]制度两个方面，即第十九条规定，新、改、扩建建设项目和其他水上设施，如直接或者间接向水体排放污染物的，应当进行环境影响评价和满足水污染防治设施与主体工程的"三同时"要求。

（二）入河排污口设置

20世纪八九十年代开始，随着工业和城镇污染的持续加剧，河湖水质急剧恶化，给水资源使用带来直接影响，入河排污控制环节是关键中的关键。2002年《中华人民共和国水法》（以下简称《水法》）修订时，第三十四条增加了入河排污口管理相关条款，标志着入河排污口管理职责正式确立。2018年机构改革时，入河排污口设置管理职能由水利部门划转至生态环境部门。[②]入河排污口设置在《水污染防治法》和《水法》中均有规定和处罚条款，在执法时应依据最新的法律条款进行处罚。例如，在饮用水水源保护区内设置排污口，应依据《水污染防治法》第八十四条予以处罚。[③]

（三）排放总量控制制度

《水污染防治法》第二十条明确了建立重点水污染物排放总量控制制度。国务院生态环境部门牵头，确定重点水污染物排放总量控制指标，报国务院批准并下达至省级分解实施。省级政府应按照国务院的有关规定，组织地方对辖区内的污染物排放总量

[①] "三同时"是指建设项目中环境保护设施必须与主体工程同步设计、同时施工、同时投产使用。

[②] 参见党的十九届三中全会审议通过的《深化党和国家机构改革方案》、第十三届全国人民代表大会第一次会议审议批准的国务院机构改革方案和国务院第一次常务会议审议通过的国务院直属特设机构、直属机构、办事机构、直属事业单位设置方案。

[③] 曹晓凡.生态环境保护综合执法疑难问题解析[M].北京：中国民主法治出版社，2019.

进行削减和控制。如果地方出现超排放总量控制指标排放水污染物或者未完成水质改善目标的情况，省级以上生态环境部门应牵头对该地区政府的主要负责同志实施约谈，约谈情况向社会公开。除此之外，省级生态环境部门还应采取相应的行政惩戒措施，暂停审批该地区有关建设项目的环评文件。

（四）排污许可制度

《水污染防治法》第二十一条明确了排污许可制度。按照规定要求，需要取得排污许可证方能排污的单位和生产经营者包括直接或间接向水体排放工业废水和医疗污水的企事业单位、城镇污水集中处理设施运营单位以及其他按照规定应当取得排污许可证的企事业单位和其他生产经营者。排污许可证应当依法载明排污单位或生产经营者所排放的水污染物的种类、总量、浓度、排放去向等要素信息。2021年3月施行的《排污许可管理条例》对排污许可做出了具体规定。

（五）排污监测制度

《水污染防治法》第二十三条明确了排污监测相关制度。实行排污许可管理的企事业单位和其他生产经营者，应当按照监测相关规范要求，对规定的废水中的水污染物开展自行监测。地方生态环境部门确定的重点排污单位，还应当按照要求安装水污染物排放自动监测设备，并保证设备正常运行和与生态环境部门联网。此外，需要信息公开的相关内容，必须依法进行信息公开。[①]

（六）水生态保护

水生态保护内容在《水污染防治法》中涉及生态流量和生态修复两个方面。第二十七条明确规定，开发利用和调节调度水资源时，水利、生态环境等有关部门和地方政府应当统筹兼顾，保障基本生态用水，维持江河、湖泊等地表水以及地下水的合理流量或水位，维护环境水体的生态功能。根据流域生态环境功能需要，县级以上政府应当实施生态环境治理与保护工程，大力整治黑臭水体，因地制宜建设人工湿地、水源涵养林、植被缓冲带和隔离带，组织开展江河、湖泊、湿地保护与修复，持续提高流域环境资源承载力。

六、水污染防治措施

（一）一般规定

水污染防治措施的一般规定可归纳为三项内容：一是对有毒有害水污染物实行风险管理。国务院生态环境部门牵头公布有毒有害水污染物名录，实行环境监测、风险评估、隐患排查、信息公开等风险管理。二是规定了禁止排放水污染物的行为。禁止向水体排放油类等污染物以及涉及相关放射性的废水或固体废物；禁止向水体排放和倾倒工业废渣等固体废弃物；禁止向水体排放、倾倒或者填埋含有汞等有毒有害物质

---

① 具体参见 2022 年生态环境部令第 24 号颁布施行的《企业环境信息依法披露管理办法》。

的可溶性剧毒废渣；禁止在江河、湖泊等地表水最高水位线以下的滩地和岸坡堆储固体废弃物和其他污染物；禁止利用渗井等非法通道私设暗管。三是强化地下水防控。工业集聚区、危险废物处置场等污染较重场所的运营管理单位，应采取防渗漏措施防止地下水污染；加油站等地下油罐应按照要求采取使用双层罐等防渗漏措施防止污染地下水；不得利用无防渗漏措施的沟渠等对含有毒污染物、病原体的废污水进行输送和存储；不得混合开采含水层水质差异较大的多层地下水以及已受污染的潜水和承压水；对已经报废的矿井等设施实施封井或回填；对地下水采取回灌补给措施时，不得使地下水水质进一步恶化。

（二）工业污染防治

工业污染防治包括工业布局规划、工业企业管理、工业集聚区管理和落后技术改造淘汰四项重要内容。工业布局规划方面，要求国务院有关部门和县级以上地方政府合理规划工业布局，统筹采取综合防治措施，提高各类水资源的重复利用率，进一步减少废污水产生量和污染物排放量。工业企业管理方面，要求排放工业废污水的企业采取切实有效的防治措施，收集和处理处置产生的全部废污水，防止污水直排和不达标废水外排污染环境；分类收集和处理含有有毒有害水污染物的工业废水，不得采取稀释等非法手段违法排放。工业集聚区管理方面，要求工业集聚区配套建设专门的污水集中处理设施，安装相应的污染物自动监测设备，保障设备的正常运行，并与生态环境部门监控设备进行联网。落后技术改造淘汰方面，要求实行严重污染水环境的落后工艺和设备淘汰制度，公布限期禁止采用的工艺名录以及限期禁止产销、进口和使用的设备名录。

（三）城镇水污染防治

城镇水污染防治的主管部门为建设主管部门，其法定依据主要有《水污染防治法》和《城镇排水与污水处理条例》。其中，生态环境部门的主要职责是对城镇污水集中处理设施（以下简称设施）的出水水质和水量实施监督检查。具体要求为：一是按照城镇污水处理设施建设等有关规划要求，组织建设设施及其配套管网，并对该设施的运营实施监督管理；二是设施的运营单位应按规定向排污者提供污水处理服务，合理收取污水处理费用，确保设施正常、稳定运行；三是设施的运营单位应当加强污水处理的运营管理，确保出水达标排放。

（四）农业和农村水污染防治

农业和农村水污染防治包括农村垃圾处理、农村生活污水治理、农药化肥污染防治、畜禽养殖污染防治、水产养殖污染防治五部分内容。在污水和垃圾处理方面要求地方各级政府应统筹规划建设农村污水和垃圾处理设施，并保障设施稳定、长效运行。在农药化肥污染防治方面，要求县级以上农业等部门应当采取指导农业生产者科学、合理施用化肥和农药，采取推广测土配方施肥技术和高效低毒低残留农药等措施，严格控制化肥和农药滥用，防止造成水体污染。在畜禽养殖污染防治方面，要求畜禽养殖场和养殖小区应保证畜禽粪污水综合利用设施、无害化处理处置设施的正常运转，确保粪污得到规范处置和污水稳定达标排放；对于畜禽散养密集区，要求县、乡级政府组织对畜禽粪污水进行分户收集和集中处理利用。《畜禽规模养殖污染防治条例》细化了规模以上养殖场污染防治要求。在水产养殖污染防治方面，要求水产养殖过程中，应科学确定养殖密度、饵料和药物使用数量及方式，防止污染水域生态环境。

（五）船舶水污染防治

《水污染防治法》关于船舶水污染的防治内容有四个方面：一是含油污水、生活污水和船舶垃圾污染防治。船舶中含油污水和生活污水的排放，应当符合相应的船舶污染物排放标准要求；海洋航运船舶进入内河和港口时，应执行内河船舶有关排放标准要求；及时回收船舶上产生的各种残油和废油，严禁随意排入水体；禁止将船舶上产生的各类垃圾倾倒水体。二是货物污染风险控制。船舶装载和运输油类或者有毒货物时，应采取有效措施，防止发生货物溢流、渗漏以及落水等情形，从而造成水体污染。三是压舱水污染控制。进入我国内河的国际航线船舶排放压载水时，应对压载水实施灭活等有效处理，防止不符合标准要求的压载水排入外环境。四是船舶拆解污染防治。市及县级政府应统筹规划船舶污染物、废弃物的全链条处理处置设施建设，确保辖区内涉船舶场所产生的污染物得到有效处置。《防止拆船污染环境管理条例》对船舶拆解污染防治也做了具体规定。

（六）饮用水水源和其他特殊水体保护

1. 饮用水水源保护

国家建立饮用水水源保护区管理制度。饮用水水源保护区按照要求，被分为一级保护区和二级保护区，必要时，可划定准保护区。这里需要注意的是，准保护区并不属于保护区范畴。饮用水水源保护区的划定，由省级政府批准实施。饮用水水源保护区的边界处，应依法设立明确的地理界标和明显的警示标志。

在水源保护区内，明确规定禁止设置排污口。不同级别的保护区对排污口及建设项目的管理要求不同：一级保护区内明确禁止新、改、扩建与供水设施和保护水源无关的建设项目，禁止从事可能污染饮用水水体的各类活动。二级保护区内禁止新、改、扩建排放污染物的建设项目，从事网箱养殖等其他活动时，应采取措施防止对饮用水水体造成污染。准保护区内禁止新建、扩建对水体污染严重的建设项目；改建的项目，不得增加污染物的排放量。

2. 其他特殊水体保护

根据《水污染防治法》第七十四条和第七十五条，其他特殊水体主要包括风景名胜区水体、重要渔业水体和其他具有特殊经济文化价值的水体。这类水体的保护要求包括：一是县级以上政府可以对这类水体划定保护区并采取环境保护措施，保证保护区的水环境安全和水质符合规定用途的相关标准；二是划定的保护区内不得新建排污口，在保护区附近新建排污口时，应当慎重考虑，尽可能远离保护区，确保保护区内水环境安全。

七、水污染事故处置

《水污染防治法》对水污染事故的处置主要有两个方面的要求：一是应急预案制定。可能发生水污染事故的企事业单位是水污染事故应急预案制定的责任主体，应随时做好应急准备，并定期进行预案的演练。生产、储存危险化学品的企事业单位，应采取措施防止消防废水、废液等含有有毒有害物质的污水直接进入水体。对于饮用水等特殊水体，市、县级政府应组织编制饮用水安全突发事件应急预案[①]，饮用水供水单位根据该预案制订相应的应急方案。二是应急预案启动。企事业单位发生事故或者其他突发性事件时，造成或者可能造成水污染事故的，应立即启动应急方案，采取隔离等应急措施，防止污染物进入外环境，并向地方有关政府或部门报告，政府或部门接到报告后应立即按照规定进行处理处置。饮用水水源发生水污染事故或者发生可能影响饮用水安全的突发性事件，供水单位应及时采取应急措施，地方政府根据情况及时启动应急预案，保障供水安全。

第三节 典型问题、案例探讨导引

本节从执法者责任和守法者的责任两个方面梳理了《水污染防治法》中的法律责任，并列举了两种常见的违法行为，探讨了相关案例。

一、法律责任

（一）执法者责任

执法者是指生态环境等依法行使监督管理权的部门或单位。其具体违法行为主要包括：一是不依法做出行政许可或者办理批准文件；二是发现违法行为或者接到举报后，对违法行为不予查处。[②] 如执法者违反上述规定，直接负责的主管人员和其他直接责任人员会受到相应的处分。

---

① 参见生态环境部 2018 年第 1 号公告《集中式地表水饮用水水源地突发环境事件应急预案编制指南（试行）》。
② 参见 2010 年环境保护部令第 8 号《环境行政处罚办法》。

（二）守法者责任

守法者是指排放水污染物的企事业单位或者其他生产经营者。守法者如出现阻挠执法、不按规定落实环保职责、违法排污、违法建设、实施违法活动时，应当受到相应的处罚。例如，以拖延、围堵、滞留执法人员等方式，拒绝和阻挠生态环境等有关部门的监督检查，或者在接受监督检查时采取弄虚作假手段的；不按规定安装水污染物排放自动监测设备，不按规定与生态环境部门联网，或者设备运行不正常的；未依法持排污许可证排放水污染物、超标或者超总量控制指标排放水污染物的；在饮用水水源保护区内非法设置排污口的；向水体排放剧毒废液，或者将含有汞等有毒有害物质的可溶性剧毒废渣向水体排放、倾倒或直接埋入地下的等。这些行为在《水污染防治法》中均有相应的处罚条款，例如按日计罚、查封扣押、限制生产、停产整治等。①

二、典型问题及案例探讨

（一）不正常运行水污染防治设施

A 公司是国家重点监控企业和 B 省重点废水排污单位。2018 年 3 月，B 省流域水污染防治强化督查组联合 C 市环境执法支队对 A 公司进行现场检查时发现，该公司废水总排污口在线监测设备未按照每两小时一次开展自动取样监测采集数据，取样泵已不能正常使用，固定采样管道已不能采样，在线监测设备无法实时监控排放废水水质状况，自动监控数据明显失真。经现场人工采样检测，当日废水中化学需氧量、总磷的浓度分别超标 1.61 倍、1.05 倍。原 C 市环境保护局经立案调查和履行听证程序，依法对该公司做出罚款 70 万元的行政处罚决定。该公司不服判罚，提起请求撤销该行政处罚决定的行政诉讼，但 B 省 D 县人民法院一审判决驳回该公司的诉讼请求。

A 公司人员第一时间发现废水在线监测设备显示化学需氧量超标、仪器无法正常采集水样后，未按照相关规定及时通知运维人员检修、查找问题并向生态环境部门报告，构成以不正常运行水污染防治设施等逃避监管的方式排放水污染物的违法行为。原 C 市环境保护局综合考量该公司具有 12 个月内连续实施环境违法行为的从重处罚情形，污染物排放浓度非一般性超标，以及能够配合环境执法、超标排污行为尚未造成严重后果等多重因素，依照《水污染防治法》第三十九条、第八十三条之规定，在裁量基准范围内对该公司做出罚款 70 万元的行政处罚决定，适用法律正确，过罚相当。

（二）以逃避监管方式排放水污染物

2022 年 1 月，A 省 B 市 C 区生态环境保护综合执法大队执法人员对某电子配件有限公司开展日常监管检查，发现该公司有一租户新鲜用水量和排水量有明显差异。经深入调查，执法人员发现该公司二栋 6 车间在转运电镀槽液过程中，将电镀镀液泼洒至电镀

---

① 参见《环境保护主管部门实施按日连续处罚办法》《环境保护主管部门实施查封、扣押办法》《环境保护主管部门实施限制生产、停产整治办法》。

车间地面，未及时采取有效措施，致使含重金属废水流到车间门口的雨水井，雨水井水样检测报告显示总铬最高值为 6.02 mg/L、铜最高值为 28.3 mg/L、镍最高值为 74.3 mg/L，分别超过《电镀污染物排放标准》（GB21900–2008）表 2 排放限值标准 5.02 倍、55.6 倍、147.6 倍。该公司雨水管网中多项重金属指标超标。

　　该公司行为涉嫌以逃避监管的方式排放水污染物，违反了《水污染防治法》第三十九条的规定。B 市生态环境局责令该公司改正环境违法行为，并根据《水污染防治法》第八十三条第（三）项规定，对该公司做出处以 39 万元罚款的行政处罚决定。同时，该公司环境违法行为已涉嫌污染环境罪[①]，B 市生态环境局将该案移送至 B 市公安局立案处理。[②]

---

① 参见 2016 年《最高人民法院最高人民检察院关于办理环境污染刑事案件适用法律若干问题的解释》。

② 参见 2017 年环境保护部、公安部、最高人民检察院联合印发的《环境保护行政执法与刑事司法衔接工作办法》。

第十五章 大气污染防治法

　　蓝天白云是广大人民群众对生态文明最质朴的理解，实施大气污染防治是推进生态文明建设的重要举措。《中华人民共和国大气污染防治法》（以下简称《大气污染防治法》）作为解决大气污染问题的法律基础，对大气环境质量的持续改善起到关键性作用，是贯彻"坚持精准治污、科学治污、依法治污，持续深入打好蓝天碧水净土保卫战"的重要组成部分。

第一节　大气之概述

　　本节从大气污染的定义、原因、危害以及大气污染物的种类等方面概述了大气污染的有关概念，介绍了大气污染的表征方式，有助于全面了解大气污染的基础知识。

一、大气污染的定义

　　大气污染是指由于自然过程或人类活动，将污染物排入大气，浓度或总量超过了环境承受限度，从而对环境或人产生有害影响的现象。大气污染最明显的特征是破坏生态环境，对工农业生产造成危害，影响人类健康，引起生物体急慢性中毒甚至诱发癌症。

二、大气污染的原因

　　大气污染主要有自然原因和人为原因两种，其中人为原因污染分布广泛，占比较大，危害较重。自然原因大气污染物来源一般有火山爆发、风沙扬尘、自然原因导致的森林火灾等，其排放的污染物有烟尘、二氧化硫、氮氧化物、二氧化碳等。人为原因大气污染来源分为固定源和移动源两类，包括能源燃料燃烧、工业生产排放、机动车船排放、人为原因导致的扬尘污染、农业生产中农药化肥散发等，其排放的污染物主要有颗粒物、二氧化硫、氮氧化物、挥发性有机物、恶臭气体、臭氧污染物等。在污染防治过程中，通常根据污染物来源及形成机理实施分类管理和治理。

三、大气污染物的种类

大气污染物的种类较多，目前已引起人们关注的有 100 多种，环境空气中经常监测到的污染物包括 $PM_{2.5}$、PM_{10}、二氧化硫、二氧化氮、臭氧、一氧化碳等 6 项污染物，其中二氧化硫、二氧化氮、臭氧、一氧化碳是单质或者化合物，$PM_{2.5}$ 和 PM_{10} 是一类物质的总称。从成因上分类，大气污染物还可以分为一次污染物和二次污染物。其中，一次污染物是指从大气污染源直接排放的气态污染物质，如二氧化硫、二氧化氮、一氧化碳、$PM_{2.5}$ 和 PM_{10} 等；二次污染物是指由一次污染物在大气中互相作用和转化，经化学或光化学反应形成的与一次污染物的物理、化学性质完全不同的新的污染物，其毒性比一次污染物还强，如臭氧等。

四、大气污染的危害

大气污染的危害主要包括对环境的危害和对生物体的危害。例如，二氧化硫和二氧化氮是酸性气体，可形成工业烟雾，高浓度时使人呼吸困难，对人体某些部位有直接损伤作用，可刺激人的眼、鼻、喉和肺等器官，增加人类病毒感染的发病率。进入大气层后，二氧化硫和二氧化氮可被氧化为硫酸、硝酸等，继而形成酸雨，对建筑、森林、湖泊、土壤危害较大，二氧化硫就是著名的伦敦烟雾事件的元凶。再如，$PM_{2.5}$ 和 PM_{10} 粒径小、比表面积大、活性强，极易附带有毒有害物质，能较长时间悬浮于空气中，能够对人体健康和大气环境质量造成持续性影响；汽车排放的含铅废气，可导致人体特别是幼儿血铅浓度升高。

五、大气污染的表征

为量化大气污染，科研工作者发明了多种大气污染表征方法，其中空气质量指数（AQI）[1]是使用最广泛的一种。按照 AQI 的数值大小将空气质量状况分成优、良、轻度污染、中度污染、重污染、严重污染六个等级。空气质量指数值越大、级别和类别越高、表征颜色越深，说明环境空气污染状况越严重，对人体的健康危害性也越大。

---

[1] 空气质量指数是根据环境空气质量标准和各项污染物对人体健康、生态、环境的影响，将常规监测的细颗粒物、可吸入颗粒物、二氧化硫、二氧化氮、臭氧、一氧化碳等几种空气污染物浓度简化为单一的概念性指数值形式，是定量描述空气质量状况的无量纲指数。

第二节 《大气污染防治法》

本节结合《大气污染防治法》的主要条款规定，说明了该法的立法目的和防治原则，归纳总结了职责分工、标准和规划、监督管理、防治措施、重点区域大气污染联合防治和重污染天气应对等重要内容。

一、立法目的

为保护和改善环境空气质量，保障公众健康，促进经济社会的可持续发展，1987年，全国人大制定了首部《大气污染防治法》。随着九十年代以来经济社会的快速发展，大气污染物排放量大大增加，大气污染形势日趋严峻，大气环境质量逐渐恶化。大气污染已经不再仅限于单个地区，而是呈区域影响态势，原《大气污染防治法》已难以适用新的形势要求。1995年，该法进行了第一次修正。[①] 2000年、2015年又分别两次进行了修订。2018年该法进行了第二次修正[②]，强化了大气污染防治和生态文明建设协同推进的理念，是目前正在使用的法律版本。

二、防治原则

《大气污染防治法》第二条确立了大气污染防治的原则，即以改善大气环境质量为目标、坚持源头治理和规划先行3个方面，防治重点是转变经济发展方式、优化产业结构布局和调整能源结构。其具体要求有：一是加强燃煤等多途径、多行业的大气污染综合防治；二是推行区域大气污染联合防治；三是对部分大气污染物和温室气体实施协同控制等。大气污染防治原则的基础是改善大气环境质量，工作重心包括污染防治、减污降碳和能源结构转型3个方面。

三、大气污染防治的职责

《大气污染防治法》首先规定了政府职责：一是大气环境质量由地方各级政府负责，地方政府应制定辖区的大气污染防治规划，采取措施，使大气环境质量达标并逐步改善；二是制定大气环境质量改善考核办法，由上级对地方政府管辖行政区域内的大气环境质量改善目标和大气污染防治重点任务完成情况实施考核。其次，规定了部门职责：一是国务院生态环境部门牵头对省级大气环境质量改善目标、大气污染防治重点任务

---

① 参见1995年第八届全国人民代表大会常务委员会第十五次会议审议通过的《关于修改〈中华人民共和国大气污染防治法〉的决定》。

② 参见2018年第十三届全国人民代表大会常务委员会第六次会议审议通过的《关于修改〈中华人民共和国野生动物保护法〉等十五部法律的决定》。

的完成情况进行考核；二是县级以上生态环境部门对大气污染防治实施统一监督管理，其他有关部门根据各自职责实施监督管理。再次，规定了企事业单位和其他生产经营者职责：企事业单位等生产经营者是环境污染治理的第一责任主体，应采取有效措施，防止和减少大气污染物的排放，对所造成的大气环境损害依法承担责任。最后，规定了公民的职责：公民应增强大气环境保护的参与和责任意识，采取低碳、环保、节俭的生活方式，自觉履行各项义务。

四、标准和规划

（一）标准体系

根据《大气污染防治法》第八条、第九条、第十条和第十三条规定，大气污染防治标准包括环境质量标准、污染物排放标准及产品质量标准。大气环境质量标准和大气污染物排放标准由国务院生态环境部门或者省级人民政府制定。根据标准制定主体的不同，环境质量标准可分为国家环境质量标准和地方环境质量标准。大气环境质量标准是指在一定时间和空间范围内，对大气环境中有害物质或因素的容许浓度所做的规定，是制定大气污染物排放标准的基础依据。大气环境质量标准制定应遵循保障公众健康、保护生态环境、与经济社会发展相适应以及具备科学合理性的原则。大气污染物排放标准的制定原则是既能满足保障大气环境质量的需要，又与国家经济、技术条件相适应。燃煤、石油焦、生物质燃料、涂料等在制定产品质量标准时，应明确或符合大气环境保护有关要求，并与相关大气污染物排放标准相互衔接、同步实施。

（二）大气污染防治规划和限期达标规划

为推动大气环境质量持续改善，《大气污染防治法》第三条、第十四条规定，县级以上政府应将大气污染防治工作纳入国民经济和社会发展规划，制定污染防治规划，加大财政投入，逐步改善辖区大气环境质量。同时，该条款还明确，未达到国家环境质量标准的市级政府须编制大气环境质量限期达标规划，采取有效措施，在规定期限内达到相关标准要求。此外，市级政府每年在向人大报告环境状况和环境保护目标完成情况时，应同时报告大气环境质量限期达标规划落实情况，并向社会公开。

五、监督管理

（一）环境影响评价

环境影响评价制度[①]作为我国环境保护的基本制度，也体现在大气污染防治的监督管理方面。《大气污染防治法》第十八条规定，建设对大气环境有影响的项目，应依法进行环境影响评价，环境影响评价文件应向社会公开。环境影响评价的核心目的是控制污染物的排放，消除或减轻对环境的影响。为此，该条款从浓度和数量的双重角度提出向大气排放污染物时，应当符合大气污染物排放有关标准限值要求，并满足排

---

① 参见《中华人民共和国环境影响评价法》《建设项目环境保护管理条例》。

放总量控制目标，避免出现企业采取超标排放、稀释排放等措施违法排放大气污染物，造成环境污染。

（二）排污许可制度

《大气污染防治法》第十九条明确规定，排放工业废气或者有毒有害大气污染物名录①中所列污染物的企事业单位、集中供热设施的燃煤热源生产运营单位和其他按要求实行排污许可管理的单位，在排放污染物之前，首先应取得排污许可证。排污许可管理的具体办法和实施要求依据国务院制定印发的《排污许可管理条例》执行。排污许可证通过明确大气污染物产生和排放环节、污染防治设施情况、污染物排放口位置和数量、排放方式和排放去向、污染物排放种类、污染物许可排放浓度和许可排放量、污染防治设施运行和维护、排放口规范化建设等内容，指导和要求排污单位落实大气污染防治措施，实现持证排污和依法排污。

（三）总量控制和排污权交易

重点污染物排放总量控制是把某一控制区域作为一个完整的系统，采取有效措施将排入这一区域的重点污染物总量控制在一定范围内，以满足该区域的环境质量管控要求。国家对重点大气污染物排放实行总量控制，国务院批准并下达排放总量控制目标。省级政府按照下达的控制目标，控制或削减辖区内重点大气污染物的排放总量。2014年底，生态环境部制定了《建设项目主要污染物排放总量指标审核及管理暂行办法》，为确定和分解总量控制指标提供了细化落实依据。排污权交易制度②是在总量控制制度实施以后，为弥补总量控制制度不灵活的缺陷而实施的制度。排污权交易是指在一定区域范围内，在污染物排放总量不超过允许排放总量的前提下，内部各污染源之间通过货币交换等方式对排污量进行调剂，从而达到在不增加区域排污总量的前提下，保障地方经济发展和保护环境的目的。排污权交易是促进环境资源高效配置、运用市场手段有效减少大气污染物排放的重要机制。排污权交易是国家逐步推行的一项制度，目前正处在探索和试点阶段。

（四）约谈和限批

地方政府对大气环境质量改善负主要责任，约谈和限批是强化地方政府履职监管、促进地区环境质量改善的重要手段。约谈是提醒，限批是措施。其具体方式为：一是对超过排放总量控制目标或者未完成大气环境质量改善目标的地区，省级以上生态环境部门牵头约谈该地区政府的主要负责人，并向社会公开约谈情况；二是对该地区新增重点大气污染物排放总量的建设项目的环评文件实施暂停审批。

---

① 最新的有毒有害大气污染物名录为 2018 年版，共涉及甲醛等 11 类物质。
② 参见《关于进一步推进排污权有偿使用和交易试点工作的指导意见》（国发办〔2014〕38 号）。

（五）监测管理制度

大气环境监测管理制度的落实，体现在环境监测和信息公开两个方面。环境监测方面[1]，国务院生态环境部门负责制定大气环境质量和污染源监测的评价规范，各级生态环境部门负责组织建设、管理相应级别的大气环境质量和污染源监测网，组织开展环境质量和污染源监测。企事业单位和其他生产经营者应对其排放的大气污染物进行监测和原始记录保存。重点排污单位还应安装使用自动监测设备，保证其正常运行，并与生态环境部门联网。信息公开方面，国务院生态环境部门负责统一发布全国大气环境质量状况信息；县级以上生态环境部门负责统一发布辖区内大气环境质量状况信息；企事业单位和其他生产经营者依法公开大气污染物排放信息；[2]市级以上生态环境部门牵头制定重点排污单位名录并向社会公布。

（六）严重污染环境的工艺、设备和产品淘汰制度

淘汰对大气环境造成严重污染的工艺、设备和产品，是从源头控制大气污染物的产生量和排放量，解决大气污染问题，有效推进节能减排的重要措施。为此，国家依法建立了严重污染大气环境的工艺、设备和产品的淘汰制度，要求有关部门确定这类工艺、设备和产品的淘汰期限，并纳入国家综合性产业政策目录。具体要求包括：一是在规定期限内停止生产、进口、销售或者使用列入淘汰目录的设备及产品，以及停止采用列入淘汰目录的有关工艺；二是不得将淘汰的设备和产品直接或变相转让给他人继续使用。

（七）大气污染损害评估制度

生态环境损害赔偿制度是生态文明制度体系的重要组成部分，党的十八届三中全会明确提出建立生态损害赔偿制度，对造成生态环境损害的责任方实行追偿。为加快推进生态环境损害赔偿制度在全国落实落地，2011 年，原环境保护部印发《关于开展环境污染损害鉴定评估工作的若干意见》，为生态环境损害实施奠定基础。2015 年，两办印发实施《生态环境损害赔偿制度改革试点方案》，为生态环境损害赔偿提供了改革试点实践经验。大气污染损害评估是大气污染生态损害赔偿的重要前提和基础。《大气污染防治法》第二十八条提出建立和完善大气污染损害评估制度的条款要求，为大气污染损害评估提供了法定依据。2021 年 1 月，为贯彻落实 2017 年两办所发的《生态环境损害赔偿制度改革方案》，完善生态环境鉴定评估技术体系，生态环境部首次发布实施《生态环境损害鉴定评估技术指南 基础方法 第 1 部分：大气污染虚拟治理成本法》，规定了大气污染虚拟治理成本法的适用情形、工作程序和评估方法，为大气污染损害评估的具体落实提供了支撑。

---

[1] 参见《环境监测管理办法》《污染源自动监测管理办法》《污染源自动监控设施现场监督检查办法》。
[2] 参见 2014 年环境保护部第 31 号令《企业事业单位环境信息公开办法》。

六、大气污染防治措施

（一）燃煤和其他能源污染防治

随着大气污染防治力度的不断加强和排放标准的日趋严格，治污经济成本代价逐步增大，能源结构调整势必会成为未来改善大气环境质量的主要措施之一。《大气污染防治法》第三十二条至第四十二条对燃煤和其他能源污染防治的措施提出了细化要求，具体措施主要包括六个方面：一是推广清洁能源的生产使用和煤炭清洁高效利用，减少煤炭生产、使用和转化过程对大气污染物排放的额外贡献；二是推行煤炭洗选加工，限制高硫分、高灰分煤炭开采，新建和不符合要求的已建成煤矿应按规定配套建设煤炭洗选设施；三是禁止进口、销售和燃用不符合相关标准要求的煤炭和石油焦；四是禁止在禁燃区内销售、燃用高污染燃料以及新建、扩建有关燃烧设施，已建成的应限期改用清洁能源；五是在燃煤供热地区推进热电联产和集中供热；六是禁止生产、进口、销售和使用不符合环境保护标准或者要求的锅炉。

（二）工业污染防治

工业企业生产过程中会产生大量大气污染物，是大气中粉尘、硫化物、氮氧化物、挥发性有机物的主要来源之一。《大气污染防治法》对工业企业大气污染防治的要求，主要包括源头减量、过程管控、末端治污、回收利用等四方面内容。源头减量方面，提出采用清洁生产工艺[①]、实施技术改造、控制原材料和产品质量等要求；过程管控方面，提出密闭作业、减少物料泄漏、加强精细化管理等要求；末端治污方面，提出配套建设除尘、脱硫、脱硝等装置，及时收集处理泄漏物料等要求；回收利用方面，提出安装油气回收装置、回收利用可燃性气体等要求。

（三）机动车船污染防治

当前，我国部分地区尤其是城市中机动车污染占比正在逐步增大，尾气污染物排放已成为空气污染的重要来源。此外，船舶通航运行过程烟气排放所带来的大气污染也不容小视。根据行驶区域划分，《大气污染防治法》将机动车船大致分为燃油机动车、非道路移动机械、机动船三大类，提出的减污措施：一是积极推进城市公共交通建设，大力推广使用节能环保型和新能源机动车船、非道路移动机械；二是限制高油耗、高排放的机动车船和非道路移动机械的发展；三是划定禁止使用高排放非道路移动机械区域和船舶大气污染物排放控制区；四是规划、设计和建设岸基供电设施等。根据污染控制划分，重点强调禁止销售不符合标准的燃料、使用符合标准的燃油、采取有效措施实现达标排放、按照规定进行排放检验、强制报废排放不达标机动车辆等要求。

---

① 参见《中华人民共和国清洁生产促进法》《清洁生产审核办法》对清洁生产的相关规定。

（四）扬尘污染防治

扬尘污染是人民群众接触较多、比较直观的一种大气污染形式，其主要污染物是粉尘和颗粒物。扬尘的出现有自然原因和人为原因，自然原因如沙尘暴、火山喷发等；人为原因如矿山开采、建筑工地施工等。《大气污染防治法》提出的污染防治措施主要针对人为原因造成的扬尘污染，其污染来源主要包括道路扬尘、施工扬尘、物料运输和储存扬尘、裸露地扬尘等。[1] 针对道路扬尘，要求主管部门加强道路等公共场所的清扫管理，推行低尘作业；针对施工扬尘，一是要求建设单位将扬尘污染防治费用列入工程造价，明确施工单位的扬尘防治责任；二是要求制订扬尘污染防治实施方案，并向有关主管部门备案；针对物料运输扬尘，要求采取措施防止物料遗撒，按照规定路线行驶以及装卸物料时进行降尘；针对物料储存扬尘，要求采取密闭或严密围挡的方式防尘；针对裸露地扬尘，要求对裸露地面进行覆盖、组织实施绿化或者透水铺装。

（五）农业和其他污染防治

我国是农业大国，由于农业生产规模和生产方式的变化，农业种植及养殖活动产生和排放的大气污染物已成为大气污染的重要来源之一。农业活动造成大气污染的来源主要有农药化肥施用排放的挥发性有机物、畜禽养殖过程排放的恶臭气体和秸秆等农业废弃物焚烧产生的烟尘。《大气污染防治法》针对不同的污染物来源提出了不同的防治措施：一是改进施肥作业方式，科学施用化肥并按照国家相关规定合理使用农药；二是畜禽养殖场、养殖小区应及时对粪污水等进行收集、储存、清运和无害化处理，防止排放恶臭气体污染环境；三是组织建立秸秆收集、储存、运输和综合利用服务体系，对秸秆等农业废弃物进行肥料化、饲料化、能源化、工业原料化和食用菌基料化综合利用。此外，影响大气环境的还有诸如消耗臭氧层物质的使用[2]、废弃物焚烧处置、餐饮油烟排放、烟花爆竹燃放、垃圾等有机废弃物焚烧、火葬场经营、祭祀、服装干洗和机动车维修等过程排放的污染物质。针对这些污染特点，《大气污染防治法》从预防、治理、规范、禁止、鼓励等多个角度提出了相应的控制要求。

七、重点区域大气污染联合防治和重污染天气应对

（一）联防联控机制

随着我国近年来大气污染越来越多地呈现出地域性、区域性污染特点，实行重点区域大气污染联合防治势在必行。《大气污染防治法》第八十六条至第九十二条针对建立重点区域大气污染联防联控机制和统筹协调重点区域内大气污染防治工作有关要

---

[1] 部分省、市制定了相应的扬尘污染防治管理办法，对扬尘的污染防治提出了具体针对性的要求。

[2] 国务院 2010 年第 573 号令发布，2018 年修正的《消耗臭氧层物质管理条例》对消耗臭氧层物质的生产、销售和使用做出了细化规定。

求，按照"四个统一"①的原则，谋划了划定国家大气污染防治重点区域、定期召开联席会议、开展大气污染联合防治、制订重点区域大气污染联合防治行动计划、实施更严格的机动车大气污染物排放标准、实行煤炭等量或减量替代、建立相关信息共享机制、开展多形式环境执法等八项具体措施，保障联防联控机制有序推进和顺利实施，促进重点区域大气环境质量改善。

（二）重污染天气应对

重污染天气是指环境空气质量指数级别达到重度污染及以上污染程度的大气污染。重污染天气的危害主要表现为短时间内吸入污染物引起咳嗽、咽喉痛、眼部刺激等症状，以及诱发某些慢性疾病的急性发作或病情加重。《大气污染防治法》涉及的重污染天气应对关键环节包括建立预警机制、制定应急预案、形成会商机制、启动应急、强化环境监测五项。预警机制方面，要求建立重点区域重污染天气监测预警机制，并统一预警分级标准；应急预案方面，要求将重污染天气应对纳入政府突发事件应急管理体系，制定重污染天气应急预案；会商机制方面，要求建立重污染天气会商机制和进行大气环境质量预报，确定预警等级并及时发出预警；启动应急方面，要求按需采取应急措施积极应对重污染天气；环境监测方面，要求及时监测和发布大气污染有关信息。

第三节 典型问题、案例探讨导引

本节简要介绍了《大气污染防治法》明确的监管责任和主体责任，采用两个典型案例对按日计罚和大气监测数据造假违法行为进行了探讨。

一、法律责任

（一）监管责任

《大气污染防治法》第一百二十六条对监管责任进行了规定，地方各级政府、县级以上生态环境等相关部门及其工作人员，如出现滥用职权、玩忽职守、徇私舞弊、弄虚作假等违法行为，应依法受到相应的处分。

---

① "四个统一"是指统一规划、统一标准、统一监测、统一的防治措施。

（二）主体责任

《大气污染防治法》确定的责任主体有建设对大气环境有影响项目的企事业单位和其他生产经营者、排放工业废气或者有毒有害大气污染物的企事业单位、集中供热设施的燃煤热源生产运营单位以及其他依法实行排污许可管理的单位、机动车排放检验机构、机动车生产和进口企业等。违法行为包括阻挠执法、违法排污、未按规定开展监测、未按规定采取有效减少污染物排放的措施、违规驾驶排放检验不合格车辆、违规使用高排放移动机械、擅自向社会发布重污染天气预报预警信息以及违法生产、进口、销售或者使用禁用设备、产品或工艺等。罚则包括罚款、按日连续处罚、责令改正、没收违法所得、责令停业、关闭、责令停产整治、取消检验资格、责令停工整治、责令停业整治等。此外，如违法行为已构成违反治安管理行为，由公安机关依法予以处罚；构成犯罪的，依法追究刑事责任。

二、典型问题及案例探讨

（一）按日计罚[①]

2015年1月，A市环境监测站对某公司外排废气进行现场监测时发现，其外排废气二氧化硫超标。随后，原A市环境保护局向该公司送达责令整改违法行为的决定书，责令其立即停止违法排污行为，并做出处罚10万元的决定。复查时发现，该公司外排废气仍然超标。原A市环境保护局依据《环境保护法》及其相关配套办法，要求该公司立即停止违法排污行为，并对公司实施按日连续处罚，起止时间为送达责令整改违法行为决定书次日起至复查发现超标排污日止，共计10日，每日罚款数额为10万元，按日连续处罚总计罚款数额为100万元。

2015年1月起执行的新《环境保护法》规定了按日计罚措施，处罚力度空前加大。"罚无上限"的根本目的，是希望通过这种方式，彻底解决违法成本低、守法成本高、处罚力度小的问题，从而引起相关企业或个人的重视，确保达标排放。随后，《大气污染防治法》根据大气污染的具体情形，在修订时增加了按日连续处罚条款，并细化了适用条件。

（二）大气监测数据造假

2022年2月，A省B市生态环境保护综合行政执法支队通过污染源在线监控大数据平台发现，C县某包装有限责任公司烟气自动监测数据多日出现"忽高忽低"的异常情况。经查看视频监控录像，该公司3名环保工作人员轮流多次采取措施故意干预环境数据监测，导致该公司二氧化硫和氮氧化物自动监测数据失真，取样监测实际排放超标。依据《大气污染防治法》第九十九条第（二）项规定，按照《A省生态环境行政处罚裁量基准规定》计算核定，该公司被依法责令限制生产，并处10万元罚款，

---

① 参见《环境保护主管部门实施按日连续处罚办法》。

其所在县公安局依法对该案件进行立案侦查。

　　该公司的上述行为违反了《大气污染防治法》第十八条、第二十条第二款和《环境监测数据弄虚作假行为判定及处理办法》第四条第（五）项、第（八）项规定，被依法责令限制生产和处以罚款。依据《大气污染防治法》第一百二十七条和《刑法》第三百三十八条等规定，该公司因涉嫌污染环境犯罪被公安机关予以立案。① 处罚和立案不是目的，目的是督促企业合法合规生产，促进就业和社会的高质量发展。事后，在执法人员的多次帮扶指导下，该公司主动实施了煤改气，并缴纳了罚款，及时恢复了生产。

---

① 参见《最高人民法院最高人民检察院关于办理环境污染刑事案件适用法律若干问题的解释》。

第十六章 土壤污染防治法

土壤是构成生态系统的基本环境要素，是人类赖以生存和发展的物质基础。加强土壤污染防治是深入贯彻落实科学发展观的重要举措和构建国家生态安全体系的重要组成部分，对改善生态环境、保障农产品质量安全具有重要意义。

第一节 土壤概述

本节从土壤及土壤污染的概念、土壤污染物的种类、土壤污染的途径、土壤污染的危害等五个方面，介绍了土壤及污染方面的基础知识，为全面了解《中华人民共和国土壤污染防治法》（以下简称《土壤污染防治法》）的制定提供参考。

一、土壤的概念

土壤是指地球最表面的一层疏松的物质，由各种颗粒状矿物质、水分、有机物、空气、微生物等成分组成，其基本性质有吸附性、酸碱性和氧化还原性。土壤的组成对土壤的物理性质和化学性质有直接影响。土壤有机质和腐殖质具有吸收性能、土壤缓冲性能以及与土壤重金属的络合①性能等。腐殖质对重金属的吸附等作用，可使土壤中某些重金属发生沉积。

二、土壤污染的概念

《土壤污染防治法》第二条指出，土壤污染是指因人为因素导致某种物质进入表层土壤，改变了土壤的物理、化学、生物特性，从而影响土壤功能和有效利用，危害公众健康或者破坏生态环境的现象。土壤污染是一个相对概念，强调的是人为因素，土壤背景值是判定是否存在人为污染的主要参考指标。在环境科学概念中，土壤背景值是指在未受到或少受到人类活动影响下，尚未受到或少受到污染和破坏的土壤中元素

---

① 络合是指具有不同物理化学特性的物质，互相作用而形成各种络合物的过程。

的含量。因此，同样污染物含量情况下，可能会出现不同的判定结果。

三、土壤污染物的种类

土壤污染物的来源广泛、种类众多，一般可分为无机污染物、有机污染物和生物污染物。其中，无机污染物以重金属为主，有机污染物种类繁多，包括苯、甲苯等挥发性物质，以及多环芳烃、多氯联苯、有机农药类等半挥发性物质。部分土壤还存在生物污染物，如病原体和有害生物种群从外界侵入土壤，破坏土壤生态系统平衡，引起土壤质量下降。

四、土壤污染的途径

土壤污染属于受体污染，污染物通过大气、水、固废等多种渠道进入土壤，对土壤造成污染。土壤污染物的主要来源有工矿企业生产经营活动中排放的废气、废水、废渣；汽车尾气排放的铅、锌等重金属和多环芳烃等有机污染物；污水灌溉，化肥、农药、农膜等农业投入品以及畜禽养殖废弃物；随意丢弃的生活垃圾、废旧家用电器等以及直接排放的生活污水。污染物进入土壤的途径多种多样，例如工业排放的酸性有害气体在大气环境中发生物理、化学反应形成酸雨，然后以降水的形式进入土壤，引起土壤酸化；冶金等工业企业排放的金属氧化物粉尘，以降尘的形式下落进入土壤；含有重金属、酚、氰化物等有毒有害物质的工业废水直接用于农田灌溉进入土壤等。

五、土壤污染的危害

土壤污染的危害主要体现在降低土壤质量、污染地下水、威胁农产品安全、影响人居环境四个方面。土壤污染物所带来的毒性可以直接造成土壤中生物数量的大幅减少、生物多样性的降低以及土壤有机养分的丧失，减弱有机物的分解与矿化能力，造成土壤结构的退化，从而降低农业耕种和生产效率。土壤介于地表和地下之间，对保护地下水具有屏障作用，土壤污染会对地下水造成严重威胁。土壤中有机物和重金属在物理、化学和微生物的作用下，逐步向下渗透进入地下环境，造成地下水质量下降。在重金属等污染物浓度较高的土壤中，植物会直接吸收和积累污染物质，从而影响农产品安全甚至造成农作物重金属超标。"镉大米"事件就是土壤污染威胁农产品安全的典型案例。此外，土壤环境还与人居环境息息相关，土壤污染会造成饮水、空气、水体等环境受到损害，继而影响群众的生活质量，严重时会引起急性或慢性中毒，危害人类健康。

第二节 《土壤污染防治法》

本节从立法背景、适用范围和原则、防治责任、标准和规划、普查和监测、预防和保护、风险管控和修复、保障和监督等八个方面介绍和归纳了《土壤污染防治法》的基本内容和条款要求。

一、立法背景

土壤质量直接关系到农产品质量安全、食品安全、生态安全和人民群众身体健康。近年来，随着社会经济的飞速发展，土壤污染已成为我国部分区域突出的生态环境问题，逐步受到全社会的关注。土壤环境保护和污染防治，已被纳入国家环境治理体系，成为近阶段重大的环境保护和民生工程。但是一直以来，我国在土壤污染防治工作上，始终存在法律法规要求分散，缺乏系统性、针对性和可操作性等突出问题，无法满足当前土壤环境保护和污染防治工作的迫切需要。为此，急需制定一部综合性、系统性土壤污染防治法律来指导和规范土壤污染防治工作。经过5年的谋划，2018年8月，《土壤污染防治法》全票获得通过[①]，并于2019年1月1日起施行。该法是我国首次通过制定专门的法律来规范土壤污染防治，填补了我国这方面专项法律的空白，为保护土壤环境、保障公众健康和促进经济社会的可持续发展提供了法律依据。

二、适用范围和原则

《土壤污染防治法》第二条和第三条分别明确了适用范围和防治原则。本法适用于在我国领域及管辖的其他海域从事土壤污染防治及相关活动，防治原则包括预防为主、保护优先、分类管理、风险管控、污染担责、公众参与等六大项。

三、土壤污染防治责任

土壤污染防治责任可分为主体责任、政府责任和监督责任。主体责任也就是污染者责任，主要是指从事土地开发利用活动或者与土壤有关的生产经营活动时，应采取有效措施防止、减少土壤污染，并对所造成的土壤污染依法承担责任。政府责任主要是指国家对土壤污染防治目标的完成情况实行考核和评价，地方各级政府负责辖区土壤的污染防治和安全利用，组织、协调、督促有关部门依法对土壤污染防治履行监督管理职责。监督责任主要体现在生态环境部门对土壤污染防治工作实施统一监督管理，其他有关部门根据各自职责实施监督管理等方面。

---

① 2018年8月，《土壤污染防治法》经十三届全国人大常委会第五次会议审议通过。

四、标准和规划

（一）土壤污染风险管控标准

《土壤污染防治法》第十二条规定，国务院生态环境部门根据有关情况[①]，按照土地用途制定土壤污染风险管控标准。2018 年 8 月，两项强制性控制标准[②] 开始实施，1996 年开始实施的《土壤环境质量标准》即时废止。《土壤污染防治法》实施后，土壤污染防治从环境质量标准体系转变为风险管控标准体系，对土壤污染实施分类管控，能够更加科学、合理地指导农用地和建设用地的安全利用，保障耕地及居住安全。此外，第十二条还规定，省级政府可以额外补充国家标准中未做规定的管控项目，或加严已有的管控项目，这与其他地方标准的制定要求类似。

（二）土壤污染防治规划

根据《土壤污染防治法》第十一条，土壤污染防治规划可分为两个层次：一是要求将土壤污染防治工作纳入国民经济和社会发展规划、环境保护规划；二是要求编制土壤污染防治规划，由政府批准实施。

五、普查和监测

（一）土壤污染状况普查和详查制度

《土壤污染防治法》第十四条确立了土壤污染状况普查和详查制度。具体要求：一是由国务院生态环境部门牵头，每 10 年至少组织开展一次全国性普查。2022 年 2 月，国务院印发《关于开展第三次全国土壤普查的通知》，要求自 2022 年起开展第三次全国土壤普查，利用四年左右时间全面查清农用地土壤质量状况。二是要求有关部门或地方政府根据实际情况组织开展土壤污染状况详查，推进农用地分类管理和建设用地准入管理，为实施土壤污染分类别、分用途、分阶段治理和利用，逐步改善土壤环境质量提供基础支撑。

（二）土壤环境监测制度

土壤环境监测是土壤污染状况调查和对土壤污染实施风险管控的基础性工作。为全面摸清土壤污染状况，指导土壤污染管控和治理，《土壤污染防治法》第十五条规定"国家实行土壤环境监测制度"。这项制度涉及制定土壤环境监测规范、组织监测网络、对涉及污染的农用地及建设用地地块进行重点监测等三个方面。其中，《土壤环境监测技术规范》已根据《环境保护法》要求于 2004 年制定实施。

[①] 主要指土壤污染状况、公众健康风险、生态风险和科学技术水平状况。

[②] 指《土壤环境质量 农用地土壤污染风险管控标准（试行）》《土壤环境质量 建设用地土壤污染风险管控标准（试行）》。

六、预防和保护

（一）环境影响评价

环境影响评价制度[①]作为我国环境保护的基本制度，在土壤污染防控方面也有深刻体现。《土壤污染防治法》第十八条要求，各类涉及土地利用的规划和可能造成土壤污染的建设项目，应当按照规定进行环境影响评价。环境影响评价文件应包括对土壤可能造成的不良影响以及拟应采取的预防措施等内容。

（二）全过程预防

《土壤污染防治法》涉及的土壤污染全过程预防要求包括建设、运营、处置三个方面。建设方面，提出应按照规划要求[②]，严格执行有关选址规定，禁止在居民区等群众生活区域周边新、改、扩建可能造成土壤污染的建设项目，以及提出禁止在土壤环境中使用重金属含量超标的降阻产品等；运营方面，提出任何单位和个人在涉及有毒有害物质各环节中[③]，应采取有效预防措施，防止有毒有害物质通过各种方式进入土壤环境造成污染；处置方面，提出不符合要求的各类物质[④]禁止用于土地复垦等。

（三）有毒有害物质名录

《土壤污染防治法》第二十条明确提出，根据对公众健康、生态环境的危害和影响程度，由国务院生态环境部门牵头，会同卫生健康等部门对土壤中有毒有害物质进行筛查和评估，公布重点控制的土壤有毒有害物质名录。有毒有害物质名录是筛选出存在或者可能存在较高环境与健康风险的化学物质，该名录可精准指导土壤的污染防控，从源头防止污染物进入土壤环境。

（四）土壤污染重点监管单位

《土壤污染防治法》第二十一条规定了土壤污染重点监管单位名录的制定依据，即根据有毒有害物质排放等情况，制定辖区土壤污染重点监管单位名录，向社会公开并适时更新。重点监管单位是生态环境部门的重点监管对象，需要依法履行的义务包括按年度报告有毒有害物质的排放情况、建立土壤污染隐患排查制度、制订实施自行监测方案等。重点监管单位生产经营用地发生用途变更等变化时，土地使用权人应按照规定对该区域土壤污染状况进行调查。此外，该法还规定，市级以上生态环境部门还应定期对重点监管单位周边的土壤进行环境监测。

（五）拆除设施等行为的防治要求

企事业单位尤其是土壤污染重点监管单位在实施拆除设施等行为时，会对土壤环

---

① 参见《中华人民共和国环境影响评价法》《建设项目环境保护管理条例》。
② 主要指土地利用总体规划和城乡规划。
③ 主要指有毒有害物质的生产、使用、储存、运输、回收、处置、排放环节。
④ 指重金属或者其他有毒有害物质含量超标的工业固体废物、生活垃圾以及污染土壤等。

境造成较大影响。为此,《土壤污染防治法》第二十二条规定,企事业单位在拆除各类设施、建筑物等时,应制订包括应急措施在内的土壤污染防治工作方案,报有关部门备案后实施,采取预防措施避免土壤受到污染。

(六)矿产资源开发及尾矿库管理[①]

矿产资源开发过程会对土壤造成破坏和污染。因此,在矿产开发过程中,《土壤污染防治法》要求:一是各级生态环境、自然资源部门应按照相关标准和总量控制要求,严格控制土壤重点污染物排放;二是尾矿库运营和管理单位应加强尾矿库的安全管理,采取有效措施防止土壤受到污染。危库等需要重点监管场所的运营和管理单位,应按照要求开展土壤污染状况监测和定期评估。

(七)污水处理及固废处置过程中的土壤污染防治

污水集中处理设施和固体废物处置设施分别存有大量的水污染物和固体废物,是土壤污染防治的重点环节。为此,《土壤污染防治法》第二十五条规定:一是地方各级政府应统筹规划、建设城乡生活污水和生活垃圾处理处置设施,并使其稳定运行和发挥作用。建设、运行污水集中处理设施和固体废物处置设施,应当采取有效措施防止土壤受到污染;二是地方生态环境部门应定期对污水集中处理设施和固体废物处置设施周边的土壤进行监测,对不符合法律法规和相关标准要求的,应采取相应的处置措施。

(八)农业生产中的土壤污染防治

农业生产中土壤污染防治的主要目的是保护农用地不受污染,确保农作物和地下水安全。农业生产影响土壤环境质量主要体现在农药、兽药、饲料、化肥、农用薄膜、畜禽粪便[②]、沼渣、沼液、秸秆等农业投入品及其包装物的使用和丢弃上,其他环节影响土壤环境质量主要体现在向农用地排放不符合要求的污水、污泥、清淤底泥、尾矿、矿渣等方面。《土壤污染防治法》围绕农用地污染物和污染环节,在第二十六条至第三十条明确了相应的防治措施,例如,实施农药化肥使用总量控制、禁止向农用地排放不符合要求的污水和污泥、使用生物可降解农用薄膜、实施农业投入品包装废弃物和农用薄膜回收等。

七、风险管控和修复

(一)一般规定

根据《土壤污染防治法》第三十五条定义,土壤污染风险管控和修复包括土壤污染状况调查、污染风险评估、污染风险管控、污染修复、风险管控效果评估、修复效

---

① 参见 2018 年生态环境部令第 3 号《工矿用地土壤环境管理办法(试行)》。
②《畜禽规模养殖污染防治条例》对畜禽养殖废弃物也提出了具体防治要求。

果评估、后期管理等活动。^① 土壤风险管控和修复的一般规定主要包括污染状况调查、污染风险评估、风险管控、污染修复四项内容。这四项内容的要求，具体落实措施又体现在编制土壤污染状况调查报告等四个报告方面，每项报告根据侧重点不同涵盖不同的内容。例如，土壤污染状况调查重点突出地块基本信息、污染物含量是否超过土壤污染风险管控标准等；土壤污染风险评估重点突出主要污染物状况、土壤及地下水污染范围、农产品质量安全风险、公众健康风险或者生态风险等；风险管控和修复效果评估重点突出实施风险管控、修复活动中产生的污染废物是否按照规定进行了处理处置，以及是否达到土壤污染风险评估报告确定的风险管控和修复目标等。

（二）农用地污染防控[②]

《土壤污染防治法》第四十九条要求，农用地污染防控实行分类管理，按照土壤污染程度和相关标准进行防控。根据分类管理要求，农用地可划分为优先保护类、安全利用类和严格管控类三大类。优先保护类耕地主要为永久基本农田，在这类农田集中的区域，不得违规新建可能造成土壤污染的建设项目；已经建成的，应限期关闭拆除。除永久基本农田外，其他农用地依据土壤污染状况调查结果等进行判定和分类。对污染物含量超标[③]的地块，应组织开展土壤污染风险评估，并进行分类管理。对安全利用类地块，应制订安全利用方案并按照方案要求实施。对严格管控类地块，应采取有效的风险管控措施。尤其是对于产出的农产品中污染物含量超标，需实施修复的地块，土壤污染责任人应编制修复方案，报有关部门备案并实施。

（三）建设用地污染防控

《土壤污染防治法》第五十八条确立了建设用地土壤污染风险管控和修复名录制度。该制度落实分为六个环节：一是土地使用权人按照规定对土壤污染状况进行普查、详查、监测和现场检查，对有土壤污染风险的地块开展土壤污染状况调查；二是对污染物含量超标的地块，土壤污染责任人[④]、土地使用权人应对该地块开展土壤污染风险评估；三是及时将需要实施风险管控、修复的地块纳入名录；四是对名录中的地块采取风险管控措施和按需实施修复；五是对风险管控效果和修复效果进行评估；六是将达到风险管控和修复目标的地块移出名录。列入名录的地块的使用有以下限制条件：一是不得作为住宅、公共管理与公共服务用地；二是禁止开工建设任何与风险管控、修复无关的项目。

---

① 参见 2016 年原环境保护部令第 42 号《污染地块土壤环境管理办法（试行）》。
② 参见 2017 年原环境保护部、农业部令第 46 号《农用地土壤环境管理办法（试行）》。
③ 指《土壤污染风险管控标准》。
④ 参见 2021 年生态环境部会同自然资源部制定发布的《建设用地土壤污染责任人认定暂行办法》。

八、保障和监督

（一）资金保障

根据《土壤污染防治法》第六十九条至第七十四条规定，土壤污染防治的资金保障内容主要包括两个方面：一是国家采取财政、税收、价格、金融等经济政策和措施，支持地方开展土壤污染防治。例如，中央和部分省级政府分别设有相应级别的土壤污染防治专项资金或基金，用于特定情形下的土壤污染风险管控和修复等工作；二是要求各级政府在预算中安排必要的专项资金，用于土壤污染状况普查等涉及土壤污染防治相关工作的事项。

（二）制度保障

根据《土壤污染防治法》第七十五条至第七十九条规定，土壤污染防治的制度保障体现在以下三个方面：一是定期报告。要求县级以上政府将土壤污染防治情况纳入环境状况和环境保护目标完成情况年度报告，并向本级人大进行报告。二是约谈整改。对土壤污染问题突出、防治工作不力、群众反映强烈的地区，要求省级以上生态环境部门牵头，约谈市级以上地方政府及其有关部门主要负责人，督促其采取措施及时整改。三是严格监管。例如，生态环境等部门可以在规定情形下依法查封、扣押有关设施、设备、物品；要求省级以上生态环境等部门将从事土壤污染状况调查等活动的单位和个人的执业情况纳入征信系统，将违法信息记入社会诚信档案。

（三）公众监督

《土壤污染防治法》第四条和第八十四条分别规定了公众在土壤污染防治中的义务和权利，即任何组织和个人都有保护土壤、防止土壤污染的义务；对污染土壤的违法行为，任何组织和个人均有权利向生态环境等部门报告或者举报。此外，《土壤污染防治法》还要求政府有关部门依法向社会公开约谈整改情况、从事土壤污染状况调查等活动的单位和个人的执业信用记录、土壤污染状况和防治信息、全国土壤环境信息、土壤污染防治举报方式等，广大群众可以借助这些公开信息实施土壤污染防治的公众监督。

第三节 典型问题、案例探讨导引

本节从监管主体和污染主体两个方面总结了《土壤污染防治法》的法律责任，介绍并探讨了未依法履责和土壤污染状况调查报告造假两项典型案例。

一、法律责任

（一）监管法律责任

监管法律责任包括政府或主管部门对本行政区域土壤污染防治和安全利用负责、依法履行土壤污染防治监督管理职责、编制土壤污染防治规划、制定辖区土壤污染重点监管单位名录等。未履行法定职责的，直接负责的主管人员和其他直接责任人员将依法受到处分。

（二）污染法律责任

《土壤污染防治法》规定的污染法律责任包括未按要求落实土壤污染防治制度、违法排污、违规处置农业投入品、违规处置工业和城镇废弃物、土壤污染状况调查等各类报告造假、违规收集转运污染土壤等。这些违法违规行为将会直接或间接造成土壤环境污染，《土壤污染防治法》也明确了相应的处罚条款。例如，向农用地排放重金属或者不符合要求的污水和污泥，由地方生态环境部门责令改正，处以罚款，并可以将案件移送公安机关，对有关责任人员处以拘留；有违法所得的，还须没收违法所得。再如，受委托从事土壤污染状况调查等活动的单位，如出具虚假报告，将被处以罚款；情节严重的，禁止该单位继续从事上述业务并实施更为高额的罚款。

二、典型问题及案例探讨

（一）未依法履责案例

2019年，A区人民政府将废弃农资包装物回收处置列入打赢污染防治攻坚战任务，并安排专项资金，明确牵头单位及相关责任部门，推进废弃农资包装物回收处置体系建设。但是截至2020年4月，废弃农资包装物回收处置体系建设相关工作仍然落实不到位，收处链条未形成闭环管理，含有农药残留的农药包装瓶袋等废弃物仍随意丢弃。A区检察院在履职中发现该案线索，并查实区农业农村局、各镇人民政府未全面履行监管职责，在已有专项公共资金保障的情况下，废弃农资包装物回收处置工作未落到实处。4月底，A区检察院依法向区农业农村局和有关镇政府发出检察建议，并督促区委、区政府要求相关部门认领责任、合力整治。截至2020年底，四个回收中转站增建了防渗漏凹槽和消毒池，回收的废弃包装物全部交专业机构外运处置。

A 区检察机关根据《土壤污染防治法》相关履责条款，从解决主体责任落实不到位、行政监管不足问题入手，通过个案办理推动系统综合治理，既解决了废弃农资包装物回收难、处置难等农业面源污染防治难题，又协同推动建成高效运行的废弃农资包装物无害化处理闭环管理体系，保障了农村生态文明建设落到实处。

（二）土壤污染状况调查报告造假案例

2021 年 4 月，A 省 B 市生态环境局执法人员根据"某检测公司在某地块土壤污染状况调查中出具虚假报告"问题线索进行现场核查。调取其实验室原始数据及相关档案材料发现，该公司 2020 年 9 月出具的"某某检字〔2020〕第 09123 号"检测报告和 2020 年 11 月出具的某地块土壤污染状况调查报告中，六个点位的苯含量均与原始记录不符。B 市生态环境局先后两次召开专家论证会，对原始检测数据与出具报告数据不一致问题进行论证，专家组一致认定该检测公司出具的某地块土壤污染状况调查报告为虚假报告。该检测公司上述行为违反了《土壤污染防治法》第四十三条第二款规定，B 市生态环境局根据《土壤污染防治法》第九十条第一款、第二款规定，参照《A 省生态环境行政处罚裁量基准》，责令其立即改正违法行为，并对该企业和直接负责的主管人员处以罚款。此外，B 市生态环境局还根据《A 省企业环境信用评价办法》规定，对该企业记三分，依法依规实施联合惩戒。

监测数据质量是生态环境保护工作的基石，监测数据造假不仅严重干扰土壤污染防治的精准性和科学性，更是一种践踏法律和社会公平的违法行为。及时发现、纠正和打击数据造假，通过以法说法、以案说法，公开企业违法违规行为，不仅有利于规范治污法治环境，也让企业认清监测数据造假就是踩踏生态环境保护红线，就是违法犯罪，就是自断发展后路。严格查处监测数据和报告弄虚作假，将有效震慑生态环境的违法犯罪行为，引导社会第三方机构严把监测数据质量关，营造不能假、不敢假、不想假的环境和氛围。

第十七章 有毒有害物质控制法

随着经济社会的高速发展，噪声、固体废弃物、放射性以及新污染物已经广泛出现在工业、农业、服务业以及其他生产生活的各个领域，对生态系统和人体健康已显现出直接或潜在的危害性。加强噪声、固体废弃物、放射性以及新污染物的预防和治理，是保障公众健康和维护生态安全的必要举措。

第一节 《噪声污染防治法》

本节介绍了《中华人民共和国噪声污染防治法》（以下简称《噪声污染防治法》）的立法情况，归纳总结了噪声污染防治责任和标准、监督检查要求、防治内容和法律责任，列举了两个处罚典型案例。

一、立法情况

为防治环境噪声污染，保护和改善生活环境，保障人体健康，1996 年 10 月，首部《环境噪声污染防治法》发布[①]，并于 1997 年 3 月起施行。2018 年 12 月，第十三届全国人民代表大会常务委员会第七次会议对该法做出修改。2021 年 12 月，新的《噪声污染防治法》发布[②]，并于 2022 年 6 月起开始施行。

二、概念、责任和标准

根据《噪声污染防治法》第二条，噪声是指在工业等各类生产、生活活动中产生的干扰周围生活环境的声音。噪声污染是指超标或未依法采取防控措施产生噪声，并干扰他人正常生活、工作和学习的现象。噪声污染防治的责任可分为政府责任、部门责任和噪声产生者责任。政府及部门责任主要包括采取有效措施改善声环境质量、实施噪声污染防治考核评价、建立噪声污染防治工作协调联动机制和噪声防治的宣传教

---

① 经第八届全国人民代表大会常务委员会第二十二次会议审议通过。
② 经第十三届全国人民代表大会常务委员会第三十二次会议审议通过。

育普及。生态环境部门是噪声污染防治的统一监督管理部门，具体负责监管工业企业噪声污染。住房和城乡建设等部门在各自职责范围内，对建筑施工、交通运输、社会生活噪声等污染防治实施监督管理。涉及噪声的标准有 3 项，分别为国家声环境质量标准、噪声排放标准和环境振动控制标准。省级可制定严于国家标准的地方噪声排放标准。

三、监督管理

噪声污染防治监督管理采取的主要措施包括实行环境影响评价、信息公开、噪声污染严重的落后工艺及设备淘汰，以及特殊场所和时段噪声管控等。可能产生噪声污染的建设项目在新、改、扩建时，应进行环境影响评价，并落实"三同时"制度。声环境质量标准适用区域范围、噪声敏感建筑物集中区域范围、声环境质量改善规划及其实施方案、声环境质量状况信息、建设项目噪声污染防治设施验收报告、噪声重点排污单位名录、工业噪声自行监测结果、约谈和整改情况等 8 项内容须按要求进行信息公开。

为推动低噪声工艺和设备的研发、推广和应用，尽可能降低噪声污染，该法要求国家发展改革部门在制定综合性产业政策目录时，将噪声污染严重的落后工艺和设备列入淘汰名录；国务院工业和信息化等部门公布低噪声施工设备指导名录。

新修订的《噪声污染防治法》重新界定了噪声污染的概念，扩大了法律适用范围，针对干扰他人正常生活、工作和学习的现象做出了规定。尤其是针对中高考等特殊时间和场所，给出明确的限制性条款，为统一考试等特殊情形噪声污染控制提供了法定依据。

四、噪声污染防治

（一）工业噪声

工业噪声是指在工业生产活动中产生的干扰周围生活环境的声音。《噪声污染防治法》提出的针对性措施主要有：一是工业企业布局应按照规划要求落实；二是噪声敏感建筑物集中区域禁止新建排放噪声的工业企业，原有企业应采取有效措施防止噪声污染；三是排污单位应持排污许可证依法排放工业噪声，开展自行监测并向社会公开；四是噪声重点排污单位应按照要求安装噪声自动监测设备，并与生态环境部门联网。

（二）建筑施工噪声

建筑施工噪声是指在建筑施工过程中产生的干扰周围生活环境的声音。为防止建筑施工噪声污染环境，《噪声污染防治法》规定，建设单位应列支噪声污染防治费用，施工单位应按要求落实噪声污染防治责任；在噪声敏感建筑物集中区域施工作业时，施工单位应当优先使用低噪声施工工艺和设备。但是，为应对突发事件，该法规定了例外情形，比如抢修、抢险施工作业等，这种要求体现了制度化和人性化的兼顾。

（三）交通运输噪声

交通运输噪声是指机动车等交通运输工具在运行时产生的干扰周围生活环境的声音。交通运输噪声与公民息息相关，《噪声污染防治法》对交通运输噪声防治的规定也比较细化。总的来说，有交通规划选址、降噪设施建设、机动车各类声响控制、警报器使用、广播喇叭使用、民用机场航空器噪声监测等相关要求。因交通噪声造成严重污染的，地方政府应组织制订噪声污染综合治理方案，采取有效措施减轻噪声污染。

（四）社会生活噪声

社会生活噪声是指人为活动产生的除工业噪声、建筑施工噪声和交通运输噪声之外的干扰周围生活环境的声音，主要包括文化娱乐、体育、餐饮等活动以及与这些活动相关的各种设备发出的声音。社会生活噪声污染防治大体可分为禁止类和限制类。禁止类主要包括两个方面：一是禁止在商业经营活动和噪声敏感建筑物集中区域内违规使用高音广播喇叭；二是禁止在非作业时间装修。限制类主要要求在公共场所组织活动和在家庭场所活动时，应采取措施控制音量，防止噪声污染。

五、法律责任和典型案例

（一）法律责任

根据噪声来源、责任主体和严重程度的不同，《噪声污染防治法》规定的罚则也相应不同，主要有罚款、责令改正、限制生产、停产整治、停业、关闭、拆除、停止违法行为、暂停施工、暂停销售等。如果噪声产生主体在经劝阻、调解和处理后仍然持续违法的，由公安机关给予治安管理处罚；构成犯罪的，还须依法追究刑事责任。

（二）典型案例

1. 噪声超标排放

2022年6月某夜，A市生态环境局发现辖区某电子公司生产噪声较大。监测结果表明，该公司西侧厂界噪声值为57分贝、东南侧厂界噪声值为64分贝，均超过相关标准。

该公司夜间噪声排放超标行为违反了《噪声污染防治法》第二十二条第一款的规定，根据第七十五条相关规定，A市生态环境局责令该公司立即改正违法行为，并拟处以2.45万元罚款。

2. 擅自夜间施工

2022年6月某日夜间22时后，B市生态环境局发现某地产安置房项目工地违规进行混凝土浇筑作业。该工地周边属于噪声敏感建筑物集中区域，且施工时间已违反法律规定。

该建设工地违反了《噪声污染防治法》第四十三条规定，B市生态环境局根据《噪声污染防治法》第七十七条第二款规定，责令施工单位立即改正违法行为，拟处以1万元罚款。

第二节 《固体废物污染环境防治法》

本节从立法情况、基本概念、污染防治责任、监督管理、污染防治、法律责任等6个方面归纳总结了《中华人民共和国固体废物污染环境防治法》（以下简称《固体废物污染环境防治法》）的立法目的和条款要求，并列举了两个典型案例进行说明。

一、立法情况

为防治固体废物污染环境，保障群众健康，促进经济社会的可持续发展，1995年10月，首部《固体废物污染环境防治法》通过审议[①]，成为我国固体废物污染防治的专项法律。2004年12月，该法进行了第一次修订。2013年6月、2015年4月、2016年11月分别进行了3次修正。2020年4月，该法进行了第二次修订[②]，是目前正在执行的法律版本。

二、基本概念

根据《固体废物污染环境防治法》第一百二十四条定义，固体废物是指在生产等活动中产生的丧失原有利用价值或者虽未丧失利用价值但被抛弃或者放弃的固态、半固态和置于容器中的气态的物品、物质以及按照其他规定纳入固体废物管理的物品和物质，主要包括工业固体废物、生活垃圾、建筑垃圾、农业固体废物等。危险废物是固体废物的一个特殊类别，是指列入国家危险废物名录或者根据国家规定的危险废物鉴别标准和鉴别方法认定的具有危险特性的固体废物。

三、污染防治责任

《固体废物污染环境防治法》所明确的污染防治责任可分为监管责任和产废主体责任。各级政府是固体废物污染防治工作的领导者和组织者，负责协调、督促生态环境等有关部门依法履行固体废物污染防治监督管理职责，承担制定工业固体废物污染防治工作规划、组织建设工业固体废物集中处置设施等两项具体任务。产废主体的重点是工业企业，其责任主要有四项，包括开展环境影响评价、落实"三同时"制度、对配套建设的固体废物污染防治设施进行验收和在生产过程中采取有效的污染防治措施确保固废得到安全处置。

---

① 经第八届全国人民代表大会常务委员会第十六次会议审议通过。
② 经第十三届全国人民代表大会常务委员会第十七次会议修订。

四、监督管理

（一）标准体系

根据《固体废物污染环境防治法》第十四条和第十五条规定，固体废物管理主要涉及三大类标准，分别为固体废物鉴别标准、国家固体废物污染环境防治技术标准、固体废物综合利用标准。其中，鉴别标准和技术标准由国务院生态环境部门牵头制定；利用标准由国务院标准化主管部门会同相关职能部门按照职责分工和监管行业分别制定。

（二）监管过程

固体废物的监管过程可概括为事前、事中和事后监管。事前监管主要是产生、储存、利用和处置固体废物的建设项目在建设前，应当依法开展环境影响评价、执行"三同时"制度和落实投资概算。事中监管内容包括固体废物污染防治设施是否符合要求、固体废物是否合法合规储存、固体废物转移是否符合规定等。事后监管主要依靠信用记录制度，收集、储存、运输、利用和处置固体废物的单位和其他生产经营者的信用信息，将纳入全国信用信息共享平台。

（三）信息公开

《固体废物污染环境防治法》中要求向社会公开的主要内容包括四个方面：一是建设单位应当编制并公开固体废物污染防治设施验收报告；二是收集、储存、运输、利用和处置固体废物的单位应公开固体废物污染防治信息；三是利用、处置固体废物的单位，应向公众开放设施、场所；四是监管部门应向社会公开辖区内固体废物的种类、产生量、处置能力和固废利用处置状况等信息。

五、污染防治要求

（一）工业固体废物

工业固体废物是指在工业生产活动中产生的失去利用价值的固体废物。《固体废物污染环境防治法》中关于工业固体废物的防治，主要体现在政策制度、责任制度、清洁生产和排污许可等四个方面。政策制度方面，原环境保护部制定了《钢铁工业污染防治技术政策》等系列文件，分行业提出工业固体废物处置要求。工业和信息化部制定并公布《限期淘汰产生严重污染环境的工业固体废物的落后生产工艺设备名录》《国家工业资源综合利用先进适用技术装备目录》《国家工业固体废物资源综合利用产品目录》等系列指导性文件，促进企业全链条生产过程符合国家工业固体废物处置和资源化利用要求。责任制度方面，要求产废单位内部建立工业固体废物管理台账，实现工业固体废物的种类、数量、流向、储存、利用、处置等信息可追溯、可查询。清洁生产方面，要求产废单位结合《清洁生产促进法》《清洁生产审核办法》等相关规定，实施清洁生产审核，从源头减少工业固体废物的产生量，降低其危害性。排污许可方面，要求产废单位根据《排污许可管理条例》要求取得排污许可证，并根据排污许可证要求排放工业固体废物。

（二）生活垃圾

生活垃圾是指在日常生活等活动中产生的固体废物，以及按照其他有关规定视为生活垃圾的固体废物。《固体废物污染环境防治法》对生活垃圾的管理和处置规定，主要体现在以下三个方面：一是要求建立生活垃圾分类管理系统[①]，加快实现生活垃圾分类制度有效覆盖；[②] 二是要求建立城乡一体的生活垃圾管理系统或探索适宜的农村地区生活垃圾管理模式；三是要求建立生活垃圾处理收费制度，制定生活垃圾处理收费标准，实现专款专用。

（三）建筑垃圾和农业固体废物等

建筑垃圾是指建设、施工单位在新、改、扩建和拆除各类建筑物等活动时，产生的弃土、弃料和其他固体废物。为推动建筑垃圾得到合法合规处置，《固体废物污染环境防治法》要求建立分类处理制度和全过程管理制度，制定建筑垃圾污染环境防治工作规划，编制处理方案，实现综合利用。[③] 农业固体废物是指在农业生产活动中产生的固体废物，主要有秸秆、畜禽养殖废弃物、农药化肥包装袋等。农业固体废物的出路主要是实现资源化利用，为此，《固体废物污染环境防治法》要求建设农业固体废物回收利用体系，避免农业固体废物进入土壤和水体。此外，还有诸如机械及电子垃圾[④]、各类包装物、污水处理设施污泥等其他固体废物，该法针对这类固体废物也提出了相应的处置要求。

（四）危险废物

危险废物是固体废物的特殊类别，其危害性要远超一般固体废物，因此管理上更加细致和严格。《固体废物污染环境防治法》中对危险废物的管理要求可大概归纳为四个环节：一是制定国家危险废物名录，明确危险废物的范围和类别，规定统一的危险废物鉴别标准和鉴别方法；二是推进危险废物集中处置设施建设，确保辖区内具备危险废物处置能力；三是强化危险废物管理，要求产生危险废物的单位按照要求制订危险废物管理计划、建立危险废物管理台账、申报危险废物信息、按规定储存危险废物；四是合法合规转移和处置危险废物，通过申请、批准、运输、处置等系列环节，使危险废物得到安全处置。[⑤]

[①] 指分类投放、分类收集、分类运输和分类处理。

[②] 参见 2017 年《国务院办公厅关于转发国家发展改革委住房城乡建设部生活垃圾分类制度实施方案的通知》、2019 年《住房和城乡建设部等部门关于在全国地级及以上城市全面开展生活垃圾分类工作的通知》、2022 年国家发展改革委等部门印发的《关于加快推进城镇环境基础设施建设的指导意见》。

[③] 参见 2020 年《住房和城乡建设部关于推进建筑垃圾减量化的指导意见》。

[④] 参见 2011 年实施的《废弃电器电子产品回收处理管理条例》和 2008 年实施的《电子废物污染环境防治管理办法》等。

[⑤] 参见《危险废物经营许可证管理办法》《医疗废物管理条例》《危险废物出口核准管理办法》《危险废物转移联单管理办法》《医疗废物管理行政处罚办法》等。

六、法律责任和典型案例

（一）法律责任

《固体废物污染环境防治法》明确的法律责任包括监管责任、产废主体责任和经营主体责任。监管责任主要体现在未按照该法规定落实监管要求，直接负责人和其他直接责任人会受到相应的处分。产废主体责任主要体现在未按照要求落实固体废物污染防治措施，罚则包括责令改正、罚款、没收违法所得、限制生产、停产整治、责令停业或者关闭等。经营主体责任主要体现在无证或未按照许可证要求从事收集、储存、利用、处置危险废物经营活动，罚则除了与产废主体责任类似外，还有由发证机关吊销许可证。产废主体和经营主体如在被责令改正后仍然继续实施违法行为，可实施按日连续处罚、治安管理处罚乃至追究刑事责任。

（二）典型案例

1. 跨省转移利用固体废物未报备

D市生态环境局在专项执法中发现，A企业将其在机械加工过程中产生的固体废物废钢灰，委托同区B企业收集处理，B企业再将废钢灰通过陆路运至E省C企业综合利用。经调查，B企业将废钢灰由D市转运至E省利用的行为未报D市生态环境局备案。

B企业将固体废物转移出D市进行利用，未报D市生态环境局备案的行为，违反了《固体废物污染环境防治法》第二十二条第二款的规定，D市生态环境局依据《固体废物污染环境防治法》第一百零二条第一款第（六）项、第二款的规定，责令B企业立即改正，处罚款人民币10万元，并没收违法所得。A企业未履行产废单位相应污染防治责任的行为另案处理。

2. 无许可证从事危险废物经营活动

A市B区生态环境局接群众投诉，反映辖区内某区域下水道有刺鼻气味。经查实，当事人李某租借该区域两个车间，在无危险废物经营许可证的情况下，私自从事废油、实验室有机废液（来自E公司）等危险废物的收集、储存和处置，事发当日李某将部分废液倒入车间内的雨水管道，最终排入外环境。

李某的行为违反了《固体废物污染环境防治法》第七十九条的规定，根据环境污染刑事案件适用条件[①]，李某涉嫌环境污染犯罪，区生态环境局依法将其移交公安部门处理。E公司负责人赵某被依法批准逮捕。

---

① 参见《最高人民法院最高人民检察院关于办理环境污染刑事案件适用法律若干问题的解释》。

第三节 《放射性污染防治法与核安全法》

本节介绍了《中华人民共和国放射性污染防治法》（以下简称《放射性污染防治法》）和《中华人民共和国核安全法》（以下简称《核安全法》）这两部法律的立法情况、适用范围和责任、监督管理、污染防治等四部分内容，并以一件著名的经典案例说明了防治放射污染和保障核安全的重要意义。

一、立法情况

（一）放射性污染防治法

为防治放射性污染，保障核安全，促进核能、核技术的开发与和平利用，2003年6月，《放射性污染防治法》通过审议[①]，并于2003年10月起施行。

（二）核安全法

为保障核安全，预防与应对核事故，安全利用核能，保护生态环境，2017年9月，《核安全法》通过审议[②]，并于2018年1月起施行。

二、基本概念

（一）放射性污染

根据《放射性污染防治法》第六十二条规定，放射性污染是指由于人类活动造成物料等介质表面或者内部出现超过国家标准的放射性物质或者射线。放射性污染主要来自放射源和射线装置。放射源是指除研究堆和动力堆核燃料循环范畴的材料以外，永久密封在容器中或者有严密包层并呈固态的放射性材料，在工业中用途较为广泛。射线装置主要是指X线机、加速器、中子发生器以及含放射源的装置，在医院等场所应用较多。

（二）放射性废物

根据《核安全法》第二条规定，放射性废物是指核设施运行、退役产生的，含有放射性核素或者被放射性核素污染，其浓度或者比活度大于国家确定的清洁解控水平[③]，预期不再使用的废弃物。

---

① 经第十届全国人民代表大会常务委员会第三次会议审议通过。
② 经第十二届全国人民代表大会常务委员会第二十九次会议审议通过。
③ 清洁解控水平是审管部门规定的以活度浓度和（或）总活度表示的值，等于或低于该值时，辐射源可以不再受审管部门的管理控制。

三、适用范围和责任

（一）放射性污染防治法

1. 适用范围

《放射性污染防治法》适用于中华人民共和国领域和管辖的其他海域在核设施选址、建造、运行、退役和核技术、铀（钍）矿、伴生放射性矿开发利用过程中发生的放射性污染的防治活动。

2. 防治责任

放射性污染防治责任包括监管责任和使用单位责任。监管责任主要指生态环境、卫生行政等部门，依据国务院明确的职责对有关放射性污染防治工作依法实施监督管理，在各自职责范围内负责有关的核安全管理工作。使用单位责任主要包括负责本单位放射性污染防治、对造成的放射性污染承担责任和采取措施预防发生可能导致放射性污染的各类事故。

（二）核安全法

1. 适用范围

《核安全法》适用于在中华人民共和国领域及管辖的其他海域内，对核设施、核材料及相关放射性废物采取充分的预防等安全措施，防止由于技术原因、人为原因或者自然灾害造成核事故，最大限度地减轻核事故情况下的放射性后果的活动。

2. 防治责任

《核安全法》第五条、第六条规定，核设施营运单位对核安全负全面责任，国务院核安全监管部门负责核安全的监督管理。

四、监督管理

（一）放射性污染防治

《放射性污染防治法》监督管理主要包括标准体系、监测评价制度、管理制度三个方面。标准体系方面，国务院生态环境部门根据环境安全要求和国家经济技术条件，制定《放射性物品安全运输规程》等国家放射性污染防治标准。监测评价制度方面，明确"国家建立放射性污染监测制度"要求。管理制度方面，一是对从事放射性污染防治的专业人员实行资格管理，二是对从事放射性污染监测工作的机构实行资质管理。

（二）核安全

《核安全法》监督管理也可分为标准体系、监测评价制度、管理制度三个方面。标准体系方面，国务院有关部门按照职责分工制定核安全标准；监测评价制度方面，明确"对核设施进行定期安全评价"要求；管理制度方面，要求核设施营运单位、核技术利用单位和放射性矿开发利用单位，对其工作人员进行放射性安全教育和培训，采取有效的防护安全措施保障工作人员和环境安全，并设置明显的放射性标志。

五、放射性污染防治

（一）核设施放射性污染防治

环保审批、环境监测、核事故应急是核设施污染防治的重点。核设施的环保审批包括环评审批和活动审批。核设施在办理选址、建造、运行、退役等审批手续之前，须编制环境影响报告书并报批。核设施营运单位在进行核设施建造等活动之前，须落实审批手续，申请领取核设施建造和运行许可证等。环境监测包括对核动力厂等重要核设施实施监督性监测和根据要求对其他核设施的流出物实施监测，以防辐射超标和流出物造成辐射危害。核事故应急的要求分为两个层次：监管方面，要求建立健全核事故应急制度；管理方面，要求制订核事故场内应急计划，出现核事故应急状态时，立即采取有效措施防止核事故发生和造成污染。

（二）核技术利用放射性污染防治

《放射性污染防治法》对涉及放射性同位素和射线装置的单位以及装备有放射性同位素仪表的单位均有明确的分类管理要求，如需申领许可证、办理手续、编制环境影响评价文件等。这些要求在《放射性同位素与射线装置安全和防护条例》《放射性同位素与射线装置安全许可管理办法》等中进行了细化和明确。此外，该法还对放射工作场所"三同时"制度、安全保卫制度、事故应急措施、放射性同位素存放、放射性废物处置进行了规定。

（三）铀（钍）矿和伴生放射性矿开发利用放射性污染防治

铀（钍）矿和伴生放射性矿开发利用放射性污染防治规定主要包括三个方面：一是要求开发利用或者关闭铀（钍）矿的单位、开发利用伴生放射性矿的单位编制环境影响报告书并报批；二是要求开发利用单位对铀（钍）矿的流出物和周围的环境实施监测，并定期向监管单位报告监测结果；三是要求铀（钍）矿和伴生放射性矿尾矿库应符合放射性污染防治规定，铀（钍）矿退役时应制订退役计划。

（四）放射性废物管理

《放射性污染防治法》对放射性废物管理的要求主要体现在：一是源头控制。要求合理选择和利用原材料，采用先进的生产工艺和设备，尽可能减少放射性废物的产生量。二是达标排放。向环境中排放放射性废气、废液以及处置放射性固体废物应符合放射性污染防治标准或有关要求。

六、核安全

（一）核设施安全

根据核设施安全的影响因素，《核安全法》重点突出了核设施选址、分类管理、安全许可制度、营运单位安全运行能力、定期安全评价、辐射照射控制、环境监测、培训计划制订、提供劳动防护和职业健康检查、核设施退役、核设施进出口、专家团队技术支持、安全报告和核安全经验反馈制度等 13 个方面，其有关要求在《民用核设施安全监督管理条例》《核动力厂营运单位核安全报告规定》等中予以了细化。

（二）核材料和放射性废物安全

核材料的风险在于被盗、破坏、丢失、非法转让和使用，放射性废物的风险在于产生、储存、运输和后处理过程。《核安全法》针对这些风险，提出了依法取得许可、实行分类处置、实现达标排放、具备资质运输等要求。国务院及有关部门制定了《放射性废物安全管理条例》《放射性物品运输安全管理条例》《放射性物品运输安全监督管理办法》《放射性物品运输安全许可管理办法》《放射性固体废物贮存和处置许可管理办法》等系列法规规章，为合法使用核材料和保障放射性废物安全提供了细化依据。

（三）核事故应急和信息公开

《核安全法》有关核事故应急的思路和框架大致可分为设立核事故应急协调委员会、制定核事故应急预案、开展应急演练、保障核事故应急准备与响应工作经费、实行核事故应急分级管理等五项内容。信息公开主要包括政府信息公开和核设施营运单位信息公开，生态环境部制定发布的《核安全信息公开办法》对信息公开具体内容做了详细规定。

七、典型案例

1992 年 11 月，某地区的张某在该地区环境检测站工地捡到一个亮晶晶的小东西。十几天后，他便不明不白地死去，在他生病期间照顾他的父亲和弟弟也相继去世。经深入调查，最终造成一家 3 口死亡，141 人受伤的罪魁祸首便是张某捡到的该地区科委废弃的钴-60。

该地区科委拥有的钴-60 辐照装置，属于射线装置，应当办理许可登记，严格管理和妥善处置。该地区科委管理不善导致钴-60 丢失，违反了《放射性污染防治法》第十二条、第十三条有关规定。相关人员被地区检察院以玩忽职守罪提起公诉，其中 4 人被判 1~3 年有期徒刑不等，地区环境监测站等机构赔偿所有受害者共计 80 万元。该事件引起了国家的高度重视，还被联合国国际原子能机构收录在册，以警示核放射的危害。

第四节 其他有毒有害物质控制法

其他有毒有害物质主要指对人身体有危害但含量较低或鲜与广大群众直接接触的物质，以及不断出现或发现的新型污染物。我国目前尚未对这些物质的污染防治进行专项立法，主要原因在于：一是对人体有危害但广大群众难以直接接触的物质，通常通过安全控制进行立法；二是有些物质已经作为一项指标，在大气、水、土壤等环境标准中进行了控制；三是一些新型污染物的毒性、防治措施尚未研究透彻，立法尚不成熟。本节简要介绍了持久性有机污染物、微塑料、抗生素、全氟化合物、内分泌干扰物等五大类新型污染物的立法研究情况，为下一步制定专项法律法规提供参考借鉴。

一、持久性有机污染物

（一）定义和特性

持久性有机污染物指人类合成且能较长时间存在于环境中，能够通过生物食物链或食物网进行累积，并对人体健康造成有害影响的化学物质。持久性有机污染物具备高毒性、持久性、生物积累性和远距离迁移性4种特性。

（二）国内外立法研究情况

国外方面，美国等发达国家以污染防控和危险化学品管理相关法律法规为依托，规范了含有持久性有机污染物的产品在生产、销售、使用、污染治理、风险防控等方面的措施，确保持久性有机污染物全过程得到监管。我国对持久性有机污染物的管理模式与国外类似，以《危险化学品安全管理条例》等安全管理法规和《新化学物质环境管理办法》《含多氯联苯电力装置及其废物污染环境的规定》等专项规定为依托，规范持久性有机污染物管理和防控。

二、微塑料

（一）定义和特性

微塑料是指直径小于5毫米的塑料碎片和颗粒，最早由英国普利茅斯大学的汤普森等人提出。微塑料是形状多样的非均匀塑料颗粒混合体，被形象地称为"水中的$PM_{2.5}$"。微塑料体积小，比表面积大，吸附污染物能力强，是一种造成污染的主要载体，也可通过生物富集作用进入生物体甚至人体体内。

（二）国内外立法研究情况

微塑料的立法探索，主要集中在废弃塑料制品的处置及含微塑料的产品使用上。加拿大是首个把塑料微珠明确为有毒物质的国家，并将其污染控制列入了《加拿大环境保护法案》。2017年6月，加拿大颁布的《化妆品微珠管理条例》明确规定禁止生产、进口和销售含有塑料微珠的去角质或清洁用品。我国于2016年将海洋微塑料纳入监测范围，并在2019年版的《产业结构调整指导目录》中要求到2020年12月31日禁止生产含塑料微珠的日化产品，到2022年12月31日禁止销售含塑料微珠的日化产品，并出台了《化妆品中塑料微珠的测定》国家标准。

三、抗生素

（一）定义和特性

抗生素是指由微生物或高等动植物所产生的具有抗病原体或其他活性的一类次级代谢产物。通常情况下，人和动物不能将服用的抗生素完全吸收或分解，导致大量的抗生素以代谢物甚至原态排入生物体外，造成环境污染。低剂量的抗生素长期排入水环境中，会对水生生物产生一定毒性，并造成一些微生物的耐药性增强。耐药基因长期在该环境中扩展和演化，会对自然生态环境、生物体乃至人类健康造成潜在威胁。

（二）国内外立法研究情况

面对日益严重的抗生素污染问题，遏制抗生素滥用已成为一个重要的政策议题。早在2006年，欧盟就已经明确禁止在动物饲料中添加抗生素。2008年，我国开始建立动物源细菌耐药性监测网络，启动了动物源细菌耐药性监测计划。2011年，原国家卫生部出台了《抗菌药物临床应用管理办法》，采取"三限"[①]措施落实抗菌药物管理要求，规范抗生素的使用，在保障人民群众生命安全的前提下尽可能减少抗生素的使用量和排放量。

四、全氟化合物

（一）定义和特性

全氟化合物主要包括全氟羧酸类、全氟磺酸类、全氟磺酸盐类以及全氟调聚物类等，在纺织、润滑、表面活性剂、食品包装、不粘涂层、电子产品、灭火泡沫等领域有着广泛应用。全氟化合物具有高热稳定性和化学稳定性，同时具有生殖毒性、神经毒性和致癌性，可在环境中持久存在，几乎不被生物降解，能够在生物体内实现高水平蓄积。

（二）国内外立法研究情况

近年来，随着科研人员对全氟化合物研究的不断深入，人们逐渐认识到了它们的潜在毒性，并采取了相应的应对措施。美国环保署在2000年宣布禁用全氟辛烷磺酰基化合物和全氟辛酸。2009年召开的《斯德哥尔摩公约》缔约方大会第四次会议，将全氟辛烷磺酰基化合物列为新的持久性有机污染物之一。2020年10月，欧洲委员会发布了《化学品可持续发展战略》，除必须用途外，欧盟将逐步淘汰全氟化合物，禁止其使用。截至2021年底，美国已有26个州进行了限制全氟化合物使用的立法。2019年，我国生态环境部明确提出禁止全氟辛基磺酸及其盐类和全氟辛基磺酰氟除可接受用途

---

① "三限"是指限品种、限用量、限级别。

外的生产、流通、使用和进出口。[①] 此外,《食品接触材料及制品用添加剂使用标准》也对纸盒类、塑料类和不粘锅涂层等部分材料中的全氟辛酸和全氟辛烷磺酰基化合物含量提出了管控要求。

五、内分泌干扰物

(一)定义和特性

内分泌干扰物也称为环境激素,是环境中存在的能干扰人类或动物内分泌系统并导致出现异常效应的物质。内分泌干扰物通过摄入、积累等各种途径,间接对生物体起作用,造成动物体和人体内分泌失衡、行为异常、生殖能力下降、幼体死亡甚至种群灭绝。

(二)国内外立法研究情况

欧美、日本等发达国家对内分泌干扰物的研究较早,已前后经历了 20 多年的时间,主要在内分泌干扰物识别标准、测试技术、环境观测和管理制度上取得了系列成果。例如,美国环保署制订了内分泌干扰物筛选计划,并建立了内分泌干扰物评估框架。欧盟在《化学品的注册、评估、授权和限制》《植物保护产品指令》《生物杀灭剂指令》法规中,将内分泌干扰物列为等同于"三致"[②]效应、持久性和生物积累性的高危害或高关注物质。我国从 1997 年参加在华盛顿召开的内分泌干扰物国际会议开始,逐步开展了内分泌干扰物相关研究。2000 年以后,在 863 计划和国家自然科学基金等项目的支持下,我国针对内分泌干扰物测试方法、作用机制、监测技术等开展了系列研究,取得了大量的研究成果,但尚未形成系统的环境管理制度。

六、其他类型的污染物

除上述比较热点的五种污染物外,还有诸如农药、畜禽养殖废弃物等常见的其他类型污染物。农药等危害性较大但广大群众接触较少的污染物,一般通过源头控制和加强管理来防控污染。《农药管理条例》就是针对加强农药管理、保证农药质量、保障农产品安全和人畜安全、保护生态环境等多方面需求而制定的条例。此外,一些常用农药的环境管控已在水污染防治有关规定中予以明确,如《地表水环境质量标准》规定了滴滴涕、林丹等多种农药在水环境中的限制要求。畜禽养殖污染涉及大气环境、土壤环境、水环境、固体废弃物处置等多个方面,在相关专项法律中均有明确的要求,但存在系统性不强等突出问题。为推动畜禽产业走绿色农业、循环农业和低碳农业的发展路子,2014 年施行的《畜禽规模养殖污染防治条例》对规模化畜禽养殖布局选址、环评审批、污染防治配套设施建设、废弃物的处置利用途径等环境管理各环节提出了针对性要求。

---

① 参见《关于禁止生产、流通、使用和进出口林丹等持久性有机污染物的公告》。

② "三致"指致突变、致癌、致畸。

第四编

自然资源法

第十八章 生物资源保护法

"由于生态环境是以整个生物界为中心和主体，生态环境三要素中的第一要素是生物群体，所以，生物资源是生态环境资源的首要组成部分。加强对生物资源的法律保护是现代环境法特别需要重视的领域。"[①] 对此，本章将重点讲授生物多样性保护、森林、草原、渔业、种子、野生动植物资源等的法律保护。

第一节 生物多样性保护

生物多样性是人类赖以生存和发展的重要基础，是地球生命共同体的血脉和根基。相对于气候变化、海洋污染等，生物多样性损害及其影响更加隐形、间接和持久。近年来，在国际社会的共同努力下，全球生物多样性保护取得积极进展，但生物多样性下降趋势尚未得到根本遏制，世界各国仍需付出巨大努力。党的二十大报告指出"提升生态系统多样性、稳定性、持续性，加快实施重要生态系统保护和修复重大工程，实施生物多样性保护重大工程"。

一、生物多样性保护的概念

生物多样性是动物、植物、微生物与环境形成的生态复合体以及与此相关的各种生态过程的总和。

生物多样性通常包括"遗传多样性""物种多样性"和"生态系统多样性"三个组成部分。

（一）遗传多样性

遗传多样性具有狭义和广分之分。

狭义的遗传多样性主要是指生物种内基因的变化，包括种内显著不同的种群之间以及同一种群内的遗传变异。

---

① 周珂.环境法（第六版）[M].北京：中国人民大学出版社，2021.

广义的遗传多样性是指生物所携带的各种遗传信息的总和。

基因的多样性是生命进化和物种分化的基础，基因层面的生物多样性保护包括"转基因生物安全"和"生物遗传资源的获取与利益分享"。

"转基因生物安全"是指转基因生物安全，是指防范转基因生物对人类、动植物、微生物和生态环境构成的危险或者潜在风险，包括环境安全和食品安全。近年来，我国出现了一系列涉及转基因生物及其产品的案件和纠纷，如雀巢转基因食品标识纠纷、美国转基因大豆进口许可证风波、转基因稻米市场化等。

根据《生物多样性公约》第二条，生物遗传资源是指"具有实际或潜在价值的动植物和微生物种以及种以下的分类单位及其含有生物遗传功能的材料、衍生物及其产生的信息资料"。由于各国生物遗传资源存在巨大的禀赋差异，发达国家生物产业的发展主要依赖于发展中国家的生物遗传资源。长期以来，发达国家凭借资金和技术优势，利用发展中国家的生物遗传资源，研发出创新药物、保健品和化妆品等生物产品，借助专利等现行知识产权制度独占商业利润，严重侵权了发展中国家的权益，这种行为被称为"生物剽窃（海盗）"。

（二）物种多样性

物种多样性是指地球上动物、植物、微生物等生物种类的丰富程度。

物种层面的生物多样性保护包括（濒危）物种保护和防治外来物种入侵。相比（濒危）物种保护，外来物种入侵现已成为严重的全球性环境问题之一，它是除生境丧失以外导致局部和全球生物多样性丧失的最重要的因素。同时，它还严重地威胁到各国的生态环境和生物多样性。全球经济一体化使得国际、国内贸易往来越来越频繁，生物成功入侵的概率也大大增加，大多数外来有害生物是通过这种无意识的人类活动而成功入侵的。例如，福寿螺系首批入侵我国的16种重大危险农业入侵生物之一，农业部将其列入国家重点管理外来入侵物种名录。

（三）生态系统多样性

生态系统是各种生物与其周围环境所构成的自然综合体。

生态系统多样性是指生境、生物群落和生态过程的多样性，以及生态系统内生境的差异、生态过程变化的多样性。

生境的多样性主要指无机环境的多样性，是生物群落多样性乃至整个生物多样性形成的基本条件。

生物群落的多样性主要指群落的组成、结构和动态（包括演替和波动）方面的多样化。

生态过程的多样性是指生态系统组成、结构和功能在时间、空间上的变化。

二、生物多样性保护

生物多样性保护有狭义和广义之分。狭义的生物多样性保护仅指对人类活动进行控制或限制，要对生物多样性进行保存、保护、改进和复育，维持生物多样性的现状。广义的生物多样性保护即包括上述第一个方面，也包括对生物多样性及其组成部分的持续利用。

生物多样性保护的措施包括就地保护[1]和迁地保护[2]。

我国是世界上生物多样性最丰富的国家之一，也是最早加入《生物多样性公约》[3]的国家之一。1994年6月，经国务院环境保护委员会同意，原国家环境保护局会同相关部门发布了《中国生物多样性保护行动计划》。2003年1月，中国科学院倡导启动了一项濒危植物抢救工程。此外，我国有重点、有组织地实施了对大熊猫、朱鹮、扬子鳄、海南坡鹿、高鼻羚羊、野马等濒危野生动物的"七大拯救工程"。近十年来，我国生物多样性保护取得令世人瞩目的巨大成就。[4] 2021年10月，我国成功举办《生物多样性公约》第十五次缔约方大会（COP15）第一阶段会议，会议通过了《昆明宣言》。2021年10月8日，国务院新闻办公室发表《中国的生物多样性保护》（白皮书）。2021年10月，中共中央办公厅、国务院办公厅印发了《关于进一步加强生物多样性保护的意见》。二十大报告中也指出，实施生物多样性保护重大工程。

三、生物安全

国家安全是国家生存发展的基本前提，而生物安全是国家安全的重要组成部分。随着人类先后经历"非典""埃博拉"新型冠状病毒肺炎等疫情，"生物安全"这一名词逐渐走进大众视野，特别是新型冠状病毒肺炎疫情暴发以来，引起人们对生物安全的高度重视。二十大报告更是强调，加强生物安全管理防治外来物种侵害。

（一）《生物安全法》

生物安全是指国家有效防范和应对危险生物因子及相关因素威胁，生物技术能够稳定健康发展，人民生命健康和生态系统相对处于没有危险和不受威胁的状态，生物领域具备维护国家安全和持续发展的能力。

---

[1] 就地保护是指以各种类型的自然保护区包括风景名胜区的方式，对有价值的自然生态系统和野生生物及其栖息地予以保护，以保持生态系统内生物的繁衍与进化，维持系统内的物质能量流动与生态过程。建立自然保护区和各种类型的风景名胜区是实现这种保护目标的重要措施。

[2] 迁地保护又叫易地保护，是为了保护生物多样性，把因生存条件不复存在，物种数量极少或难以找到配偶等原因，生存和繁衍受到严重威胁的物种迁出原地，移入动物园、植物园、水族馆和濒危动物繁殖中心，进行特殊的保护和管理，是对就地保护的补充。

[3] 1992年，在巴西里约热内卢举行的联合国环境与发展大会上签署了《生物多样性公约》，此公约于1993年12月29日正式生效。该公约具有法律约束力，旨在保护濒临灭绝的动植物和地球上多种多样的生物资源。

[4] 在这近十年的时间里，我国不仅将生物多样性保护上升为国家战略，还采取一系列有力举措，不断加强生物多样性主流化，大力推动就地与迁地保护，有序开展生物多样性调查、监测、评估，实施最严格执法监管，持续提升社会参与度和公众意识，推动生物多样性保护不断取得新成效。

在我国生物安全领域，面临系列风险，如实验室安全、外来物种入侵和生物多样化、生物技术发展、人类遗传资源和生物资源安全、微生物耐药、生物恐怖袭击、生物武器威胁，以及重大新发突发传染病、动植物疫情等。

为维护国家安全，防范和应对各种生物安全风险，2020年10月，审议通过了生物安全领域的一部基础性、综合性、系统性、统领性法律——《生物安全法》。该法规定了生物安全风险监测预警、风险调查评估、信息共享、信息发布、名录和清单、标准、生物安全审查、应急、调查溯源、国家准入，以及境外重大生物安全事件应对等生物安全风险防控的基本制度。

（二）《外来入侵物种管理办法》

防治外来入侵物种，是生物安全管理的重要内容，党的二十大报告指出"防治外来物种侵害"。长期以来，我国主要依赖于《动物防疫法》《进出境动植物检疫法》《植物检疫条例》等对外来入侵物种进行管理，但由于法律衔接问题，部门职责不清、管理权限不明，重事后管理而忽视事前预防，管理效果不尽如人意，各种因素形成的入侵物种仍然时有出现，且对生物物种平衡和农业生产带来了严重损害。虽然《生物安全法》第二条、第十八条和第六十条规定了外来入侵物种管理的相关条款，但缺乏可操作性。2022年5月，农业农村部等四部门联合发布了《外来入侵物种管理办法》，此管理办法是我国第一部针对外来物种防控的行政法规。

1. 外来入侵物种管理体制

我国的外来入侵物种管理实行的是政府统筹和部门分工负责相结合的管理体制。根据《外来入侵物种管理办法》第五条第一款的规定，县级以上地方人民政府依法对本行政区域外来入侵物种防控工作负责，组织、协调、督促有关部门依法履行外来入侵物种防控管理职责。此外，《外来入侵物种管理办法》第五条第二款、第三款、第四款和第五款分别规定了农业农村主管部门、林业草原主管部门、自然资源主管部门和生态环境主管部门分别应当承担的职责。

2. 建立外来入侵物种防控部际协调机制

外来入侵物种的管理具有很强的复杂性，涉及外来入侵物种本身，以及农、林、牧、渔、生态环境等各领域。对此，《外来入侵物种管理办法》第四条专门规定建立外来入侵物种防控部际协调机制，研究部署全国外来入侵物种防控工作，统筹协调解决重大问题。

3. 对外来入侵物种设置三道防线

《外来入侵物种管理办法》更加注重对外来入侵物种的过程化管理，对外来入侵物种可能构成或已经形成的危害的处理设定了三道防线。

（1）第一道防线，是对引进物种可能构成的生物入侵的事前防范机制，在物种引进之前要进行审查评估，经评估有入侵风险的不予许可入境，引进单位要采取防范措施，防止引进物种逃逸、扩散至野外环境，海关应当加强外来入侵物种口岸防控。

（2）第二道防线，是对于已经引进的外来入侵物种，各有关部门应当在职责范围内，按照《外来入侵物种管理办法》规定加强监测，并规定了对于入侵物种的预警预报和信息发布制度。

（3）第三道防线，是对入侵物种已经构成危害的，要通过制订、实施外来入侵物种防控治理方案，及时控制或消除危害。

4. 入侵物种名录管理和技术支撑体系建设

名录管理是对入侵物种管理的基础性工作，制定名录并及时动态调整，有助于各相关部门依据职责权限对入侵物种采取相应的防范和治理措施，也有利于引进单位和农业生产经营主体依据名录规范其生产经营行为。《生物安全法》第六十条赋予了相关部门制定入侵物种名录的职责。《外来入侵物种管理办法》第六条也做出了明确规定。[1]

5. 对入侵物种的风险评估和监测预警

对外来入侵物种需要进行风险评估和监测预警，对此，《外来入侵物种管理办法》第七条规定，农业农村部会同有关部门成立外来入侵物种防控专家委员会，为外来入侵物种管理提供咨询、评估、论证等技术支撑。

第二节 森林资源的法律保护

森林是陆地生态系统的主体，对国家生态安全具有基础性、战略性作用。我国森林面积小、资源数量少，地区分布不均，此外，由于人口膨胀、毁林造田、乱砍滥伐等原因，我国林地资源不断减少。[2] 为保护森林资源，1979 年第五届全国人大常委会通过《中华人民共和国森林法（试行）》。1984 年第六届全国人大常委会第七次会议审议通过《中华人民共和国森林法》（以下简称《森林法》）。《森林法》是规范我国林业发展的基本法律，是我国自然资源领域第一部法律。之后，1998 年和 2009 年分

---

① 《外来入侵物种管理办法》第六条规定："农业农村部会同有关部门制定外来入侵物种名录，实行动态调整和分类管理，建立外来入侵物种数据库，制修订外来入侵物种风险评估、监测预警、防控治理等技术规范。"

② 根据《第三次全国国土调查主要数据公报》显示，我国现有林地 28412.59 万公顷（426188.82 万亩）。其中，乔木林地 19735.16 万公顷（296027.43 万亩），占 69.46%；竹林地 701.97 万公顷（10529.53 万亩），占 2.47%；灌木林地 5862.61 万公顷（87939.19 万亩），占 20.63%；其他林地 2112.84 万公顷（31692.67 万亩），占 7.44%。87% 的林地分布在年降水量 400mm（含 400mm）以上地区。四川、云南、内蒙古自治区、黑龙江等 4 个省份林地面积较大，占全国林地的 34%。

别对《森林法》进行了修正；2019 年 12 月，表决通过了新修订的《森林法》。

一、森林法的立法目的

2019 年修订的《森林法》秉持"两山"理论，以保护、培育和合理利用森林资源，加快国土绿化，保障森林生态安全，建设生态文明，实现人与自然和谐共生为根本目的。

二、森林资源保护的监督体制

国务院林业主管部门主管全国林业工作。

县级以上地方人民政府林业主管部门，主管本行政区域的林业工作。

乡镇人民政府可以确定相关机构或者设置专职、兼职人员承担林业相关工作。

2020 年 12 月，中共中央办公厅、国务院办公厅印发《关于全面推行林长制的意见》，明确到 2022 年 6 月全面建立林长制。随着林长制的全面推行，不断强化我国森林资源管理，实现了"山有人管、林有人护、责有人担"。

三、《森林法》中的法律制度

《森林法》把握"国有林和集体林""公益林和商品林"两条主线，实行最严格的法律制度保护森林、林木和林地，建立和完善了森林资源保护管理制度。

1. 森林权属制度

自党的十八大以来，党中央、国务院明确要求健全自然资源资产产权制度、统筹推进自然资源资产产权制度改革，强调要稳定农村土地承包关系，赋予农民更多的财产权利。对此，2019 年修订的《森林法》增加"森林权属"一章。"森林权属"章明确了森林、林木、林地的权属，确定了国有森林资源的所有权行使主体，规定了国家所有和集体所有的森林资源流转的方式和条件，强调了国家、集体和个人等不同主体的合法权益。

2. 分类经营管理制度

2019 年修订的《森林法》将"国家以培育稳定、健康、优质、高效的森林生态系统为目标，对公益林和商品林实行分类经营管理"首次作为基本法律制度写入"总则"一章。

3. 森林资源保护制度

2019 年修订的《森林法》对原《森林法》"森林保护"一章进行了补充完善。修订后的《森林法》"森林保护"章规定了公益林补偿、重点林区转型发展、天然林保护、护林组织和护林员、森林防火、林业有害生物防治、林地用途管制、古树名木和珍贵树木保护、林业基础设施建设等内容。

同时，修订后的《森林法》明确了政府、林业主管部门以及林业经营者各自承担的森林资源保护职责。

此外，新修订的《森林法》还和《土壤污染防治法》进行衔接，对向林地排放重金属或者其他有毒有害物质含量超标的污水、污泥等做出了禁止性规定。

近年来，各级林草主管部门加大了破坏森林资源案件的查处力度，强化森林资源保护，通报了一系列破坏森林资源、毁林采石采矿典型案件。[①]

4. 造林绿化制度

为着力推进国土绿化，着力提高森林质量，2019年修订的《森林法》增添"造林绿化"一章，此章实质是在原《森林法》"植树造林"一章的基础上修改而来。修订后的"造林绿化"章在制度设计上注重三个方面：一是开展大规模国土绿化；二是发动全社会参与造林绿化；三是科学保护修复森林生态系统。

5. 林木采伐制度

原《森林法》确立了以森林采伐限额、采伐许可证和木材运输证制度为主体的林木采伐管理制度。为有效保护森林资源，又充分保障林业经营者的合法权益，2019年修订的《森林法》保留了森林采伐限额和采伐许可证制度，同时，下放采伐限额审批权、调整采伐许可证核发范围、完善采伐许可证审批程序、增加了林木采伐的特别规定，以及强化森林经营方案的地位和作用。

第三节 草原资源的法律保护

我国国土面积幅员辽阔，土地类型包括耕地、草原、沙漠等。根据《第三次全国国土调查主要数据公报》显示，我国现有草地26453.01万公顷（396795.21万亩）。[②]同时，面临"草原资源分布不均衡、天然优质牧场比例低、草原生产力季节、年际变

---

① 如2021年，国家林业和草原局通报12起破坏森林资源典型案件，这些案件包括：山西省煤炭运销集团和顺鸿润煤业公司采煤毁林案、黑龙江省五常市松花江绿达公司违法占用林地案、内蒙古赤峰市红山区文钟村蔚某非法占用林地案、大兴安岭林业集团公司松岭林业局何某盗伐林木案、重庆市巫山县郡立建材公司违法占用林地案、云南省红河县三村乡采石场违法使用林地案、江西省永修县龙某滥伐林木案、甘肃省定西市曹某等非法采石违法占用林地案、河南省方城县李某等人滥伐林木和非法收购林木案、湖南省蓝山县创新新型墙体环保公司非法占用林地案、广东省潮州市广牧农业科技公司违法占用林地案、新疆塔里木油田分公司非法占用林地案，等等。2022年，国家林业和草原局挂牌督办10起毁林采石采矿典型案例，这些案件包括：内蒙古自治区兴安盟突泉县红瑞采石场违法占用林地案、四川省凉山彝族自治州冕宁县冶勒有色金属选矿厂违法占用林地案、湖北省宜昌市夷陵区中科恒达石墨股份有限公司违法占用林地案、甘肃省白银市景泰县昌盛冶炼公司违法占用林地采石案、贵州省毕节市金沙县金凤煤矿地质灾害综合治理项目违法占用林地案、广东省梅州市丰顺县顺鹏石业公司违法占用林地案、新疆维吾尔自治区哈密市伊州区瑞泰矿业公司违法占用林地案、浙江省温州市洞头区盛森石材公司违法占用林地案、河北省唐山市迁安市龙达工贸公司违法占用林地案，以及吉林省白山市浑江区星泰集团拌料场、盛泰矿业有限公司违法占用林地案。

② 其中，天然牧草地21317.21万公顷（319758.21万亩），占80.59%；人工牧草地58.06万公顷（870.97万亩），占0.22%；其他草地5077.74万公顷（76166.03万亩），占19.19%。草地主要分布在西藏、内蒙古、新疆、青海、甘肃、四川等六个省份，占全国草地的94%。

化大"^①等问题。我国历来重视草原的立法工作。1985 年 6 月 18 日第六届全国人民代表大会常务委员会第十一次会议通过了《中华人民共和国草原法》（以下简称《草原法》），此部法律是调整草原开发、利用、建设、保护和牧业活动中所发生的各种社会关系的基本法律。之后，2002 年对其进行了第一次修订。2009 年、2013 年分别对其进行了两次修正。2021 年是《草原法》颁布 36 周年。也是在这一年，《草原法》进行了第三次修正。

一、草原的概念

草原是重要的自然资源，也是重要的生态系统，在防风固沙、保持水土、涵养水源、固氮储碳、净化空气、调节气候、维护生物多样性以及发展农牧业等方面具有重要作用。

《草原法》中所谓的草原，是指天然草原^②和人工草地^③。在我国，草原属于国家所有和集体所有^④，主要分布于完达山到青藏高原东麓的西北地区。我国最著名的四大草原有内蒙古呼伦贝尔大草原、内蒙古锡林郭勒大草原、新疆伊犁草原、西藏那曲高寒草原。

二、草原规划

国家对草原保护、建设、利用实行统一规划制度。《草原法》专设第三章"规划"。在此章中，还规定了如草原调查制度（《草原法》第二十二条）、草原统计制度（《草原法》第二十四条）、草原生产和生态监测预警制度（《草原法》第二十五条）等。

三、草原保护

《草原法》专设"第六章保护"。在此章中，规定了基本草原保护制度（《草原法》第四十二条）、草原自然保护区制度（《草原法》第四十三条）、草畜平衡制度（《草原法》第四十五条）、退耕还草和禁牧休牧制度（《草原法》第四十八条）、草原防火制度（《草原法》第五十三条）等。其中，草畜平衡制度是我国实施草原保护的重要制度，其核心是坚持以草定畜，要求在一定区域和一定时期内放牧家畜的饲草需求总量，应与草原植物的生长量大体相当。其目的是通过合理控制利用强度，使草原生态系统始终保持自我修复能力，防止因过度利用导致草原退化，保障可持续发展。全面落实草畜平衡制度，是协调草畜矛盾、兼顾生态保护和经济发展的关键措施，是遏制草原退化的治本之策。

---

① 周珂.环境法（第六版）[M].北京：中国人民大学出版社，2021.

② 天然草原是指一种土地类型，它是草本和木本饲用植物与其所着生的土地构成的具有多种功能的自然综合体，具体包括草地、草山和草坡。

③ 人工草地是指选择适宜的草种，通过人工措施而建植或改良的草地，具体包括改良草地和退耕还草地，不包括城镇草地。

④《草原法》第九条规定："草原属于国家所有，由法律规定属于集体所有的除外。国家所有的草原，由国务院代表国家行使所有权。任何单位或者个人不得侵占、买卖或者以其他形式非法转让草原。"

四、草原修复

鉴于当前我国草原生态系统整体仍较脆弱，保护修复力度不够、利用管理水平不高、科技支撑能力不足、草原资源底数不清等问题依然突出，草原生态形势依然严峻，国务院办公厅于 2021 年发布了《国务院办公厅关于加强草原保护修复的若干意见》，此意见要求建立草原调查体系、健全草原监测评价体系、编制草原保护修复利用规划、加大草原保护力度、完善草原自然保护地体系、加快推进草原生态修复、统筹推进林草生态治理、大力发展草种业、合理利用草原资源、完善草原承包经营制度、稳妥推进国有草原资源有偿使用制度改革，以及推动草原地区绿色发展。

第四节 渔业资源的法律保护

在渔业资源法治建设层面，早在 1986 年，就通过了《中华人民共和国渔业法》（以下简称《渔业法》）。此后，2000 年、2004 年、2009 年、2013 年相继对其进行了四次修正。

一、渔业及渔业资源的概念

渔业是指从事采集、捕捞和养殖水生动植物的产业部门。

渔业资源也被称为水产资源，是指可以养殖、采捕利用的水生动植物资源，包括鱼、虾、蟹、贝、海藻、淡水食用水生植物（如莲藕、菱角等）及其他如海参、乌贼、乌龟、鳖、鲸、鱿鱼等水生动植物资源。

渔业资源按其生产所依赖的水域不同，一般可分为淡水渔业资源和海水渔业资源两大类。

二、渔业生产的基本方针

根据《渔业法》第三条的规定，国家对渔业生产实行以养殖为主，养殖、捕捞、加工并举，因地制宜，各有侧重的方针。

三、《渔业法》关于渔业资源保护的主要举措

《渔业法》分别针对养殖业、捕捞业以及渔业资源的增值和保护做出了专门规定。

（一）养殖业

根据《渔业法》的规定，为实现渔业资源的永续利用，国家鼓励全民所有制单位、集体所有制单位和个人充分利用适于养殖的水域、滩涂，发展养殖业。

（二）捕捞业

为实施合理捕捞，防止破坏渔业资源，国家对捕捞业实行了如下举措：①保护近

海渔业资源，鼓励外海及远洋捕捞（《渔业法》第二十一条）；②捕捞限额制度（《渔业法》第二十二条）；③捕捞许可证制度（《渔业法》第二十三条）。

（三）渔业资源的增值和保护

《渔业法》第四章规定了渔业资源增值和保护的系列举措。如①实行征收渔业资源保护费制度（《渔业法》第二十八条）；②实行捕捞方式、期限等的控制措施（《渔业法》第三十条和第三十一条）；③对渔业资源生存环境的保护（《渔业法》第三十六条）；④关于水生野生动物保护的规定。《渔业法》第三十七条规定，国家规定禁止捕捞的珍稀水生动物应当予以保护；因特殊需要捕捞的，按照有关法律、法规的规定办理。此外，我国《野生动物保护法》和《水生野生动物保护实施条例》都规定了对珍贵、濒危的水生生物及其产品实施保护和管理。

第五节 种子资源的法律保护

2000年7月，我国出台了《中华人民共和国种子法》（以下简称《种子法》）。之后于2004年和2013年分别对其进行两次修正、2015年对其进行了第一次修订。2021年12月24日，第十三届全国人民代表大会常务委员会第三十二次会议表决通过关于修改《中华人民共和国种子法》的决定。这是《种子法》自2000年颁布以来的第三次修正。

一、种子及种质资源的概念

种子，是指农作物和林木的种植材料或者繁殖材料，包括籽粒、果实、根、茎、苗、芽、叶、花等。

种质资源，是指选育植物新品种的基础材料，包括各种植物的栽培种、野生种的繁殖材料以及利用上述繁殖材料人工创造的各种植物的遗传材料。其具体包括粮、棉、油、麻、桑、茶、烟、果、药、花卉、牧草、绿肥及其他种用的籽粒、果实和根、茎、苗、芽等繁殖材料和近缘生植物以及人工创造的各种遗传材料。

根据其来源和性质，种质资源可分为本地种质资源[1]、外引种质资源[2]、野生植物资源[3]、人工创造的种质资源[4]。

---

[1] 本地种质资源，是指在本地区经过长期自然和人工选择而成的地方品种和当前推广的改良品种。

[2] 外引种质资源，是指从国内不同地区或国外引进的新品种或新类型。

[3] 野生植物资源，是指在育种上有潜在利用价值的各种作物的野生种和近缘植物类型。

[4] 人工创造的种质资源，是指通过人工选择、杂交、诱变、基因工程等方法创造的各种新类型。

二、种质资源保护

根据《种子法》第八条的规定，国家依法保护种质资源，任何单位和个人不得侵占和破坏种质资源。禁止采集或者采伐国家重点保护的天然种质资源。因科研等特殊情况需要采集或者采伐的，应当经国务院或者省、自治区、直辖市人民政府的农业农村、林业草原主管部门批准。

根据《种子法》第十一条的规定，国家对种质资源享有主权。此外，《种子法》还规定种质资源的系列保护措施，包括扶持和鼓励种质资源保护（《种子法》第四条），定期公布种质资源目录（《种子法》第九条），建立种质资源库、种质资源保护区、种质资源保护地（《种子法》第十条）等。

三、种质品种的选育、审定与登记

品种，是指经过人工选育或者发现并经过改良，形态特征和生物学特性一致，遗传性状相对稳定的植物群体。品种具有特异性、一致性以及稳定性。《种子法》特别重视加强农作物新品种选育管理工作，对农作物品种选育、审定与登记等管理内容做了专门规定。

品种选育是种业创新的基础工作。长期以来，由于农作物种子品种选育周期长、经济效益不明显、财政投入和企业自主研发投入不足等原因，模仿性和低水平重复品种多，原创性、突破性的新品种少。为加大对品种选育的扶持力度，创新育种体制机制，《种子法》第十二条至第十四条对品种选育做出了专门规定。

此外，《种子法》还规定国家对主要农作物和主要林木实行品种审定制度、国家对部分非主要农作物实行品种登记制度。

四、对植物新品种的保护

根据《种子法》第二十五条的规定，国家实行植物新品种保护制度。

我国对植物新品种采取的是专门的保护方式。1997年4月公布的《植物新品种保护条例》对植物新品种制定专门法规进行保护。在该条例基础上，发布了《植物新品种保护条例实施细则》以及农业和林业植物新品种保护名录。1999年4月23日，我国加入了《国际植物新品种保护公约》。现行的《植物新品种保护条例》对植物新品种的保护基本符合公约的原则规定。

五、种子生产经营

种子生产经营，是指种植、采收、干燥、清选、分级、包衣、包装、标识、储藏、销售及进出口种子的活动。

《种子法》规定种子生产经营需申请生产经营许可证。从事种子进出口业务的，应当具备种子生产经营许可证，其中，从事农作物种子进出口业务的，还应当按照国家有关规定取得种子进出口许可。为加强农作物种子生产经营许可管理，规范农作物种子生产经营秩序，根据《种子法》，我国制定了《农作物种子生产经营许可管理办法》。

此管理办法对农作物种子生产经营许可证的申请、审核、核发和监管等做出了具体规定。

《种子法》还规定禁止生产经营假、劣种子。农业农村、林业草原主管部门应当加强对种子质量的监督检查，依法打击生产经营假、劣种子的违法行为，进而保护农民合法权益，维护公平竞争的市场秩序。

第六节 野生动植物资源的法律保护

近些年，在消费社会背景下，异化消费理念的突起，"野生动物被奉为餐桌美味……然而舌尖的一时'任性'，却潜藏巨大风险。从 SARS 病毒到鼠疫、H7N9 禽流感，再到埃博拉病毒、MERS 病毒，都与野生动物有关"。保护野生动物"体现着敬畏自然、尊重自然规律的价值和态度"。[①] 针对野生植物而言，其是自然生态系统重要的组成部分，也是宝贵的自然资源和战略资源。保护野生动植物需要完备的法律体系，当前，我国已建立了以《野生动物保护法》《野生植物保护条例》《濒危野生动植物进出口管理条例》为主体的野生动植物资源保护的立法体系。

一、《野生动物保护法》

野生动物，是指珍贵、濒危的陆生、水生野生动物和有重要生态、科学、社会价值的陆生野生动物。我国是全球野生动物种类最丰富的国家之一，其中大熊猫等上百种珍贵、濒危野生动物为我国所特有。但我国野生动物的灭绝速率呈上升趋势，越来越多的物种面临着生存危机。为保护、拯救珍贵、濒危野生动物，保护、发展和合理利用野生动物资源，1988 年 11 月 8 日，第七届全国人大常委会第四次会议通过《野生动物保护法》。这是中华人民共和国成立后，我国颁布的第一部关于野生动物保护的法律。此外，我国还相继制定了《森林和野生动物类型自然保护区管理办法》《国家重点保护野生动物名录》《国家珍稀濒危植物名录》等法规和行政规章。2016 年 7 月 2 日，第十二届全国人大常委会第二十一次会议审议通过修订后的《野生动物保护法》。这是《野生动物保护法》自 1988 年全国人大常委会通过，1989 年实施至今第一次修订。

新修订的《野生动物保护法》共五章五十八节，五章分别为总则、野生动物及其栖息地保护、野生动物管理、法律责任、附则。其适用对象为珍贵、濒危的陆生、水生野生动物和有重要生态、科学、社会价值的陆生野生动物及其制品。

---

① 于文轩. 新型冠状病毒疫情下野生动物管理法制之反思 [N], 中国环境报, 2020-02-07 (02).

新修订的《野生动物保护法》规定了若干野生动物保护的基本法律制度：①野生动物分类分级保护制度。《野生动物保护法》依保护程度，将野生动物分为国家重点保护野生动物地方重点保护野生动物和有重要生态、科学、社会价值的陆生野生动物三类。②许可证制度。我国对野生动物资源的猎捕、驯养繁殖、收购、经营、运输、出口实施许可制度。③野生动物名录制度。《野生动物保护法》第十条规定实行国家重点保护野生动物名录、地方重点保护野生动物名录，以及有重要生态、科学、社会价值的陆生野生动物名录。早在 1989 年，国务院就批准颁布了《国家重点保护野生动物名录》。根据《野生动物保护法》等法律法规的规定，由林业部和农业部共同拟定的名录共列出国家一级重点保护野生动物 96 个种或种类；列出二级重点保护野生动物 160 个种或种类以及野生动物重要栖息地名录制度（《野生动物保护法》第十二条第一款）和自然保护区制度（《野生动物保护法》第十二条第二款）。

野生动物兼具资源属性和生态属性，但实践中，野生动物利用一直凌驾于野生动物保护之上。新型冠状病毒肺炎疫情更是暴露出了我国在野生动物价值追求层面存在冲突。根据世界自然基金会（WWF）发布的一份报告显示，"自 1970 年以来，由于人类过度使用自然资源、推动气候变化和污染地球，全球野生动物数量减少了 60%"。针对我国来说，由于人们对野生动物存在价值认识的不足，又因各种非法猎捕、交易、食用等原因，致使我国野生动物的数量不断减少，灭绝的种类也在逐渐增加，野生动物的生活家园和食物链惨遭受巨大破坏。人和动物、植物以及微生物都有其固有的利益和价值，这些利益和价值是受生态系统生态平衡规律制约和控制的，服从系统整体生态平衡的利益和价值。[1] 所以，当面临野生动物的生态属性和资源属性抉择时，为避免野生动物损害的不可逆转性，应坚持生态保护优先原则。

坚持"生态保护优先原则"并不是给予动物某种权利。动物能否成为权利主体，是一个有争议的话题，我国部分学者是动物权利支持论者，他们在谈到权利话语体系时，通常将善待动物的要求诉诸动物拥有某种权利。如江山、徐昕提出"动物也有其意志和行动力，且从自然的主体性角度出发的话，动物也是具有主体地位的"。[2] 高利红认为"依据动物也是具有'绝对'的'内在价值'的观点，提出通过设计平等对待原则和权利内容差别原则，以及独立利益代表原则来构成动物主体的制度"。[3] 在上述这些动物权利论支持者看来，"赋予'权利'是对动物最强有力的保护，由此，他们试图在专属于人类的权利体系中赋予动物平等的权利和道德评价，倡导众生平等"[4]，

① 余谋昌，王耀光 . 环境伦理学 [M]. 北京：高等教育出版社，2004
② 路阳 . 伦理视野下动物福利思想研究 [D]. 石家庄：河北经贸大学，2017.
③ 路阳 . 伦理视野下动物福利思想研究 [D]. 石家庄：河北经贸大学，2017.
④ 柏水英 . "动物权利论"之辨析 [J]. 法制与社会，2014（31）：265–266.

但由于动物本身自主意识和能力的缺失，使其难以在权利体系中成为主体，而且与现行的法律原则、法律制度相悖。对此，需要转换一种思路，对动物进行生态保护，并不是对动物进行比附的赋权，而是从生态平衡的角度出发，对人类提出的要求，要求人们树立生态整体观，进行自我约束，善待动物、保护动物，实现人与自然的和谐。

坚持"生态保护优先原则"可避免野生动物损害的不可逆转性。"环境损害本身具有难以恢复性，甚至是不可逆转性"[①]，"环境损害的客体，即人类的环境利益，具有价值上的不可量化性"[②]，我们必须要将人类活动及其影响控制在环境能力或环境承受能力的极限范围内。如前所述，因各种非法猎捕、交易、食用等原因，导致野生动物的数量在不断减少，甚至有些物种已处于濒危、灭绝的边缘。所以，当面临野生动物的生态属性和资源属性抉择时，更应坚持生态保护优先原则，优先保护其生态属性，由此可避免野生动物损害的不可逆转性。

坚持"生态保护优先原则"可作为行政机关行使行政行为的依据。在野生保护执法过程中，因立法的滞后性等因素制约，行政机关在行使行政行为时可以将"生态保护优先原则"作为执法依据，弥补法律制度的空白，具体而言：第一，"生态保护优先原则"可作为法律依据。法律依据不仅包括法律制度，也包括一系列法律原则。负有监督管理职责的行政机关在实施行政行为时不仅要遵守法律制度，还要遵守法律原则。在效力位阶上，法律原则高于法律制度，法律原则是行政行为是否具有实质合法性的判断标准。对此，当行政机关在行使行政行为时，可将"生态保护优先原则"作为法律依据。第二，"生态保护优先原则"可以填补法律制度的空白。"生态保护优先原则"在环境法中的具体体现就是一系列预防性环境法律制度。但因法律具有滞后性，如果某预防性法律制度未上升到法律层面，或者当具体的法律制度不能及时制定，法律原则可以填补法律制度的空白，成为行使行政行为的法律依据。此外，当行政机关在行使行政行为但面对各项原则发生冲突时，要通过利益衡量，即斟酌不同法律原则所涉及的利益哪一种更急切需要保护予以解决，相比野生动物的经济价值，其生态价值显然更值得保护。

坚持"生态保护优先原则"与其经济价值并不冲突。坚持"生态保护优先原则"并不否定其资源属性。在一定程度上是包容其经济利益诉求的实现，尽量寻求两者之间的平衡。如在新型冠状病毒肺炎疫情防控期间，《全国人大常委会关于全面禁止非法野生动物交易、革除滥食野生动物陋习、切实保障人民群众生命健康安全的决定》在《野生动物保护法》的基础上，以全面禁止食用野生动物为导向，扩大法律调整范

---

① 徐祥民. 环境与资源保护法学（第二版）[M]. 北京：科学出版社，2013.
② 徐祥民. 环境与资源保护法学（第二版）[M]. 北京：科学出版社，2013.

围。[①]但考虑现实情况以及人民群众的需求，将部分动物排除在禁食范围之外，如鱼类等水生野生动物、比较常见的家畜家禽（如猪、牛、羊、鸡、鸭、鹅等）不列入禁食范围。此外，按照野生动物保护法、中医药法、实验动物管理条例、城市动物园管理规定等法律法规和国家有关规定，因科研、药用、展示等特殊情况，可以对野生动物进行非食用性利用。

从法律层面分析，为有效保护野生动物，首先，需要完备的法律；其次，强化执法力度；最后，衔接好执法和司法之间的关系。但无论是立法、执法，还是司法，都需要贯彻落实"生态保护优先原则"。

二、野生植物保护法

野生植物，是指原生地天然生长的珍贵植物和原生地天然生长并具有重要经济、科学研究、文化价值的濒危、稀有植物。野生植物是自然生态系统的重要组成部分，是人类生存和社会发展的重要物质基础，是国家重要的战略资源。

目前，我国没有专门的野生植物保护法律，但为更好地保护野生植物，近年来，我国陆续出台了诸多涉及野生植物保护方面的法律文件，如《野生植物保护条例》《自然保护区条例》《森林法实施条例》《森林法》《森林和野生动物类型自然保护区管理办法》《野生药材资源保护管理条例》《农业野生植物保护办法》以及《水生野生动物利用特许办法》等。

当前这些规范性文件规定了系列野生植物保护的基本法律制度，如：①野生制度分类保护制度，野生植物分为国家重点保护野生植物[②]和地方重点保护野生植物[③]；②野生植物的监测制度（《野生植物保护条例》第十二条）；③重点保护野生植物的采集制度（《野生植物保护条例》第十六条和第十七条）；④野生植物的经营利用制度。《野生植物保护条例》针对国家一级保护野生植物和国家二级保护野生植物的出售、收购分别进行了不同的规定；⑤名录制度，我国对野生植物的保护实施名录制度。自1999年国家林业局和农业局公布了《国家重点保护野生植物名录》以来，我国部分濒危野生植物得到有效保护，濒危程度得以缓解。但部分野生植物因生境破坏、过度利用等原因，濒危程度加剧。2018年，党和国家机构改革后，国家林业和草原局、农业农村部启动了《国家重点保护野生植物名录》修订工作。2021年，调整后的《国家重点保护野生植物名录》正式向社会发布。新调整的《国家重点保护野生植物名录》

---

① 《全国人大常委会关于全面禁止非法野生动物交易、革除滥食野生动物陋习、切实保障人民群众生命健康安全的决定》调整范围如下：第一，凡现行的《野生动物保护法》和其他有关法律明确禁止食用野生动物的，必须严格禁止；第二，必须一律禁止食用"有重要生态、科学、社会价值的陆生野生动物"（即"三有"动物）；第三，禁止食用的陆生野生动物包括人工繁育、人工饲养的陆生野生动物。

② 国家重点保护野生植物分为国家一级保护野生植物和国家二级保护野生植物。

③ 地方重点保护野生植物，是指除国家重点保护野生植物以外，由省、自治区、直辖市保护的野生植物。

共列入国家重点保护野生植物 455 种和 40 类，包括国家一级保护野生植物 54 种和 4 类，国家二级保护野生植物 401 种和 36 类。其中，由林业和草原主管部门分工管理的 324 种和 25 类，由农业农村主管部门分工管理的 131 种和 15 类。

第十九章 非生物有体资源保护法

自然界的物体可以分为生物和非生物两类。非生物资源是非生命的自然资源，包括水资源、土地资源、矿产资源等。这些非生物资源对我们的经济社会发展具有重要的作用，我们应十分珍惜和保护这些资源，对它们的开发利用要坚持永续利用、综合利用、节约利用、保护和因地制宜的原则。对此，我们将设专章论述我国重点非生物资源保护法律的基本制度，特别是权属制度规定、管理体制规定和重要的法律保护措施规定。

第一节 水资源保护

我国实行水资源与水环境分别管理的制度，为全面保护珍贵的水资源，早在1988年，就通过了《中华人民共和国水法》（以下简称《水法》）。其后，该法于2002年进行了首次修订。2009年和2016年分别又进行了两次修正。此外，《环境保护法》《水土保持法》《河道管理条例》《城市供水条例》《城市节约用水管理规定》《防洪法》、防讯条例、《取水许可制度实施办法》《取水许可和水资源费征收管理条例》《水污染防治法》《水功能区管理办法》《饮用水水源保护区污染防治条例管理规定》等法律法规也含有水资源保护的相关规定。

一、水资源的概念

根据《水法》第二条和第八十条的规定，水资源是指地表水和地下水。

地表水是指江河、湖泊、池塘、水库、运河、冰川、积雪等所含的水，而地下水则指位于地壳上部岩石的浅层地下水。

需明确的是，海水的开发、利用、保护和管理不适用《水法》，按有关法律的规定执行。

二、水资源的监管体制

国家对水资源实行流域管理与行政区域管理相结合的管理体制。[①]

三、水资源保护的基本法律制度

我国《水法》规定了水资源保护的若干基本法律制度。包括：①权属制度（《水法》第三条）；②取水许可制度和有偿使用制度（《水法》第七条）；③规划制度（《水法》第十四条）；④保护制度。具体包括饮用水水源保护区制度（《水法》第三十三条）、河道采砂许可制度（《水法》第三十九条）、用水总量控制和定额管理相结合的制度（《水法》第四十七条）、用水计量收费和超定额量进加价制度（《水法》第四十九条）；⑤法律责任制度（《水法》第六十七条、《水污染防治法》第七十五条）。

此外，《取水许可证制度实施办法》《国务院关于实行最严格水资源管理制度的意见》《水污染防治行动计划》《关于做好跨省江河流域水量调度管理工作的意见》等相关法律，法规、规章也对水资源配置与用水管理做出了相关规定。

四、"世界水日"和"中国水周"

为满足人们日常生活、商业和农业对水资源的需求，联合国长期以来致力于解决因水资源需求上升而引起的全球性水危机。1977年召开的"联合国水事会议"，向全世界发出严重警告：水不久将成为一个深刻的社会危机，石油危机之后的下一个危机便是水。1993年1月18日，第四十七届联合国大会做出决议，确定每年的3月22日为"世界水日"。每一年的"世界水日"都有一个主题。

1988年《水法》颁布后，水利部即确定每年的7月1日至7日为"中国水周"，但考虑到"世界水日"与"中国水周"的主旨和内容基本相同，因此从1994年开始，把"中国水周"的时间改为每年的3月22日至28日。每一年的"中国水周"都会有一个宣传主题。

此外，为进一步提高全社会关心水、爱惜水、保护水和水忧患意识，促进水资源的开发、利用、保护和管理，从1991年起，我国还将每年5月的第二周作为城市节约用水宣传周。2020年3月22日，水利部12314监督举报服务平台正式上线运行。

---

① 《水法》第十二条、第十三条规定，"国家对水资源实行流域管理与行政区域管理相结合的管理体制。国务院水行政主管部门负责全国水资源的统一管理和监督工作。国务院水行政主管部门在国家确定的重要江河、湖泊设立的流域管理机构（以下简称流域管理机构），在所管辖的范围内行使法律、行政法规规定的和国务院水行政主管部门授予的水资源管理和监督职责。县级以上地方人民政府水行政主管部门按照规定的权限，负责本行政区域内水资源的统一管理和监督工作。国务院有关部门按照职责分工，负责水资源开发、利用、节约和保护的有关工作。县级以上地方人民政府有关部门按照职责分工，负责本行政区域内水资源开发、利用、节约和保护的有关工作"。
2016年中国水周：落实五大发展理念，推进最严格水资源管理；2017年中国水周：落实绿色发展理念，全面推行河长制；2018年中国水周：实施国家节水行动，建设节水型社会；2019年中国水周：坚持节水优先，强化水资源管理；2020年中国水周：坚持节水优先，建设幸福河湖；2021年中国水周：深入贯彻新发展理念，推进水资源集约安全利用；2022年中国水周：推进地下水超采综合治理 复苏河湖生态环境。

五、长江流域和黄河流域的水资源保护

自党的十八大以来，以习近平同志为核心的党中央以前所未有的力度抓生态文明建设，我国生态文明制度体系更加健全，生态环境保护发生历史性、转折性、全局性变化。习近平总书记高度重视大江大河的生态保护和治理，多次考察长江、黄河流域的生态环境保护情况，做出系列重要指示和重大决策部署。党的二十大报告着重提出"统筹水资源、水环境、水生态治理，推动重要江河湖库生态保护治理"。

在长江流域方面，习近平总书记多次就长江保护发表重要讲话、做出重要指示批示，党中央将长江经济带发展上升为国家战略，制定长江经济带发展规划纲要，并出台了《长江保护法》。① 这是一部极具开创性的法律，它开创了我国制定流域法律的先河，其为长江水资源的保护提供了明确的法律依据。特别是，《长江保护法》第二十九条、第三十条、第三十二条、第三十三条、第三十七条、第三十八条对长江流域水资源配置与用水管理做了补充和细化规定，如"落实最严格水资源保护制度""确定水量分配方案或用水总量指标"，以及设置了"水资源管控的其他配套制度"。

在黄河流域方面，习近平总书记高度重视黄河流域的生态保护和治理，多次考察黄河流域生态环境保护情况，做出系列重要指示和重大决策部署。党中央已将黄河流域生态保护和高质量发展上升为国家战略。为加强黄河流域生态环境保护，保障黄河安澜，推进水资源节约集约利用，推动高质量发展，保护传承弘扬黄河文化，实现人与自然和谐共生、中华民族永续发展，2022 年 10 月 30 日，第十三届全国人民代表大会常务委员会第三十七次会议通过了《黄河保护法》。《黄河保护法》针对水资源保障形势严峻问题，设置水资源节约集约利用专章，科学设计制度措施，强化水资源管理。其具体规定了黄河流域水资源刚性约束制度、规划水资源论证、水资源统一调度、水量统一配置、水资源差别化管理、取用水总量控制、强制性用水定额管理等重要制度。

---

① 《长江保护法》包括总则、规划与管控、资源保护、水污染防治、生态环境修复、绿色发展、保障与监督、法律责任和附则。

第二节 土地资源保护

土地是极其宝贵的自然资源，早在中国的春秋时期，齐国的政治家管仲在《管子·水地篇》中就已指出："地者，万物之本原，诸生之根苑也。"马克思也曾经指出："土地是一切生产和一切存在的源泉。"乔治·马什针对土地也有一句至理名言："土地只是供人类使用的，而不是供人类浪费的，更不是供人类恣意滥用的。"我们必须清楚地认识到，不但每一块土地的负载能力是有限的，而且这种负载能力正在下降、人的需求却不断增加。鉴于土地资源的有限性、土地需求的无限性，我国的基本国情以及可持续发展理念的要求，以及面对相对薄弱的土地资源现实、城市化和工业化进程的加快、人均耕地面积的日益减少、土地资源退化的加剧，为实现土地的可持续利用，我们应在土地承载力极限范围内合理利用土地资源，加强对土地资源的管理，合理利用和管好我们赖以生存的有限的土地资源，实现保障发展、保护资源、保持生态的和谐统一。党的二十大报告提出推进以国家公园为主体的自然保护地体系建设，科学开展大规模国土绿化行动，深化集体村权制改革。一直以来，我国非常重视土地资源层面的立法工作，如1953年，政务院公布了《国家建设征用土地办法》。1981年，国务院发布了《关于制止农村建房侵占耕地的紧急通知》。1982年，国务院发布了《村镇建房用地管理条例》和《国家建设征用土地条例》。1986年，第六届全国人大常委会第十六次会议通过了《中华人民共和国土地管理法》（以下简称《土地管理法》）。1988年，国务院发布了《土地复垦规定》。1991年，国务院发布了《土地管理法实施条例》。2018年8月31日，第十三届全国人民代表大会常务委员会第五次会议通过了《土壤污染防治法》。此外，《环境保护法》《农业法》《矿产资源法》《水土保持法》《防沙治沙法》《民法典》《农村土地承包法》等都有土地资源保护的相关规定。

一、《土地管理法》

1986年6月25日，第六届全国人民代表大会常务委员会第十六次会议审议通过我国首部《土地管理法》。1998年对其进行了全面修订，1988年、2004年、2019年又分别进行了三次修正。此外，2021年对《土地管理法实施条例》进行了二次全面修订。新修订的《土地管理法实施条例》分为总则、国土空间规划、耕地保护、建设用地、监督检查、法律责任和附则，共7章67条。

（一）土地资源的概念和分类

"土地是最重要的自然资源，是陆地生物赖以生存的最根本的物质基础和环境条件，是人类进行物质生产不可缺少的生产资料，也是动植物生产发育和栖息繁衍的根基所在。"①土地资源是指由地形、土壤、植被以及水文、气候等自然要素组成的自然综合体。

我国《土地管理法》将土地分为"农用地"②"建设用地"③和"未利用地"④。

（二）土地监督管理体制

国务院自然资源主管部门统一负责全国土地的管理和监督工作。

县级以上地方人民政府自然资源主管部门的设置及其职责，由省、自治区、直辖市人民政府根据国务院有关规定确定。

（三）《土地管理法》规定的基本法律制度

土地是生态环境的基础，是生态环境安全的重要保证，在土地利用中形成一个合理的结构、布局和强度，增强土地的生态功能，对于保持整个土地生态环境的良性循环至关重要。但人们在开发利用中过度重视土地的资源价值，土地资源开发利用引发的生态环境问题正面临着恶化范围不断扩大、程度加剧、危害加剧的局面。在耕地开发中，由于水利、水土保持、防护林带等农田基本建设跟不上，而且不少地区对耕地投入减少，重用轻养，也有的开发了一些不宜农耕的土地，土地退化现象日益严重。城市建设用地的增加，致使借新农村建设之名，把农村土地圈走，把农村建设用地倒过来给城镇用，转手变成工业地的现象层出不穷，而且这一现象使得本来就脆弱的农村生态环境面临劫难，令人担忧。大批落后的污染严重的工业项目和生产设施正向原本空气清洁、环境优美的农村转移，垃圾和废弃物以广阔的农村为堆放地。因环境污染，农民的生存环境会遭到破坏，生活质量会下降，环境权益也会受损，这必然引发新的社会矛盾，恶化城乡之间原已存在的不和谐和不公平，损害社会整体的长远利益。

古代人利用土地注重开源与节流。开源主要是指农民在自然允许的限度之内开垦梯田、湖田、圩田，以及开垦荒地等开发未利用地来扩大耕地面积。在开源过程中，最需要重视的就是"限度"的把握问题。一旦超过这个限度，必然是要遭受惩罚的。节流在古时候的体现主要是引进先进的耕作技术，集约利用土地。开源和节流并举对我们的启示是保护土地资源，不是把土地资源封闭起来，而是采取有效措施在土地极限范围内进行集约节约、合理可持续利用。土地资源可持续利用是实现人类社会和经济可持续发展的重要基础，土地供给的有限性以及土地需求的无限性要求人们合理规划、统筹兼顾、集约开发利用土地资源，实现经济社会与人口、资源、环境之间的协

---

① 曹明德．环境与资源保护法学（第四版）[M]．北京：中国人民大学出版社，2020.

② 农用地，是指直接用于农业生产的土地，包括耕地、林地、草地、农田水利用地、养殖水面等。

③ 建设用地，是指建造建筑物、构筑物的土地，包括城乡住宅和公共设施用地、工矿用地、交通水利设施用地、旅游用地、军事设施用地等。

④ 未利用地，是指农用地和建设用地以外的土地。

调与可持续发展。[①]

对此，《土地管理法》规定了若干土地资源保护与管理的基本制度，包括以下几个方面：①土地权属制度（《土地管理法》第二条）；②土地用途管制制度（《土地管理法》第四条）；③土地利用规划制度。2019 年修正的《土地管理法》规定了三种规划，分别为土地利用总体规划、城市总体规划以及国土空间规划；④土地调查制度（《土地管理法》第二十六条）；⑤土地统计制度（《土地管理法》第二十八条）；⑥土地督察制度。为全面落实科学发展观，适应构建社会主义和谐社会和全面建设小康社会的要求，切实加强土地管理工作，完善土地执法监察体系，根据《国务院关于深化改革严格土地管理的决定》，2006 年 7 月 13 日，国务院办公厅发布了《关于建立国家土地督察制度有关问题的通知》，此通知规定我国将设立土地督察制度。2019 年修正的《土地管理法》首次将土地督察制度上升到了法律层面（《土地管理法》第六条）。根据《关于建立国家土地督察制度有关问题的通知》的规定，自然资源部下设国家自然资源总督察办公室统筹全国土地督察工作，地方分设九个国家自然资源督察局，对各自管辖区域内的土地利用和土地管理情况进行督察。

（四）耕地保护的相关规定

马歇尔曾指出，地球的面积是固定的，地球上任何一个部分与其他部分的几何学的关系也是固定的。人类无法控制这种关系，而这种关系也丝毫不受需要的影响。李嘉图指出："土地面积是土地的最基本和最永恒的财富。"土地是自然产物，具有原始性和不可再生性。[②]但随着社会经济的发展，人类社会对土地的需求从简单到复杂、从单一到多样化。原始社会土地仅作为人类的栖身之地，之后出现了农地、放牧地，再后来又出现了作坊用地、住宅用地。随着生产力和工业的发展，工业用地、城市建设用地、交通运输用地等相继出现。可以说，现代的用地有增无减、与日俱增。人口与土地占用存在着一定比例关系，当土地的承载力足以满足人类各种需求时，人与人之间没有多大矛盾。但随着人口的不断增长，土地的"负荷"不断加重，土地与人口的矛盾就逐步凸显出来，造成这些矛盾的根源是土地资源的有限性，即土地资源具有一定的承载能力。

当前，我们的耕地资源在不断地减少，党的二十大报告指出要"全方位夯实粮食安全根基，牢牢守住十八亿亩耕地红线，确保中国人的饭碗牢牢端在自己手中"。《土地管理法》在总则部分明确提出"十分珍惜、合理利用土地和切实保护耕地是我国的基本国策"。此外，《土地管理法》专设"耕地保护"章规定了耕地保护的相关要求和基本制度，主要包括以下六个方面。

---

① 王家庭，张换兆，季凯文 . 中国城市土地集约利用——理论分析与实证研究 [M]. 天津：南开大学出版社，2008.
② 王万茂 . 土地资源管理法 [M]. 北京：高等教育出版社，2010.

（1）占有耕地补偿制度。为保护耕地，实现耕地总量动态平衡，防止耕地减少，《土地管理法》明确要求严格控制耕地转为非耕地。

（2）坚守耕地总量保有制度，牢牢守住十八亿亩耕地红线夯实粮食安全根基。

（3）基本农田保护制度。国家实行永久基本农田保护制度。《土地管理法》根据土地利用总体规划，规划为永久基本农田，列举了实行严格保护的耕地类型。[①] 二十大报告提出了逐步把永久基本农田全部建成高标准农田的目标。

（4）保护耕地质量制度。为保护耕地质量，《土地管理法》要求各级人民政府应当采取措施，引导因地制宜轮作休耕，改良土壤，提高地力，维护排灌工程设施，防止土地荒漠化、盐渍化、水土流失和土壤污染。此外，国家鼓励土地整理，加强土地污染源头防控，开展新污染物治理。

（5）节约使用土地制度。在土地资源供应日趋紧张的态势下，我国的土地利用方式比较粗放，土地浪费极其严重，集约程度不高，存在大量的闲散土地，短缺和浪费并存，这与日益稀缺的土地资源很不适应。解决这一本不该存在的矛盾必须对稀缺的土地资源进行节约、集约利用，对低效利用、不合理利用和未利用的土地进行治理。特别是随着社会的进步和经济的发展，现代工矿企业在地质勘探、矿物开采、能源开发、交通建设、建筑工程以及其他生产建设过程中，造成的大量废弃地，不仅使大量肥沃土地丧失，还严重破坏了周围的生态环境，不利于区域生态经济的可持续发展，使人地矛盾更加尖锐。因此，保护和合理利用土地资源，消除被工业破坏的土地对自然综合体的不利影响，恢复其生产力，需对在生产建设过程中因挖损、塌陷、压占、污染等造成破坏的土地以及自然灾害损毁的土地，采取整治措施，使其恢复到可供利用状态的活动。这种使土地可"再生"的土地复垦方法不仅可缓解耕地紧张而且还可以注重土地的生态环境保护、改善当地生态平衡，注意生态用地的保有等。

（6）耕地休耕轮作制度。党的二十大报告提出"健全耕地休耕轮作制度"。

（五）建设用地的相关规定

奥尔多·利奥波德在《沙乡的沉思》一书中指出："土地是一个共同体的观念，是生态学的基本概念，但是，土地应该被热爱和被尊敬，却是一种伦理观念的延伸。土地产生了文明结果，这是长期以来众所周知的事实，但却总是被人所忘却。"威廉·福格特在其著作《生存之路》中提出"我们是多么依赖大地和那些养育我们的大地资源"，他还提出了土地负载能力公式。[②] 乔治·马什认为："土地只是供人类使用

---

① 耕地类型包括：①经国务院农业农村主管部门或者县级以上地方人民政府批准确定的粮、棉、油、糖等重要农产品生产基地内的耕地；②有良好的水利与水土保持设施的耕地，正在实施改造计划以及可以改造的中、低产田和已建成的高标准农田；③蔬菜生产基地；④农业科研、教学试验田；⑤国务院规定应当划为永久基本农田的其他耕地。

② 王万茂．土地资源管理学 [M]．北京：高等教育出版社，2010．

的，而不是供人类浪费的，更不是供人类恣意滥用的。"一直以来，在我国推进工业化和城镇化进程中，有一个关系民生的问题，即一定要占用更多耕地吗？事实是我们的耕地资源在不断地减少，发展已对生存构成了很大的威胁。耕地资源日益缩小引发的粮食安全问题更加凸显，由此引发的既要保持工业化、城市化的快速发展又要保证粮食安全的"两难选择"问题已成为关系到中国经济持续增长的重大问题。社会经济可持续发展的基础是土地资源的可持续利用，其关键是耕地的可持续利用和保持自然环境生态平衡，因此，保护好耕地，保证农业的持续发展是其核心。但中国人多地少，耕地资源面临着世界少有的严峻局面，部分外国学者甚至已经提出了"谁来养活中国"的说法。对此，如何解决好耕地保护与建设占地之间的矛盾，严格控制各种建设用地，避免乱占和浪费土地是摆在我们面前迫切需要解决的一个重要问题。由此，《土地管理法》设专章对建设用地的使用做了相关规定，包括"建设用地的取得""建设用地审批""土地征用制度""建设用地的收回"，以及"严格控制乡（镇）村建设用地"。

二、农村土地承包法

全面建设社会主义现代化国家最艰巨最繁重的任务仍然在农村。2002 年 8 月，通过了《中华人民共和国农村土地承包法》（以下简称《农村土地承包法》）。之后，2009 年和 2018 年分别对《农村土地承包法》进行两次修正。

农村土地承包包括"家庭承包"和"招标、拍卖、公开协商等方式承包"。农村土地承包后土地的所有权性质不变，承包地不得买卖。

2018 年修改的《农村土地承包法》做出了以下规定：①"明确了农村集体土地所有权、土地承包权、土地经营权'三权'分置"；②"资质"成为获得土地经营权新条件；③"明确了农村土地承包关系保持稳定并长久不变"；④"明确了第二轮土地承包到期再延长三十年"；⑤流转合同中应包含补偿条款；⑥弃耕抛荒受处罚；⑦土地经营权可融资担保；⑧"妇女享有平等的土地收益权、分配权"；⑨"明确了维护进城落户农民的土地承包经营权"。

三、《黑土地保护法》

黑土耕地是珍贵的土壤资源，是耕地中的"大熊猫"，根据《东北黑土地白皮书（2020）》公布的数据显示，我国东北黑土地总面积 109 万平方千米，其中典型黑土地耕地面积 1853.33 万公顷。但近 60 年来，东北黑土耕作层土壤有机质下降了 1/3，部分地区甚至下降了 50%。2019 年，东北黑土地水土流失面积占总面积的比重高达 20%。

为推动东北黑土区早日摆脱"亚健康"状态、保障国家粮食安全，我国高度重视黑土地的保护。早在 2015 年，东北多地就已开展轮作休耕制度、秸秆还田模式等多项黑土地保护利用的试点项目。党的十八大以来，我国陆续出台了《东北黑土地保护规划纲要（2017—2030 年）》《东北黑土地保护性耕作行动计划（2020—2025 年）》《国家黑土地保护工程实施方案（2021—2025 年）》等多项旨在加强黑土地保护的政策措施。2021 年，中央一号文件提出"实施国家黑土地保护工程，推广保护性耕作模式"，黑土地保护上升为国家战略。2022 年 8 月 1 日，《中华人民共和国黑土地保护法》（以下简称《黑土地保护法》）正式实施。这是我国首次对黑土地保护进行立法。此外，为贯彻落实《黑土地保护法》有关规定，自然资源部办公厅于 2022 年 8 月 1 日发布《关于进一步加强黑土耕地保护的通知》，此通知要求内蒙古自治区、辽宁、吉林、黑龙江等四省（区）自然资源厅切实加强黑土耕地保护，严格耕地用途管制。

为全面系统地掌握我国黑土地分布、结构、质量、利用状况等信息，2022 年上半年国家首次启动了东北黑土地地表基质调查，地表基质是地球表层孕育和支撑森林、草原，水、湿地等各类自然资源的基础物质。受地质作用、自然作用和人类活动影响，不同的深度层次的地表基质具备不同的生产、生态服务功能。目前，15 个黑土地地表基质调查区已完成调查面积 8.34 万平方千米，各类钻探长度达到 12228 米，完成各类调查点 8885 个，采集分析测试样品 33021 件；基本查清调查区黑土资源分布特征、表层黑土层厚度、有效土层厚度等。此外，公安部于 2022 年 8 月发出通知，要求各地公安机关认真学习贯彻黑土地保护法，准确把握立法精神，用足用好法律武器，依法严厉打击破坏黑土地保护犯罪，切实维护国家粮食安全和生态安全。

四、城市房地产管理

"土地是城市发展的空间载体，中国的快速城市化进程，同样是土地功能变化最快的时期，可以说，土地的数量与结构的变化是城市化的空间响应"[①]，"了解城市土地价值及其利用，便接近了城市问题的核心"。中国人多地少的矛盾以及土地资源不可再生的客观现实，决定了土地紧缺必然会成为城镇化的瓶颈制约。作为主要的生产要素，土地资源对工业化、城市化发展的支撑作用是其他生产要素所不能比拟的。在推进城乡一体化的进程下，全国各地的城市化速度继续上升，城市用地规模急剧扩大，特别是建设用地。同时，由于社会生产力的不断发展，社会劳动分工的不断深化，大量农业人口向城市集中，众多的经济要素向城市空间聚集，使得城市规模不断地扩张和空间结构的多元化，对建设用地的需求性也越来越大。但城市本身的建设用地是极其有限的，经济利益的驱使不得不转而向农村索取同样是有限的农用地，在农用地向建设用地转变的过程中，常常会涉及土地用途改变、土地征收、农民权益受损、土地生态环境恶化、耕地减少等问题。十分珍惜、合理利用土地和切实保护耕地是我国的基本国策，但面对城乡一体化进程中存在的土地问题，我们必须采取有效的措施进行治理与改进。土地资源的极其有限性，使得其本身的供应量需要控制在一个合理的限额之内，不能超出土地的极限范围。

---

① 姚士谋，冯长春，王成新 . 中国城镇化及其资源环境基础 [M]. 北京：科学出版社，2010.

对此，为加强对城市房地产的管理，维护房地产市场秩序，保障房地产权利人的合法权益，促进房地产业的健康发展，1994 年 7 月 5 日第八届全国人民代表大会常务委员会第八次会议通过《中华人民共和国城市房地产管理法》（以下简称《城市房地产管理法》）。之后，2007 年、2009 年、2019 年分别对其进行了三次修正。

《城市房地产管理法》专设"房地产开发用地"一章，规定了房地产开发经营者的资格、国有土地使用权的出让、国有土地使用权的转让以及国有土地使用权的抵押等问题。

房地产开发用地是指房地产开发商在房地产开发过程中所需要使用的土地，具体而言，就是对依法取得的国有土地使用权进行投资开发建设基础设施和房屋的国有土地。用地类型可分为住宅用地、商业用地和综合用地。

根据《城市房地产管理法》的规定，国家向房地产开发者提供土地采取"土地使用权出让"和"土地使用权划拨"两种方式。

房地产开发用地具有以下特点：①房地产开发用地的主体具有特定性，其必须是依法取得房地产开发资格的专业房地产开发企业；②房地产开发用地，一般具有资产增值的功能；③房地产开发用地，一般以市场取向为目的；④房地产开发用地的用途，一般具有广泛性。

第三节 矿产资源保护

矿产资源是指由地质作用形成的，具有利用价值的，呈固态、液态、气态的自然资源。当前我国矿产资源供需矛盾突出，后备资源紧缺，开发方式粗放，结构和布局不合理，矿山环境污染和生态环境破坏严重。为满足社会主义现代化国家建设的需要，中华人民共和国成立后，政务院于 1950 年 12 月 22 日颁布了《矿业暂行条例》。1965 年 12 月 17 日，国务院批转了地质部制定的《矿产资源保护试行条例》。1986 年 3 月 19 日，第六届全国人大常委会第十五次会议审议通过《中华人民共和国矿产资源法》（以下简称《矿产资源法》）。《矿产资源法》是矿产资源保护和开发利用管理的基本法，它的颁布实施，标志着中国矿产资源勘查、开采和监督管理工作开始步入法制轨道。该法于 1996 年和 2009 年进行了两次修正。随着矿产资源法制建设全面推进，我国陆续颁布实施了《矿山安全法》《煤炭法》等法律，以及《对外合作开采海洋石油资源条例》《矿产资源监督管理暂行办法》《对外合作开采陆上石油资源条例》《矿产资源补偿费征收管理规定》《矿产资源法实施细则》《矿产资源勘查区块登记管理办法》

《矿产资源开采登记管理办法》《探矿权采矿权转让管理办法》等法规和规章。上述这些规范性文件规定了若干矿产资源保护的基本法律制度。

一、矿产资源权属制度

《宪法》第九条规定，矿藏、水流、森林、山岭、草原、荒地、滩涂等自然资源，都属于国家所有，即全民所有。

《矿产资源法》第三条第一款规定："矿产资源属于国家所有，由国务院行使国家对矿产资源的所有权。地表或者地下的矿产资源的国家所有权，不因其所依附的土地的所有权或者使用权的不同而改变。"

矿产资源与土地、水、森林、草原等自然资源不同，我国对矿产资源实行单一的全民所有制，矿产资源不属于地方、集体、个人所有，由中央政府即国务院代表国家行使所有权。

二、矿产资源监督管理体制

根据《自然资源部职能配置、内设机构和人员编制规定》，自然资源部职责之一为"矿产资源管理工作"。[①] 此外，自然资源部内设"矿产资源保护监督司"。[②]

三、矿产资源的基本法律制度

《矿产资源法》规定了系列基本法律制度，如：①探矿权和采矿权制度，具体包括"探矿权、采矿权的取得"和"探矿权和采矿权的转让"；②矿产资源勘查登记与开采审批制度，具体包括"矿产资源勘查登记制度""开办矿山的审批制度"以及"开采审批制度"（包括"审批权限"和"计划开采制度"）。

四、矿山安全问题

矿产资源是国民经济和社会发展的重要物质基础。矿山是传统的高危行业，始终是整个安全生产领域的重中之重。近年来，我国相继发生了多起矿山事故，造成人民生命财产的严重损害。2021年，国家矿山安全监察局公布了"2020年全国煤矿事故十大典型案例"。[③] 2022年，国家矿山安全监察局公布了"2021年全国矿山事故十大典

---

① 自然资源部涉及矿产资源管理的具体职责包括：负责矿产资源储量管理及压覆矿产资源审批；负责矿业权管理；会同有关部门承担保护性开采的特定矿种、优势矿产的调控及相关管理工作；监督指导矿产资源合理利用和保护。

② 矿产资源保护监督司的职能为：拟订矿产资源战略、政策和规划并组织实施，监督指导矿产资源合理利用和保护；承担矿产资源储量评审、备案、登记、统计和信息发布及压覆矿产资源审批管理、矿产地战略储备工作；实施矿山储量动态管理，建立矿产资源安全监测预警体系；监督地质资料汇交、保管和利用，监督管理古生物化石。

③ 这十大典型案例包括：重庆能投渝新能源有限公司松藻煤矿"9·27"重大火灾事故、湖南衡阳源江山煤矿"11·29"重大透水事故、重庆永川吊水洞煤业公司"12·4"重大火灾事故、山东新巨龙能源有限责任公司"2·22"较大冲击地压事故、云南曲靖罗平县树根田煤矿"2·29"较大顶板事故、陕西韩城燎原煤业有限责任公司"6·10"较大煤与瓦斯突出事故、山东肥城矿业集团梁宝寺能源有限责任公司"8·20"较大煤尘爆炸事故、山西潞安集团左权阜生煤业有限公司"10·20"较大瓦斯爆炸事故、陕西铜川乔子梁煤业有限公司"11·4"较大煤与瓦斯突出事故、山西朔州平鲁区茂华万通源煤业有限公司"11·11"较大透水事故。

型案例"①，这些案例暴露出安全管理混乱、拒不执行停产指令、违规冒险组织作业、层层转包分包、违规组织生产作业、风险辨识和隐患排查治理不到位、瞒报事故，蓄意破坏现场和毁灭证据、安全生产主体责任不落实、区域防突措施不到位、风险研判意识不强以及不按规定报告事故、贻误事故抢救、贸然组织抢险救援，导致发生次生灾害等问题，这些案例的公布，在一定程度上可推动全国各地、各有关部门和各矿山企业深刻汲取有关事故教训，树牢安全发展理念，压紧压实安全责任，有效防范和遏制较大以上事故发生。

针对矿山安全问题，国家和地方层面陆续出台一系列规范性法律法规。②其中，《矿山安全法》是我国第一部以"安全法"命名的劳动安全立法，其共8章50条，包括总则、矿山建设的安全保障、矿山开采的安全保障、矿山企业的安全管理、矿山安全的监督和管理、矿山事故处理、法律责任以及附则。

矿山生产安全事故，是指各类矿山③在生产经营活动中，发生的造成人身伤亡或直接经济损失的生产安全事故。根据事故造成的人员伤亡或者直接经济损失，矿山事故分为特别重大事故、重大事故、较大事故以及一般事故。

为防范矿山生产安全事故，《矿山安全法》确立了矿山安全设施"三同时"制度；矿山建设工程设计、施工和验收制度；矿山设备使用制度；矿山事故预防制度；安全生产责任制；安全教育培训制度；劳动保护制度；矿山安全技术措施专项费用制度；矿山事故处理制度；矿石安全鼓励、奖励制度等。

此外，为进一步加强和规范矿山生产安全事故报告和调查处理工作，国家矿山安全监察局组织起草了《矿山生产安全事故报告和调查处理办法（征求意见稿）》，并

---

① 这十大典型案例包括：山东烟台栖霞市五彩龙投资有限公司笏山金矿"1·10"重大爆炸事故、新疆昌吉州呼图壁县白杨沟丰源煤矿"4·10"重大透水事故、山西忻州代县大红才铁矿"6·10"重大透水事故、青海西海煤炭开发有限责任公司柴达尔煤矿"8·14"溃砂溃泥重大事故、河北邯郸武安市冶金矿山集团团城东铁矿"2·24"较大坠落事故、山西华阳集团石港煤业有限公司"3·25"较大煤与瓦斯突出事故、贵州毕节金沙县黎明能源集团有限公司东风煤矿"4·9"较大煤与瓦斯突出事故、河南鹤壁煤电股份有限公司第六煤矿"6·4"较大煤与瓦斯突出事故、陕西榆林榆阳区华瑞郝家梁矿业有限公司"7·15"较大水害事故、贵州六盘水六枝特区猴子田煤矿"11·10"较大顶板事故。

② 1951年燃料工业部组织制定了《煤矿技术保安试行规程》。1982年，国务院发布了《矿山安全条例》和《矿山安全监察条例》，这是我国首次制定的专项安全生产法规。1992年，为保障矿山生产安全，防止矿山事故，保护矿山职工人身安全，促进采矿业的发展，第七届全国人民代表大会常务委员会第二十八次会议通过《中华人民共和国矿山安全法》（以下简称《矿山安全法》）。2009年8月27日，根据中华人民共和国主席令第18号《全国人民代表大会常务委员会关于修改部分法律的决定》，进行了第一次修正。除《矿山安全法》外，还有一部分涉及矿山安全生产的行政法规、部门规章、标准等，如《矿山安全法实施条例》《国务院关于预防煤矿生产安全事故的特别规定》《煤矿安全监察条例》《生产安全事故报告和调查处理条例》《煤矿安全规程》《煤矿防治水规定》《防治煤与瓦斯突出规定》等。

③ 各类矿山包括井口以下区域、露天矿场、工业广场内与矿山生产直接相关的地面生产系统、矿山企业附属的尾矿库、排土场、洗选厂、矸石山等设施，不包括石油天然气企业。

于 2022 年 10 月 11 日向社会公开征求意见。此办法对矿山事故报告和调查处理予以全面系统的规范，包含总则、事故等级认定、事故报告、事故现场处置和保护、事故调查、事故处理等。

第二十章 非生物无体自然资源法

自然界可以分为生物和非生物。但是，传统的非生物资源通常都是指有体的物质资源，那些似乎看不见、摸不着的非生物物质资源也是非常重要且日益重要的。例如，生态系统服务功能就属于典型的非生物无体自然资源。为了强调无体的非生物物质资源的重要性，我们在此加以专章论述。

第一节 气候资源法治

2012 年公布实施的《黑龙江省气候资源探测与保护条例》规定"气候资源为国家所有"这一观点和做法"引起了实务界和学术界的广泛关注"[①]，形成有益的"理论争鸣"，反对者较多，赞同者亦有之。2016 年，该条例进行了修订并坚持了原观点。"反对无效"的深层原因何在？我们究竟如何认识气候资源？如何加强气候资源法治？这是本节要探讨的问题。

一、究竟什么是"气候资源"

"气候资源"引发"理论争鸣"的关键在于对"气候资源"究竟是什么理解不同，进而导致对其法律属性认定不同和规制路径不同。

（一）"气候"是界定"气候资源"的前提

我们从气象气候学、气候资源学等学科考察"气候资源"这一基础性概念入手，了解与"气候资源"相关的基础概念，为其进一步类型化奠定科学、全面、正确的自然科学概念基础。

1．"气候"具有"时空分布差异性""长期统计结果"特征

《中国气候资源与可持续发展》的第一章第一节即"气候与气候资源定义"，认为"气候"的定义大体上可以分为两大类：一类的代表观点是"将气候看作一地长

---

① 曹明德.论气候资源的属性及其法律保护 [J]. 中国政法大学学报，2012（6）：27.

时期内天气状态的综合反映"；另一类更为重视气候形成与影响的系统性，代表性观点是"把某一地区的气候定义为该地气候系统的全部成分在任一特定时段的平均统计特征"。[①]显然，这两类定义均体现了气候的"时空分布差异性""长期统计结果"特征。"气候资源"是"在目前的社会经济技术条件下可以为人们所直接或间接利用、能够形成财富、具有使用价值的气候系统要素或气候现象的总体，通常包括光能、热量、降水、风速、气体等"。[②]这一定义中不可忽视的是"气候系统要素或气候现象"中的"气候"二字。

《气象学与气候学》中提到，天气指特定短时间内大气的活动情况；气候则是对月、季或年时间尺度上大气状况的一种估计，是对多年观测的统计结果。天气和气候的空间尺度基本一致，从几千米到几千千米乃至上万千米。而时间尺度却相差悬殊。[③]可见，气候涉及的是"多年观测的统计结果"，并非变幻无常的"天气"，且具有"空间尺度"。这对于我们正确理解"气候资源"的科学内涵也是非常有帮助的。

《气候资源学》中提到，严格地说，气候资源是指对人类的生产和生活活动有利的气候条件，其不利的气候条件实际上是一种负资源。其中强调了"气候条件"而非"天气条件""气象条件"。气候资源当然应当具备"气候"本身的特征。

总之，"气候资源"的本体是"气候＋资源"，当然蕴含着气候的"时空分布差异性""长期统计结果"特征，不能直接等同于"风力风能、太阳能、降水和大气成分等"。例如《黑龙江省气候资源探测和保护条例》第二条第二款[④]中"构成气候环境的"定语就蕴含了气候的"时空分布差异性""长期统计结果"特征，这是不宜忽视的。

2. 气候资源相关概念的联系与区别

通常意义上的气象就是大气中发生的现象。科学意义上的气象是指大气中或地面上发生的大气物理和化学等现象。它包括由大气要素直接反映的现象、大气水汽凝结现象、大气尘埃现象、大气光学现象、大气电学现象、大气化学现象和大气声学现象等。从空间上看，气象是指发生于地面层、近地层、对流层、平流层和近电离层中的一系列大气现象。从时间上看，气象分为两类：天气现象和气候现象。天气现象是"某一时刻或较短时间段内"的现象。气候现象则是指"长期以来某一地区天气状况的综合统计结果"。[⑤]这些专业性论述提醒我们，"气象"不等于"大气"或"大气组分"，

---

① 葛全胜.中国气候资源与可持续发展 [M].北京：科学出版社，2007.

② 葛全胜.中国气候资源与可持续发展 [M].北京：科学出版社，2007.

③ 姜世中.气象学与气候学 [M].北京：科学出版社，2010.

④ 本条例所称的气候资源，是指能为人类活动所利用的风力风能、太阳能、降水和大气成分等构成气候环境的自然资源。"

⑤ 姜海如.气象法应用理论解析 [M].北京：气象出版社，2004.

而是"大气中发生的现象"。某地短时天气现象称为"天气";某地长时期大气现象的统计结果称为"气候"。大气、大气组分、气象、天气、气候诸概念之间是有较大差别的,不可混淆。

二、"气候资源概念泛用"与其"科学内涵狭义"之间存在矛盾

从前述论证可知,气候资源概念是一个科学的、有准确内涵的狭义的界定。而在实际工作当中,气候资源是被泛用的,造成这种局面的原因主要有以下两个方面。

(一)"气候资源"概念被泛用的学科体系导图

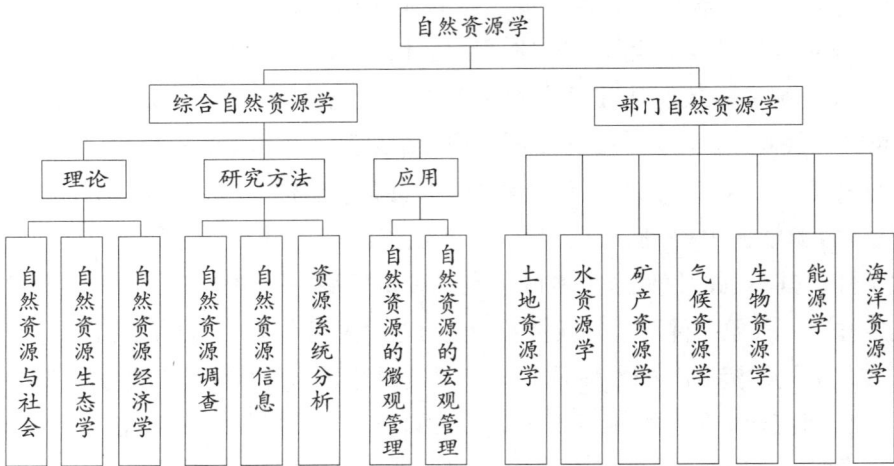

图 20-1　自然资源学的分支结构①

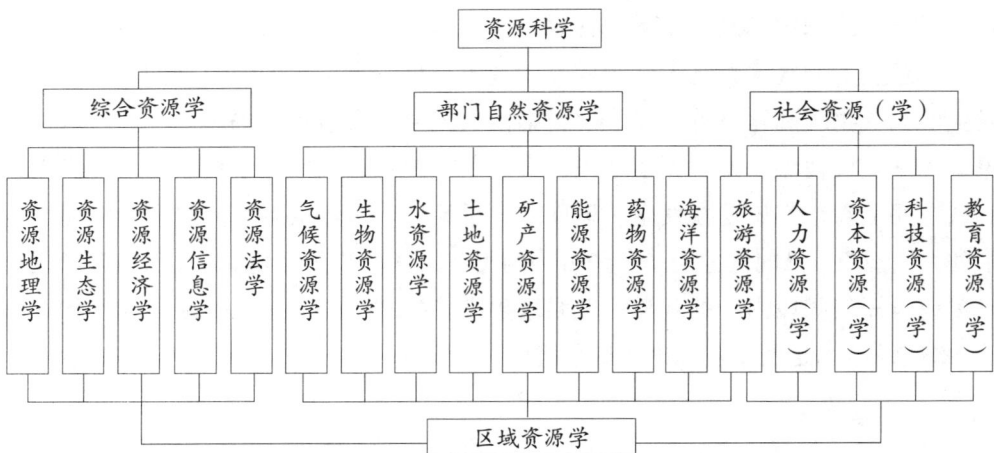

图 20-2　资源科学的学科结构②

---

① 张丽萍. 自然资源学基本原理(第二版)[M]. 北京:科学出版社,2017.

② 蔡运龙. 自然资源学原理(第二版)[M]. 北京:科学出版社,2007.

从图 20-1、图 20-2 所示自然资源学科体系划分中可见，与大气、气象、天气、气候有关的资源都纳入了统称为"气候资源学"的学科之中。这应当是"气候资源"概念被泛用的重要原因。

（二）"气候资源"概念被泛用的"界定过于简要"导因

"气候资源是指在一定的经济技术条件下，能为人类生活和生产提供可利用的光、热、水、风、空气成分等物质和能量的总称。"[1] 在该《气候资源学》"自然资源分类"部分中介绍的气候资源更为简单"气候资源包括太阳辐射、热量、降水、空气及其运动等基本要素"。[2] 这类过于简要的对"气候资源"的阐释，在相关研究成果中大量存在，也反映在了立法中。其实该书"前言"中即载明"气候学研究构成气候的大气现象的长期统计特性"，气候资源学"研究其数量、质量、发展变化、空间分布规律"。[3] 显然，气候资源具有"时空分布差异性""长期统计结果"特征，不能直接等同于"风力风能、太阳能、降水和大气成分等"。

地方立法对"气候资源"界定时，通常"界定过于简要"。[4] 这固然有前述资源科学的学科结构命名的原因，也受《气候资源学》这类专业书籍表达方式的影响，还有传统习惯的原因。在"气候资源"界定时忽视对"气候"本身特征的表述似乎已成惯例或被气象专业人士认为有些内容是"不言而喻"的。但是"界定过于简要"是引起非气象专业人士将"风力风能、太阳能、降水和大气成分等"等气候因子直接等同于气候、气候资源的重要原因。从立法的角度看，也会造成"科学性、严谨性"一定程度的欠缺，导致"理论争鸣"。

2000 年 1 月 1 日施行的《中华人民共和国气象法》（下文简称《气象法》）取代了 1994 年 8 月 18 日颁布实施的《中华人民共和国气象条例》（下文简称《气象条例》）。在已经废止的《气象条例》第八章附则第三十八条中曾经对气候资源[5]做了界定。尽管字数也不多，但其强调了"气候条件"，后面列举的"光能、热量、水分、风能"等是归属于"气候条件"的。

三、"气候资源"概念的适度限缩和类型化

（一）"气候资源"概念的适度限缩

所谓"适度限缩"，只是不对气候资源界定做前述过于简单的表述，而是更为准确地体现"气候"的特征，是更为全面、准确地界定气候资源，并非真正意义上的"限

---

① 孙卫国．气候资源学 [M]．北京：气象出版社，2008.

② 孙卫国．气候资源学 [M]．北京：气象出版社，2008.

③ 孙卫国．气候资源学 [M]．北京：气象出版社，2008.

④ 例如《云南省气候资源保护和开发利用条例》第三条规定："本条例所称气候资源，是指能被人类生产和生活所利用的太阳光照、热量、云水、风、大气成分等自然物质和能量。"

⑤ 气候资源，是指能为人类经济活动所利用的气候条件，如光能、热量、水分、风能等。

缩"。如果确有被限缩掉部分，是因为这部分本来就"不太严谨、科学"。"气候资源"可以界定为："气候资源，是指在特定经济技术条件下能够为人类所利用的、特定时空条件下的气候要素，如太阳光能、风能、云水成分、降水、大气成分、热量等自然物质和能量。""气候"本来就是特定时空下的气候因子的统计特征，因此"特定时空条件下气候要素"这一表述似乎重复了，但也起到了强调气候资源的"特定时空"特征的作用。

（二）"气候资源"的进一步类型化

所谓"适度类型化"，是因为有鉴于气候资源概念被泛用的存在以及该类概念影响下的立法现状，不宜对"气候资源"概念做动作过大的"割离""限缩""细化"，最好是"理论上大幅度讲深、讲清，而在立法实践上做概念的小幅度内涵改良和类型化"。因此，仅建议对气候资源进一步分为三类。

一是"强地缘性气候资源"。例如风能、光能，更为接近传统气候资源概念界定的气候资源，具有区域性、长期性、相对稳定性的特点，与土地利用密切相关，具有地缘性。

二是"弱地缘性气候资源"。例如积雨云（内含"云水"）或者将来的雷电，具有更强的流动性、短暂性和不稳定性，催雨行为和设备的运作相对受土地影响较小。对于已经降落下来的"降水"（即使是公益性人工降水），按照传统的城乡规划、水利工程进行水的利用、排放以及管理即可，相关法律法规也相对齐全。当然，人工降雨的过程及其不良后果管理应当遵循人工影响天气的法律法规。

三是"混合地缘性气候资源"。例如"大气成分"，从"制备液氮"角度看，"大气成分"既不属于气候资源，也不属于天气资源，但是鉴于"泛气候资源"概念存在的现实，我们将其归于"弱地缘性气候资源"；从"疗养气候资源"角度看，具有一定疗养功能的大气及其成分则通常与"疗养胜地"相结合，属"强地缘性气候资源"。也就是说，某类气候资源可能会因其保护利用场景不同，而分别属于"强地缘性气候资源"或"弱地缘性气候资源"，进而具有不同的法律属性。

第二节 生物自然力法治

生物自然力是生物物品与生物间功效之和。随着生态经济的发展，人们对生物自然力的应用逐渐复兴，其相关法制建设需求方兴未艾。以生物自然力为逻辑起点，统摄生态补偿、生物安全、生物防治、生物共生等有关法制，在一定程度丰富和发展了自然资源法理论基础。

一、生物自然力的复兴及其法制需求

（一）生物自然力的兴盛、衰落和复兴

1. 人力、畜力应用从兴盛到衰落

"早期人类社会生产以人力为主，第一次社会大分工之后，畜牧业的发展带领人类进入了使用畜力的时代。种植业的逐步发展产生了对自然力的利用，早期的主要形式是水力，如2世纪末出现的水车、3世纪出现的水磨等。欧洲最早的风车出现于8世纪，随后该技术被引进到荷兰，直至16、17世纪达到顶峰。18世纪60年代，英国人瓦特改良蒸汽机，蒸汽机迅速取代水力驱动，工业革命借此展开。"[1] 这是一个人力、马力、畜力等生物自然力退出历史舞台的过程。其后，电力、核力、水力等自然力持续得到强化应用，而生物自然力除在传统的农林牧渔业中保持一定的兴盛度外，并无其他形式应用的新进展。

2. 自然资本理论的兴起

自然资本具有两大与众不同的特点：一是某些形式的自然资本提供极其基本的和根本的生命支持功能，而任何别的资源都不能这样做；二是某些形式的自然资本是独一无二的，一旦遭到破坏就很难恢复。[2] 这两大特点决定了自然资本的重要性和维护、恢复、利用自然资本的必要性。

《中国自然资本投资法律制度研究》一文中提道："有关自然资本的理论在世纪之交才陆续介绍进来。国内学者主要是介绍性研究，相关学科还集中在解决自然资源与环境价值和公共物品的民营阶段。法学界更是缺乏自然资本投资法律制度的研究。"

---

① 杨立新.民法物格制度研究[M].北京：法律出版社，2008.

② [英]埃里克·诺伊迈耶.强与弱：两种对立的可持续发展范式[M].王寅通，译.上海：上海世纪出版集团，2006.

3. 生态系统服务日益受到重视

1970 年，London 等在其研究中首次使用了生态系统服务一词，并列出了自然生态系统对人类的"环境服务"功能，包括害虫控制、昆虫传粉、渔业、土壤形成、水土保持、气候调节、洪水控制、物质循环与大气组成等方面。生态系统服务功能无一离开具有能动性、生命力的生物自然力。当前，环境科学、生态科学、环境法学、环境经济学等学科研究者对生态系统服务关注热度之高，已是无须论证的事实。

（二）生物自然力法制需求

作为广义生物的人类，其个人行为和社会已经有许多法律加以规范；其个体健康有医疗、卫生法等予以保障；现代生物技术对人类生命体、生物物质的操作，狭义的生命法以及生命伦理已经予以较多关注。

对于非人类生物，其自然生命过程和生命体已经在农业、林业、畜牧业、渔业等中得到应用，例如其自然体或果子、种子等作为食物、药品、饲料、木材等。对于其生命体和生命过程的现代生物技术操作，已经有相对大量的生物技术法加以规制。

有关生物和人类的遗传资源获取和惠益分享研究，主要是关注的生物内在物质和特性的获取与利用惠益。所谓生物内在物质和特性，可以理解为"向内看"，研究其内在遗传基因的效用及其利益分享。本研究所要重点研究的内容属于"向外看"，研究其外在表现，如森林对水的涵养功能这类生态系统服务功能，生物间相生、相克这种外在功能的应用和有关社会关系的法律调整。如果从更广义的自然科技惠益分享来看，我们侧重点不是对生物内在操作的"内向科技"，如基因技术等，而是关注生物外在效应运用的"外向科技"及其法制，如利用生物相克所进行的作物病虫害生物综合防治技术及其法制等。基因操作的新效应是人工的结果。本研究所侧重讨论的主要是生物及其自然效应（所谓生物自然力）的保护，技术化及其应用，以及法制建设基础。

21 世纪以来，生态系统服务功能、森林碳汇、农林业中的病虫害生物防治措施等日益受到重视。生物经济、低碳经济、环境生物技术等新经济、新技术形式已经成为全球关注的热点，也是我国经济发展模式转变和技术绿色化的重要选择。追究生态系统服务等有关概念的实质，其实就是生物和其生态功效及生物间自然功效的开发与利用。在该研究中，我们利用马克思主义自然力理论提出了所谓"生物自然力"，用以概括生物和其生态功效及生物间自然功效。生物自然力措施是具有碳汇、碳中和性质的绿色技术措施，是生态系统和生态系统管理中最具生命力和革命性的措施。

诸多与人类和非人生物有关的法律均已建立，并形成了各自相对独立的法学基础理论。生物自然力的应用及其法制更多地应当归属环境法学。生态安全法制、生态补偿法制研究等，是与生物自然力有关的法制研究，已经是成绩斐然。生物经济、低碳经济、环境生物技术应用、生态退化防治、生态恢复、生态安全、生物共生利用、生物相克防治与利用等均可以说是优势初显、方兴未艾。以生物自然力为逻辑起点，进一步对生物自然力做"是什么"问题的事实性研究，做"为什么"问题的必要性研究，做"怎么办"问题的措施性研究，共同形成生物自然力法制问题研究；学习、研究、梳理、创新有关法制理论问题，使其更为理论化、体系化，体现法制理论研究的前瞻性，为环境法制理论建设做点微薄贡献，是本项研究的任务。

二、"生物自然力"内涵阐释

关于什么是"自然力"有不同的"学说"自然力狭义说、自然力广义说、自然资本说、资源环境生态说。[①] 当代许多学者把自然力同资源、环境及生态相混淆。正是由于概念界定的不清晰，导致他们的关注点更多地放在自然力中的"自然物质"上。因此，未来的研究应该从经济学的角度深入研究自然力中的"力"。比较而言，马克思对天赋自然力的定义较为明晰，即自然资源的各种作用"力"。但是，由于马克思在经济学中更加注重人本身的自然力，所以，对于天赋自然力的界定比较宽泛，有待后来者进行深入细致地研究和论证。[②] 鉴于此，对于自然力经济学这一新兴学科来说，必须清晰地界定自然力的概念，唯有如此，才能为以后的研究铺垫基础。那么，什么是自然力？自然力就是天然物质与能动力之和，即自然力＝天然物质＋能动力。天然物质乃天然的、非人工的各种有形的、无形的、有机的、无机的自然物质，如风、雨水、江河湖海、森林、蒸汽、矿藏、土壤等；能动力则为自然物质本身所具有的对生存世界所产生的"能"力和"动"力，是自然物质本身所固有的对生存世界的作用力，如土壤的肥力、风的推力、蒸汽的压力、雨水的灌溉力、江河湖海对船只的承载力等。自然物质是自然力的基础要件，是"能动力"的载体，就像商品的使用价值是价值的物质承担者一样。在一定的技术和认知水平下，天然物质的数量和质量决定其能动力或自然力的大小、优劣。[③]

为了抓住生物经济，生态法制中最具生命力、操作性的核心事物，避免对自然力界定的过于宽泛，笔者选择界定"生物自然力"，认为生物自然力＝生物物品＋生物功效。与前述已有见解不同的是，一是把"自然"局限于具有生命力、操作性的生物；二是界定的生物不仅仅是天赋自然物，还包括生物技术修饰过的生物。

生物自然力包含于自然力之中，但它又是其中最具活力和革命性的自然力。掌控不好生物自然力，它就会革人类的命；掌控好生物自然力，它也会成为最具活力的革命性生产力，为人类创造财富。生物经济时代的来临，既是机遇，也是挑战。显然，生物自然力的研究与一般性自然力研究有着本质不同，在当今时代，更具挑战性和针对性。

---

① 刘静暖. 关于自然力理论的文献评述——自然力经济学研究中的思考 [J]. 税务与经济，2008（6）：8-9.

② 刘静暖. 关于自然力理论的文献评述——自然力经济学研究中的思考 [J]. 税务与经济，2008（6）：9.

③ 刘静暖. 关于自然力理论的文献评述——自然力经济学研究中的思考 [J]. 税务与经济，2008（6）：9.

借鉴"自然力经济学"之说,姑且称本研究内容为"生物自然力环境法学",其建构的逻辑起点是"生物自然力"。如图20-3所示。

这种对生物自然力的阐释,特别是对生物自然力物品和功效的进一步划分和分类,能够统揽当前有关研究的热点领域和问题,能够与相关理论密切联系,使得生物自然力真正成为本研究问题和内容的逻辑起点。需要特别说明的是,所谓"个体性功效"并不一定是指生物个体间的相互影响,也许是种群或群落等,主要是指其影响相对小或影响方式主要不是依靠大尺度生态系统。

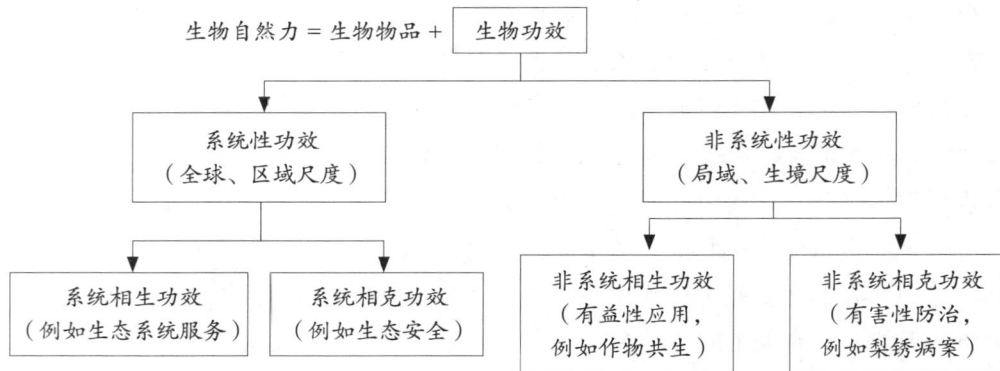

图20-3　生物自然力的构成

三、生物自然力法的构建价值

多年来,广大学者一直在苦苦思索如何将当前的生态补偿、碳汇交易、生态恢复、生态安全等有关法制问题研究中的生物因素统一起来,探讨其共性,为相关法制建设提供一定的理论基础,终于发现"自然力""自然力经济"等概念,并借鉴发展为"生物自然力",且将之纳入"自然资源"。正是这种借鉴与创新,使生物自然力观点得以与马克思主义(自然力理论等)、经济学(自然力经济、自然投资等)、生态经济学(外部性理论等)、公共经济学(公共物品供给等)等学科理论相结合。

环境资源法学是一门新兴边缘交叉学科,其自身的基础理论尚显浅薄。循环经济、生态经济、低碳经济、生物经济等,这些与环境资源法密切联系的经济发展模式可以说都是21世纪的新兴模式。这就注定了环境资源法学研究要更多地在"新兴、交叉"中前行,要不断地打开面前的"黑箱"。打开"黑箱"的过程是痛苦的,我们面对的是更多的无知和"黑箱",也许这正是科学研究的真谛。当一个真正的问题初步解决了,你将会面临更多的问题。做研究就像在黑夜打开一盏"探照灯",照亮了一部分,却让你感觉到更多的黑暗和无知。从另外一个角度讲,做研究也像在已有知识的房子中打开了一扇门,让我们面对更为广阔的"知识莽原"。"知识莽原"让我们感觉无知、无力,也让我们感觉兴奋,产生奔向莽原的冲动。构建我国的"生物自然力法"是一项基础性研究工作,前述理论观点可以视为生物自然力法构建的理论基础"初论"。

由于涉及的问题较为新颖、复杂，许多事实和法制问题多是众说纷纭、莫衷一是。尽管以"生物自然力""相生相克"进行了理论和内容的统摄，研究所涉内容仍然是比较"庞杂"。要消除这种"庞杂"，不能单纯依赖文字性凝练和高度概括，更多要依赖有关事实的进一步呈现和类型化，有关知识的进一步系统化。其所涉及的生物自然力的四大方面是生物系统性相生、生物系统性相克、生物非系统性相生、生物非系统性相克，其事实类型和法制建设均有进一步梳理、整合的空间和必要。正是这一系列需要深入研究的问题存在，展现了"生物自然力法"的发展空间。

第三节 环境自净力资源法治

环境有自净能力。当环境受到污染时，在物理、化学和生物的作用下，环境可以逐步消除污染物达到自然净化。但环境自净能力是有限的，当污染物数量超过了环境的自净能力时，污染的危害就不可避免地发生，生态系统就将被破坏，生物和人就可能发生病变或死亡。对此，我国法律设置了诸如污染物排放总量控制制度。此外，为更好地发挥污染物总量控制制度作用，我国开始探索并实践排污权交易、碳交易制度，这一举措不仅有利于改善环境质量问题，也是实现"双碳"目标的重要方式。

一、污染物排放总量控制制度

在环境法基本制度中，污染物排放总量控制制度正是实现污染防治目标的重要制度前提，其设计思想是以某一环境单位或环境空间的环境容量为基础，确定环境总量中可以利用的那部分纳污能力即允许纳污量，然后再转化为污染物允许排放量（环境容量→纳污能力→允许纳污量→允许排放量）。为保证某一环境单位或环境空间的环境质量，要求各排污主体总的允许排放量要小于允许纳污量，不得超出此环境单位或环境空间的纳污能力，也即不超出环境容量（允许排放量＜允许纳污量＜纳污能力＜环境容量）。但一直以来，"环境容量"只是纸上谈兵，在计算污染物排放量时，虽然"通常把环境容量作为理论基础，但实际使用的是小于环境容量的允许纳污量和小于允许纳污量的允许排放量"。

从理论上说，污染物排放总量控制制度在严格控制住污染物排放总量的前提下有效地开展下来，其必然有效的，污染控制的目标定会实现、环境质量也会得到改善。但在实践中，污染物排放总量控制制度的运行并不理想。2019 年是京津冀及周边地区秋冬季攻坚行动开展的第三年，对此，生态环境部等 10 部门和北京等六省市人民政府联合印发《京津冀及周边地区 2019—2020 年秋冬季大气污染综合治理攻坚行动方案》。一切按部就班地运行着，但受新型冠状病毒肺炎疫情的影响，2020 年 1 月份开始人们的社会活动量也大幅度减少，但为什么 1 月份京津冀及周边地区的重污染天气频发呢？先后有多位专家对此进行解读，认为受制于不利气象条件影响，京津冀及周边地区的大气环境容量大幅度收缩，虽然机动车排放削减不少，但是工业源没有明显下降，再加上采暖等一些因素的作用，导致重污染天气的出现。但实质而言，无论是不利的气象条件，还是其他因素的影响，都只是外因，污染物排放总量超过环境容量才是内因。要实现依法、科学、精准治霾，最根本的就是要从源头入手，严格控制排放量，并将其限制在环境容量范围内，并以环境质量为目标导向，倒逼各行各业特别是重污染行业转变粗放型不可持续性的发展模式，采取可持续的、循环性、清洁型生产经营方式，进而可剩余一定的排放量，进行排污权交易。

二、排污权交易

（一）排污权的概念

排污权是指排污单位经核定、允许其排放污染物的种类和数量。排污权作为一种无形财产权，必须是有偿取得。有偿取得分为两类：一类是缴纳使用费后取得，另一类是通过购买取得。

（二）排污权交易的概念

环境污染的产生正是由于人类生产、生活活动过程中，向自然环境排放废物，其种类、数量、浓度、速度等超过环境自净能力，导致环境的化学、物理或生物特征发生不良变化，只有将人类的一切排污行为限制在环境承载力范围内，处理好"极限与分配"的关系，环境污染问题才会得以解决。对此，我国开展了排污权交易。排污权交易是指在一定区域内，在污染物排放总量不超过允许排放量的前提下，内部各污染源之间，通过货币交换的方式相互调剂排污量，从而达到减少污染，保护环境的目的。

（三）我国排污权交易推进

2007 年以来，国务院有关部门组织天津、河北、内蒙古等 11 个省（区、市）开展排污权有偿使用和交易试点。各试点地区由浅到深、由点到面，稳步推进排污权有偿使用和交易工作，各地出台了地方规范性文件，在制度建设、排污权有偿使用交易推进、平台搭建、政策创新等方面开展了大量实践，配套建设了机构和平台，开展了初始排污确权，部分开展了有偿使用，总体上取得了初步成效。

"十三五"期间，发展改革委选择浙江、福建、河南和四川四个地区积极推进用能权有偿使用和交易试点建设，不断完善制度设计、监管机制、技术体系、配套政策和交易系统等，形成了丰富的实践经验，在此基础上加快推进全国用能权交易市场建设。

三、碳交易

碳交易是指碳排放配额，或者说碳排放权的交易，是人类实现气候治理的一种经济手段。具体说，就是先由公共权力的代表者政府，根据国家减排的总目标制定一个排放总量，再按照一定的方法，把总量分配给各个排放主体，同时允许排放主体自由交易各自的配额。

2020年12月，生态环境部以部门规章形式出台《碳排放权交易管理办法（试行）》。此外，为规范碳排放权交易，加强对温室气体排放的控制和管理，助力实现碳达峰、碳中和，生态环境部研究起草了《碳排放权交易管理暂行条例（草案修改稿）》，目前该条例已列入国务院2021年度立法工作计划。

全国碳排放权交易及相关活动，包括碳排放配额分配和清缴，碳排放权登记、交易、结算，温室气体排放报告与核查等，以及对前述活动的监督管理。其中，最重要的是碳交易市场。我国自2011年开始探索碳交易市场，先后在北京、天津等省市进行碳交易试点。2017年年底，我国印发实施《全国碳排放权交易市场建设方案》，此方案要求建设全国统一的碳排放权交易市场。2021年7月16日，全国碳市场上线交易正式启动。国内碳排放权交易市场有两种交易类型，总量控制配额交易和项目减排量交易，分别对应两种交易品种，碳排放权配额和国家核证自愿减排量（CCER）。

此外，为保障自愿减排交易活动有序开展，调动全社会自觉参与温室气体减排活动的积极性，我国建立了国家温室气体自愿减排交易机制。该机制支持将我国境内的可再生能源、林业碳汇等温室气体减排效果明显、生态效益突出的项目开发为温室气体减排项目并获得一定的资金收益。2020年，《碳排放权交易管理办法（试行）》规定"重点排放单位每年可以使用国家核证自愿减排量抵销碳排放配额的清缴，抵销比例不得超过应清缴碳排放配额的5%"。

第四节 频谱资源法

无线电频谱资源属于非传统自然资源，其像土地、石油、煤炭和水一样也是国家重要的战略稀缺资源，是推动信息化发展的重要载体。近年来，为合理开发和有效利用无线电频谱资源，我国陆续制定并出台了无线电管理方面的规范性文件，如国务院、中央军委分别于 1993 年和 2010 年颁布了《中华人民共和国无线电管理条例》（以下简称《无线电管理条例》）和《中华人民共和国无线电管制规定》两部行政法规。此外，《民法典》《刑法》《治安管理处罚法》《民用航空法》等也包含无线电管理的相关条款。

一、无线电频谱资源的概念

针对无线电频谱并没有固定的定义，一般来说，无线电频谱是指不同频段的无线电波的组合形式，是对无线电波的客观呈现形式。

结合自然资源和无线电频谱资源的特性来看，无线电频谱资源具备自然资源的基本属性。此外，其还具有自身的特殊性，如有限性、非耗竭性、易污染性[1] 等。

二、无线电频谱资源的权属问题

《无线电管理条例》规定，"无线电频谱资源属国家所有"。2007 年出台的《物权法》第五十条明确规定，无线电频谱资源属于国家所有。这是我国在法律层面首次明确无线电频谱资源的属性。《民法典》第二百五十二条规定"无线电频谱资源属于国家所有"。这一表述沿用了《物权法》第五十条规定的内容，确定了国家对无线电频谱资源依法享有占有、使用、收益和处分的权利。

三、无线电频谱资源的保护与管理

为保障无线电频率的合理开发和利用，维护无线电波秩序，2016 年 12 月 1 日，国务院、中央军委对《无线电管理条例》进行了修订。修订后的《无线电管理条例》补充完善了无线电频率使用许可制度、卫星无线电频率管理制度，明确了频率转让、收回的条件，引入了市场机制配置资源，完善了法律责任，特别是突出对违法行为的惩处，加大惩戒力度；突出资源的利用效率，强调频谱资源的科学规划和频谱使用率要求；突出简政放权要求，等等。

根据《无线电管理条例》的规定，国家对无线电频谱资源实行统一规划、合理开发、

---

① 易污染性是指无线电频率使用中容易受到其他无线电台（站）、自然噪声、人为噪声的无线电干扰。

有偿使用的原则和分工管理、分级负责的方针。

其中，《无线电管理条例》第四条、第八条、第十条、第十一条、第十二条，均对我国无线电频谱资源管理主体进行了明确。无线电管理工作在国务院、中央军事委员会的统一领导下实行分工管理、分级负责。在国家、省（自治区、直辖市）两级无线电管理机构的基础上，军队电磁频谱管理机构、国务院有关部门的无线电管理机构也负责相关无线电管理工作。

四、《无线电频谱资源法（草稿）》主要内容

一直以来，工业和信息化部高度重视无线电频谱资源的立法问题[①]，并积极开展相关工作，着手制定了《无线电频谱资源法》。

自 2018 年以来，工业和信息化部重点对《无线电频谱资源法》立法必要性、拟解决的重点问题、主要框架进行深入研究，对无线电频谱资源管理机制、资源市场化配置、卫星频率轨道资源协调机制、电磁空间安全保障等内容开展研究论证，目前已形成《无线电频谱资源法（草稿）》。其主要包括如下内容：①建立国家层面的无线电频谱资源管理议事协调机制；②建立无线电频谱资源统筹规划制度；③明确频率调整补偿机制和频率收回机制；④明确卫星频率轨道资源统筹管理机制；⑤明确频谱资源市场化配置机制；⑥明确电磁空间安全保障制度；⑦明确无线电管理保障制度；⑧明确相关法律责任。

[①] 近年来，工业和信息化部出台了《建立卫星通信网和设置使用地球站管理规定》《卫星移动通信系统终端地球站管理办法》《业余无线电台管理办法》《无线电台执照管理规定》《边境地区地面无线电业务频率国际协调规定》《无线电频率使用许可管理办法》《中华人民共和国无线电频率划分规定》《铁路无线电管理办法》等多项部门规章。

第二十一章 能源法

能源是当下经济发展的重要驱动力，也是人类生存发展必需的物质基础，事关国计民生。能源对社会发展的巨大影响和相关问题，需要法律规范进行调整。能源法正是调整能源领域各个环节和各种社会关系的法律规范。

第一节 能源法概述

能源法的交叉学科性非常强，不对能源科学一些基本知识进行分析梳理，就不可能对能源法的概念有清晰的认识。只有建立在科学基础上的能源法制度才能对能源法的各个环节和各种社会关系做出有效的调整。

一、能源与能源问题

生物想要生存离不开能量。植物通过光合作用将太阳光中的能量转化为化学能存储起来，而动物通过食用其他动植物获得化学能来维持生命的运转。对人类而言，能量不仅是我们生存的基础，也是我们日常生活重要支撑。想要获取能量，必然离不开能源。有学者将能源看作"生活之要、生产之基，是人类活动的物质基础"。[①] 从原料和燃料的角度去看待能源，其既直接为工农业、交通运输业、国防工业所使用，又广泛用于生活领域保障着人民群众的衣食住行。从人类社会发展的层面去看待能源，得益于能源产业的进步，大规模工业为人们提供了价廉物美的工业品，这些工业产品已经成为人类生活的一部分，可以说人类社会的发展离不开能源的发展。20 世纪 70 年代两次石油危机导致西欧发达国家能源短缺，使能源特别是能源安全成为国际关注的热点话题。现代化工业社会过多燃烧煤炭、石油和天然气，这些能源燃烧后放出大量的二氧化碳气体进入大气造成温室效应，因此如何确保能源安全又将温室气体排放控制

---

① 胡德胜．能源法学 [M]．北京：北京大学出版社，2017．

在合适的水平成为当下的世界性话题。2022年春季由于"俄乌冲突"引发能源价格上涨，能源问题再次引发全世界的高度关注。

（一）能源的概念与分类

1. 能源的概念

能源从字面上去理解可以指能量的来源。自然界中能够提供能量的自然资源及由其加工或转化而得到的产品都统称为能源，比如各种燃料、流水、阳光、地热、风等，它们都可以通过某种方式转变为人类生产、生活所需的能量。例如化石燃料通过燃烧转化为热能，流水和风可以通过推动涡轮叶片转化为机械能，太阳的辐射通过电池板可转化为热能或电能。莫神星就认为能源一词要从两个层面理解：一是"能提供能量的物质，如煤、石油等"；二是"物质机械运动产生的能量"，如水的流动。[①]

关于能源的概念能源科学界有着多种定义。《能源百科全书》中提道："能源是可以直接或经过转换提供人类所需的光、热、动力等任一形式能量的载能体资源。"《科学技术百科全书》中提道："能源是可以从其获得热、光和动力之类能量的资源。"黄素逸、高伟则认为"能源就是能量的来源，是提供能量的资源，这些来源或资源，要么来自物质，要么是来自物质的运动"。[②]动力工程领域专家叶大均认为能源是"比较集中的含能体或能源过程"。[③]可见，不论上述何种表述其基本内涵都是一致的，即"能源是能量的来源"。

能源法律政策也对能源一词做了界定，来增加法律的可操作性。2020年最新的《能源法（征求意见稿）》的第一百一十五条第一款将能源定义为："是指产生热能、机械能、电能、核能和化学能等能量的资源，主要包括煤炭、石油、天然气（含页岩气、煤层气、生物天然气等）、核能、氢能、风能、太阳能、水能、生物质能、地热能、海洋能、电力和热力以及其他直接或者通过加工、转换而取得有用能的各种资源。"2018年10月修正的《节约能源法》第二条规定："本法所称能源，是指煤炭、石油、天然气、生物质能和电力、热力以及其他直接或者通过加工、转换而取得有用能的各种资源。"2009年12月修正的《可再生能源法》第二条第一款规定："本法所称可再生能源，是指风能、太阳能、水能、生物质能、地热能、海洋能等非化石能源。"梳理这些法律条文可以看出我国立法关于能源的规定借鉴了能源科学中的定义，并且对于常见的能源种类通过列举加以规定，是一种概括与列举并用的定义模式。

[①] 莫神星．能源法学 [M]．北京：中国法制出版社，2019.

[②] 黄素逸，高伟．能源概论（附光盘）[M]．北京：高等教育出版社，2004.

[③] 叶大均．能源概论 [M]．北京：清华大学出版社．1994.

2. 能源的种类

能源的种类繁多，按照不同的标准一般把能源分为以下几种。

（1）一次能源与二次能源。这是根据能源的产生方式或是否经过加工而对能源进行的分类。"一次能源是指可以从自然界直接获取的能源，如煤炭、石油、天然气等。"[1] 此外水能、太阳能、风能、地热能以及核能等也是一次资源。二次能源指由一次能源加工转换而成的能源产品，如电力、煤气、蒸汽及各种石油制品等。这类能源"无法从自然界中直接获取，必须经过一次能源的消耗才能得到"。[2] 一次能源中的各种能源按照能否循环使用或不断得到补充，又分为可再生能源和不可再生资源。煤炭、石油、天然气是典型的不可再生资源。太阳能、风能、水能、地热能等是典型的可再生能源。

（2）传统能源和新能源。这是根据能源的利用状况进行的分类。传统能源就是那些在漫长历史中被人类长期广泛使用的能源比如煤炭、石油、天然气等。新能源是指刚开始开发利用或正在积极研究，由于技术、经济等条件限制有待推广的能源，比如太阳能、核能、潮汐能等。随着技术的进步，某种新能源有可能变成传统能源。

（3）清洁能源和非清洁能源（污染型能源）。这是按照能源使用后造成的污染程度进行的分类。非清洁能源主要是指对环境污染大的能源如石油、煤炭等，清洁能源是指那些污染较小或者没有污染的能源如水能、电能、太阳能、风能等。

此外，按照经济属性划分，能源可被分为商品能源和非商品能源；[3] 按照使用方式划分，可分为燃料性能源和非燃料性能源；[4] 按照存赋状态划分，可分为固体能源、液体能源、气体能源、核燃料和载能体。[5]

（二）能源问题

正如前面提到的那样，能源对人类的生产生活有着重要影响。20世纪70年代的石油危机引发能源安全的问题，过量排放温室气体引起的气候变化和温室效应带来了节能减排问题，这两个问题是目前能源问题的核心问题。

1. 世界性能源问题

第一，国际间能源博弈日趋激烈。"到2025年，发展中国家能源需求增量占全球增量的85%左右，消费重心逐步东移。"[6] 发达国家和发展中国家间围绕能源的国际博弈无疑会更加激烈。第二，能源供应格局正在发生重大变化。第一，作为全球油气重镇的西亚、北非等地区局势持续动荡，俄乌战争引发西方对俄罗斯进行经济制裁，

---

① 金自宁，薛亮. 环境与能源法学 [M]. 北京：科学出版社，2014.

② 金自宁，薛亮. 环境与能源法学 [M]. 北京：科学出版社，2014.

③ 赵爽. 能源法学 [M]. 北京：法律出版社，2022.

④ 胡德胜. 能源法学 [M]. 北京：北京大学出版社，2017.

⑤ 肖国兴，兴乾刚. 能源法 [M]. 北京：法律出版社，1996.

⑥ 胡德胜. 能源法学 [M]. 北京：北京大学出版社，2017.

美国和加拿大在页岩油气开发上取得的重大进展，全球传统能源的供给结构发生重大变化。第二，日本福岛核电站的泄漏事故沉重打击了民众对核电的安全信任，也将对全球能源开发方式产生深远影响。第三，全球能源市场波动风险加剧。2021年以来，世界经济开始逐步恢复，加之一系列的气候异常以及自然灾害使全球对能源的需求进一步提升，但主要能源供给国的产能恢复速度满足不了市场需求。此外，欧佩克组织2022年10月初宣布减产，引起全球原油市场价格的再次反弹。第四，温室效应带来的巨大挑战使国家间的能源博弈愈加复杂，围绕排放权和发展权的谈判日益增多，发达国家在利用技术优势、资本优势加快发展节能技术、新能源等产业的同时，利用碳关税、环境标准等绿色壁垒继续挤压发展中国家的发展空间。

2. 中国的能源问题

第一，能源约束矛盾突出，能源安全形势严峻。一方面，我国人均能源拥有量在世界上处于较低水平，煤炭、石油和天然气的人均占有量仅为世界水平的67%、5.4%和7.5%。另一方面，进入21世纪我国能源对外依存度持续攀升。[①] 能源进口通道受制于人，跨境油气管道安全问题不容乐观，能源储备规模较小，应急能力尚待完善，我国的能源安全形势不容乐观。第二，环境压力不断增大，科技创新能力不足。"未来相当长的时期内化石能源在中国能源结构中仍占主体地位，保护生态环境、应对气候变化的压力日益增大，迫切需要能源绿色转型。"[②] 能源科技创新依然不强，如油气精细化开采、煤炭清洁利用和新能源核心技术等方面尚不能实现全面自主，技术的"空心化"还没有根本解决。第三，能源体制机制需要深化改革。"能源产业行政垄断、市场垄断和无序竞争现象并存，价格机制不完善。"[③] 打破体制机制上的约束成为推动能源行业发展的关键。第四，开发难度较大，能源效率低。与世界能源资源开发条件相比，我国煤炭资源地质开采条件较差多需井工开采，油气资源埋藏较深地质条件复杂，待开发的水力资源多在西南山区开发成本和难度都非常大。我国能源的使用效率仅为世界水平的50%。2014年时就有专家指出，"中国与日本在GDP产值总量上大体相当，但是我国单位能效产能只有日本的1/5"。[④]

二、能源法的概念与特征

（一）能源法的概念

对于能源法这个概念，中外学者有着不同的表述。国外学者通常不对能源法这个概念进行定义，有国外学者梳理了部分重要教科书后得出结论，在12~15部重要的能

---

① 原油对外依存度从21世纪初的26%上升至2021年的72.2%，天然气对外依存度从2012的29%上升至2021年的46%。

② 莫神星. 能源法学 [M]. 北京：中国法制出版社，2019.

③ 胡德胜. 能源法学 [M]. 北京：北京大学出版社，2017.

④ 王文革，莫神星. 能源法 [M]. 北京：法律出版社，2014.

源法教科书中只有少数几部详细讨论了什么是能源法。即使有学者给出定义也是非常宽泛的，比如拉斐尔·赫夫龙就认为："能源法事关能源资源的管理事宜。"布拉德布鲁克的定义是："个人之间、个人与政府之间、政府与政府之间、州与州之间有关所有能源的权利与义务的分配。"①

国内学者对于能源法的定义则分为广义和狭义两类。广义上的能源法定义，如中国法学会能源法研究会在其编著的《能源法学总论》中主张，"能源法是能源领域的基本法，是规范能源开发利用和管理，优化能源结构，提高能源效率，保障能源安全，促进能源和经济社会可持续发展的法律规范"。②莫神星认为："能源法是调整能源开发、利用、管理和服务活动中的社会关系的法律规范总称。"③胡德胜则认为目前广义的定义存在的"内涵不清、外延过大或者不当，调整范围也相应存在过大或者不当的问题"。④同时，胡德胜也给出了一个比较全面的定义："能源法是指基于可持续发展理念，为了维护和促进能源领域的市场经济健康发展以及保障国家安全、民生福祉和生态环境，国家制定或者认可的，调整以能源企业为一方主体的能源原材料和产品（商品）生产供应活动以及直接影响能源生产、供应和消费的节能减排活动中所产生的能源社会关系的，以规定当事人的能源权利和能源义务为内容的法律规范的总称。"⑤狭义上的能源法，则是指以能源法或类似名称命名的且由国家最高立法机关或其常设机关制定的一部法律。

（二）能源法的特征

1. 调整范围广

这是由于能源法所规范的活动范围的广泛性决定的。能源法所调整的能源社会关系涉及能源活动的方方面面，因此能源法规范的活动范围远远超过其他法律规范。"从目前的规定来看，能源法既规范能源原材料产品生产供应周期整个过程中的能源活动（如能源资源勘探和开发，能源原材料和产品的萃取、精炼、生产、存储、运输、交换），也包括直接影响能源生产、供应和消费的节能减排活动。"⑥

2. 技术性

能源法的技术性十分强烈，这是其与一般部门法的重要区别。主要因为三个方面的原因：第一，能源法中的许多内容立于科学规则之上。能源法律的制定和实施需要遵循生物、化学、物理等自然科学法则。第二，需要借助科学技术，"在科学的不确

---

① 莫神星 . 能源法学 [M]. 北京：中国法制出版社，2019.

② 中国法学会能源法研究会 . 能源法学总论 [M]. 北京：法律出版社，2019.

③ 莫神星 . 能源法学 [M]. 北京：中国法制出版社，2019.

④ 胡德胜 . 论能源法的概念和调整范围 [J]. 河北法学，2018，36（6）：32.

⑤ 胡德胜 . 能源法学 [M]. 北京：北京大学出版社，2017.

⑥ 赵爽 . 能源法学 [M]. 北京：法律出版社，2022.

定性范围内预测和评价风险"。[1] 第三，能源法中的不少内容如能源开发与加工监管、能源科技发展、能源安全监管等要通过调整部分社会关系来协调人与自然的关系，因此要遵循自然规律的要求，必须在能源立法中融入技术规范、能源标准、节能技术等。

3. 能源与环境的一体性

能源问题不仅有能源安全问题，还包括应对气候变化、温室效应等环保问题。能源和环境保护是一体两面，能源问题从另一个角度看也是环境问题。能源法既要追求能源的高效开发与利用，又要强调环境保护和节能减排。换言之，能源法要在价值层面追求经济发展和环境保护的统一。

4. 政策性

能源法的政策性很强烈。国民经济和社会发展规划、政府工作报告、党的重要文件都会涉及能源问题；国家基本政策、国家战略、基本国策在能源法律中也有反映。《"十四五"现代能源体系规划》中要求："着力增强能源供应链安全性和稳定性，着力推动能源生产消费方式绿色低碳变革，着力提升能源产业链现代化水平，加快构建清洁低碳、安全高效的能源体系，加快建设能源强国，为全面建设社会主义现代化国家提供坚实可靠的能源保障。"2022年10月，党的二十大报告指出："积极稳妥推进碳达峰碳中和，立足我国能源资源禀赋，坚持先立后破，有计划分步骤实施碳达峰行动，深入推进能源革命，加强煤炭清洁高效利用，加快规划建设新型能源体系，积极参与应对气候变化全球治理。"

三、我国能源法律制度的发展

（一）改革开放至20世纪80年代中期

中华人民共和国成立后真正意义上的能源法治建设始于改革开放时期。改革开放之初，能源产业存在基础建设不足、能源企业效率低、基础能源供应严重短缺的严重问题。虽然十一届三中全会后，彭真同志就把草拟《能源法》的任务交给了国家能源委员会，但是随着该委员会于1982年撤销，本次能源基本法的草拟工作无疾而终。毕竟面对能源产业百废待兴的状态，起步阶段的能源立法只能"头疼医头、脚疼医脚"。一方面，通过法规政策的出台激发能源开发潜力，提高能源供给。比如国务院于1982年颁布的《国家能源交通重点建设基金征集办法》、1985年颁布的《关于鼓励集资办电和实行多种电价的暂行规定》。另一方面，出台法规政策促进能源节约。国务院于1983年制定《节约能源管理暂行条例》，同时煤炭工业部、交通部等部委也出台了针对部分重点行业节能指令。此外，为了拓宽能源来源，国务院在1982年和1983年分别颁布了《对外开采海洋石油资源条例》《海洋石油勘探开发环境保护条例》。这一时期的能源法律制度从形式上看多由能源主管部门颁布的文件组成，真正意义上的法

---

[1] 胡德胜. 能源法学 [M]. 北京：北京大学出版社，2017.

律、行政法规不多；从内容上看，计划经济色彩比较强烈，强调中央和主管部门对能源工作的领导。①

（二）20 世纪 80 年代中期至 20 世纪末期

随着改革开放的深入以及具有中国特色的社会主义市场经济体制的逐步确立，能源立法作为经济立法的重要组成部分，开始全面发展。在这一阶段与能源紧密相关的大量法律和行政法规相继出台。1986 年至 1989 年《矿产资源法》《水法》《环境保护法》相继出台。1995 年、1996 年、1997 年三年间《电力法》《煤炭法》《节约能源法》三部能源领域能的重要单行法律接连颁布，许多与能源相关的法规和规章也相继出台。如 1986 年颁布的《民用核设施安全监督管理条例》、1987 年颁布的《电力设施保护条例》、1993 年颁布的《电网调度管理条例》、1994 年颁布的《矿产资源法实施细则》、1996 年颁布的《电力供应与使用条例》等。在这个时期，"能源立法虽然有了一定的前瞻性，但是由于我国当时正处于经济体制转型时期，受当时立法环境和条件的限制，计划经济的烙印还比较明显，缺乏对能源市场、竞争机制等方面的规范"。②

（三）21 世纪初至今

随着社会主义市场经济体制框架的初步建立以及成功加入世界贸易组织，我国经济增长进一步加快能源压力迅速增大，能源安全问题凸显，对能源法律制度提出了新的要求。《可再生资源法》《石油天然气管道保护法》《清洁生产促进法》《核安全法》《循环经济促进法》，分别于 2005 年、2010 年、2012 年、2017 年和 2018 年出台。作为能源基本法的《能源法》制定工作于 2005 年启动，制定工作历经波折，2022 年 7 月，国务院 2022 年度立法工作计划显示，能源法草案被纳入 16 件拟提请全国人大常委会审议的法律案，列第 8 位。整体来看，目前能源法律体系已在我国初步建成。"我国初步实现了能源产业各领域、各环节有法可依，实现了从政策治理向法律治理的历史性转变。"③

---

① 中国法学会能源法研究会.能源法学总论 [M].北京：法律出版社，2019.
② 胡德胜.能源法学 [M].北京：北京大学出版社，2017.
③ 中国法学会能源法研究会.能源法学总论 [M].北京：法律出版社，2019.

第二节 我国的能源法律体系

能源法体系是指根据一定的标准和原则对一个国家现行所有的能源法律规范做出的分类。能源法体系是历史和现实形成的能源法在内容方面的结构，是建立在共同的经济基础之上的，具有协调性且有机联系着的统一整体。[①]

一、我国能源法律体系概述

目前，我国能源法律制度体系已经初步构建起来，但其基本结构尚不够完整。结合前一部分的梳理，目前已经有四部能源单行法，如《电力法》《节约能源法》等，30余部能源相关法如《矿产资源法》《核安全法》等，30余部能源行政法规如《矿产资源法实施细则》《电力供应与使用条例》《电力监管条例》等，200余部相关部门规章，近千部相关地方性法规、规章。尽管如此，"仍有部分能源活动基本领域缺乏高层级的立法规范，比如石油天然气法尚未出台，统领性的能源基本法缺位"。[②]

从法律渊源角度讲，我国目前的能源法体系主要由下列几部分构成。

（一）宪法中的能源条款

《宪法》第九条规定，矿藏、水流、森林、山岭、草原、荒地、滩涂等自然资源，都属于国家所有，即全民所有；由法律规定属于集体所有的森林和山岭、草原、荒地、滩涂除外。国家保障自然资源的合理利用，保护珍贵的动物和植物。禁止任何组织或者个人用任何手段侵占或者破坏自然资源。

（二）能源法律

能源法律是指由全国人大及其常务委员会依照立法程序制定和颁布的规范性法律文件总称。其主要包括能源基本法、能源单行法、能源相关法。能源基本法就是目前正在等待全国人大常委会审议的《能源法（草案）》。目前已经颁布的重要能源单行法有《煤炭法》《电力法》《节约能源法》《可再生资源法》，其中1995年出台的《电力法》是中国第一步能源单行法。能源相关法如《核安全法》《矿产资源法》等。

（三）能源行政法规

能源行政法规，即国务院依法制定的在全国实施的有关能源的规范性文件，如《电力监管条例》《煤炭生产许可证管理办法》《电力设施保护条例》《核电厂核事故应急管理条例》等。莫神星认为："大多数能源行政法规成为能源行政机关和法定授权

[①] 莫神星.能源法学 [M].北京：中国法制出版社，2019.

[②] 赵爽.能源法学 [M].北京：法律出版社，2022.

组织实施能源开发利用和能源管理的最广泛的法律依据。"①

（四）能源地方性法规

能源地方性法规是指地方各级人民代表大会根据本地区的具体情况和实际需要，制定和发布的仅适用于本行政区域的能源规范性法律文件，如《上海市节约能源条例》《湖南省农村可再生能源条例》《浙江省电力条例》等。地方性能源法规不仅是我国能源法体系的重要组成部分，也是本地区能源开发和管理的重要依据。

（五）能源规章

能源规章是指特定行政机关依照行政程序制定的仅适用于本部门和本行政区域的能源规范性法律文件，分为能源部门规章和能源地方政府规章两类。前者如国家发改委制定的《煤炭经营监管办法》《电力安全生产监督管理办法》等，后者如《黑龙江省公共机构节能办法》《山东省节能监察办法》等。规章作为行政能源立法的重要组成部分，也是能源开发利用和管理的重要依据。

二、我国的能源基本法概述

（一）曲折的制定历程

前面提到 20 世纪 70 年代末 80 年代初，作为能源基本法的《能源法》就曾开展过草拟工作。2005 年原国家能源办、国务院原法制办牵头成立了由 15 个部委和机构组成的能源法起草工作领导小组。2007 年起草完成了《能源法（征求意见稿）》（2007），并公开征求了意见。2008 年形成了送审稿，由国家发改委提交至当时的法制办，由法制办向各界征求意见。由于各方对此版送审稿存在诸多争议如章节设计、能源战略内容、法律条文过空、过虚等，未能进入全国人大常委会审议。"2016 年，国家能源局成立研究修改小组，多次组织有关部门、企业、专家召开研讨会，形成能源法（送审稿）修改稿，并于当年 11 月报送至当时的国务院法制办。不过，该版能源法草案没有对外公开的文本。2020 年，国家发改委、能源局组织成立专家组和工作组对能源法（送审稿）修改稿进行修改和完善，当年 4 月发布《能源法（征求意见稿）》（2020），多处体现了能源改革和产业趋势的新方向。"2022 年 7 月，能源法草案被国务院纳入拟提请全国人大常委会审议的法律案。

（二）能源法的基本制度

1. 能源战略与规划

能源战略是筹划和指导国家能源高质量发展、保障能源安全的总体方略，对能源规划和能源政策的制定和实施具有指导意义。"能源规划则是能源战略的行动纲领或行政过程，是国家权力政治在政府工作中的集中表现。"② 两者都属于宏观层面容易

---

① 莫神星. 能源法学 [M]. 北京：中国法制出版社，2019.

② 肖国兴. 论能源战略与能源规划的法律界定 [J]. 郑州大学学报：哲学社会科学版，2009（3）：70.

混淆。二者区别如下：一是能源战略的政治性、决策性强，而能源规划则是实施战略的思路，所以操作性强。二是能源战略层次高、原则性强，能源规划侧重战略执行具体性强。三是能源战略的效力体现为对能源规划、能源政策以及能源法的指导与协调。[①]

2. 能源开发与加工转换

虽然各种能源由于其自身特性和禀赋的不同，需要在开发过程中采用不同的法律制度。但在能源开发领域，特别是在化石能源的开发利用中，总会涉及一些共性的法律制度，如所有类型能源在开发过程中都要遵循环境保护制度、安全生产制度，涉及化石能源开发的权属制度、税费制度以及生态资源补偿制度。

3. 能源供应与服务

这是满足人民群众和经济发展需求的关键流程。作为能源基本法，在这一部分规定：能源供应市场准入制度、能源市场改革、能源管网建设与保护、能源管网输送、能源管网配送等内容。考虑到我国农村能源发展的特殊性，本部分也需对农村能源政策做出规定。

4. 能源市场及监管

目前，我国对能源市场的改革决策多见于党中央、国务院的一系列文件当中，在立法层面能源市场和监管的专门立法暂缺。能源基本法有必要总结之前改革的成熟经验，同时为今后更加深入的市场化改革留出空间。因此，应对下列内容做出规定：市场化改革原则、负面清单制度、能源价格机制、政府定价依据和价格联动机制、价格激励与约束政策、市场平台构建与交易规则、能源市场监管机制等。

5. 能源安全保障

这一部分应当包含能源生产安全、能源供应安全、能源产品和能源资源战略储备安全、能源预测预警、能源突发事件处置等内容。要将习近平总书记2014年提出的能源安全五点要求，即"能源消费革命、能源供给革命、能源技术革命、能源体制革命，全方位加强国家合作，实现开放条件下的能源安全"，作为能源安全建设的主要方向。

6. 能源科技进步

能源发展离不开科技创新的支撑。在这一部分应规定：能源科技创新及奖励、能源科技重点领域、能源科技投入、能源科技发展机制、能源教育人才培养、能源科普宣传等。

7. 能源国际合作

"全方位加强国际合作，实现开放条件下能源安全。"这是党中央对能源国际合作的总体要求。能源基本法一方面要体现出能源合作的"全方位"，另一方面要在开放中确保我国能源安全。因此，能源法在应对"国际合作的方式、能源贸易合作、能源

[①] 赵爽．能源法学 [M]．北京：法律出版社，2022.

运输合作、能源科技与教育合作、能源合作信息服务"方面做出规定。

8. 能源监督管理

能源监督管理是能源管理的主要形式,这项制度的核心是依法建立政府能源监管体系并进行有效管控。应对专项监督检查、问题监督检查和社会监督检查,这些能源监督检查的主要方式做出规定。

9. 法律责任

"徒法不足以自行",能源法有必要专设法律责任章节,以增强能源法的权威性与效力性。本部分应对政府监管、管网开放、普遍服务、报告披露、开发利用、节能环保、信息公开等方面的违法责任予以追究,并对如何与其他相关法律、法规规定的法律责任衔接做出安排。

三、我国的能源单行法概述

到目前为止,我国已经颁布了《煤炭法》《电力法》《节约能源法》《可再生资源法》四部能源单行法。

(一)《煤炭法》概述

1996 年 8 月 29 日,第八届全国人民代表大会常务委员会第二十一次会议审议通过了《煤炭法》,同年 12 月 1 日起该法开始实施。进入 21 世纪后分别于 2009 年、2011 年、2013 年、2016 年进行了四次修正。《煤炭法》主要有以下基本制度。

1. 煤炭生产开发与煤矿建设制度

该法第四条规定了对煤炭开发实施统一规划的方针。第十四条至第十六条对第四条的方针做了具体规定。明确了煤炭生产开发规划的主体是煤炭管理部门。煤炭管理部门要根据全国矿产资源规划规定的煤炭资源以及国民经济和社会发展的需要,组织编制和实施煤炭生产开发规划。该法第六条明确规定国家保障国有煤矿的健康发展,同时对乡镇煤矿采取扶持、改造、整顿、联合、提高的方针,实行正规合理开发和有序发展。第十七条至第十九条对煤矿建设做了具体的规定。

2. 煤炭生产与煤矿安全生产制度

在煤炭生产方面该法第二十条至第二十九条规定了煤矿生产安全许可证制度、特殊煤种或者稀缺煤种的保护性开采制度、开采规程和顺序、质量管理、安全生产、地表土地塌陷修复与补偿、关闭报废、旧矿转产、深精加工激励机制、洁净煤技术等内容。在煤矿安全方面该法第七条明确规定了"安全第一、预防为主"的方针,并要求建立健全安全生产的责任制度和群防群治制度。第八条要求企业必须采取措施加强劳动保护,保障煤矿职工的安全和健康,并对井下作业的职工采取特殊保护措施。第三十条至第三十八条对于安全生产做了具体规定。

3. 煤炭经营与监督检查制度

该法第三十九条至第四十七条对煤炭资源的销售条件、经营资格许可与审批、经营方式以及对煤炭销售的价格、质量进出口等进行了规定。该法第六十三条至第六十六条对煤炭企业的监管部门与监督对象的权利和义务等内容做了具体规定。

4. 煤矿矿区保护制度

该法在第十条对矿区保护做了原则性规定。同时，在第四十八条至第五十二条从"矿区保护的范围""矿区土地使用的优先性""矿区专用线、路的保护"等三个方面做了具体规定。

（二）《电力法》概述

1995 年 12 月 28 日，第八届全国人民代表大会常委员会第十七次会议通过了《电力法》，并于次年 4 月 1 日起实施。进入 21 世纪后分别于 2009 年、2015 年、2018 年进行了三次修正。《电力法》的主要制度有如下内容。

1. 电力规划制度

电力规划是指，"国家对电网、一个地区或者全国的电力结构进行系统、统一规划，对于电力行业发展提供指导性依据，使全国电力协调、可持续发展的一项制度"。[①]《电力法》第十条规定，电力发展规划应当根据国民经济和社会发展的需要制定，应当体现合理利用能源、电源与电网配套发展、提高经济效益和有利于环境保护的原则。

2. 电力业务许可制度

该法第二十五条第三款明确规定，供电营业区的设立、变更，由供电企业提出申请，电力管理部门依据职责和管理权限，会同同级有关部门审查批准后，颁发《电力业务许可证》。

3. 电力监管制度

电力监管，"是指为了加强电力监管、规范电力监管行为、完善电力监管制度，电力监管机构对电力企业及用户执行电力法律法规的情况进行监督检查，包括对电力企业在电力市场中的交易行为进行直接和间接调控，实现电力资源的市场配置"。[②]该法第七条和第八条确立了国家对电力事业进行监督管理的原则。在第五十六条至第五十八条对监督检查做了具体规定。

4. 法律责任

该法第五十九条到七十四条，分别对被监管对象、电力监管工作人员违反法律义务的责任做了规定。

（三）《节约能源法》概述

1997 年 11 月 1 日，第八届全国人大常委会第二十八次会议通过了《节约能源法》，并于次年 1 月 1 日开始实施。进入 21 世纪后分别于 2007 年、2016 年、2018 年进行了

---

① 胡孝红. 各国能源法新发展 [M]. 厦门：厦门大学出版社，2012.

② 赵爽. 能源法学 [M]. 北京：法律出版社，2022.

三次修改。《节约能源法》重要制度有如下内容。

1. 节约能源管理制度

该制度集中在本法第二章，共涉及 13 条，主要涵盖节能标准制度、高能耗产品、设备和生产工艺的淘汰制度、能源效率标识管理制度、节能产品认证制度。

2. 合理使用与节约能源制度

该制度集中规定在本法第三章，共涉及 32 条，主要包括工业节能制度、建筑节能制度、交通运输节能制度、公共机构节能制度、重点用能单位节能制度。

3. 节能激励制度

该制度集中规定在本法第五章，共涉及八个条文，主要包括国家财政补贴、财政专项资金、税收政策、价格政策、政府采购以及优惠信贷等制度。

（四）《可再生资源法》概述

2005 年 2 月 28 日，第十届全国人大常委会第十四次会议通过了《可再生资源法》，并于次年 1 月 1 日开始施行。2009 年该法进行过一次修改。《可再生资源法》重要制度有如下内容。

1. 总量目标制度

本法第七条规定了总量目标制度。第七条规定，国务院能源主管部门根据全国能源需求与可再生能源资源实际状况，制定全国可再生能源开发利用中长期总量目标，报国务院批准后执行，并予公布。

2. 强制上网制度

"将自然界的一次能源通过机械能装置转化为电力，是现代社会能源利用的重要形式，也是可再生能源开发利用的主要形式。因此，确保可再生能源在电力领域中的开发利用是促进可再生能源发展的重要内容。"[1] 因此，强制上网制度成为电网企业发展可再生能源的强制性义务。所谓强制上网制度也称固定电价制度，政府明确规定可再生能源电力的上网电价量不做明确的要求。本法第十九条对此制度做了规定。

3. 分类电价制度、费用补偿制度

可再生资源发电成本较高，是当前制约可再生资源发展的主要瓶颈。因此，需要在电力价格上予以一定补偿，以激励可再生资源产业发展。本法第二十条至第二十三条在具体规定强制上网制度的同时也对分类电价和费用补偿制度做了规定。

4. 经济激励制度

从目前世界各国的政策来看，为了促进可再生能源的开发和利用均采取了优惠补贴制度。本法第二十四条规定了国家财政设立可再生能源发展基金为相关补贴提供物质保障。第二十五条规定了财政贴息的优惠贷款制度。

---

[1] 赵爽.能源法学 [M]. 北京：法律出版社，2022.

第二十二章
国家主权管辖范围外的自然资源法制

　　随着世界多极化的深入发展，地球资源的大量消耗，国家主权管辖范围外自然资源的战略地位日趋重要。对主权范围外资源的开发探索，不仅是世界各国的必然选择，也是实现人类社会可持续发展的现实需要。本章将以国家主权管辖范围外的自然资源为研究对象，从地球资源和地外资源两个方面展开介绍，探讨深海资源、南极资源和外层空间资源等国家主权范围外的自然资源法制。

第一节　国家主权管辖范围外之地球资源

　　但是，21世纪以来，全球人口数量不断增加，陆地资源及其开发空间日趋减少，资源短缺及配置效率等问题制约了社会经济的发展，国家主权管辖范围之外的地球资源日益成为许多国家关注的目标。就地理位置而言，地球上属于国家主权管辖范围之外的区域主要是四大洋和南极洲。本节将对利益博弈激烈的深海资源和南极资源展开介绍。

一、深海自然资源

（一）深海自然资源的概述

　　深海，在国际上通常指水深超过1000米的海域，作为人类尚未完全解锁的疆界，世界各国纷纷将目光转向深海尤其是公海区域这座宝库。

　　深海资源是21世纪的接替性资源，具有重要战略意义。迄今为止，人类已经在深海区域发现丰富的矿产、油气和生物等资源，具有重大经济和科研价值。各国亦是争相进行"蓝色圈地运动"，以实现对深海资源的开发和国际海洋权益的扩展。为避免国家间对深海资源进行无秩序地争夺，《联合国海洋法公约》应运而生，提出"人类共同继承财产原则"，防止少数发达国家以采取单边行动而得私。各海洋大国对公约做出了不同解读，充分利用现有法律规定，以实现本国利益的最大化。我国也提出了"立足资源，超越资源"的战略构想。以下将介绍主要的深海资源，并梳理分析相关法律制度。

（二）深海自然资源介绍

根据《联合国海洋法公约》，国家主权管辖外的海域占据世界海洋面积64.2%，约2.3亿平方千米。深海区域蕴藏着丰富的资源，如多金属结核、生物基因资源和天然气水合物等，是毋庸置疑的资源宝库，具有重要战略意义。

1. 多金属结核

多金属结核又称锰结核，是暗褐色的结核状软矿物体，含有锰、铁、镍、钴等数十种元素，分布在水深3500~6000米的深海。美国学者梅罗通过样品分析，推算出世界洋底多金属结核资源为3万亿吨，仅太平洋就达1.7万亿吨，远超于同类的陆地矿产资源。此外，锰结核目前还在以每年1000万吨左右的速度不断增长，是具有远景的深海资源。

2. 热液硫化物

热液硫化物主要出现在2000米深的大洋中脊和断裂活动带上，是海水侵入海底裂缝，受地壳深处热源加热，溶解地壳内的多种金属化合物，再从洋底喷出的烟雾状喷发物冷凝而成的[①]，因此也被形象地称为"黑烟囱"。此外，热液活动区生物群落的生命表现，改变了人类对于极端环境下无生命存在的认知，在工业、医药、环保等领域有广泛的应用前景。

3. 天然气水合物

天然气水合物又名可燃冰，是指在高压、低温的条件下，由碳氢化合物和水分子形成的类冰状结晶物质，具有能量密度高、分布广、规模大、杂质少的优点。此外，天然气水合物在燃烧后仅生成少量的二氧化碳和水，所产生的污染较小，是世界公认的石油等接替性能源。

4. 富钴结壳

富钴结壳是皮壳状铁锰氧化物和氢氧化物，主要分布在水深800~3000米的海山上，且分布的海域较广，在太平洋天皇海岭、中太平洋海山群、麦哲伦海山等地都有发现，其资源远景巨大，具有较高的商业经济价值。

5. 生物基因资源

深海海洋生物由于长期生活在高压、剧变的温度梯度和极微弱的光照等特殊条件下，形成了具有重要研究价值的代谢机制。深海生物基因资源作为一种特殊的资源储备，其体内活性物质在食品加工、医药等科学领域具有广泛的应用前景。

除了上述资源外，深海中还富含具有重要价值的稀土软泥、石油资源和水资源等

---

① 封锡盛，李一平，徐会希，李智刚. 深海自主水下机器人发展及其在资源调查中的应用 [J]. 中国有色金属学报，2021，31（10）：2746-2756.

其他资源，有待于人类的进一步开发利用。我国虽然在深海资源开发方面，尤其是多金属结核领域，取得了重大进展，但较之发达国家仍有一定差距。深入开展深海资源勘探活动，有利于我国国民经济的长远发展，实现海洋强国。

（三）深海资源法制研究

目前，陆地资源的日趋减少促使了世界各国对于深海资源的争夺越发激烈。与此同时，无序的开采活动造成了国家管辖范围外海域的海洋环境被破坏、生物多样性减少等负面影响。只有出台切实可行的深海资源开发制度政策，健全海洋资源法律体系，才能实现对深海资源的长远利用。

早在 20 世纪 50 年代，美国为争夺海洋资源开采的产权，便尽早确立了海洋资源政策。1980 年，美国颁布《深海底固体矿产开发法》，以不限制采矿区的申请面积，不征收租金和权利金的方式，鼓励美国矿业公司积极从事海洋矿产的勘探与开发。

1982 年，联合国通过了《联合国海洋法公约》（以下简称《公约》），明确提出将"国际海底区域及其资源"认定为人类的共同继承财产。《公约》于 1994 年正式生效，《公约》提出的"区域"概念，特别强调了国家担保责任、养护海洋资源和保护海洋环境的重要性。作为"海洋宪法"，《公约》成为各国制定本国海洋资源政策的基础和依据。

《公约》出台后，世界各国纷纷开展深海资源勘查活动，并进行相关法理研究，以期在《公约》框架下最大限度地争取本国海洋空间和权益。部分海洋大国对其做出了不同解读，充分利用法律规定的有利条件，继续进行国际海底资源的"跑马圈地"活动，以实现本国利益的最大化。尤其是在深海生物资源的权属问题方面，以美国为代表的发达国家主张公海自由原则，将"资源"一词限缩解释为矿产资源；中国等发展中国家坚持人类共同继承财产原则，结合立法初衷，对"资源"进行目的解释。看似两大原则在法理的支撑下分庭抗礼，是公海自由原则和人类共同继承财产原则的交锋，实则是发达国家为最大化谋取本国私利，对原则内涵的曲解。国际海底资源应当为全人类所共有，惠及世界各国，这也更加体现了人类共同继承财产原则的进步性，有效遏制"公地悲剧"（tragedy of the commons）的发生。

在此期间，诸多国家制定或者修改本国的深海海底相关法律，通过立法完善法律制度，落实管控责任，如法国《海底资源勘探和开发法》、英国《深海采矿法（临时条款）》、日本《深海海底采矿暂行措施法》、澳大利亚《联邦离岸资源法》、俄罗斯（1995 年）《联邦大陆架法》等。[①]

1996 年，中国成为《公约》的缔约国。1999 年，我国通过《中华人民共和国海洋

---

① 翟勇 . 各国深海海底资源勘探开发立法情况 [J]. 中国人大，2016，3（1）：51–52.

环境保护法》。2012 年，党的十八大正式提出"建设海洋强国"的战略目标。2016年，《中华人民共和国深海海底区域资源勘探开发法》颁布生效，该法律旨在规范国家管辖海域以外的深海海底区域的开发活动，保护海洋环境，促进深海资源的可持续利用。[①] 2022 年，党的二十大报告指出，我国在深海深地探测方面已经取得重大成果，实现了关键核心技术的突破。

面对竞争日渐激烈的国际海域资源，发掘深海资源商业价值，从"浅蓝"走向"深蓝"，是实现"海洋强国"的必由之路。同时，尽快完善深海资源相关法律制度，健全国际海洋法体系，有利于实现资源的可持续利用与生物多样性的养护。

二、南极自然资源

面对全球气候变暖日益严峻的形势，南极地区的自然资源得到了国际社会的高度关注。虽然《南极条约》已经冻结了对南极地区领土和资源的争夺，但是各国仍未放弃对南极资源的科研考察，并积极参与南极事务，实现对南极资源的有序治理将会是经济社会发展的必然趋势。

（一）南极自然资源介绍

随着对南极资源勘探的持续深入，现已发现南极洲存在多种矿产资源和富饶的海洋生物资源，有世界上最大的铁山和煤田，资源储量丰富，在国际社会发展和政治博弈交锋中占据重要战略地位。

1. 矿产和油气资源

南极蕴藏有 220 多种矿产资源和能源，有世界最大、可供开发 200 年的查尔斯王子铁矿山和总蕴藏量约 5000 亿吨煤田资源。有色金属储量和多金属锰矿资源可观。南极地区的石油储存量 500 亿~1000 亿桶，天然气储量为 30000 亿~50000 亿立方米。此外，南极地区还存在着巨大的风能、波浪（或潮汐）能和地热能等潜在资源。[②]

2. 海洋生物资源

南极洲的地理气候条件严酷，但是苔藓、地衣等低等微生物广泛分布，海洋生物种类及数量可观，鲸、海豹、磷虾、海鸟等资源丰富，在现代生命科学研究方面具有不可替代的价值。其中，南极磷虾是重要的甲壳类浮游生物，作为南极生物链的关键一环，被喻为人类未来的"蛋白资源仓库"。

3. 淡水资源

淡水资源是人类从事生产生活所不可或缺的资源，南极洲作为地球最大的淡水资源库，不仅储量丰富，且水质几乎没有被污染。南极洲面积约 1400 万平方千米，98%

---

① 杨旭，曹新宇，王伟，湛垚垚. 关于深海资源可持续开发的几点思考 [D]. 大连：大连海洋大学，2017：3-4.

② 杨俊敏，蒋昕. 南极海域外大陆架划界争端法律问题研究 [J]. 浙江海洋大学学报（人文科学版），2018, 35（2）：1-11.

以上的面积常年被冰雪覆盖，冰雪总量 2500 万～3000 万立方千米，占全球冰雪总量的
90% 以上，储存了全世界约 72% 的可用淡水。[①]

（二）南极资源法制研究

巴里·休斯根据各种国际物品在使用时是否具有排他性和竞争性，将国际物品分
成私人物品、俱乐部物品、国际公共资源以及国际公共物品四类，如表 22-1 所示。

表 22-1　国际物品的分类

	竞争性	非竞争性
排他性	国际私人物品 如约旦河西岸等	国际"俱乐部"物品 如国际邮政服务、全球通信系统等
非排他性	国际公共资源 如国际公海、宇宙空间资源、 南极自然资源等	国际公共物品 如公共安全、环境污染、开放资源 的贸易体系等

南极资源作为国际公共资源，是人类共同的财产，具有非排他性和竞争性。目前，
各国在南极的活动，受到南极条约体系的有效规制。国际社会普遍承认并遵循的南极
法律框架是指以《南极条约》为基础，南极条约协商会议相继通过《南极动植物养护
议定措施》（1964 年）、《南极海豹保护公约》（1972 年）、《南极海洋生物资源养
护公约》（1982 年）、《关于环境保护的南极条约议定书》（1991 年）。其中，为约
束各国在南极的活动，《南极条约》于 1961 年正式生效，以冻结领土、禁止在南极建
立军事基地的方式保护南极资源。

值得关注的是，《南极条约》的冻结期有限，领土主权的冻结期截至 2041 年，南
极资源开发的冻结期截至 2048 年。如今，世界各国往往通过各种实践形式来强化对南
极的实质性存在影响，如在南极进行科研活动等。以实践为名，行强化之实。未来如
果南极资源被解冻，在没有完善合理的制度约束下，届时各国出于本国利益的驱使，
对南极主权和资源的瓜分矛盾将更为尖锐激烈，最终酿成"公地悲剧"，即南极资源
被各个国家无序无度的开发利用。因此，基于全球治理和社会发展的现实需要，国际
社会需要尽快确立解冻后切实可行并且逻辑严密的制度，以避免各国在南极资源开发
中的机会主义行为。

---

① 朱建刚，颜其德，凌晓良 . 南极资源及其开发利用前景分析 [J]. 中国软科学，2005（8）：17-22.

第二节 国家主权管辖范围外之地外资源

地球资源面临着日益枯竭的窘境，已是"取之穷尽，用之将竭"，但随着航天事业的雄起，人类对太空资源的重要地位的认知越发明朗。富饶的外层空间不仅将成为长期重点关注和开发利用的焦点，也是人类文明发展的必然趋势。现今，外层空间将是可被期待的第五次工业革命的战场，外空资源作为先手棋，各国争相对其的开发利用，必将实现人类社会又一飞跃性进步。

一、外层空间法所涉"自然资源"

（一）月球资源介绍

作为资源丰富、开采相对便捷的近地行星，月球的自然资源价值为当今国际社会和航天大国所公认。月球资源可大致划归两类：一是特殊环境资源，例如高远位置、高真空环境等；二是物质能量资源，如月海和月陆中富含的硅、铝、钙等矿物元素、稀土资源以及其他贵金属。上述的物质资源储量大都可以满足地球的数百年能源消耗，微重力和高真空等特殊环境更是无穷尽也，使得月球成了地球资源的重要战略储备和支撑。

1. 月球氦-3资源

由于月球独特的地貌，月壤中氦-3储量丰富、分布均匀。作为高效安全的核聚变发电材料，氦-3无疑是理想燃料，氦-3可以和氢的同位素发生核聚变反应，在提供能量的同时，反应过程安全可控，具备重要的应用前景。

2. 月球氧资源

氧是月球元素中含量最高的元素，往往与其他元素化合，形成稳定的金属氧化物和非金属氧化物。如果把原子百分比转换为质量百分比，氧依然是丰度最高的元素，约占42%。

3. 月球稀土资源

稀土元素指的是元素周期表中的镧系元素，以及与之化学性质相似的钪（Sc）和钇（Y）元素，共计17种元素的总称。稀土元素用途多样，遍布电子、冶金、机械、能源、轻工、环境保护、农业等众多领域。

（二）微重力资源

微重力是指重力或其他的外力引起的加速度不超过$10e^{-5} \sim 10e^{-4}$g，绕地球轨道上运行的航天器物体处于微重力状态。此时航天器里物体所受重力，只有地面的十万分之一或百万分之一。重力在材料加工制造中产生的负面影响有三：一是沉积使得混合物的成分不均匀；二是因对流而降低材料强度；三是化合降低了材料纯度。外层空间所独有的微重力资源无疑是进行科学实验的理想场所，由于没有对流、沉积等影响，物质能够实现良好的结合，从而制造出理想稳定的高纯度制品。

（三）卫星轨道资源

航天器和卫星环绕地球沿着特定轨道运动，可以快速大范围地覆盖地球表面，从而达到通信、定位等目的。几乎所有的人造卫星均是利用轨道的高远位置优势发挥功用，如气象卫星、通信卫星、军事侦察卫星和导航卫星等。诚然，卫星运行轨道作为相对于地表的高远位置，本身就是一种天然既存的资源，不因使用而耗损或枯竭，但轨道资源毕竟是有限的。占据高远位置，对后续的外层空间探索更是发挥着至关重要的作用。

（四）空间资源

此处对空间资源做限缩理解，仅指太阳能资源。太阳能是指太阳光的辐射能量，一般用太阳常数衡量太阳辐射能量的大小。太阳能资源具有可再生、无污染、储量丰富、使用便捷等优点。在外层空间中，由于不再有四季轮转和昼夜更替，也没有大气层吸收或反射太阳光、环境污染等因素的影响，同等的太阳能装置，在太空中可以获取比地球翻倍的能量，因此太阳能资源可以实现更加合理高效的运用。

（五）高真空环境

高真空环境是指距地面 100 千米以上的高度，空气已经相当稀薄，是"真空地带"，这种空间高真空状态无边无际，且相对于地面纯净无污染。[①] 高真空环境作为人类通往外层空间探索大门的钥匙，是诸多外空自然资源的本源。各种航空器能够得以稳定有序的在太空中长时间飞行，均依赖于外层空间中独有的高真空环境。同时，高真空环境有利于实现高纯度的冶炼焊接，对物质进行分离处理。

二、外层空间法的发展

自 1963 年 12 月 13 日，联合国大会通过《各国探索和利用外层空间活动的法律原则宣言》起，宣告着人类向外层空间法律体系的正式进军。该宣言共计提出九条原则，虽然不具有强制性效力，但作为外层空间法律的雏形，规定了基础性的要求，为后续的立法活动提供了重要指引和方向。

1966 年 12 月 19 日，联合国大会通过了《关于各国探索和利用包括月球和其他天体的外层空间活动所应遵守原则的条约》，该条约得到了包括中国、美国、俄罗斯等航天大国的认可，作为各国在外空活动的强行性法律规范，为之后的法律编纂提供了蓝本，因而得名为"外空宪章"。

---

① 紫晓 . 茫茫太空待开垦 [J]. 大科技，2003（6）：11.

1967 年 12 月 19 日，联合国大会通过了《营救宇宙宇航员、送回宇宙飞行员和归还发射到外层空间的物体的协定》，呼吁全力营救发生意外的宇宙航行员并交还发射物，使各缔约国承担义务变得清晰具体。

1971 年 11 月 29 日，联合国大会通过了《空间物体所造成损害的国际责任公约》，确认因外空物体所造成的损害赔偿责任，以保障对此等损害的受害人依本公约获得公允赔偿，实现加强各国和平有序、合理节制的探测目的。

1974 年 11 月 12 日，联合国大会通过了《关于登记射入外层空间物体的公约》，建立强制性登记制度，以有效辨别并加强管理射入外层空间的物体。

1979 年 12 月 5 日，联合国大会通过了《关于各国在月球和其他天体上活动的协定》，强调了月球及其自然资源是全人类的共同遗产，但由于批准国家有限，该协定的效力不具备普适性。

1996 年 12 月 13 日，联合国大会通过了《关于开展探索和利用外层空间的国际合作，促进所有国家的福利和利益，并特别要考虑到发展中国家的需要的宣言》，强调这一国际合作是为了所有国家的利益和福利，特别应当考虑发展中国家的需要。

除上述具有普遍影响力的国际条约等法律规定外，部分航天大国还开展了国内立法活动，通过具体的法律规定为本国的外空活动提供保障，以美国和卢森堡为典型代表。2015 年 11 月 25 日，美国通过了《外空资源探索与利用法》。2017 年 8 月，卢森堡通过了《探索和利用外空资源法》。两国均不约而同地提出外层空间的自然资源可以为私人实体所享有。

三、外层空间自然资源法制研究

随着外层空间的商业化和外空资源探索活动的日益频繁，既存的国际空间法面临着新的法律挑战，国内外学者就如何有效规范空间资源活动及如何完善国际空间法体系进行研究，侧重点有所差异。国外文献侧重于现实的实践问题，具有鼓励私人主体参与空间资源活动的发展趋向。国内文献从宏观的角度探究外空资源权属、外空环境污染治理等问题，大都结合我国的现状，针对国内空间立法给予完善建议。

（一）地外资源的国外法制研究

相较于国内研究，国外学界对于外层空间自然资源活动关注更早、研究也更为深入。国外学者的研究争论焦点在于外空资源活动的商业化、私营化，是否具有国际空间法的现实制度依托。学者通过对国际法、国际条约、国际惯例以及国内法的综合研究，结合当下国际外空活动情势，集中讨论了"不得据为己有原则"的限定适用范围和外层空间资源财产权属等方面。

1."不得据为己有原则"的限定适用范围

一直以来,国外学者对于私人主体是否豁免于"不得据为己有原则"①存在较大分歧。早在 1969 年,Stephen Gorove 对该原则的适用主体已经提出了限缩解释,认为私人主体不应当受此原则的约束;Abigail Pershing 从国际实践情况、立法背景等方面总结回顾,论证得出该原则的适用范围已经被逐步限缩,对于将空间资源开采、转移、处分等权利的享有,很多航天大国已经达成默示共识。与之相反,学界也不乏对上述观点的反对声音。Fabio Tronchetti 则强调"不得据为己有原则"的重要地位,作为国际空间法基本原则之一,对于非政府私人主体具有同样的约束力。Virgiliu Pop、C.Wilfred Jenks、Philip De Man 等学者也持有同样观点,并从不同角度,如私人主体的空间资源活动行为负有国家责任等方面进行阐述,加以反驳。

2.外层空间资源财产权属问题

对于外层空间资源财产权属问题的讨论,主要依托于在对于"人类共同继承遗产原则"②的适用分析。但迄今为止,学界缺少有关"人类共同继承遗产原则"的权威统一定义。Christopher C.Joyner 认为,任何国家或者私人主体都无法对人类共同继承遗产主张所有权或者主权,所有主体仅在特定情况下享有对其的使用权。Jennifer Frakes 总结了人类共同继承遗产原则的五要素:不得据为己有、共同管理、利益共享、用于和平目的以及为保护生态环境。Scott J.Shackelford 强调,固守传统的人类共同继承遗产原则,已然无法适应当今个体立法发展的合理需求,在保证全球公有属性的基础上,对该原则进行适当修正,实现个体利益和公共利益的平衡。

(二)地外资源的国内法制研究

长期以来,国内学者一直致力于对外层空间的自然资源相关法律展开研究。张振军在《月球资源开发国际法律制度研究》一书中以月球资源开发国际法律制度为研究对象,评述五大条约,指出既存的结构性缺陷,从法理的角度释明外空资源权属问题。赵云、蒋圣力二位学者认为,在外空资源相关权利方面,其所有权不能为任何国家、非政府组织和私人实体所取得,但是使用权和收益权可以归属于以上主体。同时,由于世界各国在航天领域中并不均衡的实力,在对于外空资源的实际开发利用中存在较大差距,为贯彻外空资源惠及全人类的宗旨,应当适当对不同主体进行照顾。③与之不同,汤耀琪提出,过分强调外空资源的共有属性,反而会影响国家及私人实体进行外空活动的积极性,阻碍人类探索外层空间的进程。只依靠国家的力量远远不够,私

---

① 《外空条约》第二条:各国不得通过主权要求、适用或占领等方法,以及其他任何措施,把外层层空间(包括月球和其他天体)据为己有。

② 《外空条约》第一条:所有国家可在平等、不受任何歧视的基础上,根据国际法自由探索和利用外层空间(包括月球和其他天体),自由进入天体的一切区域。

③ 赵云,蒋圣力.外空资源的法律性质与权利归属辨析 [J].探索与争鸣,2018(5):85-91.

人主体可以为外空资源开发活动提供必需的资金和技术，以便促进外空事业的蓬勃发展。① 李寿平就外层空间商业化趋势日益突出的情况，分析在外层空间商业化利用过程中亟待解决的自然资源问题，以及中国应当在联合国框架下发展本国空间立法，推动外空商业化国际立法的进程。由于我国综合性空间法的缺位，中国在现行的空间活动管理中属于多部门交叉管理的状态，难以实现高效协调沟通，无法实现立法的统一。中国应当构建一个全国性空间资源活动管理机构，实现协调统一、统筹管理。在联合国框架下促进外空商业化利用制度完善的同时，创新性的开展国际空间合作，为国际空间法律制度的完善提供实践基础。② 徐祥民、王岩指出，人类外空活动对太空环境产生了空间碎片、外空核污染、外空生物污染和高空化学污染等方面的负面影响。历史实践证明，先破坏再保护的发展模式是绝对不可取的，对于地球资源和环境所造成的危害难以挽回与弥补。在外层空间的探索中，人类不可重蹈覆辙，应当立足于"站在外空看外空"的出发点，并且制定保护外空资源与环境的专门性国际条约，实行外空活动"准入制度"，以实现外空的可持续发展。③ 王国语对美国行星采矿立法的法律政策展开分析，指明美国出台的《外空资源法》创造了不好的条约解释先例。将"不得据为己有原则"解释为"不约束私人实体"和"不适用外空资源"，对于其他不具备从事外空资源开采的国家不公，并提出了外空资源开发的五大法律焦点，分别是外空的法律性质、不得据为己有原则的含义及适用性、为全人类谋福利原则的含义与边界、国内立法管辖权的范围以及外空资源开发开采国际机制的构建问题。王国语指出，中国应当针对性地提出对策建议，贯彻"技术—政策—法律"三位一体的航天强国建设理念，加强对于法律政策的研究。④

子曰："工欲善其事，必先利其器。"人类若想达成外层空间和谐发展的美好愿景，建立切实可行的法律制度将是实现良法善治的利器。值此外空事业蓬勃发展之际，中国作为航天强国，应当把握机遇，积极发声，提出建设性意见，实现国家间的互惠共赢。

---

① 汤耀琪. 外空资源所有权法律问题探析 [J]. 国际太空，2018（10）：59–62.

② 李寿平. 外层空间的商业化利用及中国的对策 [J]. 北京理工大学学报（社会科学版），2013，15（1）：100.

③ 徐祥民，王岩. 外空资源利用与外空环境保护法律制度的完善 [J]. 中国人口·资源与环境，2007，17（4）：111–115.

④ 王国语. 拉开外空采矿竞赛的序幕？——美国行星采矿立法的法律政策分析 [J]. 国际太空，2016（5）：17.

第五编

空间绿色化利用法治

第二十三章 国土空间资源法

《中共中央、国务院关于建立国土空间规划体系并监督实施的若干意见》发布后，"多规合一"在现实工作中扎实得以推进，其中提到要"研究制定国土空间开发保护法，加快国土空间规划相关法律法规建设"。全国人大、自然资源部立法工作计划中均曾提到"国土空间开发保护法"与"国土空间规划法"，但是目前这两部法均未出台。这既反映了立法的必要性、重要性，更体现了基础性立法的难度。如何按照"全面依法治国"的要求，尽快建设与完善有关法制，是当前的"重大理论与实务课题"，如《环境保护法》第二条① 所涉及的"自然保护区、风景名胜区、城市和乡村"，特别是"城市和乡村"，为什么要列为环境法中的"环境"呢？哪些环境资源法只是涉及"城市和乡村"的？从国土空间资源及其法制的角度进行思考，应当能够得到这个问题的答案。

第一节 国土空间及其规划

一、"国土空间"的发展

在我国，国土空间资源主体范围经历了从侧重于土地资源到"陆海统筹"的过程。我们认为，在新时代新技术发展的促进下，还会由"陆海统筹"发展为"陆海空一体"，乃至"陆海空天一体"或"陆海空外一体"。所谓"外"，是指国家主权范围外的资源。

（一）从"国土资源"到"陆海统筹"

1. 国土、国土资源、国土空间

"国土是指一个主权国家管辖下的地域空间，是国民生存的场所和环境，包括领土、领空、领海和根据《国际海洋法公约》规定的专属经济区海域的总称。它包括一个国

---

① 本法所称环境，是指影响人类生存和发展的各种天然的和经过人工改造的自然因素的总体，包括大气、水、海洋、土地、矿藏、森林、草原、湿地、野生生物、自然遗迹、人文遗迹、自然保护区、风景名胜区、城市和乡村等。

家的陆地河流、湖泊、内海、领海、岛屿、大陆架，以及这些地区的地下部分和上空。"①有学者认为："国土是各种自然要素和人文要素组成的物质实体，本身就是一个综合体，是自然的产物，也是过去和现在人类活动的结果，是资源环境空间三维的统一体。"②

"国土资源是指一个国家管辖范围内的全部资源，有广义和狭义之分。广义的国土资源包括一国主权管辖范围内的全部自然资源、全部社会资源、全部经济资源、全部文化资源和全部信息资源。狭义的国土资源通常指一国主权管辖范围内的全部自然资源。"③

"国土空间是一个复杂的地理社会空间，包括土地资源、水资源、矿产资源、海洋资源、生态资源、社会经济资源等不同客体，涉及国土自然环境，社会经济环境和心理文化环境。"④"任何国家管辖的地域空间，都是由土地、水、大气、生物、矿产等自然要素和人口、建筑物、工程设施、经济及文化基础等人为要素构成。"⑤20世纪70年代末80年代初，以竺可桢、吴传钧、陈传康等为代表的老一辈科学家逐步建立了与广义的"土地"概念基本一致的"国土空间"内涵，即国土空间不仅包括了土地、水、矿产、生物、气候、海洋、旅游等各类资源，也涵盖了经济社会基础和条件。国土空间是资源、环境、人口、经济的复合系统，是各要素相互作用的结果。研究国土空间问题本质上是探究如何妥善处理经济发展与人口资源环境的关系。

2. 我国首个陆海统筹国土规划

长期以来，我国一直没有一个整体性的关于国家空间发展的顶层设计。20世纪60年代国家开展了工业基地选址；1982年国家研究城镇体系，城市规划观念开始转变，从区域角度研究城市开展城镇体系规划的研究编制。20世纪80年代，我国开始研究国土规划，意识到在国家层面国土开发应有一个全盘规划。1987年国家编制完成了全国国土总体规划草案，但没有发布实施。到21世纪初国土规划职能划归国土资源部，国土规划试点工作再次启动。国土资源部先后下发了《关于国土规划试点工作有关问题的通知》《关于在新疆、辽宁开展国土规划试点工作的通知》等文件，在深圳、天津、等地开展国土规划编制试点工作。在这一阶段，国土空间规划出现了四个转变：从规划计划型到规划引导型；从突出资源开发利用到开发和利用保护相统一；从追求经济发展到协调经济发展与人口资源环境；从以产业为核心到协调地区空间布局。2010年

---

① 吴次芳，等.国土空间规划[M].北京：地质出版社，2019.

② 孟旭光.浅谈全国国土规划纲要的性质、主线和作用[A].高延利等编著全国国土规划纲要（2016~2013年）[C].北京：中国农业出版社，2018.

③ 吴次芳等.国土空间规划[M].北京：地质出版社，2019.

④ 吴次芳等.国土空间规划[M].北京：地质出版社，2019.

⑤ 吴次芳等.国土空间规划[M].北京：地质出版社，2019.

《全国主体功能区规划2011—2020》发布。该规划立足区域资源禀赋，围绕工业化城镇化建设，在国家层面划分优化开发区、重点开发区、限制开发区和禁止开发区，并提出不同区域的发展策略。但也存在保护主题不够突出，规划实施难以落实等问题。2013年国土资源部国家发展改革委员会牵头组织编制《全国国土规划纲要2014—2030（草案）》，确定了未来国土集聚开发，分类保护，综合整治支撑保障体系建设及配套政策完善等主要任务，更加充分体现了国土空间规划的基础性，综合性和战略性特色。2017年1月3日，国务院正式印发《全国国土规划纲要（2016—2013）》。

《全国国土规划纲要（2016—2030年）》是我国编制的首个陆海统筹大国土规划。我国国土包括陆地国土和海洋国土，其中陆地国土面积约960万平方千米。根据联合国海洋法公约有关规定和我国主张管辖海域面积约300万平方千米。由此可见，我们过去的国土规划是侧重于土地国土，而没有纳入海洋国土，《全国国土规划纲要（2016—2030年）》是我国首个陆海统筹的国土空间规划。

（二）从"陆海统筹"到"陆海空一体"

谢盈盈认为，"在空间领域，我国已有八十多部法律法规，其中最主要的是《城乡规划法》和《土地管理法》。国土空间规划的立法就是建立在已有法律体系基础之上的整合、创新和提升"，"立法工作必须要体现发展需求且体现一定的前瞻性"。[1]从"国土资源"到"陆海统筹"，目前已经得到了广泛的认可。但是，我们认为这还不够。随着新技术的发展，特别是低空有人和无人飞行器的发展，低空空域的资源化及其使用越来越显得重要。低空空域法制建设也更为迫切。关于低空空域使用法制已经有一些研究成果，但是大多缺少全面性和深入性。造成这种状况的原因，一是因为相关新技术处在萌芽期或发展的初期；二是在传统的自然资源管理体系当中，除民航和气象部门之外，涉及空域的比较少；三是空域往往会与军方有关。因涉军事秘密不便调查、咨询、研究。这就需要在更高的层次上划定民用、军用空域管理的界限。

崔功豪认为，《全国国土规划纲要（2016—2030年）》"如果在国土开发利用的总体要求上，能够更加鲜明一些（比如总体上提一提'更加注重保护和整治'），在规划范围上更加重视国土中的领空及立体开发利用，在空间差别化引导空间单元上，更加强化跨越行政区的国土空间，在规划期限上展望得更加长远等，这将会在未来国土空间统筹管控中发挥更加重要的作用。"[2]笔者也认为，国土空间规划除了"陆""海"之外，还应加上"空"。这个空不仅仅是指涉及飞行的"空域"，还涉及地上空间权的立体化界定。例如，我们在给土地进行一定的确权时，不仅仅会涉及"四至"，也

---

① 谢盈盈. 国土空间规划立法相关问题刍议 [J]. 城乡规划. 2021（3）：88.
② 崔功豪. 一份主题突出、特色鲜明的创新之作 [A]. 高延利等编著全国国土规划纲要（2016~2013年）[C]. 北京：中国农业出版社，2018：26.

可能是"六至"（加上"上、下"）或者"八至"（立方柱的八个角点）。

（三）从"主权范围内"到"主权范围外"

自然资源和国土资源概念的区别在于"国土资源概念增加了'主权管辖范围'的内容"。① 同理，"相较于'空间规划'，'国土空间规划'强调了规划对象——国土空间所具有的领土和主权属性。国土空间规划既包含尺度、区位、边界三个空间要素，也包含禀赋、人的活动、权益三个与国土相关的要素，以及要有明确的空间范围和边界、清晰的责任主体和权利人。"② 规划的范围，通常是要在国家主权范围内的，我们才享有规划权。从自然资源开发利用角度来看，国家主权范围外的自然资源，例如公海、深海中的资源、两极的资源、月球资源、小行星资源等，对整个资源环境体系均产生了影响，并可深度影响到了社会经济发展。在做国空间规划时，我们对"主权范围外的资源"也不能视而不见，要关注它们，并考虑对今后发展的影响。"天"，是外太空中的资源或称地球外资源（地外资源）；"外"，是指国家主权范围外的地球资源。

二、国土空间规划

（一）国土空间规划的概念

规划是对某项事物所做的、一定时期的、具有一定宏观指导性、预见性的工作安排。国土空间规划因其视角不同，可以有不同的定义。从自然资源的角度来讲，国土空间规划就是对国土空间资源的开发、保护、整治等事项所做的一定时期的，具有一定宏观指导性预见性的工作安排。从空间和建成环境的形成角度来看，国土空间规划是以国土空间为约束条件或建成目标，从经济建设、政治建设、文化建设、社会建设、生态文明建设"五位一体"的综合视角，对投资和建设行为所做的一定时期的、具有一定宏观指导性、预见性的工作安排。

（二）国土空间规划的地位

1. 国土空间规划的基础性地位

《中华人民共和国土地管理法》第十八条③规定了国土空间规划的基础地位。从《土地管理法》第十七条④的规定可见，土地利用总体规划是国土空间规划的落实手段之一。所以土地管理法中规定"已经编制国土空间规划的，不再编制土地利用总体规划和城乡规划"，并不意味着不再编制土地利用总体规划和城乡规划了，而是融入

---

① 吴次芳等. 国土空间规划[M]. 北京：地质出版社，2019.

② 潘海霞，赵民. 国土空间规划体系构建历程、基本内涵及主要特点[J]. 城乡规划，2019（5）：7.

③《中华人民共和国土地管理法》第十八条："国家建立国土空间规划体系。编制国土空间规划应当坚持生态优先，绿色、可持续发展，科学有序统筹安排生态、农业、城镇等功能空间，优化国土空间结构和布局，提升国土空间开发、保护的质量和效率。经依法批准的国土空间规划是各类开发、保护、建设活动的基本依据。已经编制国土空间规划的，不再编制土地利用总体规划和城乡规划。"

④《土地管理法》第十七条："土地利用总体规划按照下列原则编制：（一）落实国土空间开发保护要求，严格土地用途管制……"

了国土空间规划之中，成为其有机组成部分。这种融为一体的规划编制方法，更有利于规划之间的融洽、协调、配合、衔接。

2. 在"1+X"规划体系中的地位

严金明认为，在国家层面应建立"1+X"空间规划体系。"1"即国土空间规划也就是空间规划，作为其他各项规划的"宪法"性基本规划，以专统筹。"X"即现有的发展规划、土地利用规划、城市规划、环境保护规划等规划。

3. 国土空间规划和经济社会发展规划的关系

从前述"1+X"规划体系的观点来看，国土空间规划是"宪法"性基本规划，发展规划等规划要归于"X"中。也有观点认为，发展规划应当是那个"1"。

2018年国家机构改革后，形成了国家发改委牵头的"发展规划体系"和自然资源部牵头的"空间规划体系"。根据2019年《中共中央、国务院关于建立国土空间规划体系并监督实施的若干意见》，两大规划体系的关系是：①强化国家发展规划的统领作用，强化国土空间规划的基础作用；②发挥国土空间规划在国家规划体系中的基础性作用，为国家发展规划落地实施提供空间保障；③各地区各部门要落实国家发展规划提出的国土空间开发保护要求，发挥国土空间规划体系在国土空间开发保护中的战略引领和刚性管控作用，统领各类空间利用，把每一寸土地都规划得清清楚楚。

在两类规划的实施时序上，是作为"基础"的国土空间规划在先呢？还是作为"统领"的发展规划在先？前述"各地区各部门要落实国家发展规划提出的国土空间开发保护要求"，似乎是发展规划先提要求，然后空间规划再按要求去落实。无论如何，都说明两种规划体系是密切相关、相辅相成的。从与物质生产资料的结合程度来讲，国土空间规划通常直接涉及稀缺物质性资源（以土地为核心），其客观性强、可变性小，规划周期相对也比较长，"红线"较多、刚性较强。发展规划更是"五位一体"的全面体现，全面性、时代性更强；其各类指标，既受物质性物质基础的影响，也受技术进步等重大事件的影响；影响因素更为复杂，变化可能较大。因此，发展规划和空间规划相较，"缺少基础的发展规划"和"失去统领的国土空间规划"都是不可接受的。不能简单地推论谁应当领先于谁。按照"生态优先"原则，也可以说国土空间规划应当领先于发展规划。究竟怎么办呢？那就是实事求是，与时俱进，坚持以人民为中心，遵纪守法、协商协调，制定出具有战略性、科学性、权威性、协调性、操作性的规划。

（三）国土空间规划的法律属性

1. 从空间性规划的产生发展看其法律属性

从空间性规划在我国的发生、发展与演变过程来看，"城市总体规划在土地管理方面的局限性催生了土地利用总体规划，而后者在生态环境保护方面的局限性又成为主体功能区规划和国土规划产生的重要原因"。①

《土地管理法》第十九条明确规定，编制土地利用总体规划必须坚持"保护和改善生态环境，保障土地的可持续利用"的原则。《城乡规划法》第四条也规定，制定和实施城乡规划，应当"改善生态环境""防止污染和其他公害"。从以上分析也不难看出，空间性规划及其法制当然属于广义上环境保护法律体系的重要组成部分。②

空间规划法的目的是对国土空间资源进行合理利用，实现空间资源利益的平等、正义配置，其中还蕴含着"改善生态环境""防止污染和其他公害"。因此，空间规划法既属于规划法，也属于土地管理法和环境资源法。

2. 规划性质的法理分析

法律规范是构成法律的细胞，法律是由许多法律规范构成的。法律规范又分为禁止性规范、义务性规范、授权性规范、倡导性规范等。按照法律规范的"三要素说"，法律规范（特别是强制性法律规范）包括假定（条件）、行为模式（处理）和制裁（法律后果）三部分，例如，企业排污时（条件），要遵守某排放标准（行为模式），否则罚款（后果）。一个完整的法律规范其三要素不一定在同一法条中，甚至不在同一法律中。规划和环境标准的性质是一样的，可以认定为法律规范中的"行为模式"，是法律规范的重要组成部分。只是这些"行为模式"集中于某一"规划"中而已。"规划"这一"行为模式"与相关法律中的"条件"和"后果"共同构成了完整的环境法律规范。

3. 规划属于"法律性文件"

2016年3月16日通过的《十三五规划纲要》提出"加快出台发展规划法"。但是至今《发展规划法》没有出台。我们通常以《国民经济和社会发展规划》为代表的发展规划，作为城乡规划和土地利用总体规划编制、修改依据。根据《规划纲要的法律性质探析》一文："规划纲要由全国人大常委会依照法定的程序制定并发布，其发布程序与一般的法律不同且非基本法律不仅可以由全国人大制定，全国人大常委会也有权制定，由此可见，规划纲要的制定主体和发布主体均较之于一般的法律更为严格，否定其法律属性的本质不尽合理。"③"经济发展类规划"与"国土空间规划"两者之间不是单向约束，而是相互协调、相互促进，均应具有"法律性文件的地位"。④

---

① 张忠利. 生态文明建设视野下空间规划法的立法路径研究 [J]. 河北法学，2018，36（10）：50.

② 张忠利. 生态文明建设视野下空间规划法的立法路径研究 [J]. 河北法学，2018，36（10）：51.

③ 郭昌盛. 规划纲要的法律性质探析 [J]. 上海政法学院学报（法治论丛），2018，33（03）：63.

④ 李林林，靳相木，吴次芳. 国土空间规划立法的逻辑路径与基本问题 [J]. 中国土地科学，2019，33（01）：4.

第二节 国土空间法治建设

因本书的章节安排大多是从法治的角度思考的，较之法制建设更为全面一些，便于安排研究热点内容，但是在实际撰写当中，我们并非面面俱到，本章亦是如此。国家安全是民族复兴的根基，其中国土空间安全是国家安全的重要组成部分。由于近年来关于"国土空间开发保护法""国土空间规划法"的立法问题是一个热点，也是个难点，所以我们重点围绕着立法做一些探讨。受"多规合一"的影响，我们重点讨论《国土空间规划法》的立法问题，兼论《国土空间开发保护法》。在这个面临重大变革的时期，对我国的《城乡规划法》《土地管理法》等已有相关法制，因介绍性、研究性资料较多，在此并不做过多介绍。

一、"多规合一"需要统领性法律

随着我国改革开放发展的需要，我国的政府机构也做了相应的变革。国土空间性规划进一步集中到自然资源部。相关部分法律做了小幅修改，如上文所述的《土地管理法》。近年来，我国具体的国土空间性规划及其政策法律依据和管理部门变化的情况如表 23-1 所示。

表 23-1 我国现行主要涉及空间规划法律梳理 [①]

法律法规	空间规划	规划期 / 年	编制主体	审批机关	规划逻辑
《中华人民共和国土地管理法》	《土地利用总体规划》《土地整治规划》	15	地方人民政府	国务院 / 上级人民政府	以供定需，由近及远，自上而下侧重保护资源
《中华人民共和国城乡规划法》	《城乡规划体系》《城市规划》《乡规划和村庄规划》	20	地方人民政府 / 城乡规划主管部门	国务院 / 上级人民政府	以需定供，由远及近，自上而下，侧重保障发展
《中央和地方政府出台的相关规范性文件》	《主题功能区划》	10	全国主体功能区规划编制工作领导小组、省级人民政府	国务院 / 上级人民政府	优化空间开发格局，促进区域协调发展。

---

① 严金明，等. 国土空间规划法的立法逻辑与立法框架 [J]. 资源科学，2019，41（9）：1603.

（续表）

法律法规	空间规划	规划期/年	编制主体	审批机关	规划逻辑
《中华人民共和国环境保护法》	《环境保护规划》《生态功能区划》《湿地保护规划》	5	生态环境部/县级以上地方人民政府生态环境保护主管部门	国务院/同级人民政府	自下而上，侧重生态区域与底线保护，维护生态安全格局
《中华人民共和国矿产资源法》	《矿产资源总体规划》《矿产资源专项规划》	5~8	自然资源部/地方自然资源主管部门	国务院/自然资源部/地方自主规定	矿产资源勘查与开发的布局与时序
《中华人民共和国森林法》	《林地保护利用规划》《林业自然保护区发展规划》	10	国家林业局/地方人民政府林业主管部门	国务院/本级人民政府	保护、培育和合理利用森林资源
《中华人民共和国水土保持法》	《水土保持规划》	15	水利部门/同级人民政府	国务院/本级人民政府	部署流域或者区域预防和治理水土流失、保护和合理利用水土资源
《中华人民共和国防震减灾法》	《防震减灾规划》《地质灾害防治规划》	5	国务院地震工作主管部门/地方人民政府负责管理地震工作的部门	国务院/本级人民政府	防御和减轻地震灾害，预防为主、防御与救助相结合
《中华人民共和国水污染防治法》	《水污染防治规划》	5	生态环境部会同有关部门/地方人民政府环境保护与水行政主管部门	国务院/本级人民政府	实行水污染排放总量控制，侧重动态监管
《中华人民共和国防沙治沙法》	《防沙治沙规划》	10	国务院林业草原行政主管部门/地方人民政府	国务院或指定部门/上级人民政府	强调防沙固沙，积极预防、综合治理
《中华人民共和国草原法》	《草原保护建设利用规划》	15	国务院草原行政主管部门/地方人民政府	国务院/本级人民政府	注重草原保护、建设与利用的整体部署，实施草原功能分区

（续表）

法律法规	空间规划	规划期/年	编制主体	审批机关	规划逻辑
《中华人民共和国水法》	《水资源综合规划》《流域综合规划》《流域专业规划》《区域综合规划》《区域专业规划》	10~20	国务院水行政主管部门/县级以上地方人民政府水行政主管部门	国务院获取授权部门/本级人民政府或授权部门	注重合理开发、利用、节约和保护水资源，实施水许可制度和有偿使用制度
《中华人民共和国港口法》	《港口布局规划》《港口总体规划》《水路运输发展规划》	15~20	国务院交通主管部门/地方人民政府	国务院/国务院交通主管部门	因地制宜布局港口和其主要功能
《中华人民共和国海域使用管理法》	《海洋主题功能区规划》《海洋功能区划》	5	国家海洋局会同有关部门、沿海省级人民政府/地方人民政府海洋行政主管部门会同有关部门	国务院/上级人民政府	注重海洋空间利用效率与可持续发展能力提升，强调海洋空间利用格局
《中华人民共和国海洋环境保护法》	《海洋环境保护规划》《重点海域，区域性，海洋环境保护规划》《湿地保护规划》	10~15	国家海洋局会同有关部门和沿海省级人民政府/地方海洋行政主管部门会同有关部门	国务院/上级人民政府	侧重保护海洋生态系统与重要生境
《中华人民共和国海岛保护法》	《海岛保护规划》	10	国务院海洋主管部门/军事有关部门/本级人民政府有关部门	国务院/上级人民政府	保护优先、合理开发、维护国家海洋权益

这种多头管理、分散立法，固然有其"船小好调头"的灵活性的优势。但其局限性也是非常明显的，例如，①规划内涵、概念、分类、指标等不一[①]，彼此有所冲突；②各自为适应新问题、新风险而独立发展，既造成管理冗余，也给社会造成"政出多门，

[①] 例如原国土资源部颁布的部门规章《自然生态空间用途管制办法（试行）》中，"自然生态空间"的用途管制制度与《土地管理法》中的土地用途管制制度相左，无法有效衔接。"生产、生活、生态空间"与"生态空间、农业空间、城镇空间"存在逻辑交叉，划分标准不一致。

频繁修改"的不良观感。

究其深层次原因在于，随着新技术的发展，整个地球和区域日益有缩小化、精确化的感觉。这种分散管理、分别立法，不符合新时代新技术发展的趋势。我们国家是讲依法治国的，当某一领域缺少上位的高层级法律时，就可能会造成各部门、各地区根据各自社会经济发展的需要，制定地方性的政策法规，进而会出现恶性竞争，催生（或不利于限制）部门保护主义和地方保护主义。

二、国土空间法制体系建设建议

（一）遵循《意见》，全面科学地建设法制体系

2019年5月3日发布实施的《中共中央、国务院关于建立国土空间规划体系并监督实施的若干意见》呈现了一幅科学宏伟的国土空间规划改革图景，为我们在新思想、新理念指导下，全方位、深层次地改革国土空间规划体制机制，建设国土空间法治体系，全方位深层次地开展融合与创新提供了政策指引。认真深刻领会《意见》精神和其中蕴含的体制、机制、政策、法律设计意见，用法治的语言和方法阐释表达内涵于《意见》中的相关要求（例如细化规划的编制、审批、发布、实施、督查等环节的规范性要求，并科学设计作为法律标配的法律责任），是我们搞好国土空间政策法制建设行动指南和保障。

1. 深刻领会国土空间规划改革的重大意义

该意见认为国土空间规划改革的重大意义在于，建立全国统一、责权清晰、科学高效的国土空间规划体系，整体谋划新时代国土空间开发保护格局，综合考虑人口分布、经济布局、国土利用、生态环境保护等因素，科学布局生产空间、生活空间、生态空间，是加快形成绿色生产方式和生活方式、推进生态文明建设、建设美丽中国的关键举措，是坚持以人民为中心、实现高质量发展和高品质生活、建设美好家园的重要手段，是保障国家战略有效实施、促进国家治理体系和治理能力现代化、实现"两个一百年"奋斗目标和中华民族伟大复兴中国梦的必然要求。

2. 落实指导思想和目标之"64121"

"6"，即从下列表述中提取的基础性、战略性、科学性、权威性、协调性和操作性。《意见》的"指导思想"中说："做好国土空间规划顶层设计，发挥国土空间规划在国家规划体系中的基础性作用，为国家发展规划落地实施提供空间保障。健全国土空间开发保护制度，体现战略性、提高科学性、强化权威性、加强协调性、注重操作性，实现国土空间开发保护更高质量、更有效率、更加公平、更可持续。"

"4"，即四个体系。《意见》的"主要目标"中提道："到2020年，基本建立国土空间规划体系，逐步建立'多规合一'的规划编制审批体系、实施监督体系、法规政策体系和技术标准体系。"

"1"，即"主要目标"中说："基本完成市县以上各级国土空间总体规划编制，

初步形成全国国土空间开发保护'一张图'。"

"2"，即"主要目标"中说："要全面实施国土空间监测预警和绩效考核机制。"

"1"，即"一套制度"。"主要目标"中说："形成以国土空间规划为基础，以统一用途管制为手段的国土空间开发保护制度。"

关于"完善法规政策体系"，该意见要求：研究制定国土空间开发保护法，加快国土空间规划相关法律法规建设。梳理与国土空间规划相关的现行法律法规和部门规章，对"多规合一"改革涉及突破现行法律法规规定的内容和条款，按程序报批，取得授权后施行，并做好过渡时期的法律法规衔接。完善适应主体功能区要求的配套政策，保障国土空间规划的有效实施。

3. 分类制定国土空间规划，注意"三性"划分

其具体内容如表 23-2 所示。

表 23-2　不同类型空间规划的侧重点

规划类型	规划内容	侧重点
全国国土空间规划	对全国国土空间做出的全局安排，是全国国土空间保护、开发、利用、修复的政策和总纲，由自然资源部会同相关部门组织编制，由党中央、国务院审定后印发	侧重战略性
省级国土空间规划	对全国国土空间规划的落实，指导市县国土空间规划编制，由省级政府组织编制，经同级人大常委会审议后报国务院审批	侧重协调性
市县和乡镇国土空间规划	本级政府对上级国土空间规划要求的细化落实，是对本行政区域开发保护做出的具体安排	侧重实施性

4. 在"编制要求"方面要特别注重以下关键词

"自上而下编制""坚持节约优先，保护优先，自然恢复为主的方针""强化底线约束，为可持续发展预留空间""加强生态环境分区治理，量水而行""强化国家发展规划的统领作用，强化国土空间规划的基础作用""谁组织编制，谁负责实施""明确规划约束性指标和刚性管控要求，同时提出指导性要求""健全规划实施传导机制，确保规划能用、管用、好用"等。

5. 在"实施与监管"方面要特别注重以下关键词

"坚持先规划后实施""谁审批谁监管""精简规划审批内容，管什么就批什么，大幅缩减审批时间""在城镇开发边界内的建设，实行'详细规划＋规划许可'的管制方式""在城镇开发边界外的建设，按照主导用途分区，实行'详细规划＋规划许可'和'约束指标＋分区准入'的管制方式""依托国土空间基础信息平台，建立健全国土空间规划动态监测评估预警和实施监管机制""以'多规合一'为基础，统筹规划、建设、管理三大环节，推动'多审合一''多证合一'""优化现行建设项目用地（海）

预审、规划选址以及建设用地规划许可、建设工程规划许可等审批流程，提高审批效能和监管服务水平"。

（二）从"体系"角度思考国土空间规划法建设

党中央、国务院的有关文件中都提到要"建设国土空间法治体系"。即便我们要考虑某一项具体的立法，例如国土空间规划法。我们也要从"体系"的角度给这部法律进行定位，否则，就有可能成为一个包罗万象的法律，或者总是感到无从下手，立法任务迟迟无法完成。

有关自然资源要素的具体立法要根据不同情况纳入国土空间规划法"体系"中来，而不必要纳入同一部法律当中或者是一个法典中。例如，"风景名胜区规划包含总体规划（含专项规划）、详细规划。根据统一规划体系要求，风景名胜区的总体规划可视为国土空间规划体系中的专项规划，详细规划可视为国土空间规划体系中的特定功能单元详细规划。纳入国土空间规划体系后，风景名胜区总体规划不能再单独作为项目建设许可的依据"。① 如果《风景名胜区总体规划》是包含在国土空间规划中一并制定通过的，当然就不能单独作为建设项目许可的依据。如果《风景名胜区总体规划》是单独通过的，其即便可以单独作为建设项目许可的依据，也应当是在国土空间规划"体系"视野中开展的审批工作。有关立法内容的衔接和操作运动原理，亦是如此。"国土空间规划作为一项全新的工作，可以有力地推动规划体系向公共政策转变，有利于学科和行业的完善和发展。因此，要解决复杂的问题，立法工作更应当从法律关系的角度出发，建构由多部法律 构成的法律体系，而不是仅仅把它理解为一部法律"。②

（三）《国土空间开发保护法》或《国土空间规划法》

1.《十三届全国人大常委会立法规划》中的有关立法规划

在 2018 年 9 月 7 日发布的《十三届全国人大常委会立法规划》中，按立法的成熟度和紧迫性分了三大类立法规划项目。第一类项目是"条件比较成熟、任期内拟提请审议的法律草案（69 件）"。第二类项目是"需要抓紧工作、条件成熟时提请审议的法律草案（47 件）"，其中"25. 国土空间开发保护法"提请审议机关或牵头起草单位为国务院。第三类项目是"立法条件尚不完全具备、需要继续研究论证的立法项目"，其中有"湿地保护、资源综合利用、空间规划方面的立法项目"。《中华人民共和国湿地保护法》已由中华人民共和国第十三届全国人民代表大会常务委员会第三十二次会议于 2021 年 12 月 24 日通过，自 2022 年 6 月 1 日起施行。可见，《国土空间规划法》尽管在第三类，只要研究得比较成熟，社会也迫切需要，尽快立法颁布也是有可能的。《十三届全国人大常委会立法规划》中《国土空间开发保护法》《国土空间规划法》

---

① 王先鹏，等.国土空间规划立法中的法律衔接问题 [J]. 中国土地，2021（12）：24.

② 谢盈盈 . 国土空间规划立法相关问题刍议 [J]. 城乡规划，2021（3）：90.

是分别考虑的，似乎《国土空间开发保护法》较之《国土空间规划法》更为成熟一些，列入了第二类。

2.《国土空间开发保护法》《国土空间规划法》的关系

发展国土空间规划体系，构建相关法律，究竟是再制定一部《国土空间开发保护法》还是《国土空间规划法》，或者不需要新的立法，学界说法不一。笔者认为，与其他国家相类似，我国也是先有了城乡规划这方面的法律，从《城市规划法》到《城乡规划法》。"规划"本身就具有上位性、指导性，在这个方面"法律"与"规划"具有共性的，而且规划迫切需要法律的支撑。

两部法律的宗旨和涉及的内容是有所区别的。《国土空间开发保护法》当然涉及"开发保护"的诸多方面，如确权、权益转让、开发许可等。规划是开发保护的手段之一，《国土空间规划法》应是《国土空间开发保护法》的下位法。《国土空间规划法》的宗旨当然是如何做好规划。我们认为在国土空间规划法中的"国土空间"不应局限于物理性国土空间。要做"五位一体"[1]的思考，是"五位一体"视野中的国土空间，其当然应当包含社会经济发展规划。也就是说，如果要创制一部《国土空间规划法》的话，我们赞同将《国土空间规划法》制定为规划法当中的最高位阶法。国土空间规划最终要落实到物理性国土空间，但是"物理性国土空间"只是一个载体，或者资源，或者环境，"国土空间"的形成及其内容上却是"五位一体"的。

"相对于'空间规划法'以空间规划体系为立法重心，国土空间开发保护法制涵盖的内容似乎更广泛，如可能包括国土空间调查、自然资源保护、确权登记、国土整治、生态修复、国土督察等内容。"[2] 2019年《中共中央、国务院关于建立国土空间规划体系并监督实施的若干意见》明确提出全国国土空间规划是"全国国土空间保护、开发、利用、修复的政策和总纲"，其他层级的国土空间规划尽管侧重点不同，也应涉及开发、保护、利用和修复。"在国土空间规划立法中当然也可建立有关国土空间开发、保护、利用和修复的基本制度，而非必须通过'国土空间开发保护法'加以规定"。[3]这为我们先进行国土空间规划立法，兼顾国土空间开发保护，提供了思路。如果完全修改《城乡规划法》为《国土空间规划法》，再同步对《土地管理法》《城市房地产管理法》《建筑法》《环境保护法》，甚至《民法典》等做出相应修订，那么就暂时可不急于制定《国土空间开发保护法》。

---

① 党的十八大报告指出，建设中国特色社会主义，总布局是经济建设、政治建设、文化建设、社会建设、生态文明建设的"五位一体"。

② 张忠利. 迈向国土空间规划框架法——南非《空间规划与土地利用管理法》的启示 [J]. 国际城市规划，2021，36（5）：109.

③ 张忠利. 迈向国土空间规划框架法——南非《空间规划与土地利用管理法》的启示 [J]. 国际城市规划，2021，36（5）：110.

（四）对"空间性规划"和有关法制进行"集成"

1. 空间性规划之间的关系

2019 年 5 月 23 日发布实施的《中共中央、国务院关于建立国土空间规划体系并监督实施的若干意见》指出："国土空间规划是国家空间发展的指南、可持续发展的空间蓝图，是各类开发保护建设活动的基本依据。建立国土空间规划体系并监督实施，将主体功能区规划、土地利用规划、城乡规划等空间规划融合为统一的国土空间规划，实现'多规合一'，强化国土空间规划对各专项规划的指导约束作用，是党中央、国务院做出的重大部署。"

主体功能区规划、土地利用规划、城乡规划，一定要融入国土空间规划吗？我们认为在县或者乡镇层级可以融入。在市特别是省和国家层级不必融入具体规划，而是体系化融入。《中共中央、国务院关于建立国土空间规划体系并监督实施的若干意见》要求的"融合为统一的国土空间规划，实现'多规合一'"，其融入的是"一个规划体系"，"一"更多的是指融会贯通的"一个体系"，而未必然是一个实际的规划。即便"一"是指一个规划，肯定也是体系化的规划，相关内容是作为"子规划"或者说是下位"专项规划"而相对独立存在的。例如，《全国主体功能区规划》，其内容中的名称为"全国主体功能区规划——构建高效协调可持续的国土空间开发格局"。从其副标题中可窥见，其意在构建"开发格局"。其重点是从全国一盘棋的角度指明国土空间不同的主体功能。《全国主体功能区规划》"是推进形成主体功能区的基本依据，是科学开发国土空间的行动纲领和远景蓝图，是国土空间开发的战略性、基础性和约束性规划"。[①] 尽管《全国主体功能区规划》制定的较早，且具有"战略性、基础性和约束性"，但是从全面性、统领性角度看，其既是国土空间规划的基础性、约束性条件的来源，也可以看作国土空间规划的实施手段之一。相对于《国土空间规划法》，《全国主体功能区规划》应当属于专项规划。因各国、各地的发展条件、发展过程不同，这两项规划的制定先后可能会有区别，但这并不能影响其内在的逻辑关系。社会经济发展的条件和因素比较多，也非常复杂。规划要具有灵活性，也是必然的。我们关注的不应当是规划的修订频次，而是规划之间的相互协调和追求的终极目标是否具有时代性、科学性。

我们特别要注意的是规划的"战略性、协调性、实施性分类"。根据《中共中央、国务院关于建立国土空间规划体系并监督实施的若干意见》，全国国土空间规划是全国国土空间保护、开发等的总纲，侧重战略性；省级国土空间规划是对全国国土空间规划的落实，并指导市县国土空间规划的编制，侧重协调性；市县国土规划是本级政府对上级规划要求的细化落实，并对本行政区域开发保护做出具体安排，侧重实施性。

---

① 国家发展和改革委员会. 全国及各地区主体功能区规划（上）[M]. 北京：人民出版社，2015.

这种战略性、协调性、实施性的"三性分类",应当成为我们制定和实施有关规划时的理念和原则之一。

2. 空间规划法律之间的关系

在"法律"层面上,法律通常具有高阶性、统领性,指导性。即便有一些具体的问题需要依法规定,还会再通过"实施条例""实施细则"等再进一步细化。如果要在法律层面上制定《国土空间开发保护法》,尤其是如果单独制定《国土空间规划法》,"国土空间规划立法后,应同步废止《城乡规划法》"。① 《土地管理法》或《土地管理法》中的"第三章 土地利用总体规划",视国土空间规划立法的不同情况,或归入其中;或将国土空间规划法作为上位法,土地管理法及其相关内容被上位法引用。也就是说,相关内容或做实体性的集成,纳入一部法当中;或做体系化的集成,制定一部总则性质和查遗补缺的上位《国土空间开发保护法》或《国土空间规划法》,其他法律中的具有空间性规划的法律规范同步做出修正。

3.《发展规划法》也是可以有的

2016 年《十三五规划纲要》提出"加快出台发展规划法"。但是至今《发展规划法》没有出台。通常将《国民经济和社会发展规划》为代表的发展规划,作为城乡规划和土地利用总体规划编制、修改依据。据《规划纲要的法律性质探析》一文:"规划纲要由全国人大常委会依照法定的程序制定并发布,其发布程序与一般的法律不同且非基本法律不仅可以由全国人大制定,全国人大常委会也有权制定,由此可见,规划纲要的制定主体和发布主体均较之于一般的法律更为严格,否定其法律属性的本质不尽合理。"②

(五)科学配置法权结构,实现空间正义

空间正义是存在于空间生产和空间资源配置领域中的公民空间权益方面的社会公平与公正,包括对空间资源和空间产品的生产、占有、交换、消费的正义。③ "20 世纪 60 年代以来,国土空间规划实践所面临的挑战不仅仅是技术问题,更多是利益分配、空间正义及发展效率等问题,这些问题靠技术理性、经济分析无法解决。因为规划不仅是规划一座城市、一块地域、一项事务,而且是规划一个合理化的社会。"④ 也就是说:"国土空间规划立法应建立在明晰的法理逻辑基础之上。因为国土空间规划涉及对土地利用权益的调整,所以其所包含的引导及强制措施都需要与我国现行产权制度及行政权力的行使机制保持一致。国土空间规划法应被看作土地利用权益相关法理的

---

① 王先鹏等.国土空间规划立法中的法律衔接问题 [J].中国土地,2021(12):25.
② 郭昌盛.规划纲要的法律性质探析 [J].上海政法学院学报(法治论丛),2018,33(3):63.
③ 任平.空间的正义——当代中国可持续城市化的基本走向 [J].城市发展研究,2006(5):1-4.
④ 叶轶.论国土空间规划正义与效率的价值实现 [J].甘肃政法学院学报,2017(5):139-147.

空间化表达。"① 做好利益分配和权益的空间表达、实现空间正义的主要方法就是配置好法权结构。

所谓法权结构合理配置调整的方法，也就是将国土空间规划所涉及的多元化主体的权力和权利，进行科学合理的配置，以期整个法权结构的运行向着我们预期的目的顺利开展。国土空间规划中的公权力主要是指空间、规划权、管制权。国土空间规划中的私权力主要是空间权和规划权利（这应当是公法中的私权利，例如土地发展权、规划知情权、规划参与权、听证权等）。当然，法权结构当中还蕴含着公权之间的制约，例如督察权、行政公益诉讼权、司法审查权等。

法权结构的合理配置和调整的问题，通常不是一蹴而就的。这既需要新的规划或立法当中尽可能考虑的周全，也需要在具体的实施过程当中，不断地调整和修正。

就《国土空间开发保护法》或《国土空间规划法》来看，近十多年来，我们所进行的自然资源产权制度研究的成果和具体的政策、法律措施，对这两部法的出台都起到了很好的基础性作用。但是，总的来看，国土空间规划法制方面的高层次立法还有欠缺，必需的公权力尚缺少法律基础。私权力的配置和运行尚需进一步深入探索，例如土地发展权、地票制度等。相关立法及其法治运行，任重但道并不一定远。之所以这么说，是因为我们已经探讨了一种"改革试点—经验总结—推广"的成功模式。有关的理论研究和实践总结成果也越来越丰富。这均为我们顺利地开展相关工作，奠定了扎实的基础。例如，有学者对国土空间规划法的"相关理论"研究中，探讨了"规划权的性质及其行使限制""征收的规划控制"以及作为私权的"空间权""地上权"，并深入介绍了《土地管理法》第四十五条对"公共利益"的界定。②

（六）依法规范规划的"刚性""韧性"和"灵活性"

对于规划的"灵活性"，往往是被诟病较多的，被称为"规划规划，墙上挂挂"，好像规划没有什么权威性和实用性。其实这恰恰反映了规划缺少法律的支撑，规划的层次划分得还不够，没有很好地区分战略性基础规划、专项规划和详细的实施规划。从发达国家的经验来看，规划的灵活性是有其必然性的。例如，"在德国，与空间规划相关的法律非常庞杂，经常频繁地调整，目的是制度安排能够满足当前国内发展的需求，以应对发展过程中内部和外部的变化。德国一直致力于防止因为空间规划的立法，阻碍或者影响了地方在经济、社会发展过程中的实际需要。"③ 新时代新技术的发展的确是非常迅猛，有时一项新技术的采用会深刻地影响社会经济的形态和发展趋势。除一些重要的战略性指标之外，规划不可过于刚性，而应当更具有韧性，当然也要反对

① 谭纵波，高浩歌.日本国土规划法规体系研究 [J].规划师，2021，37（4）：79.
② 李林林，靳相木，吴次芳.国土空间规划立法的逻辑路径与基本问题 [J].中国土地科学，2019，33（1）：3-4.
③ 谢盈盈.国土空间规划立法相关问题刍议 [J].城乡规划，2021（3）：91.

无法律依据的灵活性。有学者认为："从纵向上看，我国国土空间规划依托'国家、省、市、县、乡'的行政区划形成了五级规划体系，各级规划均是对上一级规划的细化和落实，对国土开发利用的指标也是从上到下逐级分配。这种类似于'发包制'的规划体系存在'刚性有余、弹性不足'的弊端，忽视了地方的个性需求。"① 如此来看，当我们的相关法制比较健全时，能够很好地涵盖规划的编制、审批、实施、修改、监督、责任承担等环节，因依法修改而体现出来的灵活性是无可厚非的。这也再次呼唤相关法律体系（而非仅指一部法）要尽快建立，并逐步完善。

（七）更为重视"公众权利"和"专家责任"

所谓重视公众权利，我们更多的是通过空中参与体现这种重视的。例如我们以多种形式发布出征求意见的信息。不同类型的"公众"（不同层级的有责任心的政府有关部门、社会组织、有关领域的专家、有一定利害关系的从业人员等等）均有可能从多种角度提出一定的建议。但是也有相当多的利害关系者，因其没有进行过专门性思考或根本无心无意了解到有关的信息或无能力表达自己的想法，而被归于"沉默的大众"。我们要"创新第三方机构、社会组织、基层组织等在规划编制、规划审批、规划实施及规划监督过程中的途径和组织模式"。② 创新性的设立第三方机构或者能够代表一定的公众意见的社会组织，应当是规划立法中需要进一步重视的问题，正如环境保护法中引入环保社会组织开展公益诉讼是同样的道理。当然，规划法律中的社会组织的作用要远大于环保法中的环境公益诉讼。

除社会组织这一群体性第三方之外，我们还应注重规划师这类"专家制度"的发展和完善。在环境规划当中还有其他环节中出现的一些"专家"，既然以专家的名分出现，就应赋予其专家的权利，更为重要的是，还要承担专家责任。我国已经有一定的规划师制度③，但是在广义的专家层面，需要进一步明确专家责任并强化其制度建设。④ 广义的专家责任研究相对比较匮乏，而这正可以成为我们制度建设创新方面的突破点之一。让第三方机构、社会组织和专家共同起到杠杆作用，对规划的编制、实施、监督，起到支撑作用。

（八）框架内容构想和立法路径的选择建议

国土空间规划法除了上述体系化的思考之外，就具体的法律或法典中的某一具体部分，究竟大致应当包括哪些内容？这是非常具有现实性、实用性和操作性的研讨

---

① 黄锡生等. 我国《国土空间规划法》立法的功能定位与制度构建 [J]. 东北大学学报（社会科学版），2021，23（5）：82.

② 谢盈盈. 国土空间规划立法相关问题刍议 [J]. 城乡规划，2021（03）：93.

③ 例如，2017 年 5 月 22 日人力资源社会保障部、住房和城乡建设部发布实施的《注册城乡规划师职业资格制度规定》和《注册城乡规划师职业资格考试实施办法》。

④ 戴谋富. 建筑师专家责任研究 [M]. 北京：北京理工大学出版社，2012.

问题。

1.《国土空间开发保护法》的框架内容

根据《自然资源部 2019 年立法工作计划》,《国土空间开发保护法》的立法目的和框架内容是"为推进生态文明建设,建立统筹协调的国土空间保护、开发、利用、修复、治理等法律制度"。

如果《国土空间开发保护法》《国土空间规划法》两部法都设立的话,"如果采用两法并行的立法统合模式,考虑到目前《国土空间开发保护法》已先于《国土空间规划法》进入实质推进阶段,建议在国土空间开发保护法中设立于国土空间规划法相衔接的立法指引接口。对于该部分采用框架性立法,将具体的制度设计留在国土空间规划法进行详细规定,维护法律的衔接性、协调性和体系性。条件成熟时,将两法在《国土空间规划基本法》中实现更高层次的立法统合"。[①] 可见,该文作者在这两法之上又设计了一部《国土空间规划基本法》。但是,就目前的情况来看,立法进展与该文作者所想有所不同。目前,两法均有所停顿,《国土空间规划法》似乎还有所超前了。这应当是国土空间规划在现实规划制定中做的工作比较多,立法的迫切性和成熟度更高一些所造成的。

《国土空间开发保护法》所涉及的权属问题、开发许可问题、修复保护问题等,基本上都有法律或法规规章所涉及,其立法迫切性并不高。即便是用途管制方面,我们也建议要单独立法,这样能够更详细,操作性更强,而不必过分等待实施细则等。

2.《国土空间规划法》的框架内容

相较之下,《国土空间规划法》立法的迫切性更强一些。这是因为《城乡规划》法尽管是比较明确的一部规划法,但是其"格局太小",仅局限于城乡规划。在国家强调政府的战略指引和宏观调控这个大形势下,依法治国和依法规划,都迫切需要一个格局更大的规划法。就《国土空间规划法》立法而言,可以有两种思路。

一是参照《城乡规划法》的基本套路(总则、制定、实施、修改、监督检查、法律责任、附则)制定《国土空间规划法》并同时废止《城乡规划法》,同步修改其他法律,将其中的空间性规划部分纳入《国土空间规划法》,如《土地管理法》中的"土地利用总体规划"。

二是考虑到国民经济和社会发展五年规划这类战略性规划的存在,《国土空间规划法》与之相较又显得"格局太小"了。我们不妨考虑制定一个"格局更大"的《规划基本法》。在《规划基本法》视野中,国土空间规划、城乡规划等也只是其下位的子规划或者说相当于专项规划。其实,总体规划、专项规划、详细规划,都是彼此相

---

① 徐玖玖. 国土空间规划的立法统合及其表达 [J]. 中国土地科学,2021,35(3):14.

对而言的。在计划经济时代，我国曾经考虑过制定《计划法》。从"五位一体"的视野考虑，计划法当然与规划法有着本质的区别。在大数据时代、数字孪生时代，"有形的手"的可行性和有效性大幅提高，规划更是如此。规划相较计划，富有更多的灵活性和前瞻性。《规划基本法》依法赋予规划的不仅仅是刚性，而更多考虑的是如何依法使规划富有韧性和灵活性。

《国土空间规划立法的法体模式及其选择标准》一文对国土空间规划立法的话题模式选择的三种类型"单行法模式""基本法模式""法典模式"，借鉴国外立法经验，结合我国国情，做了比较全面的研究分析。其得出的结论是：若通过"合并吸收"的方式将其他相关法律纳入"国土空间规划法典"中，这其中过渡期的法律空白、法律"立改废释"的工作难度等问题在短时间内都难以解决。若制定"国土空间规划基本法"，将其作为《城乡规划法》《土地管理法》《环境保护法》等法律中关于规划条款的上位法，即对城乡规划和其他各类规划做一个总的抽象性、原则性规定，则是符合现实情况和需求的，立法难度也相对较小。[①] 这是有道理的。但是，本书作者认为应将空间性规划特别强的专门性法律（例如《城乡规划法》）和其他法律当中的专门涉及空间规划的内容（例如《土地管理法》中的"土地利用总体规划"专章）进行"合并吸收"。

3.《国土空间开发保护法》《国土空间规划法》联动同步立法

以《土地管理法》为例，如果将其"土地利用总体规划"这类规划性内容并入国土空间规划法，其余部分可以同步并入《国土空间开发保护法》。这就是用《国土空间开发保护法》合并吸收了《土地管理法》中的主要内容。这是因为土地管理法相较于森林法、草原法、海域使用管理法等，更具有基础性地位，所以以此为基础，建构国土空间开发保护法。当然我们也可以依然保留土地管理法，而是向环境资源法学界所讨论的"制定一部自然资源法方面的基本法"那样去制定国土空间开发保护法。如果再上一个层级，我们也可以考虑将国土空间开发保护法，作为凌驾于《环境保护法》和《自然资源法》[②] 之上的环境资源法领域当中的基本法。

4.《国土空间规划法》《国土空间用途管制法》联动同步立法

规划是国土空间利用行动的指导，管制是规划实施的手段。规划和管制是密不可分的。土地管理法已经确立了以土地用途管制为核心的土地管理制度。但是"全域、全覆盖、全要素的国土空间用途管制"是现有的土地管理法难以承受之重。这种与实际管制和许可操作相结合的法制建设，因实践经验比较丰富，反而相对容易立法。当然我们的立法原则还应当是"提取公因式＋查遗补缺"。当然，如果有必要，我们依

---

① 田亦尧，王爱毅. 国土空间规划立法的法体模式及其选择标准 [J]. 国际城市规划，2021，36（3）：90.

② 有观点认为，《中华人民共和国环境保护法》侧重于污染防治，是污染防治方面的总的基本法；还应当制定一部自然资源方面的基本法。当然目前这个自然资源方面的基本法还没有立法。

然还可以保留土地管理法，只是把涉及山、水、林、田、湖、草、生物、矿产、能源、海域、海岛、空间的用途管制的内容做"提取公因式＋查遗补缺"式的立法工作。这是暂时不考虑进行《国土空间开发保护法》立法的情况下的立法构想。

如果《国土空间规划法》《国土空间开发保护法》《国土空间用途管制法》三法联动同步立法的话，至少可以合并吸收现有的《城乡规划法》《土地管理法》。这正是因为《城乡规划法》《土地管理法》非常重要、非常基础，而对其进行的升级。

三、省级国土空间立法建议

在中国特色社会主义新时代，"生态文明自当为生态法法治的创生提供价值原点和革新动力，而创生后的生态法治则应当以生态文明的制度维系和秩序增进作为存在依据"。① 2018 年的政府机构改革，从根本上打破了空间性规划编制与实施过程中所显现的部门色彩，为重构国土空间规划法制体系创造了难得的历史性契机。自然资源管理部门和立法机关应当抓住机遇、乘势而为，实现国土空间规划法制的整合和完善。在深化改革的新时代，千里之行始于足下，持续发力、久久为功，努力实现党中央、国务院在国土空间开发保护和国土空间规划方面的战略部署法律化，为依法治国、进一步完善我国现代化治理能力做出贡献。

对省级国土空间法制建设的宏观思路建议如下：《国土空间开发保护法》和《国土空间规划法》分别与已有的《土地管理法》和《城乡规划法》更为相近和类似。在国家法律层面上的推进暂无实质性进展的情况下，建议以"先行先试"的魄力，深化改革，将省级城乡规划地法法规改名大修为《××省国土空间规划条例》，将省级土地管理地方法规进行小修升级改造，并均同步修改有关或配套地方法规规章。具体的立法活动是关系社会经济民生的大事，不可儿戏。每一项地方法规规章的制定或修改工作，都是一项重大的深入调查、研究、论证和立法活动。国土空间法制建设，我们可以分步走，具体实施步骤建议是：①城乡规划地方规的改名（改为《××省国土空间规划条例》）大修工作；②待时机更为成熟时，再专项研究实施土地管理地方规的小修升级改造工作，土地整治、基本农田、生态补偿等地方法规规章进行配套修改，但依然散在存在；③整合土地管理、土地整治、基本农田保护、矿产资源管理、生态补偿等地方法规规章等，形成《××省国土空间开发保护条例》。这个工作改革力度较大一些，如果加大改革步伐的话，也可以考虑省略第②步，直接进行第③步。

我国的《民法典》内容也曾经以《民法总则》《物权法》《债权法》《合同法》《侵权责任法》《继承法》《婚姻法》等形式存在过。我们不必纠结于抽象法律究竟是多了，还是少了；法律是散在地存在，还是法典化存在，其关键在于整个法制体系的完善和

---

① 邓海峰．生态法治的整体主义自信进路 [J]．清华法学，2014（4）：170．

运行机制的科学、顺畅。任何一个部门和子部门都不必特别在意"我所主管的工作涉及的那个地方性法规还在否"，而更多要注意的是"它是否存在于那个体系完善、运行顺畅的法制体系当中"。完善国家现代化治理体系和机制，依法治国，促进社会经济的发展，从根本上公平高效地为人民服务，才是我们追求的根本目标。

第二十四章 建设工程环境保护法制

一个建筑工程项目，其寿命周期包括规划设计阶段、施工阶段、运行维护阶段和拆除阶段，它对环境的影响贯穿于建筑工程的各个阶段。建筑活动是一项规模浩大、耗时至巨的大规模生产活动，这一活动引发的环境问题所产生的危害，一般具有覆盖面广、持续时间长和事发突然等特点。在保质保量地完成工程建设与尽心尽力地进行环境保护之间寻找最佳平衡点，保证环境质量在现有状态的基础上不受破坏，已成为建筑业不可回避的课题。本章内容主要从建设工程项目环境影响评价制度和"三同时"制度着手，分析了建设工程环境问题产生的原因以及建设工程环境保护法中关于建筑垃圾的治理。

第一节 建设工程的环境保护法律制度

一、建设工程的环境问题

（一）建设工程项目规划设计阶段的环境问题

规划设计阶段虽然不直接产生环境影响和破坏，但是这一阶段对环境产生的间接影响却非常巨大。建设单位对项目的选址以及设计单位对工程的结构、构件、材料的选用，均与建设项目对资源的消耗和环境的影响密切相关。如此，则完善项目规划设计阶段的环境保护法律法规是从源头上解决建设环境问题的治本措施。

（二）建设工程项目施工阶段的环境问题

任何工程建设都需要建设施工，建设施工对环境影响至巨。在施工准备期，原材料的获取对环境的不利影响包括以下方面：对能源和资源的耗费，对土地和森林的破坏，水、大气以及噪声污染的产生。[1]

---

① 和丽萍，卢云涛，陈异晖. 建设项目环境影响评价中面临的政策性制约因素及对策研究 [J]. 环境与可持续发展，2012（6）：21–29.

（三）建设工程项目使用养护至拆除阶段的环境问题

在使用养护阶段，建设工程引发的环境问题，主要是其对能源的大量消耗。在世界范围，从平均水平来看，总能耗的 37% 为建设能耗所占用。发达国家总能耗的 30%~40% 为建设能耗所占用；其中，约 20% 为建设使用能耗所占用，约 10% 为设备、材料、施工用能所占用。[①] 在我国，全国总能耗的大约 25% 为建设能耗所占用；其中，大约 9%~11% 为建设使用能耗所占用；近几年来，随着商用建设和住宅的增多，建设能耗在总能耗中所占的比例还在不断增长。

在使用养护阶段，建设工程引发的另外一个环境问题，是由装修材料带来的。在拆除阶段，建设工程引发的环境问题，主要是由噪声、粉尘和建设垃圾带来的。其中，对环境影响最大的，当数建筑垃圾。目前，我国多数建设工程尚未采取适宜的方式来处理建筑垃圾：大部分建筑垃圾以简易填埋方式进行处置，还有一部分建筑垃圾以露天堆放方式放置。[②]

二、建设工程环境保护法律制度的现状

目前，我国的环境保护法律体系已经相对健全，形成了以《环境保护法》这部环境基本法为中心，以污染防治控制法和环境要素保护法为两翼，并辅之以环境监管方面的法律法规为一体的、全面协调的法律体系。在环境保护法律制度中，与建设工程关系最为密切的制度是建设工程项目环境影响评价制度和建设工程项目"三同时"制度。

（一）建设工程项目环境影响评价制度的现状

1. 建设工程项目环境影响评价制度立法概况

1964 年，国际环境质量评价学术会议在加拿大召开，在该会议上，提出了"环境影响评价"这一概念。"环境影响评价"作为一项法律制度，其最初得以确立是在美国。[③]随后，建立环境影响评价制度的是法国、澳大利亚、瑞典等国，接着，环境影响评价工作在英、德、加、俄、日等国也陆续得以开展。[④]

2003 年 9 月 1 日施行《环境影响评价法》除了总则和附则以外，规定了环境影响评价（分为规划、建设项目两个类别）及其法律责任。在我国，《环境影响评价法》首次在立法上界定了"环境影响评价"这一概念。环境影响评价是一种方法和制度，方法和制度主要是分析、预测、评估规划和建设项目实施后可能造成的环境影响，进行跟踪监测，并针对不良影响提出预防或减轻的对策、措施。建设项目的环境影响评价问题以专章的形式规定在《环境影响评价法》的第三章。建设工程项目的建设单位

① 蔡虎瑞，纪冰冰 . 浅析建筑工程施工中节能技术的应用 [J]. 河南科技，2015（9）：31–35.

② 董伟，郭秋兰 . 城镇建筑垃圾的处置现状及综合开发利用对策 [J]. 山西农经，2015（12）：28–32.

③ 周珂，高桂林，楚道文 . 环境法（第四版）[M]. 北京：中国人民大学出版社，2013.

④ 王浩汀 . 建设项目环境影响评价管理制度的问题及对策 [J]. 黑龙江科学，2014（1）：17–20.

有义务在规划设计阶段，按照《环境影响评价法》的规定，填报环境影响登记表、编制环境影响报告表或环境影响报告书。

2. 建设工程项目环境影响评价制度实施状况

在《环境影响评价法》施行之后，会对环境产生不良影响的多数建设工程项目，都依照法律规定，填报了环境影响登记表或编制了环境影响报告表、环境影响报告书，并在通过主管部门审批后，才开展项目的建设活动。这一做法，有效地减少了建设工程对环境产生的不良影响。不过，随时间推移，《环境影响评价法》也渐渐显露了一些问题。这些问题主要表现为：①为环境影响评价体系提供服务的信息资源，如经济、生态、气象、水文、土壤等基础数据资料比较缺乏，不能全面满足环评工作需求；②环评工作经常落后于项目可行性研究的进度；③环评工作的公众参与程度远远不够；④我国环境影响评价的主体单一，这与复杂的建设工程环评工作的开展不相适应。

（二）建设工程项目"三同时"制度的现状

1. 建设工程项目"三同时"制度立法概况

国务院在 1972 年批转的《国家计委、国家建委关于官厅水库污染情况和解决意见的报告》中，提出了"工厂建设与三废利用工程要同时设计、同时施工、同时投产"的要求。此后，"三同时"制度又在多项政策和法律中得到肯定和完善。1989 年颁布的《环境保护法》对"三同时"制度再次进行确立。按照《环境保护法》第二十六条的规定，在建设项目中，有防治污染设施的，该设施要与主体工程同时设计、同时施工、同时投产使用。审批环境影响报告书的主管部门应当对防治污染的设施进行验收，验收合格后，建设项目方可投产、使用。对于防治污染的设施，建设单位不得擅自闲置或拆除，确需闲置或拆除的，须经环保主管部门同意。同时，为了促进"三同时"制度的有效实施，《环境保护法》在第五章"法律责任"中，针对违反"三同时"的行为，专门规定了法律责任。"三同时"制度在加强建设项目环境保护、防止生态破坏和环境污染、防止环境质量恶化等方面发挥了重要作用。

2. 建设工程项目"三同时"制度实施状况

"三同时"制度与环境影响评价制度，共同构成了遵循"预防为主"原则的完整的建设项目环境保护法律制度。二者相互结合，相得益彰，在环境保护方面效果显著。尤其是在防范对环境影响较大的建设项目的环境污染方面，"三同时"发挥了重要作用。按照"三同时"制度的相关要求，环保设施须与主体工程同时设计、同时施工、同时投产使用，这一规定有效地控制了建设项目对环境可能产生的不利影响，是环保法中遵循预先防范原则的一项较为成功的制度。为了落实环保法的规定，国家环保总局（现环境保护部）经常性地开展对"三同时"制度的专项调查。[①] 为适应经济的发展需要，

---

① 陈瑛. 浅谈环境保护中"三同时"制度 [J]. 环境研究与监测，2015（6）：33-39.

一些地方政府在实施"三同时"制度的实践中，探索出并采用了"三同时"保证金这一举措，通过经济手段强化对环境保护的监督管理工作。

尽管"三同时"制度在事前预防方面取得了良好效果，但该制度也有不足，这主要表现在如下几个方面：①在同时设计阶段，建设单位以及设计单位往往会抱着一切从简的心态，尤其是当遭遇资金不足的状况时，设计单位会主动放弃一些环保建设项目；②在同时施工阶段，当遭遇资金短缺或资金不到位的境况时，建设单位往往会要求停建或缓建相关的环保项目；③在同时投产阶段，在既无必要的环保设施，也未通过主管部门验收的情况下，一些项目就擅自投产使用；④环保项目的正常运转率较低。在实践中，很多企业建设环保设施仅仅是为了应付主管部门的检查。

三、建设工程环境问题产生的原因

（一）建设工程环境保护立法不够完善

就建设工程环境问题而言，环保立法仍然显得相对滞后，主要体现在以下三个方面。

（1）建设工程环境保护的相关法规，多数条文是为解决建设项目的污染防治问题而制定的，而对与建设项目相关的生态环境破坏问题未做适当规定。

（2）一些法律条文用语不明确，规定不科学。例如，对于环保部门的"统一监管"职权以及其他部门的"协同监管"职权，大多数规范性文件并未进行具体规定，也未进行明确区分。

（3）立法过程的大众参与度不高。对于重大建设项目，其环评草案在征求意见时，公民的参与程度较低，应当加大环评工作征求意见的宣传力度。

完善建设工程环境保护立法而言，应当做好以下几方面的工作。

（1）完善与市场经济体制相适应的环保法律体系，健全建设项目环境保护制度。在工程项目的传统管理模式中，增加有关环保的内容，将管理措施和环境目标纳入项目合同条款，将其作为施工单位的法定义务。通过多种方式，促使公众积极地参与到环保工作中去，实现公众对环境保护工作的社会监督。

（2）建立环保工作联动工作机制，在环保主管部门的主导下，充分发挥自然资源、市政管理、园林、市容、城建等各个相关部门的作用，密切配合。

（3）严格设定法律责任，对各类违法行为，应当依法追究行为人的行政责任和刑事责任。

（4）建立环保工作的垂直领导体系，最大限度消减地方保护主义对建设工程环境保护工作的不当干涉。

（二）建设工程环境保护执法存在经济障碍

在建设工程领域，存在着为数可观的环境违法行为，对与违法行为存在的原因，学界认为是执法成本高昂与企业逐利本性而形成的环境保护执法经济障碍。[①] 其主要包括：①经济效益和社会效益大于环境效益；②执法收益小于执法成本；③处罚幅度低于环境保护成本。

为更有效地进行环境执法，严格规范建设项目的环境保护措施，应采取更为有效和严厉的手段。第一，加大对执法部门的资金投入，建立相应的执法保障金。第二，加强执法人员的执法能力和素质的教育与培训。第三，完善行政执法部门执法不力的惩罚体制。第四，根据经济发展的情况及时相应地提高违法处罚的幅度，消除环境执法的经济障碍。

四、建设工程环境保护法律制度的完善建议

（一）建设工程项目可行性研究及规划设计阶段

规划设计阶段，是建设项目施工的准备阶段，在这一阶段需要报批项目建议书、完成初步设计、施工图设计等工作。与此相关的环保工作的主要任务为：其一，完成项目环评报告书；其二，在初步设计、施工图设计中贯彻报告书的环境防治措施。

1."环评"制度的完善

（1）由专业技术人员勘察项目周边环境，识别项目周边环境的敏感因素。[②] 从环境学的角度来看，敏感因素有地表的原生状态、矿产资源、水资源、环境敏感区域。其中，水资源主要是地下水和地表水的状况；环境敏感区域指军事设施、名胜古迹、医院、学校以及鸟类栖息地等。在文化遗产和自然景观方面，应当调查工程项目对自然景观、文化遗产、生态系统、动植物界的影响。

（2）由具有专业技术资格的人员进行可行性研究，筛选方案、提出环保措施，前述工作主要针对步骤一中已识别出的敏感因素来进行。在经济、社会方面，要注意分析建设项目对周边农业生产和居民生活的影响等。在自然生态方面，避让或穿越敏感区域，将建设项目对原生环境的影响尽最大可能降至最低。在自然物理方面，详尽调查研究大气、噪声、土质、水质污染等，采取适当的技术、经济手段，做好水土保持工作；对于水资源，一方面要注重饮用水质量；另一方面要关注瀑布、矿泉、温泉、鱼塘等具有经济价值、保健价值的水体。

（3）加强调查研究工作，为了切实地落实环境影响评价工作的要求，一方面要提出切实可行的工程设计方案；另一方面要全面考虑各种可能的变数，提出备选方案。规划设计方案不需从事环评工作的专业人员参与，但环境因素是规划设计方案中的一个重要因素。在规划设计过程中，一些发达国家除考虑生态环境条件、自然物理条件、社会经济条件之外，格外注重建设项目和周围环境的协调一致，自始至终有景观设计

---

① 杨朝飞. 我国环境法律制度与环境保护 [J]. 中国人大，2012（21）：21–23.

② 余晶. 环境影响评价与环境工程设计关系的研究 [J]. 资源节约与环保，2015（11）：21–24.

专家参与工作，以使建设和其附属结构等与沿线的自然景观协调融溶。

2. "三同时"制度的完善

完善"三同时"制度，使之与新形势之下的环保需要相适应，势在必行。为此，应当着力做好以下工作。

（1）尽快建立"三同时"保证金制度。[①] 对于建设项目产生的环境问题而言，"三同时"保证金制度可以保障建设项目环保资金的落实，控制环境污染。与已经尝试施行的按照环保设施投资上缴一定资金的制度不同，保证金制度是根据建设项目的初步设计或环评中的环保投资，在资金到位的情况下，由建设单位向环保部门缴纳的一次性环保投资资金总额。建设单位缴纳之后，环保部门应当依据工程实施情况，根据建设单位的申请，及时进行返还。对于执行"三同时"制度不合格的单位或不执行"三同时"制度的单位，环保部门应当罚没保证金或（和）责令其停止生产。

（2）对于不具备污染治理能力的企业，应当将其纳入市场治理方式中来。将污染的治理工作全面地推向了市场，环保设施运营实行有偿社会化服务，由服务方保证污染物排放达标，保证环保设施的正常运行。如此一来，环保产业也会在激烈的市场竞争中不断提高治理水平，从而能够有力地促进有效控制污染目的的最终实现。

（二）建设工程项目施工阶段

在建设工程施工阶段除了严格落实"三同时"制度以外，最重要的是推进清洁生产制度。清洁生产，是指不断改进设计、使用清洁原料及能源、采用先进设备及工艺、对材料进行综合利用、提高资源利用率，改善管理，从源头预防和减少污染，避免或减少生产过程中污染物的产生和排放，以达到减轻或消除生产对人类健康和生态环境的危害。[②] 建设项目的特点是能源、资源消耗量大，生产周期长，废弃物产生量多。"清洁生产"制度以减少污染物的产生和排放，降低消耗、节约能源为基本宗旨，该制度对于减少施工所带来的不利环境影响意义重大。

清洁生产包括两方面的内容，即清洁的产品和清洁的生产过程。在建设行业进一步推广清洁生产制度，节约能源、资源，改进施工工艺；降低废水、废热、废弃物及其污染物的排放量；对部分废物实行回收再利用，对污染建立动态监督机制以及科学的预测机制；施工选用绿色材料，尽可能地在源头或施工过程中控制工程对环境的不良影响；减轻末端治理负担，规避末端治理风险；使环评结论更加可信，更具可操作性；提高建设行业的市场竞争力。

---

① 胡静．中国"三同时"环境法律制度需要改良 [J]．中国法律，2008（5）：32–34.

② 汪劲．环境法学（第四版）[M]．北京：北京大学出版社，2018.

（三）建设工程项目使用养护至拆除阶段

在建设工程项目使用养护至拆除阶段，实施环境影响后评价制度是建设工程环境保护的迫切需求。关于环境影响后评价制度，在《环境影响评价法》中有所规定，环境影响后评价的主要工作是跟踪监测建设项目实施后的环境影响以及跟踪监测防范措施的有效性，并对其进行验证性评价，在此基础上提出补救措施和方案，以实现项目建设与环境保护的协调发展。[①]

项目的环境影响后评价是对原有评价的有益补充和有效验证。项目的环境影响后评价可以督促环评单位不断提高环评水平，可以促使建设单位按照环评的规定落实环境保护和治理措施，如期建成并按时将环保设施投入使用。

（四）建设工程项目全过程

在建设工程的全过程，应加强全民环保意识并完善公众参与制度。公众参与是环境保护工作的现实需要，也是国家重视公民权利的重要标志。加强建设工程环境保护工作中的公众参与度，可以从如下几个方面着手：①提升公众环境意识，加大环保宣传力度；②公众参与的形式应具有公开性和多样性；③切实落实公众参与制度，让公众真正参与到环保工作中来。

第二节
建设工程施工环境保护与建筑垃圾治理

根据《环境保护法》《建筑法》《建设工程安全生产管理条例》的规定，排放污染物的建筑施工企业，应当按照法律、法规的规定，控制并处理在建设施工企业生产过程中产生的噪声、固体废物、废水、振动、废气、照明等对环境和人的污染及危害。

一、防治环境噪声污染

施工现场环境噪声，是指在建设施工等所产生的影响周围环境的声音。施工现场环境噪声污染，是指施工企业在施工过程中导致环境噪声高于国家要求的关于环境噪声的排放标准，影响到其他主体的现象。

---

① 徐丽媛.项目建设与环境保护的法律制度 [J]. 城市问题，2010（8）：21–25.

（一）施工现场环境噪声污染的防治

施工噪声，是指在建设工程施工过程中产生的干扰周围环境、生活的声音。由于不断加快的城市化进程及开展大规模的工程建设，施工噪声导致的污染问题突出明显。

在城市市区范围内向周围生活环境排放建筑施工噪声的，应当符合国家规定的建筑施工场界环境噪声排放标准。建筑施工场界，是指由有关主管部门批准的建筑施工场地边界或建筑施工过程中实际使用的施工场地边界。根据《建筑施工场界环境噪声排放标准》GB 12523—2011，建筑施工过程中，场界环境噪声不得超过规定的排放限值。建筑施工场界环境噪声排放限值，夜间为 55 dB（A），"昼间" 70 dB（A）。夜间噪声最大声级超过限值的幅度不得高于 15 dB（A）。"昼间" 和夜间分别是指时段 6：00 至 22：00 和时段 22：00 至次日 6：00。

施工过程中，如果使用机械设备，可能产生环境噪声污染，如果在城市市区管辖范围内，施工企业应当在开工前向生态环境主管部门申报。其申报的内容包括工程的施工场、项目名称、期限、产生可能的环境噪声值和由此采取的防治措施。《环境噪声污染防治法》还对夜间能否施工以及夜间施工的做出了限制性规定。原则上，夜间时段，在城市市区集中区域的噪声敏感建筑物，施工企业不得进行产生环境噪声污染的作业。同时，《环境噪声污染防治法》也规定了由于抢险、抢修和因生产工艺上要求等特殊需要，在办理相应手续后，可以进行夜间作业。

（二）建设项目环境噪声污染的防治

建设项目的新建、改建、扩建，必须按照国家关于建设项目环境保护的规定进行管理。对建设项目环境保护的管理主要包括两个方面：一是对可能产生环境噪声污染的建设项目，按照规定的程序完成环境影响报告书，并报批。二是污染防治设施（关于建设项目的环境噪声），必须与主体工程按照三同时制度的要求进行。

二、防治大气污染

（一）防治施工现场的大气污染

根据《大气污染防治法》规定，施工企业必须采取措施，防治施工现场的大气污染。对于建设单位，其在工程造价中应当明确扬尘污染防治的费用。施工企业是施工现场扬尘污染防治的主体，应承担主要责任。施工企业应当在施工之前指定防治扬尘污染的方案，在施工过程中按照预先制订的方案，采取措施，有效处理渣土、土方以及建筑垃圾。

（二）建设项目大气污染的防治

《大气污染防治法》规定，向大气排放污染物的项目的新建、改建、扩建，必须按照国家关于建设项目环境保护的规定进行管理。对建设项目环境保护的管理主要包括两个方面：一是对可能产生大气污染建设项目，按照规定的程序完成环境影响报告书，并报批。二是污染防治设施（关于大气污染的建设项目），必须与主体工程按照"三同时"制度的要求进行。

三、建筑垃圾

（一）建筑垃圾的概念与相关立法

2003年，原建设部《城市建筑垃圾和工程渣土管理规定》认为，建筑垃圾是指建筑业的相关从业单位主要是建设单位和施工企业，在建筑物、构筑物等建设工程的建造、拆除过程中所产生的包括弃土、弃料等各种废弃物。2005年，《城市建筑垃圾管理规定》虽然进一步对建筑垃圾进行了补充说明，但内容上基本与2003年规定一致。

除《城市建筑垃圾管理规定》以外，我国关于建筑垃圾处理的相关立法主要包括《固体废物污染环境防治法》《清洁生产促进法》《循环经济促进法》《城市市容和环境卫生管理条例》等等。其中城市固体废物处理主要根本依据为《固体废物污染环境防治法》。

《城市建筑垃圾管理规定》作为建筑垃圾处理的一个规范性法律文件，规范性文件的级别较低，力度不足。《城市建筑垃圾管理规定》对建筑垃圾的规定在内容上最为丰富和翔实，同时规定了对违规行为的处罚，也第一次明确提出了建筑垃圾综合利用及相关的支持政策。《固体废物污染环境防治法》明确规定了建立健全分类处理建筑垃圾制度，规范全过程的建筑垃圾管理制度，推进建筑垃圾的综合利用。《固体废物污染环境防治法》坚持污染担责的原则，产生、收集、贮存、运输、利用、处置固体废物的单位和个人，应当采取措施，防止或者减少固体废物对环境的污染，对所造成的环境污染依法承担责任。虽然《循环发展引领行动》和《关于开展建筑垃圾治理试点工作的通知》以及地方性的规范性法律文件提出了建筑垃圾减量化和资源化治理的原则性规定，相关法律体系也不够健全和合理，可操作性和实施性不强。[①] 上述法律规范并未从根本上解决问题，建筑垃圾资源化的处理也出现了很多漏洞。

（二）建筑垃圾治理现状与存在的问题

1. 建筑垃圾治理现状

在建筑垃圾处理方面，发达国家主要采取"源头削减策略"，即在建筑垃圾形成之前，就通过科学管理和有效控制将其减量化，对于已产生的建筑垃圾则采用科学手段再加工后使其成为再生资源，目前一些发达国家的建筑垃圾资源化利用率已超过90%。根据中国环联《建筑垃圾处理行业2018年度发展报告》，我国2017年共计产生建筑垃圾15.93亿吨。建筑垃圾数量已占到城市垃圾总量的30%~40%。资源化利用率尚不足10%。[②] 目前，我国对建筑垃圾的处理方式为部分建筑垃圾，如铝合金、钢筋等，分类后回收再利用，其他大部分建筑垃圾采用露天堆弃或者填埋的方式进行处理。加

---

① 杨静，刘燕丽. 我国城市建筑垃圾资源化现状及对策研究 [J]. 中小企业管理与科技，2021（5）：34-38.

② 康智明，李蕾蕾. 西安市建筑垃圾处理现状及资源化利用分析 [J]. 西北水电，2020（S2）：41-45.

快推进建筑垃圾利用的资源化，明确标准、分类，建筑垃圾利用资源的商业和技术的业态及模式，推进资源化利用建筑垃圾。

2. 建筑垃圾治理存在的问题

建筑垃圾的处理和利用是一个系统工程，涉及各个层面，只有统一管理、协同配合，才能形成完整的建筑垃圾处理链，实现再生利用建筑垃圾。[①] 我国在建筑垃圾资源化的利用方面也相继出台了一些政策和相关制度性规定，但是囿于操作方式和标准的不完善和不固定，建筑垃圾资源化利用的优惠政策落实不够，从事建筑垃圾资源化处置的企业往往陷入困境。[②] 虽然我国建筑垃圾资源化的再生利用技术和设备已经有了一定的发展，但是对于其资源化再生产品缺少相关的质量、安全和技术认证，影响了建筑垃圾资源化产品的供给力度，降低了建筑垃圾资源化再生利用率。

（三）建筑垃圾治理的措施

1. 推进建筑垃圾资源化利用

目前，我国建筑垃圾资源化利用领域已经存在生产者延伸责任制度、管理制度、公众参与制度等法律制度，但是建筑垃圾资源化利用法律制度体系仍有改进的空间。[③] 建筑垃圾资源化处理是一个系统工程，牵扯到建设、拆迁、运输、施工、生产处理、产品应用等多个环节，涉及自然资源、环保、市政建设、交通等多个行政管理部门。除了完善相关法律法规，还应建立科学规范的资源化标准体系，如建筑垃圾资源化指标体系、考核监督管理体系等，确保每一个环节和产生的建筑产品都有相应的考核依据和标准，使得建筑垃圾资源化过程有章可循。[④]

2. 细化建筑垃圾回收与监测制度

建筑垃圾资源化利用的前提是完善的建筑垃圾回收制度。建筑垃圾的分类制度包括建筑垃圾产生阶段的现场初步分类和建筑垃圾利用阶段的系统分类。建筑垃圾产生单位在建筑垃圾产生后即对建筑垃圾进行初步分类，建筑垃圾处理场根据建筑垃圾的再利用用途对建筑垃圾进一步分类处理。[⑤] 按照建筑垃圾不同类型对其进行跟踪监测，达到准备掌握建筑垃圾处置情况的效果。建筑业相关从业单位严格按照处理建筑垃圾计划处理建筑垃圾，有效监测对建筑垃圾的处理。

3. 建筑垃圾运输与垃圾处理场建设制度

交通运输、生态环境等主管部门联合监管建筑垃圾的运输，保证建筑垃圾运至建

① 李颖，樊斌. 我国建筑垃圾资源化利用行业现状、问题和建议 [J]. 墙材革新与建筑节能，2019（12）：10.

② 赵东杰. 我国建筑垃圾资源化利用法律制度研究 [D]. 重庆：西南政法大学，2013.

③ 赵东杰. 我国建筑垃圾资源化利用法律制度研究 [D]. 重庆：西南政法大学，2013.

④ 杨静，刘燕丽. 我国城市建筑垃圾资源化现状及对策研究 [J]. 中小企业管理与科技，2021（5）：34-38.

⑤ 孙金颖. 建筑垃圾回收回用政策研究 [M]. 北京：中国建筑工业出版社，2015.

筑垃圾处理场，减少和避免运输过程中建筑垃圾的遗撒和丢弃。按照环境保护法等相关法律的规定，建设建筑垃圾处理场，按照要求进行环境影响评价，避免垃圾处理处理厂对周围环境的污染，规范进行建筑垃圾厂的选址和建设。

4. 完善相关法律及政策，推进建筑垃圾资源化、产业化

制定建筑垃圾处理及资源化再生利用的法律、法规，将建筑垃圾全过程处理以法律的形式确定，引导和鼓励建筑垃圾的正确处理，对于利用垃圾生产出的材料和产品，政府应在政策上给予优惠与支持。国家和政府层面应当利用财政补贴和其他优惠政策激励、引导和促进发展建筑垃圾资源化处理产业。其激励措施应当包括专项财政补贴建筑垃圾处理的示范工程、财政补贴建筑垃圾的资源化产品利用等财政补贴政策，还应当包括对于建筑垃圾资源化利用的税收减免和税收优惠政策以及贷款贴息、优惠贷款等金融支持政策，等等。

政府作为建筑垃圾处理产业的管理者、监督者、引导者及协调者，推进建筑垃圾资源化、产业化。建筑垃圾资源化企业作为产业运作中的投资经营者，运用一定的技术、经济及管理措施等方式，通过为市场提供服务或产品求得生存和发展，允许社会资金投入此行业中，实现建筑垃圾资源化产业投资主体多元化。[①]

---

① 张小娟. 国内城市建筑垃圾资源化研究分析 [D]. 西安：西安建筑科技大学，2013.

第六编

区域环境法治

第二十五章 区域环境法治

　　"空间思维""整体主义"等概念的出现，为区域环境保护法律制度研究提供了更为广阔的视野；如火如荼的国内立法，为区域环境法治注入了更为新鲜的血液。纵观我国区域环境法律现状，体系尚未完备、深层理论逻辑欠缺，更缺少定位准确的实践做法，整体的区域环境法治体系与秩序还有待思考与完善。但不可否认，法典化背景下的环境法治实践正走向一个新的阶段，新时代的环境法治体系必将形成规范化的制度制约，建立起拥有中国特色的环境法律体系。本章对区域主要法律问题进行了梳理，旨在厘清区域环境的法治定义及涵盖范围等问题，助力读者对区域环境法治的深入理解。

第一节 区域环境法治概述

一、区域环境法治相关概念

（一）区域

　　"区域"是构成区域研究理论的核心概念，自然能成为赋予其他相关主体概念以及意义的决定性来源。[①] 地理意义上，"区域"的定义是指某些具有相似地理特征的地表特定空间范围；法学视域下对区域的限定，则是将一定范围内的空间作为载体，赋予其区域法律的属性，并构思如何从横向、纵向价值上对区域发展进行法治保障。这种定义方法与纯粹地理意义的定义不同，它基于行政区域却又不拘泥于行政区域，是一个融合了多种形态空间地域单元的集合体。[②] 在此基础上，更容易激发出基于某种特定区域上的政治、经济、法律、历史、文化等多种属性。

---

① 景天魁，等. 时空社会学：拓展和创新 [M]. 北京：北京师范大学出版社，2017.
② 陈瑞莲. 论区域公共管理研究的缘起与发展 [J]. 政治学研究，2003（4）：75–84.

（二）区域环境

区域环境是相较于传统环境要素如水、土地、大气而言的一个特殊综合体。在一定范围的地理空间之内，与自然人文因素相结合，对于自然生态系统的平衡维持具有特殊作用，有相对独立的结构特征，受到国家法律的特殊保护。[①]

根据构成特征将"区域环境"进行分类，可以分为流域环境、自然保护区环境、风景名胜区环境、城市环境、农村环境等；根据环境功能不同又可分为资源生态保护类环境（如自然保护区）、科研教学区环境（如自然遗迹、文化遗迹地）、旅游区域环境（如名胜古迹）等。

（三）区域环境法治

区域环境法治是指基于环境的区域性，为克服行政区划和经济区划等人为分割环境产生的不利影响而产生的环境法治。[②]条块分割的传统行政管理体制，使权力在区域之中运行，这种权力空间在环保领域的实现是多数区域环境法治问题的形成原因。

由于区域环境与其他环境要素如水、大气、土地等环境名词的名称有所不同，区域环境法治也被一些学者归为特殊环境法或者特殊区域环境法，认为这些区域拥有着特殊的环境特征，在保护方式上也应当与其他环境要素有所区别。当前形势下还需准确识别区域环境法治的概念及范围，将其作为环境和资源保护的一个特殊领域，进行专门的立法与治理，为形成区域环境法治体系提供有益参考。

二、我国区域环境法治的历史发展

我国自几千年前就意识到了区域环境保护的重要性。例如周文王时设立的"灵囿"、汉代时设立的"上林苑"等。虽然这些历史名词有着封建主义的阶级属性，但"灵囿""上林苑"作为极早的保护特殊区域环境的实例毋庸置疑。20世纪50年代，在国家和各专家学者的共同努力下，国务院批准建立了广东鼎湖山、云南西双版纳等多个自然保护区[③]，但区域环境保护在法律上并无明确规定。1979年颁布的第一部《环境保护法（试行）》中对自然保护区做出了法律上的规定，也揭开了通过立法保护区域环境的篇章。自此，有关法律法规如雨后春笋般涌现，如《森林和野生动物类型自然保护区管理办法》（1985年制定，现行有效）、《自然保护区条例》（1994年制定，2017年最新修订）、《森林公园管理办法》（1994年制定，2016年最新修订）、《国家级森林公园管理办法》（2011年制定，现行有效）、《风景名胜区条例》（2006年制定，2016年最新修订）等。这些专门法律法规都对区域环境进行了严格细致的规定，特别是2014年修订的《环境保护法》对于区域环境的保护规定，充分反映出国家对于区域

---

① 金瑞林.环境法学（第四版）[M].北京：北京大学出版社，2012.

② 肖爱.我国区域环境法治研究现状及其拓展[J].吉首大学学报（社会科学版），2010（6）：1.

③ 金瑞林.环境法学（第四版）[M].北京：北京大学出版社，2012.

环境治理的重视；2018 年十三届全国人大常委会立法规划中，将《森林法》《草原法》《国家公园法》列入立法计划；2020 年颁布的《长江保护法》更是从空间视角对流域这个特殊区域保护做出了表率。近期，国务院办公厅 2022 年度立法工作计划中，《文物保护法修订草案》赫然在列。由此可以看出，中国的区域环境法治走进了一个新时代。

三、区域法律保护在环境法治中的现实意义

（一）建设新时代环境法治的内在要求

区域环境作为环境法中的要素之一，代表了空间理念在环境法治领域的新发展，也是多学科深度融合的优秀范例，正在不断重塑着我国环境法的理论体系价值与方法。[①] 区域环境法治视角是对当前法学研究领域的深度扩展，丰富了环境法治的研究内容，促进了多学科交叉。鉴于区域法治离不开环境法学、地理学、历史学等学科门类的综合参与，因此为多学科融合交叉提供了一个极佳的平台。对区域环境法治定义进行探讨、对必要性进行多角度论证、对区域法治进行内部分析，都是推进区域法治特别是区域环境法治极其重要的步骤方法。

法治发展有着阶段性、发展性的突出特点。区域法治在社会基础与法理基础上都有迹可循。全面推进依法治国离不开法治创新，探索创新中国特色社会主义法治更是完善我国法治体系的题中应有之义。作为一种创新型的区域法治实践，区域环境法治将融合国家法治安排与地方治理特色，大力推动国家法治转型与发展。进行区域法治的创新，有利于倒逼法治改革，助力法治发展。因此，区域环境法治建设具有推进法学理论与法治实践的双重意义，也有利于促进整体主义环境法的发展。

（二）实现区域环境正义的必然选择

法学中的"区域"是一个基于行政区划但超脱于行政区域的特殊存在[②]，现实中对区域的管理往往被"条块分割"的行政管理体制所限制。以流域、国家公园为代表的自然保护地就属于此类特殊地理空间。层级与属地管理并行的体制限制了区域的管理发展，一旦涉及行政区域边界问题，往往伴随着复杂的区域矛盾纠纷。因此，要实现真正的区域环境法治，实现生态正义，必须依靠新视角下的统筹环境法治建设。

新区域主义是现代区域治理的优秀范式，也是实现空间正义的要素之一。区域法治的发展并非各地立法状况的简单堆砌，换言之，需要以一个整体主义的视角促进区域内部法治紧密联系。基于环境法治运行的基本原理，辅之法治逻辑，促进各区域法治理论优势互补与资源整合。这种环境法治的理念作用于环境治理体系当中，也会使传统环境法律体系得以改善，使地方法治得以延伸，区域环境得以保护。这是区域环境可持续发展的必经之路，必然能实现区域环境的良法善治。

---

① 侯佳儒，王明远．边缘与前沿：当代法学背景中的环境法学 [J]．政治与法律，2016（10）：2-14.
② 陈瑞莲．论区域公共管理研究的缘起与发展 [J]．政治学研究，2003（4）：3-14.

（三）人与自然和谐相处的法治需求

2019 年 9 月，习近平总书记在主持召开黄河流域生态保护和高质量发展座谈会时强调："黄河流域生态保护和高质量发展，同京津冀协同发展、长江经济带发展、粤港澳大湾区建设、长三角一体化发展一样，是重大国家战略。加强黄河治理保护，推动黄河流域高质量发展，积极支持流域省区打赢脱贫攻坚战，解决好流域人民群众特别是少数民族群众关心的防洪安全、饮水安全、生态安全等问题，对维护社会稳定、促进民族团结具有重要意义。"①

2022 年 10 月召开的二十大再次强调，要推动绿色发展，促进人与自然和谐共生。生态保护、流域保护、大气污染防治等立法实践方兴未艾，但我国区域生态管理体系尚不完善，仍缺少针对区域环境治理的全局性法律规定。当前，环境立法现状要为人与自然和谐相处的价值目标努力，实现系统化的区域治理法律规范体系。

《长江保护法》的出台，《黄河保护法》的颁布，使区域环境法治有了优秀范例，有利于营造人与自然和谐相处的良好生态氛围；有助于宣传尊重自然、顺应自然、保护自然的价值理念；有利于实现绿水青山就是金山银山的自然生态目标。

第二节 流域环境法治

一、流域的概念与流域法治特征

（一）流域相关概念

流域是指分水线包围内的河流集水区，是一个拥有完整地理与生态系统的典型区域。流域环境依不同学科有着不同的定义，生态学上指由多个自然要素组成的一个自然生态系统，社会学将其定义为一个涉及多区域的特殊经济社会系统。笔者认为"流域法治"基于流域的极强整体性特点，更适合将其作为一个整体来进行治理，而不宜被行政区域的条块化治理所分割。

（二）流域法治的特征②

1. 整体性

流域作为一个具有多种自然因素的生命共同体，以水为基础和纽带，涉及多元的利益关系，这些利益关系都在流域这个系统基础上产生与运行。因此，流域法治所针

---

① 共同抓好大保护，协同推进大治理。让黄河成为造福人民的幸福河 [N]. 人民日报，2019–9–20（01）.

② 秦天宝 . 我国流域环境司法保护的转型与重构 [J]. 东方法学，2021（2）：158–167.

对的生态管理，重点在于实现生态、社会、经济等的协调发展，并促进与外界要素联系的整体化发展，具有极强的整体性法治特色。

2. 动态性

流域并非静止的主体，水具有流动性，因此流域的边界也具有不确定性。流域的水质、水量等水文特征也会随着天气、季节、汛期等条件有所变化。基于流域的动态性、不确定性特点，流域法治立法过程中更应贯彻风险预防理念，针对不同情况采取不同的应对措施，治理方式可以在一个统一、规定的范围内保持动态上的调整。

3. 复杂关联性

流域内的各要素并非独立，他们之间是相互联系、彼此作用的，如水生物对水体的自洁作用、水质对水生物的滋养作用等。因此，流域是一个功能复合体，也正是由于这种特征，流域必须进行协同性、一体化的法治化管理，其治理具有复杂关联性。

二、国内流域立法实践

习近平总书记提出了"共抓大保护、不搞大开发""共同抓好大保护、协同推进大治理"等针对长江、黄河此类大江大河的生态保护要求，各地也相应展开了流域治理实践。

（一）流域法治架构

我国对于流域的法律规定，初期散见于各项环境保护法律之中，如《中华人民共和国环境保护法》（2014年修改）第二十条规定："国家建立跨行政区域的重点区域、流域环境污染和生态破坏联合防治协调机制，实行统一规划、统一标准、统一监测、统一防治的措施。前款规定以外的跨行政区域的环境污染和生态破坏的防治，由上级人民政府协调解决，或者由有关地方人民政府协商解决。"《中华人民共和国水法》（2016年修改）第十二条规定，"国家对水资源实行流域管理与行政区域管理相结合的管理体制"。有关流域的内容同样散见于《水法》的其他章节之中。另外，在《水污染防治法》《水土保持法》《防洪法》等法律中也对流域治理做出了相关规定。

流域法治包括流域水安全问题、流域生态保护与修复、流域水污染防治、流域法律责任等，其中生态补偿、民事公益诉讼、行政公益诉讼等具体制度与公众参与、协同治理等法律机制，贯穿于整个流域法治之中，不断推动着流域治理从理论走向实践。

近几年，学界倾向于将流域空间作为一个研究的新视角，认为应当将流域空间法律化。以长江流域为例，学者认为，由于其所跨行政区较多，按照传统的行政区域治理肯定行不通，需要专门的流域法来实现对长江流域的治理。《长江保护法》成为我国以流域空间治理为切入点的一部标志性法律，《黄河保护法》也于2022年10月30日颁布，淮河流域也在积极探索流域立法与流域整体治理。

（二）长江流域立法现状

在《长江保护法》出台前，长江流域有关的法律主要有以下几个层次：法律层面上，《水法》《水污染防治法》《防洪法》《水土保持法》等并行；行政法规层面，《河道管理条例》《防汛条例》等互相配合；部门规章层面，《长江流域省际水事纠纷预防和处理实施办法》《长江河道采砂管理条例实施办法》等作为补充，相关司法解释也对长江的治理进行了规定。这些法律法规主要是以单行法的形式，就长江的某一方面进行规定，规定的内容较为零散、立法未能形成体系，少有关于整体流域治理的规定。环境立法与资源立法分离，立法层次低，导致无法对水资源的开发利用与保护进行统筹。

2021年《长江保护法》的出台，打破了在流域层面上立法零散的局面。首先，《长江保护法》以整体主义的视角，意在解决流域问题、协调立法冲突，填补了既有立法的空白；其次，重构了长江流域的管理体制，建立起长江流域管理局；最后，构建起了一个包括流域规划、水质保障、生态保护与修复、水污染防治等制度在内的，一个整体主义视角下的流域法律系统。

（三）黄河流域立法现状

黄河流域与长江流域情况相似，都是跨越多个省市的大型流域，然黄河流域地理因素、社会因素更为复杂，如河床、泥沙问题等，因此黄河流域的治理难度更大。在以往的法律规定上，黄河主要依靠《水法》《防洪法》《河道管理条例》，以及《黄河水量调度条例》等法律法规与规章进行治理，形成了以《水法》为主，其余法律法规规章为辅的黄河保护治理法律体系。

长江保护法的出台，促使各界强烈呼吁黄河流域专门立法的出台。2022年10月30日，中华人民共和国第十三届全国人民代表大会常务委员会第三十七次会议通过了《中华人民共和国黄河保护法》，作为继《长江保护法》之后的另一部流域专门性法律，解决了黄河流域治理以往立法层次较低，缺少专门性立法的问题。目前，黄河流域正在逐步形成以《黄河保护法》为中心，《水法》等专门法为辅助，国家配套立法为支撑的更为完善的法律规范体系。

（四）其他流域立法实践分析

《太湖流域管理条例》最先在流域层面上对湖泊进行了规划治理，意在打破传统行政体系下的条块化管理制度。随后，其他省市根据当地特色相继出台了有关流域治理的法律法规，如《淮河流域水污染防治暂行条例》《山东省南四湖保护条例》《山东省东平湖保护条例》《湖南省洞庭湖保护条例》等专门性湖泊管理条例。这些立法多是以省市为单位的独立立法，并未形成如《长江保护法》这样的综合性法律体系，在实施过程中极易受到行政区域的制约，跨区域纠纷等问题的频频出现，成为地方流域治理的"心头之痛"。

三、国外流域立法经验

（一）美国

美国独特的地理位置以及河流分布，使其拥有丰富的流域管理经验。境内主要由大西洋水系、太平洋水系、五大湖群组成。作为最早实行流域立法管理的国家，美国有着许多典型流域治理范例。[①]

密西西比河作为美国大陆流程最长、流域最广的河流，其周边人口、经济都在美国首屈一指。其采用的是分散立法模式，并未制定专门的流域法律，而是设立了多个流域管理机构，如密西西比河委员会、美国陆军工程兵团密西西比河流域处，建立了多种协调机制，针对富营养化、上下游之间水资源规划管理、水污染、水卫生，下游渔业分别成立了相应委员会进行协调，大大改善了密西西比河的水环境。

田纳西河是美国第八大河，初期治理不善导致洪水频发。《田纳西河流域管理局法》的颁布为田纳西河流域管理局（Tennessee Valley Authority，TVA）提供了法律依据。在随后的时间里，TVA 为田纳西河的治理做出了很大贡献。

五大湖流域由于跨越两个国家、多个州、省、部落等，治理难度最大。多年来也在一直探索治理的办法，签订了诸如《五大湖流域条约》《五大湖宪章》等横向合作治理的相关法律文件，《大湖—圣劳伦斯河流域水资源条约》是目前大湖流域治理的主要法律依据，建立了合作机制，是流域管理的积极探索。

（二）澳大利亚

澳大利亚的墨累—达令流域位于澳大利亚东南部，是澳大利亚的农业经济中心，有着十分发达的流域特别法以及较为成熟的流域管理理论。墨累—达令流域在经历了多个流域治理阶段以后，确立了如今以联邦为主导的流域统一管理时期，进行了流域统一管理立法、签订司法协议，建立了墨累—达令流域管理局。以上措施使墨累—达令流域的水质以及周边环境都得到了极大改善。

对于域外法治，不能一贯认为国外的治理模式就一定适合中国。要寻求适合中国实际的经验法则，进行谨慎适当的法律移植，明确现有的流域法治的具体目标与欠缺内容，可以先进行一些试点探索，而后进行具体化的推广。但域外法律制度不容忽视，我们要树立正确态度，借鉴国外流域治理立法的合理经验，对国内流域治理法治建设进行进一步的完善改革。

[①] 吕忠梅. 长江流域立法研究 [M]. 北京：法律出版社，2021.

第三节 自然保护地法

一、自然保护地

（一）概述

自然保护地是一类特殊的区域，由各种对象如生态系统、动物保护地、自然遗迹地等区域组成。自然保护区定义有广义和狭义两种：广义的自然保护区，也被称为自然保护地，是国家法律特殊保护下的各种自然区域的总称，除自然保护区本身外，还包括国家公园、风景名胜区、自然遗迹地等各种地区；狭义的自然保护区，指为某种需要特殊保护的生态系统划定用来科学研究的严格意义上的自然保护区。[1]

各国对自然保护地的界定同样有着不同的标准，如根据 IUCN-WCPA 出版的《自然保护地管理类型应用指南》，自然保护地（广义的自然保护区）指"一个明确界定的地理空间，通过法律或其他有效方式获得承认、得到承诺和进行管理，以实现对自然及其所拥有的生态系统服务和文化价值的长期保护"。[2] 我国《自然保护区条例》中所定义的自然保护区，是指"对有代表性的自然生态系统、珍稀濒危野生动植物物种的天然集中分布区、有特殊意义的自然遗迹等保护对象所在的陆地、陆地水体或者海域，依法划出一定面积予以特殊保护和管理的区域"。是依法划出的特殊保护区域。由此可见，对我国《自然保护区条例》中的"自然保护区"应作广义理解，即指自然保护地。下文中提到的自然保护区如无特别解释，可理解为广义的自然保护区。

根据保护对象，自然保护地可以划分为生态系统类型保护区、生物物种保护区和自然遗迹保护区 3 类；按保护地的性质，可分为科研保护区、国家公园、管理区和资源管理保护区 4 类。我国《关于建立以国家公园为主体的自然保护地体系的指导意见》中要求自然保护地体系要"按照自然属性、生态价值和管理目标进行调整和归类"其分类包括"现有的自然保护区、风景名胜区、地质公园、森林公园、海洋公园、湿地公园、冰川公园、草原公园、沙漠公园、草原风景区、水产种质资源保护区、野生植物原生境保护区（点）、自然保护小区、野生动物重要栖息地等"。

自然保护地与人类生活息息相关，因此世界各地都对自然保护地尤为重视。1956年鼎湖山自然保护区的建立，标志着中国建立了第一个具有现代意义的自然保护区。截止到 2022 年 1 月，中国国家级自然保护区已经有 373 个，包括长白山自然保护区、

---

① 张成福. 浅议我国林业生态工程及其信息系统的现状 [J]. 防护林科技，2013（6）：95-96.

② 刘超. "自然保护地"法律概念之析义与梳正 [J]. 暨南学报（哲学社会科学版），2020，42（10）：24-39.

卧龙自然保护区在内的 34 处国家级自然保护区被列为国际生物圈保护区，其他级别的自然保护区数量更是逐年增多，但是仍然存在自然保护区的法律保护欠缺，保护管理机构不健全等问题。

（二）狭义自然保护区管理体制与区域划分

《中国自然保护区条例》第八条规定，自然保护区的管理体制是综合管理与分部门管理相结合的模式。具体分工上，由国务院环境保护行政主管部门综合管理。而国务院林业、农业、地质矿产、水利、海洋等有关行政主管部门在各自的职责范围内，对有关自然保护区进行管理，若是涉及县级以上地方人民政府处理的，其设立与职责则由省、自治区、直辖市人民政府根据当地具体情况确定。

根据自然保护的重要程度，可将自然保护区（注意，此处指严格意义上的自然保护区，即狭义自然保护区）分为国家级自然保护区与地方级自然保护区，而区域划分上自然保护区又可以分为核心区、缓冲区、实验区三个区。

（1）核心区。自然保护区内保存完好的天然状态的生态系统以及珍稀、濒危动植物的集中分布地，应当划为核心区。禁止任何人或者单位的进入；未经自然保护区管理机构批准，不允许进入该区域进行科学研究等活动。因为核心区的生态系统十分的脆弱，所以要求最为严格，需要最高等级的保护。

（2）缓冲区。缓冲区内的要求相对于核心区较为宽松，可以进行科学试验、教学实习、参观考察、旅游，以及驯化、繁殖珍稀、濒危野生动植物等活动。但是对进入其中进行科研活动有着严格规定。[1]

（3）实验区。位于缓冲区外围，此处可以进行科学试验、教学实习、参观考察、旅游，以及驯化、繁殖珍稀、濒危野生动植物等活动。但是如果原批准建立自然保护区的人民政府认为有必要，可以在自然保护区的外围划定一定面积的外围保护地带。

（三）自然保护地法律保护现状

1979 年第一部《环境保护法（试行）》中就对自然保护区做出了相关规定，但是其中多为原则性条款。随后，有关部门相继出台了《自然保护区土地管理办法》（1995年发布，现行有效）和《森林和野生动物类型自然保护区管理办法》（1985 年发布，现行有效）等部门规章。1994 年，《中华人民共和国自然保护区条例》出台，虽然现行版本经过了 2011 年、2017 年两次的修订，但是《自然保护区条例》的效力位阶仅为行政法规。一旦发生法律规范竞合，自然保护区的有关事项必须服从上位法（《水法》《矿产资源法》《森林法》等），导致该自然保护区条例并未起到显著作用。《环境保护法》

---

[1]《中华人民共和国自然保护区条例》第二十八条："禁止在自然保护区的缓冲区开展旅游和生产经营活动。因教学科研的目的，需要进入自然保护区的缓冲区从事非破坏性的科学研究、教学实习和标本采集活动的，应当事先向自然保护区管理机构提交申请和活动计划，经自然保护区管理机构批准。从事前款活动的单位和个人，应当将其活动成果的副本提交自然保护区管理机构。"

中有关自然保护区的条款也多为原则性规定，其余法律法规多属于自然保护地专项立法范畴。

主要自然保护地有关法律法规，如图 25-1 所示。

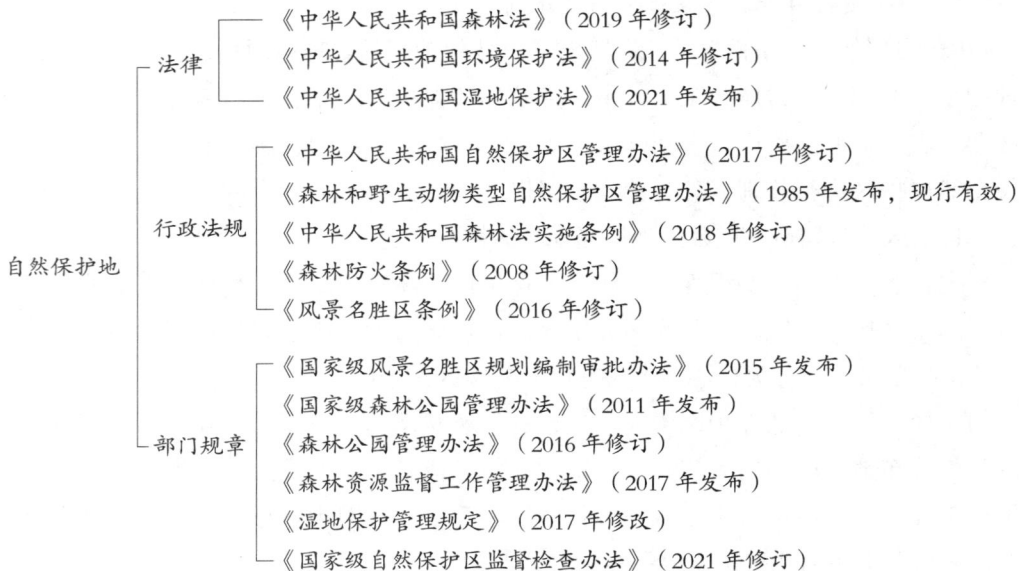

自然保护地
- 法律
  - 《中华人民共和国森林法》（2019 年修订）
  - 《中华人民共和国环境保护法》（2014 年修订）
  - 《中华人民共和国湿地保护法》（2021 年发布）
- 行政法规
  - 《中华人民共和国自然保护区管理办法》（2017 年修订）
  - 《森林和野生动物类型自然保护区管理办法》（1985 年发布，现行有效）
  - 《中华人民共和国森林法实施条例》（2018 年修订）
  - 《森林防火条例》（2008 年修订）
  - 《风景名胜区条例》（2016 年修订）
- 部门规章
  - 《国家级风景名胜区规划编制审批办法》（2015 年发布）
  - 《国家级森林公园管理办法》（2011 年发布）
  - 《森林公园管理办法》（2016 年修订）
  - 《森林资源监督工作管理办法》（2017 年发布）
  - 《湿地保护管理规定》（2017 年修改）
  - 《国家级自然保护区监督检查办法》（2021 年修订）

图 25-1　自然保护地法律法规梳理

由于书籍所列信息具有滞后性特点，截至 2022 年 12 月，有一些在规划中的法律法规（如《自然保护地法》）或者正在征求意见的法律法规（如《国家公园法》）未能列入上图中，请读者根据阅读时间查看法律更新情况。

国家意在通过政府机构改革和法律法规修改的方式来强化对自然保护地的管理，但由于自然保护地管理体制本身的弊端，加之各种制度的桎梏，法律法规的小修小改无益于进一步改善我国自然保护地法律现状。[①] 以甘肃一省举例，甘肃省出台《甘肃祁连山国家级自然保护区管理条例》《甘肃兴隆山国家级自然保护区管理条例》《甘肃连城国家级自然保护区条例》《甘肃安西极旱荒漠国家级自然保护区管理条例》《甘肃白水江国家级自然保护区管理条例》和《甘肃莲花山国家级自然保护区管理条例》等，仍未对自然保护地起到良好保护的效果，自然保护地的法律保护还有很长的路要走。

---

① 汪劲，吴凯杰.《国家公园法》的功能定位及其立法意义——以中国自然保护地法律体系的构建为背景 [J]. 湖南师范大学社会科学学报，2020，49（3）：11-17.

二、风景名胜区

（一）概述

《风景名胜区条例》[①]中对风景名胜区的定义为：依据法定条件与程序划定，具有观赏、文化或科学价值，各种自然人文景观较为集中，可供人们进行游览或者进行科学、文化活动的区域。按其形成原因可分为天然风景名胜区和人工风景名胜区，按照等级可划分为国家级风景名胜区和省级风景名胜区，按照区域表现特征又可分为自然景物地、历史遗迹地、革命纪念地等。在住房和城乡建设部 2008 年公布的《风景名胜区分类标准》（CJJ/T 121—2008）中，将风景名胜区分为 14 种类型：历史圣地类（如布达拉宫）、山岳类（如泰山）、岩洞类（如重庆芙蓉洞）、江河类（如长江）、湖泊类（如杭州西湖）、海滨海岛类（如青岛海滨）、特殊地貌类（如丹霞地貌）、城市风景类（如广州白云山）、生物景观类（如西双版纳）、壁画石窟类（如龙门石窟）、纪念地类（如鲁迅纪念馆）、陵寝类（如十三陵）、民俗风情类和其他类。作为自然与人类历史发展的见证，国家近些年来对风景名胜区的保护力度也在不断加强[②]，截至 2019 年底，国务院批准公布的国家级风景名胜区有 244 处，纳入世界遗产公约的世界遗产有55 项。[③] 可以看出，风景名胜区在不断增多，针对此类区域的法律保护也在不断完善。

（二）风景名胜区主要法律规定及现存问题

1978 年城市工作会议中，国务院提出要加强风景名胜区和文物古迹的建设和管理，1979 年《环境保护法（试行）》将自然保护区、风景名胜区与文化古迹纳入自然保护区范畴，自此风景名胜区进入法律制度化的行列。1985 年中国加入《保护世界文化和自然遗产公约》[④]，国务院也于同年（1985 年）颁布实施了《风景名胜区管理暂行条例》（现已失效），随后国家建设部相继发布了《风景名胜区管理暂行条例实施办法》（1987 年发布，现已失效）、《风景名胜区管理处罚规定》（1994 年发布，现已失效）、《国家重点风景名胜区审查办法》（2004 年发布）等部门规章。2006 年9 月国务院将《风景名胜区管理暂行条例》修改为《风景名胜区条例》（现行版本为2016 年修订）。除此之外，在其他法律法规如《环境保护法》《城乡规划法》中也有关于风景名胜区的相关规定。

[①] 根据《风景名胜区条例》（2016 年修订版）第一章第二条的规定：风景名胜区的设立、规划、保护、利用和管理，适用本条例。本条例所称风景名胜区，是指具有观赏、文化或者科学价值，自然景观、人文景观比较集中，环境优美，可供人们游览或者进行科学、文化活动的区域。

[②] 汪劲，吴凯杰.《国家公园法》的功能定位及其立法意义——以中国自然保护地法律体系的构建为背景 [J]. 湖南师范大学社会科学学报，2020，49（3）：11-17.

[③] 高吉喜. 中国自然保护地 70 年发展历程与成效 [J]. 中国环境管理. 2019（4）：25-29.

[④] 根据《风景名胜区条例》第二十四条的规定："风景名胜区内的景观和自然环境，应当根据可持续发展的原则，严格保护，不得破坏或者随意改变。风景名胜区管理机构应当建立健全风景名胜资源保护的各项管理制度。风景名胜区内的居民和游览者应当保护风景名胜区的景物、水体、林草植被、野生动物和各项设施。"

现行的《风景名胜区条例》属于行政法规，效力位阶不高。该条例主要对风景名胜区的设立、规划、保护、利用和管理做出了相应规定，如坚持风景名胜区可持续发展①，风景名胜区内从事活动的禁止性、许可性条款等保护规定。但是由于条例等规范性文件中并未明确规定风景名胜区的建立方式，使风景名胜与国家公园等自然保护区管理交叉覆盖，导致自然保护区的保护与治理未能起到良好效果。

三、国家公园

（一）概述

国家公园，是指由国家批准设立并主导管理，边界清晰，以保护具有国家代表性的大面积自然生态系统为主要目的，实现自然资源科学保护和合理利用的特定陆地或海洋区域。②《指导意见》中，国家公园是"自然生态系统中最重要、自然景观最独特、自然遗产最精华、生物多样性最富集"的区域，这体现出国家公园极大的生态价值。③2006 年云南省迪庆藏族自治州通过当地立法建立了普达措国家公园，这是我国对于国家公园的较早探索，但是这并不是真正意义上的国家公园，因为地方政府实际上没有设立国家公园的权限。④随后，国家林业局批准云南省作为国家公园试点，促进了国家公园的进一步推进。

（二）国家公园保护法律历史发展

《国家公园法》还未出台，目前我国对国家公园此类特殊自然保护地的法律保护，仍散见于其他法律法规之中，如《国家城市湿地公园管理办法》《国家级森林公园管理办法》《国家湿地公园管理办法》《文物保护法》《水利风景区管理办法》等。但国家公园法律保护一直在进步与发展，其发展历程主要可以分为三个阶段：

第一阶段，主要是探索如何建立国家公园的法律制度，地方层面进行了若干尝试。2013 年 11 月中共中央在十八届三中全会《关于全面深化改革若干重大问题的决定》中首次提出要"建立国家公园体制"。2015 年 6 月《建立国家公园体制试点方案》出台，将三江源、湖北神农架、祁连山、福建武夷山等地区作为国家公园的试点。政策出台后，各地纷纷响应：2015 年 11 月云南省通过了《云南省国家公园管理条例》；2017 年 6 月青海省通过了《三江源国家公园条例（试行）》，这也是我国在国家公园领域的第一部地方性法规；2017 年 11 月福建省、湖北省相继通过了《武夷山国家公园条例（试行）》与《神农架国家公园保护条例》，湖北省又于 2019 年修订了神农架公园的保护

---

① 《保护世界文化和自然遗产公约》由联合国教科文组织于 1972 年 11 月 16 日通过，旨在集体保护具有突出的普遍价值的文化和自然遗产，并且建立一个根据现代科学方法制定的永久性的有效制度。

② 参见中共中央办公厅、国务院办公厅印发的《建立国家公园体制总体方案》。

③ 董正爱，胡泽弘. 自然保护地体系中"以国家公园为主体"的规范内涵与立法进路——兼论自然保护地体系构造问题 [J]. 南京工业大学学报（社会科学版），2020，19（3）：31-42.

④ 高晓露，王文燕. 自然保护地体系视野下国家公园立法思考 [J]. 自然保护地，2022，2（2）：35-40.

条例。

第二阶段，国家公园立法看似达到了高潮，但未确定国家公园的法律地位。2017年9月，中共中央办公厅、国务院办公厅颁布《建立国家公园体制总体方案》，首次提出"构建以国家公园为主体的自然保护地体系"的概念，确定了国家公园在自然保护地法律体系中的主体地位。自此，关于国家公园与自然保护地立法的话题讨论变得更为热烈了。

第三阶段，梳理了国家公园与自然保护地的功能关系。2019年1月国家发展和改革委员会与多部门联合印发了《关于建立以国家公园为主体的自然保护地体系的指导意见》，该意见为国家公园立法讨论带来了新热点。意见指出：山水林田湖草是一个生命共同体，自然保护地管理体制要创新，要将具有国家代表性的重要自然生态系统纳入国家公园体系，形成以国家公园为主体、自然保护区为基础、各类自然公园为补充的自然保护地管理体系。2020年9月《海南热带雨林国家公园条例（试行）》颁布，其他国家公园试点的立法工作也在积极开展之中。这代表着国家公园法律保护地位的又一个跃升。

（三）《国家公园法》的立法讨论与现状

《国家公园法》写入了十三届全国人大的立法计划当中，自然资源部2022年立法工作计划下发之前，未明确《自然保护地法》是否进行专门立法，因此学界对国家公园与自然保护地的立法争议较大。一种观点认为，要对自然保护地与国家公园分别立法，形成以《自然保护地法》为基础，《国家公园法》《自然保护区条例》等为补充的自然保护地法律体系；另一种观点则认为，自然保护地与国家公园不可分别立法，国家公园本就归属于自然保护地之中，若单独立法则浪费了宝贵的法律资源，应当将《国家公园法》融入《自然保护地法》之中。①

还有学者对我国立法是否要借鉴美国国家公园的"一园一法"②模式进行探讨。③各种观点各有道理，本书也仅是将观点陈述出来，供读者了解。

笔者更倾向于《国家公园法》与《自然保护地法》相互配合对区域环境进行治理，因为二者不可分割。根据自然资源部2022年立法工作计划，《国家公园法》与《自然保护地法》的起草计划已经发布。2022年8月19日，国家林业和草原局公布了《国家

---

① 汪劲，吴凯杰.《国家公园法》的功能定位及其立法意义——以中国自然保护地法律体系的构建为背景 [J]. 湖南师范大学社会科学学报，2020，49（3）：11–17.

② 美国是最先批准设立国家公园的国家，其稳定的国家公园立法模式便是实行"一园一法"模式。其主要有《建立黄石国家公园法》《大盆地国家公园法》《大峡谷国家公园法》和《优胜美地国家公园法》等。另外，还有加拿大的《落基山公园法》，澳大利亚的《大堡礁海洋公园法》及德国的《黑森林国家公园法》《汉堡浅滩国家公园法》等，也都属于"一园一法"的立法模式。

③ 秦天宝，刘彤彤.国家公园立法中"一园一法"模式之迷思与化解 [J].中国地质大学学报（社会科学版），2019，19（6）：1–12.

公园法（草案）》并向社会各界征求意见，《国家公园法》即将发布，这也印证了当前我国构建以国家公园为主体的自然保护地体系正在逐步建立。这足以显示我国贯彻落实党中央、国务院关于建立健全以国家公园为主体的自然保护地制度体系的决心。

四、湿地保护

（一）湿地的概念

湿地在地理意义上是指地表过湿或经常积水，生长湿地生物的地区。[①]湿地公约中规定的湿地是指"不问其为天然或人工、长久或暂时之沼泽地、泥炭地或水域地带，带有或静止或流动、或为淡水、半咸水或咸水水体者，包括低潮时水深不超过六米的水域"。按照我国《湿地保护法》的规定，湿地指"具有显著生态功能的自然或者人工的、常年或者季节性积水地带、水域，包括低潮时水深不超过六米的海域，但是水田以及用于养殖的人工的水域和滩涂除外"。[②]《湿地保护法》的出台，规范了湿地的定义，湿地的保护状况也得到了改善。

（二）中国湿地立法保护历史

第一阶段：国家意识到湿地需要保护、必须保护。1982 年的《宪法》中，湿地被归为一种自然资源，标志着此时湿地已经被宪法所调整。1992 年 7 月，中国加入《关于特别是作为水禽栖息地的国际重要湿地公约》，标志着湿地制度化保护在中国的正式开始。我国于 1994 年颁布的《自然保护区条例》中首次规定湿地属于自然保护区，应当建立专门的自然保护区加以保护。

第二阶段：对湿地建立标准体系，规范湿地界定。2005 年开始，国家林业局以及原建设部为规范湿地保护发布了一系列文件，如《中国湿地保护行动计划》《全国湿地保护工程规划》《关于加强湿地保护管理的通知》等。随后《湿地保护管理规定》的出台以及《环境保护法》中对"湿地"的专门保护，使"湿地"的制度层面保护地位大幅提升，另外在《水污染防治法》《水法》等法律中也有关于湿地的表述。

第三阶段：湿地立法工作稳步推进。2014 年修改的《环境保护法》第二条中将湿地列入保护范围；2015 年 9 月中央政治局《生态文明体制改革总体方案》的出台，为湿地保护专项立法增添助力；直到 2021 年 12 月，《中华人民共和国湿地保护法》通过，中国终于拥有了湿地保护的专项立法，与国家公园法律保护一起共同构建起自然保护地法律制度体系。

---

① 张人权，等.水文地质学 [M].北京：地质出版社，2011.

② 匡耀求，黄宁生.关于《湿地公约》中"湿地"定义的汉译 [J].生态环境，2005（1）：134-135.

（三）湿地在自然保护地中的地位

根据《湿地保护法》[①]，若是有规划和保护需要，应当依法将湿地纳入国家公园、自然保护区或自然公园。由此可知，湿地与国家公园等自然保护地密不可分。一些国家公园本身就是由湿地组成的，湿地的治理与保护应受《自然保护区条例》《湿地保护法》等多重规制。基于二者之间的空间重叠导致保护体系混乱，不能一概将湿地视为国家公园，也不能将湿地一概认为是自然保护地，它们有着不同的立法规制，二者的结合也有着一定的难度。湿地与自然保护地在"纳入范围""保护方式"上都存在着差异[②]，因此，必须理清概念，明确各区域的保护需求，才能更好地对湿地以及自然保护区进行保护。

---

① 《中华人民共和国湿地保护法》第二十四条："省级以上人民政府及其有关部门根据湿地保护规划和湿地保护需要，依法将湿地纳入国家公园、自然保护区或者自然公园。"

② 胡攀.湿地保护纳入自然保护地体系的规范困境及出路 [J].南京工业大学学报（社会科学版），2022，21（2）：55-67.

第二十六章 海洋环境资源法治

　　海洋占地球面积的 71%，是人类赖以生存的大气环境重要生态资源。为全面保护珍贵的海洋资源，国家和地方政府都出台了相关的法律法规。经过多年的法制建设，我国已经在海洋保护领域建立了较为完备的法治体系，包括法律层面[①]、行政法规层面"[②]、部门规章层面[③]、"两高"解释[④] 以及国际法层面[⑤]。

第一节 《海洋环境保护法》

　　自 1982 年至今，作为海洋环境保护领域内综合性的《中华人民共和国海洋环境保护法》（以下简称《海洋环境保护法》）"进行了一次'大修'，2013 年、2016 年和

---

① 现有涉及海洋的法律主要有《中华人民共和国领海及毗连区法》《中华人民共和国专属经济区和大陆架法》《中华人民共和国海域使用管理法》《中华人民共和国海岛保护法》《中华人民共和国海洋环境保护法》《中华人民共和国海上交通安全法》《中华人民共和国海商法》等。其中，2017 年 11 月 4 日第十二届全国人民代表大会常务委员会最新修改的《海洋环境保护法》，是为了保护和改善海洋环境，保护海洋资源，防治污染损害，维护生态平衡，保障人体健康，促进经济和社会的可持续发展的大法。

② 行政法规是指国务院根据宪法和法律，对执行法律的规定需要制定行政法规的事项和宪法规定的国务院行政管理职权的事项，制定行政法规。现有涉及海洋的行政法规主要有《中华人民共和国海洋观测预报管理条例》《中华人民共和国涉外海洋科学研究管理规定》《中华人民共和国铺设海底电缆管道管理规定》《中华人民共和国防治海洋工程建设项目污染损害海洋环境管理条例》《中华人民共和国防治海岸工程建设项目污染损害海洋环境管理条例》《防治船舶污染海洋环境管理条例》《中华人民共和国海洋倾废管理条例》《中华人民共和国海洋石油勘探开发环境保护管理条例》等。

③ 部门规章是指国务院各部、委员会、中国人民银行、审计署和具有行政管理职能的直属机构，可以根据法律和国务院的行政法规、决定、命令，在本部门的权限范围内，制定规章。现有涉及海洋的部门规章主要有《铺设海底电缆管道管理规定实施办法》《海底电缆管道保护规定》《海域使用管理违法违纪行为处分规定》《海洋行政处罚实施办法》《矿产资源统计管理办法》《外国的组织或者个人来华测绘管理暂行办法》《海洋石油勘探开发环境保护管理条例实施办法》等。

④ 最高人民法院、最高人民检察院陆续出台了《最高人民法院关于审理海洋自然资源与生态环境损害赔偿纠纷案件若干问题的规定》《最高人民法院、最高人民检察院关于办理海洋自然资源与生态环境公益诉讼案件若干问题的规定》。

⑤ 国际条约、国际习惯和一般法律原则均属于国际法的渊源。国际条约是国家间缔结的相互权利义务关系的书面协议；国际习惯是各国重复类似的行为而具有法律约束力的结果，这是一个漫长的自然形成过程；一般法律原则包括国家主权平等原则、不干涉内政原则、不得使用威胁或武力原则等。现有涉及海洋的国际法主要有《联合国海洋法公约》《1972 年防止倾倒废弃物及其他物质污染海洋的公约》（伦敦公约）。

2017 年分别进行了两次'小修补'和一次中等程度的'修补'。"① 现阶段，这部法律修订已被纳入 2022 年全国人大立法计划，正在由全国人大环资委牵头组织起草法律修订草案。按照现《海洋环境保护法》的规定，海洋环境保护方面的主要法律规定如下。

一、《海洋环境保护法》的立法目的

根据《海洋环境保护法》第一条的规定，该法的立法目的是保护和改善海洋环境，保护海洋资源，防治污染损害，维护生态平衡，保障人体健康，促进经济和社会的可持续发展。

二、海洋环境监管体制

海洋管理体制是国家为了维护海洋权益、发展海洋经济、保护海洋环境和资源、协调涉海部门之间关系而建立的管理组织结构和运行制度，是体现、实施海洋政策的组织保障。海洋环境保护为海洋管理的一个方面，受海洋管理体制的制约，我国采用的是环境保护行政主管部门统一指导、协调和监督与各有关部门分工负责相结合，中央与地方分级监督管理相结合的"统一与分级、分部门"模式。这种模式的采用，这在一定程度上会导致海洋环境保护的执法主体多元化，执行权分散化。

于 1983 年 3 月 1 日实施的我国第一部综合性的海洋环境保护基本法——《海洋环境保护法》第五条规定了海洋环境保护监督管理部门及其职责。② 之后，1989 年《环境保护法》第七条规定了我国环境保护主管部门及其职责。为明确国家环境保护局、国家海洋局在海洋环境保护方面的具体职责，国务院办公厅于 1990 年 8 月 1 日转发《国务院机构改革办公室对国家环境保护局、国家海洋局有关海洋环境保护职责分工的意见》。③ 1999 年新修订的《海洋环境保护法》第五条依旧规定了海洋环境保护的五个执行主体，因机构改革，中华人民共和国港务和国家渔政渔港监督管理机构更改为国家海事行政主管部门、国家渔业行政主管部门，此外更明确了各海洋环境保护执行主

---

① 张海文.《中华人民共和国海洋环境保护法》发展历程回顾及展望 [J]. 环境与可持续发展，2020，45（04）：79–84.

② 1983 年实施的《海洋环境保护法》第五条第一款规定，"国务院环境保护部门主管全国海洋环境保护工作"。第二款规定"国家海洋管理部门负责组织海洋环境的调查、监测、监视，开展科学研究，并主管防止海洋石油勘探开发和海洋倾废污染损害的环境保护工作"。第三款规定"中华人民共和国港务监督负责船舶排污的监督和调查处理，以及港区水域的监视，并主管防止船舶污染损害的环境保护工作"。第四款规定"国家渔政渔港监督管理机构负责渔港船舶排污的监督和渔业港区水域的监视"。第五款规定"军队环境保护部门负责军用船舶排污的监督和军港水域的监视"。第六款规定"沿海省、自治区、直辖市环境保护部门负责组织协调、监督检查本行政区域的海洋环境保护工作，并主管防止海岸工程和陆源污染物污染损害的环境保护工作"。从这一条规定可知，海洋环境保护法的执行主体为国务院环境保护部门、国家海洋管理部门、中华人民共和国港务、国家渔政渔港监督管理机构以及军队环境保护部门五个国家层面的海洋行政主体，以及沿海省、自治区、直辖市环境保护部门。

③ 该意见指出，"海洋环境保护工作既是全国环境保护工作的一个组成部分，又是海洋综合管理的一项重要内容。国家海洋局要支持、协同国家环保局对全国环境保护工作实施统一监督管理。国家环保局要支持国家海洋局对我国管辖海洋实施综合管理"，并规定了"关于海洋环境标准的制定""关于海洋特别保护区、海洋自然保护区和海洋功能区的划定和管理"以及"关于海洋环境监测工作的组织管理"三方面的内容。

体的职责。2013 年，根据《国务院机构改革和职能转变方案》，将原国家海洋局及其中国海监、公安部边防海警、农业部中国渔政、海关总署海上缉私警察的队伍和职责整合，重新组建国家海洋局，由国土资源部管理。2018 年 3 月，根据第十三届全国人民代表大会第一次会议批准的国务院机构改革方案，将国家海洋局的职责整合，组建中华人民共和国自然资源部，自然资源部对外保留国家海洋局牌子；将国家海洋局的海洋环境保护职责整合，组建中华人民共和国生态环境部；将国家海洋局的自然保护区、风景名胜区、自然遗产、地质公园等管理职责整合，组建中华人民共和国国家林业和草原局，由中华人民共和国自然资源部管理；不再保留国家海洋局。

现《海洋环境保护法》在"总则"第五条中明确规定了国务院环境保护行政主管部门①、国家海洋行政主管部门②、国家海事行政主管部门③、国家渔业行政主管部门④、军队环境保护部门⑤在海洋环境监督管理方面的职责。此外，由省、自治区、直辖市人民政府根据本法及国务院有关规定确定沿海县级以上地方人民政府行使海洋环境监督管理权的部门的职责。此外，我国有关海洋自然资源单行法如《海域使用管理法》《海岛保护法》等都规定了相关海洋环境保护执行主体及其职责。⑥

三、海洋环境监督管理法律制度

《海洋环境保护法》专设"海洋环境监督管理"一章，规定了海洋环境监督管理的各项法律制度，具体内容包括：①海洋环境标准制度（《海洋环境保护法》第十条）；②排污费和倾倒费制度（《海洋环境保护法》第十二条）；③生态保护红线制度（《海洋环境保护法》第三条）；④重点海域污染物排海总量控制制度（《海洋环境保护法》

---

① 国务院环境保护行政主管部门作为对全国环境保护工作统一监督管理的部门，对全国海洋环境保护工作实施指导、协调和监督，并负责全国防治陆源污染物和海岸工程建设项目对海洋污染损害的环境保护工作。

② 国家海洋行政主管部门负责海洋环境的监督管理，组织海洋环境的调查、监测、监视、评价和科学研究，负责全国防治海洋工程建设项目和海洋倾倒废弃物对海洋污染损害的环境保护工作。

③ 国家海事行政主管部门负责所辖港区水域内非军事船舶和港区水域外非渔业、非军事船舶污染海洋环境的监督管理，并负责污染事故的调查处理；对在中华人民共和国管辖海域航行、停泊和作业的外国籍船舶造成的污染事故登轮检查处理。船舶污染事故给渔业造成损害的，应当吸收渔业行政主管部门参与调查处理。

④ 国家渔业行政主管部门负责渔港水域内非军事船舶和渔港水域外渔业船舶污染海洋环境的监督管理，负责保护渔业水域生态环境工作，并调查处理前款规定的污染事故以外的渔业污染事故。

⑤ 军队环境保护部门负责军事船舶污染海洋环境的监督管理及污染事故的调查处理。

⑥ 2002 年实施的《海域使用管理法》第七条第一款规定，"国务院海洋行政主管部门负责全国海域使用的监督管理。沿海县级以上地方人民政府海洋行政主管部门根据授权，负责本行政区毗邻海域使用的监督管理"。第二款规定"渔业行政主管部门依照《中华人民共和国渔业法》，对海洋渔业实施监督管理"。第三款规定"海事管理机构依照《中华人民共和国海上交通安全法》，对海上交通安全实施监督管理"。2010 年实施的《海岛保护法》第五条第一款规定"国务院海洋主管部门和国务院其他有关部门依照法律和国务院规定的职责分工，负责全国有居民海岛及其周边海域生态保护工作。沿海县级以上地方人民政府海洋主管部门和其他有关部门按照各自的职责，负责本行政区域内有居民海岛及其周边海域生态保护工作"。第二款规定"国务院海洋主管部门负责全国无居民海岛保护和开发利用的管理工作。沿海县级以上地方人民政府海洋主管部门负责本行政区域内无居民海岛保护和开发利用管理的有关工作"。

第三条）；⑤落后生产工艺和落后设备淘汰制度（《海洋环境保护法》第十三条）；⑥海洋环境监测、监视信息管理制度（《海洋环境保护法》第十四条、《海洋环境保护法》第十六条）；⑦海上重大污染事故应急制度（《海洋环境保护法》第十八条）。

四、海洋生态保护

《海洋环境保护法》专设"海洋生态保护"一章，此章关于海洋生态保护的规定主要包括政府对海洋生态保护和整治的责任、海洋自然保护区和海洋特别保护区制度、防止海水养殖对海洋生态的破坏，以及对引进、开发活动的限制性规定。

五、涉海诉讼问题

根据《海洋环境保护法》第八十九条第二款以及其他规范性文件[1]的规定，现涉海环境诉讼类型包括海洋环境民事公益诉讼、刑事附带民事公益诉讼、海洋环境行政公益诉讼以及海洋自然资源与生态环境损害赔偿诉讼。其中，"海洋自然资源与生态环境损害赔偿诉讼"涵盖了海洋自然资源损害赔偿诉讼与海洋生态环境损害赔偿诉讼两类海洋权益保护和救济机制。从性质上来说，海洋自然资源损害赔偿诉讼是为救济国家所有的自然资源损害的私益诉讼；[2]海洋生态环境损害赔偿诉讼是有关行政机关针对海洋自然资源和生态环境严重受损的特殊情形，以诉的形式行使海洋监管职权的一种方式。海洋环境民事公益诉讼、刑事附带民事公益诉讼、海洋环境行政公益诉讼实现了海洋环境保护的刑事、行政与民事程序"三位一体"的保护。在法律实施领域，人民检察院在履行职责中发现对破坏海洋生态、海洋水产资源、海洋保护区的行为负有监督管理职责的部门违法行使职权或者不作为，致使国家利益或者社会公共利益受到侵害的，应当向有关部门提出检察建议，督促其依法履行职责。有关部门不依法履行职责的，人民检察院依法向被诉行政机关所在地的海事法院提起行政公益诉讼。此外，当前海洋环境公益诉讼存在明显的事后救济性特征，相对于补救性海洋环境公益诉讼，预防性海洋环境公益诉讼具有独特的优势，其可完善海洋环境公益诉讼制度、整合并优化海洋检察监督和诉讼职能、规范涉海行政部门的行政行为以及提升其行政职能。但预防性海洋环境公益诉讼的创设面临系列问题，在立法层面无确定的法律依据、在执法层面涉海行政部门存在执法短板、在司法层面缺失统一规范的裁判尺度。基于全面加强海洋环境司法保护的需要，建议在"两诉"、《环境保护法》以及《海洋环境保护法》中建立预防性环境公益诉讼制度，进而明确预防性海洋环境公益诉讼的实体性规范。然后，从受案范围、原告资格、管辖法院、诉讼衔接，以及责任承担等方面构建预防性海洋环境公益诉讼的程序规则。

---

[1] 其他规范性文件包括《最高人民法院关于审理海洋自然资源与生态环境损害赔偿纠纷案件若干问题的规定》以及《最高人民法院、最高人民检察院关于办理海洋自然资源与生态环境公益诉讼案件若干问题的规定》等。

[2] 竺效，梁晓敏.论检察机关在涉海"公益维护"诉讼中的主体地位[J].浙江工商大学学报，2018（5）：17-26.

六、世界海洋日

2008 年 12 月 5 日第 63 届联合国大会通过第 111 号决议，决定自 2009 年起，每年的 6 月 8 日为"世界海洋日"。[①] 联合国希望世界各国都能借此机会关注人类赖以生存的海洋，体会海洋自身所蕴含的丰富价值，同时也审视全球性污染和鱼类资源过度消耗等问题给海洋环境和海洋生物带来的不利影响。每年的世界海洋日都会有一个"主题"。2022 年世界海洋日的主题是"保护海洋生态系统，人与自然和谐共生"。

七、其他规定

此外，《海洋环境保护法》还设专章分别规定"关于防止陆源污染物对海洋环境的污染损害的规定""关于防止海岸工程建设项目对海洋环境的污染损害的规定""关于防止海洋工程建设项目对海洋环境的污染损害的规定""关于防止倾倒废弃物对海洋环境的污染损害的规定""关于防治船舶及有关作业活动对海洋环境的污染损害的规定""关于防止拆船污染损害海洋环境的规定"。

第二节 《海域使用管理法》

为了加强海域使用管理，维护国家海域所有权和海域使用权人的合法权益，促进海域的合理开发和可持续利用，2001 年 10 月，通过了《中华人民共和国海域使用管理法》（以下简称《海域使用管理法》）。这部法律的制定是国家在海域使用管理方面的重大举措，它是我国确立海域使用管理法律制度的明确标志。我国的海域使用管理必须以这部法律为依据，有规范地进行。

一、海域的概念

目前，《海域使用管理法》规定的监管管理海域是指我国的内水、领海的水面、水体、海床和底土。

二、海域使用监管体制

国务院海洋行政主管部门负责全国海域使用的监督管理，沿海县级以上地方人民政府海洋行政主管部门根据授权，负责本行政区毗邻海域使用的监督管理。目前，自然资源部及其海区派出机构，沿海省、自治区、直辖市，县（区）级人民政府自然资源主管部门（海洋部门）依据《海域使用管理法》和各自"三定"职责负责履行海域日常监督管理职责。

[①] 需注意的是，世界上很多海洋国家和地区都有自己的海洋日，如欧盟的海洋日为 5 月 20 日，日本则将 7 月份的第三个星期一确定为"海之日"。

三、海域使用管理基本制度

《海域使用管理法》确立了若干海域使用管理的基本制度。

（1）海洋功能区划制度。海洋功能区划包括全国海洋功能区划和地方海洋功能区划。《海域使用管理法》对这两种区划的编制、审批，以及修改分别做出了相关规定。

（2）海域权属管理制度。在《海域使用管理法》的总则部分明确地规定，单位和个人使用海域，必须依法取得海域使用权。海域使用权可以通过申请取得，也可以通过招标、拍卖等竞争性方式取得。海域使用权自领取海域使用权证书之日起取得。此外，海域使用权是有期限的[①]，且可以转让。

（3）海域有偿使用制度。《海域使用管理法》规定，国家实行海域有偿使用制度。单位和个人使用海域，应当按照国务院的规定缴纳海域使用金。军事用海、公务船舶专用码头用海、非经营性交通基础设施、教学科研、防灾减灾、海难搜救等非经营性公益事业用海等依法免缴海域试用金；公用设施、国家重大建设项目用海、养殖用海等按照国务院有关部门的规定，经批准后可以减缴或者免缴海域使用金。海域使用金收缴实行中央和地方分成。[②]

第三节 《海岛保护法》

为了保护海岛及其周边海域生态系统，合理开发利用海岛自然资源，维护国家海洋权益，促进经济社会可持续发展，2009 年 12 月 26 日，第十一届全国人民代表大会常务委员会第十二次会议审议通过了《中华人民共和国海岛保护法》（以下简称《海岛保护法》）。

一、海岛的概念

海岛，是指四面环海水并在高潮时高于水面的自然形成的陆地区域，包括有居民海岛和无居民海岛。有居民海岛和无居民海岛是以是否属于户籍管理的住址登记地区分的。属于户籍管理的住址登记地的是有居民海岛，如海南岛、崇明岛等；不属于户

---

① 例如，养殖用海为 15 年，拆船用海为 20 年，旅游、娱乐用海为 25 年，盐业、矿业用海为 30 年，公益事业用海为 40 年，港口、修造船厂等建设工程用海为 50 年。

② 《财政部、国家海洋局关于加强海域使用金征收管理的通知》规定，地方人民政府管理海域以外以及跨省（自治区、直辖市）管理海域的项目用海缴纳的海域使用金，全额缴入中央国库；养殖用海缴纳的海域使用金，全额缴入地方国库；除上述两类以外的其他用海项目，30% 缴入中央国库，70% 缴入地方省级国库。2018 年，财政部、国家海洋局印发了《关于调整海域无居民海岛使用金征收标准》的通知，规定自 2018 年 5 月 1 日起，执行新的海域使用金征收标准。同时，要求沿海省、自治区、直辖市根据本地区具体情况合理划分海域级别，制定不低于国家征收标准的地方海域使用金征收标准。

籍管理的住址登记地的是无居民海岛，如钓鱼岛等。

海岛保护，是指海岛及其周边海域生态系统保护，无居民海岛自然资源保护和特殊用途海岛保护。

二、海岛的名称

海岛的名称，是由国家地名管理机构和国务院海洋主管部门按照国务院有关规定确定和发布的。海岛名称确定后，沿海县级以上地方人民政府应当按照国家规定，在需要设置海岛名称标志的海岛设置海岛名称标志。2010年6月，原国家海洋局印发了《海岛名称管理办法》（国海发〔2010〕16号），对海岛命名、更名、名称注销、名称登记、名称标志设置等进行了规范。2017年，原国家海洋局对《海岛名称管理办法》进行了修订，印发了《无居民海岛名称管理办法》（国海发〔2017〕13号），专门规范无居民海岛的命名与更名、名称发布和使用、名称标志设置、名称信息和档案管理等。①

三、海岛保护的基本法律制度

《海岛保护法》确立了若干海岛保护的基本法律制度。

（一）海岛保护规划制度

1. 海岛保护规划的概念

海岛保护规划是海岛保护、开发、建设和管理的依据，具体指导海岛生态保护和无居民海岛利用活动。

2012年4月19日，正式公布实施《全国海岛保护规划》，此规划期限为2011~2020年，展望到2030年，规划的范围为中华人民共和国所属海岛。《全国海岛保护规划》主要包括现状与形势、指导思想、基本原则和规划目标、海岛分类保护的原则、海岛分区保护、重点工程②、规划实施保障等六个方面。

2. 海岛保护规划的分类

《海岛保护法》专设"海岛保护规划"一章，建立了从国家到地方，层次分明、张弛有度、科学合理的海岛保护规划体系，包括全国海岛保护规划和省域海岛保护规划。

3. 海岛保护规划的编制主体和依据

全国海岛保护规划由国务院海洋主管部门组织编制，报国务院审批；省域海岛保护规划由沿海省、自治区人民政府海洋主管部门组织编制，报省、自治区人民政府审批，并报国务院备案；沿海直辖市可以不编制省域海岛保护规划，但应将本行政区域内海

---

① 海岛名称一般不超过五个字，由海岛专名和海岛通名组成，其中，海岛专名通过关联法、形象法或者其他方法确定，一岛一专名；海岛通名根据地理实体属性，分别使用群岛、列岛、岛、礁、沙、暗礁、暗沙。

② 这十项重点工程包括海岛资源和生态调查评估、海岛典型生态系统和物种多样性保护、领海基点海岛保护、海岛生态修复、海岛淡水资源保护与利用、海岛可再生能源建设、边远海岛开发利用、海岛防灾减灾、海岛名称标志设置、海岛监视监测系统建设。

岛保护专项规划纳入城市总体规划。《海岛保护法》对沿海市、县、镇是否要编制海岛保护规划未做具体要求，沿海省、自治区人民政府可以依据《海岛保护法》第十一条的规定和实际情况，要求沿海市、县、镇政府编制海岛保护专项规划，并纳入城市总体规划、镇总体规划；也可以要求沿海县人民政府组织编制县域海岛保护规划。

全国海岛保护规划应当依据经济和社会发展规划、全国海洋功能区划编制，应当与全国城镇体系规划和全国土地利用总体规划相衔接。全国海岛保护规划应确定海岛分类保护的原则和可利用的无居民海岛，以及需要重点修复的海岛等。

省域海岛保护规划应当依据全海岛保护规划、省域城镇体系规划和省、自治区土地利用总体规划编制。省域海岛保护规划应当规定海岛分类保护的具体措施。

4. 海岛保护规划的编制程序

按照法律规定，海岛保护规划的编制程序包括：①确定编制主体；②在编制过程中的部门合作；③专家论证和公众参与；④报有审批权的机关批准和备案；⑤及时公布。

（二）海岛分类保护制度

按照严格保护特殊用途海岛、加强有居民海岛生态保护、适度利用无居民海岛的原则，《全国海岛保护规划》将我国海岛分为黄渤海区、东海区、南海区和港澳台区等四个一级区，每个一级区内再根据海岛区位分布特点进行细化分区。

（三）海岛生态保护制度

《海岛保护法》专设"海岛的保护"一章，规定了海岛保护的一般规定，以及"有居民海岛""无居民海岛"，以及"特殊用途海岛"保护的专门规定。

（四）海岛保护监督检查制度

根据《海岛保护法》的规定，县级以上人民政府有关部门应当依法对有居民海岛保护和开发、建设进行监督检查。

第七编

生产和生活环境法

第二十七章
绿色产业和生产环境法制

推动经济社会发展绿色化、低碳化是实现高质量发展的关键环节。依法促进产业绿色化，大力发展绿色产业是生产环境法制发展的关键。绿色产业及其法制在当前的理论研究和实际工作中出现的频率越来越高，与之密切相关的所谓"双碳"经济、循环经济、清洁生产等方面的立法也已经成为 21 世纪立法工作的新热点、重点。除此之外，与生产劳动密切相关的劳动和生产环境卫生以及劳动与健康法制问题，也在本章加以拓展性介绍。

第一节 绿色产业

一、绿色产业的概念

（一）产业分类方法

在剖析绿色产业的内涵之前，我们首先了解一下产业经济学中通常的产业分类方法。产业经济学中常见的产业分类法主要有以下几种。

1. 按社会再生产中的经济职能分类法

例如，生产资料和生活资料生产部门的划分；生产、流通和服务部门的划分等。这种分类是属于最高层次的划分方法，是对社会分工中的一般分工进行不同角度再划分的方法，其目的是在各生产环节中有关产业部门的相互关系。

2. 按社会再生产的生产阶段序列结构分类法

这种分类是把社会生产看作一个连续不断的，由不同生产加工阶段所组成的过程。从自然界取得物质开始，到生产环节，再至生活消费环节，整个社会生产过程可以分为初级生产阶段、中间生产阶段、最终消费阶段。与此对应，各个生产阶段的产品称为初级产品、中间产品和最终产品。

3. 按产品和企业的生产同类性标准分类法

按生产"同类性标准"，例如，①经济用途相同，如食品工业部门、建筑材料工业部门就是按产品用途相同划分的；②原材料相同，如橡胶工业和皮革工业的分类等；③生产工艺性质相同，如冶金工业、化学工业的分类等。[①]

4. 三次产业分类法

这是最常用、常见的产业分类方法。英国经济学家和统计学家科林·克拉克在1940年出版的《经济进步的条件》一书中首次运用三次产业分类法研究经济发展和产业结构变化之间的关系。因此，也称"克拉克大分类法"。三次分类法是以人们生产活动的发展阶段性为主要依据，以资本的流向为主要标准，把产业分为第一次产业、第二次产业和第三次产业。第一次产业的特点是生产物取自自然；第二次产业的特点是加工取自自然的生产物；第三次产业通常指有形物质财富之外的无形财富的生产部门。三个部门的关系就像一棵大树：第一次产业犹如树根；第二次产业犹如树干；第三次产业犹如枝叶。

5. 标准产业分类法

联合国为了统一世界各国产业分类，曾颁布过《全部经济活动的国际标准产业分类索引》，它把全部经济活动分为大项、中项、小项、细项。

6. 资源集约分类法

根据产业对资源的依赖程度不同，将产业划分为资本集约（密集）型产业、劳动集约（密集）型产业和技术集约（密集）型产业等。钢铁工业、石油化学工业等属于资本密集型产业；机械工业和纺织工业等属劳动密集型产业；电子计算机产业等属技术集约型产业。

7. 功能分类法

根据各产业在区域产业系统中的地位、作用和功能，将产业划分为如下几大类：①主导产业；②关联产业；③基础产业；④潜导产业。关联产业、基础产业、潜导产业统称为非主导产业，它们与主导产业一起构成区域产业分类系统，如图27-1所示。

除以上分类法外，根据不同的标准对产业还可做其他几种分类，例如农业与工业、资源工业与加工工业、新兴产业与传统产业、长线产业与短线产业、进口替代产业与出口导向产业等，它们也是分析区域产业结构的有用方法，不再详述。[②]

---

① 戴伯勋，等. 现代产业经济学 [M]. 北京：经济管理出版社，2001.

② 郝寿义，安虎森. 区域经济学 [M]. 北京：经济科学出版社，1999.

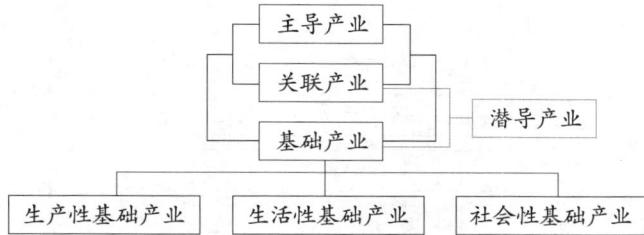

图 27-1　区域主导产业分类系统关系图

（二）绿色产业相关概念

绿色产业的相关概念主要有环保产业、环境产业、生态产业等，当前运用较多的是环保产业。环保产业在不同的国家中有着不同的叫法。在经济合作与发展组织（Organization for Economic Co-operation and Development，OECD）的英语文献中，它表示为"ENVIRONMENT INDUSTRY"或"ENVIRONMENTAL INDUSTRY"（直译为"环境产业"），是"ENVIRONMENTAL GOODS AND SERVICES INUSTRY"（直译为"环境物品与服务产业"）的简称。OECD 文件也曾使用过"ECO-INDUSTRY"（生态产业）这一名称，个别的学术论文中也有使用"ENVIRONMENTAL PROTECTION INDUSTRY"（环境保护产业）的。在日本，它至今仍被称为"生态的产业"，英译为"ECO-BUSINESS"。以上称谓，反映了它们的概念覆盖面存在差异外，其核心内容则是一致的。

二、绿色产业的内涵

（一）五次产业分类理论中的绿色产业

刘思华认为生态产业应作为"第五产业"。了解这一观点，有助于在三次产业分类法的基础上为绿色产业定位。五次产业的划分是：广义的农业，主要包括种植业、牧业、渔业和狩猎业等；广义的工业，主要包括采矿业、制造业、自来水、电力、蒸汽、煤气、建筑业等；广义的服务业，主要包括流通和服务部门的商业、金融业、保险业、运输业、旅游业、服务业、社会福利业，以及其他公益事业等；广义的知识业，主要包括智业、信息业、文化业及其为提高科学文化技术水平和巩固劳动者素质直接服务的部门；广义的生态产业或环境产业，主要包括生态业、环保业、"熵"处理业、废旧物品回收和利用业及其为生态环境建设直接服务的部门。[①]

---

① 刘思华.创建五次产业分类法，推动 21 世纪中国产业结构的战略性调整 [J].生态经济，2000（6）：5-7.

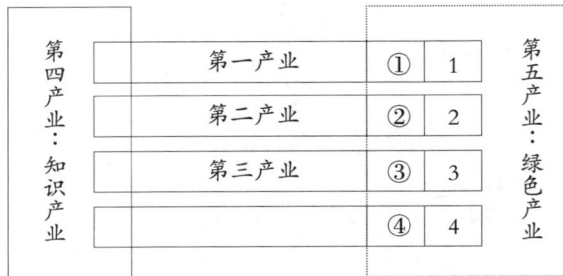

图 27-2　五次产业分类中的绿色产业

用图 27-2 对五次产业分类中的绿色产业加以说明。绿色产业和所谓的第四产业（知识产业）一样，与传统的三大产业相互渗透，当然也与第四产业互相渗透。图 27-2 中的"1、2、3、4"共同构成直接绿色产业："1"可以代表第一产业中的生态建设等；"2"可以代表第二产业中的环保产品生产等；"3"可以代表第三产业中与环保直接相关的服务业，例如环保产品贸易；"4"可以代表知识产业中的绿色化部分，例如绿色学校、传统企业中的环保技术开发。

图 27-2 中的　"①②③④"共同构成间接绿色产业：①可以代表传统第一产业的绿色化部分，例如生态农业；②可以代表传统第二产业中的绿色化部分，例如实行清洁生产的企业以及洁净工业产品等；③可以代表传统第三产业中的绿色化部分，例如洁净产品贸易；④可以代表知识产业中的环保技术咨询开发。

（二）绿色产业相关概论的内涵比较

产业、绿色产业、广义环保产业、狭义环保产业的关系，如图 27-3 所示。

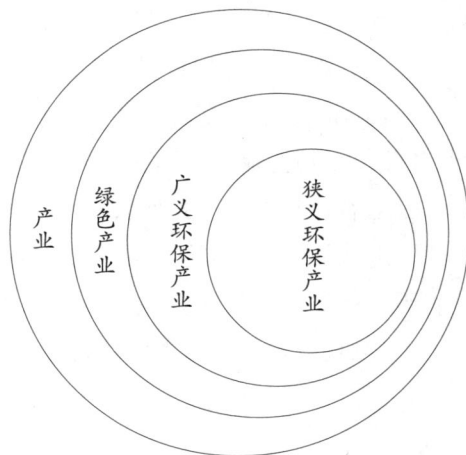

图 27-3　产业、绿色产业、广义环保产业、狭义环保产业的关系

从图 27-3 可以看出，我们所界定的绿色产业较广义环保产业范围还要大，多出来的主要是区域型绿色产业。

　　这种对广义环保产业的界定以及"第五产业"的讨论，侧重于从"末端"到"全程"乃至"循环"，但是，这一切都是线性思考。环保产业或绿色产业最突出的特点是生态性。我们可以从经济生态系统中抽象出食物链，并称之为生态产业链、循环经济；而更宏观地看，经济生态系统中存在的应当是食物网，是立体的生态系统，是区域性、系统性。这也是要建设生态村、生态县、生态省乃至美丽中国，要把高新技术开发区办成零排放生态工业园区的道理所在。经济系统的生态性使区域经济模式成为绿色产业组织形式之一。所以，我们在界定与环境保护有关的产业时，要有所创新，不仅要包括"点"（排污口、末端）、"线"（从摇篮到坟墓）、"环"（循环产业链），还要考虑"面"（绿色产业区），姑且称之为"区域型绿色产业"（如生态工业园、生态县等）。有的学者可能认为工业园区、生态县等是一种区域经济发展模式，而不是产业模式；是区域产业结构问题，而不是区域型产业。从传统的经济学观点来看，这也许是对的。但是，恰恰是生产系统与生态系统的结合，经济的生态化和生态建设的经济化，使得我们的产业模式不得不发生变化，不得不具有了生态性、区域性特征。例如，在我们把洁净空气、洁净水作为"产品"看待时，生态建设是有非常良好的产出的。可持续发展战略的实施，也要求我们环境成本内部化、生态建设经济化。一些经济化的生态建设是有区域性的；同时，工业生产也有生态化的趋势。

　　应当注意的是，绿色产业是个新兴的产业类型，本身就是不断发展变化的，界限具有模糊性。由于我们界定的绿色产业是个跨传统产业的产业类型，一些具有双重功能、双重性的产业的归属并没有"必须如何"可言，只是一种"选择"而已。当然，这种"选择"要有一定的原则，例如，既要符合我国绿色产业发展的现实和管理的现实，又要尽可能地与国际接轨。国际环保产业分类中没有包括所谓的"区域型绿色产业"，但是，我们认为研究讨论绿色产业，如果不包括这类"区域型绿色产业"，似乎很不完整，也不符合研究的系统性、完整性。这并不影响我们与国际接轨，我们只要在非"区域型绿色产业"部分，做出符合国际趋势（例如 OECD 的广义环保产业）的选择就可以了。我们从微观到宏观对环保产业、绿色产业做了较详细的介绍与探讨，但是，并未给出一个非常完整的绿色产业"总框图"。这是因为绿色产业非常复杂，涉及的管理部门较多，我们只是提出一些分类方法和思路，至于如何构架"总框图"是管理者应当做出的选择。

　　目前，中国环保产业还处于快速发展阶段，总体规模相对还很小，其边界和内涵仍在不断延伸和丰富。随着中国社会经济的发展和产业结构的调整优化，中国环保产业对国民经济的直接贡献将由小变大，逐渐成为改善经济运行质量、促进经济增长、

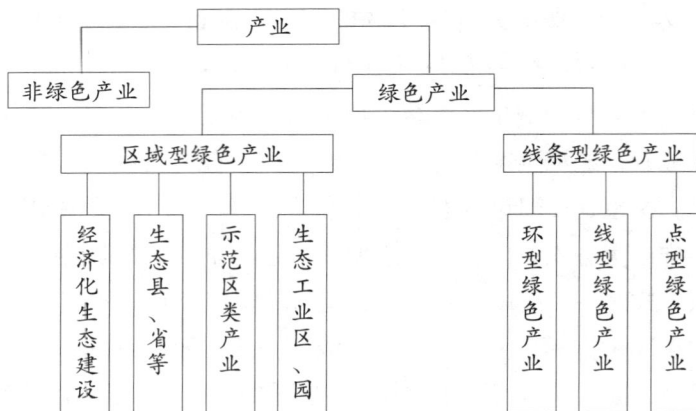

图 27-4　绿色产业分类图

提高经济技术档次的产业。产业内涵扩展的方向将主要集中在洁净技术、洁净产品、环境功能服务等方面，中国环保产业的概念也将演变为环境产业或绿色产业。[1]从理论研究来讲，则可微观上更深入、宏观上更明确，应采用较之环保产业更广义的概念，例如绿色产业，如图 27-4 所示。

三、绿色产业的特征

概括地讲，绿色产业至少具有以下特征。

（一）"两低一高"和"叠加效应"

传统的线性经济模式是以高开采、低利用、高排放（所谓"两高一低"）为特征的；循环经济与此相反，是以低开采、高利用、低排放（所谓"两低一高"）为特征的经济模式。循环经济模式的内部物流发生了再利用，是循环叠加。由于这种叠加效应，循环经济模式中的实际利用物流量要远远大于从自然中采集输入的物流量，因此能够出现"低开采、高利用、低排放"的结果。绿色产业的产出增值效益高，不仅在于自身，还在于通过绿色产业渗透与服务于经济社会的各个领域，可产生巨大的生态效益、经济效益和社会效益，提高国民经济发展的整体效益水平。[2]绿色产业的这种高效益是"两低一高"和"叠加效应"的结果。

（二）双重依赖性

绿色产业的发展已由主要靠法规政策推动的"命令＋控制"型产业转变为"命令＋控制＋市场＋意识"型产业。市场经济条件下，政府的行政调控作用相对弱化，而且传统的命令控制模式不能满足污染治理最优目标。经济手段成为市场体制中更为有效的管理手段。绿色产业的发展具有"政策与市场的双重依赖性"。

---

① 李宝娟. 中国环保产业及市场发展的初步分析 [J]. 环境保护，2002（8）：35.

② 刘思华. 创建五次产业分类法，推动 21 世纪中国产业结构的战略性调整 [J]. 生态经济，2000（6）：10-11.

（三）广泛的渗透性和拉动性

随着可持续发展战略的实施，清洁生产、ISO14000 国际环境管理标准体系、绿色标志等得到了广泛的推广应用。绿色产业不再局限于末端治理为主的狭义环保产业，传统产业也呈现了绿色化趋势。"绿色"体现在越来越多的产品设计、生产、销售、消费和废弃物处理过程中。生态农业、工业生产的清洁化、第三产业的绿色化得到日益重视，充分体现了"绿色"的全方位渗透性。绿色产业也成了既包括狭义的环保产业，又包括传统产业绿色化的新兴产业。"绿色"拉动了许多相关产业的发展，绿色产业的外延不断扩大。公众绿色意识的高涨，成为产业结构调整的指挥棒之一。

（四）边缘交叉性、模糊性和相对性

这是因为"绿色"是相对的，公众的环保意识是不断增强的，环保标准是逐渐升高的，绿色产业也是历史的、相对的。随着时间的推移和科技的进步，作为绿色技术依据的环境价值观念会不断地发生变化，绿色技术的内涵和外延也在不断地变化和发展。例如，过去人们普遍认为工厂燃煤的烟囱黑烟滚滚，对大气环境是严重污染，要求消烟除尘，烟囱不冒黑烟就可以了。现在人们的环保要求提高了，要求进一步降低烟囱所冒白烟中的二氧化硫含量，着眼于发展减少二氧化碳排放和其他温室气体排放的技术。

（五）逆向性、循环性和 3R 原则

从自然资源的流向来看，清洁生产是减少自然资源的开采、提高利用率，有一种"回归自然"的逆向性；循环经济除具有这种逆向性外，还具有循环性，进而大为提高了资源利用率，加速了"回归自然"。这种逆向性和循环性是绿色产业不同于传统产业的重要特征。3R 原则即减量化原则（Reduce）、再使用原则（Reuse）和再循环原则（Recycle）。减量化原则属于输入端方法，再利用原则属于过程性方法，再循环原则属于输出端方法。3R 原则的优先级是不同的，由高至低的顺序为避免产生→循环利用→最终处置。

（六）环境容量资源化与生态建设产业化

环境容量应视为功能性资源。这种功能性资源在一定限度内是可以重复利用的。排污总量控制的基础就是环境容量的有限性，所以不可能只要缴费就可排污。基于环境容量的有限性，绿色产业的发展不但要着重于环境容量的利用，而且更值得重视的是环境容量的增殖，如植树造林、生态恢复等。我们不但要计算林木的一般经济价值，而且要注重林木的生态价值，并采取措施使生态价值可计量、资源化。生态建设要走产业化之路。

（七）双赢性

绿色产业更为注重环境与经济的"双赢"。在追求经济效益的同时也追求环境效益。当环境容量等资源化之后，环境与经济的双赢更会趋于一致。

（八）多维性

绿色产业的生态性和区域性决定了绿色产业体系建设的多维性。我们应当从多个不同的维度去建构绿色产业体系：一是从企业内部循环的维度，要大力发展生态工业和可持续农业。二是从生产之间循环的维度，要大力发展生态工业链或生态产业园区。三是从社会整体循环的角度，要大力发展绿色消费市场和资源回收产业。[①]

（九）经济性和公益性

考虑绿色产业的经济性，我们要尊重绿色产业发展中的产业发展一般规律，充分发挥市场的作用，放开不必要的限制，促进其发展。考虑绿色产业的公益性，政府要制定一定的优惠政策，发挥"有形之手"的作用，鼓励、拉动、引导绿色产业的发展。

（十）基础性

现代生态产业中占主导地位的生态环境建设部门的根本任务，是帮助或加速自然再生产即生产生态产品（包括共享生态产品和共享生态资源两部分），增加生态资本存量，从而维持和巩固人类生存和经济社会发展的生态基础。生态产业是战略性基础产业。[②] 对整个绿色产业来讲，绿色产业中的某种类型可能在某地区是主导产业，也可能不是主导产业。但是，生态建设产业却无疑是基础产业之基础。

第二节 生产环境法制

在前述讨论了什么是绿色产业的前提下，本节首先探讨绿色产业法；其次讨论当前涉及生产过程和产业链衔接的清洁生产法和循环经济促进法；最后讨论生产环境卫生法制。

一、绿色产业法

（一）绿色产业法制建设视角的思考

从图 27-3 来看，广义环保产业和狭义环保产业属于绿色产业。那么绿色产业法也就包括广义环保产业和狭义环保产业相关的法制。如果说狭义环保产业仅涉及污染防治技术所形成的产业。那么广义环保产业既包括污染防治技术所形成的产业，也包括清洁产品所相关的产业。绿色产业较之广义环保产业又多出来了区域性环保产业，那么涉及区域性环保产业的法制亦属绿色产业法。

---

① 诸大建. 循环经济的崛起与上海的应对思路 [J]. 社会科学，1998（10）：15-16.
② 刘思华. 创建五次产业分类法，推动 21 世纪中国产业结构的战略性调整 [J]. 生态经济，2000（6）：10.

从前述"点、线、环、面、体"这种环境法制体系构建观点来进行考察，狭义环保产业主要涉及的是"点"。广义环保产业又增加了"线"和"环"。绿色产业又增加了"面"和"体"。

当然产业法的概念与污染防治法、资源利用法显然是不同的。产业法会涉及产业组织、产业技术、产业布局、产业调整、产业升级等相关的法制。从这个角度来讲，绿色产业法是一个庞大的体系。我们可以对绿色产业法制做一个详细的梳理，也可以仅仅将绿色产业法制作为一个思考问题的视角。

（二）可持续发展法律体系的新思考

1. 可持续发展法的内涵及其虚无性

广义地看，所谓可持续发展法律体系，就是以可持续发展的眼光对传统的法律体系进行改造，是传统法律体系的整体性变革（有学者称之为生态化）和扩张（创设一些新的促进可持续发展的法律，如我国的清洁生产促进法）。因而，广义的可持续发展法制建设是整个法学界的任务。正是这种整体性和庞大性使得"广义的可持续发展法"不可能自成体系，反而有一定的虚无性了。环境资源法才是可持续发展法的核心，是具体的、可区别的可持续发展法律体系——"狭义的可持续发展法"。

2. 可持续发展法的现实"触发点"：绿色产业法

进一步发展狭义的可持续发展法，就要通过生产力→生产关系→经济基础→上层建筑这个链条，促进法律的变革与发展。抓住先进生产力这个"触发点"，促进法制发展。当前这个"触发点"就是21世纪的朝阳产业——绿色产业。绿色产业是新时代生产力的代表。因此，我国相继制定了清洁生产促进法、循环经济促进法，也有必要制定《生态工业园区法》《区域生态建设法》《生态修复产业法》等。就狭义的可持续发展法而言，现有的环境保护法、资源法等亚部门法[①]可基本保持不变，另构建一个新的亚部门法——绿色产业法。绿色产业的生态性和区域性特征决定了绿色产业体系建设的多维性，也必然决定了绿色产业法建设的丰富性。绿色产业法完全可以构成狭义可持续发展法的一个亚部门法。

二、清洁生产法和循环经济法

这是直接从生产过程和产业链条角度考虑环境保护和资源节约利用法制建设问题。这是环境资源法体系当中的"线"和"环"的问题。

（一）清洁生产法

2002年6月29日，九届全国人大常委会第二十八次会议审议通过了《中华人民共和国清洁生产促进法》。该法自2003年1月1日起施行。根据2012年2月29日第十一届全国人民代表大会常务委员会第二十五次会议《关于修改〈中华人民共和国清

[①] 因学术观点不同，学者们对亚部门法的分类有所不同。

洁生产促进法〉的决定》进行了修正。该法第一条规定的立法目的是"为了促进清洁生产，提高资源利用效率，减少和避免污染物的产生，保护和改善环境，保障人体健康，促进经济与社会可持续发展，制定本法"。该法第二条明确界定了"清洁生产"，即"本法所称清洁生产，是指不断采取改进设计、使用清洁的能源和原料、采用先进的工艺技术与设备、改善管理、综合利用等措施，从源头削减污染，提高资源利用效率，减少或者避免生产、服务和产品使用过程中污染物的产生和排放，以减轻或者消除对人类健康和环境的危害"。该法共分六章：第一章总则；第二章清洁生产的推行；第三章清洁生产的实施；第四章鼓励措施；第五章法律责任；第六章附则。

（二）循环经济法

1. 国外的循环经济立法

循环经济倡导"资源→产品→再生资源"的经济新思维。循环经济把物质、能量进行梯次和闭路循环使用，在环境方面表现为低污染排放，甚至零污染排放的一种经济运行模式。它把清洁生产、资源综合利用、生态设计和可持续消费等融为一体，实现了经济活动的生态化转向，本质上是一种生态经济。

丹麦的卡伦堡生态工业园区是一个典型代表。该园区以发电厂、炼油厂、制药厂和石膏制板厂四个厂为核心，通过贸易的方式把其他企业的废弃物或副产品作为本企业的生产原料，建立起工业的代谢生态链，最终实现园区的污染"零排放"。

德国于 1996 年颁布《循环经济和废物管理法》。该法规定对废物问题的优先顺序是避免产生（减量化）—循环使用（资源化）—最终处置（无害化）。首先，工业界在生产阶段和消费者在使用阶段就要尽量避免各种废物的排放，减少污染物的产生量。其次，对于源头不能消减又可利用的废弃物和经过消费者使用的包装废物、旧货等要加以回收利用，使它们回到经济循环中去。最后，只有那些不能利用的废弃物，才允许作最终的无害化处置。

2000 年，日本第 147 次国会审议公布了《循环型社会形成推进基本法》。在日本，第 147 次国会继 1970 年"公害国会"（通过《废弃物处理法》明确产业废弃物的处理责任）后被称为"循环国会"。[①]目前，日本已经颁布了《循环型社会形成推进基本法》《资源有效利用促进法》《家用电器再利用法》《食品再利用法》《环保食品购买法》《建设再利用法》《容器再利用法》等七项法律。日本逐步走向"循环型社会"。

自 20 世纪 80 年代中期以来，美国一些州先后制定了促进资源再生循环法规，现在已有半数以上的州制定了不同形式的资源再生循环法规。

---

① 曲阳. 日本循环经济法管窥 [J]. 华东政法学院学报，2002（4）：38.

2. 我国的循环经济立法

关于循环经济立法，我国学者对其做了许多深入细致的研究，例如《循环经济立法框架研究》《循环经济法律保障机制研究》《中国资源循环利用产业发展研究》《中国循环经济政策与法制发展报告》等。

2008 年 8 月 29 日，第十一届全国人民代表大会常务委员会第四次会议通过《中华人民共和国循环经济促进法》。该法于 2009 年 1 月 1 日起施行。根据 2018 年 10 月 26 日第十三届全国人民代表大会常务委员会第六次会议《关于修改〈中华人民共和国野生动物保护法〉等十五部法律的决定》进行了修正。

该法第一条规定："为了促进循环经济发展，提高资源利用效率，保护和改善环境，实现可持续发展，制定本法。"所谓循环经济，该法第二条认为："本法所称循环经济，是指在生产、流通和消费等过程中进行的减量化、再利用、资源化活动的总称。本法所称减量化，是指在生产、流通和消费等过程中减少资源消耗和废物产生。本法所称再利用，是指将废物直接作为产品或者经修复、翻新、再制造后继续作为产品使用，或者将废物的全部或者部分作为其他产品的部件予以使用。本法所称资源化，是指将废物直接作为原料进行利用或者对废物进行再生利用。"

三、劳动和职业卫生法

从"统筹生态、生产、生活环境"法制的角度来看，环境法与卫生法有许多领域是相互交叉的。生产环境法制就是其中之一。清洁生产法、循环经济法主要考虑的是生产过程以及产业链条中的"清洁"和"减量化、再利用和资源化"问题。职业卫生法和劳动卫生法主要涉及的生产环境、生产条件与人体健康的关系问题，其核心是依法维持良好的生产环境问题，即生产环境法制问题。

哪些法律直接有利于"维持良好的生产环境"或者说"维持生产环境卫生"呢？《职业卫生法律法规》一书给了我们答案，它主要包括：《职业病防治法》《劳动法》《劳动合同法》工作场所职业卫生监督管理、职业病危害项目申报、用人单位职业健康监护监督管理、职业卫生技术服务机构监督管理、建设项目职业卫生"三同时"监督管理、有限空间作业安全管理与监督、建设项目职业病危害风险分类管理、用人单位职业病危害防治、高毒物品、职业病危害评价等内容。其具体涉及的法律包括《职业病防治法》《劳动法》《突发事件应对法》《传染病防治法》《妇女权益保护法》《食品安全法》等；涉及的行政法规有：《使用有毒物品作业场所劳动保护条例》《尘肺病防治条例》《放射性同位素与射线装置安全和防护条例》《突发公共卫生事件应急条例》《工伤保险条例》《女职工劳动保护特别规定》《劳动保障监察条例》等。显然，涉及劳动环境保护和职员健康的内容，必然是环境法和卫生法的视域融合内容。

重点了解一下《职业病防治法》与《劳动法》的有关内容。

（一）《职业病防治法》的有关规定

2001 年 10 月 27 日，第九届全国人民代表大会常务委员会第二十四次会议通过《中华人民共和国职业病防治法》。该法于 2002 年 5 月 1 日起施行。2011 年、2016 年、2017 年、2018 年分别对该法进行了修正。该法第一条规定："为了预防、控制和消除职业病危害，防治职业病，保护劳动者健康及其相关权益，促进经济社会发展，根据宪法，制定本法。"该法第二条第二款规定："本法所称职业病，是指企业、事业单位和个体经济组织等用人单位的劳动者在职业活动中，因接触粉尘、放射性物质和其他有毒、有害因素而引起的疾病。"其中的"在职业活动中，因接触粉尘、放射性物质和其他有毒、有害因素而引起的疾病"可见，主要是劳动环境卫生和劳动保护条件问题。该法共有七章：第一章总则；第二章前期预防；第三章劳动过程中的防护与管理；第四章职业病诊断与职业病病人保障；第五章监督检查；第六章法律责任；第七章附则。其中"第三章劳动过程中的防护与管理"，亦说明这主要是"劳动过程中的"问题。除具体的劳动技术、生产方式之外，职业病主要与劳动生产环境和劳动保护条件有关。

一些优秀的研究成果对此也做了深入的研究，如《职业安全卫生法》《中华人民共和国职业病防治法解读（第二版）》《职业病防治法律法规文件汇编》《中国职业安全卫生概况》《职业病防治理论与实践》《现代职业卫生学》《建设工程职业健康安全与环境》。这些研究成果，对于促进环境法学与劳动卫生法学的统筹结合是非常有帮助的。

（二）《劳动法》中的有关规定

1994 年 7 月 5 日，第八届全国人民代表大会常务委员会第八次会议通过《中华人民共和国劳动法》。该法自 1995 年 1 月 1 日起施行。2009 年、2018 年，分别进行了修正。第六章中的前三条分别是：第五十二条"用人单位必须建立、健全劳动安全卫生制度，严格执行国家劳动安全卫生规程和标准，对劳动者进行劳动安全卫生教育，防止劳动过程中的事故，减少职业危害"。第五十三条"劳动安全卫生设施必须符合国家规定的标准。新建、改建、扩建工程的劳动安全卫生设施必须与主体工程同时设计、同时施工、同时投入生产和使用"。第五十四条"用人单位必须为劳动者提供符合国家规定的劳动安全卫生条件和必要的劳动防护用品，对从事有职业危害作业的劳动者应当定期进行健康检查"。

这些法律规定有助于促进"统筹生态、生产、生活环境"法制的适度融合，有助于促进环境法学与劳动卫生法学的视域交叉，有助于更为全面、具体、深入地推动生态文明法治建设。

第二十八章 生活环境法治

　　生活环境与人类生活息息相关，既包括空气、水源等各种天然因素，又包括建筑、设施等经过人工改造的客观条件。改善生活环境、防治污染、保障公众健康是我国法治建设的重要任务。本章按照范围从小到大依次介绍了室内环境、绿色建筑、生态城市的法治问题，使读者对生活环境法治有一定的了解，便于系统掌握环境法学知识。

第一节 室内环境与法治

一、室内环境污染

（一）室内环境概述

　　环境问题既包括因经济快速增长引起的环境问题，也包括因经济、科学技术条件落后，发展不足所致贫穷而引起的环境问题。[①]室内环境狭义上指建筑物内的环境，广义上包括人类生活的住所宾馆、餐厅饭店、商场超市、办公娱乐场所、交通工具等空间。由于生活时间占比最多，室内环境质量对公众的健康尤为重要。其中，空气污染是室内环境最常见的污染类型，污染物的浓度、毒性和空间暴露时长直接影响人体的发病率和死亡率。除此之外，室内噪声污染、光污染等对公众健康也造成了极大危害。室内污染形势严峻，管理需求迫切。2020年8月施行的《民用建筑工程室内环境污染控制标准》对工程材料问题做出规范，加强建筑物室内环境的污染控制。《农村住宅卫生规范》等国家标准较全面地规定了新建、改建农村住宅的环境项目，如温度、湿度、风速、日照等。《公共场所卫生指标及限值要求》《公共场所卫生管理规范》《公共场所设计卫生规范》等文件对不同场所的室内环境也做出了要求。

[①] 孟媛媛，田其云. 法学视野下的环境问题 [J]. 中国人口·资源与环境，2016，26（S1）：504–508.

（二）室内环境污染特点

室内空间较为密闭，污染物易大量聚集，环境污染问题具有以下显著的特点。

1. 污染来源多样化

室内环境污染按照污染因素可分为物理污染、化学污染、生物污染。其中，物理污染包括噪声污染、空气污染、电磁辐射污染等，物理性因素暴露限值已成为目前研究的热点问题。化学污染中的甲醛来源于建筑、装修材料等化工产品和受污染的室外空气；污染物二氧化硫的产生与室内燃料质量、空间类型及通风有关。生物污染分为动物、植物、微生物污染，污染物的脱落、排便及携带的微生物会引起人体各种病症，如禽流感、结核、病原性大肠杆菌等。

2. 污染时间长期化

室内污染物存在的连续性、持续性较为明显，区别于其他短期的、一次性的环境污染。人类平均室内活动时间长达整体活动时间的80%，尤其是老弱病残群体，因行动不便，户外活动机会更少。一些装修材料污染物自然释放时间超十年。居室内部环境污染问题严重危害人体健康，由此引发的经济损失也是巨大的。

3. 污染含量累积化

室内环境污染不具有损害即时性，往往污染物浓度超过一定程度，人体才会有明显的反应。室内污染会产生综合的环境污染影响范围和破坏效应，不同场所之间差异较大。

4. 污染对象特定化

相对于室外环境受众群体的不确定性、污染对象流动性大、数量较多的特点，室内环境的空间密闭，污染空气中存在多种挥发性有机物，含大量的致癌物质和致病菌，受害人容易确定。

5. 救济方式多元化

室内环境污染诉请的违约责任、产品责任、环境侵权案件在司法实践中均有体现，当事人选择不同的救济方式来维护权利、追究责任，呈现多元化的特点。近年来，环境诉讼也出现了"同案不同判"现象，具体原因包括法官个人理解差异、事实认定差别、自由裁量权把握尺度不一、舆论导向不同、地方保护思想干扰等。

二、室内空气污染

（一）室内空气污染概述

室内空气污染是指超出自身净化能力的大量污染物进入，导致空间环境恶化，危害人们生活，是最典型的室内环境污染问题。这一重量级"隐形杀手"表现在墙体潮湿发霉、装修家具散发有害气味、燃料燃气污染等。其中，装修污染是新出现最突出的室内空气污染类型，多由材料不合格、设计不合理造成。《室内空气质量标准》规定了室内空气质量参数及检验方法。《居室空气中甲醛的卫生标准》《室内空气中臭氧卫生标准》《室内空气中细菌总数卫生标准》《室内空气中氮氧化物卫生标准》《室内空气中可吸入颗粒物卫生标准》《乘用车内空气质量评价指南》《长途客车内空气质量要求》等文件在国家层面对室内空气质量划定了统一标准。室内污染情况屡见不鲜，相关侵权诉讼在各地法院亦有审理，但关于此类案件的案由不一，有的案件以产品侵权为案由，有的案件以环境侵权为案由，导致法院据此审判的结果相去甚远。[①]

（二）室内空气污染防治问题

改善室内空气质量需要多方主体共同努力，这既是一场攻坚战，也是一场持久战。现阶段污染防治仍存在诸多亟待解决的问题，主要体现在以下几个方面。

1. 防治方案还需完善

室内空气恶化通常是综合性的，包括油漆、涂料等化学污染，花粉、病毒、变应原等生物污染，电磁波放射性污染等物理污染。不同的污染来源有累计效果，难以处置。这就需要在制定相关制度时深入研究，以问题为导向，开展针对性钻研，寻找技术支撑，根据实际情况制订方案，避免或减少人群受到的污染。

2. 制度标准有待更新

《室内空气质量标准》《室内空气中二氧化碳卫生标准》《室内空气中二氧化硫卫生标准》《室内空气中对二氯苯卫生标准》等标准是我国当前就室内空气环境设置的制度文件，不同规范，各有侧重，但都存在制定年限较早，难以顾及快速发展的现代社会新出现的新情况。全面和多元是现行室内空气环境标准改善的方向，制定一套基本标准，对非基本事项进行有针对性、有效的设计，以实现标准的协调统一。

3. 法律法规存在空白

《中华人民共和国宪法》规定了国家保护和改善生活环境，有效防止污染这一原则。《中华人民共和国环境保护法》规定了污染损害赔偿制度。《中华人民共和国民法典》明确了产品质量损害和环境污染损害的责任问题。无论是立法安排还是司法实践都是依托于明确的法律规定来保障生态环境预防性救济体系的运行。[②]上述法律均未涉及室内空气保护问题，司法实践中环境侵权认定存在难度。我国首例由室内空气污染而引发的室内装饰工程质量案件，法院认为是被告违反了双方之间的承揽合同而判决其承担违约责任。这一途径能够达到适用法律准确、节约诉讼成本等效果。但是往往使处于承揽合同的弱势方即受害者处于不利地位，得不到理想的赔偿。[③]我国应就室内空气污染制定专门的防治法，明确立法目的和任务、法律原则、具体制度、责任等，完善

① 田其云，童丽. 室内家具污染致人损害的生产者责任研究 [J]. 南京工业大学学报（社会科学版），2018，17（6）：38-46+96.

② 曹明德，马腾. 我国生态环境民事预防性救济体系的建构 [J]. 政法论丛，2021（2）：150-160.

③ 魏倩男. 室内环境污染的法律定性及解决途径 [J]. 长江大学学报（社科版），2016，39（4）：29-32.

规范体系，促进环境工作落到实处。

三、室内噪声污染

噪声是指对人们日常的生活产生恶劣影响的声音。2021 年 12 月公布的《中华人民共和国噪声污染防治法》对环境噪声污染进行定义，判定要素有两个：一是超过国家规定的噪声标准，二是对人类正常生活有干扰作用。室内的噪声污染来自汽车、火车等交通运输噪声，发电厂、水电站等机械工业噪声，既包括图书馆、电影院、候车室内的噪声，也包括家用电器等机械噪声。噪声污染产生的危害有损伤听力、引发心脏和精神疾病、威胁动物健康、损伤仪表仪器、损害建筑物等。2019 年以来，沈阳、攀枝花、武威、青岛、深圳、南宁等城市相继进行地方立法，以地方性法规的形式对环境噪声防治进行具体规定。《船上噪声测量》《电力电容器噪声测量方法》《汽车加速行驶车外噪声室内测量方法》《家用和类似用途电器噪声测试方法》等标准进一步规范了噪声治理中的测量程序，完善了室内环境的制度体系。

四、室内光污染

光污染是指超过法定标准的光辐射危害人类正常的学习、工作和生活，包括可见光、紫外线、红外线三种。生活中常见的表现有房屋照明系统设计不合理、室内灯光强度与安装位置存在问题、建筑物的表面瓷砖反光严重、墙面颜色或涂料造成不适等。光污染产生的危害有诱发眼部疾病、癌症、引起心理疾病等。

五、室内环境污染的法律问题

（一）室内环境污染的法律定性

室内环境污染是否属于法律意义上的环境污染？这一问题在学理上存在争议，司法实践中做法也各不相同。笔者认为，室内环境应属于《中华人民共和国环境保护法》第二条中的"环境"。首先，室内环境是环境总体的组成部分。其次，室内环境污染符合环境污染的定义，受害人大多是由于被污染的空气遭到损害。再次，就目前的法律体系来说，将室内环境污染纳入环境污染体系更有利于保障公民的权利。最后，环境总是围绕特定对象而言的，对象变化引起环境的变化，室内环境污染符合这一特征。

（二）室内环境污染的解决途径

陈颖诉北京工美天成装饰公司恢复原状、赔偿损失案（2000 年昌民初字第 2133 号），这是我国法院第一次室内空气污染纠纷判决的案例。法官提到，被告天成公司室内装饰工程存在质量问题，违反承揽合同，需要对原告的损害承担违约责任。虽然，《中华人民共和国民法典》中违约责任可以用来解决双方之间的纠纷，达到准确适用法条、降低纠纷解决成本的效果。但是，违约责任的赔偿是有限的，原告处于弱势地位，通常拿不到理想的赔偿。第二种解决途径是利用《中华人民共和国民法典》中规定的环境污染侵权责任条款。这一途径相较于违约责任有几个优势：一是无过错责任的规则原则，极大地减轻了原告的举证责任；二是诉讼时效的延长赋予了受害者更合理的保护；三是侵权责任的赔偿范围大于违约责任，包括非财产责任。就我国目前的法律体系而言，室内环境的法律性质还未得到明确规定，司法实践中做法也各不相同。为了有效保护公民的人身权利和财产权利，使室内环境污染问题得到合理有效的解决，完善相关法律法规必不可少。

（三）室内环境污染的法律建议

1. 健全室内环境污染规范体系

《环境保护法》并没有将室内环境明确列入其中，虽然部分法院在实践中把它作为第二条的"环境"来理解和处理，但久而久之并不利于法治社会的发展。明确室内环境的地位，有利于保障受害者，使环境污染纠纷做到有法可依，既提高公众的法律意识，又打击了室内环境建造不合格、操作不达标的问题，同时有利于解决司法实践乱象，做到"同案同判"，维护司法公正。目前有关室内环境污染的立法较为分散，且内容较为笼统，为更好地预防污染，应制定专门的防治法对这一事项进行有效规制。就法条内容而言，防治法应规定源头治理问题，包括但不限于工程问题、装饰装修、家具摆件等；划清不同部门间的职责与权限，环境部门作为主管部门与其他部门各有侧重、相互合作；解决纠纷处理中行政执法问题；检测全过程、监管全方位，责任部门要走好环境污染防治的每一步；设置奖励处罚措施，打击违法行为；设置不合理行政行为的惩罚措施等。同时，要弥补中国生态环境法律体系风险预防能力的不足，应当适当地借鉴域外生态环境法律体系转型的经验，立足于本土国情，重新审视生态环境法律体系的发展，建立系统性的生态环境风险预防性法律体系。[①]

2. 完善室内环境质量标准

首先，修改旧标准。随着装修需求的增加，多数建筑采用工程验收标准，以往的标准达不到当前社会的要求，存在不少问题，如施工单位采用劣质建材进行装修或者在施工完成后不进行污染物检测，这就使修改、完善和补充旧标准显得尤为重要。适当调整指标和限值，明确有害物质限量，努力得到室内环境合格、检测真实科学的结果。

其次，出台新标准。近年来我国出现一批环境净化产品，有普通的空气净化器、车载净化器、空气清新剂等。这些产品大多利用公众的知识盲区进行销售。实验证明，市场上大部分的净化产品，对于改善室内环境没有想象中过高的功效。不合格的净化产品还会导致污染加重。故对室内环境产品应有一定的门槛，保证消费者能够买到合格正规的商品，切实改善生活环境。除此，公众不应仅仅以单一的污染物浓度为标准来判断环境是否适合居住，国家应建立环境影响健康的标准，以弥补国家标准、行业标准、地方标准上的空白。

---

① 曹明德，马腾. 风险社会中生态环境法律体系的变迁 [J]. 国外社会科学，2021（3）：58-70+159.

最后，针对不同的主体采用不同标准。对于老年人、婴幼儿、孕产妇等弱势群体，法律条文和司法实践要在法定的强制性标准基础上有所倾斜，以求实质公平。

3. 室内环境侵权案件责任认定

环境司法与环境行政执法是生态环境相关法律制度得以有效落地的重要保障，犹如人之两足，缺一不可。[①] 我国环境侵权案件采用的是举证责任倒置制度，这在一定程度上保护了受害人的权益。除举证问题外，环境污染损害一般具有长期性和潜伏性，司法实践中因果关系的认定也相对困难。综合看来，造成规定笼统、因果关系认定困难的原因是相关理论研究不够深入。德日两国采用疫学因果关系理论和优势证据理论来处理此类问题，我国可以根据自身情况，考虑借鉴，需在充分探讨环境污染复杂性的基础上，利用因果关系理论具体问题具体分析。

4. 建立质量检测制度

首先，检测制度强制化，这是社会发展的趋势。加大承揽人的责任，引入强制性检测条款，将环境工作落实下去。源头治理，规范检测机构，严把室内建材质量关。检测结果不再仅仅是告知内容，将赋予不同的法律效力，可以作为证据使用。

其次，检测主体专业化。检测人员具备一定的从业资格，检测仪器有专业要求，提高检测结果的可信度。目前，"计量认证""审查认可"等检测制度还需进一步补充、完善。

最后，检测机构独立化。避免行为主体和监管主体为同一主体，造成监管不力和司法不公。室内环境产品的生产、销售和监测机构应分离开来，监测人员遵守独立性原则，使监管更有效。

---

① 张燕雪丹，周珂. 环境司法与环境行政执法协调联动的基本模式及主要障碍 [J]. 南京工业大学学报（社会科学版），2019，18（3）：32–42+111.

第二节 绿色建筑与法治

一、绿色建筑

（一）绿色建筑概述

《绿色建筑评价标准》指出，绿色建筑是指在整个生命周期内，以节约资源和保护环境为基本目标，以人的健康舒适为本质要求，最终实现与生态环境和谐共生的建筑。它具有环境宜居、资源节约、安全耐久、健康舒适、生活便利五大性能，有效地改善了传统建筑模式，避免了资源的巨大浪费和环境的巨大污染。随着我国法治社会的建设，绿色建筑的推广由小到大，由少到多，由自愿到强制，在许多大中型城市，已经开始采用这一建筑标准，节约能源消耗、节约土地空间、节约水资源、节约建材成为这一建筑的代名词。国家在"十三五"规划中对于绿色建筑有"比重""新增面积""项目比例"等要求，这代表绿色建筑规模化发展将成为趋势。在建筑业减碳实施过程中，绿色建筑是实现"双碳"目标的主要方面。

为贯彻《中华人民共和国环境保护法》的精神和要求，建筑物污染的预防、建设、监督和检测既要行业提高对环保工作的重视程度，也要政府部门增大绿色建筑投入力度。新型冠状肺炎疫情的出现使人们明白建筑设施漏洞会促进病毒的传播。中共中央办公厅、国务院办公厅要求，政府采购支持绿色建材、绿色建筑发展，这进一步证明建筑不仅仅起到基础设施的作用，现代社会的人们越来越追求宜居的生活环境，环保理念已然达成共识。

（二）建筑环境标准体系

具体来讲，建筑环境标准包括检测方法、调查方法、评估方法、信息类标准、基础类标准五个层面。构建科学的建筑环境标准体系应做到以下几个方面。

（1）以公众健康为建筑物环境工作的核心，考虑老人、孕产妇、婴幼儿等易感人群。

（2）建立建筑环境风险评估体系。风险评估的程序、内容等问题在 2020 年出台的《生态环境健康风险评估技术指南》中进行规定，但仍存在技术规范空白，亟须完善。建筑环境评估具体来说有污染危害评估、浓度—反应评估、人体暴露评估和特殊人群（老年人、孕产妇、婴幼儿等）暴露评估。

（3）科学设定建筑环境质量标准，加强疾病预防和控制。技术规范体系应有科学依据并随着社会进步不断完善，各项指标与限值以人体健康为目标，避免"质量达标，健康超标"，危害公众生活。

（4）加强污染源调查，对新技术和物质实行严格审查。不同的建筑有着不同的污染物，建筑空间有限，从污染源头抓起，筛选和识别有毒有害物质，环境问题更易解决。

（5）制定系列技术规范，设置合理的处罚标准。

二、绿色建筑法治问题

（一）绿色建筑的法治问题

近年来尽管我国绿色建筑的发展速度明显加快，但总体来说，规模化推进尚处于初步阶段，仍然存在不少问题。首先，建筑行业重建设轻运营。开发商利用消费者的知识盲区和维权艰难，使绿色建筑规模化推进有"绿色"名，无"绿色"实。其次，政府部门缺乏合理有效的监管。主要体现在监管主体的权限和责任没有得到明确的划分，监管混乱；未实行全方位监管，监管片面；没有配套的处罚措施，监管责任缺陷。最后，绿色建筑评价制度还需完善，考虑借鉴如美国 LEED 标准等国外制度，以便构建完备的评价体系。

（二）绿色建筑的相关文件

目前，我国学者大多致力于绿色标准下建筑设计和能源消耗问题的研究，相关的法律文件有：《中华人民共和国建筑法》《中华人民共和国节约能源法》《中华人民共和国环境保护法》《中华人民共和国可再生能源法》《中华人民共和国循环经济促进法》《中华人民共和国环境影响评价法》《中华人民共和国城乡规划法》《中华人民共和国清洁生产促进法》，等等。国务院出台了一系列诸如《建设项目环境保护管理条例》《民用建筑节能条例》等条例。江苏省、山东省、宁夏回族自治区、河北省、浙江省也均有相关的地方立法。

广场、体育场、公交等候区等公共场所人群密集、流动性大，建筑污染广泛涉及，引发民众中暑、过敏、呼吸道感染等健康问题。目前，我国出台的公共场所的建筑卫生标准有：《公共场所卫生指标及限值要求》《公共场所卫生管理规范》《公共场所设计卫生规范》《公共场所卫生学评价规范》《公共场所卫生检验方法》等。

湖南省、福建省、江苏省、河南省、安徽省、广东省、浙江省、河北省、辽宁省、宁夏回族自治区、内蒙古自治区、深圳等省市已经有了绿色建筑方面的制度文件，但各地自然资源不同，制定标准不一，需要出台专门的法律法规如《绿色建筑监管条例》对重要事项统一立法，在当前的制度基础上，实现上位法与下位法之间的合理衔接，加快绿色建筑规模化发展进程。

（三）绿色建筑管理的理论基础

"重建设、轻运行"是目前我国绿色建筑发展过程中存在的突出问题，建设与运行脱节，大部分项目为"图纸上的绿色建筑"，许多绿色技术作用并未充分发挥，建筑使用者体验性不足。[①]绿色建筑管理的理论基础主要包括以下几点。

[①] 宫玮，张川，梁浩，李宏军.我国绿色建筑发展的现状、问题与建议措施 [J].建设科技，2022（9）：10–14.

（1）生态文明法治理论。坚持节约优先、保护优先、自然恢复为主的方针，贯彻新发展理念。

（2）社会共治理论。政府部门、各类组织、社会公民在平等自愿的基础上，通过多种方式解决问题。

（3）循环经济理论。绿色建筑从设计到建设需要循环经济发展综合管理部门做好监管、编制规划和指标、考核工作人员、给予产业税收优惠。

（4）社会本位理论。发展绿色建筑是社会本位的必然要求，可以实现社会的最大效率，运用市场规制和宏观调控的方法，实现整体的实质公平。

（5）责权利效相统一原则。责指责任和义务，其中责任包括受益性和违法性，权指权力和权利，利指物质和经济利益，效更多是社会效益。政府在实行监管权力的同时，要承担绿色建筑实际运行的义务，企业负有接受监督和环境保护的义务，而这些权利义务的最终目的是社会效益。

（四）绿色建筑的相关制度

推广绿色建筑是建筑产业从源头到终端全方位实现双碳目标绿色可持续发展的长远之计，绿色建筑的全面实施具有重要的现实意义，建立健全绿色建筑在设计、建设、交付、运行全过程监管的制度文件显得极为重要。[①] 目前，我国针对绿色建筑制定的制度包括以下几个。

（1）城市与环境规划制度。《环境保护法》第十三条明确规定，政府应将环保工作纳入规划。绿色建筑属于城市规划的组成部分，应当与区域规划、城市规划和环境规划相结合起来。实践中，已有不少省市将其纳入国民经济和社会发展规划，并将其作为下级政府工作考核内容。

（2）环境影响评价制度。《中华人民共和国环境保护法》第19条提出，环境影响评价是部分项目组织实施和开工建设的前置程序。绿色建筑应充分体现预防原则，完成建设前分析、预测和评估、后续跟踪监测的工作。

（3）能源监测与管理制度。《民用建筑节能条例》《合同能源管理技术通则》的出台使建筑能源效率的测评、标识、能源管理市场的标准进一步规范化。

（4）绿色建筑评价制度。城镇新建建筑、生态城区、部分公共建筑、工业、校园、办公楼、医院等建筑实行不同的星级标准，绿色建筑评价标识正在使用。

（5）目标责任制和考核评价制度。依据《中华人民共和国环境保护法》第26条规定，县级以上人民政府应当将环境保护目标完成情况纳入对本级人民政府负有环境保护监督管理职责的部门及其负责人和下级人民政府及其负责人的考核内容，作为对其

---

① 张凯，陆玉梅，陆海曙. 双碳目标背景下我国绿色建筑高质量发展对策研究 [J]. 建筑经济，2022，43（3）：14–20.

考核评价的重要依据。考核结果应当向社会公开。

（五）绿色建筑监管的法律制度

为保障建筑市场各方主体间的利益平衡，纠正建筑市场的盲目性和垄断性，提高社会效益，打造公平、有序、活力的社会，加强专门化的监管显得格外重要。绿色建筑的立法理念是：规范透明、标准科学、约束有力、权责清晰。完善绿色建筑监管法律应注意以下几点。

1. 建立主体协同机制

首先，为提高监管的效率和公平，政府、消费者、开发商等社会共治的主体辅助监管，做到监管主体多元化。其次，生态环境部门、自然资源部门、住建部门等作为主要监管主体要实现部门间的合作化，以公共利益为目的对绿色建筑进行行政监管是具有合法性和正当性的。最后，赋予认证、鉴定机构一定的话语权，增加政府决策的专业性。

2. 执行全过程动态监管

各省市应根据实际情况、地方特征制定环境规划，在主要布局编制的基础上，设定经济发展利用量。严格环境评价审批程序，既要符合绿色建筑评价标准，又要达到我国的环境标准。从源头上保护人体健康，审批程序可以参考借鉴信息公开及公众参与制度。资格审查不中断，建筑商、建材、技术、产品等各个阶段进行监管，保证资源的不浪费。构建能源检测实时平台，多部门协调监测体系，实现数据的全面整合。地方政府向中央报告数据，提高行政效率。实现专门能源服务，设立相关企业。参考强制与推荐性标准，各地根据自身情况发展绿色建筑并完善技术性规定。提高绿色建筑舒适标准，保护公众的生命健康权。此外，评价标识制度也需进一步完善。通过行政许可制度推进绿色建筑普及在绿色建筑领域，行政许可制度的具体使命包括：通过行政许可制度持续提高建筑建设能耗标准，提高建筑使用能耗标准，促进绿色低碳建材产业的发展。[①]

3. 健全责任机制和处罚措施

碳达峰和碳中和的目标与"两个一百年"目标相契合，当下各行各业都在朝着目标奋进。建筑业作为社会发展的主要产业，承担着减碳减排的更大责任，在建筑业中运用绿色建筑技术无疑是达到这一目标的最佳方式。[②]绿色建筑的材料技术要求较高、运营成本较大，在利益博弈下开发商常常铤而走险，忽视社会效益，进行违规行为。这就需要确认并协调建筑商、使用者、政府、第三方之间的利益，平衡多方关系。完

---

① 张治宇. 面向碳中和的中国行政许可制度变革 [J]. 阴山学刊，2022，35（5）：98-105.

② 李静、赵静、江美菱. "双碳"背景下老旧小区绿色建筑技术改造策略研究——以徐州市为例 [J]. 安徽建筑，2022，29（12）：9-10+53.

善法律制度，规定法律责任，如开发商的信息披露义务、物业部门的管理运作系统实施义务、政府部门的监管职责等。绿色建筑法律体系还应设置一定的惩罚措施，避免"违法成本低"等现象削弱法律的威慑作用。

第三节 生态城市与法治

一、生态城市

（一）生态城市概述

生态文明入宪这一人类宪法史上的创举，体现了国家对生态环境保护的高度重视，是党和国家长期以来对中国国情探索进而提出的一条中国生态环境保护的独特道路。[①]生态城市概念是联合国教科文组织提出的。狭义的生态城市是指按照生态学原理进行规划、设计、建设的一种健康、和谐、高效的新型城市。广义的生态城市是指充分利用城市高效的、多样化的自然生态环境资源[②]，实现经济、社会可持续发展的新的人类聚居地，具有和谐性、高效性、持续性、整体性、区域性和结构合理、关系协调七个特点。生态城市的建立既要预防大气、水、土壤、生物等引发的"地方病"，又要解决人类生活产生的环境污染问题。如果说建设美丽中国属于顶层设计，那么，构建绿色区域当数抓手，创建绿色城市和美丽乡村为构建绿色区域的前提和条件。[③]

（二）构建生态城市的具体措施

城市规划、建设和治理的目的是居民建设美好的生活环境。未来城市治理的关键不仅在于战术经验的总结，更在于新的疫情发生时应该如何从容应对，做到未雨绸缪，这要求建立合理的城市空间体系，提升整体人居环境韧性。[④]

1. 优先控制战略

生态城市的建立可以借鉴欧盟环境政策中优先控制战略，确立综合性和渐进性原则，加强不同部门不同区域间的环境治理和污染防治的有效互动，避免先污染后治理的情况频繁出现。生态问题日益突出的背景下，如何实现城市经济、社会发展和自然环境三者之间的和谐统一，是生态城市建设能否取得成功的关键所在。[⑤]

---

① 周珂，曾媛媛．在改革开放中砥砺前行——中国环境司法四十年 [J]. 中国环境监察，2018（10）：59–61.

② 熊继红．武汉生态城市建设研究 [J]. 合作经济与科技，2022，（20）：16–18.

③ 邬晓霞，张双悦．"绿色发展"理念的形成及未来走势 [J]. 经济问题，2017（2）：30–34.

④ 周武忠．论绿色城市 [J]. 中国名城，2021，35（4）：1–7.

⑤ 何森．我国生态城市建设的问题及对策 [J]. 区域治理，2019，（50）：69–71.

2. 健康影响评估与风险管理

由领域专家、咨询团体、政府工作人员、公众组成评估小组，将评估结果作为城市开发决策与规划的辅助工具。《环境保护法》第三十九条规定，"国家建立、健全环境与健康监测、调查和风险评估制度"。《大气污染防治法》《水污染防治法》《土壤污染防治法》指出环境体系需要合理化的标准进行管控。2016年中共中央、国务院印发的《"健康中国2030"规划纲要》第十四章"加强影响健康的环境问题治理"对这一问题也进行了规定。目前，我国实行国家级、地方级生态环境标准，国家级标准包括环境质量、检测标准、基础标准、管理标准和污染物排放标准。风险管理除了要借鉴风险评估的信息外，还要考虑科学基础、经济成本、法治建设、社会因素、技术操作等。

3. 污染源严格管控制度

对原材料进厂、生产、出厂、技术指导、维修抢修全过程进行污染物的识别和管理，在广泛的数据收集和实验调查的基础上，合理制定行业环境标准。

4. 分工协作与公害补偿追偿机制

优化部门之间的职责分工与协作体制，管制污染者，服务受害者，不同部门各有侧重，相互补充。由于空气污染与人体的具体疾病间难以证明因果关系，日本设立补偿制度以确保居民因环境污染得到及时保护，规定特定大气污染地区的居民满足设定的暴露时长，即可证明损害的因果关系。

5. 政府职责体系

生态环境治理存在国家性，而生态环境风险具有世界性，并不以国家疆域为边界，因此，全球性生态环境风险需要主权国家之间积极构建广泛而具体的国际合作框架及内容，丰富生态环境治理国家性的外延。[①] 我国各个城市之间通过经验交流、学习等方式，协同寻求生态城市建设的方法和途径。同时，可比较考察外国的环境制度，以"它山之石"解决当前生态城市建设中出现的问题。

二、城市自然要素法治问题

生态城市旨在建立社会、经济、文化和自然高度协同和谐的复合生态系统，其中，自然因素主要包括以下内容。

（一）空气环境

处理好空气污染问题是推进生态城市建设的主要内容。20世纪70年代，我国主要的污染物二氧化硫、悬浮颗粒等导致酸雨现象的产生。21世纪10年代至今，PM_{10}、$PM_{2.5}$、挥发性有机物和臭氧等已经转变为我国主要的污染物,雾霾及臭氧问题一再出现，"大气污染防治十条措施"等国家政策也在不断出台。我国的空气环境标准有着近40

---

① 周娴，陈德敏. 生态环境安全的实践困境与法治进路 [J]. 重庆大学学报（社会科学版），2022：1-15.

年的变化，我国目前实施的是《环境空气质量标准》（GB3095-2012）修改单，主要包括重点行业有毒有害气体排放标准、城市大气污染物削减标准、大气污染物调查评估等。2020年以来，《陆上石油天然气开采工业大气污染物排放标准》《铸造工业大气污染物排放标准》《农药制造工业大气污染物排放标准》《储油库大气污染物排放标准》《加油站大气污染物排放标准》《油品运输大气污染物排放标准》等标准不断产生，标准制定紧随时代，紧跟社会发展，推动建立高效、和谐、健康、可持续发展的人类聚居环境。

（二）水环境

水环境管理主要针对水体用途、水质基准、污染物影响、迁移转化方面。就饮用水来说，我国环保、水利、卫生、城建等部门共同负责城乡饮用水的安全。《农村生活饮用水量卫生标准》《生活饮用水标准检验方法》《生活饮用水输配水设备及防护材料的安全性评价标准》《饮用水化学处理剂卫生安全性评价》是这一类的规范文件。2022年3月发布的《生活饮用水卫生标准》将于2023年4月1日正式实施。除此之外，医疗污水排放问题影响着水质的安全和介水性传染病的流行，《医疗机构水污染物排放标准》《污水排入城镇下水道水质标准》规定了污水消毒、排放限值等问题。就目前来讲，我国主要侧重水资源的污染防治方面，对水生态的保护较为薄弱，未能建立起科学系统的水环境标准。随着经济快速增长，《地表水环境质量标准》《渔业水质标准》《海水水质标准》等文件涉及的水污染问题亟须进一步完善。

（三）土壤环境

土地可持续利用目标值、污染预警浓度值、场地修复目标值等关系着土壤环境的好坏。为保障农产品质量和人居环境安全，2016年国务院曾发布《土壤污染防治行动计划》，作为当前和今后一个时期全国土壤污染防治工作的行动纲领，划定了各地土壤环境质量标准的底线。该计划要求省市健全防污标准和技术规范，做好土壤环境调查监测、污染预防、生态保护及风险管控工作。2018年8月1日实施的《土壤环境质量——农用地土壤污染风险管控标准（试行）》对风险筛选值和管制值进行规定。2019年1月1日施行的《土壤污染防治法》将环境相关部门的职责分工纳入法律，改善土壤环境、保护人体健康的任务进一步落实。土壤中化学物质评估危害、控制风险管理模式等相关制度的完善为人体健康筑牢屏障，为生态城市保驾护航。

第八编

事故和灾害防减法

第二十九章
"HSE 管理体系"与环境法治

本章并非全面介绍"HSE 管理体系"，而是重点借鉴这种将职业健康、生产安全、环境保护相结合的一体化思路，探讨环境资源法制与《职业卫生法》《生产安全法》的视域融合和深度结合，以利环境资源法制的长久、高效实施。

第一节 "HSE 管理体系"概述

一、HSE 管理体系的概念和特点

（一）HSE 管理体系的概念

健康、安全与环境管理体系（Health, Safety and Environment Management System, 简称 HSE 管理体系），是指实施健康、安全与环境管理的组织机构、策划活动、职责、制度、程序、过程和资源等构成的动态管理系统。[1]

（二）HSE 管理体系的特点

我们之所以借鉴"HSE 管理体系"这一视角探讨环境资源法在劳动生产领域与相关法的视域融合，其重要原因之一在于 HSE 管理体系具有以下特点。其做法特点与我国所提倡的要"统筹生态、生产、生活"[2] "五位一体"[3] 的思路和布局是非常吻合的。

1. 一体化闭环管理

"HSE 管理体系由若干要素构成，遵循闭环管理的运行模式，要素间相互关联、相

---

[1] 中国石油天然气集团公司安全环保与节能部 . HSE 管理体系基础知识 [M]. 北京：石油工业出版社，2012：1.

[2] 2014 年 2 月国家发改委等 12 部委局联合发布的《全国生态保护与建设规划（2013 — 2020 年）》指导思想中明确提出要"统筹兼顾生态、生产和生活"。2016 年 11 月国务院印发的《"十三五"生态环境保护规划》基本原则中认为，要"生态优先，统筹生产、生活、生态空间管理"。

[3] "五位一体"是十八大报告的新提法之一。经济建设、政治建设、文化建设、社会建设、生态文明建设—着眼于全面建成小康社会、实现社会主义现代化和中华民族伟大复兴，党的十八大报告对推进中国特色社会主义事业做出"五位一体"总体布局。

互作用，通过实施风险管理，采取有效的预防、控制和应急措施，以减少可能引起的人员伤害、财产损失和环境污染，最终实现企业的 HSE 方针和目标。"[1] 这种有机结合的、系统化、程序化的管理体系，实现了由分散型制度化管理到系统型体系化管理的转变，克服了经验型、粗放型管理弊端，并逐渐形成以"HSE 文化建设"为主导的管理体系。

HSE 管理活动是"一个有机整体"，按照 PDCA（策划、实施、检查、改进）管理原理闭环运行，保证每一项活动和过程始终处于受控状态。这种"一个有机整体化"运行机制和良好的运行效果，也提示了我们在制定实施环境资源法制时，不可孤立地、静止地、片面地看问题。

2. 文化引导和制度规范相辅相成

HSE 管理体系通过建立健全制度来实施严格管理，这是基础和底线。同时，也要注重安全文化建设，强调通过领导良好的 HSE 意识和在 HSE 事务方面的积极行为，培育企业良好的安全文化氛围，引导全体员工形成良好的 HSE 习惯。[2] 这种最终形成企业文化的努力和结果，是非常必要的、有意义的，是较之直接的法制化管理更高一个层次的管理。

3. 具有更为广泛的国际认可度

"HSE 管理体系是国际石油天然气工业通用的一种科学、系统的管理体系，集各国同行管理经验之大成，突出了以人为本、预防为主、全员参与、持续改进的管理思想，具有高度自我约束、自我完善、自我激励的运行机制，是石油天然气企业实现现代化管理、走向国际市场的通行证。"[3] "在越来越多的国际贸易活动中，客户在采购时，已经要求生产企业同时具备 ISO 9000、ISO 14000 以及 OHSMS 等相关标准的认证。为此，企业为了生存发展的需要，必须考虑健康、安全与环境管理体系一体化工作，使企业所建立的 HSE 管理体系尽量符合国际标准与惯例的要求。"[4]

也正是这种较高的国际认可度和质量、环境、健康的一体化管理，进一步提示我们，在开展传统的环境资源法治工作的同时，要注意与劳动卫生法、职业安全法的结合。

二、HSE 管理体系的产生与发展

（一）HSE 管理体系的形成

1988 年，英国北海油田帕玻尔·阿尔法平台发生爆炸，167 人死亡的严重后果促使

---

① 中国石油天然气集团公司安全环保与节能部 . HSE 管理体系基础知识 [M]. 北京：石油工业出版社，2012.

② 中国石油天然气集团公司安全环保与节能部 . HSE 管理体系基础知识 [M]. 北京：石油工业出版社，2012.

③ 中国石油天然气集团公司安全环保与节能部 . HSE 管理体系基础知识 [M]. 北京：石油工业出版社，2012.

④ 中国石油天然气集团公司安全环保与节能部 . HSE 管理体系基础知识 [M]. 北京：石油工业出版社，2012.

英国能源部要求石油作业公司建立安全管理体系。与此同时一些发达国家和环保组织也提出要将环境和职业健康融入企业的管理体系中。由于职业健康、环境和安全三者的管理在原则和效果上相似，在执行过程当中又互相关联，壳牌公司首先提出将"健康、安全与环境"作为一个整体管理，发布了《健康、安全与环境管理方针指南》。1991年，第一届油气勘探开发的健康、安全、环保国际会议在荷兰海牙召开；HSE概念逐步为大家接受。1994年，第二届油气勘探开发的健康、安全、环保国际会议在印度尼西亚雅加达召开；大的石油公司和服务商都踊跃参会；HSE管理体系走向全球。1994年7月，壳牌公司发布《健康、安全与环境管理体系》。1996年，ISO/TC67的SC6分委员会起草ISO/CD14690《石油和天然气工业健康、安全与环境管理体系》，HSE管理体系在全球石油行业迅速普及。同年，ISO/TC3207发布了ISO14001：1996《环境管理体系》。1999年，英国标准协会、挪威船级社等十三个组织提出了职业健康安全评价系列（OHSAS）标准及OHSAS 18001《职业健康安全管理体系规范》、OHSAS 18002《职业健康安全管理体系—OHSAS 18001实施指南》，许多国家与国际组织继续进行相关的研究实践，职业健康体系在全球范围内得到蓬勃发展。与此同时，其他行业也结合自身的特点，将健康安全环境纳入一个整体进行管理，形成了具有自身特点的HSE管理体系。[①]

（二）HSE管理体系在我国的发展

我国的HSE管理体系是在我国石油工业对外合作过程中逐渐形成和发展起来的。1993年3月，中国石油天然气总公司发布陆上对外合作开采石油资源第一轮招标公告。1993年12月，埃克森公司凭借强大的实力率先与中国石油天然气总公司签署塔里木盆地3个区块的风险勘探合同。1994年9月，总部设在河北涿州的中国石油天然气总公司石油地球物理勘探局（BGP），确认承担埃克森公司在风险勘探区块进行的1400公里地震采集的反承包作业。随后，在埃克森公司的管理下BGP领导和职工的思想意识逐渐发生了深刻变化，在健康安全与环境方面的管理由被动执行到自觉建立和不断完善HSE管理体系。随着石油工业跨国合作机会的增多，原中国石油天然气总公司逐步认识到开展HSE管理工作的重要性，1994年，油气勘探开发的健康、安全与环境国际会议在印度尼西亚雅加达召开，中国石油天然气总公司作为会议的发起人和资助者派代表团参加了会议。1996年9月开始，中国石油天然气总公司及时组织人员对ISO/CD14690《石油和天然气工业健康、安全与环境管理体系》草案标准进行等同转化，于1997年6月27日正式颁布了中华人民共和国石油天然气行业标准《石油天然气工业健康、安全与环境管理体系》（SY/T 6276—1997），1997年9月1日起施行。2000年，中国石油天然气集团公司发布了《中国石油天然气公司HSE手册》，标志着中国石油

---

① 陈红冲，等．HSE与清洁生产[M]．北京：化学工业出版社，2018．

HSE 管理体系的全面推行。

其后，以 SY/T 6276—1997 为主体框架，以总经理为代表的自上而下的 HSE 承诺和全员参与为动力，以中国石油 HSE 管理手册和 HSE 管理体系建立指南等系列文件为指导，以基层实施 HSE 风险管理为重点，建立了一套完整的、分层次的、文件化的、对应于全员 HSE 责任的保障体系。这个体系既较好地处理了 GB/T 28001—2001、ISO 14000 和 ISO 9000 等管理体系标准之间的相互兼容性和整合，也使 HSE 管理体系较好地体现了企业管理一体化的思想和模式。2007 年，为使有关标准内容更为符合我国国情，对有关标准内容进行了进一步修正和改进，形成了中国石油统一的 HSE 管理体系系列标准：《健康、安全与环境管理体系 第 1 部分：规范》（Q/SY 1002.1—2007）、《健康、安全与环境管理体系 第 2 部分：实施指南》（QSY 1002.2—2008）、《健康、安全管理与环境管理体系 第 3 部分：审核指南》（QSY 1002.3—2008）。[1]

"通过实施 HSE 管理对企业的生产实行'四全'（全员、全天候、全方位、全过程）'横到底、竖到底'不留死角的整体控制，建立起一整套管理体系，可大大降低事故发生率，减少环境污染，降低能耗，减少事故处理、环境治理、废弃物处理和防止职业病的费用，提高企业的经济效益。"[2]

三、HSE 管理体系内容的多样性

HSE 管理体系作为企业管理体系的重要组成部分，企业的情况不同，管理体系设计的内容、深度也不同。除石化行业有统一的《石油天然气工业健康、安全与环境管理体系》外，其他行业的 HSE 管理体系并没有完整的、正式的国际通用标准。许多公司根据自身的实际情况，将不同的管理要素整合在一起，形成相应的 HSE 管理标准和规范。HSE 管理体系内容呈现多元化、多样性发展的趋势。

（一）HSSE

HSSE 是在 HSE 管理体系中加入 Security（治安），提倡保障人权和员工权益等。由著名石油公司壳牌石油公司提出，在西方的石化行业中较为普及。

（二）HSE&F

HSE & F 是指企业将 HSE 管理与设施管理（Facility Management）结合，出现了负责 HSE 和厂务的综合管理部门（HSE & F），HSE & F 方式在制造企业中应用广泛，国际著名的制造企业霍尼韦尔公司即采用这种方式。

（三）QHSE

QHSE 是在 HSE 管理体系中加入质量管理体系，达到 ISO 9000 系列标准、OHSAS 18000 系列标准和 ISO 14000 系列标准协同发展，目前在巴西国家石油公司和中石油已

---

① 中国石油管道建设项目经理部 . HSE 知识读本 [M]. 北京：石油工业出版社，2012.

② 中国石油管道建设项目经理部 . HSE 知识读本 [M]. 北京：石油工业出版社，2012.

经开始普及应用，并开始分别在其所属的部门探索实施一体化环境、质量、健康和安全（EQHS）管理体系和《质量健康安全环境管理体系》系列标准。

（四）综合 HSE

随着国家对资源环境的重视，对各生产企业清洁生产审核要求的提高，越来越多的企业开始将清洁生产、文明生产、节能减排等内容整合进入 HSE 管理体系中，形成新的管理体系。[①]

正是这种发展性和多样性，恰恰也证明了我们开展法治视域融合研究的必要性和重要性。

四、HSE 管理体系的本质：清洁生产与 HSE 的关系

清洁生产是对产品设计及其生产过程采取整体预防的环境措施，减少或者消除产品及其生产过程对人类及环境的可能危害。其具体措施如改进设计；使用清洁的能源、原料、生产工艺技术与设备；提高资源利用效率等。清洁生产是实施可持续发展的重要手段。我们通过探讨清洁生产和 HSE 管理体系的关系，来进一步认识 HSE 管理体系的本质。

（一）清洁生产与 HSE 管理体系的共性

清洁生产和 HSE 管理体系的共性主要有以下几个方面：①都离不开领导的承诺和支持；②主要目标都是环境责任；③都需要成立一个专门的工作机构；④都体现了过程控制和可持续发展理念。[②]

（二）清洁生产与 HSE 管理体系的区别

更值得注意的是，两者的区别主要有以下几点。

（1）关注点不同。清洁生产重点关注生产本身，侧重改进生产、减少污染。HSE 体系关注管理，强调标准化的管理体系模式的采用。

（2）实施手段不同。清洁生产侧重技术改造，辅以管理。HSE 侧重法律法规和管理，促进技术改造。

（3）审核侧重不同。清洁生产审核侧重工艺流程分析、物料能量平衡等方法，确定污染源和最佳改进技术方案。HSE 管理体系侧重检查企业自我管理状况，审核对象侧重企业文件、现场状况及记录等具体内容。

（4）效用不同。清洁生产在于转变企业内部污染治理思路，将重心转移到关注生产过程。HSE 的效用在于管理模式变革，提倡多方位综合管理，多角度启示和界定职工的职责。[③]

---

① 陈红冲，等 . HSE 与清洁生产 [M]. 北京：化学工业出版社，2018.

② 陈红冲，等 . HSE 与清洁生产 [M]. 北京：化学工业出版社，2018.

③ 陈红冲，等 . HSE 与清洁生产 [M]. 北京：化学工业出版社，2018.

（三）清洁生产与 HSE 管理体系的互补性

有效的清洁生产审核可以帮助企业 HSE 管理体系有效运行；HSE 管理体系的建立可以帮助企业有效地实施清洁生产方案并使其不断得到监督和改进。在实施阶段，二者联系最紧密的技术内涵部分是清洁生产的审核和 HSE 管理体系的初始评审。清洁生产审核（预审核、审核）和 HSE 体系初始评审均需要收集企业的基础数据，若在企业进行清洁生产审核时较好地将数据存档和优化，则在进行初始 HSE 评审时就可以大大减少初始评审的工作量。如果一个企业既实施清洁生产又建立了 HSE 管理体系，最佳顺序是先进行清洁生产审核，然后逐步建立并完善 HSE 管理体系，通过 HSE 体系有效运行让清洁生产方案得到有效运行。[①]

第二节 "HSE 管理体系"视域中的法制

HSE 管理体系涉及的法制领域相对比较多，本节将以不同的方式对其涉及的法律做一个宏观考察，以期在相关法治建设工作中扩大视野、努力实现视域内法治融洽高效运行。

一、HSE 管理体系涉及法制的宏观考察

这一部分主要通过有关著作进行宏观考察，看一看专门从事 HSE 管理体系实践和研究的人员在有关著作当中认为这项工作会涉及哪些法律。

（一）《HSE 推进实务》中的观点

该著作的第一章就是"HSE 相关法律法规"。[②]下述内容均依据该著作的内容进行扼要摘编。因主要想要了解其框架和思路，因此并未根据目前有关政府部门的名称和现行法对下述内容进行修正。

1. 职业安全卫生法体系

我国已经形成了以《宪法》为基础，以《安全生产法》《劳动法》及有关专项法律法规为主体的职业安全卫生法律体系。

（1）《宪法》。《宪法》第四十二条规定："中华人民共和国公民有劳动的权利和义务。国家通过各种途径，创造劳动就业条件，加强劳动保护，改善劳动条件，并在发展生产的基础上，提高劳动报酬和福利待遇……国家对就业前的公民进行必要的劳

---

① 陈红冲，等 . HSE 与清洁生产 [M]. 北京：化学工业出版社，2018.

② 罗远儒 .HSE 推进实务 [M]. 北京：石油工业出版社，2013.

动就业训练。"第四十三条规定："中华人民共和国劳动者有休息的权利，国家发展劳动者休息和休养的设施，规定职工的工作时间和休假制度。"第四十八条规定："……国家保护妇女的权利和利益……"《宪法》中所有这些规定是我国职业安全卫生立法的法律依据和指导原则。

（2）《刑法》。《中华人民共和国刑法》对违反各项劳动卫生法律法规情节严重者的刑事责任做了规定。例如，第一百一十三条涉及重大交通事故；第一百一十四条涉及生产重大伤亡事故；一百一十五条涉及爆炸等造成的重大事故；第一百八十七条涉及玩忽职守罪等。

（3）《安全生产法》。2002年11月1日实施的《安全生产法》是我国第一部全面规范安全生产的专门法律，是我国安全生产法律体系的主体法。该法分别于2009、2014、2021年进行了修正。

（4）《职业安全卫生基本法》。目前《劳动法》起到了职业健康领域的基本法的作用，也是我国制定各项职业健康专项法律的依据。《劳动法》以《宪法》为基础，共13章107条，其中第四章"工作时间和休息休假"、第六章"劳动安全卫生"及第七章"女职工和未成年工特殊保护"主要涉及职业安全卫生内容。

（5）《职业安全卫生专项法》。这是针对特定的安全生产领域和特定保护对象而制定的单项法律。1992年11月颁布了我国第一部有关职业安全卫生的法律《矿山安全法》，其后颁布《海上交通安全法》《消防法》《职业病防治法》《道路交通安全法》。

（6）职业安全卫生的相关法。《全民所有制工业企业法》的第三章"企业的权利和义务"第四十一条指出："企业必须贯彻安全生产制度，改善劳动条件，做好劳动保护和环境保护工作，做到安全生产和文明生产。"第四十九条和第五十条，分别规定："职工有参加企业民主管理的权利，有对企业的生产和工作提出意见和建议的权利；有依法享受劳动保护、劳动保险、休息、休假的权利；有向国家机关反映真实情况，对企业领导干部提出批评和控告的权利。女职工有依照国家规定享受特殊劳动保护和劳动保险的权利。""职工应当以国家主人翁的态度从事劳动，遵守劳动纪律和规章制度，完成生产和工作任务。"《标准化法》第一章规定：工业产品的设计、生产、检验、包装、储存、运输、使用的方法或者生产、储存、运输过程中的安全、卫生要求应当制定标准。其他一些法律，如《妇女权益保障法》和《工会法》中部分条款也与职业安全卫生有关。

（7）职业安全卫生行政法规。例如《化学危险品安全管理条例》《中华人民共和国尘肺病防治条例》《国务院关于特大安全事故行政责任追究的规定》《女职工劳动保护特别规定》《工伤保险条例》等。

（8）各部门发布的有关劳动安全卫生规章。例如，劳动部的《安全生产培训管理办法》《生产安全事故信息报告和处置办法》《安全生产领域违法违纪行为政纪处分暂行规定》等。

（9）职业安全卫生地方性法规和地方政府规章。

（10）安全及健康标准。其包括产品标准，基础标准，方法标准，作业场所，分组标准等等。《标准化法》中也规定："制定标准应当有利于保障安全和人民的身体健康，保护消费者的利益，保护环境。"

（11）国际公约。是我国政府为保护劳工状况而签订的公约，是我国承担全球职业安全卫生义务的承诺。例如《作业场所安全使用化学品公约》《三方协商促进履行国际劳工标准公约》等。

2. 环境保护法体系

该著作主要从《宪法》《环保基本法》、环保单行法、环保行政法规、环保地方法规、环境标准、其他部门法有关环保的法律规范、国际环保公约。

内容中特别值得环境资源法学界重视的是，在"劳动卫生法学"或"职业安全卫生法学"乃至"卫生法学"中通常必不可少地会介绍到环境保护法的内容，而环境法学中却极少对《劳动卫生法》《职业安全卫生法》进行介绍。这也是笔者撰写本章的重要原因之一。

（二）《石油工程 HSE 风险管理（第二版）》中的观点

该著作第一章、第三节是"HSE 法律法规体系简介"。根据其表述框架，扼要表述有如下几个方面。[①]

1.《宪法》

在宪法中关于公民基本权利和义务的规定中，许多条文直接涉及安全生产和劳动保护问题。例如《宪法》第四十二条第二款规定"国家通过各种途径，创造劳动就业条件，加强劳动保护，改善劳动条件，并在发展生产的基础上，提高劳动报酬和福利待遇"，等等。

2. HSE 法律

（1）HSE 基础法。其包括《安全生产法》《职业病防治法》《环境保护法》。它们是 HSE 管理必须遵守的最基本的法律，是 HSE 法律体系的核心。

（2）HSE 专门法律。其包括《矿山安全法》《海上交通安全法》《消防法》《道路交通安全法》《清洁生产促进法》等，是规范某一专业领域的 HSE 管理的法律。

3. HSE 法规

（1）国家 HSE 行政法规。例如，《国务院关于特大安全事故行政责任追究的规定》《危险化学品安全管理条例》等。

---

① 李文华. 石油工程 HSE 风险管理（第二版）[M]. 北京：石油工业出版社，2017.

（2）地方 HSE 行政法规。

（3）行业部门 HSE 规章。

4. HSE 标准

HSE 标准是 HSE 法律体系中的一个重要组成部分，也是 HSE 管理的基础和监督执行工作的重要技术依据。标准代号：GB——国家标准；SY——行业标准；AQ——安全标准；Q——企业标准。

5. 国际劳动公约

我国已经加入了多个国际劳动公约。例如，《预防重大工业事故公约》（174 号公约）、《作业场所安全使用化学品公约》等。

二、"HSE 管理体系"与环境资源法制视域的拓展

在关于 HSE 管理体系的著作中介绍 "HSE 法律法规体系" 时，尤其是在与 "劳动卫生法" 或 "职业安全卫生法" "卫生法" 以及 "环境卫生学" 相关的著作中，通常必不可少地会介绍《环境保护法》的内容。令人遗憾的是，在环境资源法学著作中却极为少见对《劳动卫生法》《职业安全卫生法》以及《卫生法》内容的有关介绍。在大力提倡生态文明建设的新时代，在环境资源法治迅猛发展的历史时期，进一步拓展环境资源法制（法治）建设视域是非常必要的。

（一）从 HSE 管理体系相关著作窥视视域拓展

从本章第二节 "一、HSE 管理体系涉及法制的宏观考察" 的内容中，可以对 HSE 管理体系所涉及法律有所了解，并从中窥视到传统环境资源法视域之外的法制情况。下面我们再通过另外两本著作的目录对比加以探讨。

1.《HSE 与清洁生产》

《HSE 与清洁生产》[①] "目录" 中的 "篇" 除 "第一篇 HSE 概述" 外，还有第二篇职业卫生保护，第三篇安全生产，第四篇环境保护，第五篇清洁生产，第六篇应急救援。

可见，以 "HSE 管理体系" 为黏结剂， "环境保护" 法可以与《职业卫生法》《安全生产法》《清洁生产法》《应急救援法》发生视域融合。

可见 "环境资保护" 之外，还有职业卫生保护、安全生产、清洁生产、应急救援等内容。

2.《HSE 知识读本》

《HSE 知识读本》[②] "目录" 中的 "章" 除 "第一章 HSE 管理体系" 外，还有第二章风险管理与应急管理，第三章职业健康管理，第四章清洁生产，第五章企业 HSE 文

---

① 陈红冲，等 . HSE 与清洁生产 [M]. 北京：化学工业出版社，2018.

② 中国石油管道建设项目经理部 . HSE 知识读本 [M]. 北京：石油工业出版社，2012.

化的建立。

可见，以"HSE 管理体系"为黏结剂，《清洁生产法》可以与《风险管理应急法》《职业健康法》《企业文化法》发生视域融合。

（二）"HSE 管理体系"视域中环境资源法的"体"式拓展

所谓"体"式拓展，是源于笔者对环境资源法制发展的"点、线、环、面、体"趋势的表达。[①] 环境资源法制，尤其是狭义的环境法、污染防治法，经历了从最初的关注"排污口"这个"点"；发展到关注生产过程这个"线"，特别是清洁生产法的制定，更是对整个生产过程的全面污染防治；再发展到首尾相接的循环经济，产业链循环相接形成闭环，这个"环"，有了循环经济法；进一步发展到从更大的区域、流域关注环境问题，这个"面"，有了流域治理、生态省、生态县、美丽中国等相关法制；如今随着地下空间技术和人工影响天气技术、空域利用技术的发展，环境资源法制形成了一个立体化的视域，这就是所谓"体"。本书也专门对国土空间绿色化利用法制进行了探讨。"体"还可以有全方位、综合性、一体化的含义，例如调整手段的综合性、"五位一体"。在此所谓的"体"式发展，主要是讲涉及因素的复杂性和调整手段的综合性。

以"HSE 管理体系"为黏结剂，环境保护法要与职业卫生法、安全生产法、清洁生产法、应急救援法，甚至"企业文化法"发生视域融合，这也是我们在本书中分专章设置"生产环境法治"（包含清洁生产法）和"防灾减灾法"（包含应急救援法）的重要原因之一。就"HSE 管理体系"涉及法制而言，除本书已经探讨的狭义环境保护法、清洁生产法、防灾减灾法等之外，我们在此再简要从卫生法和安全法的角度探讨相关法制。

1．"HSE 管理体系"视域中环境资源法向"卫生法"的拓展

"HSE 管理体系"所涉法律中关于环境法制无疑我们已经在本著作中谈了很多，此处更多涉及的是健康。

（1)卫生的内涵。要弄清楚环境法向卫生法的拓展，首先就要搞清楚究竟什么是"卫生"。在我国古代，卫生一词有养生和护卫生命之义。在现代汉语中，"狭义的卫生是指一种状况，如人的身体或精神的健康状况，环境的清洁状况等。广义的卫生，则是指为了一种好的状况而进行的个人和社会的活动的总和，确切地说，也就是为了维护人体健康而进行的个人和社会活动的总和"。[②] 可见，卫生的目的是旗帜鲜明的人类中心主义视角下的人的身体和精神健康。那么，我们现在所谈的一个热门话题环境健康或称环境与健康，则必然是环境法和卫生法的交叉区域。

---

① 在 2003 年笔者主编的《环境与资源保护法学》一书中，提出了环境法制发展的从"点"到"线"到"面"到"体"发展的顺序，并特别论证了环境法的"区域性"特征。

② 汪建荣．卫生法（第 4 版）[M]．北京：人民卫生出版社，2013．

（2）"统筹生态、生产、生活环境"视角下的卫生法。我们在此讨论环境资源法向卫生法的拓展，并非仅只纳入环境健康的话题。而是与主张在卫生法学教材中较多地加入环境法的内容一样，环境法的教材也应当更为全面的介绍卫生法及其与环境法的交叉部分。从统筹生态、生产、生活环境法制的角度来看，环境法与卫生法有许多领域显然是相互交叉的。生产环境和生活环境法制尤其如此。

（3）"公共卫生法学"与环境法更是在学科视角下密切相关。"公共卫生是一门在大卫生观指导下，以政府领导、部门协同、社会动员和人人参与为原则，通过社会共同努力，改善环境卫生条件，预防控制传染病和其他疾病流行，培养良好卫生习惯和文明生活方式，促进公众健康和改善健康不公平而开展所有活动的科学与艺术。"[1]据《公共卫生法律法规与监督学（第2版）》介绍，公共卫生管理法律制度包括以下几个方面：环境、公共场所卫生法律制度，如《学校卫生工作条例》《建设项目环境保护管理条例》《环境标准管理办法》；疾病预防控制的法律制度；特殊人群健康保护法律制度；突发公共卫生事件应急法律制度。

（4）"环境卫生学"与环境法的联系更是直接与密切。环境卫生学以人类及其周围的环境为研究对象，应用现代医学科学的基本理论、技术及有关学科的新成就、新方法来系统地研究环境因素对人群的影响，阐明其发生、发展规律，以及如何消除和控制这些影响。世界卫生组织对环境卫生学下了这样的定义："影响或可能影响人类健康（包括健康生活质量）的一切环境因素的评价和控制的理论与实践。"这里的"环境因素"包括存在于人类周围环境中可以影响人群健康的物理、化学、生物因素，也包括经济、社会等因素。[2]环境卫生学的主要研究内容有：①环境卫生学的基本理论，人类自然环境和生活环境的基本特征、人与环境之间的辩证统一关系、环境与机体的相互作用、人对环境有害因素反应的特征等；②环境与健康关系的研究方法及应用，包括环境流行病学研究方法和环境毒理学研究方法，先进的细胞生物学和分子生物学技术在环境污染物在细胞水平、蛋白质水平及基因水平上相互作用研究的应用；③自然环境与健康的关系，如大气卫生、水体卫生、饮用水卫生和土壤卫生；④生活环境与健康的关系，如住宅与公共场所卫生、城乡规划卫生、家用化学品卫生；⑤环境相关疾病，如环境污染与公害病，环境污染与致癌、致畸、致突变危害、环境激素所致疾病，微量元素与生物地球化学性疾病等；⑥环境质量评价的理论和方法，科学阐述环境质量与人群健康的关系。[3]之所以将环境卫生学的研究主要内容大篇幅的引列在此，是因为笔者感到环境卫生学的内容才更好地体现了"统筹生态、生产和生活环境"，

① 梁万年. 卫生事业管理学（第四版）[M]. 北京：人民卫生出版社，2019.

② 詹平，陈华. 环境卫生学 [M]. 北京：科学出版社，2008.

③ 詹平，陈华. 环境卫生学 [M]. 北京：科学出版社，2008.

尤其是统筹了生态和生活环境。生产环境则在下面要讨论的"职业安全卫生"中体现得更充分。相较于当前比较流行的环境法资源法学体系，卫生学和卫生法学更好地体现了生态、生产、生活环境的"三生一体"。因此，笔者才更多地引用和介绍了卫生学和卫生法学关于环境卫生学和职业安全卫生学方面的内容。也就是说，建议法学界更多地关注卫生法学的建设，环境法学界也要更多的将卫生法学的部分内容纳入环境法体系当中来。其实环境法学界对"环境健康"议题的关注，也可以说是环境卫生学、环境卫生法学在环境法中的一个引入。这是因为环境健康科学属环境卫生学的下位学科，环境健康法律问题研究成果则可以视为环境法学视野的拓展。其研究成果包括《环境与公共健康安全法律问题研究》《环境、健康与法律》。

（5）职业卫生和劳动卫生都主要涉及生产场所中的环境和生产条件与人体健康的关系。如，《职业卫生法律法规》，主要包括职业病防治法、劳动法、劳动合同法、工作场所职业卫生监督管理、职业病危害项目申报、用人单位职业健康监护监督管理、职业卫生技术服务机构监督管理、建设项目职业卫生"三同时"监督管理、有限空间作业安全管理与监督、建设项目职业病危害风险分类管理、用人单位职业病危害防治、高毒物品和职业病危害评价等内容。其具体涉及的法律包括《职业病防治法》《劳动法》《突发事件应对法》《传染病防治法》《妇女权益保护法》《食品安全法》等；涉及的行政法规包括《使用有毒物品作业场所劳动保护条例》《尘肺病防治条例》《放射性同位素与射线装置安全和防护条例》《突发公共卫生事件应急条例》《工伤保险条例》《女职工劳动保护特别规定》《劳动保障监察条例》等。显然，涉及劳动环境保护和职员健康的内容，必然是环境法和卫生法的视域融合内容。

2."HSE 管理体系"视域中《环境资源法》向安全法的拓展

"HSE 管理体系"所涉法律中关于环境法制的内容已经介绍了很多，下面再介绍关于安全的法制问题。

安全法有广义和狭义之分。广义的安全法包括所有的冠以"安全"的法律，仅就我国的"法律"来看，就有《安全生产法》《农产品质量安全法》《数据安全法》《食品安全法》《道路交通安全法》《海上交通安全法》《生物安全法》《香港特别行政区维护国家安全法》《核安全法》《国家安全法》《网络安全法》《特种设备安全法》《矿山安全法》。狭义的安全法，主要是指《安全生产法》。

当然，如果进一步在"HSE 管理体系"视域中考察，安全法通常和职业卫生法相结合，如《职业安全卫生法》。根据《职业安全卫生法》，职业安全卫生法及在职业生活或劳动过程中有关安全和健康问题的权利义务法律规范体系。职业安全，就是在职业生活或劳动过程中，安全就是将系统的运行状态对人类的生命可能产生的损害，控制在人类能接受水平以下的状态。卫生及健康是人的生理心理及行为处于正常状态，而非异常或有所偏离，职业安全卫生，主要是指职业人或劳动者在其职业活动或劳动过程中的生命及身体的安全和健康保护问题。[①] 该著作还认为，职业安全卫生法是劳动法的特别法，是保护劳动者基本人权的特别法。[②] 职业安全卫生具体、详细实施，还要依靠相关的标准和规范等。例如，《企业安全卫生规范汇编》，收录了《纺织工业企业职业安全卫生设计规范》GB50477—2009、《电子工业职业安全卫生设计规范》GB50523—2010、《水泥工厂职业安全卫生设计规范》GB50577—2010、《橡胶工厂职业安全与卫生设计规范》GB50643—2010、《水利水电工程劳动安全与工业卫生设计规范》GB50706—2011、《人造板工程职业卫生设计规范》GB50889—2013、《火力发电厂职业安全设计规程》DL5053—2012、《化工企业安全卫生设计规范》HG20571—2014。

《中国职业安全卫生概况》《职业健康安全风险管理》《职业健康与安全工程》均对职业安全卫生做了很好的研究和介绍。《中外安全生产法比较研究》，把中国的《安全生产法》《职业病防治法》与相关的国际公约、典型国家的职业健康安全法进行了比较研究。《安全法学（第 3 版）》，侧重于较为狭义的安全生产法领域，具有较强的学理性。

我国安全法制的建设情况和国内外的有关研究，均为"HSE 管理体系"视域中环境资源法向安全法的拓展提供了视域、资料乃至理论。

---

① 周永平. 职业安全卫生法 [M]. 北京：高等教育出版社，2013.

② 周永平. 职业安全卫生法 [M]. 北京：高等教育出版社，2013.

第三十章 "同一健康"与环境法治

"同一健康（One Health）"是一个国际化的概念。以"同一健康"为视角，思考我国环境资源法与生物安全法、防疫检疫法、卫生健康法的视域融合部分是本章的创新和使命。

第一节 "同一健康"及其意义

"同一健康"理念是随着人畜共患病等流行性传染病的不断增加，逐渐在西方兴起的。由于全球时常面临着严重的公共卫生危机，为应对这种挑战，"同一健康"理念备受关注，越来越多的机构、学者开始此方面研究。

一、"同一健康"之概述

（一）"同一健康"的产生

"同一健康"的早期思想可追溯到古希腊时期。20世纪60年代，美国学者卡尔文·施瓦布在《兽医学与人类健康》一书中提出了"同一医学"（One Medicine）概念，倡导人类医学与兽医学深入开展学科合作。进入21世纪以后，由于SARS、高致病性禽流感、埃博拉等的发生，以及狂犬病、血吸虫病、布鲁氏病等再发传染病的死灰复燃，再次引发了人们对"人类、动植物和环境之间和谐关系"重视。特别是2003年，SARS暴发之后，"同一健康"理念爆发式的引人关注和深入人心。2004年，国际野生动物保护学会在纽约曼哈顿举办，涉及医学和生态系统健康，提出了"同一世界，同一健康"的概念，这一概念的核心内涵是"实现人类、动物、生态共同健康繁荣"。此后，一系列国际活动都是围绕这个主题展开。例如，2010年，在越南河内举行的禽流感大流行国际部长级会议要求在动物、人类、生态系统之间采取必要行动，广泛实施"同一健康"模式；2013年，在泰国举行的第二届国际健康大会与玛希顿王子奖大会，鼓励跨学科合作，促进"人类、动物和环境健康"的政策发展。2006~2009年，在美国分别成立了同一健康委员会、同一健康倡议组织和同一健康平台，2016年这三个组织将11月

3 日定为国际同一健康日。"跨学科合作"是"同一健康"概念的核心,法制和法学当然不可能缺席。世界卫生组织、世界动物卫生组织等网站对"同一健康"均有介绍。"同一健康"已成为一门课程或是学科,相关平台、书籍、杂志相继创办、出版。可见,国外对"同一健康"的研究已有相当长的时间,并越来越得到发达国家和发展中国家的关注。"同一健康"理念在政府机构和国际组织合作努力下不断得到推广和实施,并在疾病(尤其是人畜共患病)防控方面取得了显著成效。

(二)"同一健康"的内涵

"同一健康"的内涵可以从以下几个方面理解。

(1)强调人类健康、动物健康和环境健康的整体性、关联性,核心内涵是要实现人类、动物、生态共同健康繁荣。关注人类活动对地球整体生态的影响,注重人类与动物在疾病、食品安全等层面普遍关联。除了人畜共患病外,环境污染、生态破坏、生物多样性锐减、自然灾害频发等,都是对"同一健康"的践踏。

(2)"同一健康"的重要内涵是通过全体人类共同协作,利用集体的智慧,建立充分的国际合作,才能预防和解决"同一健康"中出现的问题。强调区域合作、全方位(人、动物、生态系统)共同防治。

(3)主张用综合性、多学科的方法应对"同一健康"中的挑战,这些学科可以包括人类医学、动物医学、环境科学、生态学、环境法学、卫生法学、管理学等,法学在保障"同一健康"实现上作用凸显。践行"同一健康",不仅是某些专业领域工作者的事情,还需要动员全人类力量,确保"同一健康"的推行。

(三)"同一健康"在我国的发展

我国也很重视"同一健康理念",人医、兽医、公共卫生、生态健康的合作日益密切发展。2014 年,中山大学公共卫生学院主办了国内首届 One Health 研究国际论坛,并成功举办了多次培训班与研讨会,推动了国内"同一健康"事业的发展。2016 年的全国卫生与健康大会,已将人民健康放在国家优先发展战略地位;树立了"大卫生""大健康"观念,从全局、长远、整体的角度加快促进健康领域发展方式的转变。2016 年,中共中央、国务院印发了《"健康中国 2030"规划纲要》。该纲要第二十五章为"加强健康法治建设",要求"强化政府在医疗卫生、食品、药品、环境、体育等健康领域的监管职责,建立政府监管、行业自律和社会监督相结合的监督管理体制。加强健康领域监督执法体系和能力建设"。可见,"医疗卫生、食品、药品、环境、体育等"均属于"健康领域",彼此相互协调、相互促进、法治视域融合是非常必要的。这与"同一健康"的法制建设需求是相吻合的。2021 年 4 月,召开的第 697 次香山科学会议以"同一健康与人类健康"为主题,会议建议与倡导:①成立"同一健康"专业学会;②倡导开展多学科交叉研究;③提倡通过大数据技术实现网络协同;④启动"同一健康"重大研究计划；⑤建立"同一健康"人才培养平台等。[①]

二、"同一健康"之意义

（一）有利于实现"人与自然和谐共生的现代化"

1. "人与自然和谐共生的现代化"的"新型现代化"的提出

（1）"人与自然和谐共生的现代化"的新表达。2021年4月，十九届中央政治局第二十九次集体学习时习近平总书记的重要讲话，以《努力建设人与自然和谐共生的现代化》为题，发表在《求是》2022年第11期上。习近平总书记要求"站在人与自然和谐共生的高度来谋划经济社会发展"，要"统筹污染治理、生态保护、应对气候变化，促进生态环境持续改善，努力建设人与自然和谐共生的现代化"。

（2）新表达是具有新认识、新担当的"新型现代化"。"现代化"的前加上"人与自然和谐共生"这一定语，有画龙点睛之意，体现出新型现代化重要内涵之一，是人与自然和谐共生；实现现代化的重要手段和价值判断目标之一也是"人与自然和谐共生"。

2. "同一健康"与"新型现代化"密切相关

"同一健康"既是考察人与自然是否和谐共生的重要视角，也是建设"人与自然和谐共生的现代化"的重要手段。

"同一健康"得到了国际社会的广泛认可，达成了共识，特别是一些相应的可资借鉴的经验和机制。以"同一健康"为视角思考我国"人与自然和谐共生的现代化"这一"新型现代化"建设目标的法制促进和保障措施，有利于在人类共同体这一道德制高点上思考问题，有利于我们的政策法律措施得到更广泛的认可和支持，有利于在国内外"最小阻力状态下"实现我国的新型现代化建设。

（二）新时代的新型现代化需要新视域的环境资源法

习近平总书记的这一新表达中有"人类命运共同体"的内容，也有"同一世界，同一健康"的意蕴，体现了中国共产党对中国现代化内涵的最新认识和最新担当。从"同一健康"的角度研究国家和地方法制建设问题，是对我国现代化"人与自然和谐共生"内涵的深度诠释和实践路径的探索。2021年9月，中共中央政治局第三十三次学习时，习近平总书记强调，要完善国家生物安全治理体系，加强战略性、前瞻性研究谋划，完善国家生物安全战略；健全党委领导、政府负责、社会协同、公众参与、法治保障的生物安全治理机制；从立法、执法、司法、普法、守法各环节全面发力，健全国家生物安全法律法规体系和制度保障体系，"要实行积极防御、主动治理，坚持人病兽防、关口前移，从源头前端阻断人畜共患病的传播路径"，促进人与自然和谐共生。

---

① 潘锋. "同一健康"是维护人类生命健康的新策略——第679次香山科学会议主题聚焦[J]. 中国医药导报，2022，19（6）：1-5.

第二节 "同一健康" 法治建设

"同一健康"法治建设的关键在于探讨《环境资源法》与《生物安全法》《防疫检疫法》《卫生健康法》的视域融合。

一、"同一健康"相关法治建设的不足

（一）人类健康危机呼唤法治建设的深刻变革

1. 人畜共患病常暴发，人与自然和谐共生的现代化法制亟待加强

野生动物携带病毒是事实，但人类自身的不适当行为也会使病毒扩散、传染。例如，让家禽生活在肮脏的环境中，过度砍伐森林迫使携带病毒的蝙蝠飞到人类居住地，非法野生动物贸易等。实际上，动物养殖、人类卫生和野生动物保护之间不但没有冲突矛盾，反而是紧密联系的，因为我们生活在"同一个世界"，拥有"同一个健康"。习近平总书记指出，我国建设社会主义现代化具有许多重要特征，其中之一就是我国现代化是人与自然和谐共生的现代化。

2. 公共卫生状况严峻，有关部门协调合作的法制机制需要加强

除了生态环境破坏严重外，我国的公共卫生状况也十分严峻。21 世纪以来，各种传染病不断出现，对公共卫生的管理形成挑战。此外，职业病等相关疾病日益增加，食品安全问题突出，所有这些因素都造成了我国公共卫生的严峻形势。通过引入和传播"同一健康"理念，从思想观念这一根本上改变人们对人、动物和环境三者关系的认识是十分必要的。2014 年 2 月国家发改委等 12 部委局联合发布的《全国生态保护与建设规划（2013—2020 年）》"指导思想"中明确提出要"统筹兼顾生态、生产和生活"。2016 年 11 月国务院印发的《"十三五"生态环境保护规划》"基本原则"中认为，要"生态优先，统筹生产、生活、生态空间管理"。这种对"生产、生活、生态空间管理"进行统筹管理的思路，应当说手段和机制上与"同一健康"是异曲同工的。

在人类健康危机应对上，无论是人畜共患病防控，还是公共卫生状况应对，都需要法治来保驾护航。基于"同意健康"理念的法治建设，在我国尚处于起步阶段，基础薄弱，目前，我国还没出台健康保护法、卫生法等专项法律，相关规定散见于《生物安全法》《传染病防治法》《动物防疫法》等法律条款中，内容也不尽完善，亟须尽快开展制修订工作，以适应社会发展需要。

（二）"同一健康"法治建设的理论支撑不足

"大多数突发的重大公共卫生事件都是'同一健康'在不同层面遭到破坏的结果，因此，我们除了从自然科学的角度去研究病毒的传播、防疫、治疗等议题外，还有必

要从哲学角度，去反思疫情背后深层次的思维方式问题，走向'同一健康'。"[1]

"同一健康"在哪一些层面上遭到了破坏，才导致目前的恶果？究竟是哪些方面没有做好"同一"呢？理论应该是超前于实践的，当实践对理论发出呼吁时，则体现了理论的不足和苍白。我国在政府机构中成立了卫生健康委员会，将卫生与健康进行了结合。"大医学、大卫生、大健康"[2]已得到许多关注。但是，在现实的立法工作和法学理论研究当中，这些理念、实践还远没有理论化，距离指导现实法治建设还有较大的差距。在"同一健康"理念下，在法学内部进行跨学科研究者不多，法学与非法学学科之间的跨学科研究就更少。个中原因是多层次、多方面的，有学科专业之间的沟壑、壁垒问题，也有对跨学科研究认识不足、支持不够的问题。这就导致了当前"同一健康"法制建设理论支撑明显薄弱的现状。

（三）"同一健康"法制实施中统筹协调不足

宇传华等认为："人类健康、动物健康和生态系统健康之间明显脱节，导致新发与再发传染病不断攀升，食品安全、人畜共患病控制以及应对抗生素耐药性等问题日益突出。"[3]这种"明显脱节"，表现在以下几个方面。

（1）"同一健康"框架下，公共卫生部门作为多部门协作中最重要一个，往往忽视其他部门的作用，有关专家和决策者对跨部门合作的重要性意识不够，支持力度不够。

（2）从技术标准角度看，目前还缺少合适的"同一健康"成效评估方法，适用的可计量方法亟待建立。

（3）"同一健康"理念下强调部门合作，但是目前部门间的合作机制不健全，资金不足，已有部门间合作项目通常随着项目的结束而结束，缺乏长期性、稳定性。

（4）对涉及"同一健康"的未来性问题，缺乏相应的机构和机制进行组织和运作。工作中侧重于当前传染病防治，"头痛医头，脚痛医脚"，对人类未来卫生健康问题缺少前瞻性思考、规划。

二、"同一健康"视角下的法治建设创新

法治建设是全面加强和推进疫病防控，构筑"同一健康"的制高点和最有力手段。在我国构建完备的法律法规体系和健全运行机构、机制，对确保"人、畜和环境的全面健康"是十分迫切和极为重要的。

（一）"新型现代化"法治建设中的基本观念更新

"同一健康"理念使"人和自然和谐共生的现代化"这一新表达，产生了诸多观念

---

① 秦雨辰，蔡仲 . "同一健康"失序与全球疫情问题 [J]. 科学学研究，2021，39（12）：2121–2128.

② 刘喜梅 . 大医学 大卫生 大健康 [N]. 人民政协报，2022–03–08（022）.

③ 宇传华，侯亚亚 . "同一健康"的理念与思考 [J]. 公共卫生与预防医学，2018，29（2）：1–5.

的更新。这些新观念，对新型现代化法制建设，既有观念性影响，有的也是直接的实施手段路径之一。

1. 加强学科间的交流沟通

"同一健康"作为整体性健康理念是鼓励倡导面向人类、动物和环境卫生保健的跨学科的合作与交流的，共同为人类健康、动物健康、环境健康努力。在实践上呼吁人类卫生保健系统和环境公共卫生领域以及动物防疫的专家人士之间保持合作与交流。在治理层面上，主张用综合性、前瞻性、多学科的方法应对健康挑战。倡导结合医学、动物医学、防疫学、环境学、环境法学、卫生法学、防疫法学等多学科，综合统筹包括卫生、食品、环境、农业等多部门的力量，关注"同一健康"议题，以监测、预防、控制等手段，消除重大公共卫生突发事件。

2. 依法促进疫病防治产业发展

为加强动物疫病防治工作，依据动物防疫法等相关法律法规，2012 年 5 月 20 日，国务院办公厅印发了《国家中长期动物疫病防治规划（2012—2020 年）》（国办发〔2012〕31 号文）。该规划重点任务是控制重大动物疫病，控制主要人畜共患病，消灭马鼻疽和马传染性贫血，净化种畜禽重点疫病，防范外来动物疫病传入。在有关法律和规划的指导、促进下，动物疫病防治产业化发展得以促进。例如，2013 年由中国动物卫生与流行病学中心在青岛召开了"动物疫病诊断技术与产业化发展战略"研讨会。这是首次以动物疫病诊断制品产业化发展为主题的由全国有代表性的诊断制品科研机构、应用单位和生产企业参与的会议。会议对动物疫病区域化管理、诊断技术和诊断制品产业化发展路径等进行了热烈研讨。

3. "同一健康"与"大健康"理念深度衔接

我国 2016 年制定的《"健康中国 2030"规划纲要》强调健康影响因素着手，重点开展普及健康生活、建设健康环境、优化健康服务、发展健康产业、完善健康保障工作，把健康融入诸方面政策，全周期、全方位保障人民健康。"大健康"理念因此产生了更广泛的影响，并推广开来。党的十九大报告中明确提出"实施健康中国战略"，更是将"大健康"理念提到了新的历史高度。

"同一健康"的行动计划、政策设计和防控实践完全契合我国的"大健康""大卫生"理念，我们要将其融入食品与药物生产加工、新农村环境建设、现代农业与养殖业、野生动物保护、动物防疫检疫、生态环境治理等工作中去。在实践中引入"同一健康"的理念及这种整体性、系统论观点，有利于我国的"大健康""大卫生"目标的实现。

4. 贯彻依法防控和综合防控的原则

《传染病防治法》《动物防疫法》《食品安全法》《生物安全法》《突发事件应对法》等法律对疫情报告、传染病预防、食品卫生安全、信息监测协调等都有严格的规定和要求。各级卫生健康、农业农村、畜牧兽医等部门均按照法律要求做好人畜共患病的防控工作，做到"依法防疫，科学防控"。

抓住关键环节，做好综合防控。①饲养环节，推行科学的饲养制度，采取免疫、净化等措施减少动物传染源；②流通环节，规范产地检疫、屠宰检疫，严格调运监管，切断传播途径；③加强环境管理，整治好人居环境，推进卫生城市、美丽乡村建设；④改变生产生活方式，提高个人防护能力，如在血吸虫病严重的地区推广水田旱作；普及人畜共患病知识，养成良好个人卫生习惯；⑤发生突发重大人畜共患病疫情，要人畜同步，卫健部门和兽医密切协作，实施联防、联控；⑥健全法律法规，强化法律规定的落实，严惩违法行为，为疫病防控提供充实的人员、经费、政策等方面的法治保障。

（二）"同一健康"视角下法治建设的新进展

1. 卫生防疫法制之新发展

"同一健康"理念下，需要加强兽医公共卫生管理，促进应对公共事件的系统性方法的运用。2012年，世界动物卫生组织（OIE）对178个成员国进行了调查，120个国家一致认为"同一健康"中防控和报告的优先病种是人畜共患病，食品安全是"同一健康"未来的工作重点。[①] 同时，还要关注气候变化条件下新发传染病和食品安全问题、动物源性食品和营养安全问题、生物多样性的保护策略及其与食品安全的关系问题。在"人类—动物—生态"界面上周全思考"同一健康"问题，是相关法制建设的核心理念。

国外的先进经验非常值得我们借鉴，例如，在意大利，公共卫生概念较为广泛，有高度融合的公共卫生安全保障体系；卫计委内部设有分工详细明确的营养司、食品司、兽医司，分别负责食品安全与营养、动物健康、风险评估等。[②]

2. 生物安全法制之新发展

整体考察，"同一健康"是地球健康，包括人类健康、生物健康与环境健康。其最具活力和可操控性的部分是生命体，是生物安全问题。除无机物质以外的生物及其安全是"同一健康"理论下最具调控性的部分。因此，我们要关注的可以是生物安全法制与人类卫生健康法制的融合以及与生态环境法制的融合。这可以把相对比较成熟、研究成果较多的研究领域以新理念贯穿起来。

践行"同一健康"理念，需要完善生物安全法制体系，并注重与疫病防控法制的衔接。建立禁食清单，严格依法监管，塑造健康的生活方式和行为习惯；提高生物安全事件的预防、预警和处置能力，构建国家生物安全的制度保障体系。直接涉及人类命运的高风险领域，要制定健全的法律制度加以防范，高度重视解决现实问题。

---

① 庞素芬，袁丽萍. 世界动物卫生组织"同一健康"理念和实践 [J]. 中国动物检疫，2015，32（10）：58-60.
② 陈华新. 同一个地球 同一个健康——赴意大利培训有感 [J]. 浙江林业，2012（4）：36-38.

3. 食品安全法制之新发展

食品安全立法具有"保障'同一健康'的趋势"。[①] 食品安全问题的持续出现，促使食品规制的目标已经由关注食品生产数量转向关注质量和安全。"食品安全权"日益受到关注。[②] 食品安全权过去主要侧重于生命权、健康权，如今已成为一项独立的权利而得以确立，并日渐明确。"现有的食品安全治理改进中已经出现了食品安全法律概念的泛化趋势，并借此来实现与食品相关的人类、动植物和环境健康的协调发展。"[③] 三聚氰胺事件[④] 的发生，促使 2009 年出台并多次修订的《食品安全法》这一综合性法律，取代了 1995 年《食品卫生法》这一单一要素法律。

在"同一健康"视域中食品安全被视为健康安全的一个决定要素。食用动物养殖中的饲料不安全，会导致动物疾病并通过动物源性食品向人类传播。环境污染尤其是土壤污染，会使得有害物质通过植物源性食品影响人类食品安全和健康。因此，在食品安全立法中应充分考虑对这类生产过程、生产环境的规制。

4. 环境保护法制之新发展

传统的环境法主要是针对常见的环境污染和生态破坏现象的。环境法的创新主要体现在对环境要素的新理解、新规制方面。例如，气候变化会增加冬季降水和夏季极端降水事件，同时引发温度升高、蒸发量变化等。这些变化的综合效应会影响到人畜共患病，病原体向地表水的输入（例如水流从农田中冲走含病原体的粪便），导致疾病暴发风险的增加。将气候资源法制纳入环境法体系当中来，并从"病原体污染"这个角度思考污染防治问题，这实现了农业生产、动物防疫、公共和劳动卫生以及污染防治法的视域融合，实现了在"同一健康"理念下环境保护法制的扩展和创新。有学者明确提出应当将气象气候法制完整地纳入环境法大体系当中来，并对气候资源概念做了进一步准确的界定和分类，分为强地缘性气候资源、弱地缘性气候资源、混合地缘性气候资源三类。[⑤] 这种环境法治的新发展是"同一健康"的实施法治路径，也是我国提出的"统筹生态、生产、生活"措施的法制化。

5. 信息共享法制之新发展

数据共享在公共卫生事件处置中尤其重要，及时掌握真实信息才能够迅速做出恰当的应对措施。跨部门数据资源共享就需要改进管理部门间的信息衔接机制，畅通数

---

① 孙娟娟. 食品安全的立法发展：基本需求、安全优先与"同一健康"[J]. 人权，2016（5）：59–72.

② 韩大元. 食品安全权是健康中国的基石 [N]. 法制日报，2015–12–02.

③ 孙娟娟. 食品安全的立法发展：基本需求、安全优先与"同一健康"[J]. 人权，2016（5）：59–72.

④ 2008 年中国奶制品污染事件（或称 2008 年中国奶粉污染事故、2008 年中国毒奶制品事故、2008 年中国毒奶粉事故）是中国的一起食品安全事故。事故起因是很多食用三鹿集团生产的奶粉的婴儿被发现患有肾结石，随后在其奶粉中被发现化工原料三聚氰胺。

⑤ 刘国涛，王新烨. 论类型化视野中气候资源的法律属性 [J]. 中国政法大学学报，2021（1）：54–65.

据通路，完善数据管理。以新型冠状病毒肺炎防控为例，我国及时搭建了多形式信息共享平台，对病例和接触者实时追踪，实施精准防控。但是，其中也发生了一些防控措施和日常生活权益相冲突的事件。信息共享过程中，此类问题是否进一步依法规范？规范到什么程度？都值得深入研讨、探索。

三、"同一健康"法治建设的关键是"视域融合"

（一）"法制"建设层面的视域融合

从法制建设的角度来讲，可以主要从以下几个方面考虑视域融合视角下的法制建设问题。

1."统筹生态、生产和生活"是"同一健康"的落实路径之一

2014年2月，国家发改委等十二部委局联合发布的《全国生态保护与建设规划（2013—2020年）》"指导思想"中明确提出要"统筹兼顾生态、生产和生活"。2016年11月，国务院印发的《"十三五"生态环境保护规划》基本原则中认为，要"生态优先，统筹生产、生活、生态空间管理"。由此而来"统筹生态、生产和生活"，在本研究成果中简称"三生一体"。"统筹生态、生产和生活"（三生一体）这一新表达的外延，不局限于卫生和健康，而是主张在多方面都要对生态、生产、生活工作进行统筹思考安排，整体化谋划。2020年，国家发改委联合有关部门出台的《全国重要生态系统保护和修复重大工程总体规划（2021—2035年）》中明确提出，"坚持新发展理念，坚持人与自然和谐共生"的理念，"到2035年，优质生态产品供给能力基本满足人民群众需求，人与自然和谐共生的美丽画卷基本绘就"的发展目标。

无论是"三生一体"，还是"同一健康"，法制工作和法学研究都涉及不多。但是，这两个概念可以相互印证其重要性、必要性、迫切性。尤其是"三生一体"，已经出现在了党和国家的政策方针当中，更容易在现实工作当中发挥重要作用。近年来的疫情，也让"同一健康"这个概念得到了更为广泛的认可。在"三生一体"和"同一健康"理念的指引下，开展法制建设和法学研究，无疑有助于实现"建设人与自然和谐共生的现代化"。

2."大卫生""大健康"，是"同一健康"的重要落实路径之一

在卫生健康领域，公共卫生事业体系重视度较低，疾病预防控制体系和医疗体系相对脱离，务实落实"大卫生""大健康"理念，将"治病"转化为"治未病"，中心工作由关注"人民治病"转化为"人民健康"，公共卫生成为保护国民健康的重要工作，医学相关体系的融合是保卫人民健康、建设健康中国的保障。

3.建议建立管理"同一健康"的专门性机构或者强化联动机制

"同一健康"理念下"新型现代化"法制建设的核心要义是"融合发展"。首先是机构融合联动。特别是新型冠状病毒肺炎疫情暴发以来，"同一健康"理念更为深入人心，许多国际机构在疾病的监测、预警、控制、病毒溯源、病理分析等方面展开全面、深

入地联动与合作。就我国而言，卫生部门负责人类健康、生态环境部门主要负责环境健康、动物防疫与健康则涉及农业、林业、渔业多部门。这些机构之间还缺少共同的健康理念和长效化的联动机制。这次新型冠状病毒肺炎让我们更深刻地体会到按照统一健康理念，深化有关体制改革的必要性和迫切性。从"人—动物—环境"这一整体去思考解决人类面临的复杂健康问题，积极构建同一健康机构，强化机构间协作联动，是落实习近平总书记关于"建设人与自然和谐共生的现代化"的要求的新策略和新方法。

4."同一健康"视角下的"多法视域合一"

所谓的"多法视域合一"，强调的是"视域融合"，并非指将其法典化。这种视域融合更多的是用在观念、理论、体系、教育层面上，而非具体的法律、法规的合一。特别是在教育、培训这个操作层面上，更具可行性和必要性。

从教育培训方面来看，我们的教育体系存在着严重的不足。例如，当前高等教育中的环境法学教育，其教材几乎看不到涉及卫生法学的内容。卫生法学，特别是公共卫生法学，因其设计公共卫生，不可避免地还会涉及污染防治法的内容。但是因为在过去长期的传统学科分类当中，环境资源法学是可以设学位点的二级学科，卫生法学在法学学科体系当中的地位远不如环境资源法学。"同一健康"这个概念，以及我们中国所提出的"统筹生态、生产、生活"，均有助于促进环境法学适度纳入卫生法学的内容。我国的环境状况、卫生状况、健康状况，人才培养和人才业务素质结构的状况，均要求环境法学教育和环境法学者的视野，针对卫生法学，以及"大卫生""大健康"所涉及的法治法学问题时，必须要"眼光到达""视域融合"。实现这种到达和融合，说易做难。当前比较热门的所谓"新文科""新法学""新医科""新工科"等，其"新"的突出特征就是跨学科融合创新。近年来，这种对"新"的高调提倡，恰恰说明了这是一种说起来容易、做起来难的事情。

认真了解我国有关法律的立法目的和基本概念的内涵，从中可以窥视和考察其中的"视域融合"，如表30-1所示。这种考察贵在全面、贵在从基础概念做起。一部法中的最基础概念，某种意义上来说就是其逻辑起点。既考察各法的基本概念的区别，也考察其交叉、重叠和视域重合，这对于相关法治实践以及法制建设研究都是非常有帮助的。

表30-1 从我国有关法律的立法目的和基本概念内涵考察"视域融合"

法律名称	立法目的	基本概念
《中华人民共和国环境保护法》	第一条规定：为保护和改善环境，防治污染和其他公害，保障公众健康，推进生态文明建设，促进经济社会可持续发展，制定本法	第二条规定：本法所称环境，是指影响人类生存和发展的各种天然的和经过人工改造的自然因素的总体，包括大气、水、海洋、土地、矿藏、森林、草原、湿地、野生生物、自然遗迹、人文遗迹、自然保护区、风景名胜区、城市和乡村等

（续表）

法律名称	立法目的	基本概念
《中华人民共和国食品安全法》	第一条规定：为了保证食品安全，保障公众身体健康和生命安全，制定本法	第二条规定：在中华人民共和国境内从事下列活动，应当遵守本法：（一）食品生产和加工（以下称食品生产），食品销售和餐饮服务（以下称食品经营）；（二）食品添加剂的生产经营；（三）用于食品的包装材料、容器、洗涤剂、消毒剂和用于食品生产经营的工具、设备（以下称食品相关产品）的生产经营；（四）食品生产经营者使用食品添加剂、食品相关产品；（五）食品的贮存和运输；（六）对食品、食品添加剂、食品相关产品的安全管理。 供食用的源于农业的初级产品（以下称食用农产品）的质量安全管理，遵守《中华人民共和国农产品质量安全法》的规定。但是，食用农产品的市场销售、有关质量安全标准的制定、有关安全信息的公布和本法对农业投入品做出规定的，应当遵守本法的规定
《中华人民共和国动物防疫法》	第一条规定：为了加强对动物防疫活动的管理，预防、控制、净化、消灭动物疫病，促进养殖业发展，防控人畜共患传染病，保障公共卫生安全和人体健康，制定本法	第二条规定：本法适用于在中华人民共和国领域内的动物防疫及其监督管理活动。 进出境动物、动物产品的检疫，适用《中华人民共和国进出境动植物检疫法》
《中华人民共和国国境卫生检疫法》	第一条规定：为了防止传染病由国外传入或者由国内传出，实施国境卫生检疫，保护人体健康，制定本法	第三条规定：本法规定的传染病是指检疫传染病和监测传染病。 检疫传染病，是指鼠疫、霍乱、黄热病以及国务院确定和公布的其他传染病。 监测传染病，由国务院卫生行政部门确定和公布
《中华人民共和国基本医疗卫生与健康促进法》	第一条规定：为了发展医疗卫生与健康事业，保障公民享有基本医疗卫生服务，提高公民健康水平，推进健康中国建设，根据宪法，制定本法	第二条规定：从事医疗卫生、健康促进及其监督管理活动，适用本法
《中华人民共和国生物安全法》	第一条规定：为了维护国家安全，防范和应对生物安全风险，保障人民生命健康，保护生物资源和生态环境，促进生物技术健康发展，推动构建人类命运共同体，实现人与自然和谐共生，制定本法	第二条规定：本法所称生物安全，是指国家有效防范和应对危险生物因子及相关因素威胁，生物技术能够稳定健康发展，人民生命健康和生态系统相对处于没有危险和不受威胁的状态，生物领域具备维护国家安全和持续发展的能力。 从事下列活动，适用本法：（一）防控重大新发突发传染病、动植物疫情；（二）生物技术研究、开发与应用；（三）病原微生物实验室生物安全管理；（四）人类遗传资源与生物资源安全管理；（五）防范外来物种入侵与保护生物多样性；（六）应对微生物耐药；（七）防范生物恐怖袭击与防御生物武器威胁；（八）其他与生物安全相关的活动

（续表）

法律名称	立法目的	基本概念
《中华人民共和国疫苗管理法》	第一条规定：为了加强疫苗管理，保证疫苗质量和供应，规范预防接种，促进疫苗行业发展，保障公众健康，维护公共卫生安全，制定本法	第二条规定：在中华人民共和国境内从事疫苗研制、生产、流通和预防接种及其监督管理活动，适用本法。本法未做规定的，适用《中华人民共和国药品管理法》《中华人民共和国传染病防治法》等法律、行政法规的规定。 本法所称疫苗，是指为预防、控制疾病的发生、流行，用于人体免疫接种的预防性生物制品，包括免疫规划疫苗和非免疫规划疫苗
《中华人民共和国传染病防治法》	第一条规定：为了预防、控制和消除传染病的发生与流行，保障人体健康和公共卫生，制定本法	第三条规定：本法规定的传染病分为甲类、乙类和丙类。 甲类传染病是指：鼠疫、霍乱。 乙类传染病是指传染性非典型肺炎、艾滋病、病毒性肝炎、脊髓灰质炎、人感染高致病性禽流感、麻疹、流行性出血热、狂犬病、流行性乙型脑炎、登革热、炭疽、细菌性和阿米巴性痢疾、肺结核、伤寒和副伤寒、流行性脑脊髓膜炎、百日咳、白喉、新生儿破伤风、猩红热、布鲁氏菌病、淋病、梅毒、钩端螺旋体病、血吸虫病、疟疾。 丙类传染病是指流行性感冒、流行性腮腺炎、风疹、急性出血性结膜炎、麻风病、流行性和地方性斑疹伤寒、黑热病、包虫病、丝虫病，除霍乱、细菌性和阿米巴性痢疾、伤寒和副伤寒以外的感染性腹泻病。 国务院卫生行政部门根据传染病暴发、流行情况和危害程度，可以决定增加、减少或者调整乙类、丙类传染病病种并予以公布
《中华人民共和国野生动物保护法》	第一条规定：为了保护野生动物，拯救珍贵、濒危野生动物，维护生物多样性和生态平衡，推进生态文明建设，制定本法	第二条规定：在中华人民共和国领域及管辖的其他海域，从事野生动物保护及相关活动，适用本法。 本法规定保护的野生动物，是指珍贵、濒危的陆生、水生野生动物和有重要生态、科学、社会价值的陆生野生动物。 本法规定的野生动物及其制品，是指野生动物的整体（含卵、蛋）、部分及其衍生物。珍贵、濒危的水生野生动物以外的其他水生野生动物的保护，适用《中华人民共和国渔业法》等有关法律的规定

（续表）

法律名称	立法目的	基本概念
《中华人民共和国农业法》	第一条规定：为了巩固和加强农业在国民经济中的基础地位，深化农村改革，发展农业生产力，推进农业现代化，维护农民和农业生产经营组织的合法权益，增加农民收入，提高农民科学文化素质，促进农业和农村经济的持续、稳定、健康发展，实现全面建设小康社会的目标，制定本法	第二条规定：本法所称农业，是指种植业、林业、畜牧业和渔业等产业，包括与其直接相关的产前、产中、产后服务。 本法所称农业生产经营组织，是指农村集体经济组织、农民专业合作经济组织、农业企业和其他从事农业生产经营的组织
《中华人民共和国渔业法》	第一条规定：为了加强渔业资源的保护、增殖、开发和合理利用，发展人工养殖，保障渔业生产者的合法权益，促进渔业生产的发展，适应社会主义建设和人民生活的需要，特制定本法	第二条规定：在中华人民共和国的内水、滩涂、领海、专属经济区以及中华人民共和国管辖的一切其他海域从事养殖和捕捞水生动物、水生植物等渔业生产活动，都必须遵守本法
《中华人民共和国森林法》	第一条规定：为了践行绿水青山就是金山银山理念，保护、培育和合理利用森林资源，加快国土绿化，保障森林生态安全，建设生态文明，实现人与自然和谐共生，制定本法	第二条规定：在中华人民共和国领域内从事森林、林木的保护、培育、利用和森林、林木、林地的经营管理活动，适用本法
《中华人民共和国草原法》	第一条规定：为了保护、建设和合理利用草原，改善生态环境，维护生物多样性，发展现代畜牧业，促进经济和社会的可持续发展，制定本法	第二条规定：在中华人民共和国领域内从事草原规划、保护、建设、利用和管理活动，适用本法。 本法所称草原，是指天然草原和人工草地
《中华人民共和国畜牧法》	第一条规定：为了规范畜牧业生产经营行为，保障畜禽产品质量安全，保护和合理利用畜禽遗传资源，维护畜牧业生产经营者的合法权益，促进畜牧业持续健康发展，制定本法	第二条规定：在中华人民共和国境内从事畜禽的遗传资源保护利用、繁育、饲养、经营、运输等活动，适用本法。 本法所称畜禽，是指列入依照本法第十一条规定公布的畜禽遗传资源目录的畜禽。 蜂、蚕的资源保护利用和生产经营，适用本法有关规定

（续表）

法律名称	立法目的	基本概念
《中华人民共和国突发事件应对法》	第一条规定：为了预防和减少突发事件的发生，控制、减轻和消除突发事件引起的严重社会危害，规范突发事件应对活动，保护人民生命财产安全，维护国家安全、公共安全、环境安全和社会秩序，制定本法	第三条规定：本法所称突发事件，是指突然发生，造成或者可能造成严重社会危害，需要采取应急处置措施予以应对的自然灾害、事故灾难、公共卫生事件和社会安全事件。 按照社会危害程度、影响范围等因素，自然灾害、事故灾难、公共卫生事件分为特别重大、重大、较大和一般四级。法律、行政法规或者国务院另有规定的，从其规定。 突发事件的分级标准由国务院或者国务院确定的部门制定
突发公共卫生事件应急条例	第一条规定：为了有效预防、及时控制和消除突发公共卫生事件的危害，保障公众身体健康与生命安全，维护正常的社会秩序，制定本条例	第二条规定：本条例所称突发公共卫生事件（以下简称突发事件），是指突然发生，造成或者可能造成社会公众健康严重损害的重大传染病疫情、群体性不明原因疾病、重大食物和职业中毒以及其他严重影响公众健康的事件

5. "同一健康"视角下的"机构职能设置"

2021年4月15日起施行的《中华人民共和国生物安全法》，是一部较新制定的法律，其中的"工作协调机制"可作为"同一健康"理念下的工作机制设计和运作参考。根据我国《生物安全法》第二章"生物安全风险防控体制"的规定，"中央国家安全领导机构"负责国家生物安全工作的决策和议事协调等，建立"国家生物安全工作协调机制"并设立"办公室"负责日常工作。工作协调机制成员单位由国务院有关部门，如卫生健康、农业农村、科学技术、外交等主管部门和有关军事机关组成。工作机制中设立专家委员会，相关部门和行业成立技术咨询专家委员会。工作协调机制成员单位和其他有关部门根据职责分工，负责相关工作。县级以上地方人民政府有关部门根据职责分工负责相关工作。

参照《生物安全法》建立以下工作制度：①风险监测预警制度；②风险调查评估制度；③信息共享制度；④信息发布制度；⑤名录和清单制度；⑥标准制度；⑦生物安全审查制度；⑧应急制度；⑨事件调查溯源制度；⑩国家准入制度；⑪境外重大生物安全事件应对制度；⑫生物安全监督检查制度。

（二）"法学"建设层面的视域融合——环境资源法学

"环境资源法学"无疑是"同一健康"视角下的法制或法治建设所依托的法学学科的不二之选。从法学教育和学科建设角度来看，在传统的法学学科设置和学位点建设中，环境法学是最为突出（例如当前几乎各级法院都设立了环境资源审判庭）并且与卫生法学、生物安全、畜牧兽医、动物防疫、野生动植物保护以及检疫工作联系最为密切的学科。既然国家已经明确提出来要"统筹生态、生产、生活",国内外也提倡"同一健康"理念,我们有责任有义务加强环境法体系建设,努力实现环境法学与卫生法学、动物防疫法学等有关法治和法学研究内容相融合。应当向卫生法学领域学习,因为卫生法学的教材或一些专著都会涉及污染防治法,而环境法学教材和著作却大多局限于传统的污染防治法、自然资源法,几乎看不到有关著作涉及卫生法学。这显然是与"同一健康"所要求的"人医、兽医、环境卫生"一体化思考的学术境界不符的。本研究成果也可以说是向这种学术境界迈进的尝试。

第三十一章 突发事件法

2003 年 7 月 28 日，在抗击非典取得胜利的表彰大会上，党中央国务院第一次明确提出，政府管理除了常态以外，要高度重视非常态管理。这是我国政府首次把非常态管理提高到了国家层面的高度。近年来，我国对突发事件的应对更加重视，二十大报告指出，国家应急管理体系是强化国家安全协调机制的重要组成部分。制定突发事件法是建立与完善国家应急管理体系的应有之义。本章将系统梳理关于突发事件所包含的自然灾害、事故灾难、公共安全事件和公共卫生事件所进行的一系列立法探索，展现法律法规在应对突发事件方面所发挥的作用。

第一节 突发事件法概论

本节对突发事件法的概念和制定基本情况进行了梳理，帮助读者理清何谓突发事件法，突发事件法包括哪些法律，分别在哪些领域当中发挥作用。

一、突发事件法的概念

在我国的法律当中，并不存在一部法律被命名为《突发事件法》，学界也没有针对"突发事件法"这个名词的明确概念。本章所称"突发事件法"并不是一部专门的法律，其含义应该理解为"关于应对突发事件的法"。因此，在对"突发事件法"给出一个明确的定义之前，首先应该明确，何谓"突发事件"？

人类社会当中，难免会发生各种各样的突发事件。小到一场交通事故、一次楼道电动车着火，大到 2008 年汶川地震、2020 年新型冠状病毒肺炎的全球性蔓延，都可以称之为突发事件。可以说，人类的发展史同样也是一部与各类突发事件不断斗争的历史。那么，如何定义突发事件呢？ 2007 年 8 月 30 日通过的《突发事件应对法》（以下简称突发事件法）中，将突发事件定义为：突然发生，造成或者可能造成严重社会危害，需要采取应急处置措施予以应对的自然灾害、事故灾难、公共卫生事件和社会安全事件。在中国科学院发布的《应急管理指南（2022 版）》当中，采用了同样的概念定义。

本章所谈到的突发事件，将采用这一概念的涵盖范围，从自然灾害、事故灾难、公共卫生事件和社会安全事件四个领域，介绍相关立法情况。在此之前，借助突发事件的概念，本章尝试对突发事件法给出一个定义，即为应对自然灾害、事故灾难、公共卫生事件和社会安全事件所造成或可能造成的严重社会危害而制定的一系列法律规范。

在此，有必要一并做出说明的是，《应急管理指南（2022版）》对于自然灾害、事故灾难、公共卫生事件和社会安全事件同样给出了说明，理解这些术语的含义，对于理解本章接下来的内容至关重要，因此一并摘录如下：

自然灾害：指给人类生存带来危害或损害人类生活环境的自然现象。

事故灾难：指在人们生产、生活过程中发生的，直接由人的生产、生活活动引发的、违反人们意志的、迫使活动暂时或永久停止，并且造成大量的人员伤亡、经济损失或环境污染的意外事件。

突发公共卫生事件：指突然发生，造成或者可能造成社会公众健康严重损害的重大传染病疫情、群体性不明原因疾病、重大食物和职业中毒以及其他严重影响公众健康的事件。

突发社会安全事件：一般包括重大刑事案件、重特大火灾事件、恐怖袭击事件、涉外突发事件、金融安全事件、规模较大的群体性事件、民族宗教突发群体事件、学校安全事件以及其他社会影响严重的突发性社会安全事件。

二、当前我国突发事件法制定的基本情况

为有效应对各类突发事件，20世纪80年代开始，我国逐步制定了一系列应对突发事件法律规范。从应对对象来看，我国的突发事件法基本是针对某一具体灾种制定专门法律，也就是以单行法为主。例如，针对地震灾害制定了《防震减灾法》，针对洪涝灾害制定了《防洪法》，针对传染性疾病制定了《传染病防治法》等。此外，还有针对某一具体领域的，比如自然资源方面的《水法》《森林法》《煤炭法》，气象方面的《气象法》《大气污染防治法》，事故灾难方面的《安全生产法》《消防法》，以及公共卫生方面的《食品卫生法》《动物防疫法》等。法规层面，有《破坏性地震应急条例》《突发公共卫生事件应急条例》《地质灾害防治条例》等，同样多是单行法。2007年11月，因2003年"非典"这一突发公共卫生灾害促使《突发事件应对法》正式施行，这是一部适用于所有突发事件的综合型国家立法，标志着我国第一部综合型立法法律诞生。从应对过程来看，针对突发事件各个阶段的法律不断完善。上文所述单行法的突发事件应对对象具体而明确。针对预防和应对突发事件的不同阶段，我国的法律建设同样成果丰硕。例如，在规划方面，有《城乡规划法》，要求必须将防灾减灾作为城乡总体规划的强制性内容。在预防方面，有《基础测绘条例》，为摸清灾害隐患奠定了基础。在灾害救助方面，有《自然灾害救助条例》，全面系统的规定了发生灾害后的救助要求。从应对力量来看，突发事件所需要的人财物三方面保障，同样有较为系统的法律规范作为保障。在人员方面，有《军人参加抢险救灾条例》和《红十字会法》等，为多种力量参加抢险救援提供了法律依据。在财政保障方面，有《预算法》《公益事业捐赠法》《保险法》等，从政府财政和社会力量方面对突发事件支出做出了规定。在物资保障方面，有《中央储备粮管理条例》《治安管理处罚法》等对突发事件物资储备和设施管理维护进行了明确规定。

从以上的梳理当中，我们可以将突发事件法的定义进行进一步的补充：突发事件法是指为应对自然灾害、事故灾难、公共卫生事件和社会安全事件所造成或可能造成的严重社会危害而制定的一系列法律规范，用以预防减少、应对事故灾害和进行灾后重建，包括规划类、预防预报类、抢险救援类和灾后重建类等，从人财物三个方面为突发事件防范应对工作提供全方位保障。本章内容将根据突发事件的不同类型，选取部分具有典型代表性的法律进行介绍，重点将放在制定历程、突出特点及其社会意义等方面。

第二节 自然灾害防治相关法律

我国是世界上自然灾害最为严重的国家之一，自然灾害种类多、分布地域广、发生频率高、造成损失严重。近年来，汶川特大地震、甘肃舟曲泥石流灾害、九寨沟地震、"利奇马"超强台风、2020年南方洪涝灾害、2021年郑州特大暴雨等一连串严重自然灾害向国人敲响警钟。在全球气候变化和我国经济社会快速发展的背景下，我国自然灾害形势日益严峻复杂，重大自然灾害乃至巨灾时有发生，灾害风险进一步加剧，严重影响我国经济社会可持续发展和人民生命财产安全。针对不同类型的自然灾害，我国先后颁布多个单行法，为灾害防范和治理工作提供了法律层面的支撑。

一、《防洪法》

受气候条件影响，洪涝灾害是我国自然灾害的主要灾种之一，影响范围广、造成损失重。新中国成立以后，水利部即提出制定《水利法》，到20世纪80年代初，关于水利工程管理的规章逐步制定了出来，如《河道堤防工程管理通则》《水库工程管理通则》《水利水电工程管理条例》等。1988年1月21日，新中国第一部关于水的基本法《水法》诞生，标志着我国的水利事业开启了法治化道路。《水法》当中，针对防汛与抗洪专门设立了一章内容，规定了防汛抗洪工作的领导机构、部门权责以及紧急情况处理等方面的内容，成为在《防洪法》出现之前应对防汛抗洪工作的法律依据。此后，国务院分别于1988年6月和1991年7月颁发了《河道管理条例》和《防汛条例》，对规范和促进防洪工作起到了重要作用,同时也为《防洪法》的制定奠定了基础。1994年,八届全国人大常委会将《防洪法》列入了立法规划。经过三年的调研总结和起草,《防洪法》于1997年8月29日通过,自1998年1月1日起施行。此后,《防洪法》分别于2009年、2015年、2016年进行了三次修订。

现行的《防洪法》共八章六十五条,包括总则、防洪规划、治理与保护、防洪区和防洪工程设施管理、防汛抗洪、保障措施、法律责任和附则。其制定的主要目的是"为了防治洪水,防御、减轻洪涝灾害,维护人民的生命和财产安全,保障社会主义现代化建设顺利进行",是一部专门为调整防治洪水工作中各类社会关系而制定的法律。《防洪法》是我国规范自然灾害防治方面的第一部法律,标志着我国依法防御、减轻洪涝灾害工作翻开了崭新的一页。

《防洪法》颁布以后,各省、自治区陆续出台了实施办法或防洪条例,我国国家和地方防洪法制体系日益完善,防洪管理走向了法治化、规范化和科学化。尤其值得一提的是,经过几次修订的《防洪法》具备以下三个重要特点。

与时俱进的防洪理念。与20世纪以工程防洪为核心的特点不同,《防洪法》重点突出"人与自然和谐相处"理念,不再单纯着眼于对洪水本身,而是将视野拓展到了整个经济社会发展全过程以及生态环境全领域,从国土规划层面对防洪工作进行部署,立足长远制定治水总体规划。与此同时,应对洪水灾害的思路也发生了变化,从防汛抗洪变成了防洪减灾,由通过工程措施针对自然水变成了改造自然和调整自身适应自然,这都指向了更加可持续的发展战略目标。

针对流域管理机构的法律授权。作为一个动态变化的整体,河道水系具有自身的连贯性和系统性。为实现统一管理和调度,《防洪法》第五条规定,"防洪工作按照流域或者区域实行统一规划、分级实施和流域管理与行政区域管理相结合的制度"。这一规定,首次对流域管理机构进行了明确的授权,流域管理机构可在管辖范围内,依照法律和行政法规规定履行防洪协调和监督管理职责,为防洪工作提供了技术保障。

具备法律地位的规划管理。"防洪规划是指为防治某一流域、河段或者区域的洪涝灾害而制定的总体部署,包括国家确定的重要江河、湖泊的流域防洪规划,其他江河、河段、湖泊的防洪规划以及区域防洪规划。"《防洪法》第二章专门明确了防洪规划方面相关规定,赋予了规划的法律地位,为江河、湖泊治理和防洪工程设施建设提供了法律依据。

二、《防震减灾法》

1988年,国家地震局(现为中国地震局)颁布了《发布地震预报的规定》,对地震预报工作从法律层面做出了规定,迈出了地震灾害立法的第一步。经过近十年的探索,1997年12月29日,全国人大常委会颁布《防震减灾法》,这是我国第一部专门应对地震灾害,开展防震减灾工作的国家层面立法。在这部法律中,正式确立了"预防为主，防御与救助相结合"的防震减灾工作方针，并对地震监测预报、地震灾害预防和地震应急三大工作体系做了规定。1998年3月1日，《防震减灾法》正式开始实施。2008年，汶川地震发生以后，全国人大常委会在反思和总结抢险救灾经验的基础上，对《防震减灾法》进行了修订，从原来的48条增加到了93条。

现行的《防震减灾法》共九章，包括总则、防震减灾规划、地震监测预报、地震灾害预防、地震应急救援、地震灾后过渡性安置和恢复重建、监督管理、法律责任和附则，基本涵盖了防震减灾过程的各个环节，在各类社会关系的法律责任方面进行了更加细致和明确的规定，法律的完备性、合理性和可操作性较之前有了很大提升。

三、水土保持法

中华人民共和国成立以来，我国在应对水土流失问题方面取得了长足的进步，这得益于水土保持立法建设的不断加强。1957年5月24日，国务院通过了《水土保持暂行纲要》，这是我国首部水土保持行政规划，也是第一个对水土保持工作进行系统规划的法律文件。在此基础上，1982年国务院发布了《水土保持工作条例》，完成了水土保持立法工作的奠基。为了更好地保护水土资源，切实加强水土流失的预防和治理，通过对前期工作经验的系统总结，1991年6月29日，第七届全国人大常委会通过了《水土保持法》，我国第一部水土保持工作基本法律正式诞生。2010年12月25日，第十一全国人大常委会第十八次会议审议通过了修订后的《水土保持法》。修订后的《水土保持法》共七章六十条，包括总则、规划、预防、治理、监测和监督、法律责任和附则，对水土保持工作的前期规划、预防保护和发生流失问题以后的治理，全过程的监测、监督以及各方的法律责任进行了详细的规定，为水土保持工作的开展提供了法律支撑。

四、《自然灾害救助条例》

自然灾害具有突发性、广泛性、区域性和不可避免性的特点。严重灾害发生以后，受灾群众往往会陷入困境当中，自我救助和恢复能力相对薄弱，迫切需要政府和社会各界的有效救援救助。与这种迫切需求不匹配的是，由于我国在自然灾害防治方面以单行法为主，综合性的救援救助立法长期处于空白状态。2010年7月8日，国务院颁布了《自然灾害救助条例》，成为我国首部自然灾害领域的综合性救助条例。条例共七章三十五条，包括总则、救助准备、应急救助、灾后救助、救助款物管理、法律责任和附则。《自然灾害救助条例》颁布实施后，结束了我国救灾无法可依的状态，对保障受灾群众的基本生活和推进正常生产生活秩序的恢复发挥了重要作用。从救助力量来看，《自然灾害救助条例》明确了各级政府部门，村委会、居委会以及红十字会、慈善总会等社会组织在灾害救助方面的责任和分工。从救助准备来看，《自然灾害救助条例》明确要求县级以上人民政府要制订救助应急预案、建立指挥技术支持系统、完善物资储备制度、合理规划应急避难场所，并做好救助队伍建设和业务培训。《自然灾害救助条例》还将救助区分为应急救助和灾后救助两个阶段，对启动应急响应后不同阶段的救助措施进行了明确规定。针对广受社会各界关注的救助款物监管，强化了各级部门的职责，并建立了监督检查、投诉举报等制度。

综上所述，《自然灾害救助条例》基本实现了灾害救助各方力量的统筹，基本覆盖了救灾救助的全过程。但作为从属于法律的行政法规，《自然灾害救助条例》颁布实施时间较短，在灾害救助部门职能分工、救灾资金管理和救灾监督机制等方面还存在诸多不完善的地方。放眼国际社会，早在 1947 年，日本制定出台了《灾害救助法》，美国在 1950 年颁布了《灾害救助和紧急援助法》。两部法律从自然灾害的灾前防范、灾中救援和灾后救助重建全过程都进行了详细的规定，明确了操作流程和责任主体，保证了公民在遭受自然灾害以后，得到行政救助有法可依。可以说，我国在自然灾害救助领域的立法还有很长的路要走。

第三节 事故灾难相关法律

事故灾难法是指应对人们生产、生活过程中发生的，直接由人的生产、生活活动引发的，违反人们意志的、迫使活动暂时或永久停止，并且造成大量的人员伤亡、经济损失或环境污染的意外事件所制定的一系列的法律法规。本章将选取高发易发、容易造成大规模伤亡的安全生产事故和火灾事故方面的立法，进行重点介绍。

一、《安全生产法》

安全生产问题可以说是与人类生产活动相伴而生的。随着社会进步，尤其是工业化的不断发展，安全生产问题变得格外突出。预防和减少生产事故、保护劳动者权益是安全生产立法的核心所在。美国自 20 世纪 70 年代开始逐渐形成了以《联邦职业安全与健康法》为基本法，以《联邦矿山安全与健康法》等法为特别法，以政府和行业标准及指令为补充的多层次、多领域的职业安全与健康法律体系。[1] 德国以《劳动保护法》为基本法，《联邦矿业法》等行业法规规范为辅，共同构成了完整的安全及健康法律体系。[2] 南非自 20 世纪 90 年代开始，也逐步形成了以《职业健康与安全法》为基本法，以《矿山健康与安全法》等为特别法，并有大量的指南、标准、规程、部门命令等法律规范为补充的职业健康与安全法律体系。[3]

---

① 石少华 . 安全生产法治总论 [M]. 北京：煤炭工业出版社，2010.

② 张文杰 . 论安全生产的法治化 [D]. 武汉：武汉大学，2013.

③ 张文杰 . 论安全生产的法治化 [D]. 武汉：武汉大学，2013.

我国在安全生产领域的立法起步非常早，在秦律中，就提及了安全生产问题，对防火问题做出了详尽规定。清末民初，在西方资本主义的影响下，中国近代民族工业缓慢发展，在工矿业出现了专门的立法《大清矿务章程》。1914年初，北洋政府公布了《矿业条例》。到南京国民政府时期，出现了《矿业法》《工会法》《工厂法》和《建筑法》等单行法，其中都对安全生产进行了规定。中华人民共和国成立以后，针对各生产领域，先后颁布了多个法律法规，包括铁道部1950年颁布的《关于消灭事故保证行车安全的命令》、重工业部颁布的《关于大力开展安全教育的指示》，以及政务院1951年公布的《矿业暂行条例》等。1954年，新中国第一部宪法颁布，对生产安全做了规定，形成了安全生产核心理念。1994年，《劳动法》颁布，成为安全生产法治化的重要里程碑。此后，不同领域相继出台了一系列安全生产方面的法律法规，包括《煤炭法》《建筑法》《消防法》《职业病防治法》等。

1998年，国家经贸委提出制定并起草完成了《职业安全法（草案）》。2000年，在广泛征求意见基础上，国务院法制办公室将其改为《安全生产法》，并列入2001年立法计划。2002年6月，经过多次审议修改，《安全生产法》正式颁布，同年11月1日开始施行。《安全生产法》的颁布施行是安全生产法治化的重大进步，是"安全生产法制建设的里程碑"。① 以此为标志，我国安全生产法律制度也日趋完善，初步形成了以《安全生产法》为主体，以《矿山安全法》《煤炭法》《建筑法》和《劳动法》等有关安全生产的法律规定为辅的安全生产法律体系。

2009年、2014年、2021年，结合安全生产发展形势需要，《安全生产法》经历了三次修正。现行的《安全生产法》于2021年6月10日通过，自2021年9月1日起正式施行。新《安全生产法》共七章，一百一十九条，包括总则、生产经营单位的安全生产保障、从业人员的安全生产权利义务、安全生产的监督管理、生产安全事故的应急救援与调查处理、法律责任和附则。总的来说，新《安全生产法》在立法精神和原则、法律内容和法律实施等方面都取得了很大进步。首先，新《安全生产法》将以人为本放到了突出位置，明确提出"安全生产应当以人为本，坚持人民至上、生命至上，把保护人民生命安全摆在首位"，这对于进一步加强安全生产工作、实现安全生产形势根本性好转的奋斗目标具有重要意义。其次，新《安全生产法》强化了预防为主的理念，确立了"安全第一、预防为主、综合治理"的工作方针，对生产事故预防当中各方权利和义务进行了明确规定，并把加强事前预防、强化隐患排查治理作为一项重要内容，建立起完善的工作机制。最后，新《安全生产法》更加注重本质安全。结合多年实践经验，新《安全生产法》强调推进安全生产标准化建设，明确生产经营单位应当推进安全生产标准化工作，提高本质安全生产水平。确定注册安全工程师制度，规定部分

---

① 张要波. 安全生产法制建设的里程碑 [J]. 现代职业安全，2007（7）：70-71.

危化品、工矿冶炼单位应该有注册安全工程师从事安全生产管理工作，同时鼓励其他单位聘用注册安全工程师，并对注册安全工程师的管理进行了规定。此外，新《安全生产法》在安全生产的监督管理方面也进行了优化，监管机制更加健全和完善，对于新形势下的安全生产工作有着更强的指导和规范意义，深刻体现出我国高质量发展理念之下人民为中心的发展思想。

二、《消防法》

中华人民共和国成立以来，党和国家高度重视消防立法工作。随着经济社会的快速发展，自 1949 年以来，我国经历了四次消防基本法律的立法和修订工作。具体来说，1957 年 11 月 30 日，国务院颁布《消防监督条例》，这是我国第一部消防法律。1984 年 5 月 11 日，第六届全国人民代表大会常务委员第五次会议批准了《消防条例》，对原有的《消防监督条例》进行了较大的补充和修改，为在改革开放新时期全面加强消防工作奠定了法律基础。1998 年 4 月 29 日，第九届全国人民代表大会常务委员会第二次会议审议通过了《消防法》，自 9 月 1 日起施行。该法的颁布实施，标志着我国消防法治化建设迈上了新台阶，消防工作全面走上了规范化、制度化轨道。为进一步完善与社会主义市场经济体制相适应的消防法律体系，2008 年 10 月 28 日，第十一届全国人大常委会第五次会议第三次审议后通过了修订后的《消防法》，新法于 2009 年 5 月 1 日起施行。此次修订对 1998 年实施的《消防法》进行了大幅度修改，包括消防工作原则、部门责任分工、监督管理制度、农村消防工作、社会消防基础服务机制、消防部门应急救援职能以及违法查出力度等都进行了全面的修订和完善，进一步提升了消防队伍的社会地位，对全面加强应急救援工作意义重大。2019 年，为适应机构改革以后消防由公安部门转入应急管理部门，对《消防法》当中机构名称进行了变更，执法程序未做修改。2021 年，为落实《关于深化消防执法改革的意见》精神，对相应法律条款进行了修改。总体来说，后面两次的修改幅度都不大。

现行的《消防法》共有总则、火灾预防、消防组织、灭火救援、监督检查、法律责任和附则七章七十四条，确立了消防工作的方针、原则以及各方责任，形成了防灭火全链条责任落实机制，有效提升了消防工作的质量和效率。但是，在现实的施行过程中，《消防法》仍有一些需要改进和完善的地方。例如，消防安全检查方面的规定还不够明确细致，机构改革后消防监督管理职能有所弱化，以及对技术进步，对新技术新材料的管理要适时纳入《消防法》中，这些都需要在《消防法》进一步的修订当中有所体现。

第四节 公共卫生事件应对相关法律

公共卫生事件应对法是指针对突发公共卫生事件，包括突然发生，造成或者可能造成社会公众健康严重损害的重大传染病疫情、群体性不明原因疾病、重大食物和职业中毒以及其他严重影响公众健康的事件所制定的一系列法律法规。从当前我国的立法来说，公共卫生事件应对法主要包括《基本医疗卫生与促进法》《国境卫生检疫法》《精神卫生法》《食品卫生法》《传染病防治法》《职业病防治法》等。从环境资源法学角度出发，本章将把重点放在卫生防疫工作，对相关法律做一重点介绍。

一、《传染病防治法》

翻阅漫长的人类文明发展历史，传染病的身影时常出现在每一个时代。正如学者所言，瘟疫"在漫长的岁月里塑造了人类的文化与基因"。[①] 在现代医学尤其是现代微生物学产生之前，作为影响人类健康，乃至威胁人类生命的严重疾病，传染病是限制人类人口增长的核心因素之一，也是人类历史的决定因素之一。随着现代科学技术尤其是医学和生物医药技术的不断发展，人类在应对和防治传染病方面取得了长足进步。然而，传染病也在新的社会形态下展现出了全新的威势。2020年初，新型冠状病毒肺炎全球性的大规模暴发，给人类文明发展产生了难以估量的影响。因此，可以说，传染病的防治事关民生大计。同时，在全球化不断发展的今天，国际性公共卫生事件不仅会深刻影响全球经济和社会发展，还将深刻影响国际关系的走向。

关于传染病防治，早在中华人民共和国成立之初就引起了党和国家的高度重视。1950年10月，卫生部制定了《种痘暂行办法》，揭开了传染病"预防为主"的序幕。1955年，经国务院批准，卫生部发布了《传染病管理办法》，其中首次将传染病分为了甲乙两类，并对疫情报告和处理工作做出了明确的规定。1978年，卫生部颁发了《急性传染病管理条例》，首次以立法形式确认了"预防为主"方针，成为控制和消灭急性传染病的法律依据。1989年，第七届全国人大常委会第六次会议通过《传染病防治法》，并于同年9月1日起施行。进入21世纪后，在总结2003年抗击"非典"的工作经验和存在问题的基础上，2004年8月28日，第十届全国人大常委会第一次会议对1989年的《传染病防治法》进行了大规模的修订，并于2004年12月1日起正式施行。

---

① [英] 戴维·P. 克拉克. 病菌、基因与文明：传染病如何影响人类社会 [M]. 邓峰，等. 译. 北京：中信出版社，2020.

修订后的《传染病防治法》共九章八十条，包括总则，传染病预防，疫情报告、通报和公布，疫情控制，医疗救治，监督管理，保障措施，法律责任和附则。此次修订将20世纪末开始暴发的"人感染高致病性禽流感列"和2003年的"非典型肺炎"纳入了乙类传染病，列入法定传染病的种类达到了37种（含甲类2种，乙类25种，丙类10种）。同时，以此前的抗疫经验为基础，对传染病疫情报告和公布制度进行了进一步的规范，新增设了传染病疫情信息通报制度。修订后的《传染病防治法》实现了关于传染病防治的预防，报告、通报和公布，监督管理，控制及救助，财政支持等流程的闭环管理，实现了我国传染病防治法治化建设的重大进步，为更好地应对突发传染病提供了法律保障。

值得一提的是，关于如何界定一种疾病为传染病，在国际上各个国家的法律当中并不统一。根据其定义的逻辑来看，有四种形态：只列举不定义，由国家进行严格规定；以列举为主，辅助以定义来补充；以定义为主，辅助以列举部分疾病和只定义不列举。这一逻辑背后反映的是传染病防治主体的定位。第一种形态即为严格的国家主义防治观，传染病的定义由国家最高政权来决定，中国、新加坡、日本都是采取这一形态。后面三种则国家发挥的作用依次减弱，逐渐向专业力量（如医疗专家、科研机构等）转移。德国采取的是定义为主列举为辅的准专业主义防治观；挪威采取的则是只定义不列举的充分专业主义防治观。[1] 我国对传染病的定义采取只列举不定义的方式，是由我国具体国情和中国特色社会主义制度决定的，能够充分发挥"集中力量办大事"的体制优势，也为应对2020年初暴发的新冠肺炎疫情奠定了坚实基础。

二、《国境卫生检疫法》

1347年，西西里群岛"黑死病"暴发，很快疾病席卷整个欧洲，至1353年，这场瘟疫带走了2500万人的生命，占当时欧洲总人口的三分之一。随着疾病的暴发，人们逐渐意识到，这是一种由老鼠传播的疾病，也就是目前被我国《传染病防治法》列入甲类传染病的鼠疫。1348年，在意大利的威尼斯和米兰港开始设有"卫生监督员"，检查来往可疑有鼠疫的船只，并进行一定的消毒。这是世界上最早的国境卫生检疫活动。

中国的卫生检疫开始于1873年，主要在列强控制下的上海、厦门等海关开展海港检疫。中华人民共和国成立以后，除在海港卫生检疫以外，开始陆续开展陆地边境和航空卫生检疫。1950年12月，卫生部公布了《交通检疫暂行办法》，明确规定了鼠疫、霍乱、天花等10种病列为检疫传染病。1951年，卫生部公布了《民用航空检疫暂行办法》，对航空卫生检疫工作做出明确规定。1957年12月23日，经第一届全国人民代表大会第88次会议通过，颁布了《国境卫生检疫条例》。这是中华人民共和国成立以来的首

---

① 李广德. 传染病防治法调整对象的理论逻辑及其规制调适 [J]. 政法论坛，2022，（3）：151-163.

部卫生检疫法规，将鼠疫、霍乱、黄热病、天花、斑疹伤寒和回归热列为检疫传染病，为卫生检疫工作提供了行政执法依据。此后，卫生部先后发布了关于国境口岸传染病监测和卫生监督方面的部门规章，逐步构建起了检疫查验、疫病监测和卫生监督三项工作并行的工作机制，大大提升了卫生检疫工作能力。1986年12月2日，第六届全国人大常委会第十八次会议审议通过了《国境卫生检疫法》，这一法律的施行标志着我国国境卫生检疫工作正式进入了法治化管理的新阶段。后来分别于2007年、2009年、2018年对《国境卫生检疫法》进行了三次修订。

现行的《国境卫生检疫法》共六章二十七条，包括总则、检疫、传染病监测、卫生监督、法律责任和附则，与2019年修订的《卫生检疫法实施细则》相结合，二者以法律法规的形式规定了新形势下卫生检疫机构的职责、检疫对象、主要工作内容、疫情通报、发生疫情时的应急措施以及处理程序，为加强卫生检疫行政管理和业务建设提供了法律依据。同时，对出入境人员、运输工具检验检疫、物品检疫查验、临时检疫、国际间传染病监测、卫生监督和法律责任也做了相应的规定。

自新型冠状病毒肺炎疫情发生以来，人类社会逐渐步入后疫情时期。如何建立更加科学的公共卫生与安全应对机制，世界各国都在法律层面开始了新的探索，对于国际卫生检疫法律责任的界定更加严苛。[①] 2020年7月，国境卫生检疫法（修订草案征求意见稿）在人大立法草案征求意见网页和海关总署网页公布，我国国境卫生检疫全过程联防联控模式正在探索和完善的进程中。

三、基本医疗卫生与健康促进法

自20世纪八九十年代以来，针对不同行业领域，我国相继出台了多部综合性基本法律。例如，1989年颁布的《环境保护法》、1993年颁布的《农业法》、1995年颁布的《教育法》等，这些基本法律为行业领域开展工作提供了专门的法律依据。与之相较，医疗卫生领域的立法相对有所滞后。随着社会发展进步，人们的生活水平不断提高，对于健康权的认知和重视程度也在不断提高。2009年启动新医改以来，我国的医疗卫生领域取得了巨大进步。然而，医疗领域法制不够健全带来的各种问题也更加凸显。出台医疗卫生领域的基本法来规范各方关系，保障人民群众健康权，成为一项迫在眉睫的时代课题。

2014年12月30日，基本医疗卫生法起草工作机构第一次全体会议在人民大会堂召开，《基本医疗卫生法》的立法工作全面启动。随着立法调研工作深入推进，《基本医疗卫生法》更名为《基本医疗卫生与健康促进法》。2019年12月28日，在经过两次审议和公开征求社会各界意见后，《基本医疗卫生与健康促进法》通过了第十三届全国人民代表大会常务委员会第十五次会议审议，于2020年6月1日正式开始施行。

---

① 朱端时，等. 后疫情时期对完善国境卫生检疫法的再思考[J]. 上海法学研究·集刊，2021（24）：70-80.

《基本医疗卫生与健康促进法》共十章一百一十条，包括总则、基本医疗卫生服务、医疗卫生机构、医疗卫生人员、药品供应保障、健康促进、资金保障、监督管理、法律责任和附则。作为我国医疗卫生领域第一部基本法，《基本医疗卫生与健康促进法》在建立健全基本医疗卫生服务体系、完善基本药物制度，解决"看病难"（医疗人力资源不足）和"看病贵"（医疗经费高昂）问题以及加强医疗服务监管等方面做了详细规定，为解决医疗卫生领域的痛点难点问题提供了法律依据。同时，在这部法律当中，第一次全面提出了健康权的概念，专门规定"国家和社会尊重、保护公民的健康权"，成为我国人权事业发展的新篇章。

第五节 突发事件应对相关法律

自 20 世纪 90 年代以来，我国在突发事件的各个领域都相继开展了单行法的立法工作，一大批配套的行政法规也相继制定出台，初步形成了较为完整的突发事件法律体系，在应急救援、保护人民生命财产安全和保护生态环境等方面发挥了重要作用。随着经济社会的发展，出台一部综合性的突发事件应对法律势在必行，《突发事件应对法》应运而生。本章将对这部法律的制定历程和主要内容及其特点进行介绍。同时，对应对突发社会安全事件的相关法律进行简单介绍。

一、《突发事件应对法》的制定历程

《突发事件应对法》出台之前，我国在突发事件具体应对的实践中面临着诸多问题，主要表现在四个方面。一是应对责任不够明确，尤其是针对重大突发事件，没有形成统一、灵敏、高效的应对体制，救援机制运行不够完善。二是部分行政机关在应对突发事件的过程当中，由于法律赋权不够完善，能够采取的应急处置措施不够充分有力，应对能力相对较低。三是应对突发事件的闭环机制不够健全，尤其是在预防和应急准备、监测预警等方面力量和能力还不够，导致可预防的突发事件没能得到有效的前期处置。四是社会参与的力度不够，社会力量和公众广泛参与的机制不够健全，公众危机意识还有欠缺，自救互救能力的普及和训练还需要进一步提升。

因此，制定一部统一调整各类突发事件应对行为的基本法律，对于进一步建立和完善我国突发事件应对法律体系，提高全社会应对突发事件的能力，及时有效控制、减轻和消除突发事件造成的危害和影响，保护人民群众生命财产安全，具有重要意义。为此，2003 年 5 月，国务院法制办成立了专门的起草领导小组，开始研究制定突发事件应对的综合性法律。此次起草工作在立足我国国情的基础上，重点研究和借鉴了美国、俄罗斯、德国、意大利、日本等十多个国家应急法律制度，并委托了有关高等院校进行专项课题研究，举办多次座谈会、论证会和国际研讨会，广泛征求了社会各界的意见建议。经过三年多的努力，形成了《突发事件应对法（草案）》。2007 年 8 月 30 日，第十届全国人民代表大会常务委员会第二十九次会议表决通过。

二、《突发事件应对法》的主要内容及特点

《突发事件应对法》共七章七十条，包括总则、预防和应急准备、监测与预警、应急处置与救援、事后恢复与重建、法律责任和附则。作为我国首部综合性突发事件应对方面的法律，《突发事件应对法》的特殊性在于其属于一部非常态法律秩序的基本法。一般而言，国家对于社会的管理有两种，一种是常态管理，另一种是非常态管理（危机管理）。① 在常态管理之下，各类社会关系之间形成了稳固的秩序。但在非常态管理，也就是危机管理之下，如何保护公民的生命财产安全并维护他们的自由权利，就需要在二者之间划出明确的法律界限。在这一层面，《突发事件应对法》做出了重要贡献。

首先，《突发事件应对法》对突发事件的种类进行了明确的规定，只限于自然灾害、事故灾难、公共卫生事件和社会安全事件四个方面。对于行政机关管理突发事件的应急权力，只限于在这四个方面使用。其次，《突发事件应对法》规定了突发事件的社会危害程度，划分出"特别重大、重大、较大、一般"社会危害四个等级，同时规定了应对措施与危害程度相适应的原则，并针对每个等级确定了相应的授权条款。最后，《突发事件应对法》明确，当危害达到最高等级，使用宪法意义上的紧急状态制度。通过确立这一制度，防止了突发事件的普通社会危害和极端社会危害之间的混淆，确保了使用《突发事件应对法》的行政措施不影响宪法规定的实施。即上述规定帮助行政机关在处理危机事件时有了制度框架和依据，能够有效避免过度反应和极端非常手段的使用，使得公民权利在应对突发事件的过程当中尽可能少的受到影响。

另外，《突发事件应对法》在提升突发事件应对全过程能力方面也发挥了巨大的作用。从内容上来看，《突发事件应对法》将突发事件的应对以事件处置为核心向两端进行了延伸，覆盖了"预防、预备、监测、预警、处置、恢复重建"全过程，尤其是在监测预警和恢复重建方面，对如何判断进入突发事件处置阶段的依据进行了规范。也就是说，《突发事件法》实现了从"从预防开始到重建结束"的整体覆盖，提供了一个系统、完备的权利、义务框架。②

与我国《突发事件应对法》相似的是，1988 年，美国国会综合修订多部法律形成的《罗伯特·T·斯塔福德灾害救援和紧急援助法案》（以下简称《斯塔福德法案》）。从框架上来说，二者都是围绕备灾、减灾、灾后重建制定的法律。但从具体内容来说，

---

① 汪永清.《突发事件应对法》的几个问题 [J]. 中国行政管理，2007（12）：8–11.

② 汪永清.《突发事件应对法》的几个问题 [J]. 中国行政管理，2007（12）：8–11.

我国的《突发事件应对法》相对宏观、概括，需要依靠更多的配套政策、地方法规以及部门规章、预案等进行支持，《斯塔福法案》则集各类法律、法规和标准于一体，更加系统全面地规定了突发事件应对的各方面问题解决标准。[①] 这与中美两国的不同体制密切相关。

近年来，随着深化党和国家机构改革的推进，各个层级的应急管理机构不断完善，各部委、各领域、各行业合作的"全灾种、大应急"时代已经开启。在此背景之下，为更好应对各类突发事件，2021年12月20日，《突发事件应对管理法（草案）》提请十三届全国人大常委会第三十二次会议审议，新的《突发事件应对管理法》正在修改和推进过程当中。

三、突发社会安全事件法

根据概论当中突发社会安全事件的定义，突发社会安全事件法是指针对包括重大刑事案件、重特大火灾事件、恐怖袭击事件、涉外突发事件、金融安全事件、规模较大的群体性事件、民族宗教突发群体事件、学校安全事件以及其他社会影响严重的突发性社会安全事件所制定的一系列应对法律。由于这些突发社会安全事件涉及了公安、消防、国防、金融、民族宗教、教育等多个领域，每个领域基本都其专门的立法，但都不是专门针对突发事件所制定的法律，因此，本章将不再详述专门领域立法当中关于突发社会事件安全的相关规定。

[①] 具体可参看魏栋，倪凯，曹先艳，郑平平. 中国《突发事件应对法》和美国《斯塔福法案》的对比研究 [J]. 劳动保护，2022（1）：98–100.

第九编

环境资源有关部门法治

第三十二章
生态环境保护部门相关法治

  2021 年 11 月 9 日，我国生态环境部印发《关于深化生态环境领域依法行政 持续强化依法治污的指导意见》（环法规〔2021〕107 号）明确指出，面对新形势新任务，全国生态环境部门应当提升用最严格制度最严密法治保护生态环境的意识和能力，推动生态环境领域依法行政，深入推进依法治污。到 2025 年，生态环境保护职能更加完善，生态环境保护领域政府和市场、政府和社会关系进一步厘清，有效市场和有为政府更好结合，生态环境部门的行政行为全面纳入法治轨道，职责明确、依法行政的现代环境治理体系日益健全，生态环境行政执法质量和效能大幅提升。党的二十大报告提出"坚持山水林田湖草沙一体化保护和系统治理，全方位、全地域、全过程加强生态环境保护""坚定不移走生产发展、生活富裕、生态良好的文明发展道路""建设宜居宜业和美乡村""严密防控环境风险。深入推进中央生态环境保护督察""推进工业、建筑、交通等领域清洁低碳转型"等内容，为生态环境保护的部门法治治理做出了根本性、方向性、系统性指引。本章主要介绍生态环境保护部门相关法治，包括生态环境部门的体制机制以及相关政府部门的职能衔接，并就部门法治中的重要典型问题进行研讨导引，使学生对生态环境保护部门相关法治有一个较为清晰的认识，知晓我国生态环境部门的体制机制、职能分工以及部门法治中的重要问题。

第一节 生态环境保护部门概述

  生态环境保护部门主要为在生态环境保护工作中，整个行政执法系统的体制建置和管理机制为何，政府各部门之间及其与其他相关部门的职能衔接问题。也就是说，生态环境保护部门体系涉及内部建构和外部衔接，两者构成完整的生态环境保护行政管理主体制度。

一、生态环境部门的体制、机制

（一）生态环境管理体制机制的含义

保护环境与自然资源是世界银行在其发布的《世界发展报告》中归纳的现代政府五项最基本的职能之一。当前世界各国都建立了专门的环境行政主管部门，虽然主管部门的名称不同或部或局，但规划、执行和监督环境保护的职能范围大致相同。国土较为辽阔的国家，一般按照行政区划设立条块区割且具有隶属关系的部门管理系统。[①]生态环境部门的体制机制主要是指涉及生态环境保护的行政管理体制机能，即何种行政机关依法如何进行环境管理，称之为环境管理或治理机制。所谓环境管理或环境治理，即根据国家有关环境法律法规政策及标准等，通过宏观综合决策与微观执法监管相结合，以考察现有的环境制度入手，运用各种有效的管理方法，规制人们开展影响生态环境的各类活动，实现区域经济社会和环境保护协调发展的目标。其具有本质的公共性和管理的有限性特点。一般意义上的环境管理体制，指环境保护行政机关的职能角色定位、组织机构设置、运行隶属关系、职责权限划分并保障其合理、有效发挥作用的管理机制、监督机制等一系列制度总和。

（二）中国的生态环境管理部门体制

经过多年的探索与发展，我国已经形成了由国务院生态环境部统筹协调全国的生态环境保护工作、地方政府分级划区领导负责以及各职能部门依据职责齐抓共管的环境保护行政管理体制。环境行政管理体制作为国家环境保护工作的制度载体，在遏制污染环境行为、提升环境质量、维护经济社会协调发展方面发挥着重要作用。[②]这种统一监督与分级、分部门、分类组合相结合的管理体制，是同我国环境问题的严重程度、法治发展水平与环境执法的效能要求相适应的。在统一监督管理方面，国务院生态环境主管部门和地方人民政府负有综合性环境保护管理职责；在分级监督管理方面，各省级、市级和县级地方施行双重管理体制，以地方人民政府在相应区域负总责，上级生态环境部门在职责权限内对下级环境部门予以领导以实现对地方政府执法管理的配合。在分部门监督管理方面，国务院及县级以上土地、矿产、农林、水利等机构根据事权划分，分别在相应领域进行资源利用与维护。国家海洋行政主管部门、港务渔政部门、军队环境保护部门及公安、交通、通信等涉及环境监管的依照法律规定在相应范围内行使生态环境监管职责。这些专业部门内部因为行政机构的层级设置还存在着内部的分级管理问题。当前生态环境部门建构体制的特征是明显的，如环境管理机构设置与行政区划具有高度同构性，各区域职权划分具有同质性与一定的协同性，环境管理的双重领导体制与职责协调侧重性并存。

---

① 赵明霞. 论环境权的实现模式——从价值到制度的逻辑 [D]. 北京：中共中央党校，2019.

② 于海. 我国环境保护行政管理体制存在问题研究 [D]. 大连：辽宁师范大学，2015.

我国的生态环境保护职责，核心在生态环境部。国家生态环境部作为一个国务院直属部委，主要承担着保护和改善生态环境，防治污染和其他公害，保障人民群众身体健康，促进经济社会发展的重任，维护好"影响人类生存和发展的各种天然的和经过人工改造的自然因素的总体，包括大气、水、海洋、土地、矿藏、森林、草原、湿地、野生生物、自然遗迹、人文遗迹、自然保护区、风景名胜区、城市和乡村等"生态环境。①

对于生态环境部门相关职责范围，《中华人民共和国环境保护法》（以下简称《环境保护法》）第十条规定："国务院环境保护主管部门，对全国环境保护工作实施统一监督管理；县级以上地方人民政府环境保护主管部门，对本行政区域环境保护工作实施统一监督管理。县级以上人民政府有关部门和军队环境保护部门，依照有关法律的规定对资源保护和污染防治等环境保护工作实施监督管理。"也就是说，我国生态环境主管部门是国务院生态环境主管部门、县级以上人民政府生态环境主管部门及军队生态环境主管部门，它们依照主管范围和职责分工，分别负责本区域和本领域的生态环境保护工作。根据《环境保护法》确立的生态环境管理结构，我国对生态环境实行统一管理与分部门分领域管理相结合的体制。即国务院生态环境部负责全国生态环境的综合、宏观、统一管理，地方人民政府等负责本行政区域或本领域的生态环境管理工作，后者设立专门的生态环境部门，承担该项具体的事务，地方生态环境部门同时接受上级环境部门的业务指导；农业、林业、国土、海域、公安等机关在各自执法领域内负责相应的生态环境监督管理工作。②

（三）中国生态环境部门的管理机制

在生态环境管理制度方面，各级人民政府对本行政区域的环境治理负责，环境质量标准是对地方政府进行考核的重要依据。基层人民政府及其主要负责人是环境保护的第一责任人，且生态环境任务完成情况是领导负责人员考核选拔与奖惩的依据，实施"一票否决"。生态环境保护正逐渐形成政府主导、各部门分工负责、企业承担主体责任、社会积极参与的齐抓共管的环境共同治理新格局。生态环境保护立法的一个重点就是压实政府责任，规定具体措施，明确考核评价和人大监督制度，形成倒逼机制，促使地方政府妥善处理经济发展和生态环境保护的关系。地方人民政府参照中央机关的机构设置，设有生态环境部门作为本级政府的重要组成之一，后者承担中央及本级人民政府有关生态环境工作的政策决策部署，落实上级的环境保护规划，发现及查处环境污染和生态破坏行为，协调并督促本级各部门涉及生态环境管理的有关工作。③

---

① 上述环境以及职责的规定见《中华人民共和国环境保护法》第一条、第二条。
② 于海. 我国环境保护行政管理体制存在问题研究 [D]. 大连：辽宁师范大学，2015.
③ 于海. 我国环境保护行政管理体制存在问题研究 [D]. 大连：辽宁师范大学，2015.

在生态环境保护和环境损害救济方面，《中华人民共和国民事诉讼法》（以下简称《民事诉讼法》）规定检察机关可以提起生态环境损害赔偿的环境公益诉讼，扩展了提起涉及环境诉讼的主体资格范围，并在原诉讼类型的基础上增加了环境行政公益诉讼的规定。① 现行《环境保护法》有许多关于政府环境责任的规范，赋予各级人民政府广泛的积极责任，据此，地方各级人民政府一般仅对本行政区域内的生态环境质量负责，并且独自承担环境管理责任。②

在基层环境治理方面，随着近年来中央将生态文明建设和生态环境保护提到治国理政的突出地位，环境治理目标层层向下传导，基层党委和政府的环境职责加重，履职压力加大。可喜的是，生态环境管理工作由此取得了明显的成效。各地方对生态环境工作实施"网格化管理""双随机监管""全过程可见"等日常监测和高频度检查，环境监管部门设置也从原来的监测站到监理大队，再到环境监察局，生态环境管理的专门化、法治化和规范化水平也在不断提高。基层人民政府的环境质量责任范围呈现出减少模糊性、增强精准化、突出专业化的态势。作为最基本的环境治理单元，县级人民政府及其生态环境部门负责本县域生态环境质量的日常监管工作，其他部门也根据其职能范围依法承担一定的环境保护监督管理工作。近年来，农村环境综合整治由县乡两级人民政府来推动，农村生活废弃物由县级政府组织、乡级政府负责实施，乡村生态环境治理和服务水平得以不断提升。③ 我国的省级行政区一般在地市级、县市级设有专门的生态环境管理部门（乡镇不设专门的环境管理机构），在本地区落实本级人民政府及上级环境部门有关生态环境管理规划，并提出应对环境质量下降的对策。作为拥有环境保护职能的主体单位，地方政府具有实施生态环境管理治理的专业能力，并享有一定的税务权力，在环境保护工作中发挥着不可替代的作用。④

---

① 《中华人民共和国民事诉讼法》第五十五条规定："对污染环境、侵害众多消费者合法权益等损害社会公共利益的行为，法律规定的机关和有关组织可以向人民法院提起诉讼。人民检察院在履行职责中发现破坏生态环境和资源保护、食品药品安全领域侵害众多消费者合法权益等损害社会公共利益的行为，在没有前款规定的机关和组织或者前款规定的机关和组织不提起诉讼的情况下，可以向人民法院提起诉讼。前款规定的机关或者组织提起诉讼的，人民检察院可以支持起诉。"《中华人民共和国行政诉讼法》第二十五条第四款规定："人民检察院在履行职责中发现生态环境和资源保护、食品药品安全、国有财产保护、国有土地使用权出让等领域负有监督管理职责的行政机关违法行使职权或者不作为，致使国家利益或者社会公共利益受到侵害的，应当向行政机关提出检察建议，督促其依法履行职责。行政机关不依法履行职责的，人民检察院依法向人民法院提起诉讼。"《最高人民法院最高人民检察院关于检察公益诉讼案件适用法律若干问题的解释》第十三条第一款、第二款规定："人民检察院在履行职责中发现破坏生态环境和资源保护，食品药品安全领域侵害众多消费者合法权益，侵害英雄烈士等的姓名、肖像、名誉、荣誉等损害社会公共利益的行为，拟提起公益诉讼的，应当依法公告，公告期间为三十日。公告期满，法律规定的机关和有关组织、英雄烈士等的近亲属不提起诉讼的，人民检察院可以向人民法院提起诉讼。"

② 李嵩誉. 环境保护责任共担的法治进路——对破解环境保护"搭便车"难题的思考[J]. 现代法学，2020，42（5）：123–135.

③ 刘晓玉. 基层生态环境治理研究——以北方A县大气污染防治为例[D]. 北京：中国社会科学院，2020.

④ 于海. 我国环境保护行政管理体制存在问题研究[D]. 大连：辽宁师范大学，2015.

二、与相关政府部门的职能衔接

依据不同的生态环境要素，环境管理除了专门的生态环境部门，可能还涉及国土资源、农业农村、林牧渔业、海洋水域、交通通信等多个不同的部门，如果对于多个机构在有关环境治理方面缺乏协调统一的衔接机制，则跨部门的环境保护问题势必难以解决。[①] 于是，生态环境保护部门以及相关政府部门等进行职能衔接显得十分必要。

（一）环境保护职责下部门职能衔接的广度与维度

我国生态环境部官方网站关于其组织机构的主要职责显示，生态环境部主要负责的环境管理工作有：负责建立健全生态环境基本制度，负责统筹协调重大环境问题的监督管理，负责监管国家节能减排目标的落实；负责生态环境领域重要投资和产业发展方向，国家相应财政性资金的支付与分配；按照国务院批准的权限，核准国家规划和年度计划规模内固定资产投资项目并协调组织实施与管理；负责综合性环境污染防治工作，开展生态环境修复的监督；负责核与辐射安全监管工作；负责环境准入标准建设；负责生物多样性和应对气候变化工作；负责中央生态环境督察工作；统一负责生态环境监督执法；组织和协调生态环境保护宣传与教育工作，制定并实施生态环境保护教育纲要；组织并促进社会组织和公众参与环境保护事业；开展生态环境国家合作交流，研究并提出国际生态环境治理的有关建议，开展国际环境保护条约的履约工作，参与国际陆地和海洋生态环境联合治理；完成党中央和国务院安排的其他工作；涉及职能转变和履行职责的工作。上述十余项主要职责，意味着生态环境部要与我国《环境保护法》第二条涉及的十多个相关职能部门发生前后联系、纵横交错的履职工作关系，这些业务关系可能关乎这些部门和领域多方面、具体而切实的利益关系。[②]

根据《环境保护法》有关职能规定，涉及生态环境管理有着"967 职能"，即：① "9 协调"职能，涉及机制建设、环境监管、环境规划、环境标准、环境监测、跨区域协调、政策协调、治理协调、执法协调；② "6 制度"职能，涉及环境保护目标与促进可持续发展的环境质量标准制度、保护生物多样性与维护生态安全制度、清洁生产与"三同时"制度、防治污染与排污治污责任规则、重点污染物排放总量控制制度、其他污染及治理条件制度等；③ "7 权查"职能，主要涉及环境公益诉讼制度、公民

---

① 赵明霞.论环境权的实现模式——从价值到制度的逻辑 [D].北京：中共中央党校，2019.

② 当然，有学者认为，对于环境保护部门而言，这种专门职能部门的利益关系，长期以来没有引起国家决策者的高度重视，从而导致生态环境部名义上行使生态环境和自然资源的保护职责，实际上其履行职责的手段、措施和物质条件、机制条件，以及协调能力与管理水平，是非常缺乏或低效的。例如，从经常发生的雾霾灾害、经常报道的严重水污染事件以及情况十分严峻的土壤污染现状等，足以让人判断出来，单靠环境部门难以担负和完成"保护和改善环境，防治污染和其他公害，保障公众健康，推进生态文明建设，促进经济社会可持续发展"这样的"超级使命"。人们过于相信其对环境资源的横向管理与上下级政府之间的协调能力，而事实上严重付阙。因为国家并没有赋予环境部门在实施和执行环境保护法律、法规和国家政策中，横向协调各个部委局的强制性权力，以及相关协调手段和能力措施。具体可参考：王建平.最严法典调整最复杂关系的困难性——以《2013年中国环境状况公报》为视角 [J].光华法学，2015（9）：23—52.

的生存与发展权、环境保护参与权与监督权、按日处罚制度、对行为人的行政处置措施、环境侵权责任、环境连带责任等。环境保护部门是承担国家公共管理职能的重要体现，其社会管理职能是综合性、协调性与高度集中的。

有关生态环境职能部门的职责及其相互衔接问题，集中体现在《环境保护法》的"监督管理"及相应章节规范之中，如《环境保护法》第十三条规定："县级以上人民政府应当将环境保护工作纳入国民经济和社会发展规划。国务院环境保护主管部门会同有关部门，根据国民经济和社会发展规划编制国家环境保护规划，报国务院批准并公布实施。县级以上地方人民政府环境保护主管部门会同有关部门，根据国家环境保护规划的要求，编制本行政区域的环境保护规划，报同级人民政府批准并公布实施。环境保护规划的内容应当包括生态保护和污染防治的目标、任务、保障措施等，并与主体功能区规划、土地利用总体规划和城乡规划等相衔接。"该法同时规定了省、自治区、直辖市人民政府负责组织制定经济和技术政策的职责。对于环境质量标准和污染物排放控制标准，该法规定省、自治区、直辖市人民政府可以制定相关填补与严格标准，如关于环境质量标准，《环境保护法》第十五条规定："国务院环境保护主管部门制定国家环境质量标准。省、自治区、直辖市人民政府对国家环境质量标准中未做规定的项目，可以制定地方环境质量标准；对国家环境质量标准中已作规定的项目，可以制定严于国家环境质量标准的地方环境质量标准。地方环境质量标准应当报国务院环境保护主管部门备案。国家鼓励开展环境基准研究。"[1] 环境标准的法律规定反映了央地环境保护职能的上下级衔接关系。

（二）环境保护职能衔接的领域与地域

从中央级别看，国家海洋局、农业农村部、林业部、交通运输部、国土资源部等机构在法律规定的范围内行使有关环境管理的职权，例如，生态环境、发展与改革、质量监督检验等部门可以对进口的机动车船进行类似项目的评估与监管。公安部门对严重危害公共安全的涉嫌环境犯罪行为进行刑事侦查并移送起诉，对一般环境违法行为进行治安管理处罚，如根据《噪声污染防治法》，公安机关对社会生活中的噪声污染加以管理监督。在我国的政府组织序列中，既有生态环境专门管理的部门，也有行使宏观协调的职能部门。据不完全统计，大约有 20 个部门的职责范围中具有一定的生态环境管理职能，例如国家发展和改革委员会，其制定国民经济发展规划就包括了环境发展与管理的规划，资源能源开发利用的规划，也同样包含维护生态环境的

---

[1] 对于污染物排放标准，《环境保护法》第十六条规定："国务院环境保护主管部门根据国家环境质量标准和国家经济、技术条件，制定国家污染物排放标准。省、自治区、直辖市人民政府对国家污染物排放标准中未作规定的项目，可以制定地方污染物排放标准；对国家污染物排放标准中已作规定的项目，可以制定严于国家污染物排放标准的地方污染物排放标准。地方污染物排放标准应当报国务院环境保护主管部门备案。"

内容。[1]

有关环境保护上下级监督的法律规定体现了相关职能部门的"强势"衔接关模式。《环境保护法》第六十七条第一款规定："上级人民政府及其环境保护主管部门应当加强对下级人民政府及其有关部门环境保护工作的监督。发现有关工作人员有违法行为，依法应当给予处分的，应当向其任免机关或者监察机关提出处分建议。"这一规定确立了上级人民政府及其生态环境部门对下级人民政府及相关部门的环境执法监督管理权。根据法律精神以及法治实践，有法律明文规定的监管通常较为有力，下级政府部门会主动对标上级要求及法律政策规定而积极实施环境管理行动。[2]对于生态环境保护涉及的气象、水利、海洋、土地、矿产、林业、农业农村、旅游文化、文物管理等，也是环境保护部门需要进行日常协调和有效衔接的。此外，建立健全环境监测制度、对环境状况进行调查评价、建设环境承载能力预警机制、跨区域重点环境污染与生态损害责任追究、报告环境状况和环境保护目标完成情况、协调其他机关及企业事业单位执行法规标准以及环境监察、环境司法等都涉及与相关政府部门的职能衔接问题。

我国环境保护法律法规对跨行政区的环境治理做出了相关安排。《环境保护法》规定建立联合防治协调机制，对跨行政区域的重点区域、流域环境污染和生态破坏构建联合防治协调机制，实行统一规划、统一标准、统一监测、统一的防治措施（第二十条）；《大气污染防治法》规定建立重点区域大气污染联防联控机制（第八十六条）；《水污染防治法》则要求国务院环境保护主管部门会同国务院水行政等部门和有关省、自治区、直辖市人民政府，建立重要江河、湖泊的流域水环境保护联合协调机制，实行统一规划、统一标准、统一监测、统一的防治措施（第二十八条）。上述法律所做出的统一规划标准及建立联席会议机制等安排对多部门联合制定实施环境管理规划与交叉执法予以授权。法律法规赋予国务院生态环境主管部门以及省、自治区、直辖市涉及环境管理执法的会同权，环境部门据此可以获得在环境综合行政和联动行动中的牵头地位，可以对相关行政区域形成一定的监督作用。例如，《大气污染防治法》中规定划定国家大气污染防治重点区域，落实大气污染防治目标责任，制定重点区域大气污染联合防治行动计划，统一在用机动车检验方法和排放限值，会商编制可能对国家大气污染防治重点区域的大气环境造成严重污染的有关工业园区、开发区、区域产业和发展等规划，组织建立国家大气污染防治重点区域的大气环境质量监测、大气污染源监测等相关信息共享机制等[3]，这强化了上级对下级的监督，有利于行政机关对

① 于海.我国环境保护行政管理体制存在问题研究[D].大连：辽宁师范大学，2015.
② 李嵩誉.环境保护责任共担的法治进路——对破解环境保护"搭便车"难题的思考[J].现代法学，2020，42（5）：123-135.
③ 上述机制安排规定分别见《大气污染防治法》第八十六条至第九十一条。

本行政区域内的环境质量负起责任。《大气污染防治法》第八十六条第二款明确要求重点区域内有关省、自治区、直辖市人民政府应当确定牵头的地方人民政府，定期召开联席会议，按照统一规划、统一标准、统一监测、统一的防治措施的要求，开展大气污染联合防治，落实大气污染防治目标责任；同时要求国务院生态环境主管部门应当加强指导、督促。

（三）生态环境管理中行政权与司法权的职能协调

生态环境部门法治不仅包括环境行政机关内部的衔接、环境执法机构与其他行政机构的衔接，也涉及环境行政机关与司法机关职责的衔接。行政机关与司法机关的工作配合与责任分担，既涉及行政与司法两种不同种类国家机关间的工作分工，也涉及行政责任与司法责任的分别承担问题。例如，行政处罚与刑事处罚在法律性质的属性上同属公法范畴，但二者是本质相异的责任追究形式，当行政责任上升到需要追究刑事责任的场合，就有需要行政执法与刑事司法相互衔接的情况出现。实践中，行政机关处理环境违法，当发现行政相对人的行为涉嫌犯罪时，不主动移交或不规范移交司法机关的情形多有发生，这导致对涉嫌环境犯罪事件处理不足，重大环境污染行为得不到应当及时的纠正。针对此类问题，国务院及其所属有关部门自 2000 年开始陆续出台相关法规，省、自治区、直辖市也纷纷进行地方立法来协调行政权与司法权的关系。这说明中央政府已然着手解决行政执法与刑事司法两个法域协调沟通的问题。例如，在法律规定中，刑事法律增加并细化了特别严重污染环境的情形，进一步补充了破坏环境资源犯罪等；最高人民法院、最高人民检察院《关于办理环境污染刑事案件适用法律若干问题的解释》（法释〔2016〕29 号）针对构成环境污染犯罪要件涉及的"严重污染环境""有毒物质"等进行具体化规范，一定程度上促进了行政执法与刑事司法的衔接。行政法律法规和其他规范性文件也有关于案件移送、司法行政机关多个部门在环境污染案件问题上"共识性办案"的规定。例如，相关部门的职能衔接表现在，执法机关对涉嫌犯罪案件依法移送，公安机关对获悉的线索进行侦查及与行政、检察机关的涉案往来，涉刑案件移送的监督程序，证据规则与信息共享共用平台的建设等。①

---

① 刘兆坤. 生态环境行政执法与刑事司法衔接机制研究 [D]. 呼和浩特：内蒙古大学，2021.

第二节
部门法治中的重要典型问题研讨导引

在部门法治发展中涉及一些典型问题，如生态环境部门职责建设、各级各地生态环境部门职能、中央生态环境保护督察工作等。夯实生态文明建设和生态环境保护的政治和法律责任，行政问责也是一个重要的部门法治问题。本节就部门法治中的重要问题，选取一些典型案例作为研讨导引，有助于直观呈现生态环境保护部门相关法治的实践样貌。

一、开展生态环保法律执法检查，人大监督持续发力

第十三届全国人大期间，栗战书委员长先后六次担任组长，带队开展生态环境领域法律执法检查，以高度的政治自觉落实习近平生态文明思想，用扎实的工作作风促进法律实施，掀开人大监督新篇章。

（1）打赢蓝天保卫战，还老百姓蓝天白云、繁星闪烁。2018 年，检查《大气污染防治法》实施情况。执法检查组敢于"动真碰硬"，设立随机抽查小组，不打招呼、直奔现场，对 12 个城市 38 个企业和工地进行抽查，形成厚达 20 多页的检查报告，检查范围之广泛、发现问题之深入、提出问题之尖锐、分析研究之务实，为此后的环境执法检查"开了个好头"。

（2）打好碧水保卫战，呵护生命之源、生产之要、生活之基。2019 年，开展专项《水污染防治法》实施检查，分为四个小组，赴四川、云南、贵州等八个省进行检查，引入第三方力量对法律实施情况开展评估。委托其他 23 个省市区对本区域《水污染防治法》落实情况进行自查自纠。

（3）推进净土保卫战，让老百姓吃得放心、住得安心。2020 年，对实行一年多的《土壤污染防治法》开展执法检查，对照 30 个条文，分六类对法律实施情况及问题作出深刻剖析，展示出人大执法监督强烈的问题导向。

（4）垃圾减一分，城市美十分。2021 年，对《固体废物污染环境防治法》开展执法检查。固体废物问题一头连着减量，一头连着资源，城市固废管理应向"无废市域"迈进，变废为宝。

（5）让生态文明旗帜高高飘扬。全国人大常委会连续五年开展环境保护法律执法检查和专题询问，连续七年听取审议国务院年度环境状况和环境保护目标完成情况报告，连续九年赴京津冀重点区域开展北方地区秋冬季大气污染防治调研。在执法检查中，通过召开五级人大代表座谈会，听取意见建议，让人民群众切身感受到，环境就是民生，青山就是美丽，蓝天也是幸福。

二、探索责任共担机制组织形式，强化环境保护责任

建立环境保护责任共担机制需要确立相关行政区履行责任的组织形式，这种形式即为便于一定行政区各相关机构形成生态环境管理的共同意志、开展环境保护活动、实现环境保护目标的工作形态，其中扁平化监管被视为生态环境新的治理模式。[1] 从命令—控制型的组织形式发展到政策决策者与参与者共同参与决策的工作方式有利于解决所有参加者和相关者面临的问题。现行《大气污染防治法》规定了联席会议这一组织方式，明确"牵头的地方人民政府，定期召开联席会议，按照统一规划、统一标准、统一监测、统一的防治措施的要求，开展大气污染联合防治，落实大气污染防治目标责任"（第八十六条），由参加联席会议的各方分别承担环境污染责任。《大气污染防治法》第八十七条规定了重点区域大气污染防治联合行动计划，《水污染防治法》第十六条规定国家确定的重要江河、湖泊的流域水污染防治规划都是责任共担机制的清晰表述，为完成这些计划规划可以设立执行相关方案的秘书处。可见，环境保护责任共担机制可以采取统一监管治理的组织形式，如淮河流域生态治理工作由省市级、地区级等行政区联合建立的淮河流域环境治理委员会承担，也可以是由多个行政区协商确定的联席会议形式开展，如对于渤海环境治理，采取由辽宁、天津、河北和山东四省市形成联席会议，共同研商跨区域环境治理计划。[2] 此外，它也可以由环境治理协议框架下的秘书处协调，例如浙江和江苏就太湖流域生态环境联合治理达成一致，形成一个较为详尽的流域生态整治协议后，设立一个执行协议的协调秘书处。[3]

三、密集发布环境行政政策文件，完善监管执法体制

党的十八大报告确立了生态文明建设的战略地位，中共中央十八届三中全会发布《中共中央关于全面深化改革若干重大问题的决定》提出"改革生态环境保护管理体制，建立和完善严格监管所有污染物排放的环境保护管理制度，独立进行环境监管和行政执法"。此后，党中央、国务院颁布了一系列政策，如《深化党和国家机构改革方案》《关于省以下环保机构监测监察执法垂直管理制度改革试点工作的指导意见》《关于深化生态环境保护综合行政执法改革的指导意见》《关于生态环境领域进一步深化"放管服"改革，推进经济高质量发展的意见》《关于进一步深化生态环境监管服务推动经济高质量发展的意见》，大力推动环境监管体制改革。这些政策广泛涉及生态环境法治领域的组织结构、权力配置与责任体系，数量之多、频度之密，范围之

---

[1] 徐祥民. 环境保护法部门中的资源损害防治法 [J]. 河南财经政法大学学报，2018（6）：1–19.

[2] 李嵩誉. 环境保护责任共担的法治进路——对破解环境保护"搭便车"难题的思考 [J]. 现代法学，2020，42（5）：123–135.

[3] 于铭，徐祥民. 世界区域海治理立法研究 [M]. 北京：人民出版社，2017.

广，在生态环境保护领域几乎前所未有。[①] 这些方针政策是我国在生态环境法治实践中推进国家治理体系和治理能力现代化的重要举措，其核心目标在于提高环境行政效能，是对我国长期以来生态环境监管执法权力独立性不足，部门间和层级间生态环境监管执法权责不清，权能匹配不足等重点问题做出的积极回应。我国连续颁发多项政策，深入改革环境监管执法体制，其深意不仅在于优化环境监管执法行政权能，更在于彰示生态文明建设的政治取向。[②]

四、设立基层环保行动指挥部门，打破条块分割顽疾

为了打破基层环境监管领域条块分割的顽疾，"环境行动指挥部"成为一些基层政府各部门、各级别联合环境执法的主动选择。如北方某县在治理大气污染工作中，设立"碧水蓝天工程环境联合执法指挥部"，以大气污染、水污染、土壤污染为重点关注议题的生态环境治理成为县委县政府必须狠抓落实的政治选择和中心任务，县环境部门联合其他局委办以及乡镇、企业开展环境执法联动会议，打通部门分割和层级壁垒，对于联合行动和合作执法工作明确职能分工。污染防治作为三大攻坚战之一，县委书记必须把生态环境议题放在常委会议程的突出位置，县委会就环境问题召开专门的常委会议，一些环境管理事项则通过县政府的常务会议解决。一项环境政策的执行通常需要多个政府部门的合作，而当下又缺少常态化、制度化的协调机制，往往是出现问题时找"一把手"，只有得到其支持各部门之间的联合行动才能正常进行下去。[③]

五、长期开展环保综合督查监管，强化环境监督执法

为消除传统科层制的弊端，自 2014 年以来，生态环境部多次开展以"督政"为中心的环境工作督察，通过公开约谈、移交纪检监察部门、限域环评审批、媒体披露等多种方式提升地方政府对生态环境工作的责任意识，打破原有环境监察科层机构及其常规工作机制，以运动式动员手段，吸纳和整合体制内各种有利于环境管理的能力资源，以上级行政权威推动生态环境治理，这正是所谓的"运动式治理"或"运动动员"的政府运作模式。[④] 环境综合督查能在短期内取得明显成效的"诀窍"，就在于利用中央行政权威强力推进督察工作，其主要有两种方式：一是生态环境部直接对地市级人民政府进行环境工作督察检查，公开约谈政府主要领导，在行政级别上形成"部级对厅级"的科层压力，通过挂牌督办、环评区域限批、移交纪检监察等在央地属性上形成"中央对地方"的体制压力，使得地方政府因不履行环境管理职责而导致政治和法

① 十八大以来生态文明体制改革的进展、问题与建议课题组 . 生态文明体制改革进展与建议 [R]. 北京：中国发展出版社，2018.

② 周卫 . 我国生态环境监管执法体制改革的法治困境与实践出路 [J]. 深圳大学学报（人文社会科学版），2019，36（6）：82-89.

③ 刘晓玉 . 基层生态环境治理研究——以北方 A 县大气污染防治为例 [D]. 北京：中国社会科学院，2020.

④ 陈海嵩 . 环保督察制度法治化：定位、困境及其出路 [J]. 法学评论，2017（3）：176-187.

律等风险陡升，促使其不得不把生态环境治理替代为短期内必须完成的目标任务。二是省级环境部门通过由省人民政府主要负责人担任督察组长，直接专题汇报并由其进行专题点评或提出环境管理要求，将督查结果纳入政府领导干部考核评价体系，让地市级主要行政领导行政因未履行好生态环境保护职责而"红脸出汗"，从而顺利推进环境监管工作。其在短期内改变地方政府的政绩目标选项，使其将环境保护确定为行政工作优先项，集中各种资源迅速解决这种"中心工作"或"重点任务"，这正是环保督察受到地方重视并显见成效的内在机理。从治理逻辑的角度看，全国各级环境部门开展的综合环保督察具有明显的"科层化下反科层化"特征，即通过"运动式治理"的方式绕开以往行政科级管理体系，又以上级行政权威树立生态环境工作的体制压力。其具体表现在：第一，生态环境部在综合督察中采取较为灵活的策略，"提出意见建议，督促整改落实"，只督察不取代，不改变地方政府及有关部门原有的环境管理职责，也不直接查办有关环境违法事件，同时借省级人民政府之力，积极运用各种行政体制内的沟通方式努力取得各省级政府及其主要领导的高度重视，使其将生态环境工作纳入本级政府行政管理的优先考量内容并向下级政府传达，成为业务政绩考核主要指标之一，从而较好地强化了督查权威，促进了环境管理法律法规和政策的落实。第二，在"委托—代理"关系方面，生态环境部改变了传统的任务逐级分包制和工作部门负责制，直接对下级机关单位提出环境督察比例要求，最大限度减少"委托—代理"关系中的指标模糊性和任务不确定性，在内部进行高度广泛动员和资源整合，把生态环境管理工作成功纳入各级人民政府和环境部门等的优先任务选项中加以深入、持久的推进。[①]

---

① 陈海嵩. 我国环境监管转型的制度逻辑——以环境法实施为中心的考察 [J]. 法商研究，2019（5）：3–13.

第三十三章 自然资源部门相关法治

为统一行使全民所有自然资源资产所有者职责，统一行使所有国土空间用途管制和生态保护修复职责，着力解决自然资源所有者不到位、空间规划重叠等问题，实现山水林田湖草整体保护、系统修复、综合治理，根据党的十九届三中全会审议通过的《中共中央关于深化党和国家机构改革的决定》《深化党和国家机构改革方案》和第十三届全国人民代表大会第一次会议批准的《国务院机构改革方案》，重新组建自然资源部，作为国务院的组成部门。2018年4月10日，自然资源部在北京正式挂牌，对外保留国家海洋局牌子。本章将重点介绍自然资源部的主要职责、内设机构、职责推进等问题。

第一节 自然资源主管部门概述

自然资源部的组建，有利于整合分散的自然资源相关机构和职责，统筹考虑自然生态各要素并进行整体保护、系统修复、综合治理，符合生态系统管理的完整性和系统性，有利于在更大尺度上恢复生态完整性和提高人类福利水平。

一、自然资源部主要职责

自然资源部贯彻落实党中央关于自然资源工作的方针政策和决策部署，在履行职责过程中坚持和加强党对自然资源工作的集中统一领导。自然资源部的主要职责是对自然资源开发利用和保护进行监管，建立空间规划体系并监督实施，履行全民所有各类自然资源资产所有者职责，统一调查和确权登记，建立自然资源有偿使用制度，负责测绘和地质勘查行业管理等。

二、自然资源部的内设机构

根据《自然资源部职能配置、内设机构和人员编制规定》，自然资源部内设办公厅、综合司、法规司、自然资源调查监测司、自然资源确权登记局、自然资源所有者权益司、自然资源开发利用司、国土空间规划局、国土空间用途管制司、国土空间生态修复司、耕地保护监督司、地质勘查管理司、矿业权管理司、矿产资源保护监督司、海洋战略规划与经济司、海域海岛管理司、海洋预警监测司、国土测绘司、地理信息管理司、国家自然资源总督察办公室、执法局、科技发展司、国际合作司（海洋权益司）、财务与资金运用司、人事司等机构。

三、自然资源部的派出机构

根据《自然资源部职能配置、内设机构和人员编制规定》，自然资源部设置如下几个派出机构。

（1）国家自然资源督察北京局、沈阳局、上海局、南京局、济南局、广州局、武汉局、成都局、西安局。这些分局承担对所辖区域的自然资源督察工作。

（2）陕西测绘地理信息局、黑龙江测绘地理信息局、四川测绘地理信息局、海南测绘地理信息局。这些分局实行由自然资源部与所在地省政府双重领导以自然资源部为主的管理体制。

（3）自然资源部在北海海区、东海海区、南海海区分别设立了自然资源部北海分局、自然资源部东海分局、自然资源部南海分局。这三个"派出机构"的布局符合我国海洋管理的需要，尤其是符合海洋环境保护管理的需要。三分局所需履行的职责规定于《自然资源部职能配置、内设机构和人员编制规定》和《中央编办关于自然资源部北海东海南海派出机构设置有关事项的通知》。但现《海洋环境保护法》并"没有给三个分局任何明确的身份、地位，更没有赋予它们具体的职权"。①

四、自然资源部与其他部的关系

根据《国务院机构改革方案》，自然资源、生态环境、林业草原、农业农村、水利、审计等部门分别承担着自然资源调查与监测、资产评价、保护与开发利用、生态环境治理、绩效考评等工作，在生态文明建设进程中，各部门是一个有机链条，它们之间既有联系，也有区别。本部分将重点讲授自然资源部、生态环境部、国家林业和草原局，以及水利部四部门，根据上述四部门的"三定方案"，可发现四个部门在职能、业务司局等方面存在差异。

（一）职能方面

自然资源部②、生态环境部③、水利部④都是国务院组成部门，为正部级。国家林业

---

① 徐祥民，初依依. 打造完善的综合性海洋环境保护法 [J]. 环境与可持续发展，2020（4）：85-91.

② 自然资源部其整合了国土资源部的职责，国家发展和改革委员会的组织编制主体功能区规划职责，住房和城乡建设部的城乡规划管理职责，水利部的水资源调查和确权登记管理职责，农业部的草原资源调查和确权登记管理职责，国家林业局的森林、湿地等资源调查和确权登记管理职责，国家海洋局的职责，国家测绘地理信息局的职责。

③ 生态环境部是国务院组成部门，为正部级，其整合了环境保护部的职责，国家发展和改革委员会的应对气候变化和减排职责，国土资源部的监督防止地下水污染职责，水利部的编制水功能区划、排污口设置管理、流域水环境保护职责，农业部的监督指导农业面源污染治理职责，国家海洋局的海洋环境保护职责，国务院南水北调工程建设委员会办公室的南水北调工程项目区环境保护职责。

④ 水利部是国务院组成部门，为正部级，其整合了国务院三峡工程建设委员会及其办公室的职能，国务院南水北调工程建设委员会及其办公室的职责。

和草原局^①是自然资源部管理的国家局，为副部级，加挂国家公园管理局的牌子。

（二）业务司局对比

生态环境部、自然资源部、国家林业和草原局、水利部除设置办公厅、综合司、法规司、人事司、财务司、国际合作司、机关党委和离退休干部办公室等司局外，还各自下设了其他部门。

（三）规模对比

生态环境部、自然资源部、国家林业和草原局、水利部除在职能、业务司局设置存在差异外，它们在内设机构以及派出机构两方面也存在差异。生态环境部设立自然生态保护司等 23 个内设机构；自然资源部设立自然资源调查监测司等 27 个内设机构；国家林业和草原局设立生态保护修复司等 17 个内设机构；水利部设立水资源管理司等 22 个内设机构。生态环境部所属华北、华东、华南、西北、西南、东北区域督察局，承担所辖区域内的生态环境保护督察工作。自然资源部向地方派驻国家自然资源督察北京局、沈阳局、上海局、南京局、济南局、广州局、武汉局、成都局、西安局，承担对所辖区域的自然资源督察工作。国家林业和草原局跨地区设置 15 个森林资源监督专员办事处，作为国家林业和草原局的派出机构。

第二节 自然资源部的职责推进

近年来，自然资源部沿着党中央顶层设计的路径，立足"两统一"职责^②，从实行最严格的生态环境保护制度、全面建立资源高效利用制度、健全生态保护和修复制度、严明生态环境保护责任制度四方面推进制度建设，并陆续出台了一系列重要文件，明确监管职责和执法边界，支撑了相关法律法规的修订完善，以及积极探索自然资源多元化纠纷解决机制。

一、规范性文件

保护生态环境必须依靠制度、依靠法治，十八大以来，我国自然资源保护利用法律体系不断完善。如修改《森林法》《野生动物保护法》，制定《生物安全法》《湿

---

① 国家林业和草原局整合了国家林业局的职责，农业部的草原监督管理职责和国土资源部、住建部、水利部等的自然保护区、风景名胜区等管理职责。现国家林业和草原局贯彻落实党中央关于林业和草原工作的方针政策和决策部署，在履行职责过程中坚持和加强党对林业和草原工作的集中统一领导。

② "两统一"职责是指"统一行使全民所有自然资源资产所有者职责"和"统一行使所有国土空间用途管制和生态保护修复职责"。

地保护法》《黑土地保护法》《长江保护法》《黄河保护法》等，建立了以国家公园为主体的自然保护地体系，为推动人与自然和谐共生、保护生物多样性发挥了重要作用。针对自然资源部而言，自组建以来，陆续对现行有效的规章、规范性文件进行了全面清理，废止和宣布失效规范性文件近200件。同时，按照"没有法律法规规定的证明事项一律取消"的清理原则，取消了一批证明事项。此外，还在以下领域出台了系列规范性文件。

（一）自然资源统一确权方面

为落实《生态文明体制改革总体方案》提出的"要从明晰产权入手，建立归属清晰、权责明确、监管有效的自然资源资产产权制度"。自然资源部门双管齐下探索推进自然资源统一确权登记，形成了《自然资源统一确权登记暂行办法》。

（二）自然资源调查监测方面

2020年1月，自然资源部印发《自然资源调查监测体系构建总体方案》，明确任务书、时间表、路线图，基本形成自然资源调查监测体系构建的顶层设计。为守好调查监测的质量"生命线"，自然资源部又发布了《自然资源调查监测质量管理导则（试行）》。此外，自然资源部还出台了《全国海洋生态预警监测总体方案（2021—2025年）》。

（三）在国土空间规划方面

自然资源部制定了《国土空间规划城市体检评估规程》、发布了《国土空间调查、规划、用途管制用地用海分类指南（试行）》，以及正研究修订的《自然生态空间用途管制办法（试行）》。

（四）国土空间生态保护修复方面

自然资源部陆续出台了《全国重要生态系统保护和修复重大工程总体规划（2021—2035年）》《海岸带保护修复工程工作方案》《山水林田湖草生态保护修复工程指南》《红树林保护修复专项行动计划（2020—2025年）》等。

二、明确监管职责和执法边界

一直以来，自然资源部与生态环境部，以及国家林业和草原局在监管职责和执法边界存在不明确的情形。对此，相关部门陆续出台了系列文件明确了各有关部门的监管职责和执法边界问题。

2020年2月28日，生态环境部印发《生态环境保护综合行政执法事项指导目录（2020年版）》，将自然保护地[①]内非法开矿、采石、挖沙、建设等违法行为统一纳入生态环境部门综合执法清单。

---

① 自然保护地包括国家公园、自然保护区、自然公园。自然公园又包括森林公园、湿地公园、风景名胜区、沙漠公园、海洋公园、地质公园等。

2020 年 4 月 10 日，国家林业和草原局办公室印发《关于做好林草行政执法与生态环境保护综合行政执法衔接的通知》，将此前由林草部门（含自然保护地管理机构）依据部分规范性文件 ① 行使的部分执法权统一移交生态环境保护部门。

2021 年 12 月，新颁布的《湿地保护法》明确林草部门是湿地保护执法主体。

2022 年 8 月 16 日，自然资源部、生态环境部、国家林草局印发《关于加强生态保护红线管理的通知（试行）》（自然资发〔2022〕142 号），此通知进一步明确了涉及生态保护的部门监管职责和执法边界。各级自然资源主管部门会同相关部门，强化对生态保护红线实施情况的监督检查。各级自然资源主管部门要严格国土空间用途管制实施监督；各级生态环境主管部门要做好生态环境监督工作；各级林业和草原主管部门重点抓好自然保护地的监督管理。

（1）各级自然资源主管部门对生态保护红线批准后发生的违法违规用地用海用岛行为，按照《土地管理法》《海域使用管理法》《海岛保护法》《土地管理法实施条例》等法律法规规定从重处罚。处理情况在用地用海用岛报批报件材料中专门说明。

（2）破坏生态环境、破坏森林草原湿地或违反自然保护区风景名胜区管理规定，由生态环境、林草主管部门按职责依照《环境保护法》《环境影响评价法》《水污染防治法》《海洋环境保护法》《森林法》《草原法》《湿地保护法》《自然保护区条例》《风景名胜区条例》《森林法实施条例》等法律法规从重处罚。

（3）对自然保护地内进行非法开矿、修路、筑坝、建设造成生态破坏的违法行为移交生态环境保护综合行政执法部门。

（4）造成生态环境损害的，由所在地省级、市级政府及其指定的部门机构依法开展生态环境损害赔偿工作。

三、积极探索自然资源多元化纠纷解决机制

近年来，自然资源部积极探索建立健全协商、调解、仲裁、行政裁决、行政复议和诉讼等有机衔接、相互协调、多元化的自然资源资产产权纠纷解决机制。全面落实公益诉讼和生态环境损害赔偿诉讼等法律制度，构建自然资源资产产权民事、行政、刑事案件协同审判机制。

同时，自然资源部还陆续向社会公开通报典型案例，如 2021 年 12 月 23 日，自然资源部公开通报 100 起涉刑土地违法案件。② 2022 年 2 月 23 日，自然资源部公布五起

---

① 这些规范性文件包括《自然保护区条例》《风景名胜区条例》《国家级自然保护区修筑设施审批管理暂行办法》《森林公园管理办法》《陆生野生动物保护实施条例》等。

② 这 100 起案件是 2018 年以来各地法院判处追究刑事责任的土地违法案件，主要涉及未经批准擅自占用耕地特别是永久基本农田建房、建厂、挖塘、堆放废弃物等，十多家单位以及包括企业法人代表、投资者等在内的 160 余名自然人被追究刑事责任。

挂牌督办土地违法案件调查处理意见。[①] 2022 年 7 月 15 日,自然资源部公开通报长江黄河流域 18 起土地违法案件[②] 和 30 起矿产违法案件[③]。

此外,自然资源部坚持节约优先、保护优先、自然恢复为主的方针,更加注重系统治理,推进山水林田湖草沙一体化保护和修复,提升生态系统质量和稳定性,发布了 10 个中国特色的生态修复典型案例,具体包括贺兰山生态保护修复、云南抚仙湖流域治理、内蒙古乌梁素海流域保护修复、黑龙江黑土地保护性利用、广西北海陆海统筹生态修复和深圳湾红树林湿地修复等,分布在我国东、中、西部不同经济发展水平地区,涉及自然、农业、城市等生态系类型和国土空间主体功能,涵盖了各具本地特色的保护修复措施。

[①] 这五起案件包括:四川省遂宁市高新区管委会违法征地挖湖造景案、吉林省伊通满族自治县满乡风情·七彩伊通田园综合体项目违法占用耕地案、河北省河间市兴丰农作物种植专业合作社违法占用耕地建设休闲农业观光项目案、江西省金溪县政府违法批地建陆坊工业区案、湖北汉之杰建筑科技有限公司违法占地建设厂房案。

[②] 这 18 起土地违法案件,主要涉及企业或个人未办理用地手续非法占用、破坏耕地或永久基本农田的违法行为。

[③] 30 起矿产违法案件,主要涉及企业或个人超越批准的矿区范围越界采矿,未取得采矿许可证无证采矿,或以工程建设和恢复治理等名义采矿销售的违法行为。

第三十四章 审判机关相关法治

　　环境资源审判是人民法院审判工作的重要组成部分。党的十八大以来，全国法院认真贯彻习近平新时代中国特色社会主义思想，深入学习领会习近平生态文明思想、习近平法治思想，紧紧围绕党和国家工作大局，切实贯彻节约资源、保护环境的基本国策，依法审理环境资源案件，建立完善环境资源审判机构，有序推进环境资源司法体制改革，加强环境资源审判专业化建设。目前，全国法院环境资源审判组织体系基本形成，环境资源案件归口审理等机制全面运行，重点区域流域生态环境保护与高质量发展司法保障取得了显著成效。

第一节 审判机关概述

一、审判机关的体制、机制

（一）环境资源审判体制建设情况

1. 探索阶段

　　2007年，贵阳市在全国率先成立具有独立建制的环境资源专门化审判机构，即贵阳市中级人民法院环境保护审判庭、清镇人民法院环境保护法庭。自成立以来，坚持最大限度预防、治理、修复环境问题，大胆推进环境资源审判改革，积极探索归口审理、集中管辖等机制，十年来共受理环境资源案件近2000件，逐步形成环境司法"贵阳模式"，为全国成立专门化环境资源审判机构提供了经验借鉴。此后，全国多个地方开始设立环保法庭，江苏、云南、山东等地环保法庭的创新发展尤为突出。2008年，云南省昆明市中级人民法院、江苏省无锡市中级人民法院设立环保法庭，2011年，山东省东营市中级人民法院设立环保法庭，各地法院开始了环境资源审判专业化探索。

2. 发展阶段

　　2014年6月23日，最高人民法院发布《关于全面加强环境资源审判工作为推进生态文明建设提供有力司法保障的意见》，提出要因地制宜、分步推进，建立环境资源专门审判机构。2014 年 6 月，最高人民法院成立环境资源审判庭，全国法院开始大量设立环境资源审判庭、合议庭、专门审判团队、人民法庭，环境资源审判机构建设工作逐步开展，环资审判机构专门化建设不断加强，环境资源审判体制机制改革不断深入推进。高级人民法院按照审判专业化的思路，设立审理环境资源审判专门机构，全国除部分高级人民法院是在相关审判庭加挂牌子外，其余均专门设立了环境资源审判庭。同时，在案件数量较多、审判力量较强或是实行跨行政区划集中管辖环境资源案件的中基层人民法院设立环境资源审判庭。通过在基层人民法院设立专司环境资源审判的专业人民法庭或者在相关人民法庭加挂环境资源审判法庭牌子并确定专门负责的审判团队等做法，保障环境资源案件审判的专门化。各地法院结合生态环境、自然资源保护特点和审判需要，经最高人民法院批准，在重点地区、世界自然遗产、江河源头、国家公园、自然保护区等设立规范化的环境资源法庭。2019 年，江苏省南京市中级人民法院设立南京环境资源法庭，甘肃矿区人民法院设立兰州环境资源法庭，此后昆明、郑州环境资源法庭相继设立，开始集中管辖部分环境资源案件。

至此，最高人民法院、高级人民法院、中级人民法院、基层人民法院四级法院基本建立环境资源审判组织体系。截至 2022 年 3 月，全国 30 家高级法院以及新疆生产建设兵团分院成立环境资源审判庭，155 家中院成立环境资源审判庭，447 家基层法院成立环境资源审判庭，全国法院环境资源审判专门机构已达 2426 个。

（二）环境资源审判机制

1. 归口审理机制

环境资源案件归口审理是指将环境资源案件统一归口由环境资源审判庭或负责环境资源审判的机构审理。环境资源审判涵盖刑事、民事、行政三大诉讼类案件，数量众多、点多面广、类型多样，通过环境资源案件统一归口审理，统筹适用刑事、民事、行政三种责任方式，能够强化刑事、民事和行政三大审判之间的相互配合，有利于统一裁判理念、裁判规则和裁判尺度，形成环境资源审判合力，切实提高环境资源审判质效。目前，最高人民法院已将环境资源刑事、民事、行政审判职能归口至环境资源审判庭行使，实现了"三合一"归口审理模式。截止到 2022 年 3 月，全国共有 29 家高级人民法院实行审判职能"三合一"归口模式，其中，云南、江西高院还实行刑事、民事、行政、执行案件的"四合一"归口审理执行模式。

2. 集中管辖机制

环境资源案件的集中管辖是各地人民法院结合本地区环境资源保护特点，实行辖区内环境资源案件跨区划、跨流域等集中管辖制度。集中管辖的实施有助于打破地方保护主义藩篱，实现区域流域生态环境一体化保护。集中管辖主要有以下几种模式.

（1）以生态系统或者生态功能区为单位实行跨行政区划集中管辖。江苏以生态功能区为单位，在相关基层人民法院设立九个环境资源法庭，跨行政区划受理环境资源案件，形成以江苏省高级人民法院环境资源审判庭为指导、南京环境资源法庭为核心、9 个生态功能区法庭为依托的"9+1"环境资源集中管辖审判体系。甘肃调整林区法院的设置和管辖范围，实现了全省重点林区和国家级自然保护区内案件跨行政区域全覆盖。

（2）重点流域区域跨行政区划集中管辖。江西在"五河一江一湖"流域及部分重点区域设立环境资源法庭共计 11 个，对该流域及重点区域的环境资源案件进行集中管辖，推进建立重点流域区域环境资源案件管辖审判体系。湖南在全省设立 7 个专门环境资源法庭跨行政区划集中管辖流域内水污染、生物多样性保护和土壤污染等第一审环境资源案件。山东由济南铁路运输中级人民法院管辖黄河、大运河流域发生的跨设区市环境资源民事和行政案件。

（3）跨省级行政区划集中管辖。自 2017 年 10 月 26 日起，北京市第四中级人民法院受理天津铁路运输法院审理的环境保护行政上诉案件，成为中国环境资源案件跨省级行政区划集中管辖制度改革的重要探索。

3. 巡回审判机制

环境资源审判巡回机制建设是指在自然保护区、风景名胜区、矿区、饮用水源地、河流、森林公园以及化工园区等重点生态区域内，依托相关行政管理机构和现有资源，设立环境资源审判巡回审判机构，开展巡回审判，建立环境资源审判独具特色的案件分、调、裁、审工作机制。全国法院通过设立派出法庭、巡回办案点或利用巡回审判车（船）开展巡回审判，实行就地立案、开庭、调处和宣判。山东法院在泰山、黄河三角洲自然保护区等重点生态区域设立巡回审判法庭，浙江法院在钱塘江、大运河、千岛湖等重点流域、生态功能区设立巡回审判点；甘肃法院在祁连山等五大国家级自然保护区设立环境资源保护巡回审判法庭；福建省宁德市两级法院推行千里海岸线巡回审判，海南省高级人民法院在三沙群岛法院设立环境资源海上巡回法庭，均取得了较好效果。

4. 司法协作机制

全国法院根据系统治理与一体化保护原则，不断深化环境资源司法协作，探索跨域环境治理。结合黄河、长江、大运河、南水北调工程等重点流域环境资源审判特点，制定了长效、具有可操作性的协作制度。通过召开环境资源审判协作工作会议、环境资源审判研讨会、搭建环境资源审判信息共享平台等形式，共同研讨解决环境资源审判法律适用疑难问题，介绍创新举措，交流审判实务经验、总结协作工作中遇到的困难和问题、发布工作动态信息等，建立交流协作、信息共享机制。长江经济带十一个省、市及青海省高级人民法院签署环境资源审判协作框架协议，建立长江经济带环境资源审判协作机制，服务保障长江经济带建设；黄河流域九家高级法院签署框架协议，共同协作服务保障黄河流域生态环境保护和高质量发展；湖北、河南、陕西高院开展环丹江口水库司法协作；黑龙江与内蒙古高院会签东北边疆两省（区）林草、湿地、野生动物资源保护环境资源审判协作；河南与北京两地法院立足南水北调中线工程首尾区域，签订共建法治保水司法示范基地合作协议；湖北、湖南、江西高院签署构建长江中游城市群审判工作协作机制；天津、辽宁、山东签署渤海生态环境保护司法协作协议。

二、与相关部门的职能衔接

环境资源案件由于专业性强、涉及面广、责任具有复合性等特点，开展好环境资源审判工作，需要各级政府以及生态环境、自然资源等相关部门的支持与配合，需要司法机关与行政机关的共同努力。经过多年努力，各地基本形成了党委领导、政府负责、社会协同、公众参与、法治保障的现代化环境治理体系，形成了推进生态环境保护工作合力。

（一）协同治理合作机制

针对环境修复资金保管难、使用难的问题，人民法院加大与发展改革部门、财政部门的沟通协调力度，推动出台《生态环境损害赔偿资金管理办法（试行）》，建立健全生态损害发生之后，公益诉讼、生态环境损害赔偿诉讼专项资金的保管、使用、审计监督及责任追究制度，让修复资金真正用于生态环境的修复。针对环境损害司法鉴定机制尚不完善等问题，进一步加强与司法行政主管部门和生态环境主管部门的沟通，推动健全完善科学、公平、中立的环境损害司法鉴定制度。针对环境资源案件审判执行过程中发现的问题，人民法院充分发挥司法建议的作用，积极向当地政府和有关部门发出司法建议。为服务保障黄河流域生态保护和高质量发展国家战略等大局工作，全国法院纷纷与各有关部门签订合作协议，最高人民法院与推动黄河流域生态保护和高质量发展领导小组办公室签署了协同治理合作协议；四川法院与大熊猫国家公园管理局建立协作机制，为大熊猫国家公园提供司法保护；山东高院联合生态环境厅、自然资源厅研究制定《关于建立环境资源保护多元治理机制的意见》，就重点生态区域开展巡回审判、建立环境司法修复基地等制定了措施，形成了环境资源保护的合力。

（二）执法司法衔接机制

为破解区域司法行政保护衔接难题，加强工作对接与协调联动，共同打击生态环境违法犯罪行为，并在证据的采集与固定、案件的协调与化解、判决的监督与执行等方面实现有序衔接，人民法院加强与公安机关、检察机关以及相关行政机关在保护环境资源工作中的协作配合，出台生态环境和资源保护行政执法与司法协作机制的意见，建立了环境资源行政执法与司法信息共享、联席会议、突发环境事件应急响应等联动工作机制。例如，江苏、上海、浙江的各级人民法院与生态环境部门等共同签署长三角一体化示范区生态环境检查执法互认机制对接会议纪要，组建生态环境联合执法队，实现跨界执法协作互认、执法信息共享、生态环境信用互通；广西壮族自治区高级人民法院与行政部门会签漓江流域、北部湾海洋生态环境保护合作框架协议，加强海洋生态环境保护行政司法衔接，共建海洋保护司法协作机制；陕西高级人民法院与检察机关等部门会签涉林业行政执法与刑事司法衔接办法，对林业行政执法机关、公安机关和司法机关在依法查办、处理涉及破坏森林、草原、湿地和野生动植物等生态资源违法行为中，对违法案件依法移送相关衔接、管理等活动进行了规范；山东省公检法部门与生态环境厅印发《关于加强生态环境行政执法与刑事司法衔接工作机制的实施意见》，建立联动执法、案件移送、重大案件会商督办、信息共享等机制，对生态环境部门、公安机关、检察机关、审判机关办理生态环境违法犯罪案件的移送、受理、监督等程序进行了规范。

（三）非诉纠纷解决机制

针对环境资源领域难点痛点堵点问题，人民法院充分发挥人民法庭、巡回审判参与基层环境治理作用，依托一站式多元纠纷解决和诉讼服务体系，运用多元化纠纷解决方式，完善调解、协商、仲裁等非诉讼纠纷解决机制，强化与基层党组织、自治组织等常态化沟通对接，共同推动矛盾纠纷化解，更加高效便捷地满足人民群众多元化环境司法需求。例如，贵州省高级人民法院与省生态环境厅联合下发《关于建立全省各级人民法院与生态环境部门衔接配合工作五项机制的意见》，开展诉前化解。福建法院针对林权纠纷案件对接人民政府设立的林权调处机构，发挥林业主管部门专业性优势，准确认定山林四至界限，对山林权属进行诉前化解。重庆市渝北区人民法院与市环保局探索建立"10+1"环境纠纷诉前化解平台，将矛盾纠纷前移，取得较好效果。

第二节 环境资源案件类型及审理重点

一、环境资源案件类型

环境资源审判跨越刑事、民事、行政三大诉讼，环境资源案件主要有环境资源刑事、民事、行政案件以及环境资源公益诉讼案件四大类型。

(一)环境资源刑事案件

1. 环境污染类案件

环境污染类案件主要是指向大气、水、土壤和海洋等环境介质排放有毒有害物质、其他物质及能量，损害环境介质及其生态系统服务功能，以及导致个人或公众的人身健康、财产受损而产生的刑事案件。其主要包括以下罪名：污染环境罪；非法处置进口的固体废物罪；擅自进口固体废物罪；走私废物罪。

2. 生态保护类案件

生态保护类案件主要是指因破坏遗传（基因）、物种、生态系统多样性、景观多样性以及影响生态系统功能正常运行而产生的刑事案件。其主要包括以下罪名：走私珍贵动物、珍贵动物制品罪；非法捕捞水产品罪；危害珍贵、濒危野生动物罪；非法猎捕、收购、运输、出售陆生野生动物罪；非法狩猎罪；非法引进、释放、丢弃外来入侵物种罪；破坏自然保护地罪。

3. 资源开发类案件

资源开发类案件主要是指在土地、矿产等各类自然资源开发利用过程中产生的，与生态环境保护修复密切相关的刑事案件。其主要包括以下罪名：非法占用农用地罪；非法采矿罪；破坏性采矿罪；危害国家重点保护植物罪；盗伐林木罪；滥伐林木罪；非法收购、运输盗伐、滥伐的林木罪；非法转让、倒卖土地使用权罪；违法发放林木采伐许可证罪；非法批准征收、征用、占用土地罪；非法低价出让国有土地使用权罪。

4. 其他类案件

其他类案件主要是指上述类型之外的涉及环境资源的刑事案件。其主要包括以下罪名：故意损毁名胜古迹罪；涉环境保护行政机关滥用职权、玩忽职守罪；环境监管失职罪；涉及环境保护领域的提供虚假证明文件罪；出具证明文件重大失实罪。

(二)环境资源民事案件

1. 环境污染与生态破坏类案件

环境污染案件主要是指向大气、水、土壤和海洋等环境介质排放有毒有害物质、其他物质及能量，损害环境介质及其生态系统服务功能，以及导致个人或公众的人身健康、财产受损而产生的民事案件。其主要包括以下案件：环境污染责任纠纷（大气污染责任纠纷、水污染责任纠纷、土壤污染责任纠纷、电子废物污染责任纠纷、固体废物污染责任纠纷、噪声污染责任纠纷、光污染责任纠纷、放射性污染责任纠纷）；相邻关系纠纷（相邻通风纠纷，相邻采光、日照纠纷，相邻污染侵害纠纷）；生态破坏类案件是指因破坏遗传（基因）、物种、生态系统多样性、景观多样性以及影响生态系统功能正常运行而产生的民事案件，主要是生态破坏责任纠纷案件。

2. 资源开发利用类案件

资源开发利用类案件主要是指在土地、矿产等各类自然资源开发利用过程中产生的，与生态环境保护修复密切相关的民事案件。其主要包括以下案件：探矿权纠纷；采矿权纠纷；取水权纠纷；土地承包经营权纠纷（土地承包经营权确认纠纷、承包地征收补偿费用分配纠纷、土地承包经营权继承纠纷）、土地经营权纠纷、土地承包经营权合同纠纷（土地承包经营权转让合同纠纷、土地承包经营权互换合同纠纷、土地经营权入股合同纠纷、土地经营权抵押合同纠纷、土地经营权出租合同纠纷）；建设用地使用权纠纷；建设用地使用权合同纠纷（建设用地使用权出让合同纠纷、建设用地使用权转让合同纠纷）；探矿权转让合同纠纷；采矿权转让合同纠纷；中外合作勘探开发自然资源合同纠纷；土地租赁合同纠纷；临时用地合同纠纷；供用电合同纠纷；供用水合同纠纷；供用气合同纠纷；供用热力合同纠纷。

3. 气候变化应对类案件

气候变化应对类案件主要是指在应对因排放温室气体、臭氧层损耗物质等直接或间接影响气候变化过程中产生的民事案件。主要包括节能减排相关合同纠纷、碳汇交易纠纷。

4. 环境治理与服务类案件

环境治理与服务类案件主要是指在利用税费、配额等规制措施以及第三方治理、环境容量利用权、绿色金融等市场机制，控制生态环境退化、改善生态环境质量过程中产生的民事案件。其主要包括以下案件：环境治理合同纠纷；环境服务合同纠纷；用能权交易纠纷；用水权交易纠纷；排污权交易纠纷；碳排放权交易纠纷；绿色信贷纠纷。

（三）环境资源行政类案件

环境资源行政类案件主要是指以政府及其生态环境、自然资源、林业、渔业、水利部门为被告，涉及环境资源保护的行政处罚、行政许可、行政强制、行政不作为、行政复议和行政赔偿等案件。

（四）环境资源公益诉讼类案件

1. 环境污染和生态破坏民事公益诉讼

环境污染和生态破坏民事公益诉讼主要是指法律规定的机关和有关组织依据《民

事诉讼法》第五十五条、《环境保护法》第五十八条等法律的规定，对已经损害社会公共利益或者具有损害社会公共利益重大风险的污染环境、破坏生态的行为提起的诉讼，主要有环境污染民事公益诉讼和生态破坏民事公益诉讼两种案件类型。

2. 生态环境损害赔偿诉讼

生态环境损害赔偿诉讼是指省级、市地级人民政府及其指定的相关部门、机构，或者受国务院委托行使全民所有自然资源资产所有权的部门，因与造成生态环境损害的自然人、法人或者其他组织经磋商未达成一致或者无法进行磋商的，作为原告提起的诉讼。

3. 刑事附带民事公益诉讼类案件

刑事附带民事公益诉讼类案件是指在检察机关针对破坏环境资源犯罪行为提起刑事公诉时，附带提起的民事公益诉讼。

4. 环境行政公益诉讼类案件

环境行政公益诉讼类案件是指检察机关在履行职责中发现生态环境和资源保护领域负有监督管理职责的行政机关违法行使职权或者不作为，致使国家利益或者社会公共利益受到侵害的，在向行政机关提出督促其依法履行职责的检察建议后，行政机关不依法履行职责的，检察机关依法向人民法院提起的诉讼。

二、环境资源案件审理重点

（一）体现预防为主原则

《环境保护法》第五条规定，环境保护坚持保护优先、预防为主、综合治理、公众参与、损害担责的原则。污染环境和破坏生态行为，除造成实际损害之外，亦存在造成损害风险之虞。因生态环境损害具有隐蔽性、潜在性、长期性、难以恢复性等特点，如仍然固守传统的"无损害则无救济"的侵权损害救济理念，将会对国家生态安全、社会公共利益和人民群众的环境权益造成不可逆转的损害。为避免风险转换成实际损害，从而导致不可逆的后果，人民法院在环境资源案件的审理过程中，注重贯彻预防为主的生态环境保护司法理念，防止环境污染、生态破坏行为的发生或将其限定在最小的范围内。因此，对于污染环境、破坏生态具有损害环境公共利益风险的行为，被侵权人可依据《民法典》第一千一百六十七条和《最高人民法院关于审理环境民事公益诉讼案件适用法律若干问题的解释》第十九条的规定提出预防性诉讼请求，请求侵权人承担停止侵害、排除妨碍、消除危险等责任，以防止生态环境损害发生或扩大。

司法实践中，各地法院也在积极探索禁止令的适用。环保禁止令制度突破了"无损害无救济"的传统救济理念，在事前、事中阶段实现对生态环境的保护，有效阻止了环境违法行为对生态的持续破坏，完善了预防性责任承担方式。浙江省的法院审理的周某荣等二十八人污染环境案中，被告人周某荣等二十八人违反国家规定，处置有毒物质严重污染环境，其行为均已构成污染环境罪，法院在依法判处各被告人有期徒刑的同时，适用禁止令和从业禁止，禁止各被告人在缓刑考验期或刑罚执行完毕后一定期限内从事危险废物处置活动，充分发挥司法裁判对生态环境的预防性保护效果。2022年1月1日，《最高人民法院关于生态环境侵权案件适用禁止令保全措施的若干规定》规定，国家规定的机关或者法律规定的组织，对于正在实施或者即将实施污染环境、破坏生态行为，不及时制止将使生态环境受到难以弥补的损害，可在提起诉讼前向有管辖权的法院申请做出禁止令，法院应当在接受申请后48小时内裁定是否准予。

（二）注重生态环境修复

人民法院在审理环境资源案件过程中，建立了以生态环境修复为中心的损害救济制度，统筹适用刑事、民事和行政责任，最大限度修复生态环境所受到的损害。污染环境和破坏生态行为已经造成生态环境实际损害的，对于能够修复的，人民法院判决被告将生态环境修复到损害发生之前的状态和功能。中华环保基金会诉长岛联凯公司候鸟迁徙生态保护公益诉讼一案中，山东长岛自然保护区的核心区及附属岛屿位于候鸟迁徙的必经之路中，联凯公司在该自然保护区核心区建设7台风电机组，噪声和电磁波严重影响了候鸟的迁徙、繁衍，人民法院组织双方当事人进行了多次调解、协商，最终联凯公司拆除风力发电机组，将生态环境修复到了损害发生之前状态。对于不能修复或难以完全修复的，积极适用替代性修复，让当事人采用补种复绿、增殖放流、护林护鸟、劳务代偿等替代性责任承担方式修复生态环境。

在环境资源刑事案件的审理中，将刑事宽严相济政策与修复性司法理念深度融合，把修复生态环境作为量刑的重要情节，将违法行为人的生态修复情况作为不诉或从轻、减轻刑罚的重要参考；注重从更高层次上服务绿色发展，引导污染者主动修复环境，确保受损生态环境得到切实有效修复。例如，在涉林刑事案件中引导被告人积极补种复绿，对其犯罪行为损害的生态环境进行修复，将修复程度作为量刑情节予以考虑，达到惩罚犯罪和修复环境的有机统一。在审理非法狩猎案件中，考虑野生动物资源的重要性生态功能，除依法判处罚金、没收违法所得外，还要求行为人开展护林护鸟服务活动并广泛宣传教育。

（三）准确适用惩罚性赔偿责任

《民法典》规定了生态环境侵权惩罚性赔偿制度，让恶意侵权者承担超出实际损害数额的赔偿责任，提高其违法成本，发挥制裁功能；同时警示他人不得实施类似行为，预防生态环境侵权行为的发生。侵权人违反法律规定故意实施污染环境、破坏生态行为，造成严重后果的，法院在判令侵权人承担修复责任的同时，还可以判令侵权人承担惩罚性赔偿责任。江西省的法院审理的浮梁县人民检察院诉浙江蓝海化工集团有限公司环境污染民事公益诉讼一案，蓝海公司非法倾倒危险废物严重污染环境，法院在判决该公司承担生态环境修复费用等，又判决其承担环境污染惩罚性赔偿金17万多元。该案系全国首例适用民法典生态环境侵权惩罚性赔偿制度案件，对正确适用惩罚性赔偿条款做出了有益探索。

人民法院通过审理相关案件确定了生态环境侵权惩罚性赔偿制度的构成要件。一是主观要件：侵权人主观上存在故意。环境侵权中无过错归责原则的适用，各方当事人均无须证明是否存在主观过错，即主观过错并非承担侵权责任的要件，然而惩罚性赔偿责任的承担具有例外性，被告必须具有主观故意才承担惩罚性赔偿责任。被侵权人就需要在环境侵权责任要件构成基础上，举证证明侵权人具有主观故意，方可请求侵权人承担惩罚性赔偿责任。二是行为要件：侵权人违反法律规定，实施了污染环境、破坏生态的行为。换言之，行为人实施的行为没有违反法律规定的，不能适用惩罚性赔偿。三是结果要件：造成严重后果，包括人身损害、财产损害和生态环境损害。对于"严重后果"的标准，主要根据污染环境、破坏生态行为的持续时间、地域范围，造成环境污染、生态破坏的范围和程度，以及造成的社会影响等因素综合判断。侵权人污染环境、破坏生态行为造成他人死亡、健康严重损害，重大财产损失，生态环境严重损害或者重大不良社会影响的，人民法院均认定为造成严重后果。

关于惩罚性赔偿金数额的确定，人民法院综合考虑侵权人的恶意程度、侵权后果的严重程度、侵权人因污染环境、破坏生态行为所获得的利益或者侵权人所采取的修复措施及其效果等因素，但一般不超过人身损害赔偿金、财产损失数额的二倍。因同一污染环境、破坏生态行为已经被行政机关给予罚款或者被人民法院判处罚金，侵权人主张免除惩罚性赔偿责任的，人民法院不予支持，但在确定惩罚性赔偿金数额时可以综合考虑。国家规定的机关或者法律规定的组织作为被侵权人代表，请求判令侵权人承担惩罚性赔偿责任的，惩罚性赔偿金数额的确定，均以生态环境受到损害至修复完成期间服务功能丧失导致的损失、生态环境功能永久性损害造成的损失数额作为计算基数。

（四）重视资源生态价值

在资源开发利用案件的审理过程中，人民法院还注重贯彻《民法典》的绿色原则，统筹资源的经济价值与生态价值，不仅要实现资源的合理开发利用，不得损害生态环境公共利益，进而促进自然资源的全面节约、有序开发、高效利用。一方面，通过裁判尽量避免、减少开发利用资源对生态环境造成破坏；另一方面，开发利用资源已经造成破坏的，判令开发利用者承担相应生态环境修复责任。审理资源开发利用案件严守资源利用底线，发挥司法能动作用，依法认定自然资源开发过程中相关合同的效力。上海某投资有限公司诉冠县林业局、冠县国有马颊河林场抵押合同纠纷案中，上海某投资有限公司要求确认生态公益林地使用权抵押合同有效并行使优先受偿权，法院将案涉林权资源的公益属性和生态环境的保护作为重要因素综合考量，认定抵押合同无效，切实保护了资源的生态价值。

同时，《民法典》还规定了添附制度，在一些农村土地承包合同案件中，当事人承包土地种植林木，因合同到期，对地上附着物如何处置没有约定情形经常出现，如对于尚未成才的树木如何处理存在分歧。在处理此类案件时，人民法院坚持《民法典》的绿色原则引领，从有利于节约资源、保护生态环境出发，妥当适用添附规则，实现物尽其用与绿色使用的协调统一。树木是一种特别的资源，且其砍伐需要符合森林法的相关规定，故所种植的树木由发包人计价接收更为妥当。

（五）凸显生物多样性保护

人民法院贯彻落实中办、国办《关于进一步加强生物多样性保护的意见》，依法审理生物多样性保护案件，加强生物多样性司法保护力度，实现对生态系统等的全方位保护。人民法院在对生物多样性案件的审理中，依法严惩破坏重要生物物种、生物遗传资源违法犯罪行为，对于重点生态区域非法猎捕、杀害珍贵、濒危野生动物，盗伐、滥伐林木，破坏重点保护植物等犯罪行为予以严厉打击；依法惩治利用网络或以其他方式实施野生动植物及制品非法贸易，非法引进、释放或丢弃外来物种等违法犯罪行为。依法审理涉遗传多样性、物种多样性和生态系统多样性司法保护案件，保护珍贵濒危野生动植物栖息地的生态环境，护航候鸟安全迁徙。坚持保护和可持续利用原则，多元化解影响生物迁徙、繁衍、栖息纠纷，系统保护珍贵、濒危野生动植物及其生活环境，遏制生物多样性丧失和生态系统退化。统筹疫情防控与生物多样性司法保护，提高公众的生态环境保护意识和健康安全风险防范意识，助推国家生物安全治理能力水平不断提升。在司法实践中，"绿孔雀案""五小叶槭"案，贯彻了环境保护预防为主的原则，突破了"无损害无救济"的传统救济理念，保护了珍贵濒危野生动植物物种及其生存栖息环境。"长江鳗鱼苗"案，系全国首例判令从捕捞、收购到贩卖全链条承担生态破坏责任的案件。海南某船务公司与三沙市渔政支队行政处罚案，通过对《濒危野生动植物种国际贸易公约》附录中的砗磲、珊瑚的保护，保护了珊瑚礁生态系统，维护了海洋生态环境。

（六）关注气候变化

人民法院贯彻落实中共中央、国务院《关于完整准确全面贯彻新发展理念做好碳达峰碳中和工作的意见》，依法审理新能源开发利用、再生能源、碳汇交易、绿色金融、碳排放权等涉气候变化新型案件，准确把握碳排放权、碳汇、碳衍生品等涉碳权利的经济属性、公共属性和生态属性，推动生产发展、生活富裕和生态良好。依法妥当处理涉及确权、交易、担保以及执行的相关涉碳民事纠纷；支持和监督行政机关依法查处碳排放单位虚报、瞒报温室气体排放报告、拒绝履行温室气体排放报告义务等违法行为；依法审理国家规定的机关或者法律规定的组织提起的涉碳公益诉讼和生态环境损害赔偿案件，加大对重点区域涉能源结构调整案件的审理力度，严格落实减污降碳协同治理；依法审理各类涉受控消耗臭氧层物质违法生产、使用和环境污染案件，助力减少非二氧化碳温室气体排放，促进企业产业转型、节能减排、绿色发展。在某矿业有限公司与山东某某钢铁有限公司等金融借款合同纠纷一案中，法院贯彻落实"绿色执行"理念，探索对钢铁产能指标强制执行，将高污染、高能耗炼铁、炼钢企业产能指标向低排放、高附加值的绿色环保企业转移，实现了钢铁产能指标配置利用率的最大化。在淄博某汽车制造公司大气污染民事公益诉讼案中，该汽车制造公司生产销售尾气排放不达标的轻型柴油货车给生态环境带来持续性损害，经法院依法调解，该汽车制造公司以提供新能源电动车 108 辆用于环卫公益事业的替代性赔偿方式，承担了生态环境修复和赔偿责任，减少碳排放约 6800 千克。

第三十五章 检察机关相关法治

人民检察院是国家的法律监督机关，依照法律规定独立行使检察权。为解决环境污染、生态破坏等公益遭受侵害的难题，充分发挥检察机关保护国家利益和社会公共利益的监督职能，检察公益诉讼制度应运而生，并随着司法实践的发展不断更新、深化。本章内容主要介绍检察公益诉讼的发展历程、概念和案件范围，检察公益诉讼与相关政府部门的职能衔接，并对涉环境资源法相关案例进行分析，探讨检察公益诉讼在实务中的适用情况。

第一节 检察公益诉讼概述

一、检察公益诉讼的发展历程、概念和案件范围

检察公益诉讼制度在我国确立时间较短。就发展历程而言，其经历了探索、试点、确立等阶段，并不断深化、拓展。检察公益诉讼制度产生的动因，是在公益遭受侵害时，以检察机关提起公益诉讼的方式，最大限度维护国家利益和社会公共利益。从概念上看，检察公益诉讼在诉讼目的、诉讼地位、诉讼程序以及诉讼手段等方面均具有特殊性。该特殊性使得公益诉讼在司法实践过程中衍分成法定领域和新领域两种案件范围。

（一）检察公益诉讼的发展历程

人民检察院是国家的法律监督机关，依照法律规定独立行使检察权，这是由我国宪法赋予的职责。在检察公益诉讼制度确立前，宪法、法律等未赋予检察机关公益诉讼的职能。随着经济社会不断发展，国家利益和社会公共利益受到侵害的现象愈演愈烈。一方面，环境污染、生态破坏、食品药品安全等问题频出，人民群众反映强烈；另一方面，由于检察公益诉讼法律制度空白，检察机关无法就此提起诉讼。为解决公益遭受侵害等难题，理论和实务界尝试提出"检察机关成为公益诉讼起诉主体"这一观点并展开探讨。

为充分发挥检察机关在保护国家利益和社会公共利益中的监督职能，2014年10月，党的十八届四中全会提出"探索建立检察机关提起公益诉讼制度"。2015年7月，全国人大常委会做出决定，授权在13个省区市开展为期两年的公益诉讼试点工作。2017年6月，全国人大常委会将检察公益诉讼制度增加至《民事诉讼法》第五十五条及《行政诉讼法》第二十五条第二款中，自此，我国以立法形式正式确立了检察机关提起公益诉讼制度。

2021年4月16日，最高人民检察院制定下发《"十四五"时期检察工作发展规划》（以下简称《规划》），《规划》在对未来五年的检察工作进行纵向规划的同时，也为检察机关在公益诉讼制度中的工作范围进行了横向深化。未来五年，检察机关要突出解决重点领域损害公益问题，要坚持把诉前实现维护公益目的作为最佳司法状态，要创新公益诉讼检察办案机制，要规范拓展案件范围，办好新领域案件并落实审批、备案审查机制。

2021年6月15日，中共中央发布《关于加强新时代检察机关法律监督工作的意见》（以下简称《意见》）。该《意见》对检察机关监督职责进行强调、深化的同时，还对检察机关公益诉讼提出新要求。关于检察机关公益诉讼制度，该《意见》第十一条规定，要积极稳妥推进公益诉讼检察。加大对公益诉讼法定领域、重点领域的办案力度，积极稳妥地拓展公益诉讼新领域的案件范围。

检察公益诉讼制度在全面推进依法治国的时代大背景下蓬勃发展，经历了从无到有，办案数量从少到多、影响力从弱到强，以维护社会公平正义，保护国家利益、社会公共利益为己任，在实践发展中与时俱进，着力拓展公益诉讼领域，以回应社会发展过程中的新需求。

（二）检察公益诉讼的概念

检察公益诉讼，是指人民检察院根据法律规定，对在履行职责中发现的在特定领域中损害国家、社会公共利益的案件，向有关主体发出检察建议或向人民法院提起诉讼的法律制度。不同于普通的私益诉讼，公益诉讼特点鲜明，在诉讼目的、诉讼地位、诉讼程序以及诉讼手段等方面均有特殊性。

诉讼目的的特殊性。检察机关与提起的公益诉讼之间不存在任何直接或间接的利益关系，公益诉讼的目的并不是维护某一方私益，而在于保护国家利益和社会公共利益。

诉讼地位的特殊性。公益诉讼案件中，检察机关的身份与刑事诉讼活动中国家公诉人的身份有些类似，不仅要担负起诉职能，还要依法履行对诉讼的监督职责，即检察机关同时具备"原告"和"监督者"的身份地位。

诉讼程序的特殊性。检察机关提起公益诉讼前，必须履行诉前程序，即通过检察建议等方式督促行政机关依法规范履行职责、通过公告督促其他适格主体保护公共利益的积极性。只有在相关主体不依法履行职责或者法律规定的机关和组织不提起诉讼时，检察机关才针对违法行为提起公益诉讼。

诉讼手段的特殊性。检察机关在办理公益诉讼案件过程中，拥有调查核实权，调查也是公益诉讼检察职能主动性的重要体现。《人民检察院公益诉讼办案规则》第三十五条规定了检察机关的调查方式，除此之外，行政机关及其工作人员不得拒绝或妨碍人民检察院调查收集证据。

（三）检察公益诉讼案件范围

检察公益诉讼案件范围根据法律规定确定，目前公益诉讼的案件范围主要包括法定领域和新领域两部分。

1. 公益诉讼的法定领域

《民事诉讼法》和《行政诉讼法》中规定了生态环境和资源保护、食品药品安全、国有财产保护、国有土地使用权出让等四个开展公益诉讼的法定领域。2018 年后，一些法律在制定、修改的过程中，又将英雄烈士保护等九个领域增加至公益诉讼的法定领域中。当前，我国检察机关公益诉讼的法定领域数量为"4+9"。如表 35-1 所示。

表 35-1 公益诉讼法定领域对照表

公益诉讼法定领域	法律依据	能否提起行政公益诉讼	能否提起民事公益诉讼
生态环境和资源保护	《民事诉讼法》第五十八条《行政诉讼法》第二十五条	√	√
食品药品安全	《民事诉讼法》第五十八条《行政诉讼法》第二十五条	√	√
国有财产保护	《行政诉讼法》第二十五条	√	—
国有土地使用权出让	《行政诉讼法》第二十五条	√	—
英雄烈士保护	《英雄烈士保护法》第二十五条	√	√
未成年人保护	《未成年人保护法》第一百零六条	√	√
军人权益保护	《军人地位和权益保障法》第六十二条	√	√
安全生产	《安全生产法》第七十四条第二款	√	√
个人信息保护	《个人信息保护法》第七十条	√	√
反垄断	《反垄断法》第六十条第二款	—	√
农产品质量安全	《农产品质量安全法》第七十九条第二款	√	√
反电信诈骗	《反电信诈骗法》第四十七条	√	√
妇女权益保障	《妇女权益保障法》第七十七条	√	√

2. 公益诉讼的新领域

公共利益所涉范围宽泛，公益诉讼的法定领域无法将其一一涵盖。伴随着社会经济发展以及公益诉讼领域的拓展深化，公益受损问题开始延伸到一些非法定的新领域中。这些尚未被法律明确规定，但在地方性法规授权有所体现的新内容，就成为公益诉讼的拓展领域。目前，拓展领域的公益诉讼案件大多集中在文物和文化遗产保护、公共卫生、妇女以及残疾人权益保障等领域，这些领域的公益诉讼案件数量较多且具有代表性。

二、与相关政府部门的职能衔接

检察公益诉讼制度确立后，检察机关在依职权提起公益诉讼的同时，还注重建立健全与相关政府部门的职能衔接。近年来，检察机关与政府部门共同确立"河长湖长湾长＋检察长"、生态损害赔偿等制度并开展系列专项活动，力图推动公益诉讼检察工作在各法定领域的规范化、制度化、长效化发展。

（一）"河长湖长湾长＋检察长"制度

2018年12月，最高检联合水利部推动沿黄九省（区）河长办和检察机关共同开展"携手清四乱 保护母亲河"专项行动，率先提出探索建立"河长＋检察长"工作机制。随后，"湖长湾长＋检察长"制在全国各地逐渐复制推广、落地实施。

"河长湖长湾长＋检察长"制是全面贯彻习近平生态文明思想的一项机制创新。在总河长（湖长、湾长）的统一领导下，检察长立足当好党委政府"法治助手"的工作定位，以发挥检察职能、协助总河长（湖长、湾长）破解环境资源治理难题为主要目的，建立并加强检察机关与行政机关的沟通联动，最终形成河湖海水资源、河湖海水生态、河湖海水环境保护合力，切实发挥公益诉讼检察工作在水生态文明建设中的重要作用。

目前，"河长湖长湾长＋检察长"的治理模式已在全国范围内获得广泛推广，拓宽了检察公益诉讼的案件来源，提升了检察监督的效能。实践中，"双长"密切配合，形成司法、执法合力，共同推动水域系统保护和水生态环境整体持续改善：一是在信息共享、案件线索移送方面，明确专门机构和人员负责日常联络与信息共享工作，互相通报涉河湖海案件线索及办理情况；二是在调查取证方面，河湖湾长制工作机构积极配合检察机关开展调阅行政执法卷宗、委托鉴定等调查取证工作，检察机关为河湖湾长制工作机构在行政执法过程中提供法律咨询、协助调查取证等司法支持；三是在联合督促整改方面，检察机关依法履行公益监督职责，在提出检察建议或依法提起行政公益诉讼后，将有关情况抄送同级河湖湾长制工作机构；四是在重点督办和专项整治方面，建立重点涉河湖海问题联合挂牌督办制度，统筹研究协调重大复杂案件，针对区域内河湖海管理保护某个领域的突出问题，联合开展专项整治，助推河湖湾长制工作扎实有效开展。

（二）生态损害赔偿制度

生态环境损害赔偿制度是生态文明制度体系的重要组成部分，其建立和完善对于加强生态环境保护特别是落实生态环境损害责任具有重要意义。[①] 2015 年 12 月，中共中央办公厅、国务院办公厅决定在吉林、江苏、山东、湖南、重庆、贵州、云南部署开展为期两年的试点工作。经过两年的探索，2017 年 12 月，中共中央办公厅、国务院办公厅印发《生态环境损害赔偿制度改革方案》（以下简称《改革方案》），提出自 2018 年 1 月 1 日起，在全国试行生态环境损害赔偿制度。2022 年 4 月，生态环境部联合"两高"等共 14 家单位印发《生态环境损害赔偿管理规定》，推动生态环境损害赔偿制度在法治轨道上运行更加常态化、规范化、科学化。

生态环境损害赔偿制度要求在生态环境损害发生后，国务院授权的省级、市地级政府（包括直辖市所辖的区县级政府）及其指定的有关部门或机构负责生态环境损害赔偿的具体工作，组织开展相应的生态环境损害调查、鉴定评估、修复方案编制等，并主动与赔偿义务人磋商，请求赔偿义务人在合理期限内承担生态环境损害赔偿责任。磋商未达成一致的，可依法提起诉讼，检察机关可以支持起诉。对于赔偿权利人未启动生态环境损害赔偿程序或者经磋商未达成一致，赔偿权利人又不提起诉讼，社会公共利益仍处于受损害状态的，检察机关应当提起民事公益诉讼。

《改革方案》发布以来，各省市积极探索建立生态环境损害赔偿与检察公益诉讼衔接机制。在山东省人民检察院与山东省生态环境厅印发的《关于进一步加强检察公益诉讼与生态环境损害赔偿衔接工作的意见（征求意见稿）》等文件中，均对案件线索移送、赔偿磋商、提起诉讼、监督修复、赔偿资金管理等的衔接做了相关规定。检察机关与生态环境部门共同发力，构建起生态环境损害赔偿制度下"支持＋协作＋配合"的新格局，为两项制度有机衔接和无缝对接提供了良好借鉴。

（三）最高人民检察院专项活动

2017 年以来，最高检先后部署多个公益诉讼专项监督活动，检察机关立足检察职能，聚焦群众反映强烈的民生热点问题，与相关行政机关凝聚共识，发挥行政机关自我纠错、依法行政的积极性、能动性，助力提升社会公共利益保护法治化水平。

1．"携手清四乱、保护母亲河"专项监督活动

2018 年 8 月 29 日，最高检召开"携手清四乱、保护母亲河"专项活动新闻发布会。12 月开始，由最高检、水利部联合部署，河南省检察院和黄河水利委员会共同倡议发起并开展专项行动。沿黄河九省（区）检察机关召开服务保障黄河流域生态保护检察论坛，各地检察院与河长办、河务局建立"河长＋检察长"工作机制，利用各自职能和专业优势，集中整治黄河流域乱占、乱采、乱堆、乱建等"四乱"突出问题。各地

---

① 刘长兴 . 生态环境损害赔偿诉讼的制度定位与规范表达 [J]. 环境法评论，2022（1）：3—17.

检察机关公益诉讼部门发出诉前检察建议，相关行政部门回复并全面整改，做到问题整治、生态修复与公益保护的有机统一，探索建立检察机关与行政机关在黄河全流域协作联动的生态环境保护治理新模式。

2. "保障千家万户舌尖上的安全"专项监督活动

自 2018 年 8 月起，最高检贯彻落实"健康中国"战略，部署开展"保障千家万户舌尖上的安全"检察公益诉讼专项监督活动。检察机关着力聚焦农贸市场及校园周边食品、网络餐饮、饮用水、保健食品药品以及速冻食品行业安全等五大重点领域，并以农贸市场、超市销售的食用农产品、食品和网络餐饮以及水源地保护作为重点内容开展公益诉讼监督工作[①]，力图纠正行政机关违法行使职权、不作为等问题。

3. "公益诉讼守护美好生活"专项监督活动

2020 年 6 月 29 日，最高检决定自 2020 年 7 月起，开展为期三年的"公益诉讼守护美好生活"专项监督活动。本次专项活动聚焦生态环境和食药安全领域公益损害突出问题，重点围绕违法向水体排放污染物，固体废物，尾矿，野生动物保护，食用农产品、食品，保健食品等六个方面违法行为开展专项监督。针对重点问题，各地检察机关立足本地司法实践，开展了一系列公益诉讼专项监督活动，均取得显著成效。

（四）省检专项活动

2017 年以来，山东省各级人民检察院在最高人民检察院的部署下组织开展了"携手清四乱、保护母亲河""守护海洋""保障千家万户舌尖上的安全"等公益诉讼检察专项监督活动，各地市结合山东实际，开展了安全生产领域等公益诉讼专项监督活动，全力守护民生、保障民利。

1. "携手清四乱、保护母亲河"专项监督活动

针对乱占乱采乱堆乱建损害黄河生态环境、威胁河道行洪安全等问题，山东省检察院联合山东省河长制办公室、山东黄河河务局在沿黄海九地市部署开展"携手清四乱、保护母亲河"专项活动，在河务、水利及公安等多部门参与下，各地密切协作配合，进行沿河环境治理与环境保护，督促相关职能部门完善相关治理措施，实现优势互补、联防联控，形成沿河生态环境保护合力。

2. "守护海洋"检察公益诉讼专项监督活动

山东各级检察院围绕"美丽山东"和"海洋强省"建设，以全国人大常委会海洋环境保护法执法检查发现的问题为线索，在沿海七市部署开展"守护海洋"检察公益诉讼专项监督活动。主要通过清理沿海滩涂固体废物和垃圾、整顿违规养殖场，封堵和治理入海排污口，治理海域面积，修复海岸线、河道，增殖放养等措施督促有关行政部门依法履职，保护和改善海洋生态环境。检察机关还与行政部门开启横向协作联

---

① 最高检. 部署开展"保障千家万户舌尖上的安全"检察公益诉讼专项监督活动 [J]. 中国食品，2018（18）：51.

动：在山东省日照市岚山区检察院督促区海洋与渔业局牵头组织多家单位联合开展海上专项执法活动，实施督促拆除违法建设、退渔还海、修复海岸线、放流梭子蟹等措施，保护海洋生态环境。2019 年 2 月，山东会同辽宁、河北、天津四省市的检察机关共同签署《关于建立环渤海生态环境保护公益诉讼协作工作机制的意见》，建立生态环境保护联动协作机制，解决跨区域生态环境保护共性问题，实现海洋环境治理协同化、规范化、制度化。

3. "保障千家万户舌尖上的安全"专项监督活动

为深入开展"保障千家万户舌尖上的安全"专项监督活动，山东省检察院督促行政部门加强食品流程监控、强化食品安全监督管理、完善相关规章制度，与市场监管、公安等行政部门配合，通过联席会议、信息交换、情况通报、线索移送等措施，构建食品安全监管的长效工作模式。省检察院还与省市场监管局联合开展落实食品药品安全"四个最严"要求专项行动，并通过召开推进会、座谈会的方式，合力促进全省食品安全监督工作的开展。

4. 安全生产领域公益诉讼专项监督活动

专项活动开展以来，山东各级检察院紧紧围绕党委政府关注、群众反映强烈的危险化学品、特种设备、消防、违法建设、道路交通安全等重点领域，利用安全生产领域公益诉讼案件线索，立案办理涉及安全生产领域公益诉讼案件。山东检察通过运用诉前磋商、公开听证、检察建议等多种方式，强化源头治理，建立联动协作机制，开展类案监督，督促行政部门依法履职，推动行政监管部门开展安全隐患专项整治。同时，还与山东省应急管理厅会签了《关于在检察公益诉讼中加强协作配合依法保障安全生产的意见（试行）》，通过加强与行政机关的沟通协作，切实保障生产安全，维护人民群众生命财产安全。

第二节 涉环境资源法案件办理导引

一、山东省聊城市人民检察院诉路荣太民事公益诉讼案

（一）基本案情

该案被告路荣太在未经相关部门审批且不具备清洗资质的情况下，将洗刷过机油桶的强碱废液直接排入私自挖掘的渗坑中，导致渗坑周边以及地下土壤被严重污染。2017年，聊城市人民检察院依指定向相关法院提起民事公益诉讼。[①]

（二）审理结果

法院经审理认为，该案被告的犯罪事实清楚，证据充分，判决该案被告路荣太承担污染治理及生态修复费38400元。

（三）案件研讨

该案是针对自然人实施的环境污染行为提起的民事公益诉讼案件，是较为典型的民事公益诉讼案例。该案中存在两个要点：第一点是民事公益诉讼案件中调查程序的调查重点；第二点是此类环境污染公益诉讼案件的被告责任承担方式。

1. 民事公益诉讼案件的调查重点

该案实际上属于民事侵权类案件，故检察机关在办理民事公益诉讼案件时，调查程序应当依据侵权责任的构成要件开展，即侵权行为、损害结果、因果关系、主观过错等内容。根据《民法典》第一千二百三十条规定可知，一般的污染环境、破坏生态民事侵权案件规定，由行为人证明污染行为与损害结果之间是否因果关系，即举证责任倒置，这一点在民事公益诉讼中同样适用。但为了保证依法准确监督，及时、准确维护公益，检察机关在污染环境民事公益诉讼的调查过程中，依然应当将污染行为与损害结果之间是否存在因果关系作为案件调查的重点。

2. 被告责任承担方式

根据《最高人民法院关于审理环境民事公益诉讼案件适用法律若干问题的解释》相关规定可知，在环境民事公益诉讼案件中，除最基本的民事侵权责任承担方式外，法院也可以依据被告以及受损环境、生态的具体情况，判决被告单独或同时承担修复生态环境以及修复费用的责任。本案被告路荣太作为自然人，缺乏对涉案地的环境修复能力，依法判令其支付生态修复资金的责任承担方式，兼顾了惩治功能与可执行性，

---

① 检察公益诉讼典型案例[N]. 检察日报，2018-03-03（002）.

具有一定的指导价值。

二、山东省临清市人民检察院诉临清市林业局不依法履职行政公益诉讼案

（一）基本案情

山东省临清市属于黄泛平原风沙区，是国家级水土流失重点防御区。2014年6月，王某在未办理采伐许可证的情况下，砍伐八千余棵杨树，造成当地出现了严重的沙荒土地裸露问题，而临清市林业局未对该违法行为做出行政处理。临清市人民检察院向临清市林业局送达检察建议书，建议该局对涉案行为依法做出处理，临清市林业局认为，案件已超刑事立案标准，不能履行检察建议，故临清市人民检察院向法院提起行政公益诉讼。①

（二）审理结果

2018年9月6日，临清市人民法院做出判决，认定临清市林业局对涉案杨树被无证砍伐的违法行为，具有明确的法定监督管理职责。最终判决责令临清市林业局对涉案杨树被无证砍伐的行为继续履行监管法定职责。

（三）案件研讨

在这一行政公益诉讼案件中，主要争议焦点在于行政监管与刑事诉讼程序能否同时进行。该案被告临清市林业局认为，涉案被伐杨树及价值明显超过了刑事立案标准，因此只需对相关人员提起刑事诉讼即可，不需再进行行政立案。事实上，在司法实践过程中，为最大限度地保护国家利益和社会公共利益，就同一违法事实，应当统筹适用刑事、民事、行政责任，除行政拘留、罚款与刑事处理性质相同外，行政机关可以做出与刑事处理性质不同的行政处理决定。在本案中，针对违法行为人王某砍伐杨树的行为，行政机关应当对其做出与刑事处理性质不同的行政处罚，即责令其补种树木。无论违法行为人是否承担刑事责任，均不能免除其承担与刑事处理性质不同的行政责任。

检察机关在办理公益诉讼案件时，应当注意行政监管和刑事诉讼程序的关系，两者不仅不冲突，还可以平行推进。刑事案件是否立案、是否审结，并不影响行政机关推进与刑事处理性质不同的行政监管程序。行政机关以违法事实涉嫌刑事犯罪、已将涉嫌犯罪线索移送侦查机关、刑事诉讼程序尚未终结等为由拒不采取与刑事处理性质不同的行政监管措施时，人民检察院应当督促其依法及时全面履行职责，统筹适用行政责任与刑事责任，最大限度保护公共利益。

---

① 检察公益诉讼全面实施两周年典型案例（选登）[N]. 检察日报，2019-10-11（002）.

第三十六章 公安机关相关法治

公安机关是环境资源监管治理的主要执法力量之一。本章主要介绍了公安机关在环境资源法治中的角色定位、职责权限以及与相关政府部门的职能衔接等，探讨了公安机关环境资源执法实践中的重要典型问题，让读者对相关理论及实践问题有一定的把握和了解。

第一节
公安机关承担环境资源保护职责的体制机制

一、我国的公安机关的一般构成

我国《人民警察法》第二条规定，"人民警察包括公安机关、国家安全机关、监狱、劳动教养管理机关的人民警察和人民法院、人民检察院的司法警察"。作为人民警察的主要构成部分，公安机关是国家为行使警察权力、实现警察职能而设立的执行、实施国家法律法规、管理国家公共安全事务的行政机关，同时兼具行政管理和刑事司法的双重职能。

根据我国《宪法》《国务院组织法》《公安机关组织管理条例》等法律法规，公安机关由中央公安机关、地方各级公安机关等组成。中央公安机关是指公安部，公安部是国务院组成部门，是全国公安工作的最高领导机关和指挥机关；公安部设有办公厅、情报指挥、经济犯罪侦查、治安管理、刑事侦查、食品药品犯罪侦查、特勤、铁路公安、网络安全保卫、交通管理等局级机构，分别承担有关业务工作。地方各级公安机关是地方各级人民政府依法设置的工作部门，包括"省—市—县"三个层级公安机关，它们都是具有独立警察主体资格的警察机关，分别负责本行政区内公安工作，是本行政区域公安工作的领导、指导机关。

总体来看，我国公安机关实行"统一领导，分级管理，条块结合，以块为主"的管理体制。其中，"统一领导"是指全国公安工作统一接受党中央和国务院的领导，地方公安机关接受公安部的统一领导；"分级管理"是指公安部和地方公安机关分别接受党中央、国务院和各级地方党委、人民政府的管理；"条块结合"则是指地方公安机关实行双重领导体制，即同时接受纵向自上而下的公安机关"条"的领导管理和横向同级党委、政府的"块"的领导管理，实现"条条领导"和"块块领导"的互相配合；"以块为主"就是强调以横向同级党委、政府的领导管理为主解决具有地方特色的区域性公共安全问题，从社情出发更具针对性、更加高效地完成公安工作。

二、承担环境资源保护职责的公安机关

（一）森林公安机关

森林公安局肩负着保障森林生态安全，维护林区社会政治和治安秩序稳定，保护和促进森林和野生动植物资源合理利用，保障林业发展和生态文明建设顺利推进的重大任务。1953 年，各地政府先后发布在辽宁、吉林、黑龙江以及内蒙古东部林业森工局建立林业公安的通知；20 世纪 60 年代初，华北、西北、华东、华南、西南林区也相继建立了林业公安分局和派出所。此间，林业公安的主要职能是"防林火防滥伐防敌特"，直到 1979 年《森林法》才在第九条中明确规定林业公安具有"维护林区治安，防治过度砍伐以及维护狩猎秩序"的职责。1984 年 5 月 3 日，经国务院同意，决定成立林业部林业公安局，由中华人民共和国林业部与公安部双重领导、列入公安部序列。地方各级林业公安机关列入同级公安机关序列，在实行双重领导管理机制的同时，以地方为主。1998 年 3 月 10 日，第九届全国人民代表大会第一次会议通过《关于国务院机构改革方案的决定》，撤销林业部，组建国务院直属机构国家林业局。改革后，原林业部公安局、林业部武装森林警察办公室合并组建为国家林业局森林公安局（公安部十六局），根据 1998 年修订的《中华人民共和国森林法》，林业公安统一更名为森林公安。同年颁布出台了《野生动物保护法》，该法拓展了森林公安依法保护野生动物的职权，如核发持枪证、猎枪及弹具的生产、销售和使用管理等。2018 年修订的《野生动物保护法》中，又进一步扩充了关于进出口野生动物或者其制品、伪造、变造、买卖、转让、租借特许猎捕证、狩猎证、人工繁育许可证及专用标识等违法行为的治安管理和侦办案件职责。2018 年 9 月 11 日，中共中央办公厅、国务院办公厅发出《国家林业和草原局职能配置、内设机构和人员编制规定》，决定组建国家林业和草原局森林公安局（公安部十六局），撤销国家林业局森林公安局。2018 年，根据党和国家机构改革部署以及行业公安机关改革方案要求，森林公安等行业公安划归公安部统一领导管理，各地森林公安机关分别转隶当地公安机关成为其组成部门。2019 年 2 月 27 日，根据中办、国办印发《公安部职能配置、内设机构和人员编制规定》，撤销原国家林业和草原局森林公安局，组建公安部食品药品犯罪侦查局，由其承担食品药品、知识产权、生态环境、森林草原、生物安全案件侦查职能。

（二）专门的"环境警察"

1. 设立"环境警察"的必要性

在公安机关中，有一支承担打击环境资源类犯罪的专门队伍，被形象地称为"环境警察"。2006 年，河北省安平县公安局在县环保局里派驻了派出所，我们认为这是最早的公安介入环境执法的案例。但毕竟人员派驻少，又在县一级，影响力有限。所以一般认为最早有组织建设、队伍建设的公安环境执法专业队伍的是云南省昆明市在2008 年成立的昆明市公安局环保分局。① 此后，各地逐步建立其专门的"环境警察"队伍，如 2013 年，河北省公安厅率先在全国成立环境安全保卫总队，之后重庆市公安局也成立了环境安全保卫总队。有的地方的专门执法力量隶属于食品药品环境犯罪侦查总队，这也比较常见，如江苏省公安厅食药环侦总队、北京市公安局环食药旅总队等。在专门的"食药环"公安机关成立之前，打击环境资源犯罪的职责主要由公安机关中的治安或刑侦部门来负责。在实践中，由于治安、刑侦等部门承担的任务繁重，缺少打击环境资源犯罪的专门队伍和必要的检测手段和设备，在打击犯罪的及时性、专业性等方面有所不足。因此，对此类犯罪的打击主要依靠环境与资源保护行政主管机构移交案件。生态环境、自然资源等相关部门行政调查先行，将其认定为已经构成治安管理违法或刑事犯罪的违法案件移交公安机关作为犯罪追究。但是个别地方生态环境、自然资源部门，出于本位主义考虑，"以罚代刑"的现象比较突出。或者行政监管部门因为"行刑衔接"有难度，环境资源违法与环境资源犯罪之间有一定的重合，厘定违法与犯罪的边界困难，加之行政和刑事证据衔接不畅，因此只对环境资源违法犯罪做出行政处罚，却不把案件移交公安处理。这导致环境资源犯罪成本被人为降低，违法行为人获罚、受益比例不对等，使他们宁愿以身试法，以较轻的行政处罚来博取高额违反犯罪收益。实践中出现了一些对环境资源安全造成极大破坏的案件得不到处理，相关人员没有受到刑事处罚的情形。设立"环境警察"，既是为了加强打击环境资源犯罪，同时也是对环境与资源保护行政主管机构进行执法监督。公安不再单纯"等菜下锅"，而是关口前移，通过"110"接处警系统等其他渠道接受群众监督举报，提前介入环境资源案件调查，将有效杜绝拒不移交环境资源犯罪案件的情形。此外，从执法取证角度看，目前环境资源领域的行政执法、刑事侦查确有整合的必要。因为生态环境、自然资源等行政机关没有限制人身自由等硬权力，先期的行政执法取证，往往"打草惊蛇"，后期警方再进行刑事侦查时，可能违法者已失踪、物证已灭失了。总之，设立专门的"环境警察"，对于解决环境资源执法软弱、"行刑衔接"不畅，增强对环境资源犯罪的震慑具有积极意义，为社会和公众争取绿色正义保驾护航。

---

① 邢捷. 论我国环境警察制度的构建 [J]. 中国人民公安大学学报（社会科学版），2012（2）：34–40.

2. "环境警察"的组织机构

我国"环境警察"分为中央和地方两个层级。中央层级是 2019 年 10 月公安部挂牌成立的"食品药品犯罪侦查局"（以下简称公安部食药侦局），统一承担打击食药环类等领域违法犯罪职责。因此在中央层面，原森林公安的机构和职权已经全部并入了新成立的公安部食药侦局。作为新的专业警种，公安部食药侦局的成立，有力推动了地方各级食药环警察专业队伍建设，提升了公安机关打击食药环类犯罪的法治化、规范化和专业化水平。

地方层级方面，有的地方成立了专门的打击环境资源犯罪的队伍，这些地方往往是环境资源保护压力比较大的地区，打击环境资源类犯罪任务比较重。也有的地方公安机关与公安部的机构设置类似，组建"食药环"公安机关，除了专司环境资源犯罪，还整合了打击食品、药品、知识产权等犯罪的职能。"环境警察"一般按照行政层级实行队建制，在省、市、县分别设置总队、支队和大队。在处理原森林公安和"环境警察"的关系方面，各地有所区别。有的地方公安机关与公安部一致，将原森林公安并入"环境警察"，统一行使打击森林草原、环境资源犯罪职权。也有地方公安机关考虑执法的实际需要，在 2018 年森林公安转隶后，仍然保留了原森林公安的建制，与"环境警察"并行，二者分别行使打击森林草原和环境资源犯罪的职责。

以山东省公安机关为例。2013 年，山东省公安厅成立"食品药品与环境犯罪侦查总队"（以下简称食药环侦总队）。其前身是 2012 年挂牌成立的"食品药品犯罪侦查总队"，是省公安厅内设机构之一，属于正处级单位。在增设环境保护和环境犯罪侦查等职能后，正式更名为省公安厅食品药品与环境犯罪侦查总队。与此同时，山东省公安厅在森林公安转隶过来之后，保留了森林公安建制，成立了山东省公安厅森林警察总队，与食药环侦总队并行。

山东省公安厅食药环侦总队成立后，山东省各地市陆续组建设立食药环侦支队，各县根据实际情况成立了食药环侦大队或中队。目前，山东省"食药环"公安机关已经形成省、市、县三级专业化打击体系、"省市县所"一体化工作机制和全省统一、规范、有序地打击食药环犯罪工作模式。"食药环"公安机关的成立，为山东省公安机关高压严打环境资源犯罪提供坚实保障，极大地提高了该省环境资源治理效能。有数据显示，这些部门成立以来，全省公安机关侦办的环境资源犯罪案件数量大幅增加，有力打击了相关犯罪。2021 年，山东"环境警察"以"昆仑 2021"行动为抓手，会同省生态环境厅、省检察院开展打击破坏生态环境资源犯罪、破坏森林和野生动植物资源犯罪等专项行动，先后侦破东营"4·04"污染环境案、济宁"2·06"污染环境案等污染环境案件 369 起，抓获犯罪嫌疑人 1527 名，打掉犯罪窝点 248 个、团伙 227 个，涉案价值逾 3.3 亿元；侦办黄河流域非法采砂、非法采矿、非法占用黄河滩区耕地等 411 起案件，抓获犯罪嫌疑人 1367 名，打掉犯罪窝点 255 个、团伙 199 个，涉案价值 3.5 亿多元；

侦办破坏森林和野生动植物等生态资源刑事案件 550 起，抓获犯罪嫌疑人 1200 余名，收缴野生动物 6600 余只，野生动物制品 6200 余件，涉案林木 2600 余立方米。

针对黄河流域环境资源治理难题，2021 年 11 月 29 日，山东省公安厅印发《关于全省公安机关建立"生态警长"机制全面实施"生态警务"的工作意见》，出台公安机关服务保障黄河流域生态保护和高质量发展的 22 条措施，自觉将公安工作置于党和国家发展大局中谋划推进，为推动建立完善环境资源综合治理体制机制贡献公安力量。黄河经菏泽市东明县进入山东，流经菏泽、济宁、泰安、聊城、济南、德州、滨州、淄博、东营九市；山东境内黄河河道全长 628 千米，沿线分布大量森林、湿地、湖泊、草原等生态资源，是山东"环境警察"守护生态安全的职责所在。山东公安持续推进完善"生态警长"机制建设，省、市、县、所四级公安机关"一把手"担任本辖区"生态警长"，统筹推进"生态警务"工作全面实施，将立体防控、宣传防范、共建共治、打击犯罪、源头保护等环境资源保护职责落实到环境资源监管治理实践中，成为该省服务保障黄河流域生态保护和高质量发展的新名片。目前，山东省已有"生态警长"2807 名，其中，市级 16 名、县级 214 名、派出所 2576 名，建成了"纵向到底、横向到边"的生态警长体系，公安机关成为打赢、打好污染防治攻坚战的"主力军"。

三、公安机关环境资源保护的主要职责

公安机关增设"环境警察"，原森林公安转隶公安机关直接领导，织密了我国打击环境资源违法犯罪的刑事法网，增强了环境资源行政执法和刑事司法的有效衔接，实现了环境资源违法犯罪的"全链条打击"。根据《治安管理处罚法》《刑法》，以及《环境保护法》《野生动物保护法》《矿产资源法》《森林法》等环境资源保护类法律法规，公安机关承担的环境资源保护职责可以概括为以下三个方面。

（一）治安职责

治安管理是公安机关的基本职责之一。在环境资源领域，公安机关的治安职能与环境资源要素相结合，具体表现在行使环境治安拘留权以及对扰乱环境资源秩序和社会治安秩序，妨害生态安全、资源安全和公共安全，侵犯公民环境权益，具有社会危害性，尚不够刑事处罚的行为，依法予以治安管理处罚。

1. 对环境与资源保护行政主管机构移送环境违法案件适用行政拘留

《环境保护法》第六十三条规定了公安机关对于环境与资源保护行政主管机构移送案件的"直接负责的主管人员和其他直接责任人员"依法予以行政拘留，从法律层面确立了公安机关环境治安拘留职责。该条款规定的"环境保护主管部门或者其他有关部门"移送案件的四种情形：①建设项目未依法进行环境影响评价，拒不依令停止建设的；②违反法律规定，未取得排污许可证排放污染物，拒不依令停止排污的；③通过暗管、渗井、渗坑、灌注或者篡改、伪造监测数据，或者不正常运行防治污染设施等逃避监管的方式违法排放污染物的；④生产、使用国家明令禁止生产、使用的农药，

被责令改正，拒不改正的。上述关于环境行政拘留之规定，恰恰是立法者在对环境违法行为的严重程度、损害生态法益的严重程度以及公民基本权利进行了充分的比例衡量之后，才做出创设移交拘留制度的决断。①

2. 对《治安管理处罚法》中规定的三种"危险物质"类案件和噪声扰民违法行使治安处罚权

（1）《治安管理处罚法》第二十五条第三款"投放虚假的爆炸性、毒害性、放射性、腐蚀性物质或者传染病病原体等危险物质扰乱公共秩序"。

（2）第三十条"制造、买卖、储存、运输、邮寄、携带、使用、提供、处置爆炸性、毒害性、放射性、腐蚀性物质或者传染病病原体等危险物质"。

（3）第三十一条"爆炸性、毒害性、放射性、腐蚀性物质或者传染病病原体等危险物质被盗、被抢或者丢失，未按规定报告"。

（4）对噪声扰民行为进行处罚的法律依据是《治安管理处罚法》第五十八条和《噪声污染防治法》第八十七条。对于"制造噪声干扰他人正常生活的"处罚警告，警告后不改正的处二百元以上五百元以下罚款；对于产生社会生活噪声，经劝阻、调解和处理未能制止，持续干扰他人正常生活、工作和学习或有其他违反治安管理行为的，依法给予治安管理处罚。

3. 环境违法行为违反治安管理秩序、妨碍环境执法的，依法予以治安处罚

如《大气污染防治法》第九十八条中规定的情形"以拒绝进入现场等方式拒不接受生态环境主管部门及其环境执法机构或者其他负有大气环境保护监督管理职责的部门的监督检查""在接受监督检查时弄虚作假"，构成违反治安管理行为的，由公安机关依法予以处罚。《湿地保护法》第六十二条、《土壤污染防治法》第九十八条、《水土保持法》第五十八条等条文规定，公安机关依法对违反上述法律的治安管理违法行为予以治安管理处罚；对于构成刑事犯罪的，依法立案侦查并移交起诉。

（二）刑事职责

公安机关环境资源保护的刑事职责主要体现在对环境资源类犯罪的打击和侦查方面。其管辖的刑事案件范围主要规定在《刑法》分则第六章第五节"危害公共卫生罪"和第六节"破坏环境资源保护罪"之中。属于危害公共卫生的是传染病菌种、毒种扩散犯罪（第三百三十一条）和妨害动植物防疫犯罪（第三百三十七条）；属于破坏环境资源保护的有15项，分别是第三百三十八条"污染环境罪"，第三百三十九条固体废物类犯罪中的"非法处置"和"擅自进口"固体废物两种犯罪类型，第三百四十条"非法捕捞水产品罪"，第三百四十一条涉珍贵、野生动物及其制品犯罪中对非法捕捞、杀害、收购、运输、出售和非法狩猎等犯罪行为的法律规制，第三百四十二条"非法

① 化国宇.我国环境警察权的基本构成要素[J].中国人民公安大学学报（社会科学版），2018（4）：102-110.

占用农用地罪"，第三百四十三条非法采矿、破坏性采矿犯罪，第三百四十四条涉国家重点保护植物及其制品犯罪中的非法采伐、毁坏、收购、运输、加工、出售等违法情形以及第三百四十五条"盗伐、滥伐及收购、运输相关林木犯罪"。

第二节 涉环境资源法案件办理导引

一、典型案例

（一）德州市王某等人涉嫌非法填埋危险废物污染环境案

2021 年 1 月，一名其他案件的犯罪嫌疑人向公安机关举报"德州市临邑县王某在其水产养殖院内填埋不明废物"。根据线索，山东省德州市临邑县公安局、德州市生态环境局临邑分局及涉案街道办事处立即进行调查，并在第一时间与危废转出地（江苏、甘肃）取得联系，三地各部门相互协同办案，顺利摸清整条非法利益链，将产废单位和非法倾倒危废的犯罪嫌疑人一举抓获。经查，嫌疑人王某在临邑县从事水产养殖工作并将院落租赁给单某存放货物。2020 年 5 月，单某将约 30 吨黑色活性炭和约 10 吨白色粉末堆放在院内，2020 年 7 月，王某将黑色活性炭和白色粉末在院内进行填埋。经溯源，王某养殖场院内填埋的废活性炭来源于江苏某化工企业，白色粉末为废苯甲酸，来源于甘肃某生物科技企业。经检测，王某养殖场内填埋的黑色和白色固体废物甲苯浸出浓度超规定限值，均为具有浸出毒性危险特性的危险废物，共约 40 吨。生态环境部门将被填埋的危险废物和污染土壤共 200 余吨应急清运至危废处置单位妥善贮存。

（二）厦门翔安某铜业公司利用渗坑排放含重金属水污染物涉嫌严重污染环境案

2021 年 12 月 14 日，厦门市翔安生态环境局执法人员根据群众投诉，对某铜业公司进行现场检查。执法人员发现，该公司在铜件加工清洗过程中产生清洗废水，但未见废水处理设施及废水排放口。通过进一步调查，执法人员发现该公司在清洗车间地面自挖了两个无防渗措施的土坑，一个正方形土坑用于收集地面跑冒滴漏的清洗废水，一个隐藏在墙角长方形渗坑用于排放清洗废水。废水采样结果显示，两个渗坑内外排废水铜含量分别超过《污水综合排放标准》一级排放限值 32 倍、27.2 倍。土壤采样结果显示，渗坑内土壤含铜量最高的点位超过土壤背景点含铜量的 799 倍，超过建设用地土壤污染风险管制值 3.2 倍。该铜业公司利用渗坑排放含铜污染物，超过国家污染物排放标准十倍以上。涉嫌《中华人民共和国刑法》第三百三十八条"污染环境罪"，符合《最高人民法院 最高人民检察院关于办理环境污染刑事案件适用法律若干问题的解释》第一条第（五）项应当认定为"严重污染环境"的情形。2022 年 3 月 18 日，厦门市翔安生态环境局将该案移交至厦门市公安局翔安分局,该案经厦门市公安局翔安分局立案。经公安机关确定犯罪嫌疑人杨某标,为该公司日常经营管理者,生产废水处理、排放的主要负责人。本案对环境造成的污染后果,由责任人进行生态环境损害赔偿。

(三)阳泉市平定县单某某、李某某、杨某某等7人非法盗采煤炭资源案[①]

2021年4月5日,山西省平定县自然资源局接到举报,反映该县北庄村阳泉环发工贸有限公司洗煤厂内疑似存在一处井工盗采煤炭资源坑口。平定县自然资源局立即联合平定县锁簧镇人民政府和锁簧镇派出所进行实地核实。经平定县公安局侦查取证,确定非法盗采煤炭资源行为相关涉案人员为单某某、李某某、杨某某等7人,经过勘测核算非法开采煤炭资源量为37714.79吨,非法开采煤炭资源单价为460元/吨。经鉴定,此次非法采矿行为采出及破坏煤炭资源价值为17348803.40元。2021年7月,平定县自然资源局将案件依法移送平定县公安局追究刑事责任。

(四)广西北海市合浦县铁山东港码头项目违法破坏红树林案

2020年1月,国家林业和草原局驻广州专员办日常检查时,发现北海市合浦县铁山东港码头项目施工导致大面积沿海红树林遭严重破坏死亡问题,随后开始督办并约谈北海市和合浦县两级政府。同年6月,北海市森林公安局立案调查,经查,项目施工导致红树林受损17.18公顷(257.67亩),其中,死亡6.84公顷(102.60亩),严重退化10.34公顷(155.07亩)。现已恢复植被(红树林)50.86公顷(762.87亩),北海市、合浦县纪委监委追责问责15人。

二、案件办理导引:公安机关在环境资源执法与环境资源司法之间的衔接作用

公安机关法定职责的双重属性,为环境资源执法与环境资源司法架起了一座坚实的桥梁,链接了生态环境部门(自然资源部门)和司法机关,使环境案件的侦办、处置更具连贯性。根据环境资源案件行为的违法、犯罪程度的不同,构成违反环境资源法律且尚不构成治安管理行为的,由环境与资源保护行政主管机构进行查办;对于构成违反治安管理行为或涉嫌环境犯罪的案件,移送公安机关,并将案件移送书抄送同级人民检察院,以便检察院行使立案监督职能;公安机关对涉嫌环境犯罪案件,依法立案侦查,移送审查起诉;人民检察院对符合逮捕、起诉条件的犯罪嫌疑人,应当及时批准逮捕、提起公诉。公安机关的"桥梁"作用在2017年环境保护部、公安部、最高人民检察院联合制定的《环境保护行政执法与刑事司法衔接工作办法》(以下简称《办法》)中得以充分体现,如图36-1所示。

---

① 薛建英. 省自然资源厅通报5起典型违法采矿案件[N]. 山西晚报,2022-01-10(6).

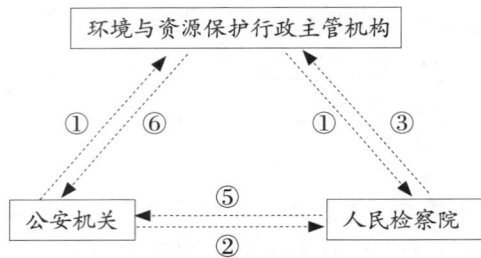

图 36-1 环境执法与司法主要部门的职责权限及其相互关系图

除了充分履行公安机关环境资源执法和环境资源司法职能，《办法》还对行政、司法部门协同侦办处置环境案件提出要求。《办法》强调，各部门应当加强协作，统一法律适用，不断完善各类工作机制；建立健全环境行政执法与刑事司法衔接的长效工作机制；建设、规范信息共享平台，及时汇总、分析、研判、总结各类信息。

另外，根据实践来看，社会公众在发现环境资源违法行为、环境资源安全风险或突发环境资源事件等要素时，往往会向公安机关寻求帮助。作为环境案件处理的第一环节，接处警的响应速度直接关系到环境案件的处置效率。公安机关、环境与资源保护行政主管机构应当相互依托"110"接处警服务平台和"12369"环保举报热线，建立完善接处警的快速响应和联合调查机制，强化对打击涉嫌环境犯罪的联勤联动。

第三十七章 环境立法法治

亚里士多德关于法治的含义做出了如下经典表述：所谓法治，应包含两重含义：已成立的法律获得普遍的服从，而大家所服从之法律本身应是制定良好的法律。西塞罗进一步阐述了其对于善法的观点："毫无疑问，法律的制定是为了保障公民的幸福、国家的昌盛、人民的安宁和幸福的生活。"正所谓良法先行，环境立法同样是整个环境保护法治的基础，环境立法的质量决定了环境保护法治的实现程度。我国的环境立法在遵守我国立法体制和基本制度的前提下，基于环境保护问题的特殊性和复杂性，在立法方法和程序上又有独特的制度和特点，以确保环境保护立法的科学性和公平性，从而更好地实现环境保护价值与其他社会目标的协调。

第一节 立法学与《立法法》

一、立法学

（一）立法

1. 立法的内涵

在现代汉语中，"立法"主要有两个不同的含义：一是静态意义上的作为法律渊源的规范性文件，如全国人大及其常委会制定的法律、国务院制定的行政法规、国务院部委制定的部门规章以及其他立法主体制定的规范性文件。在这个意义上它与"法""法律"具有相同的含义，特指总体的制定法、成文法，或者是某一部门法，如"民事立法""刑事立法""行政立法"等。二是指动态意义上的规范性文件的制定过程，即法的创制活动，也即我国《立法法》第二条所规定的"法律、行政法规、地方性法规、自治条例和单行条例的制定、修改和废止"。① 本书研究的是第二种含义上的立法，即有立法制定权的国家机关按照法定权限和程序制定和修改规范性文件的活动。立法是

---

① 邓世豹. 立法学：原理与技术 [M]. 广州：中山大学出版社，2016.

国家意志的反映，但由于国际意志的抽象性，使得立法具有明显的政治色彩，容易受到执政阶级或利益集团的操控，因此立法过程应当有健全的程序保障，以防止立法主体行为的恣意与专断。

2. 立法的内容

立法在内容上表现为科学合理地设定公民、法人和其他主体的权利与义务以及行使国家公权力的机关和组织的职责，其本质上是对国家和社会资源的一种配置。为了确保立法的公正性和科学性，需要建立科学的立法权限划分、立法主体设置和立法运行机制，充分尊重社会和立法自身的规律。科学、合理、公正的立法应当做到权利与义务的一致、权利与权力的平衡以及义务与责任的对应。权利与义务是法律关系的核心，立法工作在立法时，要以权利为本位，实现权利与义务的统一，注意权利规范与义务规范在结构上的相互对应以及在总量上的大体平衡。义务与责任的对应是法律强制性的要求，义务必然对应着责任，即违反法定义务的行为必然要承担不利的法律后果。无责任的义务规定类似于"无牙的老虎"，也被学者称为"僵尸条款"，这样的立法在实施中只能流于形式，不具备可操作性和执行性。义务与责任的对应还意味着不同的义务对应着不同种类和轻重的责任，即法律责任要与违反的义务相对称，使违法主体的违法成本与其预期或实现的违法利益大致相当。

3. 立法的功能

立法的功能是形成秩序，这种秩序包括权力秩序、经济运行秩序和社会生活秩序。不管是在专制社会还是民主法治社会，都需要通过立法确立和巩固现存的政治游戏规则，划定不同的权力界限，以确保政治权力的稳固；经济运行秩序能保障经济的良性循环，为了确保经济的良心运行，需要立法对经济秩序进行规制，这也是越来越多的国家注重市场规制立法如反垄断法、反不正当竞争法的原因；提供社会生活秩序是立法最基本的功能，也是最能被普通公众感知到的功能，这种功能主要体现为明确权利义务界限，防范和解决矛盾纠纷，从而为社会提供安全的秩序。

（二）立法学

立法学是以立法现象、立法规律以及同立法现象和立法规律相关的各种事务为研究对象的一门法学学科。[1]立法学的研究内容主要是立法现象和立法规律。立法现象具体指立法规则、立法制度、立法运行和立法意识四类基本现象。其中，立法规则是规范立法自身活动的规则体系，是制定、认可、解释和修改法律规范性文件活动或过程中所必需的实体法规则和程序法规则，立法规则包括立法法以及各种立法技术规则；立法制度是立法规则的固有化、体系化和法律化，主要包括立法权限制度、立法程序制度、立法解释与修改制度、立法监督与评估制度等，这些制度一般由宪法或宪法性

---

[1] 周旺生. 立法学教程 [M]. 北京：北京大学出版社，2006.

法律加以规定；立法运行是立法规则和立法制度在实践中的实际运行操作，主要包括立法程序和立法过程；立法意识是有关立法现象的一切认识、观点、价值和理想追求，立法意识主要表现为现实中人们具体的立法行为和观念，如关于死刑存废的争议、安乐死合法化的争议，以及关于雾霾治理的环境保护法修订讨论等。

作为立法学研究对象的立法规律是各种立法现象所呈现的内在的本质的必然联系，包括立法的本质、价值和功能、立法类型的历史演变规律、立法体制的发展完善问题以及立法评估与立法完善的技术问题等。

二、《立法法》

法律是治国之重器，良法是善治的前提，因此立法质量对于法治国家的建设和发展至关重要，而提高立法质量的关键是对立法主体及其立法权限以及立法过程进行科学的规范，因此立法法应运而生。立法法作为"关于立法的法律"属于宪法性法律，是规定国家的立法权限与立法程序的部门法，可以说立法法是除了宪法之外国家法律体系中最为重要的法律，因为立法法规定了其他法律的制定、修改和废止规则。

我国宪法对立法权限的划分、法律制定的程序和拥有法律解释权的主体等问题做了原则规定，但由于我国立法主体的多元性和不同立法主体立法权限划分得不够明确，导致实践中立法的混乱甚至冲突以及越权立法，如下位法与上位法相互冲突；立法过程不够公开民主导致的立法内容的不科学，如部门立法过程中出现扩大本部门权力的自利行为，还有的部门立法完全站在管理者的角度进行立法而忽视被管理对象的利益；更有甚者出现了部门立法相互冲突矛盾甚至公然违背上位法的情况。这些立法问题在很大程度上损害了我国法治的统一和尊严，也对实践中的执法造成了严重的困扰。为了更好地规范我国的立法活动，把立法工作纳入规范化、法治化轨道，提高立法质量，我国于 2000 年 7 月 1 日颁布实施了《中华人民共和国立法法》（以下简称《立法法》），后于 2015 年第十二届全国人大第三次会议进行了修订。《立法法》对我国立法应当遵循的基本原则、立法机关及其权限、立法程序、法律解释、法律的适用规则以及对立法的监督等问题进行了明确的规定，使得我国的立法工作有了明确科学的法律规范。

除了《立法法》之外，我国规范中央和地方立法工作的法律渊源还包括《全国人民代表大会组织》《行政法规制定程序条例》《规章制定程序条例》《地方各级人民代表大会和地方各级人民政府组织法》等，这些法律法规分别对全国人民代表大会及常委会制定法律的程序、国务院制定行政法规以及国务院部门制定规章程序和地方各级人大及常委会制定地方性法规的程序进行了更加具体明确的规定，为中央和地方的立法工作提供了明确的规范和指引。

第二节 立法方法和程序导引

一、立法方法

立法方法是立法主体在立法活动中为了提高立法的质量而采用的各种技术和方法的总称，先进完善的立法方法能使创制的法律法规等在内容和形式上尽可能科学与合理，并与其他法律法规等形成协调。如前文介绍的，我国早期的环境保护立法存在可操作性不强，甚至不同部门制定的法律法规相互冲突的情形，其原因便是我国环境法制建设早期立法方法的落后。经过二十多年的法治建设实践，并借鉴法治发达国家的先进立法经验，我国现在的立法方法取得了很大的发展，立法时广泛采用立法规划、立法评估和立法听证等体现民主和科学理念的现代立法方法，并且在法律案件的形成阶段都会通过向社会征求意见环节而提高立法的公众参与度，这些先进立法方法的采纳使立法质量取得了显著的提高。现在常用的立法方法有立法评估、立法回避、委托立法以及立法听证等。

（一）立法评估

立法评估最早是西方国家经济管制立法中采用的方法，现在被广泛运用于包括环保立法和经济立法等各种主题和内容的立法活动中。任何立法都是对社会资源的重新分配，因此必然会涉及社会利益的调整，并会对经济和社会生活带来改变和影响，为了避免立法对社会造成过大的震荡，必然要对立法的时机、立法的必要性和可行性、立法内容的科学性和合理性以及与上位法规范和其他法律规范之间的协调性、立法实施后产生的经济社会效益等问题进行充分的论证。立法评估的主要内容是成本效益评估，尤其是经济管制立法和环境立法中普遍采用成本效益评估。环境立法引入成本效益评估主要基于以下几个理由：一是保护环境与发展经济在短期内确实存在矛盾之处，保护环境需要一方面会抑制甚至禁止某些经济行为从而影响特定社会群体的经济收入，另一方面需要政府投入更多的资源用于环保执法，这些成本直接或间接影响着拟出台的环境保护法规的实效和效率，因此环境保护立法必须考虑成本和收益，而成本效益评估可以帮助实现成本最小化和资源利用的最大化；二是社会资源是稀缺的，在资源稀缺的情况下，必须对需要优先解决的问题进行权衡和选择；三是成本效益评估可以识别制度选择的后果，为环境立法的制度设计提供客观数据；四是成本效益评估有利于环境立法的民主决策，为民主协商提供充分的信息和交流的平台，并且有利于在分歧中达成理性的共识。

（二）立法回避

立法回避制度是为了避免立法主体利用立法便利为部门谋取不正当利益而要求相关部门回避参与立法决策。部门立法从狭隘的部门利益出发损害立法的公正性在我国早期立法过程中并不鲜见，特定政府部门在进行环境立法时，不可避免地会将部门权力利益化、部门利益法律化，环境立法沦为部门之间争权夺利的工具[1]，这严重影响了立法的公信度。为了避免这种情形产生了立法回避制度，即当某个主体对特定立法事项进行立法不利于立法过程的公开透明和立法结果的公正时，该部门不得作为该立法决策的主导者参与立法。立法回避既可以由部门自行回避也可以由上级部门指定回避。立法回避制度的目的就是防止之前出现的部门立法中的自利行为，确保立法的公正性、科学性和真正代表公共利益。

（三）委托立法

委托立法又被称为授权立法，是西方国家常用的一种立法方法，大量适用于行政立法领域，尤其是证券监管、航空监管、食品与药品监管等专业性和技术性较强的领域，或者当立法主体没有能力自行起草或来不及自行起草的法案。委托立法应遵守的规则包括委托方本身拥有委托事项的立法权；被委托人应当具备完成委托立法事项的专业能力；委托立法的内容不得超出授权的范围，并不得与上位法相抵触；被委托方不得将委托的立法事项转委托给其他主体。

（四）立法听证

立法听证制度是民主和参与原则在立法领域的重要表现，立法主体在立法过程中广泛听取其他政府部门、专业人士尤其是权利义务可能受到立法影响的社会群体的意见，从而为立法活动提供参考的一种制度。立法听证既能为立法者提供发现事实、获取真实社会信息的机会，听证过程中专业人士的意见也能弥补立法者专业知识的不足，同时在听证过程中的利益相关方的辩论过程也能够更好地协调不同的利益关系，使法案的内容更容易为社会公众所接受，并且立法听证本身也是法律宣传的一种有效手段，能为法案通过后的实施获得有利的社会条件。在我国之前的立法实践中，行政法规和规章的制定并没有强制性的听证要求，因此行政法规和规章的制定缺乏利益相关方和社会公众的参与，民众的意见和建议难以在立法中得以体现，从而使立法内容在权利义务的分配上不尽合理。因此，我国《立法法》（2015年）第六十七条规定，行政法规在起草过程中应当举行听证会，听取社会公众和利益相关方的意见。根据该规定，立法听证是行政立法过程中的必经环节，通过立法听证听取利害关系人对法律草案的意见和建议，能够为起草高质量的法案打下基础。

---

[1] 李昌凤.《立法法》修改后地方环境立法面临的机遇与挑战 [J]. 学习论坛，2016（2）：67–71.

（五）个别条款单独表决

个别条款单独表决制度首次出现于十八届四中全会通过的《关于全面推进依法治国若干重大问题的决定》，在立法草案审议过程中，参加审议的立法代表们一般都能对绝大多数条款达成一致，但仍然会对个别关键问题存在分歧，这种分歧问题的久拖不决必然影响法律案的通过。在这种情况下对重要条款进行单独表决可以使立法代表们对关键问题进行更充分的研究和辩论，有利于解决立法中的部门自利和争权诿责现象，也有利于立法过程更加科学、民主和透明，并提高立法的效率。

二、立法程序

（一）立法程序的内涵

立法程序是立法主体在制定和修改规范性法律文件时所遵循的制度化的步骤和方法。为了确保立法程序的科学性和民主性，立法程序的设计应当遵循如下规则：立法活动的参与者必须具有广泛的代表性，并且每个参与者都必须在立法程序中发挥作用，通常在立法表决中有相同的表决权，任何人都不能享有独断的立法权力，并且有相应的机制限制程序参与者的恣意行为；所有参与者都有机会表达意见和诉求，并且当不同的参与者观点有利益冲突或意见无法达成一致时，根据既定规则确定最终的选择；立法程序的公开和透明性，即未能直接参与立法程序的民众对立法活动享有知情权和监督权；立法程序的各个环节必须制度化、规范化、法定化，保证立法活动有序进行。

广义的立法程序一般需要经过草案的提出、审议、表决和公布四个阶段，但不同位阶的法律渊源的具体立法程序又存在一定的差异。下文将对我国法律、行政法规和规章以及地方性法规的立法程序进行分别介绍。

（二）法律的制定程序

普通立法程序一般要经过"法律案的提出—法律案的审议—法律案的表决—法律的公布"四个步骤。

法律案的提出标志着立法程序的开始，各国立法法都会对有权提起法律案的主体和程序要求做出明确规定，根据我国《立法法》的规定，全国人民代表大会主席团可以向全国人民代表大会提出法律案，由全国人民代表大会会议审议。全国人民代表大会常务委员会、国务院、中央军事委员会、最高人民法院、最高人民检察院、全国人民代表大会各专门委员会，可以向全国人民代表大会提出法律案，由主席团决定列入会议议程。[1]一个代表团或者三十名以上的代表联名，可以向全国人民代表大会提出法律案，由主席团决定是否列入会议议程，或者先交有关的专门委员会审议、提出是否列入会议议程的意见，再决定是否列入会议议程。[2]有些国家的法律还对有权提出法律

---

[1]《立法法》第十四条。
[2]《立法法》第十五条。

案的主体做出了特殊限制，如爱尔兰宪法规定财政法案只能由众议院创议。

审议法律案是立法程序的第二个步骤，是立法机关就已经列入立法议程的法律案进行谈论审议。在审议法律案阶段，提案人要向立法机关就法律草案的内容进行说明，并回答立法会议的询问。在我国，提交全国人大的法律案由全国人大常委会法律委员会进行统一审议，然后向主席团提出审议结果报告和法律草案修改稿；由主席团经过研究后决定是否同意报告和法律草案修改稿，或者提出进一步的修改意见。

法律案的表决是立法程序的第三个步骤，是立法机关通过表决来决定法律草案能否成为正式的法律的活动，如果赞同的人数达到法定的人数，法律案即获通过，这是立法程序中具有关键意义的步骤。除宪法制定与修改外，一般法律案的表决采取简单多数决，即过半数立法代表赞成该法律案，该法律案即可通过成为正式法律。有的国家还要求法律案获得立法机关的表决通过后，还需要总统的批准或签署，如美国总统对国会表决通过的法律案可以行使否决权，还有的国家规定法律需要经过全民公决的方式才能获得通过。

公布法律，这是立法程序的最后一个环节，就是将立法机关表决通过的法律用一定的方式公之于众。虽然相对于立法程序的前三个环节，公布法律似乎仅仅是一个形式，但这种形式却具有关键性作用，在现代社会，未经公布的法律不能具有法律效力。按照我国《立法法》的规定，全国人大及其常委会通过的法律由国家主席签署主席令予以公布。

（三）行政法规和规章的制定程序

行政法规的制定程序是国务院在制定、修改和废止行政法规时的方法步骤。行政法规的制定程序要经过立项、草案的起草、草案的审查、草案的决定与公布四个环节。

行政法规立项，就是将制定行政法规的项目纳入立法规划或计划，或者由国务院批准或决定某一事项开展制定行政法规的工作。[1]编制行政立法规划有助于提高立法效率和质量，行政法规的立项主要包括以下工作。

（1）报送立项申请，即国务院法制工作机构自行编制的立法工作计划。国务院有关部门认为需要制定行政法规的，应当于国务院编制年度立法工作计划前，向国务院报请立项。

（2）由国务院法制机构拟订行政立法工作计划。

（3）审批立法工作计划，国务院法制机构应当根据国家总体工作部署，对行政法规立项申请和公开征集的行政法规制定项目建议进行评估论证，拟定国务院年度立法工作计划，报党中央、国务院批准后向社会公布。[2]

---

[1] 杨临宏.立法学：原理、程序、制度与技术 [M].北京：中国社会科学出版社，2020.
[2] 杨临宏.立法学：原理、程序、制度与技术 [M].北京：中国社会科学出版社，2020.

根据《行政法规制定程序条例》第十一条的规定，国务院年度立法工作计划确定行政法规由国务院的一个部门或者几个部门具体负责起草工作，也可以确定由国务院法制机构起草或者组织起草。行政法规草案的起草部门在完成草案起草工作后，要报国务院进行审查，报送审查时应当一并报送草案说明和有关材料。行政法规草案送审稿的说明应当包括立法的必要性、立法确定的主要制度、各方面对草案主要问题的不同意见以及向社会征求意见的情况等；有关材料主要包括国内外有关立法资料、调研报告和考察报告等。①

行政法规草案起草完成后的下一个环节起草部门将行政法规草案报送国务院法制机构进行审查，国务院法制机构对行政法规草案审查的主要内容包括以下几个方面：①是否符合宪法、法律和国家的方针政策；②是否符合条例第十二条；②③是否与有关行政法规协调和衔接；④是否正确处理社会公众以及其他机关和组织对草案主要问题的意见等。

我国《行政法规制定程序条例》第二十六条规定，行政法规草案由国务院常务会议审议或者由国务院审批。由于国务院实行总理负责制，所以国务院审议行政法规草案时并不实行表决制，而是采用决定制。通常的做法是由总理根据会议组成人员在会上发表的意见决定通过草案，或者原则通过、下次会议再审议或者暂不通过。

行政法规审议通过后，由国务院总理签署国务院令公布，并及时在国务院公报和中国政府法制信息网以及在全国范围内发行的报纸上刊载。在国务院公报上刊登的行政法规文本为标准文本。

除了制定主体的区别外，规章的制度程序与行政法规的制定程序相同，也要经过立项、规章草案的起草、规章草案的审查以及规章的决定和公布四个环节。部门规章由部门首长签署命令予以公布，地方政府规章由省长、自治区主席、市长或者自治州州长签署命令予以公布。

（四）地方性法规、自治条例和单行条例的制定程序

按照我国《宪法》和《立法法》的规定，我国地方国家机关也拥有一定的立法权，即地方立法，地方立法是相对于中央立法而言的。中国地方立法主要由一般地方立法、

---

① 《行政法规制定程序条例》第十七条。

② 《行政法规制定程序条例》第十二条规定：起草行政法规，应当符合本条例第三条、第四条的规定，并符合下列要求：（一）弘扬社会主义核心价值观；（二）体现全面深化改革精神，科学规范行政行为，促进政府职能向宏观调控、市场监管、社会管理、公共服务、环境保护等方面转变；（三）符合精简、统一、效能的原则，相同或者相近的职能规定由一个行政机关承担，简化行政管理手续；（四）切实保障公民、法人和其他组织的合法权益，在规定其应当履行的义务的同时，应当规定其相应的权利和保障权利实现的途径；（五）体现行政机关的职权与责任相统一的原则，在赋予有关行政机关必要的职权的同时，应当规定其行使职权的条件、程序和应承担的责任。

民族自治地方立法和特区地方立法构成。[①] 地方立法既能对中央立法的实施起到具体细化的作用，从而使中央立法和国家大政方针得以有效实施；也可以作为中央立法的先导或实验，解决中央立法不能独立解决或暂时不宜由中央立法解决的问题，因此地方立法虽然在国家的立法体制中居于较低层次，但却对于国家法治建设和整个国家、社会和公民生活起着重要作用。

地方性法规的制定程序是省、自治区、直辖市和社区的市、自治州的国家权力机关在制定、修改或废止地方性法规时的环节和步骤。根据我国《立法法》和《地方各级人民代表大会和地方各级人民政府组织法》（以下简称《地方组织法》）的规定，地方性法规的制定程序包括地方性法规案的提出、审议和表决通过三个步骤。

按照《地方组织法》第二十四条的规定，地方人大主席团、常委会、各专门委员会、本级人民政府以及10人以上人大代表联名可以向本级人大提出地方性法规案，法规案提出后需要经过表决或审议程序才能决定能否进入立法议程，其中前四种提案人所提的法规案由本级人大主席团决定提交人大会议审议或者交有关专门委员会提出报告后再由主席团审议决定提交大会表决，对于由10名以上人大代表联名提出的法规案，由主席团决定是否列入大会会议议程或者先交有关的专门委员会审议是否列入人大会议的议程，再由主席团决定是否列入人大会议。实践中，向本级人大提出的地方性法规案往往是先向常委会提出，经常委会审议后，再由常委会决定提请大会审议。

审议地方性法规案是由地方人大或常委会对列入地方立法议程的法规案进行审查和讨论。地方人大对地方性法规案的审议程序是：首先由提案人向人大全体会做法规案的起草说明，包括起草的必要性和内容以及相关的参考资料；然后分别由大会代表团会议和分组会议进行审议。地方人大常委会审议法规案的程序与人大审议法规案的程序基本相同，一般实行三审制，也可以经两次或一次常委会会议审议即付表决。

地方性法规案的表决由地方人大或常委会会议过半数通过。省、自治区、直辖市人大制定的地方性法规由大会主席团发布公告予以公布；省、自治区、直辖市人大常委会制定的地方性法规由常委会发布公告予以公布。

设区的市、自治州的人大及常委会制定地方性法规的程序与省、自治区人大及常委会制定地方性法规程序基本相同，唯一的区别在于表决通过后的地方性法规需要报省、自治区人大常委会批准才能公布实施。[②]

自治条例和单行条例与地方性法规的制定程序基本相同，都要经过条例案的提出、审议和表决通过程序，但自治条例和单行条例的制定程序存在如下独特之处。

---

① 周旺生. 立法学 [M]. 北京：法律出版社，2004.
②《立法法》第七十二条。

（1）自治条例和单行条例只能由自治区的人大制定，自治区的人大常委会没有自治条例或单行条例的制定权。

（2）自治区的自治条例和单行条例须报全国人大常委会批准后才能生效；自治州、自治县的自治条例和单行条例须报省、自治区、直辖市的人大常委会批准才能生效，同时还必须由省、自治区、直辖市的人大常委会报全国人大常委会和国务院备案。

第十编

环境资源法律责任

第三十八章 环境资源法律责任

本章在介绍环境法律责任的概念、种类、特点、作用的基础上，分别探讨了环境刑事责任、民事责任和行政责任。

第一节 概述

一、法律责任

法律责任是法学的一个重要概念，同权利、义务一起构成法学的核心内容。法律责任的认定是对行为进行法律评价、对利益关系进行法律调整的关键所在。[1] 关于法律责任的含义，学界有多种观点，主要有处罚说、后果说、义务说、负担说等。本书作者认为，法律责任，是指由于违反法定义务、约定义务或因法律有特别规定，通过国家强制力迫使行为人所承受的一种不利的法律后果。

根据我国法律体系的划分，法律责任可以划分为刑事法律责任、民事法律责任和行政法律责任。其中，民事责任主要是违反民事法律、合同约定或者由于民法规定所应承担的一种法律责任，主要包括停止侵害、排除妨碍、消除危险、返还财产、恢复原状、修理、重作、更换、赔偿损失、支付违约金、消除影响、恢复名誉、赔礼道歉等；刑事责任是指行为人因其犯罪行为所必须承受的，由司法机关代表国家所确定的否定性法律后果，主要包括管制、拘役、有期徒刑、无期徒刑、死刑等主刑，以及罚金、剥夺政治权利、没收财产、驱逐出境等附加刑；行政责任是指因违反行政法规定或因行政法规定而应承担的法律责任，主要包括罚款、责令停产停业、行政拘留等行政处罚和行政处分。

二、环境资源法律责任

如同一枚硬币的两面，环境资源法律责任与环境资源违法行为是相互联系、密不可分的两个方面。一般来讲，只有实施了环境资源违法行为的公民、法人或者其他组织，

---

[1] 张梓太. 环境法律责任研究 [M]. 北京：商务印书馆，2003.

才能承担相应的环境资源法律责任，并受到相应的法律制裁。因此，环境资源法律责任，通常可以认为是公民、法人或者其他组织因违反环境资源法律规定或因法律有特别规定，通过国家强制力迫使其承受的一种不利的法律后果。

（一）环境资源法律责任的种类

环境资源法律责任主要分为环境资源刑事责任、环境资源民事责任和环境资源行政责任。其中，环境资源刑事责任主要是被告人因实施刑法第六章第六节破坏环境资源保护犯罪行为，以及《刑法》其他章节有关犯罪行为所应承担的管制、拘役、有期徒刑、罚金等刑事方面的法律责任。环境资源民事责任主要是环境侵权民事责任，是侵权人实施环境污染行为和生态破坏行为，依据《民法典》侵权责任编第一千二百二十九条至第一千二百三十五条所应承担的恢复原状、赔偿人身财产损失等环境私益侵权责任和修复生态环境、赔偿损失及相关费用的环境公益侵权责任。环境资源行政责任是行政相对人违反环境资源行政法律规范所应承担的罚款、停产停业、行政拘留等法律责任。

（二）环境资源法律责任的特点

1. 环境资源法律责任的综合性

如前所述，环境资源法律责任包括环境资源刑事责任、环境资源民事责任和环境资源行政责任，是一个有机的责任整体。根据不同的法律规定，行为人实施的环境资源违法行为可能会承担不同的法律责任。如某企业实施的污染环境行为可能会同时违反《环境保护法》《刑法》和《民法典》的相关规定，需要承担停产停业的行政法律责任、有期徒刑刑事法律责任或者修复生态环境、赔偿人身、财产和生态环境损失的民事侵权法律责任。那么，在最终责任承担上需要对刑事、民事和行政责任综合考虑，如被告人承担了修复生态环境的民事责任，那么在定罪量刑时可以作为从轻处罚的一个情节予以考虑。

2. 环境资源法律责任的严厉性

污染环境、破坏生态行为具有极大的社会危害性，严重时会造成人员伤亡、生态环境受损的严重后果。特别是污染环境行为造成的损害后果通常具有隐蔽性、长期性和因果关系难以确定等特点，更加需要对污染环境、破坏生态的行为给予严厉制裁。现有环境资源法律在法律责任方面的规定上均体现了这一特点。例如，2015 年起实施的新环境保护法将罚款的金额由 5 万～10 万元扩大到最高 100 万元，同时还规定了按日计罚制度；①《刑法修正案（十一）》还将污染环境罪最高刑期由 3 年以上 7 年以下升

---

① 《中华人民共和国环境保护法》第五十九条第一款规定："企业事业单位和其他生产经营者违法排放污染物，受到罚款处罚，被责令改正，拒不改正的，依法作出处罚决定的行政机关可以自责令改正之日的次日起，按照原处罚数额按日连续处罚。"

格到 7 年以上；①《民法典》还规定了环境侵权惩罚性赔偿责任，对故意违反法律实施污染环境、破坏生态行为的，被侵权人有权要求侵权人承担不超过两倍的惩罚性赔偿责任。②

3. 环境资源法律责任的独特性

环境资源法律责任具有区别于其他法律责任的特点，这在环境资源民事责任方面表现得尤为突出。传统侵权责任将侵权行为、损害结果、主观过错以及侵权行为与损害结果之间具有因果关系作为侵权责任的构成要件，但是根据《民法典》规定，因污染环境、破坏生态导致的环境私益侵权责任不再要求侵权人具有主观过错，即使是合法的行为，在主观上无过错也要承担环境私益侵权责任；同时，在因果关系的认定方面实行举证责任倒置，由侵权人对侵权行为与损害结果不存在因果关系，以及存在减轻、免除责任的情形承担举证责任，否则承担不利法律后果；免除了被侵权人对因果关系的举证责任，仅要求其对侵权行为与损害结果之间具有关联性承担初步举证责任。③

4. 环境资源法律责任的扩张性

长期以来，我国民事诉讼法坚持原告提起诉讼必须与案件具有直接利害关系。如此，《侵权责任法》只能救济人身损害和财产损失。对于生态环境损害，因无权利人或者利害关系人，无法通过《民事诉讼法》给予保护。但是，自从 2015 年以来，《民事诉讼法》在环境侵权领域放宽了原告主体资格，引入了环境民事公益诉讼，对生态环境损害也可以通过《民事诉讼法》予以保护。④ 因污染环境和破坏生态行为造成生态环境损害的，法律规定的机关和社会组织可以向人民法院提起环境民事公益诉讼，要求污染者修复生态环境、承担修复费用，或者赔偿生态环境受到损害至恢复原状期间服务功能损失。

（三）环境资源法律责任的作用

1. 保障环境资源法律的有效实施

法律的生命在于实施。有法可依、有法必依、违法必究是法治的基本要求。因此，严格追究行为人的环境资源法律责任是环境资源法律有效实施的重要保障。污染环境、

---

① 刑法修正案（十一）第四十条将刑法第三百三十八条修改为："违反国家规定，排放、倾倒或者处置有放射性的废物、含传染病病原体的废物、有毒物质或者其他有害物质，严重污染环境的，处三年以下有期徒刑或者拘役，并处或者单处罚金；情节严重的，处三年以上七年以下有期徒刑，并处罚金；有下列情形之一的，处七年以上有期徒刑，并处罚金；……"

② 《中华人民共和国民法典》第一千二百三十二条规定："侵权人违反法律规定故意污染环境、破坏生态造成严重后果的，被侵权人有权请求相应的惩罚性赔偿。"

③ 《中华人民共和国民法典》第一千二百三十条规定："因污染环境、破坏生态发生纠纷，行为人应当就法律规定的不承担责任或者减轻责任的情形及其行为与损害之间不存在因果关系承担举证责任。"

④ 《中华人民共和国民事诉讼法》第五十八条第一款规定："对污染环境、侵害众多消费者合法权益等损害社会公共利益的行为，法律规定的机关和有关组织可以向人民法院提起诉讼。"

破坏生态的违法犯罪行为得到严格追究，必将形成一个人人遵守环境资源法律的示范效应。否则，污染环境、破坏生态的违法犯罪行为必然会愈演愈烈，导致环境资源法律不能得到有效实施。

2. 维护人民群众人身、财产权益

污染环境、破坏生态行为通过水、土壤、大气等环境介质，可能会造成人民群众的人身和财产损害。国家通过严格追究污染者的环境民事侵权责任，赔偿人民群众因污染环境、破坏生态导致的人身和财产损失，能够有力维护人民群众的人身和财产权益。

3. 保护生态环境资源

污染环境、破坏生态行为首先会造成生态环境损害，导致水、土壤、大气等生态环境期间功能损失和永久功能损失。国家通过严格追究污染者的环境刑事法律责任和环境行政法律责任，引导污染者积极修复受损的生态环境，赔偿生态环境期间功能损失和永久功能损失，能够维护环境公共利益。

4. 提高人民群众环境保护意识

国家通过严格追究行为人的环境资源法律责任，能够让人民群众看到违反环境资源法律的行为会受到国家的严厉制裁，从而严格遵守环境资源法律，提升环境资源保护意识。例如，法院在自然保护区公开开庭，吸引当地群众到场旁听庭审，法院公开宣判被告人承担有期徒刑刑事责任，当地群众受到震撼和教育，此后，自然保护区污染环境、破坏生态的行为显著减少。

第二节 环境资源刑事责任

环境资源刑事责任是指违反环境刑事法律的规定，具有严重社会危害性，依法应当受到环境刑法制裁的行为所引起的法律后果。环境资源刑事责任通过对严重危害环境资源的行为作有罪宣告，给予被告人刑事制裁，预防环境资源犯罪行为的发生，是环境资源法律责任体系的最后一道防线。

一、环境资源犯罪立法演进

（一）分散规定阶段

1979 年《中华人民共和国刑法》（以下简称 1979 年《刑法》）没有专门规定环境资源犯罪，散见于危害公共安全犯罪和破坏社会主义经济秩序犯罪中，主要有非法捕捞水产品罪，盗伐、滥伐林木罪，非法狩猎罪。1979 年《刑法》关于环境资源犯罪的规定较分散，不利于对此类犯罪行为的惩治。随着经济快速发展，环境问题更加突出，为补救 1979 年《刑法》滞后于环境资源犯罪的客观现实，在《刑法》修订前通过制定附属刑法和单行刑法制裁环境犯罪成为必然的选择。如 1979 年《环境保护法》规定，对严重污染和破坏环境，引起人员伤亡或者造成农、林、牧、副、渔业重大损失的单位的领导人员、直接责任人员或者其他公民，要追究行政责任、经济责任，直至依法追究刑事责任。

（二）集中规定阶段

由于附属环境刑法的刑事条款多采用立法类推形式，有的甚至只是简单地规定"依法追究刑事责任"，缺乏可操作性，所以并未得到很好的执行。为此，1997 年《中华人民共和国刑法》（以下简称 1997 年《刑法》）特别设立了"破坏环境资源保护罪"，改变了过去追究环境资源犯罪行为人的刑事责任需要比照适用《刑法》关于其他犯罪规定的状况，是我国环境刑事立法的重大突破。同时，1997 年《刑法》还在其他章节规定了与破坏环境资源保护罪相关的一些犯罪。

（三）修正完善阶段

1997 年《刑法》施行后，特别是进入 21 世纪以来，我国经济社会呈现突飞猛进态势，与之而来的是环境污染和生态破坏现象也愈演愈烈。面对严峻的环境形势，《刑法》通过修正案的方式对环境资源犯罪做出修改完善，凸显了《刑法》对环境资源犯罪的高度关注。主要进行了四次修改完善：第一，2001 年 8 月 31 日《中华人民共和国刑法修正案（二）》，将非法占有耕地罪修改为非法占用农用地罪。第二，2002 年 12 月 28 日《中华人民共和国刑法修正案（四）》，将非法采伐、毁坏珍贵树木罪的罪名分解为"非法采伐、毁坏国家重点保护植物罪"和"非法收购、运输、加工、出售国家重点保护植物、国家重点保护植物制品罪"两个罪名；取消了"非法收购盗伐、滥伐的林木罪"罪名，代之以"非法收购、运输盗伐、滥伐的林木罪"罪名。第三，2011年2月25日，第十一届全国人民代表大会常务委员会第十九次会议通过了《刑法修正案（八）》，将罪名确定为"污染环境罪"，并相应地调整犯罪追诉标准，扩大了《刑法》对非法采矿行为的调控范围。第四，2020年12月26日《中华人民共和国刑法修正案（十一）》，第四十条至第四十三条分别增设了污染环境罪的第三档法定刑，非法猎捕、收购、运输、出售陆生野生动物罪，破坏自然地保护罪以及非法引进、释放、丢弃外来入侵物种罪。经过《刑法修正案（二）》《刑法修正案（四）》《刑法修正案（八）》《刑法修正案（十一）》的修改，破坏环境资源保护罪的罪名和罪状表述更加规范，罪名体系更加完善。

二、环境资源犯罪的构成要件

（一）环境资源犯罪的主体

环境资源犯罪的主体即实施了环境资源犯罪行为的人，包括自然人和单位。自然人是指达到法定责任年龄、具有承担刑事责任能力的自然人，包括普通主体和特殊主体。特殊主体是指行为人除了符合普通主体的条件外，法律还要求他具有某种特殊的身份。例如，环境立法中规定的单位主管人员、直接责任人员等均属于特殊主体，他们在职务上对环境资源的保护和管理负有特别的义务。单位包括公司、企业、事业单位、机关团体。需要注意的是，个人为进行违法犯罪活动设立的公司、企业、事业单位实施犯罪的或单位设立后以实施犯罪为主要活动的，不以单位犯罪论处，应追究自然人的刑事责任。

（二）环境资源犯罪的主观方面

环境资源犯罪的主观方面是环境资源犯罪主体对其实施的危害社会的环境资源犯罪行为所持的心理态度。一般来说，除污染环境罪外，环境污染类的犯罪行为大多出于过失。[①] 而在破坏自然资源保护的犯罪中，行为人的行为则多是出于故意，都是出于非法占有或以营利为目的的心态而故意违法所致。

（三）环境资源犯罪的客体

环境资源犯罪的客体表现可能是物质性的，主要是公民、集体、国家对环境资源的所有权和使用权；也可能是非物质性的，主要是公民的环境权益、健康权益等。特别值得注意的是，环境资源犯罪的行为一般同时侵害了两种或两种以上的社会关系。

---

① 当然，对于环境污染犯罪的主观状态，理论界和实务界的争议还是很激烈的。持"过失"观点的认为，被告人在主观上仅是故意实施倾倒、处置危险废物等行为，并未有积极主动追求污染环境的心态，最多只是放任污染环境。

例如，污染环境罪，既有可能直接侵犯公私财产权、给公私财产造成重大损失，同时也有可能直接侵犯他人的人身权利，损害他人的健康，甚至使他人丧失生命，甚至还有可能造成生态环境永久功能损失和期间服务功能损失。

（四）环境资源犯罪的客观方面

环境资源犯罪，绝大多数情况下表现为作为，但在个别情况下，不作为也可能构成犯罪。在作为情形下，可分为行为犯和结果犯。其中，行为犯是指只要实施刑法分则规定的危害环境资源行为就构成既遂的犯罪，不需要发生危害结果。例如，被告人实施了最高法、最高检《关于办理环境污染刑事案件适用法律若干问题的解释》第一条第一项至第七项规定的行为；结果犯是指犯罪行为必须造成犯罪构成要件所预定的危害结果的犯罪，即以发生法定的有形的危害结果作为犯罪构成必要要件的犯罪。例如，认定被告人构成非法采矿罪，需要同时具备被告人"实施非法采矿行为"和"情节严重"情形两个条件。这里的"情节严重"就是犯罪构成要件所预定的危害结果。

三、主要罪名

（一）污染环境罪

1. 污染环境罪的概念与构成

污染环境罪，是指违反国家规定，排放、倾倒或者处置有放射性的废物、含传染病病原体的废物、有毒物质或者其他有害物质，严重污染环境的行为。本罪的构成要件如下。

（1）污染环境罪的客体。污染环境罪的客体是国家基于环境对人的有用性而制定的对于环境的保护制度，主要涉及水、土壤和大气等环境要素。

（2）污染环境罪的客观方面。污染环境罪的客观方面，是违反国家规定，排放、倾倒或者处置有放射性的废物、含传染病病原体的废物、有毒物质或者其他有害物质，严重污染环境的行为。主要包含三个方面的内容：第一，违反环境保护法律、法规、规章等国家规定，如《环境保护法》《建设项目环境保护管理条例》《尾矿污染环境防治管理办法》。第二，排放、倾倒或者处置有放射性的废物、含传染病病原体的废物、有毒物质或者其他有害物质。[①] 第三，严重污染环境，主要包括在饮用水水源一级保护区、自然保护区核心区排放、倾倒、处置有放射性的废物、含传染病病原体的废物、

---

① 其中，放射性废物，是指含有放射性核素或者被放射性核素污染，其浓度或者比活度大于国家确定的清洁解控水平，预期不再使用的废弃物。含传染病病原体的废物，是指能在人体或者动物体内生长、繁殖，通过空气、饮食、解除等方式传播，能对人体健康造成危害的传染病菌种和毒种。有毒物质，主要包括列入国家危险废物名录或者根据国家规定的危险废物鉴别标准和鉴别方法认定的，具有危险特性的废物；《关于持久性有机污染物的斯德哥尔摩公约》附件所列物质；含重金属的污染物；其他具有毒性，可能污染环境的物质。有害物质，只要所涉物质会对水、土壤、大气造成危害，污染环境，即可认定为有害物质，即使是一些本身无害的物质，只要直接往环境排放、倾倒、处置，污染了环境，均应当认定为有害物质。

有毒物质等十八种情形。^①

（3）污染环境罪的主体。污染环境罪的主体是一般主体，包括自然人和单位。

（4）污染环境罪的主观方面。关于污染环境罪的主观方面，理论界主要有故意说、过失说和混合罪过说三种观点。本书作者认为，污染环境罪的主观方面为混合罪过说，包括故意和过失两种罪过形态。之所以将过失作为污染环境罪的主观方面，是考虑到当前和今后一段时期是我国环境高风险时期，强调污染环境罪的过失犯罪形态，对于促进有关单位和个人严格遵守环境保护相关国家规定，避免环境风险转化为损害后果具有重大现实意义。

2. 污染环境罪的处罚

（1）基本规定。犯污染环境罪，处三年以下有期徒刑或者拘役，并处或者单处罚金；情节严重的，处三年以上七年以下有期徒刑，并处罚金；有下列情形之一的，处七年以上有期徒刑，并处罚金：（一）在饮用水水源保护区、自然保护地核心保护区等依法确定的重点保护区域排放、倾倒、处置有放射性的废物、含传染病病原体的废物、有毒物质，情节特别严重的；（二）向国家确定的重要江河、湖泊水域排放、倾倒、处置有放射性的废物、含传染病病原体的废物、有毒物质，情节特别严重的；（三）致使大量永久基本农田基本功能丧失或者遭受永久性破坏的；（四）致使多人重伤、严重疾病，或者致人严重残疾、死亡的。

（2）竞合从重。构成污染环境罪，同时又构成其他犯罪的，依照处罚较重的规定定罪处罚。

（3）禁止令。《刑法修正案（八）》增加了禁止令的规定，禁止被判处管制、缓刑的犯罪分子从事特定活动；根据该规定，犯污染环境罪被判处管制、有期徒刑缓刑的，应当禁止其在一定时期内不得从事与犯污染环境罪所实施行为相应的活动；另外，根据《刑法》第三十七条的规定，对因利用职业便利实施污染环境犯罪，或者实施违背相关职业要求的犯罪被判处刑罚的，人民法院可以根据犯罪情况和预防再犯罪的需要，禁止其在3~5年内从事相关职业。

（二）非法采矿罪

1. 非法采矿罪的概念及犯罪构成

非法采矿罪，是指违反矿产资源法的规定，未取得采矿许可证擅自采矿，擅自进入国家规划矿区、对国民经济具有重要价值的矿区和他人矿区范围采矿，或者擅自开采国家规定实行保护性开采的特定矿种，情节严重的行为。本罪的构成要件有如下几个方面。

---

① 详见最高法、最高检《关于办理环境污染刑事案件适用法律若干问题的解释》第一条规定。

（1）非法采矿罪的客体。非法采矿罪侵犯的客体是国家对矿产资源的管理制度和国家对矿产资源的所有权。非法采矿罪的对象仅限于国务院批准公布的矿种，且仅限于天然矿种，人工合成的不能成为本罪的犯罪对象。

（2）非法采矿罪的客观方面。非法采矿罪的客观方面，是违反《矿产资源法》的规定，未取得采矿许可证擅自采矿，擅自进入国家规划矿区、对国民经济具有重要价值的矿区和他人矿区范围采矿，或者擅自开采国家规定实行保护性开采的特定矿种，情节严重的行为。第一，违反《矿产资源法》的规定，主要是违反《矿产资源法》《水法》等法律、行政法规有关矿产资源开发、利用、保护和管理的规定。第二，实施了非法采矿行为，主要包括：未取得采矿许可证擅自采矿；未取得采矿许可证擅自进入国家规划矿区、对国民经济具有重要价值的矿区和他人矿区范围采矿；未取得采矿许可证擅自开采国家规定实行保护性开采的特定矿种等三种情形。第三，达到情节严重的程度，如开采的矿产品价值或者造成矿产资源破坏的价值在十万元至三十万元以上的；在国家规划矿区、对国民经济具有重要价值的矿区采矿，开采国家规定实行保护性开采的特定矿种，或者在禁采区、禁采期内采矿，开采的矿产品价值或者造成矿产资源破坏的价值在五万元至十五万元以上的；二年内曾因非法采矿受过两次以上行政处罚，又实施非法采矿行为的；造成生态环境严重损害的；其他情节严重的情形。

（3）非法采矿罪的主体。非法采矿罪的主体是一般主体，包括自然人和单位。

（4）非法采矿罪的主观方面。非法采矿罪的主观方面仅限于故意，包括直接故意和间接故意。行为人因过失采矿的，不构成非法采矿罪。

2. 非法采矿罪的处罚

犯非法采矿罪，处三年以下有期徒刑、拘役或者管制，并处或者单处罚金；情节特别严重的，处三年以上七年以下有期徒刑，并处罚金。[①]

[①] 对于情节特别严重的认定标准规定为：开采的矿产品价值或者造成矿产资源破坏的价值在五十万元至一百五十万元以上的；在国家规划矿区、对国民经济具有重要价值的矿区采矿，开采国家规定实行保护性开采的特定矿种，或者在禁采区、禁采期内采矿，开采的矿产品价值或者造成矿产资源破坏的价值在二十五万元至七十五万元以上的；造成生态环境特别严重损害的。

第三节 环境资源民事责任

环境资源民事责任，是指因违反合同义务或实施污染环境、破坏生态行为，造成他人人身、财产损失或环境公共利益受损而应当承担的民事法律责任。因违反合同义务导致的环境资源民事责任，主要着眼于合同当事人之间的权利义务问题，故本节主要讨论因污染环境、破坏生态而应承担的环境侵权责任。

一、环境侵权的概念及类型

环境侵权，是指因人类生产生活活动，污染环境、破坏生态，造成或可能造成他人人身、财产损害及生态环境损害的法律事实。对于环境侵权可以从以下三个方面来理解：

（一）从原因行为来看，环境侵权主要是污染环境和破坏生态

《民法典》实施前，环境侵权的原因行为仅限于污染环境。例如，1987年《民法通则》第一百二十四条规定，违反国家保护环境防止污染的规定，污染环境造成他人损害的，应当依法承担民事责任。2010年起实施的《侵权责任法》第六十五条沿袭了《民法通则》的规定，亦将环境侵权的原因行为限定为污染环境。

由于污染环境并不能涵盖所有的环境侵权行为，许多破坏生态行为同样能够造成生态环境损害，进而损害被侵权人人身、财产权益；特别是《民事诉讼法》增加了环境民事公益诉讼制度之后，破坏生态行为便成为环境公益侵权的原因行为。《民法典》实施后，关于环境侵权规定的一项重大的变化就是扩大了环境侵权原因行为的范围，与《侵权责任法》第六十五条相比，增加了"破坏生态"这一侵权形态。目前，环境侵权的原因行为主要由"污染环境"和"破坏生态"两种侵权形态构成。

（二）从侵权类型来看，环境侵权主要是私益侵权和公益侵权

与《侵权责任法》第六十五条相比，《民法典》第一千二百二十九条的另一变化是将"造成损害"中的"损害"限缩为"造成他人损害"，即造成他人人身和财产损害。也即实施污染环境、破坏生态行为，如若侵害自然人、法人、非法人组织等民事主体享有的人身、财产权益，造成人身、财产权益损害，则构成环境私益侵权。相应地，根据《民法典》第一千二百三十四条、第一千二百三十五条的规定，如若违反国家规定，污染环境、破坏生态，造成生态环境损害，使其正常服务功能减损或者丧失，则构成环境公益侵权。值得肯定的是，《民法典》第一千二百三十四条、第一千二百三十五条，针对的是造成生态环境损害之公共利益的环境侵权责任，填补了生态环境损害没有具体法律责任承担方式的漏洞，构成环境民事公益诉讼的实体法依据。

（三）从侵害过程来看，环境侵权包括损害风险和实际损害

环境侵权具有长期性、复杂性、滞后性和隐蔽性特点，侵权人已经实施或即将实施的污染环境、破坏生态行为，短时间内对他人人身、财产或对生态环境造成的损害不易被人们所发现。基于此，为了避免出现损害后果，当侵权人的行为具有发生损害后果现实危险时，被侵权人可以请求侵权人承担消除危险、排除妨碍、停止侵害等环境侵权责任。例如，四川省甘孜藏族自治州中级人民法院、云南省昆明市中级人民法院依法受理的社会组织提起的因建造大坝危害珍贵濒危植物"五小叶槭"及珍贵濒危动物"绿孔雀"栖息地的环境民事公益诉讼案，就将具有损害社会公共利益重大风险的行为纳入提起环境侵权案件的受案范围。如果侵权人污染环境、破坏生态的行为已经造成了他人人身、财产损害或生态环境损害，按照有损害必有救济的法治理念，赋予被侵权人得以修复受损利益、填补损害的救济路径更是应有之义。被侵权人可以请求侵权人承担恢复原状、修复生态环境、赔偿损失及相关费用等环境侵权责任。

二、环境侵权责任的构成要件

环境侵权的构成要件，就私益侵权责任来讲，由侵权行为、损害结果、侵权行为与损害结果之间具有因果关系三个要件组成；就公益侵权责任来讲，在私益侵权责任构成要件的基础上，增加侵权人主观过错要件。

（一）侵权行为

如前所述，《民法典》侵权责任编将污染环境和破坏生态作为环境侵权的原因行为。侵权人实施了污染环境、破坏生态的行为，或者实施的行为导致了环境污染、生态破坏，可以认定侵权行为成立。需要注意的是，在环境私益侵权中，侵权行为主要表现为污染环境、破坏生态的行为；而在环境公益侵权中，侵权行为不应局限于污染环境、破坏生态行为，还可以是造成生态环境损害的其他违反国家规定的行为。

一般认为，污染环境是人们在生产、生活中将利用的物质或者能量直接或间接引入环境，造成生态环境要素发生改变或造成不利影响，危及人类生命健康、财产安全和生态系统完整的现象。例如，向环境排放废气、废水、废渣、粉尘、放射性物质以及噪声等。环境污染案件在审判实践中较为常见。例如，中华环保联合会诉振华公司大气环境污染责任公益诉讼一案，振华公司排放的污染物超标污染了大气环境，法院判决被告振华公司赔偿因超标排放造成的大气损失。

生态破坏是指不合理的开发利用自然资源破坏自然环境，从而使人类、动植物、微生物等的生存条件发生恶化。其主要表现为乱砍滥伐、过度放牧；毁林造田，过度垦荒；不合理的引进物种；建设大坝等工程造成流域生态破坏；破坏景观的多样性等。例如，江西省上饶市人民检察院与张永明等破坏自然遗迹民事公益诉讼一案，张永明等三人攀爬巨蟒峰山岩柱体，使用电钻在巨蟒峰岩体上钻孔 26 个，严重损毁了自然遗迹，法院判决张永明等赔偿环境资源损失计人民币 600 万元用于公共生态环境保护

和修复。

（二）损害结果

损害结果是指违法行为或违约行为侵犯他人或社会公共利益所造成的损失和伤害，包括实际损害、丧失所得利益及预期可得利益。损害结果可以是对人身、财产和精神的损害，也可以是其他方面的损害。环境侵权案件中的损害结果主要是人身损害、财产损害和生态环境损害。其中，人身损害是指因环境侵权行为致使人们身体健康受损；财产损害是指因环境侵权行为给受害者的财产造成的损失，包括直接损失和间接损失；生态环境损害是因环境侵权造成的生态环境本身的损失，具体是"大气、地表水、地下水、土壤、森林等环境要素和植物、动物、微生物等生物要素的不利改变以及上述要素构成的生态系统功能退化"。

被侵权人人身、财产损害与传统侵权责任并无二致，但对于生态环境损害，需要重点予以关注。长期以来，人们关注的焦点往往是生态环境的经济价值，对于生态价值则关注甚少。党的十八大以来，我们更加注重生态环境保护，将生态环境损害纳入环境侵权的救济范围。基于环境侵权损害结果的出现具有渐进性的特点，对于侵权人的行为对人们的人身、财产权益或生态环境足以构成现实危险的，虽然没有造成损害结果，但也应当允许人们主张停止侵害、排除妨碍、消除危险等预防性的环境侵权责任，这也符合环境保护法"预防为主"的立法原则。

（三）因果关系

侵权行为和损害结果之间具有因果关系，一般理解为侵权行为导致了损害结果的发生，侵权行为是损害结果发生的原因。当面对"某人是否由于已经发生的危害而要受到责难或者惩罚，或者对他人进行赔偿"时，法官"必须确定能否将这样的危害归因于被告的行为，认为这一行为的结果，或者能否恰当地说是他造成了这一结果。"[①]具体到环境侵权，因生态环境损害一般具有长期性、潜伏性、持续性和广泛性的特点，损害的形成过程具有复杂性和隐蔽性，加之环境侵权中一因多果、多因一果或者多因多果的现象也经常出现，因果关系的确定确实较难。关于因果关系的确定，目前形成了事实推定说、盖然性说、疫学因果说等多种学说。鉴于环境侵权因果关系的复杂性，以上学说均有一定的适用空间，应当具体问题具体分析，不能一概而论。

相对于理论界争议之大，环境侵权司法实践中对因果关系的处理，多数情形下反而不是案件审理的重点问题。这涉及环境侵权举证责任的分配问题。《侵权责任法》将环境侵权因果关系的举证责任分配给了侵权者，侵权者需要就侵权行为和损害结果之间不存在因果关系进行举证。但相较于因果关系证成来讲，证否近乎是不可能完成

---

① [美]H.L.A.哈特，美托尼·奥诺尔. 法律中的因果关系（第二版）[M]. 张绍谦，孙战国，译. 北京：中国政法大学出版社，2005.

的任务，因为"因果关系的实际证明存在着普遍性困难，导致证明责任无论分配给哪方当事人，都是一种根本性的败诉风险"。[①]侵权者如果不能证明因果关系不存在，那么法官就推定因果关系成立。

（四）侵权人的过错

与传统侵权责任不同，环境私益侵权责任实行无过错责任原则。侵权人是否具有过错在所不问，只需具备侵权行为、损害结果、侵权行为与损害结果具有因果关系的构成条件即可。即使是合法排污行为，造成了他人人身和财产损失，仍应承担环境私益侵权责任。例如，侵权人将达标的污水排放至河流中，因雨季河水暴涨导致污水流入被侵权人的鱼塘。对于池塘鱼类死亡损失，即使侵权人没有侵权的故意，但仍应承担损害赔偿责任。环境公益侵权责任，与私益侵权责任不同，实行的是过错责任原则。侵权人只有在违反国家规定，造成了生态环境损害情形下，才承担环境公益侵权责任。

三、环境侵权责任承担方式

（一）环境私益侵权

侵权人应当承担的环境私益侵权责任，与传统侵权责任并无二致，根据《民法典》第一百七十九条的规定，主要是停止侵害、排除妨碍、消除危险、恢复原状、赔偿损失、赔礼道歉等责任承担方式。另外，需要注意的是《民法典》增加了环境侵权惩罚性赔偿责任，这是继消费者权益保护、食品安全、产品责任、知识产权领域引入之后，环境侵权民事责任体系的一项重大改革。当侵权人违反法律规定，故意污染环境、破坏生态造成他人死亡、健康严重损害、重大财产损失等的，被侵权人有权请求相应的惩罚性赔偿。

（二）环境公益侵权

根据《民法典》第一千二百三十四条和第一千二百三十五条的规定，侵权人应当承担修复生态环境、承担生态环境修复费用、赔偿损失和相关费用等环境公益侵权责任；此外，根据《最高人民法院关于审理环境民事公益诉讼案件适用法律若干问题的解释》的规定，被侵权人还有权请求侵权人承担停止侵害、排除妨碍、消除危险、赔礼道歉等民事责任。关于环境侵权惩罚性赔偿能否适用于环境公益侵权存在争议，但是从《民法典》的立法宗旨和环境公益诉讼的司法实践来看，环境侵权惩罚性赔偿责任应当适用于环境公益侵权案件中生态环境受到损害的情形。这是因为惩罚性赔偿是由公法担当的惩罚与威慑功能的特殊惩罚制度，是公法私法化的体现，其与环境公益诉讼和生态环境损害赔偿在性质、价值、功能上具有高度契合性。将惩罚性赔偿引入环境公益侵权领域，在行政规制缺位或者失灵、刑事处罚威慑力不足的情况下，惩罚性赔偿制度可通过对民事私人执法之补强，通过其发挥其功能，对环境侵权行为进行

[①] 胡学军 . 环境侵权中的因果关系及其证明问题评析 [J]. 中国法学，2013（5）：15–20.

威慑和惩罚，对潜在的危害行为进行遏制，从而实现对环境公共利益的维护。

四、环境侵权责任减、免责事由

环境侵权的免责事由主要有不可抗力、被侵权人过错和第三人的过错。其中，不可抗力是不能预见、不能避免且不能克服的客观情况，主要表现为自然灾难、政府行为和社会事件等。例如，《水污染防治法》第九十六条就规定，由于不可抗力造成水污染损害的，排污方不承担赔偿责任。被侵权人的过错包括故意和重大过失，损害是由受害人的故意造成的，行为人不承担责任；被侵权人对损失的发生具有重大过失的，应当减轻侵权人的责任。环境损害结果是由第三人造成的，第三人应当承担侵权责任。被侵权人可以向侵权人请求赔偿，也可以向第三人请求赔偿。侵权人赔偿后，可以向第三人追偿。

第四节 环境资源行政责任

环境资源行政责任，是指环境资源行政法律关系主体由于违反环境资源行政法律规范或不履行相应法律义务而依法应承担的行政法律后果。根据法律关系主体不同，可以将环境资源行政责任分为行政主体应当承担的行政责任和公民、法人或其他组织等行政相对人应当承担的行政责任。[①]

一、环境资源行政违法

（一）环境资源行政法律

1. 环境类法律

国家层面上环境类法律主要有《环境保护法》《大气污染防治法》《环境影响评价法》等法律，国务院通过的建设项目环境保护管理条例等法规，以及国务院环境资源主管部门单独发布或联合其他国务院有关部门发布的污染源自动监控管理办法、排污许可管理办法（试行）等部门规章。地方层面的地方性法规、政府规章更是繁多，特别是国家将立法权下放至设区市一级人大及其常委会后，各地制定了大量的生态环境地方性法规和政府规章，具有中国特色生态环境法律体系已然形成。

2. 资源类法律

资源类法律主要是自然资源类法律和动物资源类法律。其中，自然资源类法律主

[①] 因行政主体应当承担的行政责任主要是直接负责的主管人员和其他直接责任人员应当受到行政处分，主要适用于内部行政处分程序，不是本书的讨论重点。本书讨论的是行政相对人应当承担的法律责任，主要是行政处罚。

要是《土地管理法》《矿产资源法》《水法》《森林法》《草原法》《野生植物保护法》等；动物资源类法律主要是《渔业法》《野生动物保护法》等。

（二）环境资源违法行为

1. 环境违法行为

环境违法行为主要是指违反生态环境管理法律，侵犯生态环境管理秩序，应当追究法律责任的行为。其主要包括未批先建行为，如建设单位未依法报批建设项目环境影响报告书，擅自开工建设；无证排污行为，如依照法律规定实行排污许可管理的企业事业单位和其他生产经营者即排污单位，未申请取得排污许可证排放污染物；违法处置、倾倒、贮存危险废物等行为，如逃避监管，私设暗管或利用渗井、裂隙、溶洞等排放、倾倒、处置危险废物；此外，生态环境违法行为还有私设暗管排污；未验先投或验收弄虚作假；无证排放、超标排放；偷排废气；产生挥发性有机废气的企业，污染防治不到位；未自行监测，未保存原始检测记录，在线监控未安装、未联网、未正常运行的；在禁燃区燃用高污染燃料等行为。

2. 资源违法行为

资源违法行为主要是指违反土地、矿产、水事、林业、动物等资源类法律，侵害国家资源管理秩序，应当追究法律责任的行为。其主要包括土地、矿产资源违法类，如占用耕地建窑、建坟，擅自在耕地上建房、挖沙、采矿、取土等破坏种植条件，或者因开发土地造成土地荒漠化、盐渍化的行为；水事违法类，如非法取水行为、围垦河湖、非法侵占水域和滩地活动；动物资源违法类，如非法猎捕、杀害国家重点保护野生动物；林业资源违法类，如盗伐、滥伐林木等。

二、环境资源行政处罚

环境资源行政处罚是实现行政相对方环境资源行政责任的主要形式。环境资源行政处罚应当严格按照行政处罚法规定的程序，由具有行政处罚权的环境资源主管部门负责实施或委托其他主体实施，主要有财产罚、行为罚、资格罚、声誉罚、自由罚等。

（一）概念

环境资源行政处罚是指环境资源主管部门依法对违反环境资源行政管理秩序的公民、法人或者其他组织，以减损权益或者增加义务的方式予以惩戒的行为。

（二）环境资源行政处罚遵循的原则

1. 处罚法定原则

处罚法定原则是行政处罚的首要原则，是行政法治的基本要求。处罚法定原则包括：主体法定，即实施环境资源行政处罚必须由依法享有环境资源行政处罚权的机关做出，其他机关均无权做出行政处罚；依据法定，只能对环境资源法律明文规定的违法行为给予行政处罚，法无明文规定不处罚；形式法定，必须严格遵守行政处罚法规定的行政处罚形式和处罚幅度；程序法定，必须依照行政处罚法规定的简易程序或一般程序做出行政处罚。

2. 过罚相当原则

也即比例原则，即给予环境资源行政相对人的行政处罚，应当与其主观过错相当。行政处罚所适用的处罚种类和处罚幅度要与违法行为的性质、情节及社会危害程度相适应，既不轻过重罚，也不重过轻罚，避免畸轻畸重的不合理、不公正的情况。

3. 处罚与教育相结合原则

行政处罚的目的是纠正违法行为，减少和消除违法行为，教育当事人自觉守法，处罚只是手段而不是目的。因此，行政机关在实施环境资源行政处罚时，首先应当责令当事人自觉改正违法行为或者限期当事人改正违法行为。即使要给予行政处罚，对情节轻微的违法行为也不一定都要实施行政处罚；对于当事人首次实施环境资源违法行为的也可不罚。当然，教育也不能代替行政处罚，对于不属于情节轻微或首次违法的情形，应当严格按照行政处罚法和环境资源实体法律的规定给予行政处罚。

4. 保障相对人权益原则

有处罚就要有救济。行政处罚法不仅在总则中确立了保障相对人权利的原则，而且其有关行政处罚的设定、实施及其程序的规定，亦体现着这一指导思想。根据行政处罚法的规定，公民、法人或者其他组织对行政机关所给予的环境资源行政处罚享有陈述、申辩、申请行政复议或者提起行政诉讼的权利。受到损害的，还享有依法提出行政赔偿的权利。

（三）实施主体

环境资源行政处罚的实施主体主要是有行政处罚权的环境资源行政机关，如县级以上生态环境、自然资源、林业、渔业、水利等部门，或环境资源法律、法规授权的具有管理公共事务职能的组织以及受行政机关委托实施环境资源行政处罚的组织。其他组织未经法律、法规授权，不具有实施环境资源行政处罚的主体资格；环境资源行政机关委托其他组织实施环境资源行政处罚的，也应当在法定权限范围内委托，超出法定权限委托的应属无效。

（四）实施程序

根据行政处罚法规定，行政处罚可以根据行政相对人违法的情况、拟处罚的种类等情形，通过简易程序或普通程序实施。

1. 简易程序

对于公民、法人或者其他组织违反环境资源法律事实确凿并有环境资源法律依据，对公民处以二百元以下、对法人或者其他组织处以三千元以下罚款或者警告的行政处罚的，可以当场做出行政处罚决定。此时，执法人员应当向当事人出示行政执法证件，告知当事人违法事实、行政处罚的依据和理由，听取当事人的陈述和申辩后，填写预定格式、编有号码的行政处罚决定书，并当场交付当事人。执法人员根据简易程序做出的行政处罚决定，应在规定的时限内报所在机关备案。

2. 普通程序

除警告、罚款可以适用简易程序之外的其他种类的行政处罚，应当按照普通程序进行，主要有立案、调查、审查、告知、法制机构审核、决定、送达等环节。

（1）立案。行政机关通过各种途径发现环境资源违法行为后，应当对案件来源材料进行审查，认为属于违反环境资源行政管理秩序的，应当立案；不属于违反环境资源行政管理秩序或不属于本机关管辖的，不予立案，并告知当事人或移送有管辖权的机关。

（2）调查。行政机关应当指派两名行政执法人员，全面、客观、公正地调查，收集当事人违反环境资源法律的有关证据。在调查、收集证据时，要按照规定出示行政执法证件，并制作笔录。

（3）审查。调查终结，调查人员应当提交案件调查报告，由行政机关负责人对调查结果进行审查。对确有应受行政处罚的违法行为的，根据情节轻重及具体情况，拟定行政处罚决定；对违法行为轻微，依法可以不予行政处罚的，或违法事实不能成立的，不予行政处罚；涉嫌犯罪的，移送司法机关。

（4）告知。行政机关及其执法人员在做出行政处罚决定之前，应当按照行政处罚法的规定向当事人告知拟做出的行政处罚内容及事实、理由、依据，并听取当事人的陈述、申辩。对于责令停产停业、吊销许可证等重大行政处罚，应当告知当事人有要求举行听证的权利。行政机关认为需要听证的，也可以告知当事人听证的权利。

（5）法制机构审核。法制机构对拟做出的行政处罚决定，从主体是否合法、是否具有相应权限、处罚是否具有依据、处罚程序是否正当、处罚自由裁量权是否适当等进行审核。

（6）决定。对情节复杂或者重大违法行为给予行政处罚，行政机关负责人应当集体讨论决定。行政机关应当自行政处罚案件立案之日起九十日内做出行政处罚决定。并告知当事人有申请行政复议或者提起行政诉讼的权利。

（7）送达。行政处罚决定书应当在宣告后当场交付当事人；当事人不在场的，行政机关应当在七日内依照民事诉讼法的有关规定，将行政处罚决定书送达当事人。

（五）处罚种类

1. 财产罚

这是环境资源领域最常用的行政处罚方式，包括罚款、没收违法所得、没收非法财物。罚款在环境资源法律、法规和规章中最为常见，没收违法所得、没收非法财物在生态环境类法律中不多见，主要散见于《土壤污染防治法》第八十七条、第八十九条和第九十条，以及《大气污染防治法》第一百一十八条，更多的是在资源类法律中涉及，如《土地管理法》第八十二条、《野生动物保护法》第四十七条至第四十九条。

2. 行为罚

主要是限制开展生产经营活动、责令停产整治、责令停产停业、责令关闭；责令限期拆除等。例如，《环境保护法》第六十条规定了责令采取限制生产、停产整治，责令停业、关闭等；《水法》第六十八条、第七十一条也做出了类似规定。

3. 资格罚

主要是暂扣许可证件、降低资质等级或取消资质、吊销许可证件、一定时期内不得申请行政许可。例如，《循环经济促进法》第五十四条、《矿产资源法》第四十二条、第四十四条均规定了资格罚的内容；此外，还有限制从业、禁止从业等，如《环境影响评价法》第三十二条第三款的规定。

4. 声誉罚

声誉罚的典型方式是警告和通报批评，其中警告在噪声污染防治法中运用较多，而通报批评属于行政处罚法新增的处罚种类，在环境资源相关法律中还未有规定。

5. 自由罚

自由罚在环境资源行政处罚中是指行政拘留，主要是针对严重污染环境、破坏生态违法行为的处罚措施，由公安机关实施，在《水污染防治法》等环境类法律中有直接规定或有引致条款；自由罚在资源类法律中不多见。

第三十九章
《民法典》《刑法》与环境资源保护

我国民法、刑法与环境资源保护法关系紧密，包含大量的环境资源保护内容。本章将介绍民法、刑法中的环境资源保护，使学生了解民法、刑法对环境资源保护的历史沿革，理解绿色条款在《民法典》中的体现、破坏环境资源保护罪的构成特征等，以丰富学生环境资源保护法学的学习。

第一节 《民法典》与环境资源保护

一、我国民法对环境资源保护的历史沿革

《中华人民共和国民法典》（以下简称《民法典》）施行前，我国民法主要由《民法总则》《物权法》《合同法》《侵权责任法》等法律组成，民法规范中包含大量环境资源保护的内容。

"现代物权法发展的重要趋势之一，就是要在强化物的使用效率、促进物尽其用的同时，越来越重视环境的保护。"[1] 2007年10月1日开始施行的《中华人民共和国物权法》（以下简称《物权法》）已经开始体现对环境资源的保护。

《物权法》所有权的一般规定中，第四十六条、第四十七条、第四十八条、第四十九条、第五十六条、第五十七条确立了部分自然资源的归属与保护。《物权法》同时确立了集体所有权的保护与限制，私人所有权的保护与限制，上述规定有利于环境的保护。[2]

相邻关系部分第八十九条规定建造建筑物相邻关系的要求，即"不得违反国家有关工程建设标准，妨碍相邻建筑物的通风、采光和日照"。第九十条是关于相邻不动产之间排放污染物的规定，这是我国《民法典》中关于不可量物侵害规则的体现。以

---

① 王利明.《物权法》与环境保护 [J]. 河南省政法管理干部学院学报，2008（4）：9.
② 孙佑海. 物权法与环境保护 [J]. 环境保护，2007（10）：16–17.

上两个法律条文的意旨除了保护相邻权人的合法权利外，更加注重对生态环境的保护。第八十六条第二款关于自然流水在不动产权利人之间分配的规定，则对于水资源与生态环境的保护发挥了重要的作用。

用益物权部分第一百一十九条规定国家实行自然资源有偿使用制度，以实现自然资源的可持续利用。第一百二十条规定了用益物权人行使权利要遵守保护和合理开放利用资源的法定义务，这有利于促进资源的合理开发利用，实现经济发展与资源保护之间的平衡。第一百二十二条、第一百二十三条规定了部分自然资源的准用益物权，如海域使用权、探矿权、采矿权等[①]，明确上述准用益物权人的权利义务，有助于保障其在行使权利过程中保护生态环境，实现经济和社会的可持续发展。建设用地使用权部分第一百四十条对建设用地使用权人改变土地用途做出了限制性规定，条文通过对土地用途的强制管理，实现对土地的合理利用以及环境保护。

2010 年 7 月 1 日起施行的《中华人民共和国侵权责任法》（以下简称《侵权责任法》）第八章规定"环境污染责任"。主要体现在：第六十五条将"污染环境"作为侵权行为类型。同时，《环境保护法》（2014 年）第六十四条规定，除污染环境外，破坏生态造成损害的，也应当依照《侵权责任法》的规定承担侵权责任。两部法律在"破坏生态"行为是否适用环境污染侵权的规定上并不一致，这使学界对环境污染侵权责任的论争进一步加剧。[②]《侵权责任法》第六十六条规定了环境污染中的举证责任承担；第六十七条规定了共同污染者的侵权责任承担；第六十八条规定了因第三人的过错污染环境造成损害的侵权责任承担。

我国《民法典》对环境资源的保护有助于保护生态环境。"但是，环境保护立法中的民事条款与民法中的环境保护条款规定不一致的问题长期存在，学理解释对这些分歧也各执一词，未形成统一的法释义"。[③]此外，我国《合同法》一直缺乏对环境保护的直接规定。2017 年 10 月 1 日施行的《中华人民共和国民法总则》第九条确立了民事主体从事民事活动应遵行的绿色原则。随着《民法典》的施行，上述民法领域的相关法律同时废止。

《民法典》以绿色原则为引领，涵盖诸多自然资源、生态环境保护方面的内容，在我国生态文明法治建设历程中具有意义。由此，民法对环境资源的保护更为增强，作为私法的民法与作为公法的环境法不断走向融合。

---

① 王利明.《物权法》与环境保护 [J]. 河南省政法管理干部学院学报，2008（4）：11.

② 王利明. 论我国侵权责任法分则的体系及其完善 [J]. 清华法学，2016（1）：125；张新宝，汪榆森.污染环境与破坏生态侵权责任的再法典化思考 [J]. 比较法研究，2016（5）：141.

③ 吕忠梅. 民法典绿色条款的类型化构造及与环境法典的衔接 [J]. 行政法学研究，2022（2）：4.

二、绿色条款在《民法典》中的体现

《民法典》进一步延续《民法总则》的绿色原则，是我国生态文明思想在民法领域的重要体现。绿色原则是指民事主体从事民事活动，应当有利于节约资源、保护生态环境。这一原则是适用于民事活动，调整民事法律关系的基本原则，是兼具普遍约束力与价值判断的义务性基础规范，是处理民事活动与经济活动的关系、规范和指引民事活动的指导性准则。[①]作为基本原则之一，绿色原则丰富了我国民法的基本原则体系，体现了民法在保护个人私益的同时，也要实现环境保护，促进生态环境的平衡。绿色原则对民事主体从事民事活动，处理民事活动与环境资源保护活动之间的关系具有重要的指导作用。作为民法的基本原则之一，绿色原则不仅成为我国《民法典》物权编、合同编、侵权责任编等基本规则的指导，而且对民事司法适用发挥了重要的指导作用。绿色原则的司法适用因而也成为学者研究的一大重要问题。[②]

（一）绿色条款在物权编部分的实现

《民法典》物权编中绿色制度具有直接保护环境私益和间接保障环境公益的双重功能。[③]主要内容体现在以下几个方面。

1. 业主的绿色义务

《民法典》第二百八十六条第一款规定了业主的绿色义务，将业主相关行为置于绿色原则限制之下；第三款同时规定，在业主或者其他行为人拒不履行相关义务时，相关当事人有权请求有关行政主管部门介入，这体现了《民法典》在保护民事权利的同时，也要实现对生态环境公共利益的保护，当民事方式无法达成私益保护与公益保护目的时，行政手段要有效介入，这体现了民法与环境法的衔接。

2. 相邻关系的绿色内容

相邻环境关系是相邻关系的重要内容，而通风、采光和日照等又是最为重要的相邻环境关系。《民法典》第二百九十三条在原《物权法》第八十九条"妨碍相邻建筑物的通风、采光和日照"的基础上，增加了"不得"两字，有学者对于该处修改的重大意义做出解读。[④]有学者主张根据绿色原则对环境保护相邻权制度进行创新解释，并发展适当的裁判规范。[⑤]

不动产权利人相邻污染排放行为不仅损害了相邻关系，而且可能造成环境污染，《民法典》第二百九十四条在原有《物权法》第九十条规定上进一步予以规制，

[①] 蔡守秋，张毅.绿色原则之文义解释与体系解读[J].甘肃政法学院学报，2018（5）：2.
[②] 竺效.论绿色原则的规范解释司法适用[J].中国法学，2020（4）：83-102.
[③] 巩固.《民法典》物权编绿色制度解读：规范再造与理论新识[J].法学杂志，2020（10）：12-20.
[④] 王旭光.《民法典》绿色条款的规则构建与理解适用[J].法律适用，2020（23）：14-29.
[⑤] 刘长兴.我国相邻权规范的绿色解释——以相邻采光为例[J].政治与法律，2020（10）：108-118.

排放对象增加了"土壤污染物"，将"光、电磁波辐射"，修改为"光辐射、电磁辐射"。最高人民法院指导案例第 128 号中，即对相邻关系中光污染的排放做出综合认定的裁决，并据此判令被告承担停止侵害、排除妨碍等民事责任。①

3. 用益物权的绿色规范

《民法典》延续了《物权法》关于自然资源所有权归属的规定，第三百二十六条在原有《物权法》第一百二十条用益物权人行使权利法律限制的基础上，进一步增加应遵守"保护生态环境"的法律规定。《民法典》第三百四十六条在对用益物权做出一般规定基础上，针对建设用地使用权进一步规定了绿色义务，该条规定是《民法典》绿色原则在用益物权部分的体现，对于权利人行使权利设置了符合生态环境法律的限制，而该条规定又将限制范围局限于法律，也体现了《民法典》在用益物权效用的发挥和生态环境保护之间的平衡。

（二）绿色条款在合同履行部分的实现

我国《民法典》合同编的内容充分体现了绿色原则。绿色条款主要体现在：《民法典》第五百零九条第三款确立合同履行过程中的环境保护附随义务，即"应当避免浪费资源、污染环境和破坏生态"。合同作为当事人意思自治的产物，也应保护生态环境，体现可持续发展理念，以实现人与自然的和谐共生。这一环境保护附随义务为双方当事人合同履行设定了反向绿色限制，增强了合同义务的设定，该条款也成为部分民事司法裁判做出的依据。例如，在"李某 1 与李某 2 土地承包经营权合同纠纷再审审查与审判监督"一案中，北京市高级人民法院将《民法典》第九条、第五百零九条第三款作为裁判理由加以适用，支持了一、二审法院对于李某 1 要求继续履行流转合同的主张不予支持的裁判，进而驳回了李某 1 的再审申请。②

同时，《民法典》第五百五十八条在《合同法》第九十二条基础上规定了"旧物回收"的后合同义务；与之相应，第六百二十五条明确了出卖人对于特定标的物的回收义务，以避免造成污染生态环境等危害。旧物回收义务是诚信原则与绿色原则两大民法基本原则在合同编中的体现，两大原则在处理民事活动与环境问题时并不冲突。这一义务也体现出民法典已经将循环经济的理念引入其中。

《民法典》第六百一十九条在原《合同法》第一百五十六条基础上增加了绿色包装义务，是对包装方式约定不明时的合同漏洞补充。③第九百三十七条物业服务合同也规定了物业服务人的环境卫生义务。以上合同履行中环境保护义务的规定是对我国《环

---

① 详见最高人民法院 2019 年 12 月 26 日发布的第 128 号指导性案例"李劲诉华润置地（重庆）有限公司环境污染责任纠纷案"。
② 详见（2021）京民申 6564 号裁判文书。
③ 吕忠梅. 民法典绿色条款的类型化构造及与环境法典的衔接 [J]. 行政法学研究，2022（2）：3-17.

境保护法》第六条保护环境义务的积极回应。

（三）绿色条款在侵权责任编部分的体现

《民法典》侵权责任编设置专章即第七章规定环境污染和生态破坏侵权救济的内容。绿色条款主要体现在第一千二百二十九条规定，污染环境、破坏生态造成他人损害的侵权责任承担；第一千二百三十条、一千二百三十一条、一千二百三十三条又相继对环境污染、破坏生态的举证责任分配，共同侵权人污染环境、破坏生态的侵权责任承担，因第三人的过错污染环境、破坏生态造成损害的侵权责任承担做出规定。据此，破坏生态行为成为民法中独立的侵权行为类型，这对环境侵权原因行为的范围做出了扩大，也协调了民法与环境保护法在该问题规定上的冲突。

《民法典》第一千二百三十二条规定了环境侵权惩罚性赔偿条款，环境侵权具有不同于一般侵权的特征，该条款弥补了传统侵权责任损害赔偿方式无法满足环境侵权需要的不足。我国学者从环境侵权惩罚性赔偿的性质、赔偿金额的解释论、惩罚性赔偿的责任原则等多个角度对此问题展开研究。① 在公益诉讼案件"山东省青岛市人民检察院诉被告青岛市崂山区意象空间艺术鉴赏中心生态破坏民事公益诉讼"中，青岛市中级人民法院在综合其主观故意、危害后果以及在案件中悔改态度较好，愿意提供生态环境公益劳动，以自己实际行动保护生态环境等情节，酌情判令被告承担惩罚性赔偿99050元。

《民法典》第一千二百三十四条规定了生态环境修复责任制度，第一千二百三十五条规定了生态环境损害赔偿制度，这两个制度不同于一般的环境侵权，一般环境侵权保护的对象是"人身或者财产权益"，而上述两个制度保护的对象是"生态环境"。我国《民法典》第一千二百三十四条、第一千二百三十五条在实体法上明确了侵权人的生态环境修复责任与生态环境损害赔偿责任，据此"国家规定的机关或者法律规定的组织"能够成为请求权利人，这为环境公益诉讼和生态环境损害赔偿诉讼提供了实体法上的依据，有利于《民法典》与环境法之间的衔接。

三、民法对环境资源的保护趋势

（一）绿色发展立法理念之彰显

1980年联合国大会首次明确提出"可持续发展"概念，可持续发展是指既满足当代人的需要，又不对后代人满足他们需要的能力和机会构成威胁和危害的发展。1992年在巴西里约热内卢召开的联合国环境与发展大会通过了《21世纪议程》，提出世界范围内可持续发展计划，此后制定的《中国21世纪议程》将经济、社会、资源与环境视为密不可分的复合系统。由此可见，可持续发展意味着人与自然、人与人、人与社

---

① 王树义，龚雄艳. 环境侵权惩罚性赔偿争议问题研究 [J]. 河北法学，2021（10）：71–85.

会三者的和谐统一。2015年10月，党的十八届五中全会提出"绿色发展"理念，并将其作为国家五大发展理念之一。"绿色发展以'可持续发展观'为思想基础，是当代语境下的可持续发展观。"①我国民法对环境资源的保护历程彰显了绿色发展的立法理念。作为基本原则之一，绿色原则目前已经被确立在《民法典》当中，并在物权编、合同编、侵权责任编中有着具体体现，我国民事主体行使民事权利、履行民事义务和承担民事责任要受到绿色原则的限制和制约。当然，绿色原则的有效实现还有待法律规范的完善和司法效能的提升，《民法典》中的绿色条款也将不断进行创新和发展，绿色原则的司法适用路径也将不断走向规范和成熟。

（二）环境权民法保护之加强

我国学者在20世纪80年代初开始对环境权展开研究。针对环境权的定义，有学者将环境权概括为一种自得权。有学者主张新时代环境权应当被定义为，公民享有优美生态环境及在其中生活的权利。目前，我国《宪法》与其他法律中尚未明确规定公民的环境权。学者在公民环境权问题上存在争议，有学者对环境权在我国法典中的证成与展开进行研究，部分学者对公民环境权提出质疑。研究者往往按照私法与公法两个进路研究环境权问题。而《民法典》中绿色原则的确立也促进了环境权在我国民法领域中作为民事权利明确其内涵，并得以充分实现。有学者认为《民法典》将个人权利内容纳入其中，有助于保护个人环境权益。有学者从解释论层面主张进一步释明环境权在民法典中的生成路径和存在样态，以实现环境权的民法初衷。

（三）民法与环境法之间协调发展

鉴于环境法需要多种法律手段加以综合调控，民法与环境法调整的内容互相交融，两个部门法律的相互协调与共同发展成为解决环境问题的重要内容，有学者将之称为"民法生态化"。②《民法典》以绿色原则为指导设立绿色条款，"在民法'射程'之内的相关规范尽可能在民法典中规定、需要与环境法衔接的内容为环境法留下空间"③，体现了民法对环境问题的积极应对。而《环境法》当中也包含民法规范的内容，环境法律体系也应当对《民法典》做出必要的回应，环境法律规范需要对生态环境提供更为全面、切实的保护。我国学者对民法与环境法之间的沟通、协调与衔接展开了较为充分的研究。④有学者主张，编纂《环境法典》也可以系统解决《民法典》绿色条

① 竺效，丁霖.绿色发展理念与环境立法创新 [J].法制与社会发展，2016（2）：179.

② 吕忠梅.实施《民法典》绿色条款的几点思考 [J].法律适用，2020（23）：8-9.

③ 吕忠梅.民法典绿色条款的类型化构造及与环境法典的衔接 [J].行政法学研究，2022（2）：4.

④ 王灿发，张天泽.论我国《民法典》的生态规范及其与环境法的协调 [J].经贸法律评论，2022（3）：70-83；张式军，田亦尧.后民法典时代民法与环境法的协调与发展 [J].山东大学学报（哲学社会科学版），2021（1）：131-141；吕忠梅，窦海阳.民法典"绿色化"与环境法典的调适 [J].中外法学，2018（4）：862-882.

款与环境法的立法衔接问题。[①] 此外，民法权利也应保持体系的开放性，有学者基于现有法律路径对环境权保护的不足，主张环境权的知识产权保护。[②]

第二节 《刑法》与环境资源保护

一、环境资源刑法保护的历史沿革

（一）1979 年至 1997 年的环境资源刑法保护

我国环境刑法的发展起步较晚。中华人民共和国成立至 1979 年刑法颁布，是我国环境犯罪立法的探索时期。[③] 这一阶段，我国既没有专门的刑法典，也未出现环境犯罪的单行刑法。1979 年刑法典也未设置专门的破坏环境资源保护罪，相关罪名如违反危险物品管理规定肇事罪，盗伐、滥伐林木罪，非法捕捞水产品罪，非法狩猎罪被规定在危害公共安全罪、破坏社会主义市场经济秩序罪、妨害社会管理秩序罪、渎职罪等章当中，《刑法》中环境资源保护的罪名数量较少且分布较为零散。

随着生态环境的恶化和自然资源的枯竭，原有立法已经无法充分实现惩治破坏环境资源保护犯罪的目的，《刑法》作为环境保护的最后一道屏障，必然需要发挥其应有的效用。1997 年《刑法》修改之前，我国主要通过单行刑法和附属刑法补充环境刑法的不足。1988 年《关于惩治走私罪的补充规定》将"珍贵动物及其制品"作为走私犯罪的保护对象；1988 年《关于惩治捕杀国家重点保护的珍贵、濒危野生动物犯罪的补充规定》将非法捕杀国家重点保护的珍贵、濒危野生动物罪从非法捕捞水产品罪和非法狩猎罪中独立出来加以处罚。附属刑法是指民商、经济、行政法等法律中规定有犯罪和刑罚的法律规范。这一时期，我国附属刑法规定了大量环境犯罪条款。《环境保护法（试行）》（1979 年）第三十二条规定追究环境犯罪刑事责任的条款；《环境保护法》（1989 年）第四十三条规定造成重大环境污染事故可能导致的刑事责任；《水污染防治法》（1984 年）第四十三条、《中华人民共和国大气污染防治法》（1987 年）第三十八条分别规定造成重大水污染事故、重大大气污染事故，导致公私财产重大损失或者人身伤亡的严重后果的，对有关责任人员可以比照"重大责任事故罪"或者"玩忽职守罪"追究刑事责任。此外，《海洋环境保护法》《森林法》《渔业法》《野生

---

① 吕忠梅. 民法典绿色条款的类型化构造及与环境法典的衔接 [J]. 行政法学研究，2022（2）：3–17.

② 侯志强. 环境权知识产权法保护的理论证成与规范构造 [J]. 法学，2022（8）：177–192.

③ 赵秉志. 中国环境犯罪的立法演进及其思考 [J]. 江海学刊，2017（1）：123.

动物保护法》《矿产资源法》《固体污染防治法》等也规定了相应附属刑法规范，环境刑法的调整范围扩大到了海洋、森林、渔业、野生动物、矿产资源、大气污染、固体污染等多个领域。随着 1997 年《刑法》的颁布与施行，上述附属刑法规范基本失去了法律效力。

（二）1997 年《刑法》对环境资源的保护

1997 年《刑法》将破坏环境资源保护罪从其他章节中独立出来，在第六章妨害社会管理秩序罪中增设第六节破坏环境资源保护罪，并分"污染环境"与"破坏自然资源"两部分共设置 9 个法条、14 个罪名，如表 39-1 所示。1997 年《刑法》对环境资源的保护标志着我国环境犯罪开始进入体系性治理阶段，《刑法》在环境资源保护中的作用逐步增强。

表 39-1　1997 年《刑法》中破坏环境资源保护罪相关罪名

相关罪名	对应法条
重大环境污染事故罪	第三百三十八条
非法处置进口的固体废物罪	第三百三十九条第一款
擅自进口固体废物罪	第三百三十九条第二款
非法捕捞水产品罪	第三百四十条
非法猎捕、杀害珍贵、濒危野生动物罪	第三百四十一条第一款
非法收购、运输、出售珍贵、濒危野生动物、珍贵、濒危野生动物制品罪	第三百四十一条第一款
非法狩猎罪	第三百四十一条第二款
非法占用耕地罪	第三百四十二条
非法采矿罪	第三百四十三条第一款
破坏性采矿罪	第三百四十三条第二款
非法采伐毁坏珍贵树木罪	第三百四十四条
盗伐林木罪	第三百四十五条第一款
滥伐林木罪	第三百四十五条第二款
非法收购盗伐、滥伐的林木罪	第三百四十五条第三款

（三）《刑法修正案》中的环境资源保护

此后，我国环境刑法历经《刑法修正案（二）》《刑法修正案（四）》《刑法修正案（八）》《刑法修正案（十一）》的修订，我国环境刑法的内容发生重要变化。

《刑法修正案（二）》为保护森林资源，将第三百四十二条"非法占用耕地罪"的行为对象扩展至"林地等农用地"，扩大了该罪的保护范围。《刑法修正案（四）》

将第三百三十九条第三款的行为对象扩展至"液态废物"和"气态废物",并将依照处罚条款加以变更;将第三百四十四条行为对象扩展至"国家重点保护的其他植物及其制品",并将行为方式扩大到"非法收购、运输、加工、出售",将"违反森林法的规定"修改为"违反国家规定",扩大了国家重点保护植物的保护范围。第三百四十五条第三款非法收购盗伐、滥伐的林木罪,删去了"以牟利为目的"的主观要件,增加了"运输"的行为方式。《刑法修正案(八)》对环境刑法的修改主要体现在以下几个方面:一是污染环境罪的修改。为了发挥刑法对环境污染行为的威慑作用,修正案用"污染环境罪"取代了"重大环境污染事故罪",该罪的构成要件发生了重大变化。二是非法采矿罪的修改。修正案删除"造成矿产资源严重破坏"的规定,取消了前置的行政措施条件,使该罪由结果犯转变为行为犯。《刑法修正案(十一)》针对"污染环境罪"的适用情况提高了处罚档次,将环境影响评价、环境监测机构"弄虚作假"纳入刑法定罪量刑,并且新增在自然保护区非法建设、非法引入外来物种两类新的犯罪。

按照《最高人民法院关于执行〈中华人民共和国刑法〉确定罪名的规定》《最高人民检察院关于适用刑法分则规定的犯罪的罪名的意见》及其相关《补充规定》,目前破坏环境资源犯罪相应罪名主要有污染环境罪;非法处置进口的固体废物罪;擅自进口固体废物罪;非法捕捞水产品罪;非法猎捕、杀害珍贵、濒危野生动物罪;非法收购、运输、出售珍贵濒危野生动物、珍贵、濒危野生动物制品罪;危害珍贵、濒危野生动物罪;非法捕猎、收购、运输、出售陆生野生动物罪;非法狩猎罪;非法占用农用地罪;破坏自然保护地罪;非法采矿罪;破坏性采矿罪;危害国家重点保护植物罪;非法引进、释放、丢弃外来入侵物种罪;盗伐林木罪;滥伐林木罪;非法收购、运输盗伐、滥伐的林木罪。同时,符合《刑法》第339条第3款规定的情形将按照《刑法》第152条第2款、第3款即走私废物罪定罪处罚。

二、破坏环境资源保护罪的犯罪构成

犯罪构成是破坏环境资源保护罪的成立条件,也是行为人承担刑事责任的基本依据。作为我国《刑法》中的一类犯罪,破坏环境资源保护罪的各个罪名之间在犯罪构成上具有一定的共同特征,本书对破坏环境资源保护罪的犯罪构成做出如下概述。

(一)破坏环境资源保护罪的客体

犯罪客体有一般客体、同类客体和直接客体之分,破坏环境资源保护罪规定于《刑法》第六章妨害社会管理秩序罪第六节,该类犯罪客体处于同类客体的层次。我国学界目前对于破坏环境资源保护罪的客体没有形成一致认识。早期刑法理论大多遵从人类中心主义法益观对此展开研究,即以人类利益作为环境刑法保护的中心,认为环境刑法保护的最终法益是人类利益,只有人类的生命、健康和财产法益受到侵害或者有侵害危险时,才有刑罚处罚的必要。环境管理秩序说认为,环境犯罪的侵犯客体为国家环境管理秩序或国家环境管理制度。① 社会管理秩序说认为，"破坏环境资源保护罪"位于"妨害社会管理秩序罪"一章中，该章所侵害的共同法益在于社会管理秩序。② 修正后的环境权说认为，环境犯罪的客体为环境权，其主体限于当代人，内容包括环境享受权、生命权、健康权和财产权。③

随着环境犯罪的惩治理念由人类中心主义向环境本位的转变，环境资源犯罪的法益观逐步由人类中心主义法益观向生态中心主义法益观或者生态人类中心主义法益观等观点转变。国外学者对这一问题展开了研究。生态中心主义法益观可分为纯粹的生态中心主义法益观和系统的生态中心主义法益观。纯粹的生态中心主义法益观将环境法益的范围无限扩大，因而受到质疑；系统的生态中心主义法益观学者将"现状中的环境"视为环境刑法的法益。生态人类中心法益观学者认为，"在环境刑法中，首先应当考虑的是人类的重要利益，但在与人类利益相关的范围内，也应动用刑罚来保证环境保护的利益"。近年来，我国学者又提出生态法益观；有学者根据环境法益的集合法益特征，对人类法益和环境法益进行一体化保护等观点；也有学者否定环境自身独立的法益主体身份。《刑法修正案（十一）》增加"破坏自然保护地罪"，环境法益开始成为破坏环境资源保护罪的保护客体。环境资源犯罪的客体体现为侵犯法益的复合性，环境法益说将环境利益作为环境犯罪的客体，不仅与人类自身利益相关的自然利益，而且与人类利益无关的自然法益也应成为独立的保护对象。

（二）破坏环境资源保护罪的客观方面

破坏环境资源保护罪的客观方面在该类罪构成要件中具有重要地位，本部分罪名主要有以下需要分析的问题。

一是环境资源犯罪的行政从属性。破坏环境资源犯罪要求行为人违反国家规定，实施污染环境或者破坏生态和资源的犯罪行为。环境资源犯罪的成立多以"违反国家规定"作为前提条件，我国《刑法》第九十六条对于何为"违反国家规定"加以明确。据此，环境资源犯罪以违反环境保护、水产资源、土地管理、矿产资源、森林法等环境法律法规作为前置性条件。我国《刑法》第六章第六节设立"破坏环境资源保护罪"，环境刑法具有行政从属性，这表现为环境行政法对环境刑法的制约，行政从属性有助于实现刑法的谦抑性，但是我国环境刑法也应保持其独立性，在环境违法与环境犯罪之间做出界分。

二是环境资源犯罪的行为方式。我国刑法理论有结果犯、危险犯、行为犯、实害犯等概念，结果犯相对于行为犯，解决犯罪的既遂问题；危险犯相对于实害犯，解决

① 高铭暄，马克昌.刑法学 [M].北京：北京大学出版社，2012.

② 张明楷.刑法学 [M].北京：法律出版社，2016.

③ 李希慧，李冠煜.环境犯罪客体研究——"环境权"说的坚持与修正 [J].甘肃政法学院学报，2012（1）：52.

的是犯罪的成立。如《刑法修正案（八）》将刑法第三百三十八条由"重大环境污染事故罪"的"造成重大环境污染事故，致使公私财产遭受重大损失或者人身伤亡的严重后果"修改为"污染环境罪"的"严重污染环境"，该罪由结果犯修改为危险犯，这也成为我国刑法前置性介入环境保护领域的标志。此后，《最高人民法院、最高人民检察院关于办理环境污染刑事案件适用法律若干问题的解释》（以下简称《环境污染解释》）对于何为"严重污染环境"做出具体解释，污染环境罪的成立条件更为明确。

三是环境资源犯罪的因果关系认定。环境资源犯罪因果关系证明是司法实践中的疑难问题，也是我国学者关注的重点问题。有学者主张通过立法和司法解释明确污染环境罪的因果关系推定。[①] 也有学者对于污染环境罪因果关系的具体难题和应对方案加以分析。针对疫学因果关系理论，我国有学者提出可借鉴日本学者提出的疫学因果关系，并通过构建事实与规范的双层次判定结构，分别进行事实归因和规范归责的判断。同时，有学者认为我国不必引入疫学因果关系理论，也有学者提出对疫学因果关系的适用限制。[②]

（三）破坏环境资源保护罪的主体

破坏环境资源保护罪的主体为一般主体，既包含自然人，也包含单位。我国1997年《刑法》第三十条、第三十一条分别规定了单位犯罪以及单位犯罪的处罚原则。《刑法》第三百四十六条规定了单位可以成立破坏环境资源保护罪，并规定了该类犯罪对自然人和单位实行双罚制。单位犯罪和自然人犯罪相比，会对该罪的法益造成更为严重的侵害，单位犯罪在破坏环境资源保护犯罪中的比重逐渐增加。在我国目前的司法实践环境犯罪追究中，追究自然人犯罪的比例较高，追究单位犯罪的比例较低，有学者从实证角度加以考察，并分析该种情况产生的原因与解决方案。同时，破坏环境资源保护罪可以成立共同犯罪，《刑法修正案（八）》实施之前，通常认为"重大环境污染事故罪"的罪过形态为过失，因而该罪不能作共同犯罪认定。随着污染环境罪罪过形态的修改，如若认定污染环境罪的罪过形态包含故意，则在现有共同犯罪的法律框架下，则可以成立共同犯罪。2013年两高《环境污染解释》肯定了污染环境罪共同犯罪的成立。

（四）破坏环境资源保护罪的主观方面要件

犯罪的主观方面包括罪过、犯罪目的、犯罪动机等，罪过是一切犯罪成立必须具备的要素。这里以污染环境罪为例进行分析，污染环境罪的罪过形态是该类犯罪最大的争议焦点。我国学界针对污染环境罪的罪过形态，主要形成如下观点：故意说认为，《刑法修正案（八）》实施后，该罪的主观方面由过失改变为故意，但只要行为人明知自

① 李梁 . 环境污染犯罪的追诉现状及反思 [J]. 中国地质大学学报（社会科学版），2018，18（5）：34-44.
② 黄礼登，石博升 . 疫学因果关系理论在我国刑法中的适用限制 [J]. 医学与法学，2021（6）：1-12.

已的行为可能发生污染环境的结果，即可成立本罪的故意；也有学者基于污染环境罪之行政犯本质及其体系性地位的恪守尊重角度支持故意说。过失说认为，该罪的罪过形态仍为过失，其注重评价行为人对于危害后果的心理态度。复杂罪过说认为，故意与过失均可以成为本罪构成要件的主观要素。模糊说认为，不论行为人是故意抑或过失，只要行为人对于可能造成严重污染环境的结果具有预见可能性即可认定罪过成立。该说强调行为人行为对结果的发生而言，至少要有过失存在。双重罪过说与模糊说之间具有一致之处。目前，故意说在我国刑法理论界和司法适用中占有重要地位。

三、刑法对环境资源的保护趋势

（一）环境刑法立法理念的嬗变

我国环境刑法立法理念的发展源于环境伦理观观念的变迁。人类中心主义伦理观将人类视为生态系统的中心，其他物种处于外围，人类利益高于一切，其他物的利益不能与人类利益相冲突。[①] 人类中心主义的基本内核是人的自我中心化，它强调人与自然之间的分离与对立。人类中心主义在给人类社会带来物质利益的同时，也带来了危机与灾难，使人类在可持续发展道路上举步维艰。在人类中心主义伦理观引导下，全球化的环境危机日益加剧。生态中心主义伦理观在对人类中心伦理观、非人类中心主义伦理观的批判中应运而生。生态中心主义秉承生态整体主义，将人类置于生态系统之中，而非之上或者之外。有学者曾对人类中心主义到生态中心主义的嬗变已经与可能对环境立法与实践产生的影响做出深刻分析。我国环境犯罪的立法理念从人类中心主义向环境本位转变。[②] 随着《刑法修正案（十一）》的修订，我国环境犯罪的治理发生了根本性的转变，惩罚主义式微，预防主义勃兴，治理理念已然从惩罚主义彻底转向为预防主义。[③]

（二）环境刑法保护对象逐步拓展

从刑法的修订历程可见，我国环境刑法除环境保护外，同时逐步扩展对自然资源的保护范围。《刑法修正案（二）》将原第三百四十二条"非法占用耕地罪"的行为对象扩展至"耕地、林地等农用地"。《刑法修正案（四）》拓宽了对植物资源的保护范围。祁连山保护区破坏案、秦岭违建别墅案等案件对自然保护地造成了严重破坏，而"非法占用农用地罪"对于上述行为缺乏规制，《刑法修正案（十一）》因而增加"破坏自然保护地罪"作为第三百四十二条之一，将国家公园、国家级自然保护区作为保护的对象。同时，《刑法修正案（十一）》在第三百四十一条增加第三款，规定"非法猎捕、收购、运输、出售陆生野生动物罪"，扩大了《刑法》对陆生野生动物的保护。

---

① 帅清华．环境伦理的嬗变与环境刑法的法益 [J]．西南政法大学学报，2015（2）：91．
② 王勇．环境犯罪立法：理念转换与趋势前瞻 [J]．当代法学，2014（3）：56–66．
③ 王勇．再论环境犯罪的修订：理念演进与趋势前瞻 [J]．重庆大学学报（社会科学版），2021（5）：197–207．

此外，基于外来入侵物种对我国的生态环境产生严重破坏，我国于 2020 年 10 月 17 日通过《生物安全法》。与此相应，《刑法修正案（十一）》新增第三百四十四条之一"非法引进、释放、丢弃外来入侵物种罪"，将外来入侵物种作为刑法规制的对象，由此我国环境刑法对生态安全的破坏日益重视，生物安全已经成为我国刑法保护的对象。我国环境刑法已由重视环境污染向环境与资源并重的方向发展。

（三）环境犯罪刑罚处罚更为严厉

我国环境刑法对环境犯罪的惩处渐趋严厉。2016 年两高修订的《环境污染解释》明确了法定刑升格的具体情形、依法"从重处罚"的情形、按照"处罚较重"的罪名定罪的情形。《刑法修正案（十一）》对第三百三十八条污染环境罪中的严重污染行为进一步增加了刑罚档次，规定"情形特别严重的，处 7 年以上徒刑，并处罚金"，同时对"情形特别严重"四种具体情形做出明确规定，将原 3 年以上 7 年以下刑罚阶段的适用条件由"后果特别严重的"修改为"情节严重的"，上述修改丰富了污染环境罪的刑罚幅度，也增加了污染环境罪的刑罚力度。

我国环境刑法同时规定了有关资格刑的内容。2011 年《刑法修正案（八）》规定管制中的禁止令和缓刑中的禁止令[①]，2015 年《刑法修正案（九）》进一步规定从业禁止制度，上述制度在我国环境犯罪司法裁判中被加以应用，如"禁止被告人杨某在缓刑考验期内从事与排污工作有关的活动"[②]"禁止被告人在'刑罚执行完毕或者假释之日起从事五金电镀加工业务，期限三年'"。[③]刑法学界针对从业禁止是否适用于单位存在一定争议。有学者认为，从刑法规范用语、刑罚配置结构、国外立法刑事立法来看，从业禁止制度适用于单位犯罪。还有学者认为，《刑法》第三十七条之一第二款"被禁止从事相关职业的人"的表述将我国"从业禁止"的适用对象限制为自然人，单位不能成为从业禁止的适用对象。

[①]《刑法修正案（八）》修订增加第三十八条第二款："判处管制，可以根据犯罪情况，同时禁止犯罪分子在执行期间从事特定活动，进入特定区域、场所，接触特定的人。"修订增加第七十二条第二款："宣告缓刑，可以根据犯罪情况，同时禁止犯罪分子在缓刑考验期内从事特定活动，进入特定区域、场所，接触特定的人。"

[②]（2018）苏 0412 刑初 1405 号。

[③]（2018）闽 0582 刑初 1523 号。

第四十章 环境行政救济构造

环境行政救济构造是对环境行政救济制度基本框架和结构的抽象表述，表达了行政救济规范系统的总体性。其研究的核心问题即明确行政机关内部的环境救济方式之间的配置关系；行政机关内部的环境救济方式和司法机关提供的环境救济方式之间的配置关系；具体环境行政救济程序内部之组成结构、主体之间的地位和关系。从基础和宏观的视角对环境行政救济的机构及其运作方式进行解剖和分析，探究如何搭建各行政救济程序才能更充分地实现生态环境损害的预防功能。

第一节 环境行政救济概述

一、传统行政救济的含义

传统的行政救济是指行政相对人或利害关系人认为行政主体的不当或者违法的行政行为侵害或将要侵害自己的合法权益，或者因行政行为而遭受财产损失的人，请求有关机关纠正或者补救损害的法律制度；[①] 是为行政相对人在其权益受到侵害时维护自身合法权益设置的救济途径，对于监督行政主体依法行政、控制权力滥用、维护行政相对人的合法权益具有重要意义。行政救济是一个集合概念，有广义和狭义之分，狭义的行政救济属于行政机关内部监督机制的组成部分，是行政相对人或利害关系人不服行政决定，在其合法权益受到行政机关的违法失职行为侵犯后，向行政机关请求予以撤销或变更的法律制度[②]，如申诉[③]、行政复议、行政补偿、赔偿、行政监察等。广

① 张锋. 行政救济初探 [J]. 法学杂志，1989（2）：15.

② 林莉红. 香港的行政救济制度 [J]. 中外法学，1997（5）：33-34.

③ 申诉主要是指公民、法人或者其他组织对国家机关做出的处理决定不服时，依照法律规定向相应的国家机关提出请求重新处理的行为。其可以分为两类：一类是司法申诉，即针对司法机关做出的处理决定而提出申诉；另一类是其他申诉，即针对其他国家机关做出的处理决定而提出的申诉。具体可参见潭金生. 信访、涉法涉诉与申诉之关系辨析 [J]. 山西省政法管理干部学院学报，2017（4）：12.

义的行政救济一般是指公民、法人或者其他组织认为行政机关的行政行为侵犯其合法权益或者可能受到侵害时，向法定有权机关提出，请求改正、补救的行政法律制度，除包括狭义的行政救济方式外，还包括行政诉讼，是一系列法律救济途径或者方式的总和。行政救济是一个学理的概念，学界对于行政救济一词的界定会基于不同国家政治制度和法律传统的差异而有所不同，但概念界定中有一些达成共识的基本特征：一是行政救济是行政相对人或者利害关系人因行政行为而受到或可能受到的损害而启动的一种恢复或补救方法；二是行政救济的对象或者救济权的享有主体是受行政行为影响的行政管理相对人或利害关系人；三是行政救济针对的是不当的或者违法的行政行为。

二、环境行政救济概念的多重解读

按照传统的行政救济概念，环境行政救济应当是指行政相对人或利害关系人认为环境行政主体的不当或者违法的行政行为侵害或将要侵害自己的合法权益，或者因行政行为而遭受财产损失的人。

环境行政救济一词从其产生之初就有部分学者提出了与传统行政救济内涵不同视角的解读，将关注的重点放到环境上，王明远从"环境侵权"[①]的特殊性出发，认为环境侵权救济法律制度包括环境民事救济法和环境行政救济法，环境侵权行政救济法包括环境侵害的行政排除法、环境侵权损害的行政补偿法[②]、环境民事纠纷的行政处理法、环境侵权损害的国家赔偿法（如图 40-1 所示），其中环境侵害行政排除法包括公众参与环境行政过程、环境行政复议、环境行政诉讼以及公益诉讼。[③] 2012 年前的研究成果中有部分学者在沿用传统环境行政救济概念的同时，提出"环境纠纷行政救济"的概念，是指借助行政权力来处理环境民事纠纷，主要包括环境行政调解、环境行政裁决和环境信访。[④]如果说传统的行政救济概念关注的是违法的或者不当的环境行政行为，环境法学者对于环境行政救济概念则进行了扩张性解读，其出发点和关注的对象是"环境"，即所有有助于环境侵害的预防和损害扩大的阻止方式均被纳入环境行政救济的范畴。

---

① 环境侵权概念的界定上是否包含环境权益的损害向来观点不一，有狭义的环境侵权与广义的环境侵权概念之争，广义的环境侵权既包括可能造成的人身权、财产权等民事权益为内容的私益损害，也包括可能造成的公众环境权益损害。王明远于 1992 年出版的著作中认为环境侵权是指因产业活动或其他人为原因致使环境介质的污染或破坏，并因而对他人人身权、财产权、环境权益或公共财产造成损害或有造成损害之虞的事实。王明远教授认为环境侵权的概念的客体除了包括人身权、财产权外，还应当包括环境权益，侵权法应当对环境损害有所回应。具体可参见胡保林 . 环境法新论 [M]. 北京：中国政法大学出版社，1992：315.
② 生态环境损害是涉及社会不特定多数成员的社会公共利益，需要社会成员共同的消化和分担，需要社会化的救济方式，而公共补偿就是行政救济的方式之一。
③ 王明远 . 环境侵权救济法律制度 [M] 北京：中国法制出版社，2001.
④ 李冬梅 . 环境纠纷行政救济机制研究 [J]. 中国国情国力，2011（1）：24.

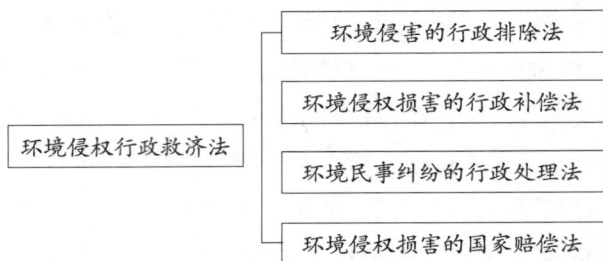

图 40-1　环境行政救济的扩张性解读

三、环境法学界对"生态环境损害行政救济"内涵的界定

2012 年生态环境损害的救济问题逐渐成为探讨的热点，越来越多的学者认为传统的环境侵权概念无法涵盖生态环境损害，提出应当为生态环境的损害建立区别于传统环境侵权（私益性）的救济方式。2012 年，在环境民事公益诉讼上升为立法成为关注的焦点的同时，一些学者提出了不应忽视行政手段在生态环境损害救济中的优先地位。不少环境法研究者在表述"生态环境损害行政救济"时，将其界定为环境行政主管部门运用行政权力，对生态环境损害行为进行制止、纠正和惩罚，要求生态损害责任人停止、纠正损害生态环境的行为，采取避免生态损害扩大的措施，以及修复受到损害的生态环境，从而使公众的环境权益免于遭受侵害获得保护的活动。[①] 从实体法的角度看，现有承担生态环境救济功能的主要是环境法所规定的环境民事责任和环境行政责任。传统的民事责任中的恢复原状、排除妨害主要是通过对环境损害的排除来实现的，因此对于环境损害具有间接的救济功能。环境违法行为的救济手段本质上是通过行政强制或者行政处罚等行政规制手段的运用对污染者和其他责任人科以预防生态损害发生及扩大和环境修复的义务，保障生态环境公共利益的实现，能够对生态环境损害进行救济的行政规制手段主要有环境行政命令、环境行政处罚和行政磋商制度等[②]，具有简便、迅捷的优点，有利于预防或尽快纠正、恢复或者弥补生态环境损害或受害人的损害。上述行政规制手段均具有制止和预防生态环境损害的功能，但罚款的数额与生态环境的修复成本相比，往往是微不足道的。[③] 上述对于"生态环境损害行政救济"的界定与传统的界定完全不同，是以生态损害的预防和保护为出发点，通过行政规制为手段对污染者或者责任人科以预防损害发生及扩大和修复环境的义务来保障预防和修复的实现。

---

① 谢玲. 生态损害行政矫正的概念厘定与功能界分 [J]. 重庆大学学报（社会科学版），2019（9）：189. 作者主张，为避免与传统行政救济概念的混同，应将环境行政部门运用行政权对生态损害进行制止、纠正与惩罚的行为称作生态损害的行政矫正，不应称作生态损害行政救济。

② 徐以祥. 论生态环境损害的行政命令救济 [J]. 政治与法律，2019（9）：83.

③ 陈太清. 行政罚款与环境损害救济——基于环境法律保障乏力的反思 [J]. 行政法学研究，2012（3）：54.

四、生态损害预防视角下"环境行政救济"的界定

(一)救济语义的多变性

救济本身是一个多变的语词，在任何一个逻辑严密的问题上，特别是法律问题上语词的多变性对于清晰的思维和明确的表达都是一种危险。在汉语大辞典中，救济的基本含义是用金钱或物资帮助生活困难的人。《牛津英语大词典》中救济（remedy）一词有两个层次的语义，一是对于身体或者精神中的疾病或者紊乱的治疗，减轻疼痛和促进机体恢复的药物和治疗方法；二是纠正、矫正或者消除不良事物的方法。①

救济在法律研究领域的范围和含义也处于不确定状态，学者们根据自己的研究主题往往在不同的语义上使用法律救济一词，有的将救济的手段界定为诉讼，有的将救济的手段描述为合法的程序裁判②，但均认为法律救济是对权益受到侵害的补救法律制度，是指法律关系主体的合法权益受到侵害时，获得恢复或者补救的法律制度，部分学者认为能够获得救济的情形还应当包括将要受到的损害。《牛津法律大辞典》中对于法律上救济概念的界定没有包括将要受到的损害，认为救济是指"对已发生或业已造成伤害、危害、损失或损害的不当行为的纠正、矫正或改正"。救济通常是阻止、纠正不法行为、保护权利，是对受到侵害权利的回应，是法律提供的矫正损害的手段。需要注意的是，在不违反法律义务的情况下也可能存在损害，如错误支付的返还，不应当简单地把救济的前提归因于不法行为，救济不应当只是实现既存实体权利的手段。

(二)学者研究中对"救济"一词的理解具有多变性

在法律的语境下，救济语义的多变性体现在学者的研究中以各种方式在使用：一是救济是一种用以保障权利实现，阻止、纠正不法行为或者矫正不公平状态的方法，具体包括诉讼、行政规制。二是救济有时是指一种诉因，如侵权、违约或者不当得利等能够引起诉讼事实发生的具有法律效果的可诉事实，因为诉因的存在决定着当事人有无诉权，决定着能否引起阻止、纠正不法行为或者矫正不公平状态等方法的启动，启动程序的同时，意味着原告获得与该程序格式相对应的救济，在此种意义上，诉因被描述为救济。③三是在实体权利体系中，权利可以分为基础权利（第一权利）和救济权利（第二权利），如在买卖法律关系中，第一权利是指要求对方交付货物权利或给付货款的权利，第二权利是指在第一权利未被满足的情况下，强制对方交付货物或者强制对方就未交货一事进行赔偿。救济权利是要求对方履行义务的权利，是要求对方

---

① 于宏 . 英美法上"救济"概念解析 [J]. 法治与社会发展，2013（3）：141-142.

② 张静在《论高校对学生的管理权与学生受教育权的冲突与平衡》一文中将法律救济定义为"通过合法程序裁判社会生活中的一切纠纷，对受损害的合法权益依法给予补救的普遍的法律保护制度"。高凌云在《我国民事法律救济制度中的补偿性救济比较》中将法律救济定义为"法院为受到损害或将要受到损害的案件当事人所能提供的任何方式的救济措施"。

③ 段厚省，周恬 . 英美民事诉讼中诉因制度的历史变迁 [J]. 东方法学，2008（5）：140-142.

不履行或不适当履行义务给予救济的权利，是一种纠正或减轻性质的权利，对法律关系中违反义务一方的行为造成的后果具有矫正作用，如履行请求权、损害赔偿请求权。[①] 救济有时也可能并不存在违反义务的不法行为，是基于某种不公平而需要消除和改善而设定的制裁和补救，如不当得利返还请求权。四是诉讼这种救济方法，可以分为诉请、命令（法院制作恢复、补救或者阻止权利受到侵害的命令）和强制执行三个阶段，上述三个阶段统称为救济，其中的每一个阶段都可以称之为救济，有时在法院判决或者命令的意义上使用该词，有时救济就是指法院的判决或者命令的强制执行。

大多数情况下，救济被界定为一种方法，一种保障权利实现、阻止、纠正不法行为或者矫正不公平状态的方法；在实体法中，权利内涵中加入了救济的权能，成为救济含义的一种；在程序法上，救济是指当实体权利受到侵犯或者处于不公平状态时的补救制度。在英美法中，救济既不属于实体法，也不属于程序法，如果说实体法回答的是是否具有权利、权利的内容，程序法回答的是权利受到侵犯后补救的方法，英美救济法所回答的是原告的实体权利受到侵犯后，获得补偿的内容是什么。[②]

（三）生态损害预防视角下"环境行政救济"概念的界定

1. "环境行政救济"概念的演变与梳理

传统的"环境行政救济"是指行政相对人或利害关系人认为环境行政主体的不当或者违法的行政行为侵害或将要侵害自己的合法权益，或者因行政行为而遭受财产损失的人，请求有关机关纠正或者补救损害的法律制度。主要包括申诉、信访、行政复议、行政补偿、赔偿、行政监察和行政诉讼等一系列法律救济途径或者方式的总和。该概念界定的救济对象是行政相对人的人身权、财产权等合法权益，但由于环境行政主体的违法行为或不当行为往往关涉不特定多数人的利益，往往在环境行政救济的过程中客观上起到保护环境公益的功能。

学者进行扩张性解读后，环境行政救济的内涵具体包括环境侵害的行政排除法、环境侵权损害的行政补偿法、环境民事纠纷行政处理法、环境侵权损害的国家赔偿法四类内容。该概念涵盖了各类对环境侵害（生态环境损害和私益性环境侵权）进行预防和矫正的方式。这种扩张性的解读和环境侵害的自身特点一脉相承，将救济对象转移至环境损害。

环境法学界提出的"生态环境损害行政救济"是指环境行政主管部门运用行政权力，对生态环境损害行为进行制止、纠正和惩罚，属于广义的环境行政救济概念的内容之一，即环境侵害的行政排除中的部分内容。"生态损害行政救济"与传统的狭义的"环

---

① 尹志强. 论民事权利在私法中的救济——从侵权行为法的涵摄范围和功能角度分析 [D]. 北京：中国政法大学，2004.

② 于宏. 英美法救济理论研究 [D]. 长春：吉林大学，2008.

境行政救济"两个概念从产生原因、救济对象到矫正对象均不相同。从产生原因来看，前者是基于环境行政相对人的生态损害行为而产生行使行政权的公权力主体行为，后者是基于环境行政主体不当或者违法的行政行为对行政管理相对人或其他利害关系人的合法权益造成了可能或者现实的损害而产生的私主体或法律授权的组织寻求救济的行为。从救济对象上来看，前者救济的对象是不特定多数人享有的生态利益，后者救济的对象是对行政相对人或者利害关系人的人身权、财产权等合法权益。从矫正的对象来看，前者矫正的对象是生态损害行为，后者矫正的对象是不当的或者违法的环境行政行为。从救济性质上来看，前者的救济是一种公权力的行使，既是权力又是职责；后者的行政相对人或者利害关系人既是救济的对象又是救济权的享有主体，是一种私主体享有的权利。

王明远从环境损害公益、私益融合、不可分割的特性出发，从广义界定了环境行政救济。无论是人身权、财产权等私益性环境侵害，还是公益的生态环境侵害，都存在两种救济方式，一种是民事救济途径，另一种是行政救济途径。环境侵权行政救济法包括环境侵害的行政排除法、环境侵权损害的行政补偿法[①]、环境民事纠纷的行政处理法、环境侵权损害的国家赔偿法"，即通过行政力量加强对环境侵权损害的填补和环境侵害的防止，其中环境侵害的行政排除法包括公众参与环境行政过程，环境行政复议中变更请求和撤销请求、环境行政诉讼中的撤销之诉和强制履行法定职责之诉、公益诉讼等。[②] 环境侵害的行政排除仅是广义的环境行政救济中的一种方式，其所包含的是与行使行政权力相关的能够保障权利的实现，阻止、纠正不法行为或者矫正不公平状态的所有方法。而行政权力在其中是行政执法权、行政监督权，还可能是被司法权监督的对象，这些并不影响其作为救济方法的本质，其关注的更多的是环境侵害的排除，既有生态环境损害的排除，又有私益的环境侵权的排除。此外，环境行政救济还包括环境侵害发生后的与行政权力行使相关的对于权利损害的填补，即环境损害的行政补偿法、环境损害的国家赔偿；同时，也包括行政机关对于环境民事纠纷的处理，即环境民事纠纷的行政处理。如果说环境行政救济概念救济的利益既有私益的人身权、财产权，也包含环境公共利益，那么生态损害的环境行政救济仅仅关注的是生态环境损害。

2. 对于救济概念的误读

救济在适用中其语义具有多样性，其有时是指一种方法、手段，有时是指引起启动救济方法的原因事实，有时还可以是指一种具有救济功能的实体权利，有时是指诉

---

① 生态环境损害涉及社会不特定多数成员的社会公共利益，需要社会成员共同的消化和分担，需要社会化的救济方式，而公共补偿就是行政救济的方式之一，属于福利行政和社会安全给付。

② 王明远. 环境侵权救济法律制度 [M]. 北京：中国法制出版社，2001.

讼这样一种具有权利救济功能的程序制度。正是这种语义的多样性使得在探讨环境行政救济的概念时产生了诸多内涵和外延表达上的不同。上述关于环境行政救济的讨论均把救济当作一种方法或者手段，一种为保障权利的实现或者阻止、纠正不法行为或者矫正不公平状态的方法、手段，对于救济的对象来说，救济是其获得的一种权利，一种可使得权利实现的权利。对于救济的行使主体来讲，救济是一种权力的行使，一种为保障权利实现，阻止、纠正不法行为或者矫正不公平状态的行政执法行为、行政监督权的行使或者司法裁判权的行使，从这个意义上讲，将救济界定为一种权利或者权力均具有片面性。

3. "环境行政救济"概念的解读

传统的环境行政救济概念属于狭义的界定，关注的是监督行政机关依法行政和行政相对人、利害关系人权利的保护，是从阻止、纠正环境行政主体的违法行为或不当行为的视角展开制度设计。环境法领域的学者解读的环境行政救济概念属于广义的界定，是从环境侵害的预防与救济的视角展开制度设计，将可以保护人身、财产、生态等私人利益和生态环境利益的方法、手段均纳入其中。生态环境损害的预防和救济是一个系统工程，需要树立生态环境损害预防、救济体系的观念，将制度的设计置于生态损害预防、救济体系的框架中探讨。因此本书采用广义的环境行政救济概念，是指通过运用行政权力和对行政权力监督进行预防和矫正环境侵害（此处的侵害包括人身、财产等私人利益的侵害和生态环境利益的侵害）的各类方式的总和。

（1）"环境侵害的行政排除"是广义的环境行政救济的内容之一。

第一，处理性的环境行政行为。环境行政是行政机关按照有关法律、法规对所辖区域的环境保护实施统一的行政监督管理，并运用经济、法律、技术、教育等手段，对各种影响环境的活动进行规划、调整和监督，防止环境污染或者破坏生态平衡，以促进社会可持续发展的活动。[①] 为了防止环境遭受破坏，需要对社会成员设置限制性规范，但此种设置的前提是对于造成破坏原因的行为或者物质进行有害性评价，只有在证明了损害与行为或物质之间的因果关系时，才能对其制造、运输、排放等行为设置禁止或限制性规定，但现代社会中的环境问题具有不确定性和不可逆性，另一方面是因果关系难以证明，一方面如果对其置之不理，很可能造成难以弥补的损害。因此，预防原则在环境行政领域应当确定为基本原则，即在可疑的有害物质或者行为被证明之前，就应当对此建立起相应的规章制度。[②] 生态环境损害的不可逆性，不能坚持传统的有损害、才有救济的事后补救，而应从事先预防的角度，应当从有助于生态损害预防的制度之间互动来规划环境问题。

---

① 周玉华. 环境行政法学 [M]. 哈尔滨：东北林业大学出版社，2002.

② [日] 黑川哲志. 环境行政的法理与方法 [M]. 肖军，译. 北京：中国法制出版社，2008.

环境侵害的行政排除是保障环境权利实现，阻止、纠正不法行为或者矫正不公平状态的方法或者手段，是预防生态损害发生的环境行政救济范围。环境侵害的行政排除手段一般为处理性行政行为、负担性环境行政行为，主要是通过对污染者和其他责任人科以预防生态损害发生及扩大和环境修复的义务，并以行政强制或行政处罚保障修复义务的实现。此时权力的行使对象为行政相对人的环境违法行为，主要目的是防治环境污染和生态环境的破坏，保护环境公共利益。通过行政权力介入可能发生或已发生的环境侵害，促使环境侵害的防治、排除和填补，从而使环境受害人的合法权益免于遭受侵害获得保护。能够对生态环境损害进行救济的行政排除手段环境行政命令、环境行政处罚，具体包括责令改正、停止违法行政行为，限期整改治理、限期搬迁、责令停产停业等。①

第二，部分非处理性环境行政行为。非处理性环境行政行为是环境行政主体采用协商、合作等不具有强制命令性质的方式与行政相对人共同达成行政目的，不直接产生影响行政相对人权利、义务内容的行政行为。处理性环境行政行为属于强制性的行政管理方式，仅在环境问题发生后实施强制性的行政手段，而非处理性环境行政行为采取非强制性、非命令的方式，通过双向的互动与沟通共同达致环境保护的行政目的②，又称柔性行政行为、非强制性行政行为。如环境行政指导、环境行政契约、环境行政奖励、环境行政调解、企业环境信用评价、环境行政磋商制度等，主要应对具有综合性和多元性的环境问题，对预防环境公共利益受到损害起到无法替代的作用，是全过程防治理念的实现途径之一，有助于增强公民维护环境利益的主动性。并非所有的非处理性环境行政行为都属于环境行政救济的内容，如环境行政指导，通过倡导、提倡、表彰、示范、建议等非强制性方法作为行为导向，促使行政相对人自愿参与实现环境公共利益的保护，该行政行为主要为正向引导，行政相对人的反向行为并不指向环境侵害。

部分非处理性环境行政行为也是环境纠纷的处理方式，如环境行政调解、环境行政斡旋、生态环境损害赔偿行政磋商等属于环境行政救济的内容。③ 环境行政调解是在环境行政主管部门或者其他法律规定行使环境监督管理权的部门主持下，促使环境污染损害赔偿责任纠纷双方在自愿的原则下达成协议，解决纠纷的行政活动，当事人对环境行政调解，可以提起民事诉讼。传统的环境行政调解既包括对环境侵权私益纠纷的调解，也包括对于群体性的、私益聚集型的环境众益损害纠纷的调解。环境行政斡旋是指环境行政机关为环境纠纷的当事人和解提供场所、信息、意见、法律政策释疑

---

① 徐以祥. 论生态环境损害的行政命令救济 [J]. 政治与法律，2019（9）：83.

② 陈明义，邹雄. 非处理性行政行为保障环境公共利益研究 [J]. 东南学术，2015（2）：200.

③ 聂玲，胡艳香. 我国环境侵权行政救济法律制度的缺陷与完善 [J]. 法制与经济，2008（6）：23-24.

等服务，促使他们自行和解的中介行为，我国目前并未将行政斡旋作为解决环境纠纷的法定方式，只是作为调解的一种方式。生态环境损害赔偿行政磋商制度是生态环境损害赔偿中的重要制度创设，主要目的是充分发挥环境行政主管部门在行政救济方面的专业性，通过赋予赔偿权利人即国务院授权的省级、市地级政府（包括直辖市所辖的区县级政府）与赔偿义务人的商谈模式分配生态环境损害治理与修复的权利和义务。环境侵害具有公共性、影响广泛性，一旦发生危害具有不可逆性，迅速、及时、公正的解决应是救济程序追求的价值所在，环保主管部门具有较强的专业性，拥有环境监测手段和环境统计信息的优势，对环境法律、法规和当地的环境质量状况更为熟悉。环境侵害案件对于因果关系和损害程度的认定都需要较强专业性和科学性的资料和调查，认定事实方面需要具有相关专业知识的人才。行政部门认定事实的专业性较强，通过行政管理权的实施进一步挖掘问题并谋求更具有一般性的根本优势，是行政机关处理问题的优势，有利于健全环境保护法律制度。关于生态环境损害赔偿磋商制度的性质尚有争议，部分学者认为其属于"带有协商性质的行政事实行为"，而非行政行为。

（2）公众享有的程序性环境权利是广义的环境行政救济的内容之一。

在环境行政法律关系中，行政相对人享有的程序性环境权利（如公众的知情权、公众参与决策权和获得救济的权利，部分学者认为还包括公众表达权和公众监督权）是监督行政管理依法行政、保障环境权利得以实现、阻止、纠正不法行为或者矫正不公平状态的方法和手段。同时，公众的知情权、参与决策权等程序性环境权利发生在行政行为做出之前，通过监督行政管理依法行政，起到阻止、纠正不法行为发生的作用，也是引起复议、诉讼等事实发生的诉因，在上述两种意义上，公众的知情权、参与决策权属于广义的环境行政救济的内容之一。获得救济的权利则属于传统的环境行政救济方式，传统的环境行政救济概念是通过纠正违法行政行为或不作为行政行为，维护行政相对人和其他利害关系人受到侵害或者将要受到侵害的人身权、财产权或者环境公共利益。主要包括行政机关的内部救济机制和其他一系列法律救济途径或者方式的总和，前者如申诉、信访、行政复议、行政赔偿、行政监察等，后者主要包括行政诉讼。传统的环境行政救济是行政相对人或者利害关系人因环境行政行为而受到或可能受到的损害而启动的一种恢复或补救方法；环境行政救济的对象或者救济权的享有主体是受行政行为影响的行政相对人或利害关系人；环境行政救济针对的是不当的或者违法的环境行政行为。行政补偿，是指行政主体为实现公共利益的合法行政行为给特定的公民、法人或者其他组织的合法权益造成损害或者公民、法人或者其他组织为维护公共利益而使自己的合法权益遭受特别损失时，由国家给予适当补偿的法律制度。[1] 行政赔偿是指行政机关及其工作人员违法行使行政职权，侵犯行政相对人人身权和财产权

---

[1] 应松年. 行政法与行政诉讼法（第 2 版）[M]. 北京：中国政法大学出版社，2011.

并造成损害而依法必须承担的法律责任制度，是国家赔偿制度的组成部分。行政补偿和行政赔偿属于事后的对于私权的救济，不属于生态环境损害预防视角下环境行政救济探讨的内容。

4. 生态损害预防视角下环境行政救济研究的范围

生态损害预防视角下环境行政救济关注的是能够预防生态损害发生或者扩大的救济方式，是指通过运用行政权力和对行政权力监督进行预防和矫正生态环境利益受到侵害的各类方式的总和。具体包括：①环境侵害的行政排除，即能够对生态环境损害进行救济的行政排除手段环境行政命令、环境行政处罚，具体包括责令改正、停止违法行政行为，限期整改治理、限期搬迁、责令停产停业等；②部分"非处理性环境行政行为"和"带有协商性质的行政事实行为"，与生态损害预防直接相关的救济方式主要是指环境行政调解、生态环境损害赔偿磋商制度；③公众享有的程序性权利，即公众享有的知情权、参与决策权和获得救济的权利，是监督行政管理依法行政、保障生态环境权利得以实现、阻止、纠正不法行为或者矫正不公平状态的方法和手段。与生态环境损害预防相关的方式主要包括公众知情权和参与决策权、申诉、环境信访、环境行政复议、环境行政公益诉讼。

第二节
生态损害预防视角下环境行政救济构造

一、环境行政救济构造的含义

构造一词通常是指各个组成部分的安排、组织和相互关系。法学领域对于构造的探讨多见于民事诉讼和刑事诉讼中，诉讼构造又称诉讼模式，刑事诉讼法学者认为诉讼结构是由一定的诉讼目的决定的，并由主要诉讼程序和证据规则中的诉讼基本方式所体现的控诉、辩护、裁判三方的法律地位和相互关系。[①] 在民事诉讼法学界，认为民事诉讼构造是指民事诉讼制度和程序运作所形成的结构中各种基本要素及其关系的抽象形式。[②] 是以一定的国情为背景，在一定的民事诉讼价值观的支配下，为实现一定的民事诉讼目的，通过在法院和当事人之间分配诉讼权利与义务而形成的法院与当事人

---

① 李心鉴. 刑事诉讼构造论 [M]. 北京：中国政法大学出版社，1992.
② 刘荣军. 程序保障的理论视角 [M]. 北京：法律出版社，1999.

之间不同的诉讼地位和相互关系。① 由此可见，诉讼构造的核心内容是通过诉讼法律关系的设置体现出的诉讼主体的地位和相互关系。行政救济构造与诉讼构造的不同之处在于其是由众多不同职能、不同程序的具体救济制度组成，对其构造的研究除每项程序救济制度的具体程序外，还涉及不同程序的具体救济制度如何相互衔接配合，形成一个合理高效的行政救济系统。因此，生态损害预防视角下行政救济构造的分析面临的基本问题主要包括：一是从系统论和整体的视角认识环境行政救济，即众多不同职能、不同程序的具体行政救济制度如何组合、如何安排才能构成一个合理、高效、有机的行政救济系统；二是各个具体行政救济制度中程序主体之间的地位和关系。

环境行政救济的构造是指环境行政救济体系中各救济制度之间的相互关系以及在各项救济过程中各种要素及其之间形成关系的总和。② 环境行政救济构造是对环境行政救济制度基本框架和结构的抽象表述，表达了行政救济规范系统的总体性。其研究的核心问题即明确行政机关内部的环境救济方式之间的配置关系；行政机关内部的环境救济方式和司法机关提供的环境救济方式之间的配置关系；具体环境行政救济程序内部之组成结构、主体之间的地位和关系。从基础和宏观的视角对环境行政救济的机构及其运作方式进行解剖和分析，探究如何搭建各行政救济程序才能更充分地实现生态环境损害的预防功能。

二、生态损害预防视角下环境行政救济构造研究的基本问题

生态损害预防视角下的环境行政救济构造是目标一致、功能相似（预防生态环境损害的发生和进一步扩大）的一系列环境行政救济方式的统称。多元的救济机制，纠纷主体的价值偏好和环境纠纷的动态性都可能导致纠纷救济机制之间的转换，就需要不同的纠纷解决机制之间具有良好的耦合功能，做到功能互补。一个完整有机的纠纷解决系统，不仅要求各机制本身的合理结构和有效运作，而且取决于机制之间能够形成一个具有内在联系的有机体。根据上述分析可知，生态环境损害预防视角下的环境行政救济方式所涵摄的范围较为广泛。从宏观的角度看，众多不同职能、不同程序的具体行政救济制度如何组合、如何安排才能构成一个合理、高效、有机的行政救济系统也是生态环境损害预防视角下环境行政救济构造应当关注的基本问题；从微观的角度看，任何一种救济制度的构造问题，即程序主体之间权利义务的分配所形成的相互地位和关系都会影响到生态环境损害预防功能的发挥，属于生态环境损害预防视角下环境行政救济构造研究的基本问题。该类基本问题主要包括以下几个方面。

---

① 谭兵. 民事诉讼法学 [M]. 北京：法律出版社，1997.

② 黄启辉. 行政救济构造研究——以司法权与行政权之关系为路径 [M]. 武汉：武汉大学出版社，2012.

（一）环境侵害行政排除的功能协作与系统结构

行政机关内部的环境行政救济方式可分为两类：一类是处理性、负担性环境行为对环境侵害的救济，属于行政规制型环境行政救济。此类环境行政救济是环境行政主管部门运用行政权力，对生态环境损害行为进行制止、纠正和惩罚，要求生态损害责任人停止、纠正损害生态环境的行为，采取避免生态损害扩大的措施以及修复受到损害的生态环境，从而使公众的环境权益免于遭受侵害获得保护的活动，是环境行政主管部门针对可能或者正在发生的损害生态环境行为实施的处理性或负担性环境行政行为，主要包括环境行政命令、环境行政处罚。另一类是非强制性或非负担性的环境行政行为或协商型行政事实行为对环境侵害的排除。此类环境行政救济方式不直接产生影响行政相对人权利、义务内容的行政行为，主要是通过双向的互动与沟通共同达致环境保护的行政目的。主要包括生态环境损害赔偿行政磋商制度。生态损害预防视角下环境行政救济构造主要研究内容之一是行政机关采取的排除环境侵害的行政救济方式的基本功能与相互衔接关系。

（二）公众的程序性环境权的功能协作及系统结构

公众的程序性环境权是广义的环境行政救济方式之一，即公众享有的知情权、参与决策权和获得救济的权利，是公众实体环境权实现的路径。与生态环境损害预防相关的行政救济方式主要包括公众知情权和参与决策权、申诉、环境信访、环境行政复议、环境行政公益诉讼。公众享有的程序性环境权利作为救济方式在生态环境损害预防中发挥的功能及各种方式之间的相互关系是生态环境损害预防视角下环境行政救济构造要剖析的基本问题。环境行政权由公众环境权衍生而来，是环境公共利益和公众环境权实现的路径和保障。环境行政权是国家权力的组成部分，任何权力都来源于人民，理应以人民利益为中心，并自觉接受人民的监督，因此，公众环境权要优于环境行政权处于主体地位，没有公众环境权就没有环境行政权的存在，但环境行政权一经产生，即具有自身运行的科层运作逻辑，与公众环境权既对立又统一。[1]实践中，环境行政权和公众环境权保障的博弈中，环境行政权掌握着最终的决定权，其实现往往取决于行使环境执法权的领导对于公众环境权的认知。[2]

（三）生态损害预防视角下环境行政救济路径的选择

生态环境损害预防与救济的路径，学界讨论的焦点在于是通过行政规制的路径、行政机关内部的救济路径还是司法的路径进行更为有效。当前立法和实践中司法救济的路径更受偏重而较少诉诸行政义务体系，一般是通过直接对污染者提起环境民事公益诉讼或者生态环境损害赔偿诉讼等私法手段来实现环境的修复或获得赔偿。而运用

---

① 史玉成.环境法的法权结构理论[M].北京：商务印书馆，2018.

② 方印.环境法上的公众权利——公众环境权范畴、类型与体系[J].河北法学，2021（7）：17.

行政规制的公法手段预防和救济的路径未受到应有的重视。[①] 行政规制的手段主要通过对污染者和其他责任人科以预防生态损害发生及扩大和环境修复的义务，并以行政强制或行政处罚保障修复义务的实现。从行政法律关系平衡论的视角出发，能够对生态环境损害进行救济的行政规制手段主要有环境行政命令、环境行政处罚；交涉互动型行政救济手段主要包括环境行政调解、生态环境损害赔偿磋商制度、生态环境损害赔偿诉讼；公众的环境权利救济的方式主要包括公众知情权、参与权决策权，环境申诉、环境信访、环境行政复议、环境行政诉讼、环境行政公益诉讼。[②] 生态损害预防视角下环境行政救济构造研究需要明确在上述两种救济路径中，究竟是司法路径优先还是行政路径优先，在司法路径中是行政救济优先还是民事救济优先，需要明确上述救济路径的功能和作用。

（四）环境行政救济程序内部组成结构、主体之间的地位和关系

环境行政救济的构造是指环境行政救济体系中各救济制度之间的相互关系以及在各项救济过程中各种要素及其之间形成关系的总和。[③] 各具体环境行政救济程序内部之组成结构、主体之间的地位和关系对该环境行政救济方式在实践中能够发挥何种生态损害预防功能具有决定性作用，属于生态环境损害预防视角下环境行政救济构造研究的基本问题。

---

① 刘静 . 论生态损害救济的模式选择 [J]. 中国法学，2019（5）：267.

② 徐以祥 . 论生态环境损害的行政命令救济 [J]. 政治与法律，2019（9）：83.

③ 黄启辉 . 行政救济构造研究——以司法权与行政权之关系为路径 [M]. 武汉：武汉大学出版社，2012.

第四十一章 环境诉讼法

当前，无论是相对于其他法律部门，还是相对于环境立法，环境法律的实施更为复杂和艰巨，环境法需要各种"服务于对环境对象保护的系统方法"[1]，其中一部分就是环境纠纷解决程序。环境纠纷解决程序包括环境行政调解、环境行政复议、普通环境诉讼、环境公益诉讼、生态环境损害赔偿诉讼、环境行政赔偿，等等。这些"环境程序规则"在法律中与"环境实体规则"同等重要，都是环境法整体内部体系的组成部分。对此，本章将着重介绍环境侵权诉讼、环境公益诉讼以及生态环境损害赔偿诉讼等诉讼类型的相关重点问题。

第一节 环境诉讼法概述

环境诉讼是我国整个诉讼法体系的一个组成部分。但由于环境法缺乏统一的环境诉讼程序规则，这类诉讼基本上是依据我国的《行政诉讼法》《民事诉讼法》以及《刑事诉讼法》进行的。针对环境损害诉讼，即为保护环境利益而提起的诉讼存在空白，直到 20 世纪 80 年代，我国部分学者开始探究环境公益诉讼问题。

一、环境诉讼的概念

环境诉讼是环境法律关系主体为解决环境纠纷而采取的一种司法解决机制，是指因环境保护行政机关的行政行为和个人或者组织的环境违法行为而引起的诉讼的总称。自党的十八大以来，我国环境司法体系运行顺畅，各级法院审结环境资源案件 192.9 万件，其中，刑事案件 28.5 万件，民事案件 128.4 万件，行政案件 36 万件。[2] 形成了传统环境侵权诉讼和环境公益诉讼、生态环境损害赔偿诉讼并行、专门化与专业化交织

---

① 徐祥民 . 环境与资源保护法学 [M]. 北京：科学出版社，2013.

② 数据来源：最高人民法院副院长、二级大法官杨临萍在中宣部 2022 年 7 月 12 日举行的"中国这十年"系列主题新闻发布会上的讲话。

的"3+2"诉讼模式。①

二、环境诉讼的分类

环境诉讼不是一种独立的诉讼类型，以环境纠纷的案件性质为标准，可分为环境民事诉讼、环境行政诉讼、环境刑事诉讼，以及环境公益诉讼。

环境民事诉讼，是指人民法院对平等主体之间有关环境权利义务的争议，依照民事诉讼程序进行审理和裁判的活动。其一般可发挥救济和修复功能。

环境行政诉讼，是指人民法院根据对具体环境行政行为不服的公民、法人或者其他组织（环境行政相对人）的请求，在双方当事人和其他诉讼参与人的参加下，依照法定程序，审理并裁决环境行政争议案件的司法执法活动。其一般可以发挥监督和预防功能。

环境刑事诉讼，是指国家司法机关在当事人及其他诉讼参与人参加下，依照法定程序，揭露和证实环境犯罪，追究环境犯罪者刑事责任的活动。其一般可以发挥惩治和教育功能。依据提起环境刑事诉讼的基础行为的性质不同，环境刑事诉讼可分为污染型环境刑事诉讼、破坏型环境刑事诉讼以及职务型环境刑事诉讼。环境刑事诉讼的程序包括立案、侦查、提起公诉、第一审程序，以及第二审程序。

环境公益诉讼，是一种允许与争议案件无直接利害关系的原告出于保护环境公益的目的、以行政机关或者环境利用行为人为被告向法院起诉的行政诉讼或者民事诉讼。从客体上看，环境公益诉讼需要应对的是行为"对环境的损害"。对人的损害属于私益诉讼的救济对象。

三、环境诉讼的法律依据

当前，我国没有统一的环境诉讼程序规则，根据案件性质而适用不同的程序规则，如环境民事诉讼依据《民事诉讼法》进行、环境行政诉讼依据《行政诉讼法》进行、环境刑事诉讼依据《刑事诉讼法》进行。自党的十八大以来，相关部门制定了惩治污染犯罪、森林资源保护、环境侵权禁止令、惩罚性赔偿等司法解释，出台系列涉及环境诉讼的司法文件。如表41-1、41-2所示。

表 41-1 涉及环境诉讼的系列司法解释简表

序号	名称	实施时间	制定主体	备注
1	最高人民法院、最高人民检察院关于办理环境污染刑事案件适用法律若干问题的解释	2013年6月19日	最高人民法院、最高人民检察院	已失效
	最高人民法院、最高人民检察院关于办理环境污染刑事案件适用法律若干问题的解释（2016）	2017年1月1日	最高人民法院、最高人民检察院	现行有效

---

① 数据来源：最高人民法院副院长、二级大法官杨临萍在中宣部2022年7月12日举行的"中国这十年"系列主题新闻发布会上的讲话。

（续表）

序号	名称	实施时间	制定主体	备注
2	最高人民法院关于审理环境民事公益诉讼案件适用法律若干问题的解释	2015 年 1 月 7 日	最高人民法院	已被修改
	最高人民法院关于审理环境民事公益诉讼案件适用法律若干问题的解释（2020 年修正）	2021 年 1 月 1 日	最高人民法院	现行有效
3	最高人民法院关于适用《中华人民共和国民事诉讼法》的解释	2015 年 2 月 4 日	最高人民法院	已被修改
	最高人民法院关于适用《中华人民共和国民事诉讼法》的解释（2022 修正）	2022 年 4 月 1 日	最高人民法院	现行有效
4	最高人民法院关于审理环境侵权责任纠纷案件适用法律若干问题的解释	2015 年 6 月 3 日	最高人民法院	已被修改
	最高人民法院关于审理环境侵权责任纠纷案件适用法律若干问题的解释（2020 修正）	2021 年 1 月 1 日	最高人民法院	现行有效
5	人民检察院提起公益诉讼试点工作实施办法	2015 年 12 月 24 日	最高人民检察院	失效
6	最高人民法院关于审理海洋自然资源与生态环境损害赔偿纠纷案件若干问题的规定	2018 年 1 月 15 日	最高人民法院	现行有效
7	最高人民法院 、最高人民检察院关于检察公益诉讼案件适用法律若干问题的解释（2018）	2018 年 3 月 2 日	最高人民法院、最高人民检察院	现行有效
	最高人民法院 、最高人民检察院关于检察公益诉讼案件适用法律若干问题的解释（2020 年修正）	2021 年 1 月 1 日	最高人民法院、最高人民检察院	现行有效
8	最高人民法院关于审理生态环境损害赔偿案件的若干规定（试行）	2019 年 6 月 4 日	最高人民法院	已被修改
	最高人民法院关于审理生态环境损害赔偿案件的若干规定（试行）（2020 年修正）	2021 年 1 月 1 日	最高人民法院	现行有效
9	最高人民法院、最高人民检察院关于人民检察院提起刑事附带民事公益诉讼应否履行诉前公告程序问题的批复	2019 年 12 月 6 日	最高人民法院、最高人民检察院	现行有效
10	人民检察院公益诉讼办案规则	2021 年 7 月 1 日	最高人民检察院	现行有效
11	最高人民法院关于生态环境侵权案件适用禁止令保全措施的若干规定	2022 年 1 月 1 日	最高人民法院	现行有效
12	最高人民法院关于审理生态环境侵权纠纷案件适用惩罚性赔偿的解释	2022 年 1 月 20 日	最高人民法院	现行有效
13	最高人民法院、最高人民检察院关于办理海洋自然资源与生态环境公益诉讼案件若干问题的决定	2022 年 5 月 15 日	最高人民法院、最高人民检察院	现行有效

表 41-2 涉及环境诉讼的相关司法文件简表

序号	名称	生效时间	制定主体	备注
1	最高人民法院关于全面加强环境资源审判工作为推进生态文明建设提供有力司法保障的意见	2014 年 6 月 23 日	最高人民法院	已被修改
2	最高人民法院、民政部、环境保护部关于贯彻实施环境民事公益诉讼制度的通知	2014 年 12 月 26 日	最高人民法院、民政部、环境保护部	现行有效
3	检察机关提起公益诉讼改革试点方案	2015 年 7 月 2 日	最高人民检察院	现行有效
4	人民法院审理人民检察院提起公益诉讼案件试点工作实施办法	2016 年 3 月 1 日	最高人民法院	现行有效
5	最高人民法院关于充分发挥审判职能作用为推进生态文明建设与绿色发展提供司法服务和保障的意见	2016 年 5 月 26 日	最高人民法院	现行有效
6	最高人民法院关于审理环境公益诉讼案件的工作规范（试行）	2017 年 4 月 1 日	最高人民法院	现行有效
7	最高人民法院关于贯彻《中华人民共和国民事诉讼法》《中华人民共和国行政诉讼法》做好检察机关公益诉讼案件审判工作的通知	2017 年 7 月 18 日	最高人民法院	现行有效
8	最高人民检察院民事行政检察厅关于印发《检察机关民事公益诉讼案件办案指南(试行)》《检察机关行政公益诉讼案件办案指南（试行)》的通知	2018 年 3 月 12 日	最高人民检察院民事行政检察厅	现行有效
9	最高人民法院关于深入学习贯彻习近平生态文明思想为新时代生态环境保护提供司法服务和保障的意见	2018 年 5 月 30 日	最高人民法院	已被修改
10	最高人民检察院、生态环境部及国家发展和改革委员会等关于印发《关于在检察公益诉讼中加强协作配合依法打好污染防治攻坚战的意见》的通知	2019 年 1 月 2 日	最高检与生态环境部、司法部等 9 部委	现行有效
11	最高人民法院、最高人民检察院、公安部等印发《关于办理环境污染刑事案件有关问题座谈会纪要》的通知	2019 年 2 月 20 日	最高人民法院、最高人民检察院、公安部等	现行有效
12	最高人民检察院关于开展公益诉讼检察工作情况的报告	2019 年 10 月 23 日	最高人民法院	现行有效
13	关于加强军地检察机关公益诉讼协作工作的意见	2022 年 4 月 22 日	最高人民检察院、中央军委政法委	现行有效

（续表）

序号	名称	生效时间	制定主体	备注
14	关于新时代加强和创新环境资源审判工作为建设人与自然和谐共生的现代化提供司法服务和保障的意见	2021 年 10 月 8 日	最高人民法院	现行有效
15	最高人民法院 最高人民检察院关于办理海洋自然资源与生态环境公益诉讼案件若干问题的规定	2022 年 5 月 15 日	最高人民法院、最高人民检察院	现行有效
16	最高人民法院关于充分发挥环境资源审判职能作用依法惩处盗采矿产资源犯罪的意见	2022 年 7 月 1 日	最高人民法院	现行有效

第二节 环境侵权诉讼

环境侵权是指因人为的活动，致使生态环境和自然资源遭受破坏或污染而侵害他人人身、财产权益、环境权益，依法应当承担民事责任的一种特殊侵权行为。针对环境侵权，受害者可以向人民法院提起环境侵权诉讼。根据最高人民法院发布的 2021 年度《中国环境司法发展报告》，与 2020 年相比，2021 年全国环境侵权案件数量明显增长，此外，报告还指出，我国环境侵权案件呈现地域分布不平衡态势，惩罚性赔偿存在着适用范围不明确、赔偿金计算基准模糊等情况，亟待明确和规范。

一、环境侵权诉讼的法律依据

当前，我国《民法典》"侵权责任编"专设"环境污染和生态破坏责任"章。《环境保护法》《海洋环境保护法》《大气污染防治法》《水污染防治法》等单行法也规定了环境侵权诉讼的解决方式。此外，还有系列司法解释，如《最高人民法院关于审理环境侵权责任纠纷案件适用法律若干问题的解释》《最高人民法院关于审理生态环境侵权纠纷案件适用惩罚性赔偿的解释》等。

二、环境侵权责任的构成要件

依据《环境保护法》《水污染防治法》《大气污染防治法》等规定，因污染环境、破坏生态造成他人损害，不论侵权人有无过错，侵权人应当承担侵权责任。据此，环境侵权责任的构成要件为损害事实、损害行为，以及损害行为与损害后果间存在因果关系。

在环境侵权诉讼案例审理中，在因果关系的证明责任方面，实行的是部分举证责任倒置，法律依据包括《民法典》第一千二百三十条。[①] 此外，《水污染防治法》第九十八条、《环境保护法》第六十四条和第六十五条等都做了类似的规定。如因不可抗力、第三人的过错、受害人自身的过错等造成了环境侵权，可免除责任。

根据最高人民法院发布的 2021 年度《中国环境司法发展报告》，环境侵权案件的污染类型呈现混合性特征，污染类型案件依然是最常见的单一污染类型案件，占比 28.63%；混合污染型案件数量最多，占比 29.55%。其中，大气污染类型的混合型案件出现频次最高；单一类型与混合类型的噪声污染案件出现频次亦处高位且与其他污染类型交叉混同发生。

三、环境侵权诉讼的法律责任承担方式

根据《民法典》《环境保护法》等的相关规定，我国环境侵权诉讼的法律责任承担方式包括：停止侵害、排除妨碍、消除危险、赔偿损失、恢复原状、赔礼道歉等。根据最高人民法院发布的 2021 年度《中国环境司法发展报告》，2021 年，环境侵权案件的责任形式分布相对集中，以赔偿损失、消除危险、停止侵害和排除妨碍为主，其中赔偿损失适用最为常见，占比 55%。

根据法律规定，如果数个污染者共同或分别实施污染环境行为造成损害的，需按照具体情形来确定污染者的法律责任。

此外，我国《民法典》专门在"侵权责任编""环境污染和生态破坏责任"章第一千二百三十二条新增加规定了生态环境惩罚性赔偿制度。生态环境惩罚性赔偿制度的确立，为惩治生态环境侵权行为，推动生态文明建设，满足人民日益增长的对优美生态环境新期待，进一步提供了制度保障。但根据最高人民法院发布的 2021 年度《中国环境司法发展报告》，在具体案件中，对惩罚性赔偿的裁判存在着适用范围不明确、构成要件认定失当、赔偿金计算基准与最高倍数限制认定标准模糊、溯及力认定标准不统一等风险。对此，2022 年，最高人民法院发布了《最高人民法院关于审理生态环境侵权纠纷案件适用惩罚性赔偿的解释》。

[①]《民法典》第一千二百三十条规定："因污染环境、破坏生态发生纠纷，行为人应当就法律规定的不承担责任或者减轻责任的情形及其行为与损害之间不存在因果关系承担举证责任。"

第三节 环境公益诉讼

自 2005 年 12 月 3 日，国务院发布的《关于落实科学发展观加强环境保护的决定》[以下简称《决定》（2005）]首次明确提出"推动环境公益诉讼"至今，我国的环境公益诉讼制度建设已走过了 17 年。在这 17 年中，国家和地方层面都相继出台了涉及环境公益诉讼的法律文件。自 2007 年开始，我国各级法院纷纷建立环境审判庭、环保法庭或其他名称的环境资源专门审判机构（以下统称"环保法庭"），并积极探索并实践环境公益诉讼审判制度。

一、环境公益诉讼的法律依据

针对环境公益诉讼，在制度建设阶段，中共中央、全国人大常委会、国务院、最高人民法院、最高人民检察院，以及生态环境部等为致力于推动环境公益诉讼的建设，出台了一系列推动环境公益诉讼建设的法律文件及其他规范性文件。

1.《国务院关于落实科学发展观加强环境保护的决定》国发〔2005〕39 号

在环境公益诉讼制度建设的起步阶段，《国务院关于落实科学发展观加强环境保护的决定》国发〔2005〕39 号（以下简称《决定》国发〔2005〕39 号）提出了"推动环境公益诉讼"的要求，这是环境公益诉讼首次出现在国家层面的文件中，由此开启了我国环境公益诉讼制度构建之路。

各地为贯彻落实《决定》（国发〔2005〕39 号）出台了各自行政辖区内的实施意见，但各地对"推动环境公益诉讼"这个要求的规定并不一致。有些地方，如《辽宁省人民政府关于落实科学发展观加强环境保护的决定》规定"建立环境保护法律援助和公益诉讼机制"。《陕西省人民政府贯彻＜国务院关于落实科学发展观加强环境保护的决定＞的实施意见》规定"地方各级环保部门要支持和鼓励公众检举环境违法行为，推动环境公益诉讼"。但有些地方，如《中共浙江省委浙江省人民政府关于落实科学发展观加强环境保护的若干意见》《北京市人民政府贯彻国务院关于落实科学发展观加强环境保护决定的意见》（京政发〔2006〕45 号）等就没有将《决定》（2005）提出的"推动环境公益诉讼"规定在各自的实施意见中。

2.《民事诉讼法》（2012）

在构建中国化的环境公益诉讼过程中，为响应学界、实务界等呼吁建立环境公益诉讼制度，《民事诉讼法》（2012）第 55 条规定了可以对"损害社会公共利益的行为"提起诉讼，其中一类为"污染环境""损害社会公共利益的行为"。根据第 55 条的规定，当发生"污染环境""损害社会公共利益的行为"时，相关主体如"法律规定的机关和有关组织"可以向人民法院提起诉讼。

3.《环境保护法》（2014）

《环境保护法》（2014）第 58 条规定"符合条件"的社会组织可以对"污染环境""破坏生态""损害社会公共利益的行为"向人民法院提起诉讼。

4.《全国人民代表大会常务委员会关于授权最高人民检察院在部分地区开展公益诉讼试点工作的决定》

2014 年 12 月，中共中央决定探索建立检察机关提起公益诉讼制度。2015 年 7 月 1 日，全国人民代表大会委员会通过了《全国人民代表大会常务委员会关于授权最高人民检察院在部分地区开展公益诉讼试点工作的决定》，此决定提出"为加强对国家利益和社会公共利益的保护……授权最高人民检察院在生态环境和资源保护、国有资产保护、国有土地使用权出让、食品药品安全等领域开展提起公益诉讼试点"。由此，开启了检察环境公益诉讼制度的新模式。

5.《民事诉讼法》（2017）

检察环境公益诉讼制度两年试点结束后，《民事诉讼法》（2017）在《民事诉讼法》（2012）第 55 条的基础上，新增一款，规定检察机关也可提起环境民事公益诉讼。[1]

6.《行政诉讼法》（2017）

检察环境公益诉讼制度两年试点结束后，《行政诉讼法》（2017）第 25 条第 4 款规定了检察环境行政公益诉讼条款。[2]

7.《民事诉讼法》（2022）

《民事诉讼法》（2022）涉及公益诉讼的条款内容未变，只是将条款的序号由原先的第 55 条更改为第 58 条。

8. 最高院、最高检发布的系列司法解释

自 2014 年开始，最高院和最高检陆续出台了系列涉及环境公益诉讼的司法解释和司法规范性文件。

二、环境公益诉讼原告主体资格的解决

在环境民事公益诉讼中，依据《民事诉讼法》（2022）第 58 条第 1 款的规定，环境民事公益诉讼的原告包括法律规定的机关和有关组织。就"法律规定的机关"而言，

---

[1] 具体条文规定如下："对污染环境、侵害众多消费者合法权益等损害社会公共利益的行为，法律规定的机关和有关组织可以向人民法院提起诉讼。人民检察院在履行职责中发现破坏生态环境和资源保护……损害社会公共利益的行为，在没有前款规定的机关和组织或者前款规定的机关和组织不提起诉讼的情况下，可以向人民法院提起诉讼。前款规定的机关或者组织提起诉讼的，人民检察院可以支持起诉。"

[2]《行政诉讼法》（2017）第 25 条第 4 款规定："人民检察院在履行职责中发现生态环境和资源保护……领域负有监督管理职责的行政机关违法行使职权或者不作为，致使国家利益或者社会公共利益受到侵害的，应当向行政机关提出检察建议，督促其依法履行职责。行政机关不依法履行职责的，人民检察院依法向人民法院提起诉讼。"

《民事诉讼法》（2022）第 58 条第 2 款和《最高人民法院最高人民检察院关于检察公益诉讼案件适用法律若干问题的解释》第 13 条规定人民检察院具有作为环境民事公益诉讼原告的主体资格。就"有关组织"而言，《环境保护法》第 58 条和《最高人民法院关于审理环境民事公益诉讼案件适用法律若干问题的解释》第 2、3、4、5 条规定社会组织获取环境民事公益诉讼主体资格的要求。

在环境行政公益诉讼中，依据《行政诉讼法》（2017）第 25 条第 4 款规定，人民检察院有权提起环境行政公益诉讼。《最高人民法院最高人民检察院关于检察公益诉讼案件适用法律若干问题的解释》也规定人民检察院是提起环境行政公益诉讼的主体。依据法律和司法解释的规定，目前我国有权提起环境行政公益诉讼的原告具有唯一性，即人民检察院。

三、环境资源专门审判机构相继设立

从 20 世纪 80 年代初开始，最高人民法院明确了由刑事审判庭、经济审判庭分别审理环境刑事案件和环境民事行政案件。1988 年后行政审判庭相继设立，环境行政案件由行政审判庭审理。20 世纪 90 年代中期，最高法院撤销经济审判庭，环境民事案件由民事审判庭受理，海洋环境案件由海事法院和高级法院民事审判庭受理。随着时间的推移，由于环境问题日益恶化以及环境案件的增长，催生了专门的环境保护审判机构。① 2007 年 11 月 20 日，贵阳市中级人民法院成立了环境保护审判庭，清镇市人民法院成立了环境保护法庭。之后，江苏省南京市建邺区成立了环境保护巡回法庭。江苏省无锡市、云南省昆明市、玉溪市等中级人民法院相继设置了环境保护审判庭。

2011 年 1 月，我国第一家设在高级人民法院的环保法庭—海南省环境保护审判庭成立，这是全国首家获得正式编制的环保审判庭。

2014 年 6 月，最高人民法院成立了专门的环境资源审判庭。此后，最高人民法院分别于 2016 年、2017 年、2019 年、2020 年、2021 年以及 2022 年发布了六次《中国环境资源审判》（白皮书）。自 2017 年、2019 年、2020 年、2021 年以及 2022 年发布了五次《中国环境司法发展报告》（绿皮书）。

按照系列"白皮书"和"绿皮书"统计的数据显示，环境资源专门审判机构逐年增多，具体数值如下：

截止到 2014 年底，全国法院设立环保法庭共计 134 个。

---

① 在 2007 年以前，我国有些地方就设立了"环保法庭"，如 1989 年，湖北省武汉市硚口区人民法院环境保护庭成立；2002 年 4 月，辽宁省沈阳市东陵区人民法院环境保护法庭成立；2004 年 4 月，辽宁省大连市沙河口区人民法院环境保护巡回法庭成立，设在沙河口区环保分局内。沙河口区人民法院派专人随时到沙河口区环保分局巡回法庭审理环保案件；2004 年，河北省石家庄市晋州市环境保护法庭成立；2006 年，山东省聊城市茌平县环境保护巡回法庭成立；2006 年 6 月，辽宁省沈阳市铁西区人民法院环保法庭成立，设在铁西区环保局内，等等。但因 2007 年 10 月贵阳市清镇环保法庭的成立，包括之后陆续设立的环保法庭被认为是为环境公益诉讼而生的，所以，本书所要探讨的环保法庭是指 2007 年 10 月之后成立的。

截止到 2015 年底，全国法院设立环保法庭共计 456 个。

截止到 2016 年底，全国法院设立环保法庭共计 599 个。

截止到 2017 年底，全国共有环境资源专门审判机构 956 个。

截止到 2018 年底，全国共有环境资源专门审判机构 1271 个。

截止到 2019 年底，全国共有环境资源专门审判机构 1353 个。

截止到 2020 年底，全国共有环境资源专门审判机构 1993 个。

截止到 2021 年底，全国共有环境资源专门审判机构 2149 个。

四、环境公益诉讼审判制度的探索与实践

在环保法庭如火如荼的建设过程中，地方司法机关大胆实践，先于国家率先出台了有关环境公益诉讼审判工作的规范性文件，对环境公益诉讼审判工作进行积极的探索，并逐渐形成环保审判的"贵阳模式""江苏模式""昆明模式"等。相比地方环境公益诉讼审判制度的率先开展，直到 2014 年，国家层面才开始行动，最高人民法院出台了一系列指导环境公益诉讼审判工作的规范性文件。如 2014 年 7 月 3 日，最高人民法院发布的《最高人民法院关于全面加强环境资源审判工作为推进生态文明建设提供有力司法保障的意见》（法发〔2014〕11 号）提出将推进环境公益诉讼作为环境资源审判工作的突破口和着力点。同月，最高人民法院下发文件确定在江苏、福建、云南、海南、贵州 5 省开展环境民事公益诉讼的试点。[①] 2015 年 2 月 4 日，最高人民法院公布的《最高人民法院关于全面深化人民法院改革的意见》（法发〔2015〕3 号）提出"健全公益诉讼管辖制度。探索建立与检察机关提起的公益诉讼相衔接的案件管辖制度。"[②] 2015 年 11 月，第一次全国法院环境资源审判工作会议召开，会议提出要用绿色发展的现代环境司法理念引领环境资源审判工作。2016 年 6 月，最高人民法院出台《关于充分发挥审判职能作用为推进生态文明建设与绿色发展提供司法服务和保障的意见》，要求依法审理社会组织提起的环境民事公益诉讼案件、依法审理检察机关提起的环境公益诉讼案件。现阶段，在环境资源案件集中管辖方面，完善多元化跨行政区划集中管辖模式。昆明环境资源法庭集中管辖云南全省原由中级人民法院受理的环境资源一审、二审和再审案件。在案件归口审理方面，2021 年，最高人民法院实现环境资源刑事、民事、行政审判职能归口至环境资源审判庭行使，进一步完善对下监督指导。全国共有 27 家高级人民法院及新疆生产建设兵团分院实行环境资源刑事、民事、行政案件"三合一"归口审理模式，其中江西、云南等高院实行刑事、民事、行政、执行案件的"四合一"归口审理执行模式。

---

① 《最高人民法院关于在部分地方人民法院推进环境民事公益诉讼审判工作的指导意见》（法〔2014〕166 号）。

② 《最高人民法院关于全面深化人民法院改革的意见——人民法院第四个五年改革纲要（2014—2018）》（法发〔2015〕3 号）。

第四节 生态环境损害赔偿诉讼

为破解"企业污染、政府买单、群众受害"的窘状，2013 年 4 月，党的十八届三中全会通过的《中共中央关于全面深化改革若干重大问题的决定》明确提出对造成生态环境损害的责任者严格实行赔偿制度，依法追究刑事责任。2015 年 12 月，为了更好地落实生态环境损害赔偿制度，中共中央办公厅、国务院办公厅印发了《生态环境损害赔偿制度改革试点方案》（以下简称《改革试点方案》）。随着试点工作的不断推进，中共中央办公厅、国务院办公厅紧接着于 2017 年 12 月印发了《生态环境损害赔偿制度改革方案》（以下简称《改革方案》），《改革方案》明确要求于 2018 年 1 月 1 日起在全国范围试行生态环境损害赔偿制度。2019 年 6 月，最高人民法院发布《最高人民法院关于审理生态环境损害赔偿案件的若干规定（试行）》。同年，生态环境损害赔偿制度写入了党的十九届四中全会通过的《中共中央关于坚持和完善中国特色社会主义制度、推进国家治理体系和治理能力现代化若干重大问题的决定》中。2022 年，生态环境部会同最高院、最高检等 13 个部门联合印发了《生态环境损害赔偿管理规定》。

一、生态环境损害赔偿的概念

根据《生态环境损害赔偿管理规定》，生态环境损害，是指因污染环境、破坏生态造成大气、地表水、地下水、土壤等环境要素和植物、动物、微生物等生物要素的不利改变及上述要素构成的生态系统功能的退化。生态环境损害发生后，赔偿权利人组织开展生态环境损害调查、鉴定评估、修复方案编制等工作，主动与赔偿义务人磋商。磋商未达成一致，赔偿权利人可依法提起诉讼。

根据上述定义，由省级政府、市地级政府为赔偿权利人所提出的生态环境损害赔偿主要包括三类，一是因为污染环境、破坏生态导致环境要素的损害；二是造成动物、植物、微生物等生物要素的损害；三是上述环境要素、生物要素构成的生态系统功能的损害。

二、生态环境损害赔偿的目的

在《改革方案》实施前，企业或个人如果造成环境污染、生态破坏，根据目前我国现有法律的规定，致害人要承担两类民事赔偿责任。如果造成人身伤害，要依法承担人身伤害赔偿责任；如果造成财产损害，要按照规定承担财产损害的赔偿责任，且两种民事赔偿都已有明确和清晰的索赔途径，但对生态环境本身损害的赔偿责任，没有明确的规定，生态环境损害赔偿制度，是在现有人身赔偿、财产赔偿之外加大赔偿力度，引入新的概念，即生态环境损害的赔偿责任。

生态环境损害赔偿制度的实施体现了"环境有价，损害担责"的理念。我国《环境保护法》第五条规定了环境保护应遵守的几项基本原则，其中一项为"损害担责"原则。损害担责原则最早表述为"污染者负担原则"，其目的是解决企业污染成本由社会承担从而导致价格扭曲的问题。我国 1979 年《环境保护法（试行）》第六条第二款就对此做出了规定。①1989 年《环境保护法》并未对此进行规定。1990 年《国务院关于进一步加强环境保护工作的决定》在"在资源开发利用中重视生态环境的保护"部分也做出相关规定。②1996 年《国务院关于环境保护若干问题的决定》明确规定要实行"污染者付费、利用者补偿、开发者保护、破坏者恢复"。2014 年《环境保护法》第五条明确提出环境保护要实行"损害担责"的原则。

生态环境损害赔偿制度的有效运行正体现了"损害担责"原则，破解了"企业污染、群众受害、政府买单"的困局。

三、生态环境损害赔偿的性质

生态环境损害赔偿诉讼究竟是属于"公益诉讼""私益诉讼"还是"国益诉讼"？学界有不同的观点。汪劲教授认为政府是基于国家自然资源所有权提起生态环境损害赔偿诉讼，因此该诉讼在性质上属于"私益诉讼"。③吕忠梅认为基于公共利益信托理论，由国家代表不特定多数人对环境利益有着正当持有权，生态环境损害赔偿诉讼这一制度保护的对象正是此类国家利益。因此，该诉讼在性质上属于"国益诉讼"。④程多威、王灿发认为生态环境损害赔偿诉讼在本质上是环境公益诉讼的一种类型。在内涵界定与适用范围上，该诉讼所针对的客体都超出了当事人自己的私利范围，因此，"公益诉讼"说是最符合性质界定的。⑤

根据《改革方案》的规定，"生态环境损害赔偿案件属于民事侵权领域的特殊案件""对经磋商达成的赔偿协议，可以依照《民事诉讼法》向人民法院申请司法确认""磋商未达成一致的，赔偿权利人及其指定的部门或机构应当及时提起生态环境损害赔偿民事诉讼"。但需要指出的是，"生态环境损害赔偿案件虽系环境污染、生态破坏引起的损害赔偿诉讼，但并非自然人、法人和其他组织依据《民事诉讼法》第

---

① 1979 年《环境保护法（试行）》第六条第二款规定："已经对环境造成污染和其他公害的单位，应当按照谁污染谁治理的原则，制定规划，积极治理，或者报请主管部门批准转产、搬迁。"

② 1990 年《国务院关于进一步加强环境保护工作的决定》在"在资源开发利用中重视生态环境的保护"部分指出，要按照"谁开发谁保护、谁破坏谁治理、谁利用谁补偿"和"开发利用和保护增值并重"的方针，认真保护和合理利用自然资源。

③ 汪劲 . 论生态环境损害赔偿诉讼与关联诉讼衔接规则的建立——以德司达公司案和生态环境损害赔偿相关判例为鉴 [J]. 环境保护，2018，46（5）：35-40.

④ 吕忠梅 ."生态环境损害赔偿"的法律辨析 [J]. 法学论坛，2017，32（3）：5-13.

⑤ 程多威，王灿发 . 论生态环境损害赔偿制度与环境公益诉讼的衔接 [J]. 环境保护，2016，44（2）：39-42.

一百一十九条提起的普通环境侵权诉讼案件；其虽系维护生态环境公共利益的民事诉讼，但因其正在试行且尚无专门法律规定，故目前亦不能归入依据《民事诉讼法》第五十五条由法律规定的机关、社会组织或者人民检察院提起的环境民事公益诉讼案件。"[①] 基于《改革方案》的规定，生态环境损害赔偿诉讼之被告人仅限于民事主体，即造成生态环境损害的单位和个人。从其目的出发，是为了保护生态环境利益，从这一层面分析，生态环境损害赔偿诉讼应属于环境公益诉讼中的民事公益诉讼。

四、生态环境损害赔偿的索赔主体

根据《改革方案》《最高人民法院关于审理生态环境损害赔偿案件的若干规定（试行）》以及《生态环境损害赔偿管理规定》，生态环境损害赔偿诉讼的赔偿权利人为省级、市地级政府（包括直辖市所辖的区县级政府）。[②]

在实践中，部分省市的规定和做法有所不同，根据《内蒙古自治区生态环境损害赔偿工作规定（试行）》（内政办发〔2022〕7号），内蒙古的做法是指定统一行使全民所有自然资源资产所有者职责的部门为先；根据《江西省生态环境损害赔偿制度改革实施方案》，江西省的做法是指定环保部门为第一办理部门；根据《湖南省生态环境损害赔偿磋商管理办法（试行）》（湘政办发〔2017〕82号），湖南省的做法是规定全省各级司法行政机关指导人民调解委员会开展生态环境损害赔偿磋商工作。上述国家层面和部分省市的做法，有一定的合理性，但也存在一系列问题，在实践中，大多数省市政府都将具体的生态环境损害赔偿工作指定给了生态环境部门。

五、生态环境损害赔偿诉讼的案件范围问题

《改革方案》《生态环境损害赔偿管理规定》以及"最高人民法院相关司法解释"都规定了可以提起生态环境损害赔偿诉讼的三种类型：一是发生了较大环境事故；二是在国家和省级主体功能区规划中划定的重点生态功能区、禁止开发区发生环境污染、生态破坏事件的；三是发生其他严重影响生态环境后果的。

但部分省市在案件范围上有所扩充且更加详细具体，如福建省、福州市、张掖市、内蒙古自治区等。虽然地方有扩大诉讼范围的情况，使得案件范围更加明确，但部分地方规定的案件起诉范围与《最高人民法院、最高人民检察院关于办理环境污染刑事案件适用法律若干问题的解释》中"严重污染环境"的规定情形相重叠。

六、生态环境损害赔偿义务人

根据《改革方案》的规定，"违反法律法规，造成生态环境损害的单位或个人，应当承担生态环境损害赔偿责任，做到应赔尽赔"。此外，我国《民法典》的相关规定、

---

① 王旭光. 论生态环境损害赔偿诉讼的若干基本关系 [J]. 法律适用，2019（21）：11-22.
② 在实践中，能够提起生态环境损害赔偿诉讼的主体为：①省级、市地级人民政府；②及其指定的相关部门、机构；③受国务院委托行使全民所有自然资源、资产所有权的部门（自然资源部）。

《海洋环境保护法》《水污染防治法》《最高人民法院关于审理环境侵权责任纠纷案件适用法律若干问题的解释》等有相关免除或减轻生态环境损害赔偿责任的规定，针对生态环境损害赔偿义务人来说，有两种情况：一是义务人为单一主体；二是义务人为多元主体时。《改革方案》只是简单地规定了"违反法律法规，造成生态环境损害的单位或个人，应当承担生态环境损害赔偿责任，做到应赔尽赔"。地方出台的改革方案也规定了相同的内容。除外之外，并没有明确的法律针对此种问题做出任何依据。

面对单一主体，很容易确认，但当生态环境受损是多元主体造成的，如何认定，存在一定的难度。而且，生态环境损害具有一定的累积性，从生态污染物的产生到生态环境的破坏需要经过较长时间的发酵和显现，使得部分损害主体有可能逃避损害责任，从这一层面来说，生态环境损害赔偿的难度也会增大。

七、生态环境损害赔偿范围

根据《改革方案》和《民法典》有关赔偿范围的规定，《生态环境损害赔偿管理规定》明确生态环境损害赔偿范围包括五个方面：清污费用；修复费用；生态环境修复期间服务功能损失；生态环境功能永久性损害；调查、鉴定评估等合理费用。此外，根据生态环境损害可以修复和无法修复两种情形，规定了不同的损害赔偿方式。具体而言，对可以修复的，应当修复至生态环境受损前的基线水平或者生态环境风险可接受水平；对无法修复的，赔偿义务人应当依法赔偿相关损失和生态环境损害赔偿范围内的相关费用或者在符合有关生态环境修复法规政策和规划的前提下，开展替代修复，实现生态环境及其服务功能等量恢复。

第四十二章 环境群体诉讼

伴随着社会"一体化"的进程，人类的活动与社会关系越来越呈现出一种群体性，环境侵权领域尤为突出，一起环境污染或生态破坏事件通常会有大量的人群受损。受损害利益牵涉到社会公共利益与受害人的双重保护，众多受害者有可能是单个受损害数额较大或者为小额分散性损害。群体性诉讼被视为能够保护环境权益的最有效的法律技术。

第一节
环境群体性纠纷的内涵、特征及类型分析

一、环境群体性纠纷的内涵与特征

（一）何谓"群体性纠纷"

在词义学上，"群体"一般被解释为本质上有共同点的个体组成的整体。在社会学中，群体被描述为由若干个人组成的为实现某一目标而彼此之间熟悉，行为上相互影响和交互作用的人群共同体。[1] 而所谓的纠纷是一定范围的社会主体基于利益冲突而产生的一种丧失均衡关系的对抗行为。[2] 群体性纠纷是因共同的利益诉求而在某一时间点联系起来的群体与另外的个人或群体发生的对立、争执与冲突。[3]

现代社会经济领域的规模化发展、社会政策和利益的全方位调整引发了大量的群体性纠纷的出现。其首要的特征是纠纷主体人数众多，可以是一方冲突主体的多数性，也可以是双方冲突主体的多数性。这种人数众多不是简单的人数累加，而是一个具有一定时间段和阶段性的利益共同体。[4] 对于人数众多的界定，当前并无统一的说法。包

---

① 刘凤霞. 关于组织与群体等概念关系的探讨 [J]. 齐齐哈尔师范学院学报，1994（2）：34.

② 徐昕. 私力救济的性质 [J]. 河北法学，2007（7）：12.

③ 张宗亮，解永照. 群体性纠纷相关问题思考 [J]. 东岳论丛，2011（2）：175.

④ 汤维建. 群体性纠纷诉讼解决机制论 [M]. 北京：北京大学出版社，2008.

括特定多数人的利益共同体和不特定多数人的利益共同体。首先，对于私益聚集型的群体性纠纷，根据《民事诉讼法 2021 修正》第五十六条、第五十七条和 2022 年修正的最高人民法院《关于适用中华人民共和国〈民事诉讼法〉的解释》（以下简称适用《民诉法》的解释）第七十五条至七十七条的规定：当事人一方人数众多的共同诉讼，可以由当事人推选代表人进行诉讼，人数众多一般指 10 人以上。对于以维护公益为对象的群体性纠纷，人数为不特定多数。其次，群体性纠纷所涉利益诉求的相同性或相似性。群体性纠纷中一方或双方集体的形成，大多是因为有相同性或相似性的利益需要争取或者受到了侵害，或者因为某一同质性的行为侵害了别人无指向性利益而需要共同防御。① 最后，群体性纠纷行动的集合性，群体成员在从众心理的作用下表现出明显的行为趋同性，容易采取游行、示威、冲击等一些过激的、非理性的行为方式主张自己的诉求。有些纠纷激化升级后演变为群体性事件，造成严重的财产损失和人员的伤亡。但在群体内部，由于纠纷主体社会角色不同、文化素质各异、诉求的具体内容存在差异，群体性纠纷的内容往往也存在分歧与争议。

（二）环境群体性纠纷

与传统的侵权相比，环境侵权具有间接性，环境侵权其直接的损害形式不是对人的人身、财产或精神损害，而是环境污染或生态破坏形成的对环境的损害，并进而引发对人的损害或对环境的损害。② 污染物往往会借由空气、水流、土壤、生物等媒介迁移和扩散，对于大气、河流和海洋形成的污染更是如此，跨地域、超国界的环境保护原则成为环境法的基本原则。③ 环境侵权的加害人往往不是给某一地区环境造成损害的一个人、一家企业，而是不特定多数人或企业所实施行为综合作用的结果。环境侵害的对象往往是相当范围内不特定的多数人和物。被侵害者的数量和范围往往难以确定。环境侵权的不特定性表现为非特定众多污染源的复合污染对相当区域不特定的多数人的多种权益的同时侵害。④ 加害人和受害人的不特定性使得环境侵权的发生常常以群体性纠纷的形态出现。也是现代社会交往方式趋于多样化、交往规模不断扩大的必然结果。由于纠纷解决机制的不畅通，部分纠纷矛盾激化，升级演变为群体性事件，自1996 年以来，全国因环境问题引发的群体性事件一直以年均 29% 的速度增长。针对环境侵权大范围损害的特点，理论界提出了"大规模环境侵权"的概念，"大规模"与"群体性"相比较，"大规模"更强调受害人的多数性和造成损害的范围较大，但在受害人人数和造成损害范围的大小的认定上较为模糊，难以界定。同时，受害的多数人并

---

① 张宗亮，解永照 . 群体性纠纷相关问题思考 [J]. 东岳论丛，2011（2）：176.

② 吕忠梅 . 侵害与救济：环境友好型社会中的法治基础 [M]. 北京：法律出版社，2012.

③ 陈慈阳 . 环境法总论 [M]. 北京：中国政法大学出版社，2003.

④ 王明远 . 环境侵权救济法律制度 [M]. 北京：中国法制出版社，2001.

不一定为了求得同一问题的解决已经形成利益共同体。而群体性则表现出人数众多性、利益诉求相同性或相似性、集合性的特点。用"群体性"一词来描述环境侵权相比较"大规模"内涵上更为丰富而具有层次性。因此，环境侵权群体性纠纷是指因同一或同种类的环境侵权行为而遭受侵害的众多受害者形成利益共同体，以一致的行动寻求法律救济而与加害方形成的对立、争执与冲突。环境侵权群体性纠纷具备以下特征。

1. 侵害利益兼具私益性和公益性

生活中的环境侵害可以分为三种形式，一是无直接受害人的存在，如全球气候变暖、生物多样性丧失；二是对不特定多数人的环境侵害；三是对特定人的环境侵害。相对应的环境侵权也可分为三类：侵犯全人类利益的国际环境侵权；侵犯公益的环境侵权；侵犯私益的环境侵权。[①] 环境侵权纠纷往往是环境损害与人身、财产损害并存。环境的公共性决定了环境侵权纠纷在很多情况下与公共利益有着或多或少的联系，总是纠缠于公益与私益之间，是私益和公益的混合存在。公共利益是不确定多数人享有的利益，即具有开放性，任何人都可以享有而不是封闭的或专为某些个人所保留的。公共利益也可以是有区域限定的，只要此区域是开放的，此区域的成员就是不确定的，就可以成为公益的主体，如清洁空气权、清洁的河流权。二是公共利益内容的不可分性，公共利益作为一个整体属于大众，并不能在公民之间进行明确的分割，环境权属于社区的每一个人，只能由公民们共享。不能以人数众多的标准来界定公共利益，关键看遭受侵害或发生争议的利益是不是具有主体的不确定多数性和利益内容的不可分性。[②] 群体是人数众多的利益共同体，利益主体在诉求上具有相同性、相似性，行动上具有集合性。在实践中，环境侵权群体性纠纷除了单纯的公共利益的聚集，有的是单纯的多人私益的聚集，"合"是单个人物质利益实现的手段，是个人自主选择的结果。[③] 部分学者将其称为"多人公益"。这种利益分属于多个人中的每个人，只能由多数人中的个体来享有，原本是多个主体的个人利益，这种利益的客观形式不是公共的，而是个别的。其首要的目的在于争取更多的救济和赔偿。[④] 有的通过保护私益达到维护公益的

---

① 吴继刚. 环境侵权类型探析 [J]. 山东师范大学学报（社科版），2003（6）：119.

② 薛永慧. 群体纠纷与群体诉讼研究 [M]. 北京：知识产权出版社，2009.

③ 赵红梅. 个体之人与集体之人——私法与社会法的人像区别之解析 [J]. 法商研究，2009（2）：120.

④ 如日本的水俣病诉讼。参见吕霞. 环境公益诉讼的性质和种类——从对"公益"的解剖入手 [J]. 中国人口、资源与环境，2009（3）：56.

目的①，有的通过维护公益以求保护私益。② 个体的环境受害者的利益诉求具有代表社会共同体利益的性质，其在作为多人公益的代表主张众多人私益的同时可以制止违法行为，进而达到直接保护集体公益的目的。③ 环境侵权群体性纠纷很难一分为二地划分为群体性私益纠纷和群体性公益纠纷。想要通过划分环境权益的私益和公益，然后再通过两种途径进行救济的思路显然有些理想化。④ 侵害利益私益性和公益性融合的特性决定了环境侵权群体性纠纷应实行整体性的诉讼救济模式。

2. 纠纷主体的不平等性、加害人和受害人的不特定性

现代社会的环境侵权，加害人多为国家机构、公共团体、现代企业或者其他组织，拥有雄厚的经济实力和信息优势，而受害人多为欠缺规避和抗衡能力的社会个体成员。企业的巨型化、高科技化，使弱小的社会个体常常因为资金的缺乏和不具备收集于己有利的必要证据的能力而形成获得司法救济的障碍。主体的不平等性，使得环境侵权总体上丧失了遵循私法自治、过失责任等现代民法基本原则的基础。环境侵权的加害人往往不是给某一地区环境造成损害的一个人、一家企业，而是不特定多数人或企业所实施行为综合作用的结果。环境侵害的对象往往是相当范围内不特定的多数人和物。被侵害者的数量和范围往往难以确定。环境侵权的不特定性表现为非特定众多污染源的复合污染对相当区域不特定的多数人的多种权益的同时侵害。⑤ 个体通过联合寻求与加害方达到一种力量的均衡。

3. 纠纷的预防与救济并重

环境状况具有不可逆性，环境损害一旦发生，往往是无法恢复的，无论是身心健康还是自然环境，即使可以恢复也要付出极高的经济代价和时间成本。当今世界各国都由污染物的末端处理政策转向预防性环境政策。环境侵害领域自然也应加强预防性

---

① 例如，2003年渔场职工马长松承包龙阳湖进行渔业养殖，由于周边几十家企业、工厂大肆排放污水，加上周边居民大量的生活污水未经污水处理直接排入湖内，导致龙阳湖水水质日益恶化，自承包以来每年都会发生大面积死鱼事件，最终导致龙阳湖完全不能养鱼。马长松选择了周边几家大型排污企业向汉阳区人民法院提出民事诉讼，要求排污企业共同承担因环境污染造成的经济损失239万元的民事赔偿责任。同时追加了负有生活污水处理责任的武汉市水务集团公司、城建开发公司和生活污水处理厂等国有企业作为民事诉讼的共同被告。该案属于公益隐含在私益诉讼中部分或全部的实现。具体参见杨凯. 从三起环境关联诉讼案例看环境公益诉讼之开端——在私益与公益诉讼之间徘徊的环境权益保护司法救济模式之选择[J]. 法律适用，2010（Z12）：98.

② 例如，2009年6月因江苏江阴港集装箱公司在作业过程中随意排放、冲刷铁矿石粉尘造成污染，朱某代表周边居民与中华环保联合会共同提起诉讼，后该案以调解结案。该案被认为是我国环境公益诉讼的"破冰之旅"，即通过维护公益达到保护私益的目的。参见鲍小东. 环境公益诉讼"里程碑式"破局[N]. 南方周末（电子版），2011-11-1. 美国1997年发生的为保护海龟的生存环境而依据《濒危物种法》提起的请求禁止联邦紧急事态管理局在一海岛修建居住设施的诉讼也是没有争议的公益诉讼。具体参见吕霞. 环境公益诉讼的性质和种类——从对"公益"的解剖入手[J]. 中国人口、资源与环境，2009（3）：56.

③ 苏永钦. 走向新时代的私法自治[M]. 北京：中国政法大学出版社，2002.

④ 李卉卉. 我国环境权益群体性诉讼之探析—相关问题的反思与域外借鉴[A]. 昆明：2009年全国环境资源法学研讨会论文集[C]，2009：1024.

⑤ 王明远. 环境侵权救济法律制度[M]. 北京：中国法制出版社，2001.

手段的运用。传统侵权行为法要求侵权行为必须是以造成损害为前提，而在环境侵权行为中，有些侵权行为的发生需要经过一段时间，经由多种因素的累积、复合之后才能产生损害后果。环境侵权的后果往往是各种因素累积并经过相当长的时间的作用后才逐渐显示出其危害性。并且其造成的损害是持续不断的，不会因为侵权行为的停止而停止损害。① 侵权的成立不仅可表现为已经造成了损害事实，而且可表现为尚未造成实际损害，但极有可能造成损害之状态。② 环境侵权应注意事先预防性的侵害排除手段，以行政救济性的手段防止环境侵害的发生，以危害事实而非损害结果作为环境侵权行为的构成要件，符合环境问题的自身特点和加强预防性环境救济的现实需要。如果以损害结果作为环境侵权行为的构成要件，则只能在损害结果发生后采取补救性的损害赔偿或对正在反复发生的损害采取排除危害的防范性措施，不存在再有造成损害之可能，但损害尚未发生前采取防止侵害的预防性措施。③

二、环境群体性纠纷的类型分析

（一）环境群体性纠纷与环保群体性事件

环境信访是观察环境领域问题和矛盾的重要窗口，1995 年全国环境信访来信总数为 58678 封，来访批次 94798 封；2001 年来信总数增长到 367402 封，来访批次 80575 封；2010 年来信总数增长到 701073 封，来访批次 34683 封，来信总数增长近 11 倍。④ 2001 年至 2012 年来访批次有所回落，但来访人数下降不明显，说明群体性环境信访在增加。2001 年到 2010 年环境信访的上访主体，整个村或几个村的联合上访占多数。上述环境信访问题如果得不到及时的疏导和解决，大多有转化为环境群体性纠纷甚至"环境群体性事件"⑤ 的可能。

1995 年至 2006 年 10 年间，全国因环境问题引发的群体性事件上升 11.6 倍，年均递增 28.8%。⑥ 2009 年，中国发生了 6 起较大的因环保问题引发的公民群体性事件，而在过去的 10 年间，同规模的环保群体性事件仅为 10 起。⑦ 2007 年以来的各类群体

---

① 侯怀霞. 私法上的环境权及其救济问题研究 [M]. 上海：复旦大学出版社，2011.

② 夏凌. 环境纠纷处理中的公共利益——兼论法官的作用 [A]. 张梓太主编. 环境纠纷处理前沿问题研究中日韩学者谈 [C]. 北京：清华大学出版社，2007：74.

③ 王明远. 环境侵权救济法律制度 [M]. 北京：中国法制出版社，2001.

④ 参见 2001 年至 2012 年《中国环境统计年报》，其中 2007 年至 2009 年环境信访来信数及来访批次参见杨朝霞、黄婧. 如何应对中国环境纠纷 [J]. 环境保护，2012（Z1）：66-68.

⑤ 环境群体性事件是指因环境矛盾引发的、由部分公众参与并形成有一定组织和目的的集体上访、集会、阻塞交通、聚众闹事、围堵党政机关等群体行为，并对政府管理和社会造成影响的行为。参见中国行政管理学会课题组. 群体性突发事件研究专辑 [J]. 中国行政管理，2002（5）：203.

⑥ 张玉林. 中国农村环境恶化与冲突加剧的动力机制——从三期"群体性事件"看政经一体化 [A]. 吴敬琏，江平主编. 洪范评论 [C]. 北京：中国法制出版社，2007：196.

⑦ 墨绍山. 环境群体事件危机管理：发生机制及干预对策 [J]. 西北农林科技大学学报（社会科学版），2013（5）：145.

性事件可分为两类，一类是预防式的群体性事件，公众基于预期利益受损而聚集抗议，如 2012 年四川什邡和江苏启东发生的大规模环境群体性事件。[①] 另一类是事后维权式群体性事件，即因环境污染或生态破坏而对人身权、财产权造成侵害的案例。此类事件在全国范围内也层出不穷。如 2005 年浙江金华东阳画水镇事件；浙江绍兴新昌药厂污染事件；浙江长兴蓄电池厂污染事件；[②] 2007 年的北京六里屯事件；[③] 2008 年舟山定海和邦化工厂污染事件；[④] 2009 年陕西凤翔、湖南武冈云南东川等 12 起重金属、类金属污染事件，这些事件致使 4035 人血铅超标，182 人镉超标，引发 32 起群体性事件。[⑤]

---

① 2012 年 6 月 29 日，宏达钼铜项目在什邡开工。7 月 1 日，部分市民在什邡市委门口和附近广场聚集，要求停建项目，7 月 2 日，仍然陆续有市民到什邡市委、市政府门口聚集，少数市民情绪激动，发生打砸事故。随后，什邡市政府发布通告，责成企业（宏达钼铜）从即日起停止施工。参见《四川什邡事件舆情分析》，新华舆情，http://news.xinhuanet.com/yuqing/ 2013–10/23/ c_125585811_3.htm，2013-10-23. 日本王子造纸在南通设立了造纸厂，但有大量污水需要排放，于是决定将排污工程管道在启东附近入海，是为南通排海工程，2012 年 7 月 28 日，由于担心日本王子纸业集团准备在当地修建的排污设施会对当时民众生活产生影响，数千名启东市民在市政府门前广场及附近道路集结示威，散发《告全市人民书》，并冲进市政府大楼。参见江苏启东事件舆情分析. 新华网 [EB/OL].http://news.xinhuanet.com/yuqing/2013–10/23/c_125585833.htm，2013-10-23.

② 画水镇在竹溪工业园的建设过程中陆续有 13 家化工企业进驻。2001 年起，园区方圆 3 公里之内，工厂排放的废气使得村民呼吸困难，蔬菜难以生长，水稻减产，大片水杉、苗木死亡。画溪河水在 2002 年变成了劣五类水质，鱼虾灭绝。早在 2001 年他们就开始向政府请愿，写公开信、上访。2005 年 4 月 10 日，东阳市政府出动 3000 名警察和政府工作人员前往画水镇，清除当地农民为抵抗污染而搭建的占道竹棚，遭到当地农民两万多人的围堵，造成 30 多人受伤，69 辆汽车被毁。参见吕忠梅. 侵害与救济：环境友好型社会中的法治基础 [M]. 北京：法律出版社，2012：111. 新昌药品污染事件，浙江京新药业股份有限公司制药过程中造成了新昌江污染，村里的庄稼开始大幅度减产，2005 年 6 月 22 日，约 50 名村民到京新药厂要求为村民体检并支付营养费，当地村民集体提出索赔 1000 余万元。7 月 5 日，京新药厂停产，在处理反应炉里存有的化学物品时，村民误认为工厂复工，与前来维护治安的警察发生冲突。参见雷蕾. 污染新昌江致工厂停工京新药. 东方早报 [EB/OL].http://finance.sina.com.cn/ money/tz/20050714/0141200224.shtml，2005-7-14. 长兴蓄电池厂污染事件，长兴县那些紧靠蓄电池厂的村庄，污染的空气导致作为村民主要副业的蚕丝产量急剧下降，河水里的鱼逐渐灭绝，鸭蛋孵不出鸭子，种鸭变得奇形怪状。据调查，该县的煤山镇一带，土壤中的重金属镉和铅的含量均超过国家标准。2004 年，一些蓄电池厂的工人出现了严重的铅中毒后果，2004 年 6 月 13 日，数千人聚集在浙江省长兴县政府门口投诉。参见章再亮. 500 儿童铅中毒，蓄电池行业蓄积隐忧——长兴蓄电池行业污染调查. 市场报 [N]，2004-07-27（10）.

③ 六里屯位于北京西北上风口，自 1997 年以来一个占地约四十公顷的垃圾填埋场建在此地。附近居民早就为臭气污染问题维过权，但是，十年来，几乎没有任何进展。除了难以忍受的味道外，水也是个重要的问题。中国科学院地质研究所专家曾对六里屯垃圾填埋场周边地下水做过检测。"垃圾场周边地下水已受到污染。如果将浅层地下水作为饮用水，对居民的威胁非常大。" 2007 年 3 月，海淀区政府决定在此地动工一个垃圾焚烧发电厂，海淀北部新区部分小区业主集体拟定了《百旺新城社区居民反对在六里屯建设垃圾焚烧厂投诉信》，并在此后向北京市政府提出行政复议申请。2007 年 6 月 5 日，百旺新城社区部分居民在世界环境日这天统一着装，到前国家环境保护总局请求解决问题。6 月 12 日，前国家环境保护总局做出决定，要求项目在进行进一步论证前应暂缓建设，论证过程应向社会公布。在相关环境论证和意见征求结果报送备案并核准公布之前，项目不得开工建设。具体参见舒旻. "散步" 始末：厦门 PX 和北京六里屯事件的分析 [J]. 世界环境，2008（6）：48.

④ 钟其. 当前浙江环境纠纷及群体性事件研究 [J]. 观察与思考，2012（2）：63.

⑤ 2008 年 4 月 13 日，浙江省舟山市和邦化工公司生产排出的有味气体致使许多村民闻之以后出现呕吐和晕倒。4 月 14 日，当地近千名居民前往化工厂门口抗议。参见张君. 农民环境抗争、集团行动的困境与农村治理危机 [J]. 理论导刊，2014（2）：21.

再如，尾矿库①、尘肺病②引发的群体性事件。环境群体性事件一般有较长的酝酿及持续过程，事先预防型和事后救济型的环境群体性事件的利益相关人往往通过各种途径表达自己的利益诉求却被拒之门外或未得到重视，直至爆发大规模的环境群体性事件。此外，未形成群体性事件的环境群体性纠纷也大量存在着，如 2010 年百户农民诉福建省固体废物有限公司大气污染案③、2011 年康菲溢油案④ 等。

上述情况表明我国当前环境侵权群体性纠纷很多，进入行政程序的很少，进入司法程序的更少。真正通过诉讼解决的环境纠纷不足 1%。以海南省为例，2003 年至 2007 年，受理环境相关案件 69 件，环境类案件占案件总数的 0.04%。而此时间段内，我国环境信访数量每年均在 60 万件以上。环境司法救济途径不顺畅、对环境保护的保障作用严重不足使得大部分环境侵权案件无法得到司法救济而不了了之或通过私力救济来解决，救济的结果往往与受害人的经济实力、社会地位等因素关联，即使救济较为充分，也多是围绕受害人人身、财产权利而进行，对于具备公共利益的自然和生态利益，几乎没有考量。⑤

（二）环境侵权群体性纠纷的类型分析

类型化研究源于德国学者马克思·韦伯的理想类型理论，是研究和分析社会现象时方法论上的有效工具。环境侵权无论在主体、客体和侵害权利的类型上都具有多样化的特征，很难用统一的标准去判断和衡量。环境侵权的类型化对我国环境侵权立法

---

① 尾矿库是指金属或非金属矿山开采出的矿石，经选矿厂选出有价值的精矿后排放的"废渣"。含有暂时不能处理的有用或有害成分，随意排放，将会造成资源流失，大面积覆没农田或淤塞河道，污染环境。如紫金矿业尾矿库溃坝。2010 年 7 月 12 日，福建省环保厅通报称紫金矿业集团公司旗下紫金山铜矿湿法厂污水池发生渗漏，污染了汀江，初步统计，汀江流域仅棉花滩库区死鱼和鱼中毒约达 378 万斤。企业瞒报事故达 9 天之久。突发性环境污染事件，受害人往往需要即时得到赔偿以降低损失，一般的民事案件诉讼程序诉讼时限过长，不能解决受害人希望通过诉讼手段快速获得赔偿的问题。受害的渔民宁愿选择将死鱼倒在县政府和工厂门口以示抗议，申讨赔偿。具体参见顾明，徐丰果. 突发性环境污染事件中的企业环境信息公开问题研究——以紫金矿业水污染事件为例 [J]. 长沙铁道学院学报（社会科学版），2011（1）：34，36.

② 尘肺病已成我国最严重的职业病，发病率高居职业病之首，农民工多集中在同一地区或者同一个厂矿就业，进而形成区域性的群体尘肺个案，出现了"尘肺家庭""尘肺村""尘肺乡"。根据媒体报道的数据，自 21 世纪以来，全国已经出现了 40 余个尘肺村，主要分布于湖南、四川、河南、陕西等省份。

③ 成立于 2000 年的福建省固体废物处置有限公司，从选址到生产存在多项环境违法及环境污染行为，引发周边村民多人患上癌症，满山果树及经济作物绝产绝收。环保部门曾经多次对该企业下发整改通知，收效甚微。2010 年 10 月，中国政法大学污染受害者法律帮助中心帮助福建省闽侯县 400 多名农民向法院提起诉讼，要求福建省固体废物处置有限公司停止对当地环境的破坏及对村民健康的侵害，并赔偿 10 年以来对当地村民的人身健康和经济财产造成的损失，同时恢复当地的自然环境。2010 年 11 月中旬，闽侯县人民法院决定受理此案。

④ 由于康菲石油中国有限公司的作业失误，其在渤海的钻井平台溢油事故，不仅给中国的海洋生态造成了极大的危害，而且给相关海域的渔民、养殖户带来了巨大的经济损失。依法享有诉权的国家海洋局迟迟未针对康菲公司的环境污染提起损害赔偿诉讼，急切寻求司法救济的渔民、养殖户的起诉却迟迟得不到法院受理。2011 年 6 月，河北乐亭近 160 户养殖户向天津海事法院起诉康菲石油中国有限公司，索赔 3.3 亿元。2011 年 12 月 30 日，经过漫长的内部协调和博弈，天津海事法院受理河北省唐山市乐亭县 29 名养殖户的赔偿请求。2011 年 12 月 13 日，河北省另外 107 名养殖户也向天津海事法院提交了起诉状，因存在问题被要求补充起诉材料。

⑤ 吕忠梅. 理想与现实：中国环境侵权纠纷现状及救济机制构建 [M]. 北京：法律出版社，2011.

的完善和司法救济模式的构建具有较为重要的借鉴意义。通过对纠纷的类型化分析，可以明确各类型环境侵权群体性纠纷在司法实践中法律适用的具体思路，为我国环境侵权群体性诉讼规则的完善提供一个清晰的方向。

1. 侵害特定人权益、不特定多数人权益和侵害人类利益的环境侵权

环境侵权纠纷种类繁多，根据环境侵权侵害对象的广泛程度、受侵害的权益类型、救济途径和权利依据的不同可以分为三类：第一类是侵害特定人权益的环境侵权行为。此类环境侵权属于传统民法侵权行为的研究范围。侵害方可能是实力雄厚的大型企业，也可能是普通的公民、法人或其他组织，受害方是可确定的小范围的主体。此类侵权侵害的客体是特定主体的人身权、财产权。例如，民众之间发生的相邻排水、通风、采光、日照和噪声污染侵权纠纷等个体性的案件[1]或企业与个人之间发生的环境污染纠纷。[2] 第二类是侵害不特定多数人权益的环境侵权。侵害主体往往是大型的企业或众多污染主体的聚合。受害者往往是人数众多，范围广泛的不特定的公民、法人、其他组织等多类型主体。侵害形式可以是环境污染也可以是生态破坏，侵害的对象既包括不属于个体的大气、水、森林、草原、动植物等公共环境资源，又包括普通公民、法人和其他组织的人身权、财产权及环境权。损害后果最终及于特定社会主体的私益的聚集（部分学者又称多人公益）和社会公共利益（部分学者称为集体公益）。例如，2004年四川沱江水污染事故中[3]，沱江的生态遭受严重破坏的同时，也伴随着沱江下游两岸近百万群众、沿江渔民和渔业养殖户的人身权、财产权等私益的损害；2011年

---

[1] 张家、李家系邻居，两家地面落差近3米。张家十几年前在院内打井一口，供生活用水。2005年1月，李家在张家的西边建设两排猪舍用于养猪，距张家水井15米。同年3月，张家称其水井受到污染，并于8月委托当地卫生防疫站对水井水质进行检测，经检验该水井的水硝酸盐超标1倍、细菌总数超标11倍、大肠菌群超标12倍。张家要求赔偿未果，遂诉至法院。参见王林林.本案是相邻关系纠纷还是环境污染侵权纠纷.山东法制报[N].2010-04-16（3）.

[2] 处渤海之滨滦河三角洲的河北省乐亭县，是全国滩涂贝类精养区之一。2000年10月，来自河北迁安第一造纸厂、迁安化工有限责任公司等9家企业的工业污水，沿滦河河道滦乐灌渠大量排放到乐亭县王滩镇大清河、新潮河、小河子、长河入海口海域，涌入孙某等18户渔民经营的6家海水养殖场，致使即将成熟上市的文蛤、青蛤、蛏子以及梭鱼、鲈鱼等滩涂贝类、鱼类成批死亡，大部分绝收，经济损失2000余万元。2001年5月，孙某等18户渔民将迁安第一造纸厂等9家排污企业一起诉至天津海事法院，要求9名被告共同赔偿损失2000余万元，并停止污染侵害。天津海事法院委托农业部渔业环境监测中心黄渤海区检测站对本次污染事故的原因进行鉴定，该站认定原告养殖物的死亡是各被告排放污水所致。参见渤海特大渔业污染案一审判决，18名渔民获赔1365万.中华工商时报[N].http://finance.sina.com.cn/roll/20020417/196056.html，2002-04-17.

[3] 2004年2月至3月，成都市青白江区的川化股份集团进行的增产技术改造工程未按规定报环保部门审批。投料试生产后出现了故障，将没有经过完全处理的含氨氮的工艺冷凝液和高浓度氨氮废水直接排放，导致废水中氨氮浓度超标几十倍到一百多倍。导致沱江干流发生特大大水污染事故，事后该公司相关部门负责人未及时应对，使得严重超标排污持续了近20天，造成沱江下游两岸近百万群众生活饮用水中断，给流域内5市的工农业生产和群众生活造成直接经济损失2.19亿元。沱江生态遭到严重破坏，至少需要5年时间方可恢复到事故前的水平。在追究相关责任人刑事责任的同时，主管部门对川化集团做出100万元的行政处罚，征收超标排污费405万元。支付渔业损失赔偿1100多万元，其中350万元赔偿金用于对天然水域的人工增殖放流，鱼类资源的保护、恢复和管理。820万元用于沿江合法渔民和渔业养殖户的损失赔偿金。

康菲溢油事故中①同样是渤海湾生态环境等公共利益的损害和渔民、沿海居民私益损失并存。第三类是侵害人类利益的环境侵权，发生在公海、国际海底区域、南极洲等主权所不能及的属于全人类的环境侵害行为，还有一类国际性环境侵权是发生在一国境内的环境污染、环境侵权导致他国受到侵害。②本文的研究范围主要限定于大规模环境侵权诉讼，即侵害不特定多数人权益引起的环境侵权群体性诉讼。

2. 环境污染型环境侵权和生态破坏型环境侵权

依据环境侵权对环境造成损害的性质，将环境侵权分为环境污染型和生态破坏型两类。环境污染型侵权是指人类的生产、生活过程中向环境排放了超过环境自净能力的物质与能量，从而使环境的物理、化学、生物性质发生变化并给他人的人身、财产权益和环境权造成损害危险或损害的法律事实。按照环境要素区分，环境污染型环境侵权可以分为大气污染环境侵权、水污染环境侵权、土地污染环境侵权、噪声污染环境侵权等类型。依据环境污染行为是否违反行政管理法律、法规可以将环境污染侵权的类型分为违法型环境污染侵权③和不违反行政管理范围内的环境侵权。其中不违反行政管制范围内的环境侵权可以分为突发性环境污染和渐进型环境污染。④突发性环境污染是指因为意外事故或其他突发性环境事件，使得本应由人类控制的大量污染物失去控制，在短时间内快速进入环境，造成环境质量的下降。例如 2004 年的四川沱江水污染事故，2005 年的松花江水污染事故，2012 年后康菲溢油事故。渐进型的环境污染是由于持续的环境污染物排放引起的，表现为人类生产或生活的废弃物长时期内逐步进入环境，累积的效果使得环境质量下降，此种环境侵权的责任主体一般较难确定，因为损害形成的周期长，过程比较复杂。共同侵权比较常见，其所导致的人身、财产和生态损害后果一般都是逐渐显现出来的，包括非有意情况下污染物的缓慢泄露和有意排放大量废弃物到环境中，因果关系较难确定。

生态破坏型环境侵权是指人类不合理地从环境中取出或开发出某种物质、能源，造成对环境和人类的不利影响和危害的同时或之后，对他人人身权、财产权和环境权造成损害之危险或造成损害时，依法应当承担民事责任的行为。⑤例如，西村村委会诉

---

① 2011 年 6 月 4 日，美国康菲石油中国有限公司开发的渤海湾蓬莱 19 — 3 油田作业区 B 平台，出现少量溢油。6 月 17 日，该作业区 C 平台发生小型井底事故，使周围海域 840 平方公里的 1 类水质海水下降到了劣 4 类。

② 吴继刚 . 环境侵权的类型探析 [J]. 山东师范大学学报（人文社会科学版），2003（6）：119.

③《民法通则》第一百二十四条规定：" 违反环境保护法防止污染的规定，污染环境造成他人损害的，应当依法承担民事责任。"

④ 刘长兴 . 环境污染侵权的类型化及责任规则探析 [J]. 宁夏大学学报（人文社会科学版），2010（3）：129.

⑤ 蔡守秋 . 环境资源法教程 [M]. 北京：高等教育出版社，2004.

长岛县海运公司浅滩采砂侵权损害赔偿纠纷上诉案。[①]生态破坏型环境侵权可以分为土地资源的破坏引起的环境侵权、森林资源的破坏引起的环境侵权、草原资源的破坏引起的环境侵权、水资源的破坏引起的环境侵权、矿产资源的破坏引起的环境侵权、物种资源的破坏引起的环境侵权、自然景观的破坏引起的环境侵权、风景名胜地和文化遗址地的破坏引起的环境侵权等。生态破坏型环境侵权的权利主体，如海洋、草原、森林、矿藏等环境要素属自然资源归国家所有，国家对环境资源的所有权可以分为三类：一是已经转化为经营性资产的国有环境资源。组织和个人根据《民法典》第三百二十四条有关国有自然资源用益物权的规定占有、经营和管理该国有资产，如对这些环境资源造成破坏，可以由这些单位作为民事索赔的主体，如采矿权、养殖捕捞权；二是有关部门管理下的国有环境资源；三是不归属任何一个独立的管理部门、公共属性非常明显的环境资源，如大气资源和水资源。[②]

二者之间时常存着这共生互促的关系，在一定的条件下还可能相互转化。污染的加剧会使生态环境受到进一步的破坏，生态环境遭到破坏的时候会降低环境的自净能力，致使污染加剧。因此，环境污染型环境侵权和生态破坏型环境侵权一样，都可能带来生态的损害。2004年，欧盟发布《关于环境侵权的预防和补救方面的环境责任指令》（简称环境责任指令），该指令旨在为环境本身遭受的某些损害提供救济。欧盟成员国对环境污染造成的人身、财产损害提供救济，但并非所有的成员国的立法都规定了对环境自身所遭受的侵害的法律救济。在环境侵权的救济方式上也经历了由私法为主向公、私法混合的转变。对于环境自身遭受的损害，则综合运用公法、私法提供法律救济。一直以来目前我国污染型环境侵权的立法比较齐全，民事基本法、环境基本法和各环境单行法都对环境污染的民事责任做出了明确的规定，但立法和相关理论对生态破坏型环境侵权的规定和研究相对不足，条文数量很少，对于生态破坏事故、生态灾难，间接侵害他人人身、财产权益的情况，很少有条文做出规定。在有限的条文中通常通过刑事责任和行政责任来予以生态保护，很少有民事责任的规定。生态破坏法律责任形式的规定上重行政轻民事，重处罚轻赔偿。[③]在诉讼领域，《民事案件案由规

---

① 原告西庄村委员会诉称西庄村以西的海岸遭海水侵蚀的现象加剧，许多地段沙滩已不复存在，土地被冲毁。经国家海洋局烟台海洋管区和国家海洋第一海洋研究所的报告称，其中在登州浅滩采砂是该段海岸侵蚀加速的主要原因。法院判决认为西庄村遭受的损害，是自然侵蚀、岸边取砂和登州浅滩消退等多种原因形成的，海运公司只能承担与其行为相应的赔偿责任。依照《中华人民共和国民法通则》第一百零六条第二款的规定，根据《中华人民共和国矿产资源法》第三十条第三款规定："开采矿产资源给他人生产、生活造成损失的，应当负责赔偿，并采取必要的补救措施。"海运公司在取得《临时采矿许可证》以后的采砂行为，虽然主观上没有过错，但是依照民法通则第一百零六条第三款"没有过错，但法律规定应当承担民事责任的，应当承担民事责任"的规定，亦应承担民事责任。判决被告长岛县海运公司承担侵权的民事责任。
② 陈开梓. 环境侵权类型化探析 [J]. 行政与法，2008（5）：56.
③ 薄晓波. 生态破坏侵权责任研究 [M]. 北京：知识产权出版社，2013.

定》第 226 种案由为环境污染损害赔偿纠纷。而从裁判文书援引的法律中可知，目前法院受理的环境案件主要集中在水污染、噪声污染、采光纠纷等领域，对于生态破坏等案件几乎没有涉及。2014 年起我国逐步建立起生态环境损害赔偿制度。最新修订的《环境保护法》第 64 条规定，因污染环境和破坏生态造成损害的，应当依照《中华人民共和国侵权责任法》的有关规定承担侵权责任，明确了因破坏生态而造成损害的侵权应承担相应的侵权责任。《民法典》第 1229 条至 1235 条是环境污染和生态破坏引起的侵权责任的相关规定。

第二节 环境群体性诉讼的法理依据

一、环境群体性诉讼的基本特征

群体性诉讼被视为能够保护环境权益的最有效的法律技术。具体是指人数众多的一方构成的利益共同体，基于同一或类似的事实问题和法律问题进行诉讼的概括性描述。并非指某一个具体的诉讼形式和制度，而是对一类诉讼现象的描述。不同的国家会采用不同的群体性诉讼形式，形成不同的纠纷解决途径。[1] 与此对应，环境侵权群体性诉讼是指在生产、生活过程中因环境污染或生态破坏引起的众多当事人环境权益受到损害，有时伴有环境生态的损害，群体中有相同利益的一方因同一或类似的事实问题和法律问题进行诉讼的概括性描述。它可以把若干具有同一或类似环境损害内容的纠纷集中于同一诉讼中，提高环境侵权案件的审判效益，减少了因此类冲突产生的社会不安定因素。减少了重复起诉，避免了矛盾的判决。环境利益的扩散性、集合性和复杂性使得群体诉讼为适应环境侵权的解决自身也发生了很多的变化，各国均在研究对策，对环境侵权群体性诉讼的具体制度给予完善，以增强其适用性，并在诸多方面突破了传统的民事诉讼理论的束缚。

（一）弱化当事人主导的色彩，强化法院职权管理功能及国家干预

环境侵权群体性诉讼包括私益聚集型环境众益诉讼[2] 和环境公益诉讼。对于环境公

---

[1] 王福华. 变迁社会中的群体诉讼 [M]. 上海：上海世纪出版集团，2011.

[2] 有学者认为多数人纷争解决程序如代表人诉讼、集团诉讼、选定当事人诉讼等也具有公益诉讼程序的特征，并纳入公益诉讼的考察范围，对此笔者为突出多人公益和公共利益在诉讼程序基本理念上的诸多不同，本书中公益诉讼中的公益仅限于公共利益，不包括多人公益。参见潘申明. 比较法视野下的民事公益诉讼——兼论我国民事公益诉讼制度的建构 [D]. 上海：华东政法大学，2009.

益诉讼与传统解决私权纠纷的民事诉讼在法律技术、基本原理上存在较大的差异，突破了传统的当事人理论和既判力扩张理论，在辩论原则和处分原则的适用上也受到诸多的限制，如公益诉讼中不允许自认、撤诉和放弃权利等。《关于审理环境民事公益诉讼案件适用法律若干问题的解释》首次在环境公益诉讼中允许和解、调解，但要求和解、调解必须公告，并经法院审查不损害社会公共利益，方可出具调解书。对于环境众益诉讼本质上属于分散型私益的聚集，因此传统民事诉讼中的辩论原则和处分原则依然适用。和解、调解、自认、撤诉都由当事人自主决定。环境侵权诉讼中通常影响广泛，涉及多数人的扩散性利益或涉及公共利益，且很多情况下环境公益、私益并存。① 对此诉讼一般不采取当事人主导的诉讼机制，而是加强法院的干预和监督，在诉的合并、预审和发现程序、群体诉讼的认定、当事人是否适格、举证责任以及如何运用此种诉讼等都贯穿着法官对诉讼的控制和管理职能。以美国墨西哥湾溢油事故引发的众多环境侵权诉讼为例，由于涉及地域广、人数众多，案件诉讼请求复杂多样，合并后的预审对法院的诉讼管理提出了极大的挑战。法庭管理技术如何创造性地应用于主张支付、和解和审判管理过程都体现了环境侵权群体性诉讼中强化法院管理职能的必要性。

（二）由解决个别环境纠纷转向通过审判来调整行为、制定环境公共政策

群体诉讼的价值和功能除了一般民事诉讼所具有的权利救济与纠纷解决之外，更重要的是其承载了接近正义、提升经济震慑和创造法律的功能。② 与环境权益相关的诉讼请求往往具有扩散性，同时还包含具有明确的社会性、政治性的诉求。环境侵权群体性诉讼并非完全私权纠纷的解决，在帮助民众接近正义的同时，还肩负着社会环境公共政策形成的使命。通过对环境侵权纠纷的解决，隐含着与环境权益相关的间接社会关系的调整，为全社会确立与环境公益有关的行为指南，甚至影响当地环境、经济政策的制定与执行。③

（三）公益、私益诉请相伴而生、交叉融合

环境侵权中加害人和受害人的不特定性决定了环境侵权纠纷发生之后，起诉人数常常处于不确定的状态。不确定的众多受害者各自的诉讼请求也千差万别。在诉讼请求的类型上往往集中了公权主体、私权主体提起的人身伤害、财产损害方面的环境侵权索赔请求。环境侵权行为的原因无论是环境污染或是生态破坏，都有可能直接损害私人的人身权、财产权等私人利益，同时又都有可能侵害社会性的公共环境权益，环境公益诉请和环境私益诉请相伴而生。部分私益诉讼停止侵害的诉请可以同时维护环

---

① 张艳蕊. 民事公益诉讼制度研究——兼论民事诉讼机能的扩大 [M]. 北京：北京大学出版社，2007.

② 钱颖萍. 瑞典群体诉讼制度研究 [M]. 北京：中国政法大学出版社，2013.

③ 李刚. 群体性环境污染与法律救济 [J]. 资源与人居环境，2006（6）：49.

境公益，行政机构和社会团体也可代表众多的私益受害者在提起公益诉请时一并提起私益诉请。同一环境侵权引起的环境公益诉讼和环境私益诉讼需要通过复杂诉讼的管理技术避免利益主体的重复起诉、重复举证、矛盾盘踞，有助于提高司法的效率和诉讼的经济。特别是法律授权公益团体或行政机构作为起诉主体，由于其具有专业能力和财力去调查相应的证据，同时具有较大的公信力和说服力，容易与对方达成一揽子解决的和解协议。①

（四）诉讼双方的不平等到力量的均衡

环境污染的受害者往往在环境中处于生理方面的弱者，如胎儿、老人、幼儿、病人、自然界的动、植物等。他们对自然环境依赖程度较高，受害较为严重并较早的显现出来。这一群体常常因为知识和资金的缺乏而在寻求司法救济的过程中面临巨大的障碍。侵害方往往是国家机构或拥有雄厚财力、实力的公共团体、现代企业或其他组织。广大群体成员往往无法与之相抗衡。群体性诉讼使得相对弱小而分散的一方当事人基于共同的事实问题、法律问题而凝聚成为暂时的团体。与对方当事人形成力量均衡或接近力量均衡的状态。②

（五）环境司法的专业化

设立专门的环境审判机关或组织来处理环境案件成为越来越多国家的选择，到2009年，世界上已经有41个国家成立了350个环境法院或审判庭。中国当前严峻的环境纠纷成为我国地方法院尝试环境司法专业化的实践根源。自2007年贵阳清镇市人民法院成立我国第一家生态保护法庭，截止到2014年，迄今已有20个省（区、市）设立了369个环境保护法庭、合议庭或者巡回法庭。但从本质上来讲，纠纷数量的多寡并不是设立专门性审判组织的主要原因。诉讼机制在处理环境交叉案件上的困顿和对环境公益保护的缺失成为建立专门环境审判机关或组织的制度基础。③一方面，环境侵权案件牵涉面广，且涉及复杂的专业知识及技术及多种专业鉴定，需要专业的审判人员和相应领域的专家参与到审判中来；另一方面，环境侵权纠纷中预防与救济并重的特征要求建立行政救济、民事救济、刑事诉讼一体化、公益、私益融合的环境侵权救济体系。环境司法的专门化不仅要实现审判机关或组织的专业化，更要实现审判制度或环境案件审判程序规则的专业化。④

---

① 钱颖萍．瑞典群体诉讼制度研究 [M]．北京：中国政法大学出版社，2013．

② 戴景华．试论集团诉讼对于环境公害纠纷解决之借鉴 [J]．赤峰学院学报（汉文哲学社会科学版），2010（12）：45．

③ 张敏纯．环境审判专门化省思：实践困境及其应对 [J]．中南民族大学学报（社会科学版），2011（1）：134．

④ 徐刚．生态环境司法专业化研究 [J]．重庆与世界（学术版），2013（5）：123．

二、群体性诉讼概念的重新审视与界定

（一）学界当前对群体性诉讼和公益诉讼的界定

目前学界对群体性诉讼和公益诉讼二者关系的理解比较混乱，尚缺乏深入的研究。有些学者将群体性诉讼纳入了公益诉讼的范畴，有的学者认为二者既存在交叉又相互分离，在公益诉讼的样态法律还未做出合理规范的时候，公益诉讼往往借助于群体诉讼机制给予实现。[①] 某些公益诉讼案件中也包含着私益的诉讼请求。造成这种混乱的根本原因在于不同的学者对群体的概念、公益的概念从广义和狭义的角度交错混用所致。

对于公益的概念，广义的公益包括"多人公益"和"社会公共利益"，多人公益是分属于多个人中各个人的多人利益，公益的主体是多个人，不是一个单一的主体，具有可分割性。而社会公共利益则属于多数人共同享有的，是不可分割的和具有不确定性的利益。狭义的公益仅指社会公共利益。如《比较法视野下的民事公益诉讼》一文中，认为公益诉讼的范围包括公民、社会团体、行政机关、检察机关提起的维护社会公共利益的诉讼，还包括集团诉讼、代表人诉讼和选定当事人诉讼等多数人纷争解决程序，即从广义上界定公益诉讼。[②]

对于群体性诉讼的概念在法学界也没有形成一个统一的应用，也存在广义和狭义的界定，广义的群体性诉讼是一种集合性的学术概念，而不是对一种专门性制度的特指，用于描述人数众多的诉讼，将世界各国的类似制度集合在这一个概念之下，在这一问题研究的初期，美国的集团诉讼、德国的团体诉讼和日本的选定当事人制度、代表人诉讼都被纳入了群体性诉讼的范畴。个体提起的具有维护公益性质的单独诉讼未纳入群体性诉讼的范畴。而学者将团体诉讼纳入群体性诉讼的范畴的理由是虽然当事人只有单一的团体，不符合群体性诉讼中"多数当事人"的要素，但从团体起诉的动因和实际效果看是为了满足多数的团体成员的利益，多数团体成员是诉讼的直接受益人。[③]而狭义上对群体性诉讼的使用在我国也并未统一，有的在使用中特指我国的代表人诉讼，有的特指我国人数不确定的代表人诉讼。[④]

（二）群体性诉讼与公益诉讼关系的处理

不同学者对上述概念在不同语境下有区别地使用，自然导致了群体性诉讼和公益诉讼关系认识上的复杂化。如果从广义的公益概念出发，现行界定下群体性诉讼自然被纳入了公益诉讼的范畴。从上述分析中可以看出，广义的群体性诉讼和狭义的公益

---

① 肖建华，唐玉富.公益诉讼与和谐社会——以群体诉讼为考察对象 [J].法学论坛，2006（5）：35.

② 潘申明.比较法视野下的民事公益诉讼——兼论民事诉讼机能的扩大 [D].上海：华东政法大学，2009：14。

③ 汤维建.群体性纠纷诉讼解决机制论 [M].北京：北京大学出版社，2008.

④ 范愉编.集团诉讼问题研究 [M].北京：北京大学出版社，2005.

诉讼包含的诉讼形式存在部分重合，出现了团体诉讼被认为既属于群体性诉讼又属于狭义公益诉讼的情况。如图 42-1 所示。

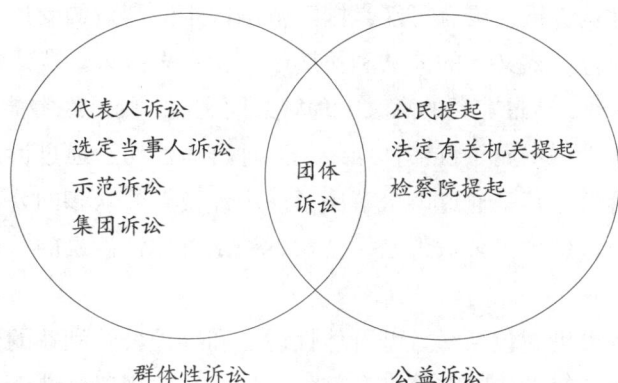

图 42-1 群体性诉讼与公益诉讼的关系

群体性诉讼多被界定为基于同一或同类法律利益的一方当事人人数众多，由特定主体代表多数当事人实施部分或全部诉讼行为，诉讼结果能够影响多数当事人的程序制度。具体形式包括集团诉讼、团体诉讼、示范诉讼、代表人诉讼、选定当事人诉讼等。[①]该类诉讼一般都是私权主张在规模上的扩张。[②] 按照现有的界定，群体性诉讼的本质是具有独立私权主张的众多当事人通过特定主体代表自己进行诉讼的制度。团体诉讼中只有经过团体成员授权团体代表众多成员提起私权上的损害赔偿请求的这类情况才属于群体性诉讼，而团体代表不特定多数人（不仅限于团体成员）共同享有的、不可分割的公共利益提起的不作为诉讼就不应属于此种界定下群体诉讼的范围。此种界定将群体理解为人数众多，可分割的私权主张的聚集，就会出现概念内涵和外延不一致情况。

群体的本意是具有共同点的个体组成的人群共同体。这种人数众多不是简单的人数累加，而是一个具有一定时间段和阶段性的利益共同体。该整体形成的共同利益诉求的表现形式既可以是可分割的，也包括不可分割的共享的整体利益。社群主义和公共利益是社会学、政治学和经济学中重要的研究领域，其关于共同利益和集体行动的理论同样可应用到群体性诉讼的研究中。社群主义强调普遍的善和公共利益，个人权利不能离开群体而自发的实现，也不会自动导致公共利益的实现。其所倡导的公共利益是一种非排他性的、相容性的公共利益，即增加新的受益者并不减少原受益者的利益，如清洁的空气。但也并非绝对，有些公共产品的使用如果超过一定的数量，就会显现

---

① 汤维建 . 群体性纠纷诉讼解决机制论 [M]. 北京：北京大学出版社，2008.

② 杨严炎 . 论公益诉讼与群体诉讼的关系 [J]. 政治与法律，2010（9）：155.

出排斥和竞争的性质。理解了公共利益的特征，也就理解了群体性纠纷产生的根源。公共利益是分层级和领域的，侵权行为有可能侵犯的是特定范围内的多数人，也有可能是不特定人的利益受损，更有可能是国家范围内全民利益的受损，也有可能是突破国家边界的公共利益。狭义上的公共利益属于不特定多数人。群体性诉讼是一种基于共同利益的集体行动，从最宽泛的意义上理解共同利益，则是经常被使用的公共利益。侵害公共利益的纠纷一定属于群体性纠纷，这种群体性纠纷通过诉讼的方式解决，又称为狭义的公益诉讼，其是通过诉讼解决了一个涉及人数众多的公益性纠纷。那么最广义的群体性诉讼就包含了公益诉讼，公益诉讼是群体性诉讼的一个领域，在此之外是私益群体性诉讼。[①]

群体性纠纷解决机制包括私益型群体性诉讼和维护公共利益的群体性诉讼（公益诉讼）。二者都涉及对不特定多数人利益的保护，私益型群体性诉讼还包括对特定多数人的利益保护。长期以来将私益型群体诉讼称为群体性诉讼，犯了以偏概全的错误，在具有包含关系的概念分类中，上位概念与下位概念基于不同含义使用同一词汇"群体"，容易引发概念间关系认识上的混乱与误解。这种词语上误读阻碍了私益型群体性诉讼和公益型群体性诉讼并存下公正、高效诉讼模式的构建。因此，本书为避免研究中词语运用上的混乱，根据诉讼所维护利益的不同将群体性环境侵权纠纷分为环境众益诉讼和环境公益诉讼两类，而在更广义上采用群体性诉讼一词，公益的概念则采用狭义的解释，仅限社会公共利益。环境众益诉讼和环境公益诉讼的交叉与分离体现了二者同属于群体性环境侵权纠纷解决机制的特征和公益与私益融合的体现，如图 42-2 所示。环境侵权群体性纠纷解决的是具有相同、相似诉讼请求，较大范围内特定或不特定多数人利益的纠纷，甚至会涉及大量潜在利益群体的保护。[②] 集团诉讼、团体诉讼和选定当事人诉讼都存在私益型群体诉讼和公益诉讼交叉存在的可能。

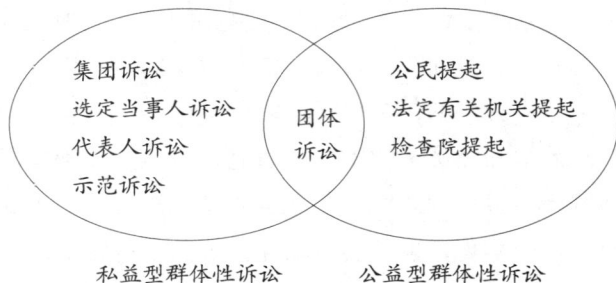

集团诉讼　　　　　　公民提起
选定当事人诉讼　　团　法定有关机关提起
代表人诉讼　　　　体　检查院提起
示范诉讼　　　　　诉讼

私益型群体性诉讼　　公益型群体性诉讼

图 42-2　对群体性诉讼的界定

---

① 汤维建. 群体性纠纷诉讼解决机制论 [M]. 北京：北京大学出版社，2008.

② 杨严炎. 论公益诉讼与群体诉讼的关系 [J]. 政治与法律. 2010（9）：155.

三、环境众益诉讼与环境公益诉讼的异同

本章中对环境侵权概念的界定，突破了传统狭义上环境侵权的概念。传统意义上环境侵权是指因生产和生活行为侵害环境并因而对他人的人身权、财产权等权益造成损害的行为，是对私权的侵害，是一种特殊侵权行为。[①] 通过前文分析认为应从广义上界定环境侵权，其产生的原因事实既包括环境污染也包括生态破坏。环境侵权的客体既包括人身权、财产权，也包括环境权及其他环境权益。相对应的环境侵权群体性诉讼是指在生产、生活过程中因环境污染或生态破坏引起的环境的损害，同时或进而引起的众多当事人人身权、财产权、环境权益受到损害，群体中有相同利益的一方因同一或同因的事实问题和法律问题推选出适格的少数当事人或由法律规定的公益代表人代表受害者起诉侵权人，法院裁判的效力对代表人及其代表的受害利益共同体均具有约束力的一种特殊的民事诉讼制度。

（一）环境众益诉讼的诉讼形式

对于环境侵权群体性诉讼的起诉主体为众多人身利益、财产利益及环境利益受到侵害的当事人。不确定多数人的人身利益、财产利益因环境损害而受到侵犯本质上属于私益的聚集，有学者称作环境众益，部分学者将其纳入广义公益的范畴，属于多人公益，是多个人的利益，分属于多个人中的各个人，这个公益的主体是多个人，不是一个单一的主体。但其与具有不可分性、非排他的相容性和不确定性的公共利益具有本质的区别，因此将此类诉讼称为环境众益更为恰当。对于环境众益诉讼，我国目前采取的诉讼形式为代表人诉讼，美国采用集团诉讼，德国采用团体诉讼、示范诉讼，日本采用选定当事人诉讼，以求更快捷妥当地解决环境纠纷、控制环境污染。

（二）环境公益诉讼的诉讼形式

由于环境属于典型的公共物品，环境利益是指环境具有多种生态服务功能而蕴含的利益，是基于人类对于环境的需求而产生的利益，其承载的利益往往表现为公共利益。不确定多数人环境利益受到侵害本质上属于环境公共利益的损害，称作环境公益。集体公益，是由多数人组成的集体的利益，是不可分割的整体共享利益。[②] 环境利益可以分为资源性的环境公益、容量性的环境公益、人居性的环境公益和调节性的环境公益。资源性环境公益是指环境要素因提供具有经济价值的天然资源而蕴含的利益；容量性环境公益是指环境要素因具备可分配的环境容量而承载的环境利益，如碳环境容量、大气环境容量等都可以作为排污指标，进行分配和交易。资源型环境公益和容量性环境公益属于经济性环境公益；人居性环境公益是指大自然为人类提供生产和生活所需的良好的人居环境而蕴含的利益，包括洁净的水、清新的空气、美好的景观等；调节

① 杨立新.侵权行为法 [M].上海：复旦大学出版，2005.
② 徐祥民、邓小云.环境公益诉讼对"环境权"说的拒绝 [J].浙江工商大学学报，2009（6）：12.

性的环境公益是指大自然提供的生态系统的自我调节、自我修复功能的生态环境所蕴含的利益。人居性环境公益和调节性环境公益属于生态性环境公益。同一自然要素可同时蕴含上述多种环境利益。①

在我国，从《宪法》到《民法典》再到各单行法均规定了自然资源属于国家所有或集体所有，并通过用益物权制度为人们使用自然资源、获取自然资源的利益提供了途径。主要包括自然资源的使用权（如土地承包经营权、水域养殖权、水域航行权）、自然资源的取用权（取水权、采矿权、捕捞权、狩猎权）和利用环境容量排放生产和生活所产生的废弃的物质和能量的自然资源排污权，即环境容量使用权（水域排污权、碳排放权、大气排放权）。在自然资源公有原则下，易发生使用权人无限使用自然资源的驱动力，却没有保护自然资源驱动力的"公地悲剧"，自然资源用益物权人对自然资源掠夺性、破坏性的使用，是导致我国自然资源破坏的重要原因之一。当自然资源及其生态功能受到现实或潜在的损害时，可能会发生以下几种诉讼类型：一是各级政府以及国土、海洋、林业、渔业等职能部门作为自然资源国家所有权的代表人的身份或以环境容量的所有权为权利基础，提起保护资源性、容量性环境公益的民事诉讼，请求赔偿自然资源损失、环境容量损失，恢复治理环境，以保护生态性环境公益。例如，《海洋环境保护法》2017 年修正第 89 条规定："对破坏海洋生态、海洋水产资源、海洋保护区，给国家造成重大损失的，由依照本法规定行使海洋环境监督管理权的部门代表国家对责任者提出损害赔偿要求。"2002 年塔斯曼海轮海洋油污案是中国海洋行政主管部门首例对油污损害海洋生态环境进行索赔的案件。天津市环保局、天津市渔政渔港监督管理处请求侵权者赔偿海洋生态损失 996 余万元，海洋渔业资源损失 1513 余万元和渔民损失 1700 余万元。② 由于环境的整体性，自然资源是组成生态系统的基础，生态系统的平衡又决定了自然资源的健康。环境要素中的自然资源兼具有经济属性和生态属性，不但可以提供具有财产价值的天然资源，而且承担着保持水土、净化空气等生态功能。因此，经济性环境公益和生态性环境公益具有不可分割性，自然资源损失和生态资源损失通常会一并提起。在某些情形下，环保职能部门会出于地方经济因素或其他原因而对本地企业的污染行为熟视无睹，为克服上述弊端，还应赋予检察机关、环保社会团体、公民个人提起环境公益诉讼原告的资格。二是环境资源用益物权人在

---

① 杨朝霞. 论环境公益诉讼的权利基础和起诉顺位——兼谈自然资源物权和环境权的理论要点 [J]. 法学论坛，2013（3）：102-103.

② 该案一审判决认定了海洋行政主管部门主张的海洋生态损失中的海洋环境容量损失费和生物治理研究费，对于检测评估费、海洋生态服务功能损失费、海洋沉积物恢复费、潮滩生物环境、浮游植物和浮游动物恢复费均未认定。但该案件最终由最高人民法院调解结案，只获得数百万元的调查费，环境容量损失和生态修复费用未获得支持。2007 年国家海洋局发布了《海洋溢油生态损害评估技术导则》，一定程度上改善了海洋溢油生态损害难以量化的情形。具体参见白佳玉. 船舶溢油海洋环境损害赔偿法律问题研究——以"塔斯曼"海轮溢油事故为视角 [J]. 中国海洋大学学报（社会科学版），2011（6）：12.

保护其私益时，附带性和间接性地保护环境公益，但这种保护仅限于停止侵害、排除危险、恢复原状。如果立法赋予公民个人提起环境公益诉讼的资格，将有助于纠纷的全面解决，提高诉讼效率。

以自然资源所有权为基础的环境侵权诉讼，关注更多的是自然资源的经济性环境公益，往往在对自然资源造成损害后才提起，在保护上具有滞后性。而对自然资源损害发生前的环境品质的降低、生态环境服务功能的下降等生态性的环境公益保护不足。从生态学的角度来看，任何一个生态系统都是由生物系统和非生物系统组成。包括四种基本成分：生产者、消费者、分解者和非生物环境。① 环境在没有人类严重干扰的情况下处于生态平衡的状态，生态系统的各成分能够相互适应、相互协调、相互补偿，使整个系统的结构和功能良好。能量流动、物质循环和信息传递构成了生态系统的基本功能。人类从环境中不适当取出或开发某种能源和物质，使环境要素的数量减少、质量降低，降低或破坏他们的环境效能，生态平衡遭受破坏。如滥伐森林、滥垦土地、滥采矿产资源引起草原、湿地退化、海洋渔业资源减少、水土流失等生态破坏现象。由于生态系统具有一定的自我调节的机能，环境要素的损害经过长期的累积、复合可能才能显现出来，私权利主体较少受到此种行为的直接影响，但在生态破坏有损害之虞即使尚未引起人身、财产损害之时，相关职能部门出于经济驱动又未尽到生态保护的行政监管职责，理应赋予公民、社会团体提起维护调节性环境公益诉讼的资格。

资源性环境公益、容量性环境公益和调节性环境公益的损害最终都会导致自然环境生态品质的下降，进而损害人居性的环境公益。上述环境公益请求的权利基础为环境权，不同的学者对于环境权的认识也尚未统一，在讨论时也往往不是一个具有确定的概念内涵的术语。从语义学的角度来讲，学者们对环境权的概念的观点可以划分为三个层次：一是环境本身的权利，即植物、动物、河流等比较具体的环境形态可不可能拥有权利，虽然实践中出现了赋予环境以权利的案例，如 1981 年帕里拉属鸟诉夏威

---

① 生产者主要是能利用水、二氧化碳等无机物质通过光合作用合成碳水化合物、蛋白质、脂肪等有机化合物的植物种类，还有一些利用化学能把无机物转化为有机物的化能自养型微生物也应列入生产者之列。消费者是直接或间接地依赖生产者制造的有机物质生存的异养生物。直接吃植物的动物叫植食性动物，又叫一级消费者；以植食性动物为食的动物叫肉食动物，也叫二级消费者，以后还有三级消费者、四级消费者直到顶级消费者。还包括那些杂食性动物、食碎屑者、寄生生物等。分解者是异养生物，指分解动植物的残体、粪便和各种复杂的有机化合物，吸收某些分解产物，最终能将有机物分解为简单的无机物，而这些无机物参与循环后可被无机物重新利用。主要包括细菌、真菌、某些原生动物和蚯蚓、白蚁、秃鹫等腐食性动物。分解对于物质循环和能量流动具有非常重要的意义，在任何生态系统中都是不可缺少的组成部分。非生物环境包括参加物质循环的无机元素和化合物，联系生物和非生物成分的有机物质（如蛋白质、糖类、脂类等）和气候或者其他物理条件（如温度、压力）。具体参见文祯中. 生态学概论 [M]. 南京：南京大学出版社，2011：24.

夷土地管理局系列案件①、1995 年日本年奄美大岛四种鸟类诉地方政府案②，但环境本身是否享有权利学者尚有争论。二是人对环境的权利，即环境物权，是指对环境资源进行综合性支配并将环境法上的义务纳入权利内容的物权，环境物权对社会、生态系统可能带来的长远影响，因此受到更大的公法性的制约。三是作为基本人权的环境权，即环境人权，环境权是公民最基本的权利，每一个公民都享有适宜健康的、良好生活环境的权利。关注和保护的是具有整体性、长远性、公益性、无形性特征的环境生态功能。具有社会属性的第三代人权。③ 环境公益诉讼是指以环境权为基础，以维护环境公益为目的，以诉讼信托为理论依据，由公民、环保社会组织、环保行政机关和检察机关等主体提起的诉讼，包括公民基于环境物权、环境基本人权提起的诉讼。自然资源监督管理机关基于自然资源国家、集体所有权而提起的资源性环境公益诉讼和容量性环境公益诉讼，环保社会团体、环保行政部门和检察机关基于公共信托理论④ 而提起的环境权诉讼。实践中这种诉讼既可以表现为环境行政诉讼公益诉讼，也可表现为环境民事公益诉讼。

群体性诉讼并非单一的诉讼形式和制度，而是对这一类诉讼现象的描述或这方面诉讼制度的总称。广义群体诉讼包括国际上存在的示范诉讼、全部当事人委任少数律师为其共同诉讼代理人出庭诉讼、程序的合并和公益诉讼等。⑤ 在司法实践中，环境侵权群体性诉讼中环境众益与环境公益共存并有着盘根错节的联系。对于两种诉讼特别是公益诉讼随着环境保护意识的增强已成为学术界、实务界甚至普通百姓的热议话题，但是关于两种诉讼的关系如何处理，他们各自的运作特点和价值何在？尚缺乏专门的研究。分析二者的异同并从理论上探讨如何确立在众益诉讼与公益诉讼之间共生的环境权益司法保护模式，建立公正、高效的环境纠纷司法解决机制显得尤为重要。

在环境侵权中，虽然环境公益的受损并不必然引起环境众益的受损，因为环境具有自我调节、自我恢复和自我更新功能。但环境众益的损害往往以环境公益的受损为前提。在一些突发性环境事故中如爆炸事故、污染物泄漏等环境公益的损害和环境众益的损害有可能同时发生。环境众益诉讼程序的救济对象为环境媒介引发的多人的人

---

① 1978 年 1 月 27 日，塞拉俱乐部法律保护基金会和夏威夷奥督邦协会代表仅存的几百只帕里拉属鸟提出了一份诉状，要求停止在该鸟类的栖息地上放牧。法院受理了这个案件，这样就出现了美国法律史上第一次，也是人类法律发展史上第一次，以非人类存在物作为原告的诉讼。1979 年 6 月，一名联邦法官做出了帕里拉属鸟胜诉的判决，要求夏威夷土地与资源管理局在两年内完成禁止在帕里拉属鸟栖息地放牧的工作。该案表明，自然体可以成为法律主体、享有法律主体资格和权利。

② 1995 年 2 月 24 日，奄美四类野生保护鸟类作为原告向鹿儿岛地方法院提起了行政诉讼，请求法院判决禁止政府批准的高尔夫球场建设。

③ 陈伟. 论作为概念群落的环境权 [J]. 南京大学法律评论，2014（春季卷）：293-303.

④ 阳光、空气、水、野生动植物等环境要素属于全体公众的共有财产，共有人为了管理这些共有财产，而将其委托给国家，国家有责任为公众的利益对作为受委托财产的环境要素加以保护和管理。

⑤ 杨严炎. 当今世界群体诉讼的发展趋势 [J]. 河北法学，2009（3）：41.

身、财产权益的损害，本质上属于私益的聚集，而具备了群体性、广泛性。环境公益诉讼程序的救济对象为环境污染或生态破坏危害的环境本身的损害，环境利益在本质上属于公共利益的范畴，包括前述三种类型。

环境众益诉讼与环境公益诉讼在诉讼目的、诉讼理念、对当事人适格的要求、责任的承担方式等方面均有明显的差异。首先，环境众益诉讼的诉讼目的是维护因环境污染、生态破坏而遭受损害的群体成员的人身权、财产权等私益为主要目的。而环境公益诉讼的诉讼目的主要是维护社会公共利益，即因环境损害而引起的环境污染、生态破坏以及环境侵害为媒介造成的公众财产、健康、娱乐以及美学利益的损害。在诉讼理念上，按照米尔依安·R.达玛什卡对审判类型的划分，环境众益诉讼应当更符合传统的纠纷解决型司法，而环境公益诉讼更侧重于环境公共政策的有效实施，应当划归于政策实施型司法。[①] 法官的角色由过去中立的裁判者转为一个真理的追求者，可能会采取非常主动的行动，表现出一定的司法能动主义倾向，是行政机关克服自身执行能力的局限性时采取的补充和辅助性手段。

其次，在当事人适格问题上，环境众益诉讼的原告与本案有着直接利害关系，其人身或者财产权益受到了环境侵害行为的直接损害。而环境公益诉讼既关系到公众每个个人的利益，又关系到公众的（不特定多数人）共同利益。环境公益诉讼原告主张的是每个个体共享的整体利益，原告预期欲求的诉讼效果没有人格上、私人独占的或金钱上的利益关系。环境公益诉讼的原告范围十分广泛，包括行政机关、社会团体、检察院和公民个人，都不必与案件有直接的利害关系，其原告资格的取得在于其能否表明一些实质性的不负责或滥用职权而导致的环境危险或损害。

再次，两者的诉讼形式和被代表人的明确程度不同。环境公益诉讼的形式主要表现为单一诉讼或者共同诉讼。被代表的利益人是不特定的公众。环境众益诉讼的受害者通常具有分散性和广泛性，诉讼中具有共同或者同种类法律利益的一方当事人人数众多，超出了共同诉讼可以容纳的范围，法院通常通过代表人诉讼或者其他具有解决群体性纠纷功能的方式对此类案件进行审理。参加诉讼的群体成员必须是依据特定的标准可以确定的，成员的诉讼主体资格也要接受法院的审查。虽然有些环境众益诉讼会附带提出一些公益保护的诉讼请求，甚至诉讼的结果具有社会普遍性，甚至会引起环境公共政策或法律原则的改变，但其本质上仍为"主观为自己、客观为他人"的私益诉讼。

最后，两者的责任承担方式不同，由于公益诉讼所代表的利益群体是公众，且通常赔偿不需要在群体成员中进行分配，以至于被代表的利益人无须去进行具体的明确。大多属于预防性诉讼或禁止性诉讼，防止将要发生的侵害和除去正在发生的继续性、

---

① [美] 米尔依安·R.达玛什卡.司法和国家权力的多种面孔 [M].郑戈，译.北京：中国政法大学出版社，2004.

反复性侵害[①]，承担责任的方式主要是停止侵害、排除妨碍、消除危险、恢复原状和赔偿恢复原状的合理费用。环境公益诉讼请求救济内容不仅针对过去，还要指向未来；不仅要求对所受损害简单的金钱赔偿或恢复原状，还包括要求公共团体、企业以及国家修改变更有关政策和事业规模或者采取有效的防范措施避免损害的出现或扩大，甚至禁止被告从事有关活动。而环境众益诉讼更多的是要制止不法侵害，同时要求得到赔偿。环境众益诉讼的权利基础是民法上的人身权、财产权、私法上的环境权等民事权益，环境公益诉讼的权利基础是环境权及其他环境权益。

---

① 罗云飞 . 环境权诉讼刍议 [J]. 南京航空航天大学学报（社会科学版），2005（4）：40.

第四十三章
碳达峰、碳中和背景下的环境责任

气候变化是 21 世纪人类面对的重大挑战。2016 年 4 月 22 日，全世界 178 个缔约方共同签署了气候变化协定《巴黎协定》，其中规定在 21 世纪下半叶努力将全球平均气温升幅限制在工业化前水平以上 1.5°C 之内。根据环境研究机构伯克利地球的数据，自工业化前时期以来，全球平均温升已经达到了近 1.3 摄氏度。在未来近 80 年的时间里所剩的温升空间已经不多，联合国政府间气候变化专门委员会（IPCC）第五次评估报告显示全球累计温室气体排放决定气温升幅，为了实现全球温升目标，需要将全球温室气体累计排放量限定在给定额度之内。在这样的背景之下，我国发出庄严承诺：在 2030 年前实现碳达峰，2060 年前实现碳中和。企业是实现"双碳"目标的关键主体，除了企业自觉遵守其环境社会责任外，还需要相关法律制度对企业进行引导与规制。针对碳减排的立法规定存在笼统、分散、缺位等问题，本章结合碳达峰、碳中和对于立法的要求，探讨在碳达峰、碳中和背景之下如何通过法律手段规制企业承担碳减排的法律责任。

第一节 碳达峰、碳中和概述

一、碳达峰、碳中和含义与实施依据

（一）碳达峰、碳中和的含义

根据联合国气候变化政府间专门委员会（IPCC）的定义，"碳达峰"是指某个地区或者行业年度二氧化碳排放量达到历史最高值，然后进入持续下降的过程，是二氧化碳排放量由增转降的历史拐点；"碳中和"是指由人类活动造成的二氧化碳排放，通过二氧化碳去除技术的应用，对二氧化碳吸收量达到平衡。简言之，碳达峰是指在 2030 年前，国内二氧化碳的排放不再增加，达到峰值后逐渐减少。碳中和是指在 2060 年前针对排放的二氧化碳采取各种方式全部抵消，即使得排放的二氧化碳量与减少的二氧化碳量实现增减平衡。就二者之间关系来看，"碳达峰与碳中和紧密相连，前者是后者的基础和前提，达峰时间的早晚和峰值的高低直接影响碳中和实现的时长和实现的难度"。[1]

（二）我国碳达峰、碳中和的目标和实施依据

2020 年 9 月，国家主席习近平在第七十五届联合国大会上做出庄严承诺，中国将提高国家自主贡献力度，采取更加有力的政策和措施，二氧化碳排放力争于 2030 年前达到峰值，努力争取 2060 年前实现碳中和。目前我国碳达峰、碳中和目标实现的法律实施依据主要分布在《宪法》《环境保护法》《能源法》等相关法律中。《宪法》序言中"建设生态文明""新发展理念""美丽中国"的表述为碳达峰、碳中和法制保障框架的发展提供了理念指导、路径指引、目标指向。《宪法》总纲中规定了"国家保护和改善生活环境和生态环境，防治污染和其他公害"的国家义务，其与序言中的建设生态文明一并作为国家根本任务。[2] 除此之外，相关法律和规范性文件大致可分为四类：第一类是应对气候变化的基础性法律，包括《大气污染防治法》《清洁生产促进法》《环境影响评价法》《森林法》《草原法》等；第二类是应对气候变化的专门性规范，如《全国人民代表大会常务委员会关于积极应对气候变化的决议》《碳排放权交易管理办法（试行）》《企业环境信息依法披露管理办法》等；第三类是能源法体系中的单行法，如《煤炭法》《可再生能源法》《节约能源法》等；第四类是与应对气候变化有关的其他法律，如《专利法》《气象法》等。[3]

我国"双碳"目标的实现除了现有的法律依据之外，还有相关的政策做支撑。2020 年 12 月 18 日，中央经济工作会议明确了八项重点工作，其中第八项为做好碳达峰、碳中和工作。2021 年 1 月 15 日，世界经济论坛"达沃斯议程"对话会上习近平总书记提出中国将全面落实联合国 2030 年可持续发展议程。2021 年 3 月 11 日，第十三届全国人民代表大会第四次会议《"十四大"规划和 2030 年远景目标纲要》制定了 2030 年前碳排放达峰行动方案，其中提出"支持有条件的地方和重点行业、重点企业率先达到碳排放峰值。推动能源清洁低碳安全高效利用，深入推进工业、建筑、交通等领域低碳转型。提升生态系统碳汇能力"。2021 年 4 月 22 日，习近平总书记在领导人气候峰会上讲话提出，中国将严控煤电项目，加强非二氧化碳温室气体管控，还将启动全国碳市场上线交易。2021 年 4 月 30 日，中央政治局第 29 次集体学习中提出，实现碳达峰、碳中和是一场广泛而深刻的经济社会变革，应当明确时间表、路线图、施工图，推动经济社会发展建立在资源高效利用和绿色低碳发展的基础之上。不符合要求的高耗能、高排放项目要坚决拿下来。2021 年 7 月 30 日，中央政治局经济形势和经济

---

① 张璐. 黄河保护立法中的能源开发规制 [J]. 甘肃社会科学，2022（2）：136–144.

② 钭晓东. 论新时代中国环境法学研究的转型 [J]. 中国法学，2020（1）.

③ 王江. 论碳达峰碳中和行动的法制框架 [J]. 东方法学，2021（5）：122–134.

工作分析研究会议提出，要统筹有序做好碳达峰、碳中和工作，尽快出台 2030 年前碳达峰行动方案，坚持全国一盘棋，纠正运动式"减碳"，先立后破，坚决遏制"两高"项目盲目发展。2021 年 9 月 21 日，第七十五届联合国大会一般性辩论中提出，中国将大力支持发展中国家能源绿色低碳发展，不再新建境外煤电项目。2021 年 10 月 24 日，中共中央、国务院《关于完善准确全面贯彻新发展理念做好碳达峰碳中和工作的意见》中提出，加快建设完善全国碳排放权交易市场，将碳汇交易纳入全国碳排放权交易市场。国务院同日发布的《2030 年前碳达峰行动方案》提出了"碳达峰十大行动"。2021 年 12 月 21 日，国务院《要素市场化配置综合改革试点总体方案》提出，支持构建绿色要素交易机制。支持试点地区进一步健全碳排放权、排污权、用能权、用水权等交易机制，探索促进绿色要素交易与能源环境目标指标更好衔接。探索建立碳排放配额、用能权指标有偿取得机制，丰富交易品种和交易方式。探索开展资源环境权益融资。探索建立绿色核算体系、生态产品价值实现机制以及政府、企业和个人绿色责任账户。2022 年 4 月 10 日《中共中央、国务院关于加快建设全国统一大市场的意见》中提出，建设全国统一的能源市场。培育发展全国统一的生态环境市场。二十大报告中提出，我们要推进美丽中国建设，坚持山水林田湖草沙一体化保护和系统治理，统筹产业结构调整、污染治理、生态保护、应对气候变化，协同推进降碳、减污、扩绿、增长，推进生态优先、节约集约、绿色低碳发展。我们要加快发展方式绿色转型，实施全面节约战略，发展绿色低碳产业，倡导绿色消费，推动形成绿色低碳的生产方式和生活方式。积极稳妥推进碳达峰、碳中和，立足我国能源资源禀赋，坚持先立后破，有计划分步骤实施碳达峰行动，深入推进能源革命，加强煤炭清洁高效利用，加快规划建设新型能源体系，积极参与应对气候变化全球治理。

第二节
碳达峰、碳中和背景下的企业环境责任

一、"双碳"背景之下的企业环境法律责任

企业环境法律责任与企业环境社会责任不同。二者之间最大的区分点在于企业环境社会责任多偏向于倡导性的行为规制，而环境法律责任具有强制性的特点，侧重于关注企业减排放过程中违法行为的法律惩处，企业一旦违反，必将受到法律的严厉惩治。本文探讨的"双碳"背景之下企业环境法律责任，特指企业在生产经营过程中存在超标排放二氧化碳、逃避碳税、不履行企业碳排放信息公开义务、不履行企业生产清洁审核义务等违法行为所应当承担的法律责任。企业环境法律责任的确立完善，一方面可以对违法企业产生震慑作用；另一方面对于企业自身积极开展绿色转型，降低生产经营中的碳排放量具有促进作用。

二、碳达峰、碳中和背景下企业承担环境法律责任的困境

我国"双碳"目标的实现要求在有限的时间里完成艰巨的任务，然而目前对于企业碳排放的法律规制并不足以有效应对各种问题。企业家"牺牲环境换取经济利益"的固有思想并未被打破，由此种种的问题都阻碍着"双碳"目标的实现进程。

（一）碳达峰、碳中和专门立法缺位

目前，国家并未出台针对碳达峰、碳中和的专门立法，学界对于碳达峰、碳中和应当采取何种立法模式仍争论不休。综观现有法律，与促进碳达峰、碳中和的相关举措主要规定在国家政策之中，并未做到细化完善，这就导致碳排放的治理实施过程存在各种阻力。另外，地方立法规范中已经存在对于企业环境治理的优秀举措，以《山东省企业环境信用评价办法》为例，该办法通过以企业环境违法违规行为信息为依据对企业环境信用进行等级划分，企业根据其自身的环境信用等级受到不同程度的激励或者惩罚措施。诸如此类的各地方立法规范也在实施过程中取得了相应成效，然而此种治理方式尚未在碳减排领域做出专门规定。碳达峰、碳中和专门立法的缺位，导致企业碳排放的违法责任以及相关主管人员的管理、监督职责处于模糊状态。有学者认为"双碳"目标的实现留给我们的时间并不充足，应当以修改补充现有相关立法达到碳减排治理效果。上述观点没有认识到我国碳减排的治理道路是长久的，并非仅限于"双碳"目标的实现，除修改补充完善现有相关法律法规之外，还应当尽快结合各地试点工作，出台相应的碳达峰、碳中和专门立法，更加有针对性地规制企业的碳排放行为，提高治理的针对性、专门性。

（二）现有法律缺少系统性、协调性

虽然我国尚未出台专门的应对气候变化法，但一系列与气候变化相关联的法律，如《循环经济促进法》《清洁生产促进法》涉及产业减排的规制；《节约能源法》《可再生能源法》对能源低碳发展问题有所涉及；《森林法》《草原法》等涉及碳汇方面。不过以上立法在应对气候变化方面的规定均过于原则、笼统，可操作性弱，难以适用于司法案件之中。[①] 现行应对气候变化的相关立法过于零散，分布在各部法律之中，尚未形成一个完整的治理体系，应对气候变化的法律体系不完善会导致恶意排污的企业"钻法律的空子"，削弱立法对于恶意排污企业的打击力度。除了现有立法针对企业二氧化碳排放超标行为缺乏"快、准、狠"的治理力度之外，治理在监管阶段的衔接也同样存在问题，尚未形成完整体系的碳排放立法正在阻碍着"双碳"目标的尽早实现。另外，应对气候变化的相关法律之间还缺乏协调性。某些法律的制定年代久远，从条文表述的设立目的与"双碳"理念相背离。这就要求对于现有的立法应当结合时代发展予以修改、完善，《民法典》中的绿色原则也应当在各部环境治理的法律中予以体现，使得应对气候变化的各部立法之间相互衔接，最终形成一个完整的治理体系。

（三）企业家缺乏绿色转型精神

企业的设立是为了营利，如果没有强硬的法律手段限制企业的碳排放量，企业会以营利为唯一追求，在生产经营过程中肆意污染大气环境，这无疑不利于"双碳"目标的尽早实现。一方面，目前对于企业污染环境责任的监管力度不到位，诸如地方环保局与当地企业私下勾结，包庇纵容工厂肆意排污，严重损害当地村民生活环境的恶劣事件同样时有发生。拥有了"特殊"保护的企业开始变得肆无忌惮，部分企业在衡量利益得失之下选择"知法犯法"，以牺牲环境为代价换取经济利益。综观各地，具备绿色转型精神的企业家不占多数，能够主动将低碳理念纳入企业的经营战略中的企业少之又少。某些企业一味追求经济利益，并未关注企业生产经营对于大气环境造成的恶劣影响，缺乏对于大气污染问题严重性的清楚认识。另一方面，促进企业绿色转型的政策支持不到位，也是导致企业自觉开展绿色转型的积极性不高的因素之一。某些企业有意开展绿色转型却碍于自身经济实力，在缺乏相应政策支持的情况下，未免显得"力不从心"。另外，部分企业在绿色转型的过程中缺乏前瞻性的风险评估，最终导致转型失败。

三、"双碳"背景下的企业环境法律责任制度构建

（一）企业碳排放信息公开

《环境保护法》第五十五条规定了重点排污单位的环境信息公开义务；第六十二条大致规定了重点排污单位违反环境信息公开义务处罚措施。《清洁生产促进法》第

[①] 邓禾，李旭东.论实现碳达峰、碳中和的司法保障[J].中国矿业大学学报（社会科学版），2022（3）：14.

十七条、第三十六条也对企业能源消耗或者重点污染物产生、排放情况公开义务以及违反规定的处罚措施予以规定。《企业环境信息依法披露管理办法》第七条、第八条规定了环境信息披露的责任主体范围；第十二条、第十四条规定了具体披露内容，其中包含碳排放信息，如排放量、排放设施等方面的信息；第二十八条、第二十九条规定了企业违反环境信息披露规定所应当承担的责任。

企业做到碳排放信息公开透明，除了便于社会各界对其予以监督管理外，也间接敦促企业在生产、经营过程中重视碳排放问题。"双碳"法典的制定，应当将企业碳排放信息公开责任纳入其中。首先，明确强制公开碳排放信息的企业范围。现有立法未对强制公开碳排放信息的企业范围予以明确界定。笔者认为，碳排放量较大的企业均应当被强制要求公开碳排放信息。对于"较大"认定应当通过在"双碳"的专门立法中设定一个统一的判定标准。其次，企业碳排放信息公开的内容以及载体也应当予以细化。公开内容方面，企业除了公开碳排放方式、碳排放量、碳排放边界、碳排放设备等信息外，对于积极减排的企业也可以公开降低碳排放采取的措施及成效。公开载体方面，应当通过政府网站、本地区媒体等多种途径对社会公开。最后，加大企业违反碳排放信息强制公开义务的处罚力度。企业碳排放信息公开是社会外界了解监督企业内部碳排放情况的重要依据，也是敦促企业在"双碳"背景下重视减排的重要手段。为了"双碳"目标能够尽早实现，立法应当从"事后处罚"转向"事前预防"，想要企业在生产、经营过程中积极采取措施不超标排放二氧化碳，就应当故意对违反碳排放信息公开规定的企业予以严重处罚。现有规定对于企业违反环境信息披露规定的处罚大多采用责令改正、通报批评、罚款等方式。除此之外，笔者认为，应当根据企业违反碳排放信息公开规定过错的大小以及严重程度予以不同的处理。对于拒不履行碳排放信息公开义务或故意虚假公开碳排放信息的企业，执法者除了给予违法企业罚款等处罚外，还应当及时将此类企业名单提供给信用管理机构，按照有关规定采取信用联合惩戒措施，如此类企业丧失申请绿色贷款、环保补助等优惠政策的权利。

（二）企业碳排放信用评价

对于企业环境信用评价及管理的规定仅仅存在于部门规章以及地方性法规中，如《企业环境信用评价办法（试行）》规定了纳入环境信用评价范围的企业类型，以及评价标准与相应的激励和惩戒措施。笔者认为，可以借鉴目前的企业环境信用评价及管理规定在将来的"双碳"专门立法中引入企业碳排放信用评价机制。企业得以生存的其中一个至关因素就是信用，信用是企业立足根本，企业碳排放信用评价机制应当贯穿在"双碳"立法体系的各个制度之中，企业碳排放信用等级高低直接关乎企业各项权利义务的得失，可谓"牵一发而动全身"，只有这样企业才能在生产、经营中足够重视自身碳排放的合法性。

企业碳排放信用评价机制应当包括以下内容：第一，主体方面。应当将涉及碳排放的所有企业均列入企业碳排放信用评价机制的评价范围。第二，评价依据。影响一个企业碳排放信用评价等级的因素有很多，其中包括碳排放总量是否常年超过控制指标、企业碳排放信息是否依法及时公开、企业投保强制碳排放污染责任保险义务是否及时履行、企业事先承诺的减排措施是否正常运行、企业碳税是否缴纳、企业申请绿色贷款是否真正用于绿色项目、企业是否有因碳排放构成环境犯罪记录等。第三，评价等级。根据企业碳排放信用评价依据，可以将企业划分为四个等级，分别为碳排放诚信企业、碳排放良好企业、碳排放警示企业、碳排放不良企业。第四，分级管理。对于四种不同等级的企业予以不同的管理力度，如应当加大碳排放警示企业以及碳排放不良企业的监管力度，企业碳排放信息公开审查相比之下更为严格。第五，奖惩分明。碳排放诚信企业将获得相应的政策优惠，如优先提供碳排放相关财政性资金和项目支持、环保评奖评优中优先授予荣誉称号。碳排放不良企业将承担相应的责任，包括但不限于以下几种惩戒处罚：其一，被评定为碳排放不良的企业将被列入强制投保碳排放污染责任保险的企业范围。已经是强制投保碳排放污染责任保险的企业的保险费数额将会被相应提高。其二，环保评奖评优中失去评优资格。其三，不再提供绿色信贷。其四，不再提供碳排放相关财政性资金和项目支持。其五，提高企业碳税的税率档位。

（三）企业碳排放污染责任保险

在企业环境污染责任保险制度构建上，目前仍处于初级阶段，立法并未对企业环境污染保险制度进行专门规定。《环境保护法》第五十二条只是明确了国家对于投保环境污染责任保险持鼓励态度。《保险法》中尚没有规定环境污染责任保险，存在立法空白。涉及环境污染责任保险的规定相对分散，如《防治船舶污染海洋环境管理条例》第五十一条规定船舶油污损害民事责任保险。目前立法对于企业环境污染责任保险制度并未形成体系化，大气污染责任保险产品存在缺失，导致保险在大气保护方面没有发挥保障作用。立法应当在《保险法》中设立专门的环境污染责任保险一章，完善保险种类，保障环境污染损害发生时能够及时修整处理。

企业环境污染责任保险，是指企业事业单位和其他生产经营者污染环境导致损害应当承担的赔偿责任为保险标的的保险。企业碳排放污染责任保险是企业环境污染责任保险项下的一个重要保险产品，其设立是为了充分发挥保险在生态环境保护领域的社会保障功能，提高环境风险防范能力。其一，在投保主体方面，对于碳排放污染高风险的企业，应该强制要求其投保碳排放污染责任保险。其余企业秉持自愿原则投保企业碳排放污染责任保险。其二，在承保范围方面，企业碳排放污染责任保险的保险责任主要为企业碳排放对生态环境造成的损害，其中包括但不限于因企业碳排放造成生态环境功能永久性损害的损失，生态环境损害调查、鉴定评估等费用，修复生态环境费用，以及防止损害的发生和扩大所支出的合理费用。[①] 对于因企业环境污染犯罪、环境安全隐患未整改等过错导致的环境损害不列入承保范围。其三，在保险费数额方面，企业碳排放污染责任保险费数额需要根据企业生产、经营中的碳排放情况、企业环境信用等级、过往造成的碳排放污染严重程度、碳排放污染风险大小、企业应对碳排放污染风险管理水平等因素予以综合认定。其四，企业投保碳排放污染责任保险的目的是环境污染损害造成时能够及时止损，企业并非投保了碳排放污染责任保险就万事大吉了，碳排放污染责任保险不应成为企业逃避环境污染赔偿责任的"挡箭牌"。因此，应当划定一个保险赔偿最高限额，当企业碳排放超标造成严重的大气污染损害，损害数额超出保险赔偿最高限额时，企业仍应当对其造成的大气污染损害承担补充赔偿责任。其五，对于应当投保无正当理由拒不投保或者续保的企业，在行政机关责令改正后，仍拒不改正的，除依法承担罚款处罚外，可以予以责令停产停业、列入环境信用"黑名单"等处罚。

（四）企业碳交易与碳税

企业碳交易与碳税是降低企业碳排放的两种制度手段。碳交易的全称是碳排放权交易，生态环境部已经制定《碳排放权交易管理办法（试行）》，2021 年 7 月 16 日，全国碳排放权交易市场开市，碳交易在各地实践中已经卓有成效。碳税方面，目前法律还未将碳税纳入征税范围。《环境保护税法》仅将大气污染物、水污染物、固体废物、噪声纳入征税范围。二氧化碳不属于以上四种污染物中的任何一种，因此对于二氧化碳的超标排放并没有通过征税的方式予以规制。

碳税与碳交易作为促进实现"双碳"目标的两种工具，各自均有其优缺点。碳税的优势体现在不需要复杂的交易市场规则制定，减少管理运行成本，税收也可用于碳减排。碳交易的优势主要在于更易于国家对于企业碳排放总量进行宏观控制。为充分发挥两者的积极作用，应当建立以碳交易为主、碳税为补充的碳减排制度设计。具体而言，国家积极鼓励更多的企业参与碳交易市场，如税务机关可以根据参与程度对参与碳交易的企业少征甚至免征碳税，避免两种工具同时运行于同一企业，导致企业经济负担过大，从而影响企业的生存发展。碳交易市场没有覆盖的企业则可能被列入征收碳税的范围。碳税制度的建立需要明确以下要素，第一，碳税的开征形式。建议将碳税作为环境保护税的一个税目。一方面，碳税制度的确立符合环保政策要求，碳税的设立目的为保护大气环境，将碳税作为环境保护税中的一个税目具有其合理性。另一方面，从碳税立法效率角度考量，目前我国已有完整的环境保护税法体系，将碳税直接纳入环境保护税，使其作为环境保护税中的一个税目，此种操作难度低于为碳税

[①] 孙佑海，张净雪. 生态环境损害惩罚性赔偿的证成与适用 [J]. 中国政法大学学报，2022（1）：26-37.

单独立法。[1] 建议将碳税设立为一个独立的税种，凸显对于"双碳"目标实现的重视，制度设立可以借鉴环境保护税多年积累的征管经验。2022 年国务院减轻企业负担部际联席会议要求加快实施新的减税降费组合政策。在企业减轻税负的政策下，日后设立碳税这一新的企业税种，需要相应减少与碳税相重复的企业税种，如石油消费税等碳寄生的能源税费，避免对企业重复征税导致企业税负过重，影响企业经济发展。第二，碳税的计税依据。企业碳税的计税依据应该是企业的二氧化碳排放总量，碳排放总量的计算不应当仅依据企业煤炭、石油等化石能源的购置消耗数量，这不利于企业积极采取措施降低碳排放，而应当将企业通过绿色技术升级等各种减碳措施吸收的二氧化碳量扣除后最终的企业碳排放量作为企业碳税的计税依据，这样做的目的是鼓励企业在生产经营中自发地采取各种减碳措施，在不影响经济运行的同时维持企业的碳排放量不超出限额。第三，碳税税率。碳税制度设计中税率的确定至关重要，应当采取由低到高再到逐渐稳定的过程，碳税的设立初期税率不宜过高，防止企业产生抵触情绪，甚至可以结合企业的承受能力、环境信用等级以及碳排放污染损害风险大小设立不同的税率档位。第四，碳税收入用途。碳税是在"双碳"目标实现的过程中兴起的一种征税制度设想，其具有一定的使命，碳税收入应当同样服务于"双碳"的实现，如用于研发节能减排技术、企业积极采取碳减排措施的补贴、碳排放污染治理等方面。第五，企业违反碳税管理规定，应当承担相应的法律责任，构成犯罪的，予以刑事处罚。处罚过低会导致企业在利益权衡后选择违法以保经济收益现象的产生，因此应当加大企业违反碳税管理规定的处罚力度以及丰富处罚形式的多样性。

（五）企业清洁生产审核

清洁生产是指将整体预防的环境战略持续应用于生产过程、产品和服务中，以期增加生态效率并降低对人类和环境的风险。国家《"十四五"全国清洁生产推行方案》（发改环资〔2021〕1524 号）明确指出：到 2025 年工业领域清洁生产全面推进，农业、建筑业、服务业、交通运输业等各领域清洁生产工作进一步深化。[2] 在碳达峰、碳中和背景下，《清洁生产促进法》应该针对"双碳"目标的实现补充相关内容。另外，《可再生能源法》也应当进一步完善其立法，以市场为基础对可再生能源技术创新进行启动与引导，并以此为前提推进我国可再生能源立法逐步实现以政府为主向以市场为导向的转型。[3]

为了早日实现"双碳"目标，碳领域方面的企业清洁生产审核制度应当尽早确立。首先，应当扩大强制清洁生产审核的企业范围。目前《清洁生产促进法》第二十七条

---

[1] 陈梦娜，宋薇萍 . 推进碳税立法 建设美丽地球 [N]. 上海证券报，2022-03-09（006）.

[2] 包尤思 . "双碳"形势下如何深化清洁生产审核 [J]. 中华环境，2022（3）：47-49.

[3] 张璐 . "双碳"目标对我国可再生能源立法的影响及其应对 [J]. 北方法学，2022，16（2）：16-26.

规定了实施强制性清洁生产审核的企业类型。笔者认为，应当制定一个界分标准，将碳排放量超过标准的企业同样纳入强制性清洁生产审核范围；碳排放量未超过标准的企业自愿决定是否实施清洁生产审核。为了鼓励未纳入强制实施清洁生产审核的企业积极实施清洁生产审核，可以采取提升企业的环境信用等级、降低企业碳税、对相关人员予以奖励等措施激励企业积极开展清洁生产审核。其次，企业在开发项目之前应当对其进行碳排放环境影响评估，评估结果符合碳排放环境影响标准的项目可以进行进一步开发；对于评估结果未达到碳排放环境影响标准的项目，企业应当积极采取各种减排措施将项目碳排放对于环境的影响控制在及格范围。如果企业自身无力实现以上要求，则应当终止相关项目的开发。最后，对于碳排放量常年超标的企业，强制要求此类企业在生产经营中清洁能源使用占比应当达到某一数值，用以替代化石能源，加快企业的绿色转型升级。

"双碳"目标是我国在应对气候变化顺应低碳环保理念之下提出的重要战略。通过法律手段加强对于企业碳排放行为的治理力度是实现"双碳"目标的重要一环。在"双碳"背景之下将企业碳排放信息公开、企业碳排放信用评价、企业碳排放污染责任保险、企业碳交易与碳税、企业清洁生产审核的制度合理融入企业环境法律责任制度的构建之中，制度体系的制定完善既要考虑企业面临的绿色转型压力，又要考虑相应的执法配套设施的科学安排，完备的制度体系除了给予不法企业严厉打击之外，还应当为企业坚持绿色与经济协同发展提供相应的鼓励支持措施。目前，各地方在企业环境治理中积累的成功经验以及行之有效的规章制度可以为日后"双碳"专门立法的制定提供蓝本，助力企业积极开启低碳环保的绿色之路。

第四十四章 环境责任的社会化承担

本章主要介绍了环境责任的社会化承担的发展与内涵，保护责任的生态补偿机制的行为主体和补偿方式，以及赔偿责任的社会化承担机制的路径，包括环境责任保险制度、损害赔偿基金、财务保证制度、行政补偿制度。

第一节 概述

一、环境责任社会化承担的产生

通过环境的属性来看，环境是人类共同的生存基础，是公共物品。正因为环境这种公共物品的属性，我们在使用环境时不需要支付成本，使用者往往追求利益最大化，就会导致环境恶化。最初环境法学界提出"污染者负担原则"，即我国的"谁污染，谁治理"，但是适用该原则解决环境侵权问题存在很大的局限性。环境问题出现以后，环境责任主体能否被找到并且是否有能力承担侵权责任是该原则适用的基础条件。产生环境问题的原因复杂多样，以耕地土壤重金属污染为例，导致土壤被污染的原因可能来自污水灌溉、大气沉降、施用化肥等。此种情况下根据"污染者负担原则"可能无法找到具体侵权人，现代社会环境侵权已经构成较为严重的社会性权益损害，一些突发的环境污染事故会对环境造成极大的损害。例如，核泄漏造成的核污染、海域石油泄漏污染等，这些环境侵权都造成了受害人较多、受害的区域较广、赔偿数额巨大的社会灾难。因此"谁污染，谁治理"的个体责任制度在面对环境损害公益性的特点时存在困境。为了避免因加害人支付能力不足或者无法确定加害人，导致被害人的损失无法得到有效的救济、被破坏的环境难以修复的现象，应当将责任社会化的社会赔偿机制纳入环境损害的综合性赔偿救济当中。

环境责任的社会化填补是由环境损害的特点和环境法上的社会连带责任所决定的。产生环境损害的行为离不开科技发展的影响。不同于传统的侵权损害行为，生态环境损害的行为主体存在多元性和无法确定性，环境损害结果的发生具有累积性和潜伏性。

环境法中连带责任的形成也是由以上生态损害行为的多重特点决定的，是对不确定性的克服和对正义观的反映。^①竺效在书中对影响环境责任社会化填补的产生以及实践的可能性进行了更加具体的阐述。环境责任社会化承担本质上是对环境经济政策工具与法律责任制度的双重运用。环境责任的社会化承担与个体环境责任制度并非对立关系，环境责任的社会化承担坚持个体责任制度的核心地位，以实现环境的损益填补和风险分担为目标。在此基础之上"通过对环境损失分散化、合理分担，即对环境保护责任分散化、社会化分担，使得外部性分配趋于合理，以弥补环境公益缺失"。^②

因此，西方发达国家开始尝试从环境损益补偿的角度出发建立环境责任社会化分担机制，以环境损害填补基金制度、环境责任保险制度、环境损害行政补偿制度作为环境侵权损害赔偿制度的补充。其中美国为了解决污染场地治理费无人承担或者责任主体无力负担的问题在1980颁布了《超级基金法》；加拿大通过《国家污染场地修复计划》确定污染场地治理之责任分配问题；日本的《公害健康被害补偿法》确立了环境损害填补法律保障制度。^③

二、环境责任社会化承担的内涵

环境责任社会化承担是指运用特定的方式转移环境责任主体应当承担的环境侵权责任风险，通常由第三方组织或者保险机构承担。环境责任社会化承担不仅包括环境损害赔偿责任的社会化，还包括生态环境修复社会化。^④环境责任社会化承担的运行机制，是将环境侵权行为引起的生态环境损害看作对整体社会权益的损害，并且运用一定的赔偿机制，由国家、社会、企业或者社会上多数人进行承担和消化损害。^⑤

环境责任社会化承担这一概念，立足于分配正义和生态正义的价值取向。分配正义有机地结合了效率与公平的原则，对生态环境造成的损害中的义务责任进行分配，通过协调处理二者之间的关系实现了环境侵权责任社会化的目的、功能和意义。通过责任社会化的形式解决企业的责任忧虑和调动企业的积极性，促进经济增长和社会进步的同时保障弱势群体和受害人的损害能够被有效且及时地填补，这也是分配正义中公平原则的价值取向。生态正义是指在环境责任的社会化承担中体现出的持续性原则和公平原则，即通过建立生态补偿机制恢复和保护生态环境，合理地确定责任承担方式和公平地分配环境污染造成的损害，维护生态系统的平衡和资源的可持续利用。

---

① 竺效. 生态损害的社会化填补法理研究 [M]. 北京：中国政法大学出版社，2017.
② 钭晓东. 论环境法功能之进化 [M]. 北京：科学出版社，2008.
③ 王岚. 个体环境责任制度与环境责任社会化的互补——以土壤污染修复费筹措机制为视角 [J]. 甘肃政法学院学报，2016（3）：27-37.
④ 翁孙哲. 环境损害责任社会化的多维视角 [J]. 行政与法，2016（8）：45-52.
⑤ 张志文，王秋俊. 论环境侵权责任社会化的价值取向 [J]. 云南大学学报（法学版），2004（4）：68-71.

三、环境责任社会化承担的功能

（一）环境责任社会化承担增强了侵权法的补偿功能

首先，环境责任的社会化承担可以保障环境侵权损害中受害人能够获得及时、充足的补偿。在一般的侵权行为中，如果受害人的人身、财产受到侵害，受害人会要求侵权人对其受到的损害进行赔偿，希望能够通过这样的赔偿行为使其可以恢复到侵权行为发生之前的状态。实践中造成损害的侵权人往往没有赔偿能力，运用环境责任的社会化承担机制，使受害人可以通过保险公司或者其他社会化机构获得赔偿，不再单一地依靠加害人。获得赔偿的概率和额度都得到相应的提升，很大程度上解决了环境侵权行为发生后造成的环境损害和人身财产损害得不到救济的情况。因此环境责任社会化机构具有赔偿资金充裕、赔偿途径丰富的特点。其次，环境责任的社会化承担的有效运用能够提高法院的已生效判决、裁定或其他文书的执行效率。环境个人责任制度存在的主要问题，是承担环境损害责任的个人或者企业很难进行及时赔偿，或者赔偿的金额有限，甚至没有赔偿能力，导致环境侵权损害赔偿的案件执行效率较低。如果能够有效地利用环境责任的社会化承担，通过保险机构或者政府等其他信誉度较高且资金充足的社会化机构进行赔偿，将直接提高已经生效的判决或法律文书执行的效率和社会公信力，况且这类社会化机构在处理环境损害纠纷以及评估环境损害风险方面的经验也会更加丰富。[1]

（二）环境责任社会化突破了侵权法的救济范围

私人主体的人身财产利益受到损害时通过侵权责任法寻求救济，环境具有公共物品的属性，是全社会共同拥有使用的。一般的环境损害中，没有具体的私人主体，就存在无主体向侵权责任法寻求救济的现象，环境损害就得不到救济。通过环境责任社会化中的环境责任保险、生态补偿、整治基金来解决环境损害无法被救济的情况，使得环境侵权损害能够被侵权法所救济。

---

[1] 吕忠梅，等著. 侵害与救济 [M]. 北京：法律出版社，2012.

第二节 保护责任的生态补偿机制

一、生态补偿机制的概念以及发展

（一）生态补偿机制的概念

生态补偿思想的演化与发展蕴含着人类对统筹经济发展和保护生态环境之间的美好期望。二十大报告提出了完善我国生态保护补偿制度，建立生态产品价值实现机制。生态补偿机制是综合运用行政手段和市场手段，以实现人与自然和谐发展为目标，通过分析生态保护投入成本、生态系统带来的服务价值，调整保护生态环境的建设者和保护者的利益关系；依循"谁开发谁保护、谁受益谁补偿"原则的环境经济政策，对于损害环境或者是从资源环境中获取利益的行为进行合理分配。这意味着利益获得者（包括环境资源开发的利用者等）应当支付相应的费用或者通过其他形式进行补偿，付出利益者（包括环境资源保护的建设者等）得到合理的补偿。对生态保护者进行补偿的途径通常是财政转移支付或者市场交易。生态补偿机制的运行主要通过两个方式：首先是主动地进行生态保护行为，积极减少对生态环境的破坏，有效控制自然环境的碳吸收水平下降；其次是被动地进行生态补偿，加强重点生态领域的保护力度，加强保护湿地、海洋等能够对自然环境进行良好调节的生态区域，提升碳吸收水平。双管齐下共同打造人与自然和谐发展，共建绿色社会。

生态补偿制度具有二元性的特征。在生态补偿的概念当中包括了两种生态补偿的行为：首先是生态修复也就是指减轻生态损害的行为，产生生态修复的要求是因为前置的环境保护义务；其次是运用经济补偿的手段弥补从事生态修复的主体。我们需要进行生态补偿是环境保护义务的应有之意，根据对义务要求的高低不同分为一般环境保护义务和特殊环境保护义务。一般保护义务是基于环境法"谁污染谁治理"的基本原则，要求全社会所有的环境行为主体都要在生产生活中遵守环境法律法规，践行环境保护的义务，这是环境保护的底线要求。因此特殊环境保护义务的主体，在履行特殊环境保护义务时，付出的努力必然高于一般环境保护义务的主体。特殊环境保护义务依赖于"环境公平"和"承担特殊环境保护义务的主体得益"原则，在生态补偿活动中，由政府相关机构对减轻生态损害或保护生态环境的主体进行经济补偿。履行这种特殊环境保护义务的主体主要是生态补偿中的供方和需方，这二者之间的法律关系通常具有行政法属性或者合同法属性。[1]

---

[1] 辛帅. 论生态补偿制度的二元性 [J]. 江西社会科学，2020，40（2）：204-212.

（二）生态补偿机制的起源与发展

生态补偿起源于 20 世纪中后期的西方新公共管理运动，有关生态补偿的研究也是从政府管理的角度出发。[①] 科斯认为，当交易成本为零且产权明确时，环境服务的外部性会被资源拥有者通过谈判机构将其内部化。此时甚至不需要政府施加政策介入，依靠市场就可以提供所谓的环境服务。国外对生态补偿的研究也集中于此，在生态补偿机制中政府发挥着重要的作用。随着"庇古理论"的出现，政府应该直接介入生态补偿活动的研究逻辑更加深入。国内学者对生态补偿的研究也是根源于这两大理论，根据我国的实践，生态补偿机制的发展也体现出了具有中国国情的独特性和复杂性。总结来看，我国遵循"谁开发，谁保护；谁破坏，谁付费；谁受益，谁补偿"的基本原则进行生态补偿实践与研究。

我国的生态补偿机制的研究与实践都要晚于国外，直至 21 世纪初我国才陆续出台生态补偿机制的相关指导意见。生态补偿机制首先在"十一五"规划中提出，最初生态补偿政策分散于各个环境资源单行法中，2014 年关于加快推进农业现代化的若干意见中提出完善森林、草原、湿地、水土保持等生态补偿制度；2015 年印发《生态文明体制改革总体方案》，提出健全资源有偿使用和生态补偿制度；2016 年指出建设生态文明制度的重要内容是实施生态保护补偿；2018 年国家发展改革委等九部委联合印发《建立市场化、多元化生态保护补偿机制行动计划》；2019 年印发《生态综合补偿试点方案》，明确了推进生态补偿机制市场化、多元化发展的方向。我国生态补偿机制的探寻路径从试点开始发展到健全和深化。目前我国生态补偿机制覆盖了流域、森林、耕地、草原、海洋、荒漠、生态功能区多个领域，我国关于生态补偿政策涉及生态环境、退耕还林、水资源费、矿产资源税等多个方面，从顶层设计到基层实践都相对完善。

二、生态补偿机制的主体

（一）"生态环境损害者——生态环境利益受损者"的主体关系

损害者、使用者、受益者付费，保护者补偿是确定生态补偿主体依据的原则。[②] 在该主体关系当中，实施生态环境治理保护的人或者组织，环境损害的直接受害人或者是自然资源的所有人都可以成为受偿的主体。这里受偿的主体可以是个人、相关组织或者是代表国家利益的政府，补偿的主体是造成生态环境损害的个人或者组织。[③] 受偿的范围当然以修复生态环境的成本和造成的积极损失为限度，如对造成的海洋污染需要对海洋生态进行补偿，还需要考虑开发利用过程中造成的环境污染，以及对受损的

---

① 袁伟彦，周小柯. 生态补偿问题国外研究进展综述 [J]. 中国人口资源与环境，2014，24（11）：682.

② 彭春宁. 论生态补偿机制中的政府干预 [J]. 西南民族大学学报（人文社会科学版），2007（7）：105-109.

③ 李永宁. 论生态补偿的法学涵义及其法律制度完善——以经济学的分析为视角 [J]. 法律科学（西北政法大学学报），2011，29（2）：133-142.

生态环境进行治理的必要费用。在开展生态补偿的过程中，明确补偿的主体和客体，即谁应该向谁补偿的问题至关重要。[①]

（二）"生态保护者、生态建设投入者——生态环境利益受益者"的主体关系

生态补偿机制遵循受益者补偿的原则，其中受偿主体一般包括为保护生态环境做出贡献或者是投入生态建设事业的组织或者个人。生态补偿的正外部性特征决定了其需要国家政策推进才能更好地实施，例如，我们国家现在推进的草地生态补偿、林地生态补偿等。所以进行补偿的主体一般为代表国家的政府，通过财政部门横向或者纵向地支付这种补偿资金，补偿为了生态保护付出一定牺牲的主体，直接实施环境补偿政策的林业部门等反而不是补偿主体。

（三）区域生态补偿的主体关系

区域生态补偿就是指不同行政区域之间相互进行补偿的行为，通常是进行生态保护的地区因为生态保护行为牺牲一些利益，那么由生态保护的受益地区对其进行补偿；或者国家为了保护自然生态环境，为了整个生态功能区的良性发展实施限制或者禁止在该区域开发的保护措施。进行生态补偿就是调整区域之间因为生态保护导致的不平衡的人地关系。[②] 我国进行区域生态补偿的具体措施有对重要生态功能区实施的禁止或者限制开发，政府需要对该区域的居民或者组织进行补偿。例如流域之间的生态补偿，一个流域往往流经多个行政区域，上游和下游之间在治理流域环境问题存在补偿关系，一般为地方政府之间通过协议进行补偿。因此，在区域生态补偿中受益者的范围要根据具体情况进行分析，进行补偿的方式可能是政府的财政支付也可能是地方政府之间的协议。可以理解为这种区域内的生态环境是大家不需要竞争就可以开放性使用的，所有的区域都有成为受益主体的可能性。[③]

三、生态补偿机制的模式

（一）政府补偿

政府补偿的方式主要是纵向的财政转移支付，设立国家重点生态功能区转移支付是我国实现生态补偿的重要手段之一，通过财政补偿支付提高各个地区保护生态环境的积极性和参与度，提高重要的生态保护功能区所在的地方政府的基本公共服务能力。[④] 通常为中央对地方重点的生态功能区进行财政转移支付，近年来预算资金规模呈现明显的递增态势。

---

① 李笑春，等.草原生态补偿机制核心问题探析——以内蒙古锡林郭勒盟草原生态补偿为例 [J]. 中国草地学报，2011（11）：1-3.

② 丁四宝，网昱.区域生态补偿的基础理论与时间问题研究 [M]. 北京：科学出版社，2010.

③ 潘佳.生态保护补偿制度的法典化塑造 [J]. 法学，2022（4）：163-178.

④ 曹明德.对建立生态补偿法律机制的再思考 [J]. 中国地质大学学报（社会科学版），2010，10（5）：28-35.

（二）市场化补偿

市场化生态补偿模式是通过市场投放生态环境的服务功能、生态环境中要素的归属权和需要进行环境污染治理的额度，建立环境交易市场，充分发挥市场的主动性和积极性，通过一对一交易或者公共支付实现生态补偿的目标。目前较为常见的市场化生态补偿模式有水权交易、排污权交易、配额交易、生态税费等。例如，在 2016 年成立的水权交易所，为实现水资源的合理配置达到保护水环境、节约水资源的目的，将水资源分配到使用效率更高的地区。

第三节　赔偿责任的社会化承担机制

环境侵权行为造成的环境损害往往具有社会严重性、赔偿延迟性、判决执行难以及责任的可负担性等问题。迟来的正义非正义，为实现社会公平正义的价值理念，切实保障受害人的损失得到及时有效的赔偿，建立赔偿责任的社会化承担机制作为侵权责任法的补充，是解决以上环境侵权损害赔偿所产生的问题的必然选择。环境损害赔偿责任的社会化承担机制是通过环境保险、赔偿基金、财务保证、行政补偿的方式建立的，污染者缴纳一定的保险费用或者是公积金，将因损害环境造成的赔偿责任转移到保险公司或者全社会进行共同承担。避免个体赔偿责任机制下单个污染者的赔偿能不足或无法确定具体侵权人而导致的救济不力，利用社会化分担的形式减轻污染者的负担压力和发展风险，有助于提高生产力和创造的积极性，从而达到真正的经济社会发展与环境发展和谐共处。

一、环境责任保险制度

责任保险制度是风险社会中转移分担风险的最佳途径，由特定的企业或者组织向专业的保险机构支付保险金。当该企业或组织就投保的项目产生损害赔偿责任时，保险机构代替该企业或者组织向第三人进行赔偿。责任保险制度的广泛发展源自无过错责任原则的确立，随着无过错责任原则在社会各领域广泛应用，许多个人或者企业面临的风险和承担的责任相应地也被扩大，责任保险制度的出现缓解了这种风险的扩大。无过错责任原则带来风险的同时也促进了责任保险制度的发展，环境责任保险制度是将责任保险制度应用在环境损害赔偿领域，也被称作"绿色保险"。根据环境责任保险关系是否为存在污染环境的企业自愿建立分为强制责任保险和任意责任保险，目前国际上环境责任保险典型的立法模式有三种：强制责任保险制度、强制责任保险与财务保险相结合的环境责任保险制度、以任意保险为主强制责任保险为辅的环境责任保险制度。

考虑到有效的环境责任保险很难通过市场自发形成，加害人与保险人在无法评估风险时会选择退出市场。加害人趋于利益原则缺乏购买保险的动力，保险人很难识别和控制存在复杂的因果关系的环境侵害中的风险，需要承担的责任边界具有不可预测性，导致保险人承保该类标的的意愿不强。① 因此有学者提出应当要求环境侵权行为发生率高或损害严重的企业购买环境责任强制保险，该观点显然违背了我国侵权责任法中对环境侵权行为规定的无过错责任原则。环境责任强制保险确实可以有效解决企业拒绝投保造成无力赔偿的问题，但因强制责任保险具有法定性，导致保险的费率调整范围有限。如果规定的费率较高，会使本身信用良好的投保人付出不合理的成本；若规定较低的费用，只能保障最低限度内的赔偿金额，难以应对环境侵权造成的严重后果。② 因此较为合理的路径选择是对法律列明属于环境损害行为的情形，实行强制保险并规定保险人的责任限额，对其他可能具有环境损害风险的企业实行任意保险制度，企业通过预测风险选择适合自己的保险产品。③ 此外环境责任保险制度中还涉及保险合同权利、保险人的保险赔付金留置义务、最低保险金额、暂时性保险金和公共性的保险保障基金、保险人免责和抗辩权的限制等问题。

（一）环境责任保险制度的功能

环境责任保险制度是为了分散环境损害赔偿责任较为集中的由单个主体负担造成的困境而生，是经济制度与环境侵权责任特别法的有效结合。基本的功能首先是分散环境污染行为造成的损失，规避加害人的风险使受害人可以得到有效的救济。加害人通过向保险公司支付较少部分的保险金，在产生环境损害赔偿时将这种环境损害赔偿责任转移给保险公司，保险公司就大额的赔偿金进行赔偿，保险公司赔偿的过程实质上是将自己的损失转移给众多的投保人。赔偿责任由"谁污染，谁治理"的观点转化为社会化承担。其次可以加强生态环境管理，预防环境损害的发生。投保人在针对环境损害赔偿问题进行投保时，保险公司在出具保险单时会对投保人的污染防治设施以及投保人需履行的义务提出严格的要求，还会评估投保人的环境污染风险进而影响保费的数额，如果不满足条件还可能会被拒绝投保。投保人想要通过环境责任保险来分担自己的风险，就必须满足保险公司要求的条件，反向加强投保人的环境保护意识，敦促投保人提高污染防治力度，严格遵循环境保护的法规和标准。在环境损害赔偿中，通过责任保险实践责任社会化原则更有优越性：一方面，对环境受

---

① 马宁. 环境责任保险与环境风险控制的法律体系建构 [J]. 法学研究，2018，40（1）：106-125.

② 范庆荣. 环境污染强制责任保险中保险利益之解析 [J]. 兰州学刊，2022（8）：86-100.

③ 贾君望，李媛辉. 环境侵权损害赔偿社会化的研究 [J]. 环境保护，2017，45（8）：70-73.

害人而言，相较于侵权人的赔偿能力，直接向保险人请求损害赔偿对环境受害人更有保障；另一方面，对环境污染者而言，通过保费的缴纳将责任转嫁给保险责任的共同体承担，可以避免因巨额赔偿面临破产的危机。环境损害赔偿的责任社会化承担的运行机制就是将环境责任风险转移，由个人承担转换为国家、社会及大多数企业和个人共同承担和消化损害。①

（二）环境责任保险制度的局限性

环境责任保险的局限性表现为适用对象的局限性，只有偶然的或者突发的环境污染事故造成的人身伤害、财产损害等经济性损失适用于环境责任保险进行保险理赔。②活动积累型的环境损害后果无法适用环境责任保险制度，因为这种污染行为一直存在并且随着时间的累积，爆发环境污染事故是必然事件，只是事故发生的具体时间和损害的程度无法确定，这种累积型的事故不符合保险制度的不确定原理，不能成为环境责任保险的保险对象。③但是实践中发生的环境污染事故多数为这种累积型的环境污染，如较为常见的排污行为就无法适用环境责任保险进行救济。环境侵权损害赔偿的责任保险制度的适用范围没有全部将环境侵权行为包括在内，只是一定程度上缓解了侵权行为对环境损害赔偿上的不足，因此解决环境责任社会化承担问题仍然需要其他社会化机制进行补充。

二、环境损害赔偿基金制度

各国为了避免环境损害得不到救济，设立了一些基金制度，具体分为污染企业自愿互助补偿基金、行政机关先行垫付补偿基金、地区补偿基金、区分形态补偿基金。例如，日本的《公害健康受害补偿法》中规定对特殊公害病由污染加害人按照责任比例负担损害赔偿，非特殊公害病由集体基金赔偿。环境损害赔偿基金的内涵是由国家、企业、社会团体、个人等社会主体筹备的，用于环境修复、赔偿、治理的专项基金。我国目前建立了全国性和地方性的环境保护基金会，如中华环境保护基金会，它是全国性的民间非营利组织，独立的社会团体法人。环境损害赔偿基金的运作主要有行业性赔偿基金和综合性赔偿基金，行业性赔偿基金是指具有环境损害危险性的行业，如国内海上油污损害填补基金；对非危险性的行业可以建立综合性赔偿基金，主要适用发生环境损害时责任人不明的情形。学术界对综合性赔偿基金是否具有独立法律人格和组织模式存在不同观点，综合性环境损害赔偿基金综合各国家现有模式可以分为：公法财团法人模式、私法财团法人模式、非独立法律人格模式。

① 林丹红. 环境侵权之"损害"研究——以环境权的二元价值为基础 [J]. 苏州大学学报（哲学社会科学版），2009，30（1）：34-38.

② 周珂，杨子蛟. 论环境侵权损害填补综合协调机制 [J]. 法学评论，2003（6）：113-123.

③ 窦海阳. 生态环境损害责任的体系解释与完善——以生态环境法典编纂为视角 [J]. 中国法律评论，2022（2）：40-49.

综合性的环境损害赔偿基金最主要的来源是对可能造成环境损害的企业收缴环境税，还有相关企业行业税、排污费用的收取；还可能来源于政府财政补贴，即政府将财政收入的一定资金用于支持环境损害赔偿基金的建立，同时行政机关对违反法律规定的企业收取的罚款也应当纳入；包括社会公益性的捐助，各个环保公益组织、民间社会团体、企事业单位进行捐款；向有关环境损害责任人追偿得到的款项；最后是该基金的利息收入，作为应对环境损害事故的应急资金不能用于其他投资活动，只能储蓄。行业性的损害赔偿基金的主要来源是行业内存在污染风险的企业进行缴纳，依据各企业的行业危害程度和对环境保护的投入成本厘定收取数额。对发生环境损害事故的风险较大、造成的后果也较为严重的高风险行业收取较多资金，对积极投入环保设备的企业适当降低，也有利于激发企业的积极性。

综合性环境损害赔偿基金适用于造成环境损害的行为主体或者是承担责任的保险人无法完全或者部分赔偿所造成的环境损害时，给予必要补偿。[①] 综合性环境损害赔偿基金的启动必须满足一定条件：首先，造成环境损害行为主体不明或无法确定；其次，可以确定加害人但没有赔偿能力破产或逃逸；再次，加害人投保的环境责任保险无法赔偿所有损失；最后，无法寻求专业性的环境损害赔偿基金或者其他环境损害赔偿的方式。在环境损害赔偿体系中，造成环境损害的加害人是进行赔偿的第一顺位，环境责任保险人是第二顺位，行业性的环境损害赔偿基金是第三顺位，综合性环境损害赔偿基金作为第四顺位进行赔偿，只有当前三顺位的条件都无法对造成的环境损害进行赔偿时，才能启动综合性环境损害赔偿基金。

三、财务保证制度

在一些国家，财务保证制度与环境责任保险制度互为补充。财务保证制度是由可能会造成环境损害的环境侵权责任人（主要是具有污染性质的企业）提前准备好专门的资金，用于对受害人进行及时、有效的救济的制度。其本质是通过第三人的介入，提供必要的担保进而提升法律责任主体的债务偿还能力，主要方式为公积金制度和提存金制度。公积金制度是具有同样环境侵权风险的企业联合起来，共同出资建立公共基金，共同约定提前缴纳金额，用于环境侵权风险发生之时；这些联合起来的企业中的某一家企业要面临赔偿责任时，先由该公积金对受害人进行赔偿，事后再对被索赔的企业进行逐步追偿，保证受害人能获得及时充足的救济。提存金制度也称寄存担保制度，是本身会造成一定环境污染的企业在开始营业之前，按照规定在相关机构处缴纳一定保证金作为污染风险的担保金；或者在生产经营的过程中提存一定的金额，留作未来需要损害赔偿时用。

---

① 贾君望，李媛辉. 环境侵权损害赔偿社会化的研究 [J]. 环境保护，2017，45（8）：70–73.

上述两种财务保证制度的优势是最低程度地将污染企业自身的损害赔偿责任转移给他人，但是也不会因此就让因为巨额赔偿面临破产，这是企业之间的互助行为。同类企业共同分担这种环境损害赔偿责任，协助环境侵权人将需要一次性给付的赔偿数额转换为逐年支付，既保证了受害人不会被侵权人当时的经济条件所限制，可以得到及时的赔偿；又保证了企业不会因为巨额赔偿而破产，也不会将过多的损害赔偿转嫁给社会。

财务保证制度也存在缺陷，财务保证制度得以运行的前提是侵权人的环境损害赔偿责任，要想谋求受害者得到及时、确实的救济就必须与各个事业者的侵权责任分开考虑。加害人侵权责任的成立本身具有复杂性，如不能建立只要认定损害是事业活动的经营者造成的就可以立即支付受害人赔偿金的制度，仅依靠确保赔偿金能够得到履行的提存金制度和公积金制度还是不够的。[①] 况且财务保证制度是企业之间自发的行为，具有一定的自主性，难以确保各个行业之间都存在这样的制度。

四、行政补偿制度

环境侵权损害赔偿的行政补偿制度是依据环境法律法规，运用公共权力救济环境侵权造成的损害，保证环境侵权受害者获得便捷、及时和充分救济，保障受损的生态环境得到及时修复的一种救济制度。政府一般会以征收环境税等税费的形式来筹集损害补偿基金，该补偿基金只有在满足相关条件时才会补偿环境侵权中的受害人，有的基金组织对造成环境损害的侵权责任人仍然保留追偿其所支付的赔偿金的权利。[②] 由此受害人的损害得到了及时的救济，侵权人仍然要承担相应的责任。

环境侵权行政补偿机制实质上是对环境责任保险和个人责任承担机制以及其他方式无法发挥作用时，运用环境侵权救济资金进行环境责任的承担进行损害赔偿，本质上是将应当由个体承担的环境责任转移给社会。从环境责任风险的转移和分担来看，环境侵权的行政补偿和环境责任保险的作用原理是相似的，都致力于保障受害人得到及时有效的救济，让环境损害能够有效治理，将环境损害赔偿的风险进行转移。区别在于他们采取的救济路径不同，环境责任保险的救济方法是将无法保障承担责任能力的潜在环境侵权人，转化为具有充足的责任能力的保险机构，保障受害人得到及时充足的救济、环境损害赔偿案件的执行效率得到提高；环境责任保险发挥作用的前提是存在明确的责任主体，并且投保了环境责任保险。如果承担环境侵权责任的主体不明或者是没有投保环境责任保险，那么受害人的环境权益在法律救济范围之外无从保障，社会运行风险增加。[③] 因此，为了弥补这样的空缺，环境侵权行政补偿可以作为环境责

---

① [日]原田尚彦.环境法[M].于敏,译.北京：法律出版社,1999.

② 黄中显.论环境侵害行政补偿制度：性质、功能和路径[J].理论月刊,2014(12)：106-109.

③ 宋才发,宋强.民族地区生态环境保护的法治探讨[J].民族学刊,2018,9(5)：64-70.

任社会化承担补充，在其他社会化承担方式都无法保障受害人的损失时，由行政补偿机制弥补和加强对受害人的损害救济，环境侵权行政补偿在环境侵权救济社会化中的地位属于补偿性，"具有次序上的后位性、功能上的填补性和效力上的代位性。"①

---

① 王明远. 环境侵权救济法律制度 [M]. 北京：法律出版社，2001.

第十一编

国际环境法

第四十五章 国际环境法

国际环境法作为环境法学体系中的特殊部分，由保护、改善和利用环境的一系列国际法规和制度构成，是当代国际法的一个新领域。由于生态系统和环境问题具有全球性和综合性的特点，因此需要国际社会共同合作以解决国际环境问题。目前，在气候变化、生物多样性、危险废物处理、跨界水治理及外层空间保护等全球环境问题突出的领域，已有卓有成效的国际环境法律实践，这些实践在国际法层面指导各国进行国内环境立法并规范各国的环境资源利用行为。

第一节 国际环境法概述

随着国际环保运动的发展，国际环境问题逐渐受到关注，现代国际环境法开始逐渐形成和发展。许多新的环境问题的出现，对原有的国际法提出了挑战，也推动了现代国际环境法在国际法框架下的创新。国际环境法扩大了国际法主体的范围，发展了国际法的基本原则，扩展并限制了国家主权的内容，在一定程度上代表了国际法发展的方向。

一、现代国际环境法的产生及发展

1972 年 6 月 5 日，为了保护和改善环境，人类历史上第一次探讨当代环境问题及全球环境保护战略的全球会议——联合国人类环境会议——在瑞典首都斯德哥尔摩召开。会议提出"只有一个地球"的口号，呼吁各国政府和人民为维护和改善人类环境，造福全体人民及后代而共同努力。会议未通过具有约束力的法律文书，但产生了最具影响力和最持久的国际"软法"文书之一——《联合国人类环境会议宣言》，该宣言阐述了七点共同看法和二十六项基本原则，对于促进国际环境法的发展具有重要作用。而本次会议也成为国际环境保护运动发展史上的里程碑，是制定一套国际环境法规则、原则的首次尝试，是现代国际环境法诞生的标志。[①] 联合国人类环境会议引发的一个典型变化是第三世界国家的积极参与。在此之前，大多数第三世界国家对全球性的环境保护协议持怀疑态度，并且极其警惕西方国家利用环保建立"新殖民主义"从而阻碍本国经济发展之路。联合国人类环境会议回应了第三世界国家的相关关切，在《联合国人类环境会议宣言》制定的二十六项共同原则中，至少有十一项强调了发展中国家的可持续发展需求。

联合国人类环境会议召开后，国际环境法的发展进入"后斯德哥尔摩"时代。国际法中的环境议题得到大大拓宽，从资源枯竭、物种灭绝等传统环境风险，到危险物质或活动造成的工业污染、资源退化等新型人为风险引发的环境问题逐步得到关注。从《联合国人类环境宣言》后至20世纪80年代初，国际环境法律文件调整的主要内容体现在具体的环境部门上，如保护海洋、淡水、空气、土壤等，并就此签订了一系列公约，如《南极海洋生物资源保育公约》《海洋法公约》等。20世纪80年代初至80年代末，人们意识到人类的某些活动是造成环境问题的根源，对造成环境损害的物质和过程必须在其整个生命周期内加以管制，包括有毒或放射性的危险物品或废物处理，并签订了《控制危险废物越境转移及处置巴塞尔公约》（1989）等。

1992年，联合国在巴西里约召开了第二次全球环境会议并通过了《环境与发展宣言》，代表着国际环境法的发展进入新阶段。该宣言由序言和二十七项原则组成，在重申和强化了《联合国人类环境宣言》所规定的一系列原则和制度之外，也出现了卓有成效的新发展，如预防原则、污染者付费原则、进行环境影响评估的一般要求等。该次会议还开放了《联合国气候变化框架公约》和《生物多样性公约》供与会国签署，标志着防止臭氧层破坏、生物多样性、气候变暖正在成为国际环境法规制的重心问题。1992年全球环境会议召开之后至今，现代国际环境法框架基本形成。但随着环境问题在国际议程上遇到来自经济全球化、放松管制和私有化、强调自由贸易以及高度贫困国家发展危机等问题的挑战，在全球层面达成环境问题共识及进行国际合作愈加困难，对于构建共担环境责任和义务的规则体系也不容乐观。

二、国际环境法的概念及特点

关于国际环境法的概念，国内有不同的学术观点。从国际环境法调整的对象和外延来看，有观点认为国际环境法是调整各国在保护环境领域关系的法律规则和制度的总称[②]，也有观点认为国际环境法是调整国家间在全球或区域性环境保护领域中行为关系的法律规范的总称；[③] 从国际环境法的起源、本质、特征和外延等方面看，国际环

---

① 林灿铃. 论国际环境法的性质 [J]. 比较法研究，2005（2）：99-106.

② 端木正. 国际法 [M]. 北京：北京大学出版社，1997.

③ 张耸青. 国际环境法 [M]. 武汉：武汉大学出版社，1990.

法是其主体（主要是国家）在因开发、利用、保护和改善环境而发生的国际交往中形成的，体现它们之间由其社会经济结构决定的，在开发、利用、保护和改善环境方面的协调意志的，调整国际环境法律关系的法律规范的总称。[①] 相较前者，后者的界定更为科学且全面，更加充分地反映了国际环境法的体系和特点。

国际环境法同时具有环境法及国际法的属性，但又区别于国内环境法及国际法其他部门，主要因其具有独特的调整对象，即它调整的是国际法主体在开发、利用、保护和改善环境的活动和交往中形成的国际关系，从而赋予了国际环境法综合性、公益性、科技性等特点。

（一）综合性

国际环境法所调整的国际环境关系牵涉到国际社会的各个方面，所采用的调整方法和措施也涉及国际法和国内法的各个领域，这就决定了国际环境法是一个具有明显综合性的国际法部门。国际环境法的综合性主要体现在：一是国际环境保护的范围和对象具有广泛性，因此必须借助政治、经济、法律、科学技术、宣传教育等多方面、各环节的综合力量解决国际环境问题；二是国际环境法与许多学科之间相互影响、相互渗透，在法学体系内与宪法学、民法学、刑法学、行政法学、诉讼法学等法律部门有密切的联系，在法学体系外，国际环境法又与环境科学、经济学、伦理学、生态学等息息相关。

（二）公益性

国际环境法是以人类共同利益为根本目的[②]，宗旨是保护地球环境、保护和改善人类赖以生存的基本物质条件，使人类社会得以在与自然的和谐中持续发展。由此可见，国际环境法是致力于改善环境质量，保护人类健康，促进人类社会整体进步，最终建立一个可供人类持续生存的国际环境保护事业，因此国际环境法具有明显的公益性。《联合国人类环境宣言》所宣布的"保护和改善人类环境是关系到全世界各国人民的幸福和经济发展的重要问题，也是全世界各国人民的迫切希望和各国政府的责任"的共同认识，实质上就是对国际环境法这一特点的深刻揭示。此后签订的几乎所有重要的国际环境条约，如《联合国气候变化框架公约》《生物多样性公约》等，都在公约内容中强调了这一点。

（三）科技性

国际环境法受社会经济规律的制约，同时也受自然规律特别是生态规律的制约。因此，要实现国际环境法所追求的人与自然和谐相处的宗旨，就必须遵循自然规律、依靠科学技术才能达到目的。国际环境法的科技性主要体现在：一是国际环境法解决

---

① 王曦. 国际环境法 [M]. 北京：法律出版社，1998.
② 周珂等. 环境法 [M]. 北京：中国人民大学出版社，2021.

国际环境问题、实现绿色可持续发展的前提必须以自然规律作为立法的指导原理；二是国际环境法在协调人与环境的关系时必须把环境标准、技术规范、操作规程等吸收到国际环境法的立法当中；三是环境友好技术[①]的发展和更新得益于国际环境法的推动。

三、国际环境法的基本原则

随着国际环境法的不断演变，与环境保护有关的国际条约和国内法律中出现了一些不断重复并被广泛接受的准则和原则。这些原则表明了国际环境法的基本特征，对国际环境法中的具体规范起到指导作用。目前，为国际社会公认的国际环境法的基本原则包括尊重国家主权及不损害国外环境原则、国际合作原则、预防原则、可持续发展原则、共同但有区别的责任原则。由于判断视角及标准不一致，目前国际法和国际环境法的基本原则仍在不断地发展和进一步丰富之中。国际环境法的基本原则，特别是可持续发展、预防、共同但有区别的责任原则，是国际环境法的基本组成部分。在过去的十年间，这些原则已在众多条约中得以实施，并在若干国际判决中被提及和采纳。这些原则的具体内容也在这一过程中变得更加明确，同时为国际环境法的发展提供足够的灵活性。

（一）尊重国家主权及不损害国外环境原则

国家主权原则是国际法最古老的原则之一，根据该原则各国对其领土上的活动拥有专属立法、行政、司法管辖权。但各国享有的主权并非绝对的，国家主权具有权力和权利双重属性，在平等的国家主体之间，一国的权利即他国的义务。[②]作为国际社会的基本行为主体，国家的社会化导致国际规章制度的产生。随着各种环境问题的日益增多，通过国际制度限制国家主权成为趋势。在国际环境领域，国家环境主权原则是国家主权原则的具体化，该原则有两方面的含义：一是各国对其境内的环境资源享有充分的主权，二是各国享有平等参与国际环境保护事务的权利。各国在享有主权权力的同时，也应承担相应的义务，即国家在行使主权时不得损害本国管辖范围内的环境，并"确保在其管辖或控制范围内的活动不会对其他国家或本国管辖范围以外地区的环境造成损害"。[③]

尊重国家主权及不损害国外环境原则推动了国际责任制度的发展，并且对国家主权的具体行使施加了合法限制。根据该原则，主权国家应当尽到勤勉尽责义务（due

---

① 1992年在里约召开的第二次全球环境会议正式提出"环境友好"理念，至此环境友好技术在全球范围内得到广泛提倡和发展。
② 江河.国家主权的双重属性和大国海权的强化[J].政法论坛，2017，35（1）：127-137.
③ 为了平衡国家的权利与义务，《联合国人类环境会议宣言》第二十一项共同原则确立了各国不因自身活动损害他国环境的责任。

diligence）① 以及预防对国外环境造成破坏的义务。勤勉尽责为国际法主体的一项行为义务，若义务主体未能遵守则意味着存在行为过失并具有可责性。在具体实践中，勤勉尽责要求义务主体尽到实体性与程序性两个层面的义务，前者主要体现为采取损害预防措施、适用风险预防方法和提供相应救济等，后者主要体现为对环境影响进行评估、核准、监测、通知与协商等义务。② 在国际环境法领域，各国承担的勤勉尽责义务既针对国家行为，也针对国家管辖或控制下的私人行为。

（二）国际合作原则

地球生态系统为一个统一整体，局部生态系统的改变将对环境整体造成影响。因此环境问题的解决不能依靠个别国家的单独努力，只有通过国际合作才能从全方位、全因子整体改善全球环境。国际合作原则是指不论各国在政治、经济及社会制度上存在何种差别，都有义务在国际层面彼此合作，以促进国际和平和经济发展。国际合作原则作为国际法的一项基本原则，为国际社会所公认和广泛接受，适用于国际法的各个领域。在国际环境法框架下，国际合作原则在解决环境污染及资源利用上起着关键作用，如在跨界水道和国际湖泊等共用资源的使用等。

国际合作原则在环境保护领域得到进一步拓展，首先是合作理念的提升，国际环境合作的利益实现不仅关注当代人的眼前利益，更关注未来世代及人类的共同利益；其次是参与主体的范围更为广泛，表现在国际合作的主体除传统的国家和国际组织外，还包括民间组织、跨国公司和个人，另外现在许多公约推行"开放签署"的模式，以此表达对国际社会成员进行普遍合作的强烈愿望；最后是合作方式的灵活性，传统的国际合作强调的是权利义务对等，而国际环境合作则追求的是实质公平，主要体现为"共同但有区别的责任"和对发展中国家的援助上。

（三）预防原则

在最初解决跨界污染引起的双边争端问题时，国际社会就意识到通过解决双边环境问题的规则来处理环境保护问题只能提供有限的解决方案，甚至可能导致环境损害的转移。环境污染结果的发生具有滞后性和不可逆性，因此要从根本上解决环境问题必须依靠国际环境法基本原则层面所建立的预防模式。预防原则强调了国家在进行环境资源开发时不得损害他国环境，并有责任在环境损害发生之前采取积极措施以限制、控制或制止可能造成环境损害的活动或行为。另外，一些国际条约中同时规定了国家在环境跨界污染事件中的通报及协商义务，即各国有义务向邻国通报跨界污染的情况，并与邻国共同协商应当或必要采取的防止或限制损害发生的措施，一旦违反该义务应

---

① "due diligence" 的确切含义目前尚未统一，在相关语境下也被翻译为"谨慎处理""审慎""适当注意""应有注意"等。

② 王金鹏. 跨界环境损害预防中的国家勤勉尽责义务刍议 [J]. 甘肃政法大学学报，2022（2）：119–131.

当承担国家责任。

国际环境法起源于预防原则，并以该原则作为首要目标。预防原则作为国际环境法一般原则之一，目前已发展成损害预防原则与风险预防原则两项具体内容。所谓损害预防原则是尊重国家主权和不损害国外环境原则的延伸，是指在国际及国内环境管理中，对于可能存在的严重或不可挽回的环境损害危险，各国应采取适当的预防性手段和措施，防止环境损害的发生。风险预防原则是指即使缺乏科学、充分、确实的证据，各国也应在环境存在损害威胁时，采取与本国能力相适应的预防措施。由此可见，两项原则的区别主要在于风险预防原则要求采取预防措施的前提不以存在科学确定性（如因果关系明确、科学证据充足）等为前提。

（四）可持续发展原则

自 20 世纪 80 年代末以来，可持续发展原则对环境保护领域的国际活动起着主导作用。世界环境与发展委员会在 1987 年提交了题为《我们共同的未来》的报告，在该报告中正式提出可持续发展概念并将其定义为"既满足当代人需求，又不损害后代人满足其自身需求的能力"，并确定了可持续发展的关键目标。[①] 后续对可持续发展的解释也多围绕人类需求和价值观进行，强调未来发展并具有一定的时间依存性。1992 年《环境与发展宣言》将人类对环境与发展的认识提高到一个崭新的阶段，经济及社会的发展和环境保护这两个长期处于相互竞争的考量因素在一定程度上取得了共识。此后多数国家都制定了可持续发展战略，但在战略定位和意识形态等层面互有不同。这些差异的存在一方面源于社会经济发展状况和物理属性，另一方面则源于相关者的利益取舍。《环境与发展宣言》原则四规定"为了达到持续发展，环境保护应成为发展进程中的一个组成部分，不能同发展进程孤立开看待"。因此在制定发展战略时应采用环境影响评估、风险分析、成本效益分析和自然资源核算等方法，同时环境、社会和经济政策的整合还需要保证政府决策的透明度和广泛的公众参与。

可持续发展不仅是一项理念，更是一项国际法规范。因此我们可以确定可持续发展的法律内涵。"可持续"的发展是指：①将环境保护作为必要的程序；②符合一国承担的环境条约的义务或至少符合适用于所有国家的国际习惯法的核心内容（包括预防原则、勤勉尽责等实体义务，以及国际合作、环境影响评估等程序义务）。可持续发展作为规范性概念体现出不同层级的影响力。在国际规则层面，许多重要文书中都提到了"可持续发展"，包括不具有约束力的政策性文件、环境协定或者就其他事项签订的相关协定等，如 1992 年《环境与发展宣言》、1995 年《马拉喀什建立世界贸易

---

①《我们共同的未来》报告中确定的可持续发展的关键性目标包括：①实现高质量增长；②满足就业、食品、能源、水和卫生的基本需求；③稳定人口数量；④保护和加强资源基础；⑤改进技术并控制其风险；⑥在决策中调整环境和经济的关系。

组织协定》、1992 年《联合国气候变化框架公约》以及 2015 年《巴黎协定》等都提到了"可持续发展"。值得注意的是，虽然可持续发展已成为国际环境法的一项基本原则，但其具体内容仍过于笼统，恐将影响其"基础性功能"的发挥。在行动计划层面，可持续发展原则也发挥出了重要作用，特别是在 1992 年《21 世纪议程》、2002 年"可持续发展问题世界首脑会议执行计划"、2012 年"里约 +20"峰会成果文件、2015 年《2030 年可持续发展议程》中都在试图整合经济、社会和环境的共同发展。

（五）共同但有区别的责任原则

国家间的差别待遇是国际环境法的基础之一，为考虑发展中国家与最不发达国家的情况而采取的差别措施反映出南北国家阵营之间的区别待遇，并牢固植根于国际环境法的结构中。差别待遇是国际环境法中促进公平的主要手段之一，它建立在全球分配正义理念的基础之上，有助于实现实力、自然资源禀赋完全不同的国家之间的实质平等。国际环境法中能够反映差别待遇的原则正是共同但有区别的责任原则。在治理全球环境污染、维护生物多样性、维护和改善海洋环境等方面，都需要各个国家的广泛参与合作。但是不同国家在参与环境治理过程中的能力和资源是存在差别的，若以一以贯之的标准要求各国承担同等义务是难以实现的。因此，在国际环境法领域，共同但有区别责任原则有其存在的现实可能性及必要性。

共同但有区别的责任原则包含两个因素：目标的共同性和义务的差别性，体现了国际法差别待遇的本质。该原则能够成为国际环境法的基本法律原则之一，有其合法性和正当性基础。"共同责任"的合法性基础可用责任的归因性理论解释。以全球气候变化问题责任承担为例，1992 年《联合国气候变化框架公约》序言中提到"注意到历史上和目前全球温室气体排放的最大部分源自发达国家……"体现出法律归因为其法理基础，即发达国家应对温室气体的排放承担结果责任。虽然发达国家对温室气体的排放负有主要责任，但气候变化并非也不可能是由单个个体引起的。发达国家与非发达国家都应当对当今的气候变化问题承担责任，这一结论也为国际社会所公认。因此，所有国家的行为与当今的气候变化问题都具有法律上的归因性，都应共同承担减缓温室气体排放的义务。法律上的归因性可以确定责任承担主体的范围，但不能解决责任的具体承担。鉴于历史及经济原因，各国的"支付能力"和"承担能力"都存在差距，此种差别化属于事实上的能力不足或履行不能，因此在责任承担上应有所区别。

国际环境法作为国际法的特定领域，从调整的内容、对象及方法上都有其特殊性。因此，不能简单地将国际法的基本原则复制到国际环境法中，必须结合环境保护的具体情况，在实践中以国际法的基本原则为基础，形成适应国际环境保护特点及发展的国际环境法的基本原则。随着国际环境法基本原则的不断丰富，我们更应该明确这些基本原则应当成为国际社会运用法律预防及控制国际环境损害行为的有效工具，应当指导各国在国内立法中制定评价环境损害的通用标准、赔偿标准及程序等，应当成为各国切实遵守的保护全球环境的行为准则。

第二节 国际环境法规制的主要问题

经济全球化在带来经济繁荣的同时也加剧了生态环境的恶化，无论是沙漠化、物种灭绝、水污染还是气候变暖都已成为人类生存的巨大威胁。国际环境问题的产生主要源于国际社会成员不恰当地使用地球环境资源造成的。国家在使用环境资源的过程中，为追求经济利益而长期忽视地球生态系统的整体性和脆弱性，将环境资源视为无须付出代价的"公共物品"。生态环境的特点及环境问题解决的迫切性都决定了单个国家的无能为力。因此，国际社会开始通过集体努力来应对人类面临的环境危机。

一、气候变化与国际环境法

（一）气候变化法律框架概述

国际环境法在过去几十年间取得了快速发展，尤其是为应对气候变化而进行的全球合作更是令人瞩目。1972 年联合国人类环境会议是国际社会正视气候变化问题的起点。此后，美国的《环境问题评论研究》和《人类对气候的影响研究》等著作中都明确指出二氧化碳是造成全球气候变化的主要因子。气候变化对地球环境的影响造成多种全球性环境与资源问题，如土地沙漠化、水资源短缺、森林减少、冰川融化等，为此联合国相继召开了世界食品大会（1972 年）、水资源大会（1974 年）、沙漠化大会（1977 年）等。

1972 年至 1988 年，应对气候变化的国际科学合作主要由世界气象组织主持。该组织在 1979 年主持召开了第一届世界气候大会，气候变化问题受到国际关注。1988 年，联合国环境规划署和世界气象组织共同成立了"政府间气候变化专门委员会"（Intergovernmental Panel on Climate Change，IPCC）。该组织的任务是评价气候变化的科学知识，审查气候变化对社会、经济的潜在影响并评估适应和减缓气候变化的可能政策。1990 年，世界气象组织、联合国环境规划署和联合国教科文组织联合举行了第二届世界气候大会，在大会上接受了 IPCC 提交的关于温室效应和全球变暖问题的《第一次评估报告》，后促使联合国大会做出制定《联合国气候变化框架公约》的决定。[①]
1992 年 6 月，《联合国气候变化框架公约》在联合国环境与发展大会上供各国讨论和
签署，并于 1994 年生效。1997 年 2 月，在日本召开的《联合国气候变化框架公约》缔
约方第三次会议上，各方经过激烈艰难的谈判磋商，最终通过了具有里程碑意义的、
旨在限制发达国家温室气体排放的《京都议定书》。2015 年 12 月，在第 21 届联合国
气候变化大会上通过了在人类应对气候变化努力中具有历史性意义的《巴黎协定》，
该协定是继《京都议定书》后气候变化法律框架下第二份具有法律约束力的文件。

（二）气候变化法律框架的主要内容

全球变暖引起的气候变化是现今人类面临的最严峻的环境问题之一。国际社会强
烈呼吁各国控制温室气体排放，保护地球环境。在国际法框架下，能够明确各国在减
缓全球气候变化方面的责任和义务的法律文件主要是《联合国气候变化框架公约》及
其后续签订的《京都议定书》和《巴黎协定》两项气候协议。上述三项条约之间及其
与缔约方之间的关系是动态且复杂的。《联合国气候变化框架公约》是一项"框架"
性条约，制定了全球应对气候变化的目标及一般原则，而《京都议定书》是根据框架
公约的第十七条通过的一项"议定书"，《巴黎协定》也是根据框架公约通过的一项
特殊法律文书，但其并非以《联合国气候变化框架公约》第十五条及第十七条规定的
修正案或议定书的形式做出。二者作为"相关法律文书"引入了具体的、有针对性的
措施。这三项条约共同构成一个"嵌套"制度，其中每一项条约的缔约方都由大部分
相同的国家和区域性组织构成，《京都议定书》和《巴黎协定》的缔约方必须同时是《联
合国气候变化框架公约》的缔约方。

1.《联合国气候变化框架公约》

《联合国气候变化框架公约》包括序言、26 条正文以及 2 个附件。它的最终目标
是将大气中温室气体的浓度稳定在防止气候系统受到危险的人为干扰的水平上。这一
水平应当在足以使生态系统能够自然地适应气候变化、确保粮食生产免受威胁并使经
济发展能够可持续地进行的时间范围内实现。为了确保这一目标的实现，公约还规定
了五项基本原则：第一，共同但有区别的责任原则，要求发达国家率先采取措施以应
对全球气候变化；第二，考虑发展中国家的具体需要和国情，公约要求缔约方充分考
虑发展中国家尤其是更易受气候变化影响的发展中国家的特殊需要和特殊情况；第三，

[①] IPCC 会不定期发表有关气候变化相关信息的评估报告，报告提供有关气候变化成因、影响以及可采取对策等
全面、科学的信息。1995 年 IPCC 发布的《第二次评估报告》为《京都议定书》的谈判做出了贡献，2001 年发
布的《第三次评估报告》为侧重于各种与政策相关的科学与技术问题的综合报告；2007 年发布的《第四次评
估报告》由于当时气候变化的明显表现，在世界范围内引发较大反响；2014 年发布的《第五次评估报告》证
实了人类活动与全球变暖的因果关系，并指出了减缓气候变化、减少温室气体排放的重点领域；2022 年发布
的《第六次评估报告》总结归纳了全球在减缓气候变化领域取得的新进展，同时致力于在可持续、公平和消除
贫困的前提下开展气候变化减缓行动。

预防原则，各缔约国方应当采取必要措施，预测、防止和减少引起气候变化的因素；第四，尊重各缔约方的可持续发展权；第五，加强国际合作，各缔约方应采取广泛的国际合作，促进开放的国际经济体系的建立，应对气候变化的措施不能成为国际贸易的壁垒。为了实现公约目的，缔约方在公约中均做出了一系列承诺，根据共同但有区别的责任原则，公约将缔约方义务分为一般性义务和特别性义务。发达国家及发展中国家必须遵守和履行自己做出的一般性承诺，另外，根据公约针对国家发展情况做出的分类，不同类型的缔约方还必须履行自己的具体承诺。

2.《京都议定书》

《京都议定书》旨在根据《联合国气候变化框架公约》的最终目标及基本原则推进应对气候变化机制。《京都议定书》规定附件一国家（发达国家和经济转型国家）应率先按照温室气体减排目标和时间表承担减排义务[①]，附件二国家（发达国家）应向发展中国家提供资金和技术支持，帮助发展中国家应对气候变化。由于减排目标只适用于附件一中的缔约方，议定书中旨在监督各缔约方履行义务的条款也仅适用于附件一中的缔约方。为了促使缔约方完成温室气体减排目标，议定书允许采取以下四种减排方式：一是"排放权交易"，难以完成削减任务的发达国家可从超额完成任务的发达国家买进超出的额度；二是以"净排放量"计算温室气体排放量，即从本国实际排放量中扣除森林所吸收的二氧化碳的数量；三是绿色开发机制，发达国家可以通过资助在发展中国家造林或转让绿色技术抵扣相应部分排放量；四是可以采用"集团方式"，即只要集团总体完成减排任务就算达标，集团内部成员国可调整排放量的增减。

3.《巴黎协定》

《巴黎协定》被认为是一个全面、均衡、有约束力的全球气候变化协定，明确了2020年后的全球气候治理格局。该协定首次将全球人均碳排放量最高的国家——美国纳入国际减排体系当中，这在当时被视为气候变化谈判的一项重大进展。[②]《巴黎协定》第2.1条规定了协定要实现的目标，其中包括"把全球平均气温升幅控制在工业化前水平以上低于2°C之内，并努力将气温升幅限制在工业化前水平以上1.5°C之内，同时认识到这将大大减少气候变化的风险和影响"。基于这一目标，协定第4.1条要求缔约方"致力于尽快达到温室气体排放的全球峰值，并在此后快速减排，以实现温室气体

[①]《京都议定书》中规定的附件一国家承担的强制减排目标为：2012年前，主要工业发达国家温室气体排放量在1990年的基础上平均减少5.2%，其中欧盟将六种温室气体排放量削减8%、美国削减7%、日本削减6%。2001年3月，美国布什政府因为议定书不符合美国的国家利益，拒绝批准《京都议定书》，并放弃实施《京都议定书》所规定的义务。

[②] 2019年11月，美国政府正式通知联合国，要求退出应对全球气候变化的《巴黎协定》。根据《巴黎协定》的规定退出过程需要一年时间，2020年11月美国正式退出《巴黎协定》，从而成为迄今为止唯一退出《巴黎协定》的缔约方。2020年12月，美国总统拜登宣布美国将重回《巴黎协定》，并在2021年1月签署行政令，美国重新加入《巴黎协定》。

源的人为排放与汇的清除之间的平衡"。《巴黎协定》通过缔约方提交的国家自主贡献目标实现温室气体减排，其中发达国家带头实现减排目标，发展中国家根据国情逐渐实现减排或限排目标。

二、生物多样性与国际环境法

（一）生物多样性保护的国际法发展

《生物多样性公约》第二条将生物多样性解释为，"所有来源的活的生物体中变异性，这些来源包括陆地、海洋和其他水生生态系统及其所构成生态综合体；这包括物种内、物种之间和生态系统的多样性"。生物多样性是生物与环境形成的生态复合体以及与此相关的生态过程的综合，生物多样性的保护应当是包括对生物资源及其生存的自然环境的保护。生物多样性是维持人类生存和发展的重要物质基础，其在维持气候、保护土壤、水源和维护生态系统等方面都起着巨大作用。地球生物多样性正在遭受开采、栖息地破坏、污染等人类行为的威胁。保护生物多样性，是实现可持续发展、共建地球生命共同体的必由之路。随着世界各国日益关注生物多样性的保护，该领域的国际法也由零散向系统发展。

保护生物多样性的国际法发展可大致总结为三个阶段。第一阶段为生物利用价值保护阶段。在现代国际环境法尚未形成之前，保护生物多样性的国际法也处于萌芽阶段。此阶段的国际立法主要对个别物种的利用价值进行保护，对物种的内在价值、生物的多样性及生态系统的保护很少涉及。第二阶段为内在价值或非经济价值保护阶段。"二战"之后，得益于环境科学和生物科学的迅速发展，生物物种的内在价值得到深化认识，一系列旨在保护生物资源的国际法律文件出台，现代意义上的保护生物多样性国际法开始形成并得到发展。第三阶段为生态系统保护阶段，该阶段保护生物多样性的国际法得到了迅速发展。随着可持续发展理念得到全球认同，对生物多样性的保护也体现出了全新的理念。以《生物多样性公约》为典型，相关国际法文件都奉行了全面、综合保护生态系统的理念，并将生态系统与生物多样性作为统一整体进行保护。

（二）保护生物多样性的国际法主要内容

1. 综合性保护

1992 年 5 月，内罗毕世界环境与发展大会上通过了《联合国生物多样性公约》，并于其后先后通过了《卡塔赫纳生物安全议定书》《关于赔偿责任和补救的名古屋 – 吉隆坡补充议定书》以及《关于获取遗传资源和公正公平分享其利用所产生惠益的名古屋议定书》，旨在从生态系统多样性、物种多样性、遗传多样性三个层次对生物多样性实施国际法层面的保护。《生物多样性公约》涉及了所有层面的生物多样性，并将生物多样性与相关联的领域相结合，是一项综合性的保护生物多样性公约。《生物多样性公约》的生效标志着生物多样性保护第一次受到全人类的关注，遗传多样性的保护第一次被涵盖在国际公约当中[1]，为全球生物多样性的可持续性发展奠定了坚实的基础。

《生物多样性公约》是一部具有法律约束力的国际条约，该公约的总体目标为鼓励建设可持续未来的行动，具体要实现的主要目标为：保护生物多样性、可持续利用生物多样性以及公正合理分享利用遗传资源所产生的惠益。该公约的主要内容为：①强调了国家对辖区内生物资源所享有的主权及应承担的责任；②明确了一系列有关生物多样性保护与可持续利用的义务；③确认和重申了相关的国际环境法原则；④规定了对遗传资源获取的限制措施；⑤区分发达国家与发展中国家在公约项下承担的义务内容。

2. 生物安全的保护

生物安全主要指转基因生物安全，是指防范由转基因生物技术的开发和应用对人类、动植物、微生物以及生态环境构成的危险或潜在风险。在生物安全国际保护领域，重要的国际法有《生物多样性公约》《卡塔赫生物安全议定书》。前者在文本中专门提到了生物技术安全问题，并就生物安全规定了相关的法律框架。后者则在风险预防原则的指导下，将目标设定为"确保在凭借现代生物技术获得的、可能对生物多样性的保护和可持续使用产生不利影响的改性生物体的安全转移、处理和使用，尤其是越境转移方面采取充分的保护措施，并考虑到对人类健康所构成的威胁"。《卡塔赫生物安全议定书》中确定了转基因生物转移法律制度的核心原则与程序——事先知情同意制度，该制度具体由适用范围、通知、进口决定、复审等程序构成。[2]

3. 外来物种入侵

外来物种入侵是指生物物种由原产地通过自然或人为的途径迁移到新的生态环境的过程。外来物种入侵不仅威胁当地的生物多样性，引起当地物种的灭绝和消失，而且会破坏生态系统的整体功能。《生物多样性公约》是涵盖了入侵物种所涉内容较为全面的公约，该公约在第八条中指出，各成员国应当"防止引进、控制或消除威胁到生态系统、生境或物种的外来物种""制定或维持必要立法和/或其他规范性规章，以保护受威胁物种和种群"。此外，"2020年后全球生物多样性框架"是当前《生物多样性公约》谈判的焦点议题之一，并将在未来十年成为指导全球生物多样性保护的纲领性文件，该文件中制定的具体行动目标之一即"管理外来入侵物种的引进途径，防止其引进和定居，或使其引进率和定居率至少降低50%，并控制或根除外来入侵物种，从而消除或降低其影响，关注重点物种和重点地带。"

---

[1] 马克平，钱迎倩.《生物多样性公约》的起草过程与主要内容[J].生物多样性，1994（1）：54–57.

[2] 袁绍义.转基因生物越境转移事先知情同意制度解读——以《卡塔赫纳生物安全议定书》为视角[J].法学杂志，2011，32（11）：43–46.

三、危险废物与国际环境法

（一）危险废物管理的国际法发展

危险废物是指固体废物中具有毒性、反应性、腐蚀性、易爆炸性及易燃性废物。国际社会对危险废物的管制起初在有关铁路运输、道路交通领域签订的公约中就有涉及。到了 20 世纪 80 年代，发达国家将本国产生的有害废物运输出口到发展中国家，造成进口国的环境污染和损害。废弃物国际贸易常常被称为"负贸易"①，发达国家往往通过经济手段实施环境污染的转移，有时甚至带着"援助"的假象。废弃物越境转移给发展中国家的环境和人身造成双重损害，不当处置废弃物会给当地的空气、水等自然资源造成污染，还会造成当地人口的健康损害。作为国际污染转移的方式之一，废弃物越境转移违背了国际环境法的基本原则，阻碍了全球可持续发展目标的实现。

有鉴于此，国际社会致力于通过国际合作控制危险废物的越境转移。《控制危险废物越境转移与处置的巴塞尔公约》（以下简称《巴塞尔公约》）是目前控制危险废物越境转移的全球性核心条约，该条约于 1989 年在瑞士巴塞尔召开的世界环境保护会议上通过，我国于 1990 年签署该公约。公约的目的在于控制和减少危险废物和其他废物的越境转移，特别是向发展中国家出口和转移危险废物，要求各缔约国把产生的危险废物数量减少到最低限度。1991 年，在马里首都巴马科召开的关于环境和可持续发展的泛非洲会议上通过了《禁止向非洲进口危险废物并在非洲内管理和控制危险废物越境转移的巴马科公约》，该公约旨在保护非洲，避免非洲成为工业化国家危险废物的倾倒场。在危险废物的预防及处理方面，联合国环境与发展大会在 1992 年通过的《21 世纪议程》对此进行了规定，并强调对危险废物进行无害化管理，呼吁各国收集与废物回收处理相关的数据信息，发展并强化国家无害化环境技术研究和设计能力。

（二）危险废物管理的国际法主要内容

1. 事先知情同意制度

该制度为《巴塞尔公约》的核心制度之一，也是管理危险废物出口的主要法律制度。该制度是指在未经进口国指定的国家主管机关同意的情况下，出口国不得进行危险废物的出口和运输。《巴塞尔公约》详细规定了出口方的事前通告、进口国的书面答复、出口方的事后报告以及情报管理等程序。为保障事先知情同意制度的运行，缔约方大会第五届会议通过了《危险废物越境转移及其处置所造成损害的责任与赔偿巴塞尔议定书》，对违反事先知情同意程序而造成越境损害的赔偿责任等问题做出规定，从而形成了"义务—责任"的法律逻辑关系，凸显了《巴塞尔公约》的法律强制力。

---

① "负贸易"大致有三种形式：第一种是贸易双方对废弃物贸易产生的环境影响不知晓或者对影响程度不知晓；第二种是出口方向进口方隐瞒实情的废弃物贸易；第三种是双方对废弃物贸易的影响都知晓。

2. 危险废物的无害化管理

废物管理关系到社会和经济发展等诸多方面。不当的废物管理会污染水、土壤和空气。在全球层面，废物管理还与气候变化、贫困、粮食和资源安全等问题紧密相连。为推动全球废物管理，旨在对人类造成的环境影响采取综合行动计划的《21 世纪议程》在第 20 章和第 21 章分别强调了对危险废物和固体废物进行环境无害化管理。在危险废物的产生、处理、处置及管理环节，号召国际社会、各国政府以及工业界积极合作，对危险废物实行有效管制。

3. 危险废物造成环境损害的国际责任

《巴塞尔公约》规定各缔约国应确保拟出口的危险废物在进口国得到对环境无害的处理，为此各国应采取适当措施以确保危险废物在特定情形下才能进行越境转移。若缔约国未履行对非法越境运输有害废物严加防范及惩治的义务，则违背了缔约国承担的公约项下的国际义务。虽然以国际贸易之名进行的有害废物跨境转移行为是非代表国家行事的自然人或法人所为，但一国政府具有管辖本国自然人及法人的最高权力，如果一国政府未履行相应管制职责，造成有害废物跨境转移的损害后果，该国的行为应当被认定为国际不当行为，并应承担相应的国际责任。

四、跨界水域与国际环境法

(一) 国际水法概述

随着地球人口的增加、生活水平的提高以及采矿、金属加工、水泥生产、木材加工、灌溉农业等用水行业的扩展，水资源的用量在不断增加。虽然地球淡水资源充足，但可用性存在明显差异。当水资源低于每人每年约 1000 立方米的基准时，该地区将被视为长期缺水。目前，在降水量低或取水量大幅增加以满足灌溉、生活需要的许多地区已经存在长期缺水的情况。除了经济发展和社会消费模式的变化造成的供水压力外，土地利用方式的改变（如森林砍伐等）和生活、工业、农业污染也在加剧河流和湖泊的污染状况。世界上 50% 的湿地在 20 世纪已经消失，一些重要的河流在人类改道等各种干预下已无法注入大海之中。

目前，世界上有近 300 个河流流域由两个或两个以上的国家共享。世界水坝委员会指出“这些河流覆盖了约 45% 的地球表面，占全球河流流量的约 80%，影响了约 40% 的世界人口”。关于河流和湖泊的早期国家间合作一般涉及利用水道进行航行、灌溉以及洪水的治理等。环境因素被纳入跨界水治理是从 20 世纪初开始，但参与主体仅限于共享全部或部分河流或湖泊的邻国。此外，水质恶化也未被视为需要沿岸国共同关注的问题，主要由于水质恶化的后果更多的是影响下游国家的环境及用水。

近代以来，各国就跨界水资源进行利用的过程中形成了一系列习惯法规则、成文法规范以及行为守则等。国际水法作为国际法的一个分支应运而生。国际水法是指国家之间在国际水域开发、利用和保护、管理方面所缔结的国际公约、双边或多边国际条约、协定以及国际惯例等各种法律规范的总称。国际水法的目的即确保跨界水资源的公平合理使用、环境保护及可持续利用。

（二）国际水法的发展

时至今日，关于跨界水治理国际合作已取得一定成果。在国际层面，两项跨界水道非航行使用的国际公约已达成并生效，分别为：1992 年的《联合国欧洲经济委员会跨界水道和国际湖泊保护与利用公约》以及 1997 年的《国际水道非航行使用公约》。除国际性公约外，区域性条约、双边与多边条约等也为国家跨界流域合作和纠纷解决提供了法律依据，但世界上仍有三分之一的跨界河流流域没有被国际条约所涵盖。因此，国际习惯水法成为调整此类跨界河流的主要规则。国际法协会对水法领域的习惯法进行编纂形成了 1966 年的《赫尔辛基规则》和 2004 年的《柏林规则》，二者均不具有法律约束力，但对后续国际水法条约的内容具有重要的指导意义。目前，各国达成较为一致共识的关于国际水道非航行利用的习惯法仅有三条：公平合理利用原则、无害原则及合作义务。但就上述原则的内涵、适用范围及相互之间的关系等仍存在争议。

1. 公平合理利用原则

公平合理利用原则最早出现在 1929 年的河流秩序案中，国际常设法院在本案中认定跨界河流的流域国对航行享有共同且平等的权利，后这一原则被引申至非航行领域，并在后续的默兹河分流案和盖巴斯科夫 – 拉基玛洛大坝案中确立了基本原则的地位。该原则强调跨界淡水河流的流域国有权公平合理地开发、利用淡水资源，从而保障流域国利用淡水资源并从中受益的权利。在其他国际水立法中，包括双边条约、多边条约和全球性条约在内，虽然在表述上存在差别，但事实上都采纳并确立了公平合理利用原则。

2. 无害原则

无害原则，也被称为不对别国造成重大损害原则。该原则是在特雷尔冶炼厂案中首次被明确提出。该案中，仲裁庭认为"一个国家无权使用或允许使用其领土而给其他国家的领土造成烟雾损害"。之后，《联合国人类环境会议宣言》第二十一条明确指出，国家主权的确赋予一国开发境内自然资源的权利，但这种权利对应的义务和责任是保证此种开发行为不会对他国的环境造成损害，该原则在《环境与发展宣言》中被再次确认。在国际水法中，该原则的运用主要体现在《国际水道非航行使用公约》第 7 条的规定中，即"一国应尽谨慎义务以确保不对其他水道国造成重大损害"。

3. 合作原则

国际水法中的合作原则主要体现在：①对跨界水域进行利用和保护的国际合作，通常是通过设立委员会或联合机制来实现，如美国与加拿大协商建立了由北美五大湖区相关区域政府合作组成的国际湖区联合委员会；②在利用和保护跨界水域的过程中，为预防和治理使用跨界水资源而产生的污染，沿岸国会设立事先通知、磋商等程序；③建立信息交换或情报交流机制，以便沿岸国能够更好地掌握跨界水域的情况；④在出现紧急情况时，当事国及时通知可能受影响的国家及主管国际组织，并与主管国际组织合作采取切实可行的措施。

五、外层空间与国际环境法

（一）外层空间的环境损害

外层空间是指空气空间以外的整个空间。随着科技的发展，人类进行外空探索的活动日益频繁，给外层空间环境带来了隐患，目前最受关注的是空间碎片以及核动力源泄漏的威胁。空间碎片又被称为太空垃圾，已成为外层空间污染的主要污染源，大部分来源于遗留在外层空间的已完成任务的火箭箭体和卫星本体、宇航员在执行航天任务过程中产生的抛弃物以及空间物体爆炸、碰撞产生的碎片等。空间碎片在近地轨道的堆积和碰撞则会产生更多数量的碎片，危害航天活动安全及外空环境。核动力源在外空的应用始于美国发射的首枚核动力源卫星——Transit4 A 导航卫星。核动力源在外空的应用主要为航天推进系统供电，以及为航天器的子系统及航天仪器提供电力支持。由于人类进行外空探索使用的核动力源中含有放射性材料或核燃料，一旦发生事故造成泄漏，可能对地球生物圈及外空环境造成污染威胁。为了保护环境及人体安全，制定外空使用核动力源的科学技术规范是亟待解决的问题。

（二）外层空间的国际法规制

1. "全人类的共同利益"

在 1963 年联合国大会通过《各国探测及使用外空工作之法律原则宣言》之前（以下简称《外空宣言》），并未有相关国际条约探讨各国领空之外的空间。直至《外空宣言》在序言中提出"确认为和平目的，探测及使用外空之进展，关系全体人类之共同利益"，才确立外层空间的法律地位。1967 年联合国大会通过《关于各国探索和利用包括月球和其他天体在内外层空间活动的原则条约》（以下简称《外空条约》）以更为明确的条款规定外层空间为全人类的开发范围，所有国家可自由探索和利用外层空间。《外空宣言》与《外空条约》建立的外层空间"共同利益"制度在于限制外空探索和利用的绝对自由及禁止外空垄断，在先探索的国家不应妨碍后续探索国家对外层空间的利用。

2. 外空环境污染的国际法规制

各国在探索和利用外层空间时，应当对外层空间予以保护，尽量避免和减少对外空环境的影响，确保各国对外空进行安全、自由的探索。这一要求在 1972 年的《联合国人类环境会议宣言》及 1992 年的《里约热内卢环境和发展宣言》里得到明确确认，即各国有义务避免在其国家管辖权以外的区域造成污染。因此，为从源头上减少空间碎片，联合国外空事务办公室和平利用外层空间委员会在 2010 年发布了《空间碎片减缓准则》敦促各国制定空间碎片的国内减缓机制，通过航天器的设计、航天技术的改进、航天器发射时间的调整等方式，降低外空空间的环境恶化风险。除此之外，一些国家及地区也出台了相关的国内规范，如欧盟的《欧洲空间碎片减缓行为准则》、美国的《国家空间政策》及《轨道空间碎片减缓国家标准》等。同时，在核动力源的使用中，联合国大会通过的《在外层空间使用核动力源的原则》和《在外空使用核动力源安全框架》为外空使用核动力源设定了安全使用的准则和标准，要求发射国对核动力源进行安全评价、重返通知、协商等义务，还确立了损害赔偿责任机制。

3. 开采外太空自然资源的国际法限制

根据《外空条约》第一条的规定，以开采外空自然资源为目的探索和利用外层空间活动为全人类的事情，应为所有国家谋福利和利益。[①] 同时，《外层公约》第九条规定了在外空开采自然资源时应遵守的行动规范。一方面，在外空开采自然资源时应承担充分的注意义务，即符合一定的操作标准和规程，采取必要的预防措施防止有害行为的发生；另一方面，在开采外空自然资源时应避免对外空造成有害污染。

人类在环境保护领域的国际合作并形成制度框架，仅是近几十年的事。"在没有一个真正的全球性重要权威的情况下……尽管存在各种各样的环境体制，到目前为止美丽的修辞还是大大多于实际的行动。"[②] 因此，为了维护地球生态系统的整体和谐，国际社会一直在努力寻找有效解决目前环境问题的出路。为了谋求人类的共同利益，国家作为开展国际合作的最重要的行为体，在涉及环境利用与资源开发时，应当本着地球生命共同体理念，向着建立更完善的国际规则和承担更多的国际责任方向前进。

---

① 《外空条约》第一条规定："探索和利用外层空间，包括月球和其他天体，应为所有国家谋福利和利益，而不论其经济或科学发展程度如何，并应为全人类的事情。"

② [美]康威·汉得森．国际关系 [M]．金帆，译，海南：海南出版社，2004．

后 记

　　本书的撰写是一项相对比较辛苦的研究工作，大家均为此付出了艰辛劳动。在本书付梓之际，衷心感谢参加本研究和撰写合作工作的行政、司法部门以及其他实务单位的专家朋友们！衷心感谢高校法学同行、同事们！衷心感谢我校有关部门领导和法学院领导专家们的大力支持和帮助！衷心感谢我校马克思主义学院领导专家在"党的二十大精神进教材"等方面给予的指导和帮助！也衷心感谢敢于迈出"人生第一次写书"这一步，并以"对历史负责、对自己负责"的认真态度开展撰写工作的学生们！

　　衷心感谢长期以来给予鼓励、支持、帮助的学界前辈、同行好友们！衷心感谢中国海洋大学出版社的领导和编辑给予的支持和付出的辛勤劳动！衷心感谢大家的家人们为支持大家的工作所做出的无私奉献！衷心感谢本书参考引用研究成果的完成者们！

　　本书由刘国涛（山东建筑大学）、王翠敏（山东建筑大学）担任主编；宋福敏（曲阜师范大学）、李伟斯（山东省生态环境监测中心）、姚天（山东建筑大学）担任副主编。全部参加编著人员撰写情况如下：第1章刘国涛；第2章郭磊（安阳师范学院）；第3章刘国涛；第4章姚天；第5章薛建良（山东科技大学）；第6章刘国涛；第7章刘国涛；第8章郭磊；第9章刘国涛；第10章王翠敏（山东建筑大学）；第11章王翠敏；第12章杜敦勇（潍坊市生态环境局高密分局）；第13章薛建良；第14章李伟斯；第15章李伟斯；第16章李伟斯；第17章李伟斯；第18章宋福敏；第19章宋福敏；第20章一二节刘国涛、三四节宋福敏；第21章姚天；第22章杨馨雨（山东建筑大学）；第23章刘国涛；第24章马凤玲（山东建筑大学）；第25章张静（山东建筑大学）；第26章宋福敏；第27章刘国涛；第28章连璧君（山东建筑大学）；第29章刘国涛；第30章刘国涛；第31章李海玉、王春萍（山东省减灾中心）；第32章张天泽（新疆大学）；第33章宋福敏；第34章崔勇、梁勇、朱烨（山东省高级人民法院环境资源审判庭）；第35章王燕（山东省人民检察院第八检察部）、姜一凡（山东建筑大学）；第 36 章化国宇、包佳涵（中国人民公安大学）；第 37 章董蕾红（山东建筑大学）；第 38 章崔勇、梁勇、朱烨；第 39 章马聪（山东建筑大学）；第 40 章王翠敏；第 41 章宋福敏；第 42 章王翠敏；第 43 章侯琳峰（山东建筑大学）；第 44 章李想（山东建筑大学）；第 45 章张亚丽（山东建筑大学）。起意撰写本书之初，还得到了山东省生态环境厅张金智、孙金辉、刘婷，山东省自然资源厅张伟等领导同志的指导，在此表示衷心感谢！

有道是"众人划桨开大船"。我们山东建筑大学的法学本科一流专业建设和研究生培养工作，犹如一艘坚定航向的航船，总算完成了一段优美的航程。相信，在领导们的带领下，在前辈、专家、朋友们的坚定支持下，在同志们的共同努力下，师生勇毅前行，我们山东建筑大学的法学一定会走出更为美丽的新航程，取得更大、更新的进步！

刘国涛、王翠敏

2022 年 10 月于山东建筑大学